| 지름길로 쉽게 배우는 |

자바 Java Programming
프로그래밍

TABLE OF CONTENTS

Agile Java

L·E·S·S·O·N

 시작하기

1. 테스트하기	43
2. 디자인	43
3. 간단한 테스트	44
4. JUnit	46
5. 테스트 추가하기	48
6. Student 생성하기	49
7. Student 클래스 생성하기	50
8. 생성자	52
9. 지역 변수	53
10. 메소드에서 값을 반환하기	54
11. 확인하기	56
12. 인스턴스 변수	59
13. 테스트 요약	62
14. 재구성하기	62
15. this	65
16. private	67
17. 이름짓기 관례	69
18. 공백	71
▶ 연습문제	72

L·E·S·S·O·N

 자바의 기초

1. CourseSession	75
2. 수강신청하기	76

3. int   76
4. 초기화   79
5. 기본 생성자   80
6. 스위트   81
7. SDK와 java.util.ArrayList   82
8. 객체 추가하기   84
9. 점진적인 재구성   86
10. 메모리상의 객체   87
11. 패키지와 import 명령어   88
12. java.lang 패키지   89
13. 기본 패키지와 package 문   90
14. setUp 메소드   92
15. 추가적인 재구성하기   93
16. 클래스 상수   94
17. 날짜   96
18. 오버로드된 생성자   97
19. 디프리케이트 경고   101
20. 재구성하기   102
    • import 재구성하기   103
    • 팩토리 메소드에 대한 이해   103
21. Date와 Calendar 생성하기   105
22. 주석   105
23. javadoc 주석   107

▶ 연습문제

L·E·S·S·O·N

03 문자열과 패키지

1. 문자와 문자열   113
   • 문자   113
   • 특수 문자   114
2. 문자열   115
   • 문자열 연결하기   115
   • 문자열의 불변성   116
3. StringBuilder   116
4. 시스템 속성   118
5. 모든 학생을 루프에서 엑세스하기   119
6. 단일 역할의 원칙   121
7. 재구성하기   124

8. System.out　　127
9. System.out 사용하기　　128
10. 재구성하기　　129
11. 패키지 구조　　129
12. 접근 수식어　　130
13. Ant 사용하기　　136

▶ 연습문제

L·E·S·S·O·N

클래스 메소드와 필드(field)

1. 클래스 메소드　　143
2. 클래스 변수　　146
3. 클래스 변수와 클래스 메소드에 대한 연산　　147
4. 스태틱 임포트　　150
5. 증가　　153
6. 팩토리 메소드　　154
7. 단순한 디자인　　156
8. 정적 사용의 위험성　　156
9. 정적 코드 사용하기 : 다양한 주의사항　　157
10. 제프의 정적 코드 규칙　　158
11. 불린　　159
12. 문서화로서의 테스트　　163
13. 초기화에 대하여　　166
14. 예외　　167
15. 기본형 필드 초기화 다시 보기　　168

▶ 연습문제　　169

L·E·S·S·O·N

인터페이스(interface)와
폴리모피즘(polymorphism)

1. 정렬 : 준비　　171
2. 정렬: Collections.sort　　172
3. CourseReportTest　　173
4. 인터페이스　　174
5. 왜 인터페이스인가?　　175

6. Comparable 구현하기	176
7. 학과와 번호로 정렬하기	178
8. if 문	179
9. 학점 정하기	180
10. 플로팅포인트 숫자	180
11. 학점 테스트하기	181
12. 재구성하기	184
13. enum	186
14. 폴리모피즘	188
15. 인터페이스 참조 사용하기	193
16. ArrayList와 List 인터페이스	195
▶ 연습문제	196

LESSON 06 상속(inheritance)

1. switch 문	201
2. case 레이블은 레이블일 뿐이다	202
3. 맵	204
4. 상속	206
5. 추상 클래스	209
6. 메소드 확장하기	210
7. 재구성하기	212
8. Grade enum을 확장하기	214
9. 여름학기 과목	215
10. 상위 클래스 생성자 호출하기	216
11. 재구성하기	219
12. 생성자에 대한 추가사항	222
13. 상속과 폴리모피즘	224
14. 하청의 법칙	224
▶ 연습문제	232

LESSON 07 전통적인 요소

1. 루프 구조	235
2. 학생의 이름 나누기	235

· while 루프	237
· 재구성하기	238
· for 루프	238
· for 루프에서의 다중 초기화와 갱신식	239
· do 루프	242
3. 자바 루프의 비교	242
4. 재구성하기	244
· isPalindrome	244
· 피보나치와 재귀	244
5. 루프 제어명령	245
· break 문	245
· continue 문	245
· 레이블 있는 break와 continue 문	246
6. 삼중 연산자	247
7. 기존의 콜렉션	248
8. 이터레이터	249
9. 이터레이터와 for-each 루프	251
10. 캐스팅	252
· 기본형 캐스팅하기	253
11. 래퍼 클래스	253
· 오토박싱과 오토언박싱	255
12. 배열	257
· 배열 초기화하기	260
· 배열을 사용할 때	260
· 가변인수	261
· 다차원 배열	263
· 배열 클래스	264
· Arrays.equals	264
13. 재구성하기	265
· 문자열 나누기	265
· 문자열 나누기 : String.split	266
▶ 연습문제	268

L·E·S·S·O·N

예외(Exception)와 로그(logging)

1. 예외	271
2. 예외 다루기	273
3. 확인된 예외	274

4. 예외의 계층구조	276
5. 스스로 예외형을 생성하기	277
6. 확인된 예외와 확인되지 않은 예외	279
7. 메시지	280
8. 여러 개의 예외 잡기	281
9. 예외를 전달하기	282
10. 스텍 트레이스	285
11. finally 블록	285
12. 재구성하기	287
13. 로그	289
14. 자바에서의 로그기록	290
15. 기록 확인하기	293
16. 파일로 로그 기록하기	296
17. 로그에 대한 테스트 철학	299
18. FileHandler에 대한 추가사항	300
19. 로그 레벨	301
20. 로그 계층구조	302
21. 로그에 대한 추가사항	303
▶ 연습문제	304

L·E·S·S·O·N

맵과 동일성

1. 논리 연산자	311
2. 연산 생략	312
3. 해쉬 테이블	312
4. 강의	314
5. Session 재구성하기	316
6. 동일성	322
7. 동일성에 대한 약속	324
8. 사과와 오렌지	326
▪ JUnit과 동일성	327
9. 콜렉션과 동일성	328
10. 해쉬 테이블	329
11. 충돌	330
12. 이상적인 해쉬 알고리즘	331
13. hashCode에 대한 마지막 내용	333
14. HashMap 사용에 대한 추가사항	335
15. 추가적인 해쉬 테이블과 집합 구현	339

	· EnumSet	*339*
	· TreeSet과 TreeMap	*340*
	· LinkedHashSet과 LinkedHashMap	*340*
	· IndentityHashMap	*340*
16.	toString	*340*
17.	문자열과 동일성	*342*
▶ 연습문제		*344*

L·E·S·S·O·N 10 수학계산

1.	BigDecimal	*347*
	· BigDecimal 사용하기	*347*
	· 유효숫자	*348*
	· 나누기와 근사값	*349*
2.	기본 숫자형에 대한 추가사항	*350*
	· 다른 정수형	*350*
3.	정수형 계산	*351*
4.	숫자 캐스팅하기	*351*
5.	계산식 평가 순서	*353*
6.	NaN	*353*
7.	무한	*355*
8.	수치 오버플로우	*356*
9.	비트 연산	*356*
	· 이진수	*357*
	· 자바 이진 표현	*357*
	· 논리적 비트 연산자	*357*
	· bit-and와 bit-or, 부정 사용하기	*359*
	· xor 사용하기	*361*
	· 비트 쉬프트	*363*
	· BitSet	*363*
10.	java.lang.Math	*364*
	· 숫자 래퍼 클래스	*365*
	· 출력 가능한 표현	*366*
11.	문자열을 숫자로 바꾸기	*366*
12.	랜덤 숫자	*367*
	· 랜덤 코드 테스트하기	*368*
▶ 연습문제		*371*

LESSON 11 입출력(IO)

1. 구성 — *375*
2. 문자 스트림 — *375*
3. 파일로 쓰기 — *380*
4. java.io.File — *382*
5. 바이트 스트림과 변환 — *384*
6. Student 사용자 인터페이스 — *384*
7. 응용프로그램 테스트하기 — *388*
8. 데이터 스트림 — *389*
9. CourseCatalog — *390*
10. 추가적인 스트림 — *393*
    - 파이프된 스트림 — *393*
    - SequenceInputStream — *393*
    - 푸쉬백 스트림 — *393*
    - 스트림 분리기 — *393*
11. 객체 스트림 — *394*
    - 일시성 — *395*
    - 직렬화와 수정 — *396*
    - 시리얼 버전 UID — *397*
    - 직렬화 형태 지정하기 — *398*
    - 직렬화 방법들 — *400*
12. 임의 접근 파일 — *400*
13. StudentDirectory — *401*
14. sis.db.DatafileTest — *403*
15. 정적 내장 클래스와 내부 클래스 — *405*
16. sis.db.DataFile — *407*
17. sis.db.KeyFileTest — *409*
18. sis.db.KeyFile — *411*
19. sis.util.IOUtilTest — *412*
20. sis.util.IOUtil — *413*
21. sis.util.TestUtil — *414*
22. 발전시키기 — *415*

▶ 연습문제 — *416*

L·E·S·S·O·N

12 반영과 다른 상급 주제

1. 모방 객체 다시 보기   *419*
2. 짐 밥 ACH 인터페이스   *420*
3. 모방 클래스   *422*
4. Account 클래스 구현   *424*
5. 이름없는 내부 클래스   *426*
6. 아답터   *428*
7. 외부 클래스에서 변수에 접근하기   *430*
8. 트레이드오프   *432*
9. 반영   *433*
10. JUnit 코드 사용하기   *433*
11. Class 클래스   *435*
12. Suite 만들기   *437*
13. 클래스 수식어   *439*
14. 동적 프록시   *440*
15. 안전한 Account 클래스   *442*
16. 보안 계좌 구현하기   *443*
17. SecureProxy 클래스   *448*
18. 반영의 문제점   *451*

▶ 연습문제   *452*

L·E·S·S·O·N

멀티쓰레드(multithreading)

1. 멀티쓰레드   *455*
2. 검색 서버   *455*
3. Search 클래스   *456*
4. 좀더 독립적인 테스트하기   *459*
5. Server 클래스   *462*
6. 테스트에서 기다리기   *465*
7. 쓰레드 생성하고 실행하기   *465*
8. 협조형과 선점형 멀티테스킹   *469*
9. 동기화   *470*
10. Runnable로 쓰레드 만들기   *472*

11. 동기화	*473*
12. 동기화된 콜렉션	*474*
13. BlockingQueue	*475*
14. 쓰레드 멈추기	*476*
15. 기다리기와 통보하기	*478*
16. 기다리기와 통보하기에 대한 추가적인 사항	*482*
17. 락과 조건	*482*
18. 쓰레드 우선순위	*484*
19. 데드락	*485*
20. ThreadLocal	*486*
21. Timer 클래스	*489*
22. Thread에 관련된 여러 가지	*491*
▪ 아토믹 변수와 volatile	*491*
▪ Thread 정보	*492*
▪ 종료하기	*492*
▪ 예외 관리하기	*494*
▪ 쓰레드 그룹	*495*
▪ 아토믹 래퍼	*495*
23. 요약 : 동기화에 대한 기본적인 디자인 원칙	*496*
▶ 연습문제	*497*

L·E·S·S·O·N 14 일반화

1. 인수화된 변수형	*499*
2. 콜렉션 프레임워크	*499*
3. 다중 형식 인수	*500*
4. 인수화된 형 만들기	*500*
5. 삭제	*503*
6. 상위 제한	*504*
7. 와일드카드	*507*
8. 와일드카드 사용의 영향	*509*
9. 일반화 메소드	*510*
10. 와일드카드 캡쳐	*511*
11. Super	*512*
12. 추가적인 제한	*513*
13. 로우 형식	*515*
14. 확인된 콜렉션	*516*
15. 배열	*518*
16. 추가적인 제한	*519*

17. 반영 519
18. 마지막 주의사항 520

▶ 연습문제 521

L·E·S·S·O·N 15 어써션(assertion)과 아노테이션(annotation)

1. 어써션 523
2. 어써션 명령문과 JUnit assert 메소드 524
3. 아노테이션 524
4. 테스트 도구 만들기 525
5. TestRunnerTest 526
6. TestRunner 527
7. @TestMethod 아노테이션 530
8. 유지 532
9. 아노테이션 타겟 533
10. 테스트 메소드 건너뛰기 534
11. TestRunner 수정하기 535
12. 단일 값 아노테이션 536
13. TestRunner 사용자 인터페이스 클래스 539
14. 배열 인수 540
15. 다중 인수 아노테이션 542
16. 기본값 543
17. 추가적인 반환형과 복잡한 아노테이션 형식 544
18. 패키지 아노테이션 546
19. 호환성 고려사항 547
20. 아노테이션에 대한 추가적인 주의사항 548
21. 요약 549

▶ 연습문제 550

+L·E·S·S·O·N I 스윙(Swing) 1

1. 스윙 553
2. 시작하기 554

3. 스윙 응용프로그램 디자인	*558*
4. 패널	*559*
5. 재구성하기	*563*
6. 추가적인 위젯	*566*
7. 재구성하기	*569*
8. 버튼 클릭과 액션리스너	*572*
9. 리스트 모델	*574*
▪ toString의 사용	*576*
10. 응용프로그램	*577*
11. 레이아웃	*580*
▪ GridLayout	*580*
▪ BorderLayout	*582*
▪ 테스트 문제	*584*
▪ BoxLayout	*585*
12. GridBagLayout	*586*
13. 앞으로 나아가기	*590*

+ L·E·S·S·O·N

스윙(Swing) 2

1. 여러가지 미학적 고려사항	*593*
▪ JScrollPane	*593*
▪ 보더(border)	*593*
▪ 제목 추가하기	*594*
▪ 아이콘(icon)	*595*
2. 감각(feel)	*598*
▪ 키보드 지원	*598*
▪ 버튼 뉴모닉	*598*
▪ 필요한 필드	*599*
▪ 필드 편집	*603*
▪ 필터 테스트하기	*604*
▪ 필터 코딩하기	*606*
▪ 필터 붙이기	*607*
▪ 두 번째 필터	*609*
▪ JFormattedTextField	*610*
3. 테이블	*618*
4. 피드백	*623*
▪ StatusBar	*624*

5. 응답성	629
6. 남은 작업	632
7. 마지막 주의사항	633

L·E·S·S·O·N

자바에 대한 여러가지 정보

1. JAR	637
2. 정규 표현식	639
• 문자열 나누기	640
• 문자열의 표현 바꾸기	641
• Pattern과 Matcher 클래스	642
• 추가적인 정보	644
3. 클론과 코바리언스	644
4. JDBC	646
• 데이터베이스에 접속하기	647
• 쿼리 실행하기	650
• 준비된 명령문	652
• JDBC 응용프로그램 디자인	654
5. 국제화	654
• 리소스 묶음	655
• 지역화	657
• 형식화된 메시지	659
• 국제화가 필요한 다른 부분들	661
6. 레퍼런스를 이용한 호출과 값을 이용한 호출	662
7. 자바의 주변관리	663
• 속성	664
• 속성 파일	665
• 선택사항	666
• 시스템 환경	669
• 다른 응용프로그램 실행하기	669
8. 다른 무엇이 있는가?	673
• 커스텀 클래스 로더	673
• 약한 참조	673
• finalize 메소드	674
• 중개	675
• Management	675
• 네트워크	675
• NIO	675

- JNI　　　　　　　　　　　　　　　　　　　　　*676*
- RMI　　　　　　　　　　　　　　　　　　　　　*676*
- 빈즈　　　　　　　　　　　　　　　　　　　　　*677*
- 보안　　　　　　　　　　　　　　　　　　　　　*677*
- 추가?　　　　　　　　　　　　　　　　　　　　 *678*

부 록

1. 애자일 자바 용어 해설　　　　　　　　　　　　*681*
2. 자바 연산자 우선 규칙　　　　　　　　　　　　*690*
3. IDEA 시작하기　　　　　　　　　　　　　　　*691*

찾아보기　　　　　　　　　　　　　　　　　　　*706*

Agile Java

저자에 대해서

　Jeff Langr은 10년 이상의 개발 경험을 가진 독립 소프트웨어 컨설턴트이다. 그는 소프트웨어 개발, 디자인, 애자일 프로세스에 대해서 그의 회사인 Langr Software Solutions (http://www.LangrSoft.com)를 통해 전문적인 지식을 제공한다.

　Langr은 최고의 XP 컨설팅 회사로 알려진 Object Mentor사에서 2년동안 Bob Martin과 함께 일했다. 그는 포츈 500대 기업이나 마땅히 망했어야 할 닷컴 기업에 컨설팅을 하거나 고용되었다.

　Langr는 자바에 대한 대학 강의를 진행한 경험이 있다. 그는 성공적으로 자바, TDD, XP, 객체 지향 개발 방법론을 수백 명의 전문적인 학생들에게 가르쳤다. Langr은 국제 컨퍼런스와 지역 사용자 그룹 모임에서 여러 번 소프트웨어 개발에 대해서 연설을 해왔다.

　그는 수준 높은 자바 코드를 짜기 위한 가이드가 되는 Prentice Hall 출판사의 "Essential Java Style" (Langr2000)을 집필하였고, 5년 후에도 그의 사이트에는 여전히 그의 책 여러 부분에 대한 신뢰의 글이 올라온다. 자바와 TDD에 대한 Langr의 몇 가지 글은 Software Development, C/C++ Users Journal과 여러 온라인 사이트에 실렸다. 여러분은 이런 글을 *http://www.langrsoft.com/resources.html*에서 찾을 수 있다.

Introduction

감사의 글

이 책에 대한 여러 멋진 개발자와 개발자가 되기 위해 공부하는 사람들의 사려 깊은 비평에 감사 드린다.

Object Mentor 사의 Bob Martin에게 조언을 주고, 이전에 고용해 주었으며, 책의 편집자가 되어 준 것에 감사 드린다. Bob의 초기 리뷰를 통해서 이 책의 코드가 좀더 명확해질 수 있었다. 나는 내 책이 Robert Martin 시리즈에 들어가는 것이 매우 자랑스럽다. 또한 이 책에 Ron Jeffries가 친절한 글을 싫어 주신 것을 영광으로 생각한다.

ThoughtWorks의 Jeff Bay는 내가 이 책을 쓰는 데 당장 필요한 혹독하고 정직한 평가를 해주었다. Jeff는 각 레슨 끝의 훌륭한 연습 문제를 담당해주었다.

Steve Arneil, Dave Astels, Tim Camper, Dan D'Eramo, Michael Feathers, Paul Holser, Jerry Jackson, Ron Jeffries, Bob Koss, Torri Lopez, Andrew Masters, Chris Mathews, Jim Newkirk, Wendy, David Peterson, Michael Rachow, Jason Rohman, Tito Velez, Jeroen Wenting에게 감사 드린다. 이 분들은 이 책에 대한 광범위한 평가를 해주었다.

Paul Petralia와 Prentice Hall의 그의 팀에게 이 책을 가능한 부담 없이 쓰게 해 준 것에 대해서 특별히 감사 드린다.

내 형제 Christine Langr에게 표지 사진과 여러 디자인을 도와준 것에 감사한다.

San Antonio의 Jim Condit에게 Nerf 연주와 벽돌집을 빌려준 것에 감사드린다. 그리고 예제를 제공해준 아내 Kathy Langr에게 감사 드린다. 또한 집필 과정에서 나를 참아준 것에 다시 감사한다.

Agile Java

시작하기 전에

저자는 소프트웨어 장인이다. 저자는 문제를 빠르게 해결하기 위해서 소프트웨어 개발에 많은 시간을 들였다. 동시에 해결방법이 잘 구성된 코드가 되도록 노력했다. 불가능한 것을 알고 있지만 코드를 완벽하게 하기 위해서 노력했고, 특히 즉시 상용 프로그램이 되도록 하기 위해 노력했다. 매일 작성한 코드에 자존심을 걸고, 동시에 전날에 만든 코드를 보면서 "도대체 무슨 생각을 한거지?"라는 생각을 한다. 어떤 일을 다음 번에는 좀 더 낫게 그리고 작은 노력으로 하려는 끊임 없는 노력, 이것이 나에게는 장인 정신이다.

이 책은 자바 개발을 배우고 익숙해지기 위한 성공적인 접근 방법을 보인다. 이 책은 프로그래밍을 가르치고 나 자신이 새로운 프로그래밍 언어를 배우면서 최고의 방법이라고 생각했던 방법론을 전한다. 그 방법론은 많은 수의 작은 피드백을 사용하는 테스트 위주 개발(TDD, test-driven development)이다. 이런 피드백은 여러분의 작업 결과를 좀 더 빨리 확인 할 수 있게 해준다. TDD를 사용하면, 정확한 객체 지향 디자인과 관리하기 쉬운 높은 수준의 시스템을 만들 수 있다.

나는 4년 이상을 상업 시스템에서 TDD를 사용했고 여전히 그 효용성에 놀라곤 한다. 이 방법은 코드의 질을 높이고, 매 주마다 새로운 것을 알려주며, 생산성을 높여준다. 저자는 회사와 Object Mentor에서 TDD를 사용하는 언어 과목을 만들고 가르쳤다.

TDD를 배우기 전에, 저자는 15년 이상을 "고전적인" 방법으로 언어를 배우고, 개발하고 가르쳤다. 학생들은 예제 코드를 만들고 실행한다. 이 학생들은 코드 실행의 결과를 보고 배우는 코드의 피드백을 얻는다. 이것이 맞는 접근방법이기는 하지만, 내 경험으로 이런 방법은 언어의 세부사항에 대한 기억만을 남긴다.

반면에, TDD의 빠르고 수많은 피드백은 코딩을 고치고, 빨리 잘못된 코드를 찾아낼 수 있다. 기존의 코드, 실행, 관찰 방법 역시 피드백을 제공하지만, 훨씬 느린 속도이다. 불행히도, 이런 고전적인 방법이 여전히 언어를 가르치는 대표적인 방법이다.

가르치기 위한 좀더 혁신적인 시도가 있었다. 1990년대에 Adele Goldberg는 젊은 학생을 위해 만들어진 LearningWorks라는 상품을 만들었다. 이 것은 사용자가 약간의 코드를 실행해서 동적으로 시각적인 객체를 관리하도록 해준다. 사용자는 행동에 대한 결과를 즉시 보게 된다. 최근의 자바 연습 도구는 비슷한 방법을 사용한다. 이 도구는 학생이 "살아있는" 객체에 시각적 효과를 주기 위해 약간의 코드를 실행하도록 한다.

이런 방법의 문제점은 배우는 환경에서만 사용될 수 있다는 것이다. 연습을 마치면, 이런 제한된 도구를 사용하지 않고 처음부터 시스템을 구성하는 방법을 다시 배워야 한다. TDD를 학습에 사용하면, 직업적인 소프트웨어 개발에까지 이 기법을 사용할 수 있다.

이 책은 가능한 가장 객체 지향적인 방법을 사용한다. 자바를 배우는데 힘든 부분 중 하나는

Introduction

시작하는 것이다. 어떤 실제적인 클래스를 작성하는 것에 필요한 최소한의 내용을 무엇일까?

대부분의 책은 첫 번째 자바 프로그램인 헬로 월드 응용프로그램에서 시작한다. 하지만 이것은 지나치게 큰 덩어리이다. class Hello { public static void main(String[] args) { System.out.println("hello world"); } } 이 한줄의 코드는 결국 배워야 할 최소한 십여 가지의 개념을 담고 있다. 더 나쁜 것은 이런 십여 개의 개념 중, 적어도 세 가지는 객체 지향 개념에 어긋나기 대문에, 훨씬 나중에 배우는 것이 좋다.

이 책에서는, 처음부터 맞는 코드를 작성하는 방법을 배우고 책의 뒷부분에서 헬로 월드를 완전히 이해하게 될 것이다1). TDD를 사용하면, 즉시 좋은 객체 지향적인 코드를 작성할 수 있다. 여전히 많은 어려움이 있을 것이다. 하지만, 이런 접근 방법은 스태틱 메소드와 배열 같은 그다지 객체 지향적인 개념을 먼저 이해할 필요가 없다. 정해진 시간 안에 핵심적인 자바 개념을 배울 것이지만, 처음에 강조되는 것은 객체이다.

이 책은 기존의 일을 하는 방법에서 완전히 다른 방법을 제시한다. 이 책은 잠시 동안 자바의 문법적 기초가 되고 30년간 사용되어 온, C라는 언어가 없었던 것처럼 설명할 것이다. C는 좋은 언어지만, 좋은 객체 지향 시스템을 만드는데 방해가 되는 요소들을 자바에 남겨두었다. 이 책을 보면서, 여러분은 자바의 고전적인 내용을 배우기 전에 어떤 방법이 좋은지를 배우게 될 것이다.

이 책은 누구를 위한 것인가?

나는 자바를 주 언어로 사용하고자 하는 새로운 프로그래머를 위해 이 책을 기획했다. 이 책은 TDD에 익숙하지만 자바를 알지 못하거나 반대인 프로그래머에게도 유용할 것이다. 경험이 많은 자바 개발자는 이 책이 제시하는 것들이 일을 해결하는 새롭고 나은 방법이라는 것을 알게 될 것이다.

이 책은 자바 2 스탠다드 에디션(J2SE) 5.0 버전에 대한 것이다.

썬(Sun)사는 핵심 자바 언어를 확장하기 위해서, 십여 가지의 클래스 라이브러리 혹은 API(application programming interface)를 만들었다. 그 예로서 JMS(java messaging servce)는 표준적인 메시지 기반 솔루션의 정의를 제공한다. EJB(Enterprise Java Beans)는 큰 기업단위 솔루션을 위한 콤포넌트 기반 소프트웨어를 위한 도구를 제공한다. JDBC(Java Database Connectivity)는 관계형 데이터베이스와의 연동을 위한 표준 인터페이스를 제공한다. 약 십여 개의 확장된 API가 J2EE(Java 2 Enterprise Edition)이라고 불린다. 많은 이런 API가 완전한 이해를 위해서 책 한권이 필요하다. J2EE에 대해서는 수십권의 책이 있다.

ⓕootnote

1) 그렇다고 초조해할 필요는 없다. 실제로 자바 코드를 컴파일하고 실행하는 환경을 점검하기 위해 "헬로 월드" 응용프로그램부터 시작할 것이다. 하지만 처음부터 이해할 필요는 없다.

이 책은 개요 수준에서 몇 가지 추가적인 API만을 다룬다. 많은 기업 응용프로그램에서 흔히 사용되는 로그, JDBC, 스윙과 같은 기술을 이 책에서 배울 것이다. 일부 정보(예를 들면, 로그)는 대부분의 응용프로그램을 위해서 충분할 만큼을 배운다. 다른 레슨은(예를 들면, 스윙과 JDBC) 기술에 대한 기본적인 이해만을 하게 될 것이다. 이런 레슨은 시작하기에 충분하고, 어떻게 추가적인 정보를 얻을 수 있는지 알려준다.

모바일 응용프로그램을 작성한다면, J2ME(Java 2 Micro Edition)을 사용할 것이다. J2ME는 휴대폰과 같은 제한된 자원을 가진 환경을 위해 만들어진 자바 버전이다. J2ME는 J2SE에 비해서 상당한 제한이 있다. 이 책은 J2ME에 한정된 것은 다루지 않을 것이다. 하지만 자바 개발의 대부분의 기술과 개념은 J2ME에도 적용된다.

추가적인 자바 기술을 사용하기 위해서는, 먼저 핵심 언어와 J2SE에서 제공되는 라이브러리를 이해해야 한다. 이 책은 이런 기본 지식을 만드는데 도움이 될 것이다.

이 책에 없는 것

이 책은 자바 언어의 모든 면을 전문적으로 다루지 않는다. 대신 언어를 배우기 위한 빠른 방법을 제공한다. 모든 고기를 잡아주기보다는 고기를 잡는 방법과 언젠가 고기를 찾을 수 있는 방법을 보여준다. 대부분의 핵심 언어 개념을 배울 것이다. 사실 15개 레슨을 배운 후에는 수준 높은 상용 자바 코드를 만들 수 있을 것이다. 하지만, 이 책에서 다루지 않은 난해한 언어 기능과 미묘한 부분들이 있다.

언어의 애매한 부분을 잘 알려면 자바 언어 명세서(JLS, java language specification)를 사용하면 된다. JLS의 두 번째 에디션은 *http://java.sun.com/docs/books/jls*에 있다. 이 에디션은 J2SE 5.0 이전 버전을 다룬다. JLS의 세 번째 에디션은 이 책을 쓰는 동안 진행되고 있다. 관리자용 버전을 *http://java.sun.com/docs/books/jls/java_language-3_0-mr-spec.zip*에서 찾을 수 있다.

자바 API에 대한 추가적인 이해를 위해서는, 자바 API 문서와 실제 소스 코드가 시작하기 좋은 장소이다.

이 책은 자격증 가이드가 아니다. 자격증 공부에 도움이 되지 않을 것이다. 자격증에 좋은 책은 시험을 보는 방법을 알려줄 것이다. 또한 처음부터 그렇게 작성되어서는 안 되는 잘못 작성된 코드를 해독하는 방법을 가르친다. 이 책은 전문가로서 자바 코드를 작성하는 방법을 가르친다.

이 책은 여러분의 응석을 받아주지 않는다. 프로그램을 배우는 것은 굉장한 도전이다. 프로그래밍은 문제를 생각하고 해결하는 것이다. 바보들도 할 만큼 쉬운 것이 아니다. 여러분의 지적 능력을 이 책에서 욕하려 하지는 않는다. 말하자면, 이 책을 즐길 수 있고 쉽게 읽을 수 있도록 하고 싶었다. 이 책은 여러분이 전문적인 개발과정에서 늘 하게 될 것처럼, 여러분과 나 사이의 대화이다. 또한 컴퓨터와 여러분 사이의 대화이기도 하다.

Introduction

:: TDD의 권리

TDD를 사용해온 어떤 개발자는 이 책에서 저자의 접근 방법과 그들의 방법 사이의 차이를 알아챌 것이다. TDD를 적용하는 방법은 여러 가지가 있다. 어떤 방법도 완벽하거나 완전히 맞는 방법이라고 정해진 것은 아니다. 여러분에게 가장 맞는 방법을 사용하자. 앞으로 배울 기본적 원칙을 위반하지 않는 한 가장 상식적인 방법을 사용한다.

코드를 개선할 수 있는 부분을 찾게 될 것이다[2]. 초보 개발자로서도, 여러분은 마음에 들지 않는 코드를 보게 될 것이다. 나에게 연락을 해주기 바란다. 여러분의 제안을 보내고, 다음 에디션에서는 이런 사항을 반영할 수 있을 지도 모른다. 그리고, 자신의 구현코드를 고쳐 나간다. 여러분은 거의 모든 코드나 기법을 개선할 수 있다.

이 책의 첫 번째 레슨 뒤에는, 갑자기 한번에 작성된 것처럼 보이는 코드가 있다. 이것은 사실이 아니다. 각 테스트는 확인단위로 추가되었으며, 책에서 보여줄 수 있는 것보다 훨씬 작은 추가가 반복되었다. 여러분이 코드를 작성할 대도 이것을 명심하자. TDD의 가장 중요한 부분은 작은 단계를 반복하면서 계속해서 피드백을 받는 것이다. 작다고 말하는 것은 작은 것을 말한다! 작은 단계로 나누었다고 생각하면, 더 작게 나눈다.

이 책을 어떻게 사용하는가

이 책의 핵심 부분은 15개 레슨이며 각각 30페이지 정도이다. 자바, TDD, 객체지향의 초보단계부터 시작해서, 전문 자바 개발자로서의 튼튼한 기반을 만들 것이다.

핵심 레슨은 꼭 필요하다. 레슨 1에서 시작해서 완전히 마친 후 다음 레슨으로 넘어가야 한다. 핵심 레슨이 끝나면, 자바 코드를 어떻게 작성해야 하는지 알 수 있을 것이다.

15개의 핵심 레슨을 마치지 않으면, 좋은 자바 코드를 작성하는 방법을 알지 못할 것이다 (완전히 마친다고 해도, 전문가가 아니다. 아직은..). 각 레슨은 이전 레슨에 추가된다. 레슨을 마치기 전에 멈춘다면, 완전히 이해하지 못할 것이고, 엉망인 코드를 만들게 될 것이다.

각 레슨은 보게 될 주제를 간단히 요약하면서 시작한다. 나머지 레슨은 설명이다. 각 언어 속성을 글로 설명하고, 테스트 코드를 보여준다. 저자는 TDD 기법과 객체지향, 좋은 개발 습관을 여러 곳에서 지적할 것이다.

몇 가지 자바 주제를 다루기 위해서 세 가지 추가 레슨을 제공한다. 이 레슨 중 둘은 사용자 인터페이스 개발을 위한 도구인 스윙을 소개한다. 이 두 레슨은 자바에서 사용자 인터페이스를 만들기에 충분한 정보를 제공한다. 하지만 더 큰 목적은 TDD를 이용해서 스윙을 만드는 방법을 배우는 것이다. 세 번째 추가 레슨은 많은 자바 개발자가 알아두어야 할, 몇 가지 자바 주제에 대한 개요를 다룬다.

Footnote

[2] 지속적으로 같이 개발하는 짝이 있는 것이 도움이 된다.

가장 효과적인 학습을 위해서, 테스트의 모든 부분을 입력하고 실행하고 보여주는 코드를 구현하면서 레슨을 진행해야 한다. 코드를 다운로드 할 수 있지만, 코드를 직접 입력할 것을 권장한다. TDD를 정확하게 하는 것은 테스트와 실제 코드 사이를 왔다 갔다 하는 리듬을 이해하는 것이다. 코드를 다운로드하고 실행한다면, 많은 것을 배울 수 없을 것이다. 키보드의 촉감이 학습의 큰 부분이다.

하지만, 저자는 어떤 식으로 일을 할지 정해줄 수는 없다. 코드를 *http://www.LangrSoft.com/agileJava/code*에서 다운로드 할 수 있다. 코드는 레슨별로 정리되어 있다. 각 레슨이 끝날 때의 상태로 코드를 두었다. 이것으로 어떤 지점을 선택하는 것이 가능할 것이다.

연습문제

이 책의 각 15개 레슨은 대학을 위한 학생 정보 시스템의 일부를 만든다. 이 한가지 주제가 어떻게 점진적으로 현재의 코드를 만들고 확장하는지를 아는데 도움이 될 것이다. 각 레슨은 몇 개의 연습문제로 끝난다. 이 연습문제는 Jeff Bay가 제공했고, 체스 응용프로그램을 만든다.

예제의 일부는 향상되고 상당히 도전적이다. 하지만 모두를 하는 것을 권장한다. 연습문제는 진짜 학습이 시작되는 곳이다. 여러분은 저자의 도움 없이 자바를 사용해서 문제를 해결하는 방법을 배운다. 모든 연습문제를 하는 것은 각 레슨의 내용을 확실하게 하는 두 번째 기회가 될 것이다.

이 책의 관행

코드는 글과 함께 나온다. 만약 "아래"의 코드를 참조하면, 다음으로 읽게 될 코드를 말하며, "위"의 코드는 이전에 읽은 코드를 말한다.

코드(아래)는 다른 폰트로 표시된다.

```
this.isCode();
```

큰 블록의 작은 부분이 굵은 글씨로 표시될 수도 있다. 굵은 글씨는 새로운 코드이거나 현재 예나 특별히 중요한 코드이다.

```
class B {
  public void thisIsANewMethod() {
  }
}
```

글에 직접 나오는 코드는 역시 다른 폰트로 표시된다. 하지만, CourseSession과 같은 클래스 이름은 나머지 글과 같은 폰트로 나온다.

흔히 말 줄임표를 코드 예제에 사용할 것이다. 이런 말줄임표는 이미 클래스에 있지만 현재 필요하지 않은 경우 사용한다.

```
class C {
  private String interestingVariable;
  ...
  private void someInterestingMethod() {
  }
  ...
```

이 책의 토론은 영어로 개념을 표현하고, 코드로 그들을 다시 표현한다. 예를 들면, 지급을 취소한다고 말하거나 PayrollCheck 객체에 cancel 메시지를 보낸다고 표현할 것이다. 개념은 요구사항을 이해하고 코드로 표현하는데 필수적인 연결 고리가 된다.

클래스 이름은 일반적으로 Customer와 같이 단수 명사이다. "여러분은 Customer 클래스를 여러 개의 Customer 객체를 만들기 위해 사용한다." 가독성 면에서, 저자는 이런 Customer 객체를 클래스 이름의 복수형으로 사용한다.

새로운 용어는 처음에 이탤릭체로 표시한다. 대부분의 이런 용어는 용어집(부록 A)에 나온다.

이 책에서, 명세서를 받아서 그것을 자바 코드로 변환할 것이다. 이런 요구사항은 정형적이지 않은 글로 표현한다. 실제 상황에서는 요구사항에 따른 배경이 있으며, 배경의 이해가 부족한 경우 대화가 필요하다. 이 책에서는 배경 이야기가 맞지 않는 경우 좀더 읽어보자. 그리고 테스트에서 배경을 이해할 수 있는지 찾아보자.

이 책에서는 배경을 "이야기" 아이콘으로 표시할 것이다. 이 아이콘은 배경 이야기를 서술적으로 표현한다.

프로그래밍의 기법을 배우는 가장 좋은 방법은 경험 많은 실무자와 일하는 것이다. 프로그래밍에 많은 "비밀"이 있는 것을 알게 될 것이다. 어떤 비밀은 기술을 익히기 위해서 반드시 알아야할 기본적인 개념이다. 다른 비밀은 피하고 싶은 함정이다. 성공적인 자바 프로그래머가 되려면, 이런 도전을 해결하고 배운 것을 기억해야 한다.

다리 아이콘으로 중요한 부분을 표시할 것이다. (다리로 함정을 건널 수 있다.) 이런 주요 부분은 자바뿐 아니라 다른 언어에서의 개발에서도 적용된다.

개 요

이 장은 자바, 객체 지향 프로그래밍, 테스트 위주 개발 등 책의 주요 개념에 대한 간단한 소개를 한다. 다음 질문에 대한 답을 얻을 수 있을 것이다.

- "애자일(agile)"은 무엇인가?
- 자바는 무엇인가?
- 객체 지향 프로그래밍은 무엇인가?
- 왜 객체 지향 프로그래밍인가?
- 객체는 무엇인가?
- 클래스는 무엇인가?
- 왜 UML인가?
- 계승은 무엇인가?
- 왜 테스트 위주 개발을 하는가?

애자일(agile)은 무엇인가?

이 책의 제목은 애자일 자바이다. "애자일"은 관련된 몇 가지 소프트웨어 개발 방법론을 지칭하는 새로운 단어이다. 넓은 의미에서, 방법론은 소프트웨어를 만드는 과정이다. 팀의 일부로서 소프트웨어를 만드는 여러가지 이런 방법론이 존재한다. 또한 많은 이런 접근 방법은 정형화되어서 방법론으로 알려진다. 몇 가지 주된 프로세스가 있다. 아마도 워터폴, RUP(Rational Unified Process), XP(extreme programming), Scrum 같은 이름을 들어보았을 것이다.

방법론은 어떻게 효과적으로 일을 배울 지를 결정할 방법으로 개선되어 왔다. 워터폴은 많은 문서, 고정된 요구사항 정의와 시스템 디자인, 몇 개로 나뉜 개발 단계를 사용해서 소프트웨어를 만드는 오래된 방법이다. 그 이름은 한 단계에서 다음 단계로 나가는 진행 흐름을 표현하는 다이어그램에서 유래되었다.

워터폴 모델이 어떤 경우 적합하지만, 다른 소프트웨어 개발 프로젝트에서 큰 문제를 일으킬 수 있는 단점이 있다. 워터폴 프로세스를 사용하는 것은 프로젝트를 진행하면서 변경할 수 없는 부분이 많다는 것을 의미한다. 이런 이유로, 워터폴은 가끔 무거운 프로세스로 불린다. 이 방법론은 상당히 부담스럽고 변화에 빠르게 반응할 수 없도록 개발 팀을 제한하기 때문에 무겁다.

반면에 애자일 프로세스는, 상당히 최근의 경향이며, 가벼운 프로세스이다. 애자일 프로세스를 따를 때, 문서나, 고정된 것에 큰 의미를 두지 않는다. 애자일 프로세스는 변화를 고려하여 디자인되었다. XP는 아마도 가장 잘 알려진 애자일 프로세스일 것이다.

RUP는 다른 잘 알려진 프로세스이다. 기술적으로 RUP는 프로세스 프레임워크이다. 여러분 스스로의 프로세스를 만들기 위해서 골라서 사용할 수 있는 방법의 목록을 제공한다. 이런 RUP 프로세스 인스턴스는 무거운 프로세스와 애자일 프로세스의 범위를 넘나들 수 있다. 어떤 종류의 프로세스를 따르거나, 소프트웨어를 만들 때 항상 다음 것을 해야 한다.

- 분석 : 소프트웨어가 어때야 하는지를 요구사항을 모으고 교정해서 무엇을 만들어야 하는지를 결정한다.
- 계획 : 소프트웨어를 만드는데 얼마나 오래 걸릴지를 결정한다.
- 디자인 : 만든 것을 어떻게 합할 것인지 결정한다.
- 코딩 : 하나이상의 프로그래밍 언어를 사용해서 소프트웨어를 작성한다.
- 테스트 : 만든 것이 동작하는 것을 확인한다.
- 배포 : 소프트웨어를 실행되고 사용될 환경에 적용한다.
- 문서화 : 소프트웨어 사용방법을 사용자에게 설명하거나, 소프트웨어를 관리하는 방법을 개발자에게 설명하는 등, 여러 대상에게 소프트웨어를 설명한다.
- 리뷰 : 서로간의 합의에 따라 소프트웨어가 유지 가능하고 높은 수준을 유지하는 것을 확인한다.

이 모든 것을 하지 않는다면, 여러분은 코드를 만들고 포기해서 사용을 고려하지 않는, 해킹을 하고 있는 것이다. XP와 같은 어떤 프로세스는 위의 모든 것을 하지 않는 것처럼 보인다. 실제로는 다른 방법으로 위의 단계를 진행하는 것이다.

이 책에서는 방법론에 대해서는 거의 다루지 않을 것이다. 방법론을 배우는데 집중된 책을 한 책장만큼 찾을 수 있을 것이다. 대부분의 개발 팀은 복합된 방법론을 사용한다. 여러 가지 알려진 방법론에서 성공적인 방법을 선택하고 스스로의 필요에 따라 수정해나간다. 많은 개발 단체가 방법론을 알지 못한다. 하지만 이런 단체조차도 어떤 종류의 명시되지 않은 프로세스를 따른다.

이 책은 소프트웨어를 만드는 것에 관한 책이다. 애자일 자바는 테스트 위주 개발 혹은 TDD에 집중한다. TDD는 자체가 방법론은 아니지만, 어떤 소프트웨어 개발 프로세스의 일부로도 사용할 수 있다. TDD는 XP에서 도출되었다. 하지만 TDD를 적용하거나 이 책을 사용하기 위해서 XP를 알 필요는 없다!

나는 이 책에서 XP나 다른 개발 방법론에 대해서 거론하지 않을 것이다. 이 책은 애자일 방법으로 코드를 만들고 고쳐가도록 구성하였다. 여러분은 TDD를 통해 시스템에 변경을 적용하는 방법을 배울 것이다. 상상할 수 있는 가장 고정된 프로세스를 사용한다고 해도, 여전히 높은 수준의 자바 코드를 만들기 위해 이 책의 기법을 적용할 수 있다.

Agile Java

자바는 무엇인가?

사람들이 자바를 말할 때, 그들은 흔히 자바 언어를 말한다. 자바 언어는 컴퓨터가 응용프로그램 혹은 프로그램을 실행하도록 명령 혹은 코드를 쓰도록 해준다. 응용프로그램의 예는 마이크로소프트 워드, 네스케이프 그리고 모니터 한쪽에서 실행되는 작은 시계이다. 코딩 혹은 프로그래밍은 프로그램을 작성하는 행위이다.

자바를 말할 때 사람들이 말하는 다른 것은 자바 플랫폼이다. 플랫폼은 일반적으로 응용프로그램이 실행되는 윈도우즈나 유닉스 같은 내부 운영체제를 말한다[1]. 자바는 플랫폼으로 동작한다. 언어를 정의할 뿐 아니라 응용프로그램과 내부 운영 체제 사이의 계층으로 동작한다. 자바는 그 자체로 작은 운영 체제이다. 이것은 한 언어로 코드를 작성하고 거의 모든 운영체제에서 실행할 수 있는 이유이다. 자바 소프트웨어 개발 키트(SDK, software development kit)를 다운로드받을 수 있으며, SDK는 다음 주 컴포넌트를 포함한다.

- 컴파일러(javac)
- 가상 기계 혹은 VM(java)
- 클래스 라이브러리 혹은 API(application programming interface)

컴파일러는 자바 소스 파일을 읽어서 올바른 자바 코드인지 확인하고 클래스 파일을 만드는 프로그램이다. 소스 파일은 여러분이 작성한 코드를 포함하는 텍스트 파일이다. 클래스 파일은 컴파일러를 사용해서 작성한 코드에 해당하는 바이트 코드를 포함하도록 생성된다. 바이트 코드는 VM이 빠르게 읽고 해석할 수 있는 형태로 저장된다.

VM(혹은 JVM)은 클래스 파일의 코드를 실행하는 프로그램이다. "가상 기계"라는 용어는 자바 응용프로그램의 입장에서는 마치 완전한 플랫폼 혹은 운영체제처럼 동작하기 때문에 생긴 용어이다. 여러분의 코드는 직접 운영체제 응용 프로그램 인터페이스를 호출하지 않는다. 즉 C나 C++과 같은 언어로 윈도우즈를 직접 사용하지 않는다.

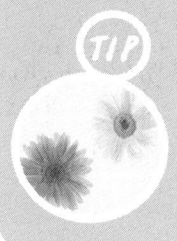
숫자 게임

자바의 역사에는 많은 중요한 배포가 있었다. 첫 번째 공개 배포(1996년)는 자바 1.0이다. 거의 일년마다 1.1, 1.2, 1.3, 1.4가 다음 이었다. 버전 1.2 부터 썬(Sun)사는 플랫폼을 단순히 자바 2로 바꿨다. 마지막 버전에서는 크게 바뀐 부분을 반영하여 새로운 버전 규칙을 적용했다. 이 책에서 다루는 버전은 자바 2 스탠다드 에디션 5.0이며, 책에서는 생략된 이름인 J2SE 5.0을 사용할 것이다.

Footnote

1) [WhatIs2004].

대신 여러분은 자바 언어로만 코드를 작성하고, 자바 SDK의 일부로 제공되는 클래스 라이브러리 혹은 API라는 라이브러리를 사용한다. 여러분은 VM을 그 역할 때문에 인터프리터로 생각 할 수도 있다. VM은 여러분의 코드를 해석하고, 필요하다면 내부 운영체제를 사용해서 이런 사항을 실행한다. VM은 또한 코드에 필요한 메모리를 할당하고 제어하는 역할을 한다.

자바는 객체 지향 프로그래밍 언어로 불린다. 객체 지향 프로그래밍 언어라는 기본 전제는 실세계의 물체, 혹은 객체에 대한 추상화를 한다는 의미이다. 예를 들면, 여러분은 실세계 계산기의 특성을 에뮬레이트하는 계산기 코드를 만들 수 있다.

만약 전에 프로그래밍을 해보지 않았다면, 운이 좋은 것이다. 객체 지향 프로그래밍은 코볼이나 C와 같은 비객체지향 프로그래밍 언어를 이미 배운 것보다 처음부터 시작하는 것이 쉽다. 순차적 혹은 선언적 언어에 익숙하다면, 이 장을 몇 번 읽어봐야 한다. 객체 지향을 배우는 것이 쉽지 않다는 것을 알아두자. 머리 속의 전구가 꺼지지 않는 상태를 유지하려면 몇 달이 필요할 것이다.

이 장은 객체 지향의 기본을 설명한다. 개념적으로 OO는 충분히 직관적이지만, 개념을 받아들이기 위해서는 약간의 시간과 명확한 코드가 필요하다. 따라서 이 장은 간단하다. 대신, 자바 코드를 배우면서 많은 객체 지향을 배울 것이다.

왜 객체지향인가?

객체 지향 프로그래밍은 1960년대 이후 크게 사용되지 않았지만, 1990년대가 되면서 받아들여지기 시작했다. 객체로 어떻게 프로그램을 잘 만들 것인지에 대해 우리가 아는 많은 것은 지난 10년간 발견되었다. 가장 중요한 것은 OO가 제대로 적용된다면, 소프트웨어 응용 프로그램을 관리하고 유지하는 능력을 향상시켜준다.

객체란 무엇인가?

객체는 어떤 개념에 대한 코드 단위의 추상화이다. 지금 시스템을 만든다고 한다면, 객체는 수표, 근로자의 연봉, 수표 프린트와 같은 것의 프로그램에서의 표현이 될 수 있다. 또한 동작을 추상화 할 수도 있다. 추상화는 "핵심적인 것을 강조하고, 불필요한 것을 제거한다[2]"라는 말로 가장 잘 정의될 수 있다.

수표 객체는 수표 번호, 수취인, 금액과 같은 여러 가지 세부사항을 포함할 것이다. 하지만 지

---

2) [Martin2003].

불 시스템은 수표의 크기나 색 같은 것은 고려하지 않으므로 지불 시스템 코드에서 이런 것을 포함할 필요는 없다. 만약 수표 출력 시스템을 생각하고 있다면 이런 것을 생각해야 할 수도 있다.

실세계에서 적절한 것을 객체로 사용하는 것이 좋지만, 실세계의 내용을 너무 깊이 코드에 넣지 않도록 조심해야 한다. 예를 들면, 지불 시스템은 피고용자 ID, 연봉을 포함한 피고용자 객체를 가질 수 있다. 또한 피고용자의 연봉을 올릴 수 있어야 한다. 실세계 디자인은 코드의 다른 곳에서 연봉 인상을 처리할 수 있지만, 사실 객체지향 시스템에서 가장 적절한 방법은 피고용자 객체가 인상을 위한 코드를 실행하는 것이다. 애자일 자바에서는, 이런 종류의 디자인 결정을 내리는 방법을 알게 될 것이다.

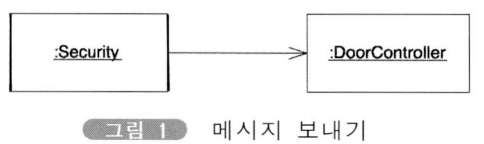

그림 1   메시지 보내기

객체 지향 시스템은 동작에 관한 것이어야 한다. OO(객체 지향)의 핵심 개념은 동작에 영향을 주기 위해 객체끼리 메시지를 주고받은 것이다. 한 객체는 다른 객체에 어떤 것을 요청하는 메시지를 보낸다. 실세계 예제에서, 나는 여러분에게 현관을 잠그라고 말할 수 있다. OO시스템에서 문 제어 객체는 문을 잠그기 위해 자기 장치 하드웨어 기구를 조절하기 위해 사용한다.

어떤 경우에도, 메시지를 보내는 쪽은 추상적인 개념에만 관심이 있다. 메시지 전송 측은 문이 어떻게 잠기는 지에는 관심이 없다. 어떻게 이런 일이 일어나는지는 메시지 수신 측에서만 알 수 있다. 이것은 캡슐화(encapsulation)라고 불리는 OO의 주요 개념이다. 객체는 시스템에서 다른 객체에 불필요한 세부 사항을 숨겨야 한다.

어떤 구현을 대신해서 다른 구현을 넣어도 클라이언트 코드에서는 알지 못하고 관련이 없어야 하는 속성이 폴리모피즘(polymorphism)이다. 보안 시스템은 문 제어기가 자기식이거나 전기식이거나 관계가 없다. 이 레슨에서 폴리모피즘을 좀더 자세히 배울 것이다.

 클래스는 무엇인가?

보안 시스템이 적용된 빌딩의 다른 여러 곳에 다섯 개의 자기식 문이 있다고 하자. 각 문은 따라서 다른 물리적 위치의 다른 객체이다. 하지만 모든 문은 잠기거나 하는 공통 동작을 공유하므로, 객체의 관련된 그룹의 공통성을 정의하는 방법으로 분류될 수 있다. 이것은 새로운 객체를 만드는데 필요한 틀이며, 청사진이다.

An Agile Overview

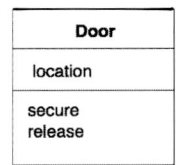

그림 2 Door 클래스

이 OO 보안 시스템은 Door 클래스를 정의할 수 있다. Door 클래스는 모든 Door 객체가 잠그고 여는 동작을 포함해야 한다고 명시한다. 추가로, 각 Dorr 객체는 스스로의 위치를 유지해야 한다. Door 클래스에 대한 그림은 그림 2에 있다.

클래스 박스는 클래스의 이름을 처음(가장 위)에 보여준다. 두 번째 칸은 객체가 저장하는 정보인, 속성 리스트이다. 세 번째 칸은 각 Door 객체가 지원하는 동작의 리스트이다.

객체 지향 프로그래밍 언어에서, Dorr 클래스는 새로운 객체를 만드는 즉 인스턴스화 하는 기본이 된다. 인스턴스화하는 각 객체는 메모리에서 개별 영역을 할당받는다. 객체의 수정은 메모리상의 다른 객체에는 영향을 주지 않는다.

클래스 다이어그램은 객체 지향 시스템의 구조를 표현하기 위해 사용된다. 이 다이어그램은 클래스가 서로 어떻게 연관되는지를 보여준다. 클래스 다이어그램은 시스템의 빠른 시각적 이해를 제공한다. 또한 이것으로 시스템 디자인의 질을 평가할 수 있다.

클래스 다이어그램에서 모든 관계의 기본은 결합이다. 두 클래스 간의 결합은 한 클래스가 다른 클래스에 의존적이거나 서로간에 의존적일 때 생긴다. 클래스 A가 클래스가 B가 있는 상황에서만 동작한다면, 클래스 A는 클래스 B에 의존적이다.

클래스 A가 클래스 B에 의존적이 되는 주요 이유는 클래스 A가 하나 이상의 메시지를 클래스 B에 보내는 경우이다. Security 객체는 DoorController 객체에 메시지를 보내기 때문에 Security 클래스는 DoorController 클래스에 의존적이다.

두 클래스간의 한 방향 의존성은 화살표 결합으로 표시한다(그림 4 참조).

왜 UML인가?

이 책은 UML(unified modeling language) 표준을 코드의 일부를 표현하기 위해 사용한다. 이전의 클래스 박스는 UML을 사용한 것이다. UML은 객체 지향 시스템을 모델링하는 사실상의 표준이다. UML을 사용하는 것의 이점은 세계적으로 이해할 수 있고, 빠르게 다른 개발자에게 디자인 개념을 보일 수 있기 때문이다.

UML 자체는 방법론이 아니다. 이것은 다이어그램 언어이다. 어떤 종류의 객체지향시스템의 문서화를 위해 사용되는 도구이다. UML은 거의 방법론에 관계없이 프로젝트에서 사용될 수 있다.

이 책은 사용하는 UML 기초에 대해서 설명할 것이다. UML을 좀더 잘 이해하는 방법은 Martin Fowler가 쓴 UML Distilled[3]를 보는 것이다. 또한, *http://www.omg.org/technology/documents/formal/uml.htm*에서 온라인으로 최근 버전의 UML 명세서를 찾을 수 있다.

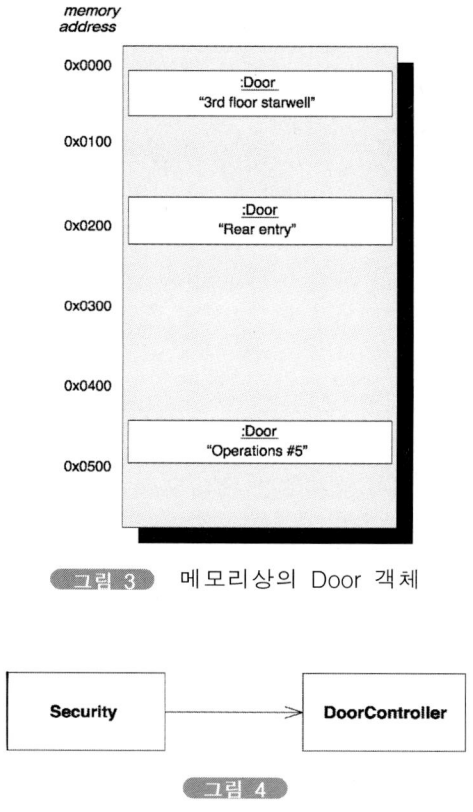

그림 3 메모리상의 Door 객체

그림 4

대부분의 이 책이 UML 다이어그램은 최소한의 세부사항만을 표시한다. 저자는 보통 속성을 생략하고, 특별히 중요한 동작만을 표시한다. 크던 작던, 저자는 UML을 시스템 디자인의 시각적 표현을 위해 사용할 것이다. UML 표현은 디자인이 아니다. 디자인의 모델이다[4].

UML이 시스템의 디자인을 이해하는데 도움을 주는 만큼, 값지고 쓸모 있다. 코드에서 더 쉽게 이해할 수 있는 정보를 중복하기 시작하면, UML은 짐이 되고, 관리상의 지나친 부담이 된다. UML을 현명하게 사용하면, 의사소통의 귀중한 도구가 될 것이다.

---

3) [Fowler2000].
4) [Martin2003/Reeves1992].

계승(inheritance)은 무엇인가?

계승(inheritance)이라고 알려진 객체 지향 개념에 대한 간단한 토의가 첫 번째 레슨의 개념을 이해하는데 도움이 될 것이다. 계승은 시스템 내의 다른 클래스를 기본으로 특별한 동작을 추가하는 클래스 간의 관계이다.

실세계에서, 문은 들어가거나 나가기 위해 사용되며 열거나 닫을 수 있는 물건의 클래스이다. 이런 공통사항 외에, 문을 좀더 세분할 수 있다. 자동문, 엘리베이터 문, 은행 금고 문, 등이 있다. 이들은 여전히 열고 닫을 수 있는 문이지만, 각각은 야간의 추가적인 특별한 동작이 있다.

보안 시스템에서, 일반적인 Door 클래스는 열고 잠그는 기능이 있고 객체의 위치를 저장하고 있다. 하지만, 추가적인 동작이나 속성을 제공하는 특별한 문을 만들어야 할 경우도 있다. AlarmDoor는 보안문의 기능 뿐 아니라, 활성화되었을 때 청각적인 알람을 울리는 기능을 제공한다. AlarmDoor의 잠그고 여는 동작은 Door 클래스와 같기 때문에 AlarmDoor는 Door 클래스를 계승해서 알람 활성화에 대한 명세만 제공하기를 바란다.

계승은 AlarmDoor 클래스가 특별히 정의하지 않고도 잠그고 여는 동작을 재사용하도록 해준다. AlarmDoor 객체에 대해서, 이런 동작은 AlarmDoor 클래스에 정의된 것처럼 행동한다.

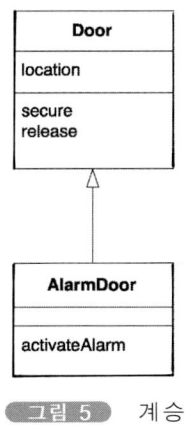

그림 5 계승

AlarmDoor와 Door의 이 관계 역시 화살표 결합인 것에 주의하자. AlarmDoor는 Door에 의존적이다. Door에서 동작과 속성을 계승하므로, Door가 없다면 존재할 수 없다. UML은 계승 관계를 막힌 화살표로 표시한다.

Agile Java

첫 번째 레슨에서, 테스트 프레임 워크를 이용하기 위해서 계승을 사용한다. 이후 레슨에서, 계승을 좀더 깊이 배울 것이다.

왜 테스트 위주 개발인가?

이 책의 거의 모든 코드를 TDD를 사용해서 작성한다. TDD는 테스트로 시스템을 명시하는 기법이다. 테스트를 결과 코드를 작성하기 전에 만든다. 먼저 결과 코드를 구현하고 나서 구현한 것에 대해서 테스트를 작성하지 않는다5).

TDD는 하루의 코드에서 반복되는 간단하고 짧은 사이클의 구조이다. 각 사이클은 몇 초에서 몇 분간이며, 다음 단계로 구성된다.

- 단위(unit)6) 테스트의 형식으로 코드로 명세를 작성한다.
- 테스트가 실패하는 것을 확인한다(명세에 해당하는 부분을 아직 구현하지 않았다.)
- 명세를 만족하는 코드를 작성한다.
- 테스트가 성공하는 것을 보인다.
- 시스템의 깨끗한 코드 상태를 유지하기 위해서 "재구성" 혹은 코드를 재작성한다.

이것이 다이다. 추가한 코드가 시스템의 다른 부분을 망가뜨리는지 확인하기 위해서, 여러분은 항상 전체 시스템의 모든 테스트를 실행한다.

테스트는 시스템의 몇 가지 장점을 준다.

- 코드 수준. TDD는 그 정의상 시스템의 모든 것을 테스트하기 때문에 버그의 수를 최소화한다. TDD가 시스템의 다른 클래스에 크게 의존하지 않는 분리된 디자인을 강요하기 때문에 시스템 디자인을 향상시킨다.
- 기능의 문서화. 각 단위 테스트는 결과 클래스의 적절한 사용방법을 지정한다.
- 적응성. 테스트를 가지고 있으면, 이미 작업한 다른 부분을 망가뜨릴 염려 없이 코드의 질을 계속해서 높일 수 있다. 이것은 유지 비용을 낮춘다.
- 일정한 개발 속도. TDD의 각 사이클이 매우 짧기 때문에, 피드백 수준이 높다. 구멍이 있다면 금새 찾게 될 것이다. 개발의 일정하고 한결 같은 속도를 유지하는 것을 배울 것이다.

TDD의 추가적인 이점은 이 책의 예제를 보여주는 것을 도와준다. 여러분은 명세서를 테스

---

5) [Langr2001].
6) 테스트는 코드의 기능 단위를 확인한다. 단위 테스트에 대한 다른 용어는 프로그래머 테스트이다.

An Agile Overview

트 코드로 바꾸는 방법을 빠르게 배울 것이고, 테스트 코드를 결과 J2SE 5.0 코드로 바꾸는 방법을 배운다.

　개발자의 입장에서, TDD는 전염되기 쉽다[7]. 진정한 시도를 해본 개발자는 대부분 개발자는 이 귀중한 도구를 그들의 공구함에 보관할 것이다. TDD를 이야기해본 많은 개발자는 기존의 방법으로 돌아가고 싶지 않다고 말했다. 저자는 1996년에 Kent Beck이 스몰 토크 솔루션 콘퍼런스에서 말하는 것을 봤을 때, 처음으로 코드에 대한 테스트를 항상 작성하는 개념을 접했다. 저자의 처음 반응은 "나는 프로그래머지 테스트가 아니야!"였다. 이제 저자는 TDD가 제공하는 가치와 개발 능력을 향상한 것에 놀란다. 그렇지 않으면 지금까지 사용하지 않았을 것이다.

---

footnote

7) [Beck1998].

설정하기

이 부분에서는 시작하기 위해 필요한 것을 한다.

필요한 소프트웨어

:: IDE 혹은 프로그래머용 편집기

자바로 프로그래밍을 하기 위해서는 코드를 시스템에 입력하고 컴파일하고 결과 응용 클래스를 실행해야 한다. 이런 일을 위한 크게 두 가지 방법이 있다.

- 통합 개발 환경(IDE, integrated development environment)을 사용할 수 있다. IDE는 자바에서 응용프로그램을 개발하기 위한 거의 모든 것을 제공한다. IDE의 예는 IntelliJ IDEA, Eclipse, Borland JBuilder, NetBeans 등이다.
  저자는 현재 이 책의 예제를 JetBrains(http://www.jetbrains.com)에서 찾을 수 있는 IntelliJ IDEA를 사용해서 다시 만들고 있다. IDEA는 여러분이 원하는 방식으로 일하도록 해주는 좋은 도구이다. 또한 다른 IDE보다 J2SE 5.0을 먼저 지원하기 시작했다.
- 프로그래머용의 편집기를 사용할 수도 있다. 프로그래머용 편집기는 코드를 작성하고 파일시스템에 저장하는 것을 도와주는 응용프로그램이다. 자바 컴파일러나 VM과 같은 다른 외부 도구를 편집기에서 실행하도록, 설정할 수 있다. 프로그래머용 편집기는 일반적으로 프로그래머의 일을 편하게 만드는 추가 기능을 제공한다. 예를 들어, 대부분의 편집기는 언어에 대한 지원 기능이 있어서 의미있는 단어를 색으로 표시한다.
  인기있는 편집기는 이맥스, vi, TextPad, UltraEdit, SlickEdit 등이 있다. 저자는 개인적으로 TextPad를 좋아한다. 이 프로그램은 27달러로 http://www.textpad.com에서 다운로드받을 수 있다. 윈도우의 메모장을 사용할 수도 있지만, 프로그래밍에 대한 지원이 없기 때문에 프로그래밍에는 비효율적이라는 것을 알게 될 것이다.

:: 편집기와 IDE의 차이는 무엇인가?

IDE는 모두는 아니지만 대부분 하나의 언어에 사용된다. IntelliJ IDEA, JBuilder, NetBeans는 자바를 목적으로 한다. 하지만 마이크로소프트의 비주얼 스튜디오와 Eclipse는 여러 언어를 지원한다. 현대의 IDE는 언어와 클래스 라이브러리에 대한 정보를 많이 가지고 있다. 이 정보로 IDE는 자동 컴파일과 같은 도움을 준다. 현대의 IDE는 코드가 어떻게 엮여 있는지를 알기 위해서 코드 사이를 탐색하는 기능을 제공한다. 마지막으로, IDE는 일반적으로 디버거를 포함하고 있다. 디버거는 실행하는 동안 코드를 살펴볼 수 있는 도구이다. 디버거를 사용해서 코드가 하는 동작을 좀더 자세히 알 수 있다.

반면에, 프로그래머용 편집기는 어떤 종류의 프로그램이나 파일도 시각적으로 편집하는 범용적인 도구이다. 최근에는 편집기가 특정 언어를 지원하기도 한다. 하지만, IDE보다 세밀하지는 못하다. 편집기를 사용해서 코드를 살펴보려면, 문자열 검색 기능을 많이 사용한다. 반면에 IDE는 한번의 키입력으로 검색이 가능하다. 디버거를 포함하는 편집기는 없지만, 디버거를 외부 프로그램으로 실행하도록 설정할 수 있다.

어떤 사람은 IDE가 지정하는 방식으로 일을 해야 하기 때문에, IDE가 제한이 많다고 생각한다. 대부분의 IDE는 세밀한 설정이 가능하지만, 여러분이 원하는 방식으로 동작하지 않는 부분이 생길 것이다. 반대로, IDE의 향상된 기능에 익숙해지면, 편집기로 돌아가지 못할 것이다.

IDE는 언어의 새로운 버전을 지원하는 것이 늦기 때문에, 이 책의 대부분의 코드는 처음에 TextPad에서 만들어졌다. 또한 사용하려는 IDE가 J2SE 5.0을 지원하지 않는 것을 알게 될 수도 있다. 최근의 자바 버전에 맞는 IDE가 나올 때까지는 거의 1년 정도가 필요하다.

이 책은 특정 IDE나 편집기를 사용하는 것을 강요하지 않는다. 컴파일에 대한 몇 가지 예에서는 명령줄에서의 실행을 설명한다.

IntelliJ IDeA를 사용하고 있다면, 부록 C가 이 장의 "Hello World"를 시작하는 방법을 보여줄 것이다. 부록 C는 또한 레슨 1의 테스트 기반 예제를 만들고 실행하는 방법을 보여준다. 다른 IDE를 사용한다면, 설정을 위해서 도움말 문서를 참조한다.

:: 자바

여러분은 이 책의 예를 실행하기 위해서 5.0 버전의 자바 2 SDK(software development kit)가 필요하다. IDE를 사용한다면, 이미 SDK를 포함하고 있을 것이다. IDE가 없는 상황에서 자바 프로그램을 만들고 실행하는 방법을 알아두는 것이 좋기 때문에, 저자는 여전히 SDK를 설치할 것을 권장한다.

SDK는 *http://java.sun.com*에서 다운로드 할 수 있다. 같은 사이트에서 해당 문서 역시 다운로드받을 수 있다. 사이트에는 SDK를 설치하기 위한 설치 문서도 있다. SDK 혹은 다른 JRE(Java Runtime Environment)를 선택적으로 받을 수도 있다. 당장은 SDK로 충분하다.

JRE는 JVM의 핵심이다. 여러분이 시스템에서 자바 응용프로그램을 컴파일하지 않고, 실행하는 것에만 관심이 있다면 VM을 다운로드 해서 설치하면 된다. JVM은 응용프로그램을 다른 컴퓨터에서 실행하도록 배포할 때 최소한으로 필요한 부분을 위해서 따로 제공된다.

SDK를 설치한 후에, 문서의 압축을 풀 것이다. 이 문서를 풀기에 가장 좋은 장소는 SDK를 설치한 디렉토리(윈도우에서는 c:\Program Files\Java\jdk1.5.0)이다. 문서를 풀었으면,

Agile Java

문서의 여러 index.html 파일을 웹브라우저의 즐겨찾기에 추가한다. 최소한 doc의 api 폴더에 있는 API 문서는 사용해야 한다.

마지막으로, 명령줄에서 자바 프로그램을 컴파일하고 실행하려 한다면, path에 SDK가 설치된 디렉토리의 bin을 추가해야 한다. 환경변수 JAVA_HOME을 JDK 설치 디렉토리가 되도록 설정해야 한다. path와 환경변수 설정을 위해서는 운영 체제 도움말을 살펴본다.

:: 자바 설치 확인하기

설치와 설정에 대해서 간단한 확인을 해야한다. 명령줄에서 다음 명령을 실행한다.

```
java -version
```

다음과 같은 메시지가 보일 것이다.

```
java version "1.5.0"
Java(TM) 2 Runtime Environment, Standard Edition (build 1.5.0-12345)
Java HotSpot(TM) Client VM (build 1.5.0-12345, mixed mode, sharing)
```

대신 다음 메시지를 볼 수도 있다.

```
'java' is not recognized as an internal or external command, operable program or batch file.
```

혹은

```
java: command not found
```

그렇다면 path를 적절하게 설정하지 않은 것이다. path를 윈도우에서 보려면 다음 명령을 실행한다.

```
path
```

유닉스에서는 다음을 입력한다.

```
echo $PATH
```

path에 자바를 설치한 디렉토리가 나오는 것을 볼 수 있어야 한다. 그렇지 않다면 셸이나 명령창을 다시 실행한다.

다른 버전의 자바(예를 들면 1.3 혹은 1.4)가 있고 path에서 1.5보다 먼저 나올 수도 있다. 이 경우 1.5 설치 디렉토리를 path의 처음으로 옮긴다[1].

---

footnote

1) 윈도우는 윈도우의 SYSTEM32 디렉토리에 최근 버전의 자바를 포함한다. 이 버전을 (조심스럽게) 지울 수도 있다.

또한 JAVA_HOME 환경변수가 적절하게 설정되었는지 확인해야 한다. 다음을 실행해 본다(윈도우의 경우).

```
"%JAVA_HOME%"\bin\java -version
```

이전과 마찬가지의 메시지를 볼 수 있어야 한다. 유닉스에서는 다음을 실행한다.

```
"$JAVA_HOME/bin/java" -version
```

따옴표는 경로 이름에 공백이 있을 가능성 때문에 추가하였다. 만약 결과가 다르다면, JAVA_HOME 환경 변수를 보자. 유닉스에서는

```
echo $JAVA_HOME
```

윈도우에서는

```
echo %JAVA_HOME%
```

이런 단계를 넘지 못하면, 다음으로 넘어가지 않는다. 도와줄 사람을 찾아라.

```
JUnit
```

시작하기 위해서 JUnit을 다운로드 하고 설치해야 한다. JUnit은 TDD를 적용하기 위해 필요한 단순한 단위 테스트 프레임워크이다.

대부분의 주요 IDE는 JUnit을 직간접적으로 지원한다. 많은 IDE는 JUnit을 이미 포함하여 배포된다. 자바 응용프로그램을 명령줄이나 편집기의 외부 도구로 실행한다면 JUnit을 설치해야 한다.

JUnit은 *http://www.junit.org*에서 무료로 다운로드받을 수 있다. 설치는 단순히 다운로드받은 zip 파일을 하드 디스크에 푸는 것이다.

가장 중요한 것은 JUnit zip 파일은 junit.jar라는 파일을 포함하고 있다. 이 파일은 여러분의 프로그램에 대한 테스트를 작성하기 위해 필요한 클래스 라이브러리를 포함한다.

이 책은 JUnit 3.8.1버전으로 작성되었다.

:: Ant

또한 Ant를 다운로드받아서 설치해야 한다. Ant는 자바 프로젝트를 만들고 배포하는 표준적인 XML 기반의 빌드 유틸리티이다.

대부분의 주요 IDE는 Ant를 지원한다. 많은 IDE는 Ant를 포함한 채로 배포된다. 자바 응용프로그램을 명령줄이나 편집기의 외부 도구로 실행한다면 Ant를 설치해야 한다.

Ant는 *http://ant.apache.org*에서 다운로드받을 수 있다. JUnit과 마찬가지로 설치는 zip 파일을 다운로드받아서 하드디스크에 풀기만 하면 된다.

레슨 3까지 Ant 설치를 미룰 수도 있다. 이 레슨에는 Ant에 대한 간단한 소개가 있다.

IDE에 내장된 Ant 지원기능을 사용하지 않는다면, path에 Ant 설치 디렉토리의 bin 디렉토리 경로를 추가해야 한다. path 설정은 운영체제 도움말을 참조한다. 또한 Ant가 설치된 디렉토리를 나타내는 ANT_HOME이라는 환경변수를 만들어야 한다.

이 책의 예제는 Ant 1.6 버전으로 만들었다.

동작하는가?

시작하기 전에 "Hello World" 프로그램을 만든다. 이 프로그램은 시작을 위한 첫 번째 자바 프로그램이다. 실행했을 때, "hello world"를 화면에 출력한다. 많은 프로그래머는 새로운 프로그래밍 환경을 확인하기 위해서 Hello World 프로그램을 작성해 본다.

javac 컴파일러

썬(Sun)사의 자바 SDK에 포함된 javac 컴파일러의 기본적인 실행 형식은 다음과 같다

```
javac <option> <source files>
```

javac는 여러가지 명령줄 옵션을 제공한다. 이런 옵션은 javac를 옵션 없이 실행하면 볼 수 있다. 모든 옵션은 물론 선택적이다. 옵션은 소스 파일(혹은 파일) 이름 앞에 나온다. javac 명령의 예는 다음과 같다.

```
Javac -g:none Hello.java
```

이 명령에서 -g:none은 컴파일러가 디버깅 정보를 생성하지 않는다는 의미이다. 또한 항상 다음 명령을 실행할 수 있다.

```
java -version
```

소스 파일이 없다면, 실행중인 자바 컴파일러의 버전을 볼 수 있다.

이 책에서는 단순히 반응을 보기 위해서 Hello World를 포함했다. 이 프로그램의 개념은 이 책의 뒤에서 배울 개념들에 들어가 있다. 이 예제는 자바 프로그램을 컴파일하고 실행할 수 있는지 확인하기 위한 것이다. 당장은 아래의 코드를 IDE나 편집기에서 그대로 입력한다.

Setting Up

```
class Hello {
  public static void main(String[] args) {
    System.out.println("hello world");
  }
}
```

Hello.java라는 파일이름으로 저장한다. 자바에서는 대소문자 구분이 중요하다. hello.java라고 저장하면, 코드를 컴파일하고 실행할 수 없다[2].

Hello World 컴파일 하기

Hello를 컴파일 하려면 IDE를 사용하거나(명시적인 컴파일이 필요하다면[3]) 명령줄에서 컴파일한다.

```
javac Hello.java
```

javac 명령에 대해서는 상자 안의 내용을 참조한다.

여러분은 Hello.java를 저장한 디렉토리에 있어야 한다. 모든 것이 잘 진행되면 컴파일러에서 메시지가 출력되지 않을 것이다. 만약 어떤 부분을 잘못 입력했다면, 컴파일 에러가 발생한다. 예를 들어, 다음 메시지를 볼 수 있다.

```
Hello.java:4: ';' expected
    }
    ^
1 error
```

이 에러는 세 번째 줄에 세미콜론(;)을 입력하지 않았기 때문에 발생한다. 에러를 고치고 다시 컴파일 해본다. 여전히 문제가 있다면, 코드가 앞의 코드와 완전히 일치하는 지 확인해 보자. 마지막으로 마지막 부분의 여전히 문제가 있는가? 부분을 본다.

Hello.java를 성고적으로 컴파일하면, Hello.class가 생성된다. dir 혹은 ls 명령을 실행해서 파일 목록을 보고 Hello.class가 존재하는 것을 확인한다. Hello.class는 소스 코드의 컴파일된 바이너리 버전이다. Hello.class는 자바 VM이 Hello.java에 입력한 코드를 실행하기 위해서 읽어서 해석하는 파일 형식이다.

---

footnote

2) 윈도우는 대소문자를 잘 구분하지 않는다. 구분이 필요한 곳에서 구분을 하지 않는 경우를 볼 수 있을 것이다.
3) 어떤 IDE는 빌드를 명시적으로 시작해야 한다. Eclipse와 같은 다른 IDE는 소스 파일을 변경해서 저장할 때마다 자동으로 컴파일한다.

Agile Java

Hello World 실행하기

명령줄에서 실행하려면 다음을 입력한다.

```
java Hello
```

위와 같이 Hello가 대문자로 시작하는 것을 확인한다.
명령을 정확히 입력했다면, 다음 출력을 볼 수 있다.

```
hello world
```

Hello를 실행할 때의 문제점

- 만약 다음 메시지를 본다면

    ```
    'java' is not recognized as an internal or external command, ...
    ```

    혹은

    ```
    java: Command not found.
    ```

    자바를 설치하지 않았거나, 자바의 bin 디렉토리가 path의 일부로 선언되지 않은 것이다. 자바 설치 확인하기 부분을 다시 살펴본다.

- 만약 다음 메시지를 본다면

    ```
    Exception in thread "main" java.lang.NoClassDefFoundError: hello
    (wrong name: Hello) ...
    ```

    대소문자를 잘못 입력한 것이다. 예를 들면

    ```
    java hello
    ```

    명령을 고쳐서 다시 실행해본다.

- 만약 다음 메시지를 본다면

    ```
    Exception in thread "main" java.lang.NoClassDefFoundError:
    Hello/class
    ```

    파일이름에 .class를 입력한 것이다. 명령을 고쳐서 다시 실행해본다.

소스 파일을 컴파일 할 때마다. 자바 컴파일러는 이미 존재하는 관련된 .class 파일을 교체한다.

이 책의 적절한 곳에서만 javac와 java 명령의 사용법을 설명할 것이다. 저자는 명령줄 컴파일과 실행에 익숙해질 것을 권한다. 자바 컴파일러와 VM은 실제적으로 모든 플랫폼에서 같은 방식으로 동작한다. IDE에서 컴파일하고 실행하는 것이 힘들다면, IDE 문서를 참조한다.

여전히 문제가 있는가?

첫 번째 자바 프로그램을 컴파일하고 실행하는 것은 여러 부분에서 잘못될 가능성이 있기 때문에, 어려울 수도 있다. 불행히도, 저자는 이 책에서 모든 가능성을 설명할 수는 없다. 여전히 문제가 있다면, 필요한 도움을 얻을 수 있는 여러 웹사이트가 있다. 썬(Sun)사의 공식 자바 사이트 (*http://java.sun.com*)에서 소스를 포함한 정보를 얻을 수 있다.

*http://www.javaranch.com*의 JavaRanch 웹 사이트에서 도움을 얻을 수도 있다. 이 서비스를 이용하려면 설명으로 가입을 해야 한다. 이 사이트의 내용은 특히 자바 초보자에게 도움이 된다. "Java in General(beginner)"라는 포럼을 찾아서 메시지를 올린다.

다른 공개 포럼에서와 마찬가지로, 먼저 JavaRanch 규칙에 대한 글을 읽는다. *http://www.faqs.org/faqs/usenet/primer/part1/* 링크는 Usenet에서의 글쓰기 에티켓을 담고 있다. 이런 에티켓의 대부분은 JavaRanch를 포함한 거의 모든 공개 포럼에서 적용된다. 바른 방법으로 도움을 구하면 훨씬 나은 대답을 얻을 수 있다.

여전히 문제가 있다면, 사과할 수밖에 없다. agileJava@LangrSoft.com으로 저자에게 메일을 보내자.

Lesson 7 시작하기

이 책의 전반부 대부분은 학생정보 시스템의 여러 부분을 개발하는 것을 다룬다. 여러분은 완전한 전체 시스템을 작성하지는 않지만, 전체 시스템의 일부가 될 수 있는 여러 서브시스템(subsystem)을 다룰 것이다.

학생정보 시스템은 등록, 학점, 수강신청, 등록금, 기록관리 등 학교나 대학을 운영하는 데 필요한 여러 측면에 관계가 있다.

이 레슨에서는 다음 내용을 다룬다.

- 간단한 자바 클래스(class)를 작성한다.
- 해당 자바 클래스에 대한 테스트 클래스를 작성한다.
- JUnit 프레임워크(framework)를 사용한다.
- 생성자(constructor)에 대해 배운다.
- 작성한 코드를 재구성한다.

이 레슨은 매우 자세하게 진행된다.

이 레슨에서는 테스트 위주 개발(test-driven development)을 위해서 거쳐야 하는 단계들을 명확하게 설명할 것이다. 이후 레슨에서는 적절한 테스트와 코드를 작성하기 위하여 테스트 위주 개발(TDD)의 과정을 따른다고 가정하고 진행할 것이다.

1. 테스트하기

테스트 위주 개발이란 작성하는 사실상 모든 코드에 대하여 테스트를 만드는 것을 의미하며, 또한 코드 작성 이전에 먼저 테스트를 작성하는 것을 말한다. 이런 테스트는 코드가 수행해야하는 작업을 명확히 하기 위한 도구이다. 실제 코드를 작성한 후 테스트가 명시하는 기능을 코드가 수행하는지 확인하기 위해 테스트를 실행한다.

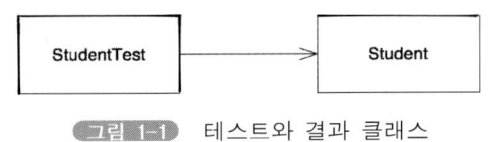

그림 1-1   테스트와 결과 클래스

작성한 각 클래스는 대응되는 테스트 클래스가 있다. 그림 1-1에서 StudentTest는 결과 클래스 Student를 위한 테스트 클래스이다.

StudentTest는 Student클래스 형식의 객체를 생성해야하며 생성한 객체로 메시지를 보내서 기대되는 동작을 수행하는지 확인한다. 따라서 StudentTest는 그림에서 화살표로 표시된 것처럼 Student에 종속적이다. 반대로 Student는 StudentTest에 종속적이지 않다. 작성하는 결과 클래스는 그 클래스를 위해 작성한 테스트에 영향을 받아서는 안 된다.

2. 디자인

시스템은 고객의 필요나 요구사항에 따라 디자인되고 구성되어야 한다. 디자인 과정의 일부는 고객의 요구사항을 시스템이 어떻게 사용될 지에 대한 간단한 개념이나 초안으로 바꾸는 것이다. 웹기반의 시스템에서 이런 과정은 웹페이지를 목적한 기능을 제공하도록 디자인하는 것을 의미한다. 미들웨어(middleware)와 같이 중간단계 소프트웨어를 작성한다면, 작성하는 시스템은 다른 클라이언트 소프트웨어에 의해 이용되며 다른 서버 소프트웨어와 상호작용 할 것이다. 이런 경우, 다른 시스템과 작성하는 미들웨어간의 통신 방법, 인터페이스(interface)를 작성하는 것부터 시작한다.

디자인의 시작은 자세한 명세서를 작성하는 것이 아닌 상위 디자인을 작성하는 것부터 시작한다. 고객의 필요사항에 대하여 이해해 가면서 점차 디자인은 상세해 질 것이다. 또한 자바 코드로 작성했을 때 잘 동작하는가 동작하지 않는가에 따라 디자인을 수정할 것이다. 객체지향 개발방법에는 변화되는 환경에 따라 디자인을 수정할 수 있는 유연성이 있다.

Agile Java

시스템을 개발하는데 사용되는 언어, 자바를 완전히 이해하지 못하는 상황에서 위와 같이 시스템을 디자인하는 것은 어려운 일이다. 여러분은 시스템의 내부 구성 요소 중 일부를 구성하는 것부터 시작하여 조금씩 언어의 기초에 익숙해질 것이다.

 학생정보 시스템은 주로 학생에 대한 것이므로 첫 번째 과제는 실세계의 개념을 객체지향적인 형태로 추상화하는 것이다. 대상클래스는 학생이다. Student 객체는 이름, 학번, 학점과 같이 학생에 대한 기본정보를 포함해야 한다. 먼저 더 작은 부분으로 학생의 이름을 저장하는 단일한 학생 객체를 생성해 본다.

단락의 왼쪽에 표시된 아이콘은 이 책 전체에 걸쳐 학생정보 시스템을 작성하는데 관련된 요구사항이나 배경을 나타내기 위해 사용된다. 이런 배경은 고객을 위해 시스템에 포함되어야 하는 부분들을 간단히 설명한다. 여러분은 이런 배경들을 상세한 명세서로 표현하고 테스트의 형태로 구체화시켜야 한다.

3 간단한 테스트

학생정보를 저장하기 위한 초기 필요사항을 표현하기 위하여 테스트 케이스(test case) 역할을 할 클래스를 작성한다. 먼저 PC에 새 디렉토리 혹은 폴더를 생성하고, StudentTest.java라는 이름으로 파일을 생성한다1). 레슨이 진행되는 동안 이 하나의 디렉토리에서 코드를 저장하고 컴파일하고 실행할 것이다. 다음 코드를 편집기로 입력한다.

```
public class StudentTest extends junit.framework.TestCase {
}
```

입력한 파일을 StudentTest.java로 저장한다. 이 두 줄의 코드는 StudentTest라는 클래스를 정의한다. 괄호({, }) 사이의 내용은 StudentTest를 정의한다.

JUnit이 클래스를 이용하기 위해서 클래스는 public으로 선언되어야 한다. public에 대한 자세한 내용은 이후에 설명한다. 간단하게, public 키워드(keyword)는 작성한 코드가 다른 코드(예를 들어, JUnit 프레임워크)와 함께 동작할 수 있도록 한다.

extends junit.framework.TestCase 코드는 StudentTest가 junit.framework.TestCase라는 다른 클래스의 하위클래스(subclass)임을 선언한다. 이것은 StudentTest가 junit.framework.TestCase의 모든 동작과 데이터를 가진다는 (혹은 상속받는) 것을 의미한다. 여러분은 StudentTest에 새로운 동작이나 속성을 추가할 수도 있다. extends 부분은 또한

---

1) 이 레슨에서의 설명은 명령어 프롬프트에서 자바를 사용하는 경우를 가정하였다. 통합 개발 환경(IDE)을 사용한다면 기본 패키지로 StudentTest라는 클래스를 생성해야 한다. 패키지 이름을 묻는 경우 비워둔다.

JUnit 사용자 인터페이스(user interface)가 StudentTest 클래스를 테스트 과정을 포함하는 클래스로 인식하도록 한다.

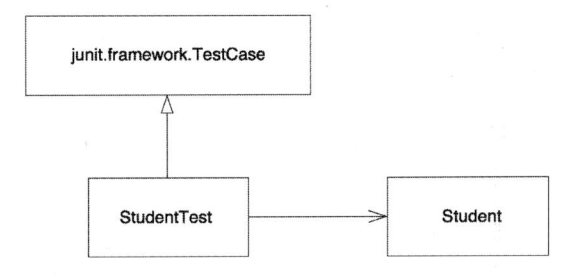

그림 1-2 junit.framework.TestCase를 상속하는 StudentTest

그림 1-2의 UML 클래스 다이어그램은 StudentTest 와 junit.framework.TestCase간의 상속 관계를 보여 준다. StudentTest는 junit.framework.TestCase와 Student 양쪽에 의존적이다. 화살표 앞부분의 모양은 의존성의 종류를 나타낸다. 닫혀있는 삼각형 형태의 화살표는 상속 관계를 의미한다.

다음 단계는 StudentTest 클래스를 컴파일 하는 것이다. 이것을 위해 자바 컴파일러에 StudentTest가 참조하는 다른 클래스의 위치를 알려 주어야 한다. 현재는 junit.framework.TestCase 클래스만을 참조한다. 이 클래스는 JAR(Java Archive)라는 압축 파일 안에서 찾을 수 있다. junit.framework.TestCase이 들어 있는 JAR 파일에는 이외에도 JUnit 프레임워크를 구성하는 다른 여러 클래스가 포함되어 있다.

JAR 파일에 대해서는 레슨 3에서 자세히 다룬다. 현재는 클래스패스(classpath)로 JUnit JAR 파일의 위치를 자바에 알리기만 하면 된다.

클래스패스(classpath)에 대하여

클래스패스를 이해하는 것은 자바를 처음 시작하는 개발자에게는 혼란스러운 부분일 수도 있다. 당장은 필요한 간단한 내용만을 알면 된다.
클래스 패스는 윈도우에서는 세미콜론(;), 유닉스에서는 콜론(:)으로 분리된 위치 목록이다. 자바 컴파일러와 자바 가상 머신(Java VM)을 사용하기 위해 클래스패스를 지정해야 한다. 위치는 JAR파일 (필요한 클래스 파일을 포함한다.)이거나 컴파일 된 클래스 파일이 위치한 디렉토리를 나타낸다.
자바는 프로그램을 실행할 때나 컴파일 할 때 다른 클래스를 동적으로 읽어들인다. 클래스패스를 제공하여 특정 클래스를 읽을 때 찾아야 할 위치를 지정할 수 있다. 클래스패스 내에 스페이스가 있는 경우 운영체제의 종류에 따라 적절한 인용 표시를 해야 한다.

Agile Java

명령 줄에서 소스파일을 컴파일할 때 클래스패스를 지정할 수 있다.

```
javac -classpath c:\junit3.8.1\junit.jar StudentTest.java
```

이 경우 JUnit을 설치한 디렉토리에서 파일을 찾을 수 있도록 JUnit.jar 파일의 절대 경로 혹은 상대 경로를 지정해야 한다[2]. 위 예문은 JUnit.jar 파일의 절대 경로를 지정한다. 또한 컴파일 명령을 실행하기 전에 StudentTest.java 파일이 현재 디렉토리 내에 있는지 확인해야 한다.

클래스 패스를 생략하면 자바 컴파일러는 다음과 같은 에러 메시지를 출력할 것이다.

```
StudentTest.java:1: package junit.framework does not exist
public class StudentTest extends junit.framework.TestCase {
                                 ^
1 error
```

IDE를 사용한다면 현재 프로젝트의 등록정보 설정에서 클래스패스를 지정할 수 있다. 예를 들어, Eclipse에서는 프로젝트에 대한 등록정보 대화상자의 Java Build Path와 Libraries 탭에서 클래스패스를 지정한다.

4 JUnit

StudentTest가 성공적으로 컴파일 되면 JUnit에서 실행할 수 있다. JUnit은 두 개의 GUI 형태 인터페이스와 하나의 문자 기반 인터페이스를 제공한다. 상세한 정보를 위해서는 JUnit 문서를 참조한다. 다음 명령은 JUnit의 junit.awtui.TestRunner 클래스를 이용하여 StudentTest.class에 대한 AWT 인터페이스[3]를 실행한다.

```
javac -classpath c:\junit3.8.1\junit.jar StudentTest.java
```

---

footnote

[2] 절대경로는 파일시스템에서 드라이브 명이나 루트에서 시작되는 파일의 명시적이고 완전한 경로를 나타낸다. 상대 경로는 현재의 위치에 상대적인 파일의 위치를 나타낸다. 예를 들어, StudentTest가 /usr/src/student 에 있고 JUnit.jar가 /usr/src/JUnit/3.8.1에 있는 경우 상대경로는 ../JUnit/3.8.1/JUnit.jar로 표시된다.

[3] AWT는 Swing에 비하여 좀더 기본적인 자바 사용자 인터페이스 도구이다. Swing은 좀더 세밀한 설정과 기능을 제공한다. AWT 버전의 JUnit 인터페이스는 이해하기 쉽고 간편하다. Swing 버전을 사용하기 위해서는 junit.awtui. TestRunner 대신에 junit.swingui.TestRunner를 사용한다. 문자 버전을 사용하려면 junit.testui. TestRunner 클래스를 사용한다.

시작하기 | Lesson 01

이번에는 단축된 형태인 -cp 옵션을 사용하여 클래스패스를 지정하였다. 자바 컴파일러 뿐 아니라 자바 가상머신 역시 실행 시 필요한 클래스를 읽어오기 위해서 JUnit 클래스의 위치를 알아야 한다. 추가로 클래스패스는 추가로 현재 디렉토리를 나타내는 .을 포함한다. 이것은 자바[4]가 StudentTest.class를 찾을 수 있도록 하기 위해서이다. 만약, JAR파일명을 대신하여 디렉토리를 지정한 경우 자바는 필요한 클래스 파일을 찾기 위해 해당 디렉토리를 검색한다.

위 명령은 또한 junit.awtui.TestRunner 클래스가 테스트할 클래스 이름으로 하나의 인수(argument), StudentTest를 포함한다.

TestRunner를 실행할 때 그림 1-3과 비슷한 윈도우가 나타난다.

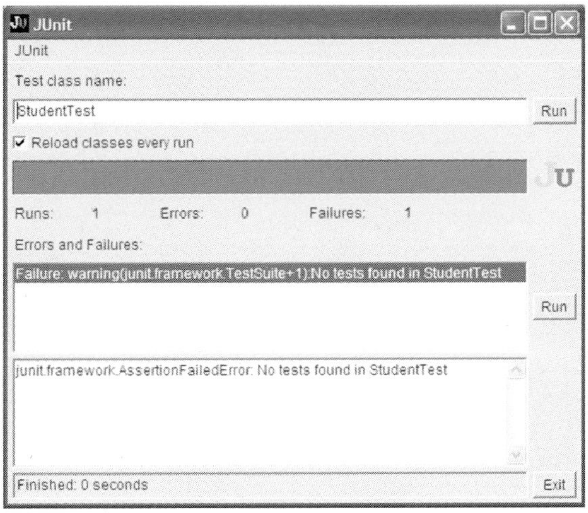

그림 1-3   JUnit

JUnit 인터페이스는 단순하다. 현재는 일부만을 설명하고 이후 필요에 따라 조금씩 나머지 부분을 소개한다. 테스트되는 클래스의 이름, StudentTest가 위의 입력란에 나타난다. 그 우측의 Run 버튼을 눌러 테스트를 다시 수행할 수 있다. 인터페이스는 테스트가 이미 한번 실행된 모습을 보여 준다. Run 버튼을 누르면(눌러보자!), 윈도우에 가로로 붉은 막대[5]가 나타났다가 사라지는 것을 볼 것이다.

JUnit이 붉은 막대를 보이는 것은 무엇인가 잘못되었음을 의미한다. 붉은 막대의 아래에 있는 내용은 하나의 실수가 있음을 보여 준다. 에러와 실패 목록은 모든 잘못된 부분을 설명한다. 이 경우, JUnit은 "StudentTest에서 테스트를 찾을 수 없습니다." 라는 메시지를 출력하였다.

---

footnote

4) 이 책에서는 "자바가 작업을 한다"와 같은 표현을 많이 사용한다. 이것은 "자바 가상 머신이 작업을 한다" 혹은 "자바 컴파일러가 작업을 한다"는 표현을 간단히 한 것이다. 내용에 따라 자바 가상머신과 컴파일러를 구분해야 한다.

5) 여러분이 색맹이라면, 상자의 아래에 표시된 통계가 필요한 정보를 제공할 것이다.

Agile Java

테스트 기반 프로그래머로서 여러분은 JUnit에서의 에러와 실패를 확인하고 빠르게 그것을 수정해야 한다.

5 테스트 추가하기

다음과 같이 StudentTest 클래스의 소스를 편집한다.

```
public class StudentTest extends junit.framework.TestCase {
  public void testCreate() {
  }
}
```

새로 추가한 둘째, 셋째 줄은 StudentTest 클래스 안에 메소드(method)를 정의한다.

```
public void testCreate() {
}
```

메소드는 임의 숫자의 명령어 코드를 포함하는 부분이다. 클래스 정의와 같이 자바는 메소드의 시작과 끝을 지정하기 위하여 괄호를 사용한다. 괄호 사이의 모든 코드는 메소드에 포함된다.

이 예제에서 메소드의 이름은 testCreate이다. JUnit 테스트 프레임워크의 요구사항에 따라 public으로 지정되었다.

메소드는 두 가지 일반적인 목적이 있다. 하나는, 자바가 메소드를 수행할 때, 즉 괄호 내부의 코드들을 하나씩 수행하도록 할 때이다. 여러 명령 중간에, 메소드는 다른 메소드를 호출하거나 객체의 속성을 변경할 수 있다. 둘째로, 메소드는 호출한 코드로 정보를 반환할 수 있다.

JUnit은 정보를 반환받을 필요가 없으므로 testCreate 메소드는 호출한 코드로 아무것도 반환하지 않는다. 정보를 반환하지 않는 메소드는 void 반환 형식으로 선언된다. 이후 (이 레슨의 "메소드에서 값을 반환하기" 부분을 참조) 메소드에서 정보를 반환하는 방법을 배울 것이다.

빈 괄호 ()는 testCreate가 인수(argument 혹은 parameter)를 받지 않는 것을 나타낸다. testCreate는 동작을 위해 정보를 전달받을 필요가 없다.

메소드의 이름, testCreate는 테스트를 위해 메소드가 사용되는 것을 의미한다. 자바에게는 일반적인 메소드 이름일 뿐이지만 JUnit은 테스트 방법을 나타내는 method로 사용되며 다음 조건을 따라야 한다.

- 메소드는 public으로 선언되어야 한다.
- 메소드는 값을 반환하지 않는다. (void)
- 메소드의 이름은 소문자 test로 시작해야 한다.
- 인수를 받지 않는다. ()

시작하기 | Lesson 01

이 코드를 컴파일하고 JUnit의 TestRunner를 다시 수행한다. 그림 1-4는 좀더 나은 상태를 보여 준다.

그림 1-4　JUnit 성공(녹색 막대)

녹색 막대는 항상 보기를 원하는 결과이다. 테스트 클래스 StudentTest에 대하여 JUnit은 하나의 테스트 메소드가 성공적으로 수행되었음을 보여 주며(Runs: 1), 에러나 실패가 없음을 나타낸다.

testCreate에는 코드가 들어 있지 않음을 기억하라. JUnit의 수행 성공으로 빈 메소드는 테스트를 통과하는 것을 알 수 있다.

6　Student 생성하기

testCreate 메소드에 한 줄의 명령문을 추가한다.

```
public class StudentTest extends junit.framework.TestCase {
  public void testCreate() {
      new Student("Jane Doe");
  }
}
```

모든 명령문은 세미콜론(;)으로 끝난다.
테스트 프레임워크에서 testCreate 메소드를 호출할 때 자바는 지정한 하나의 명령문을 실

Agile Java

행한다. 자바가 명령문을 실행하면 testCreate를 호출한 테스트 프레임워크로 제어를 넘긴다. testCreate의 명령문은 자바가 Student 형식의 클래스의 객체를 생성하도록 한다.

```
new Student("Jane Doe");
```

생성하고자 하는 객체의 이름 앞에 new 키워드를 사용한다. 클래스 이름 뒤에 인수 목록을 지정한다. 인수 목록은 Student 클래스가 Student객체를 생성하기 위해 필요한 정보를 담고 있다. 다른 클래스는 다른 종류의 정보를 필요로 하며, 어떤 클래스는 정보가 필요하지 않다. 인수의 어떤 정보가 지정되어야 할지를 결정하는 것은 전적으로 클래스의 디자이너가 결정할 부분이다.

이 예제에서 하나뿐인 인수는 학생의 이름인 Jane Doe를 나타낸다. "Jane Doe"라는 값은 문자열 값이다. 문자열 값은 미리 정의된 자바 클래스인 java.lang.String의 객체이다. 간단하게는 문자열 값은 자바에서 문자를 표시하는 방법이다.

이어서 Student 객체에 대한 코드를 작성한다. 이번에는 받은 문자열 인수를 이용하여 어떤 동작을 할지를 지정한다. 인수를 사용하는데는 몇 가지 방법이 있다. 입력받은 데이터를 다른 동작의 입력 값으로 사용하거나 나중에 사용하기 위하여 저장할 수 있으며, 사용하지 않고 무시할 수도 있다. 또한 다른 객체로 인수를 전달 할 수 있다.

자바 가상머신이 이 명령문의 new 연산자(operator)를 실행할 때, Student 객체의 값을 저장하기 위한 메모리 영역을 할당한다. 가상머신은 할당할 메모리 크기를 결정하기 위해 Student 클래스 정의 정보를 이용한다.

7 Student 클래스 생성하기

테스트를 컴파일한다. 테스트 클래스인 StudentTest 클래스만을 컴파일했기 때문에 에러가 생길 것이다[6]. StudentTest는 아직 컴파일하지 않은 Student라는 클래스를 참조하기 때문이다.

```
StudentTest.java:3: cannot find symbol
symbol  : class Student
location: class StudentTest
      new Student("Jane Doe");
          ^
1 error
```

---

footnote

6) 자바 컴파일러와 통합 개발 환경의 버전에 따라 다른 에러가 발생할 수도 있다.

|50|

시작하기 | Lesson 01

^ 기호가 표시한 위치가 명령문에서 에러가 발생한 위치이다. 이 표시는 자바 컴파일러가 Student가 지시하는 내용을 알 수 없다는 것을 나타낸다.

이 컴파일 에러는 예측된 것이다. 컴파일 에러는 개발 과정에서 정보를 주기 때문에 유용하다. 컴파일에러는 테스트를 작성한 후 첫 번째 정보로 볼 수 있다. 이 정보는 "테스트가 실행될 수 있도록 알맞은 자바 문법에 따라 코드를 작성하였는가?"에 대한 해답이다.

컴파일과 실행을 단순화하기

모든 명령어를 다시 실행하는 수고를 덜기 위해 배치 파일이나 스크립트를 작성할 수 있다. 다음은 윈도우를 위한 예제 배치파일이다.

```
@echo off
javac -cp c:\junit3.8.1\junit.jar *.java
if not errorlevel 1 java -cp .;c:\junit3.8.1\junit.jar
junit.awtui.TestRunner StudentTest
```

이 배치 파일은 컴파일러 과정에서 에러가 발생하면 JUnit을 실행하지 않는다. 다음은 비슷한 동작을 하는 유닉스 스크립트이다.

```
#!/bin/sh
javac -classpath "/junit3.8.1/junit.jar" *.java
if [ $? -eq 0 ]; then
java    -cp    ".:/junit3.8.1/junit.jar"    junit.awtui.TestRunner
StudentTest
fi
```

현재의 에러를 없애기 위해 다음의 코드를 포함하여 Student.java라는 새로운 클래스를 생성한다.

```
class Student {
}
```

이번에는 모든 소스파일이 컴파일 되도록 와일드카드를 사용하여 javac를 다시 실행한다.

```
javac -cp c:\junit3.8.1\junit.jar *.java
```

비슷한 종류의 새로운 에러가 발생할 것이다. 이번에도 컴파일러는 심볼(symbol)을 찾을 수 없다는 메시지를 보이지만 이번에는 소스 코드의 new를 지시한다. 또한 컴파일러가 찾는 심볼이 문자열 인수를 받는 생성자라고 표시한다. 컴파일러는 Student클래스를 찾았지만 어떻게 "Jane Doe"라는 문자열을 처리할지 알지 못한다.

Agile Java

```
StudentTest.java:3: cannot find symbol
symbol   : constructor Student(java.lang.String)
location: class Student
     new Student("Jane Doe");
     ^
1 error
```

8 생성자(constructor)

컴파일러는 적절한 Student 생성자를 찾을 수 없다는 메시지를 출력했다. 생성자는 메소드와 비슷해 보인다. 생성자는 메소드와 마찬가지로 임의 개수의 인수를 받을 수 있고 임의의 명령문을 포함할 수 있다. 하지만 생성자는 항상 클래스의 이름과 같은 이름이어야 한다. 또한 생성자에 대해서는 반환 값을 지정할 수 없다. (void 역시 안 된다.) 생성자는 흔히 다른 객체가 인수로 생성자에 전달하는 값을 이용하여 객체를 초기화하기 위해 사용된다.

이 예제에서 Student 객체를 객체화 혹은 생성하기 위하여 학생의 이름을 전달할 수 있다.

```
new Student("Jane Doe");
```

위의 코드는 Student 클래스에 문자열 형식으로 하나의 인수를 받는 생성자가 있다는 것을 의미한다. 다음과 같이 Student.java를 편집하여 위의 코드에서 사용되는 생성자를 정의할 수 있다.

```
class Student {
   Student(String name) {
   }
}
```

컴파일 후 다시 JUnit 테스트를 실행한다.

```
javac -classpath c:\junit3.8.1\junit.jar *.java
java -cp .;c:\junit3.8.1\junit.jar junit.awtui.TestRunner StudentTest
```

녹색 막대를 볼 수 있을 것이다.

생성자는 전달받은 이름 문자열로 아무것도 하지 않는다. 입력받은 이름은 사라진다. 다음으로 이 이름을 저장할 수 있도록 Student 클래스를 수정할 것이다.

시작하기 | Lesson 01

9 지역 변수(Local Variables)

지금까지 JUnit이 testCreate를 실행할 때 자바는 새로운 Student 객체를 생성하는 하나의 명령문을 실행하였다. 이 명령문이 실행된 후 제어는 JUnit 프레임워크의 호출 코드로 반환된다. 이때에 testCreate에서 생성된 객체는 사라진다. 이 객체는 testCreate가 수행되는 동안에만 유지된다. 이것을 표현하는 다른 방법은 Student 객체는 testCreate 메소드의 범위(scope)내에 존재한다는 것이다.

테스트에서 생성한 Student 객체를 다시 참조하기를 바랄 수도 있다. 그러기 위해서 Student 객체를 저장하는 메모리 주소를 가지고 있어야 한다. new 연산자는 메모리 내에서 객체의 위치에 대한 레퍼런스(reference)를 반환한다. 할당 연산자(자바에서는 '='로 표시)를 이용해 이 참조 값을 저장할 수 있다. StudentTest를 다음과 같이 수정한다.

```java
public class StudentTest extends junit.framework.TestCase {
   public void testCreate() {
      Student student = new Student("Jane Doe");
   }
}
```

사용한 명령문은 할당문이다. 할당 연산자의 오른쪽에 있는 객체나 값은 연산자 왼쪽의 레퍼런스에 저장된다.

자바 가상 머신이 이 명령문을 실행할 때 할당 연산자(=)의 오른쪽 부분의 코드를 먼저 수행하여 Student 객체를 메모리 내에 생성한다. 가상 머신은 새로운 Student 객체를 할당한 실제 메모리 주소를 가지고 있다가 명령문 왼쪽의 레퍼런스에 그 주소를 할당한다.

명령문의 전반부에서는 Student 형의 student라는 지역 변수 레퍼런스를 생성한다. 이 레퍼런스는 Student 객체의 메모리 주소를 가질 것이다. 이 변수는 테스트 메소드가 수행되는 동안에만 존재하기 때문에 지역변수이다. 지역변수는 임시 변수(temp variable 혹은 temporary variable)라고도 불린다.

여러분은 someStudent 혹은 JaneDoe라고 변수 이름을 정할 수도 있지만, 이 경우 일반적인 이름인 student로도 충분하다. 변수의 이름을 어떻게 정할 것인지에 대해서는 이 레슨의 뒷부분의 지침을 참고한다.

그림 1-57)는 student 레퍼런스와 Student 객체의 개념적인 예를 보여 준다. 이것은 단지 자바에서 내부적으로 어떤 일이 일어나는지 이해하기 위한 그림일 뿐이다. 스스로 이런 종류의 그림을 그리기 위해 노력할 필요는 없다.

ⓕootnote

7) 메모리 주소는 "0x"로 시작하는 16진수로 표시하였다. 레슨 10에서는 16진수형태의 숫자에 대해서 배운다.

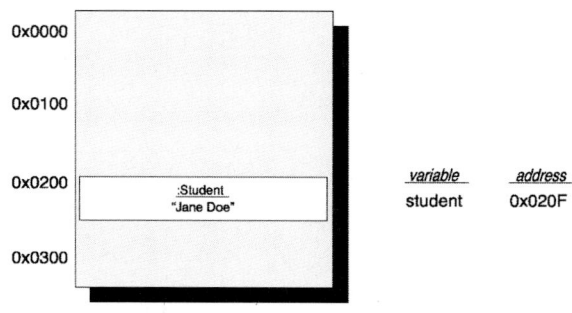

그림 1-5 객체에 대한 레퍼런스

내부적으로 자바는 정의한 변수와 각 변수가 참조하는 메모리 위치에 대한 목록을 유지한다. 자바의 장점 중 하나는 메모리 공간을 생성하고 해제하기 위하여 빈번하게 필요한 세부 동작을 직접 작성할 필요가 없다는 것이다. C나 C++과 같은 기존의 언어를 사용하는 개발자는 메모리 관리를 위해 상당한 노력을 쏟아야 한다.

자바에서는 메모리 관리에 크게 신경 쓸 필요가 없다. 하지만 남은 메모리가 없을 때까지 계속해서 메모리를 사용하여, 메모리 "누출"이 생기는 프로그램을 작성할 수도 있다. 자바가 메모리를 관리하는 방식을 잘못 이해하여 비정상적으로 동작하는 프로그램을 작성할 가능성도 있다. 따라서 한 언어를 완전히 터득하기 위해서는 내부적인 동작까지 이해해야 한다.

자바가 객체를 관리하기 위해 어떤 작업을 하는지 이해하기 위해 오직 이 장에서만 이런 개념적인 이런 메모리 다이어그램을 사용한다. 이런 그림은 표준적인 형식이 아니다. 메모리 할당에 대해 이해한다면 자바로 코드를 작성할 때 대부분의 기본적인 내용을 적용할 수 있다.

모든 소스 파일을 다시 컴파일하고 테스트를 다시 실행한다. 지금까지 실제적으로 테스트를 수행하는 코드는 전혀 작성하지 않았다. 실행한 테스트는 모두 통과될 것이다.

10 메소드에서 값을 반환하기

다음 단계로 테스트 시 생성된 객체에서 학생의 이름을 가져온다.

```java
public class StudentTest extends junit.framework.TestCase {
   public void testCreate() {
      Student student = new Student("Jane Doe");
      String studentName = student.getName();
   }
}
```

이제 testCreate 내에 두 개의 명령문을 넣었다. 각 명령문은 세미콜론으로 끝난다. 자바

시작하기 | Lesson 01

가상머신이 testCreate를 실행할 때 각 명령문을 위에서 아래로 순서대로 실행한 후 제어를 호출 클래스로 반환한다.

    이 명령문의 오른쪽부분은 Student 객체에 이름을 요청하는 메시지를 보낸다. Student 클래스의 프로그래머이며 클래스 디자이너로서 여러분은 메시지의 이름과 인수를 결정해야 한다. 이 메시지의 이름은 getName으로 결정하였으며 메시지는 추가적인 정보(인수)를 필요로 하지 않는다.

```
student.getName();
```

또한 보내는 메시지의 수신자를 정할 수 있다. 이를 위해 student 객체 레퍼런스를 먼저 지정하고 마침표(.)를 찍고 메시지 getName()을 표시한다. 괄호는 이 메시지에 인수가 전달되지 않는 다는 것을 의미한다. 이 두 번째 명령문이 동작하기 위해서 Student 클래스 내에 대응되는 메소드를 정의해야 한다.

    두 번째 명령문의 왼쪽부분은 반환되는 문자열 객체를 studentName이라는 문자열 형식 지역 변수에 할당한다. 이 할당을 위해 Student 내의 getName() 메소드가 문자열 객체를 반환하도록 정의해야 한다.

    잠시 후 getName()을 실제로 작성할 것이다.

    모든 소스를 컴파일하면 컴파일러는 Student 클래스의 getName 메소드를 찾을 수 없다는 에러를 출력한다.

```
StudentTest.java:4: cannot find symbol
symbol  : method getName()
location: class Student
       String studentName = student.getName();
                    ^
1 error
```

Student 클래스에 getName 메소드를 추가하여 위의 에러를 없앨 수 있다.

```
class Student {
  Student(String name) {
  }

  String getName() {
  }
}
```

이전에 void 지시어를 사용하여 메소드가 값을 반환하지 않는 것을 나타내는 것을 보았다. 이 getName 메소드는 대신 문자열 형식을 반환하도록 명시한다. Student.java를 컴파일하면 다음 에러가 생길 것이다.

Agile Java

```
Student.java:5: missing return statement
    }
    ^
1 error
```

문자열 형식의 반환을 명시한 후 getName 메시지를 보낸 클라이언트 코드로 문자열 객체를 반환하기 위해서는 return 명령문을 사용해야 한다.

```java
class Student {
  Student(String name) {
  }

  String getName() {
    return "";
  }
}
```

이 return 명령문은 문자가 들어 있지 않은 빈 문자열 객체를 반환한다. 다시 코드를 컴파일하면 에러가 발생하지 않을 것이다. 이제 다시 JUnit에서 테스트를 실행할 준비가 되었다.

11 확인(Assertion)하기

이제 testCreate를 완성하기 위한 준비 작업을 마쳤다. 첫 번째 테스트 명령문은 주어진 이름의 학생을 생성하고 두 번째 명령문은 학생 객체에서 이름을 얻는다. 남아있는 일은 학생의 이름이 기대한대로 생성자에서 지정한 이름인지를 확인하는 것이다.

```java
public class StudentTest extends junit.framework.TestCase {
  public void testCreate() {
    Student student = new Student("Jane Doe");
    String studentName = student.getName();
    assertEquals("Jane Doe", studentName);
  }
}
```

세 번째 명령문은 처음 두 명령문 실행이 잘 되었다는 것을 보이기 위해 사용된다. 이것은 테스트 메소드의 "테스트" 부분이다. 세 번째 명령문의 의도는 학생의 이름이 문자열 "Jane Doe"임을 확인하는 것이다. 세 번째 명령문은 첫 번째 인수가 두 번째 인수와 같은지를 확인한다.

세 번째 줄은 두 번째 줄의 오른쪽과 비슷하게 다른 메시지를 보낸다. 하지만 어느 객체가 보낸 assertEquals 메시지를 받을지를 지정하지 않았다. 수신자를 지정하지 않으면 자바는

시작하기 | Lesson 01

현재의 객체(현재의 메소드를 포함하는 객체)를 수신자로 한다.

junit.framework.TestCase 클래스는 assertEquals 메소드의 정의를 가지고 있다. StudentTest의 클래스 정의는 다음과 같이 정의된 것을 기억하자.

```
public class StudentTest extends public class StudentTest extends junit.framework. TestCase {
{
```

이 선언은 StudentTest 클래스가 junit.framework.TestCase를 상속한 것을 의미한다. assertEquals를 현재 StudentTest 객체로 보낼 때 자바 가상머신은 assertEquals의 정의를 StudentTest에서 찾으려고 할 것이다. 찾지 못하면 다음으로 junit.framework.TestCase에서 찾는다. 메소드를 찾으면 가상머신은 다른 메소드들과 마찬가지로 찾은 메소드를 실행한다.

알아두어야 할 중요한 점은 이 메소드가 StudentTest의 상위클래스(superclass)에서 정의되었지만 현재의 StudentTest 객체에 대하여 수행된다는 것이다. 레슨 6에서 이런 상속의 개념을 다시 살펴볼 것이다.

세 번째 명령문은 또한 각 인수를 쉼표를 이용하여 분리하여 하나 이상의 인수를 메시지로 전달하는 방법을 보여 준다. assertEqual에는 두 개의 인수가 있다. 문자열 값 "Jane Doe"와 두 번째 명령문에서 생성한 studentName 레퍼런스이다. 둘은 assertEquals 메소드 내부에서 비교될 객체를 나타낸다. JUnit은 이런 비교의 결과를 testCreate 메소드가 테스트를 통과하는지 실패하는지를 결정하기 위해 사용한다. 만약, studentName으로 참조되는 메모리 주소의 문자열 역시 "Jane Doe"라면 테스트는 통과이다.

다시 컴파일하고 테스트를 실행한다. JUnit은 그림 1-6과 같은 모습이 될 것이다.

그림 1-6 불완전한 결과

Agile Java

JUnit은 붉은 막대를 보이고 하나의 실패를 나타내며, 첫 번째 리스트박스에 원인을 나타낸다.

```
Failure: testCreate(StudentTest): expected:<Jane Doe> but was:<>
```

실패한 메소드는 StudentTest 클래스에 위치한 testCreate이다. 문제는 "Jane Doe" 문자열을 기대했지만 대신 빈 문자열을 받은 것이다. 누가 어디서 이런 문자열을 반환하는가? JUnit은 두 번째 리스트박스에서 실패한 코드의 수행기록(walkback 혹은 stack trace)으로 이런 정보를 보여 준다. 이런 수행기록의 첫 번째 줄은 비교에 대한 실패가 일어났음을 보여 주고 두 번째 줄은 StudentTest.java의 5번째 줄에서 실패가 발생했음을 알려준다.

편집기에서 StudentTest 소스 코드의 5번째 줄로 이동하면 비교에서 실패가 생긴 assertEqual 메소드로 이동한다.

```
assertEquals("Jane Doe", studentName);
```

이전에 말한 것처럼 assertEqual은 두 객체8)를 비교하여 같지 않으면 테스트에 실패한다. JUnit은 첫 번째 인수, "Jane Doe"를 기대된 값으로 간주한다. getName 메소드의 반환값을 저장하였기 때문에 두 번째 인수, studentName 변수를 실제 값으로 간주한다.

코드는 간단하게 고칠 수 있다. getName 메소드가 "Jane Doe"를 반환하도록 바꾼다.

```
class Student {
  Student(String name) {
  }

  String getName() {
    return "Jane Doe";
  }
}
```

재컴파일하고 JUnit을 실행한다. 성공이다(그림 1-7 참조)! 녹색 막대를 보는 것은 만족스러운 일이다. Run 버튼을 다시 눌러도 녹색 막대는 그대로이다. 잘 동작하기는 하지만 완전하지는 않다. 현재로서는 모든 학생은 Jane Doe라는 이름이어야 한다. 학교가 Jane Doe라는 이름의 여성만을 받지 않는 다면 이것은 잘못된 것이다. 계속해서 수정해보자.

---

footnote

8) 명시적으로 이 예제는 문자열 객체를 문자열 변수, 혹은 레퍼런스와 비교한다. 자바는 지정된 문자열 객체를 얻기 위해 변수를 해석하여 비교를 위해 사용한다.

시작하기 | Lesson 01

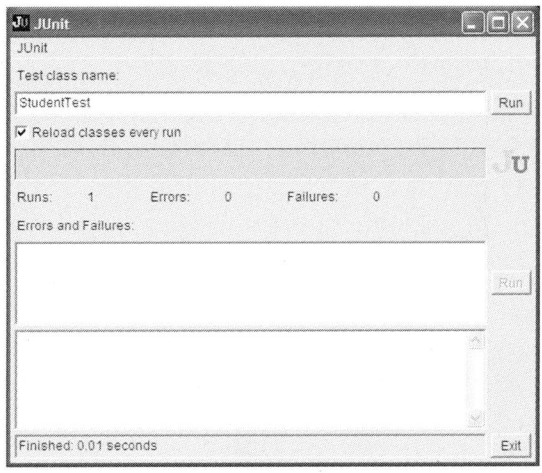

그림 1-7 성공!

12 인스턴스 변수(Instance Variable)

이제 첫 번째 테스트와 그에 대한 클래스를 작성하였다. StudentTest 클래스는 점차적으로 Student 클래스를 작성하는데 도움이 될 것이다. 테스트로 이후에 변경하는 부분이 이미 작성한 부분에 영향을 주는 것을 확인할 수 있다.

불행히도 작성한 코드는 완전하지 않다. 더 많은 Student 객체를 생성하면 모두가 스스로를 Jane Doe라고 할 것이다. 이 문제를 해결하기 위해 StudentTest와 Student 모두를 마무리한다.

testCreate 메소드를 수정하여 모든 Student 객체가 Jane Doe라는 이름을 반환하는 것을 확인할 수 있다. 두 번째 student 객체를 생성하기 위해 다음 코드를 추가한다.

```
public void testCreate() {
    Student student = new Student("Jane Doe");
    String studentName = student.getName();
    assertEquals("Jane Doe", studentName);

    Student secondStudent = new Student("Joe Blow");
    String secondStudentName = secondStudent.getName();
    assertEquals("Joe Blow", secondStudentName);
}
```

그림 1-8은 두 번째 Student 객체가 메모리에 할당된 상태의 개념적인 표현이다. 자바는 새로운 Student 객체를 위한 공간을 찾아서 객체를 배치한다. 이런 작업이 끝났을 때 각각

Agile Java

의 객체가 어디에 위치하는지에 대해서 알 필요는 없다. 이 그림에서 중요한 것은 메모리상의 각 객체에 대한 레퍼런스를 가지고 있다는 것이다.

JUnit을 다시 시작한다. 명령 줄에서 실행한다면 백그라운드 프로세스(유닉스에서)[9]로 혹은 start 명령으로(윈도우에서)[10] 시작한다. 이렇게 하면 JUnit이 다른 윈도우로 실행되고 명령줄로 돌아올 수 있다. 통합 개발 환경을 사용하거나 명령줄을 사용하면서도 JUnit 윈도우를 사용할 수 있다. JUnit은 컴파일 과정에서 바뀐 클래스 파일을 다시 읽어오기 때문에 코드를 변경할 때마다 JUnit을 다시 시작할 필요는 없다[11].

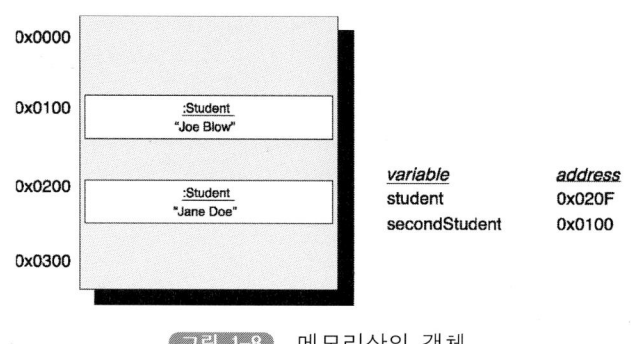

그림 1-8 메모리상의 객체

테스트는 실패할 것이다.

```
junit.framework.ComparisonFailure: expected:<...oe Blow> but was:<...ane Doe>
```

당연히 getName은 항상 "Jane Doe"를 반환하고 두 번째 assertEquals 명령문은 실패한다.
문제는 Student 클래스의 생성자에 올바른 학생 이름을 전달했지만 생성자가 전달받은 이름으로 아무 동작도 하지 않는 것이다. Student 클래스의 코드에서 나중에 전달받은 이름을 참조하고자한다면 이름을 저장해 두어야 한다.
이제 학생의 이름을 학생 개체가 유지되는 동안 유지되는 정보인 학생의 속성으로 지정할 것이다. 자바에서 속성을 지정하는 가장 직접적인 방법은 속성을 필드(field) 혹은 인스턴스 변수(instance variable)로 정의하는 것이다. 필드는 클래스의 시작과 끝을 나타내는 괄호 사이에 선언한다. 필드 선언은 클래스에 속한 메소드 내부가 아니라면 클래스 안의 어디에서나 사용할 수 있다. 하지만 일반적으로 필드 선언은 클래스의 시작 혹은 끝 부분에서 한다.

---

9) 대부분의 시스템에서는 명령 뒤에 &을 붙인다.
10) 명령어 앞에 start를 붙인다. 예를 들어,
    start java -cp .;c:\junit3.8.1\junit.jar junit.awtui.TestRunner StudentTest
11) 항상 객체를 다시 읽어오기 위해서 JUnit창의 "Reload classes every run" 체크박스가 체크된 것을 확인한다.

시작하기 | Lesson 01

지역 변수와 같이 필드는 형식이 있다. 다음과 같이 myName을 문자열 형식으로 정의한다.

```
class Student {
   String myName;

   Student(String name) {
   }

   String getName() {
      return "Jane Doe";
   }
}
```

생성자에서 생성자의 인수 name을 myName에 할당한다.

```
Student(String name) {
   myName = name;
}
```

마지막으로 getName 메소드에서 문자열 값 "Jane Doe" 대신 정의한 필드를 반환한다.

```
String getName() {
   return myName;
}
```

JUnit은 여전히 비교 실패와 붉은 막대를 나타내며 열려 있을 것이다. Run 버튼을 눌러서 테스트를 다시 수행한다. 막대는 녹색으로 변할 것이다.

테스트 메소드를 다시 살펴보자

```
public void testCreate() {
   Student student = new Student("Jane Doe");
   String studentName = student.getName();
   assertEquals("Jane Doe", studentName);

   Student secondStudent = new Student("Joe Blow");
   String secondStudentName = secondStudent.getName();
   assertEquals("Joe Blow", secondStudentName);
}
```

이 테스트는 Student의 인스턴스가 각각의 이름으로 생성되는 방법을 보여 준다. 이런 확인을 좀더 정확히 하려면 첫 번째 생성된 student 객체에서 적절한 이름을 얻을 수 있는지 확인하기 위해 코드에 한 줄을 더 추가한다.

Agile Java

```
public void testCreate() {
  Student student = new Student("Jane Doe");
  String studentName = student.getName();
  assertEquals("Jane Doe", studentName);

  Student secondStudent = new Student("Joe Blow");
  String secondStudentName = secondStudent.getName();
  assertEquals("Joe Blow", secondStudentName);

  assertEquals("Jane Doe", student.getName());
}
```

보낸 메시지의 결과, 즉 student.getName()의 결과를 지역 변수에 할당하는 대신 assertEquals의 두 번째 인수로 직접적으로 사용했다는 것에 주의한다.

컴파일 후 테스트를 다시 수행한다. 테스트의 성공은 student와 secondStudent가 다른 두 개의 객체를 지시하고 있다는 것을 보여 준다.

13 테스트 요약

이 테스트가 무엇을 수행하는지 줄 단위로 살펴보자

`Student student = new Student ("Jane Doe");`	Jane Doe 라는 이름의 Student 객체를 생성하여 지역적으로 저장한다.
`String studentName = student.getName();`	student의 이름을 얻어서 지역 변수에 저장한다.
`assertEquals("Jane Doe",studentName);`	받은 student의 이름이 Jane Doe인 것을 확인한다.

몇 줄의 짧은 코드를 이해하기 위해서는 많은 것을 알아야 한다. 하지만 이미 자바 프로그램의 기본적인 많은 부분을 배웠다. 잘 디자인된 객체 지향 자바 코드에서는 대부분의 명령문은 새로운 객체를 생성하거나, 다른 객체로 메시지를 보내거나, 객체 레퍼런스에(new를 통해 생성되거나 메시지 전송을 통해 얻은) 객체의 주소를 할당하는 것이다.

14 재구성하기

소프트웨어 개발에서 큰 문제는 작성한 코드를 관리하는데 많은 노력이 필요하다는 것이다. 그 이유 중 하나는 급한 수정이나 부주의함 때문에 코드가 급격히 복잡해지고 지저분해지기

시작하기 | Lesson 01

때문이다. 가장 중요한 일은 실제로 작동되는 코드를 작성하는 것이며 이런 코드 작성을 위해 실제 코드를 작성하기 전에 테스트를 먼저 작성해야 한다. 두 번째 일은 코드를 깨끗하게 유지하는 것이다. 두 가지 방법에 의해 코드를 유지할 수 있다.

1. 시스템 내에 같은 코드가 없도록 한다.
2. 코드의 목적을 명확하게 하여 코드 깨끗하고 명확하도록 한다.

이 책에서는 방금 작성한 코드를 다시 살펴보는 경우가 많을 것이다. 이 두 가지의 간단한 규칙에 맞지 않는 모든 것은 즉시 다시 작성하거나 재구성되어야 한다. 불가능 한 것이지만 "완벽한" 디자인에서도 코드 구현이 서투르다면 수정하는데 많은 어려움을 생긴다.

계속해서 교묘하게 코드를 작성할수록 고칠 수 없는 벽에 부딪히는 일이 없다. 가장 중요한 규칙은 작업이 끝날 때의 코드가 처음 코드보다 나쁜 상태가 되지 않도록 하는 것이다.

지금까지의 작은 예제에서조차 이상적이지 못한 코드가 있다. 테스트 코드를 보면서 코드를 재구성해보자.

```
public void testCreate() {
    Student student = new Student("Jane Doe");
    String studentName = student.getName();
    assertEquals("Jane Doe", studentName);

    Student secondStudent = new Student("Joe Blow");
    String secondStudentName = secondStudent.getName();
    assertEquals("Joe Blow", secondStudentName);

    assertEquals("Jane Doe", student.getName());
}
```

첫 번째 단계는 불필요한 지역 변수인 studentName과 secondStudentName을 제거하는 것이다. 이 둘은 메소드를 이해하는데 영향이 없으며 마지막 assertEquals에서와 같이 student 객체에 대한 간단한 호출로 바꿀 수 있다.

이런 수정을 한 후에는 재컴파일을 하고 JUnit에서 테스트를 다시 수행한다. 코드는 다음과 같이 변했다.

```
public void testCreate() {
    Student student = new Student("Jane Doe");
    assertEquals("Jane Doe", student.getName());

    Student secondStudent = new Student("Joe Blow");
    assertEquals("Joe Blow", secondStudent.getName());

    assertEquals("Jane Doe", student.getName());
}
```

Agile Java

두 번째 단계로 문자열 값을 코드 안에 넣는 것은 좋지 않은 프로그래밍으로 알려져 있다. 한가지 이유는 각 문자열 값이 의미하는 것이 무엇인지가 명확히 추적할 수 없기 때문이다.

이 예제에서는 또 코드 중복에 대한 규칙을 어겼다. 테스트 메소드 내에서 두 문자열 값이 두 번 나타난다. 하나의 문자열을 고치면 다른 쪽 역시 고쳐야 한다. 이것은 작업량을 늘리며 한쪽만을 고쳐서 코드에 결점이 생길 가능성이 있다는 의미이다.

이런 중복을 없애고 코드의 의미를 명확히 하기 위해서 문자열 값을 문자열 상수로 교체한다.

```
final String firstStudentName = "Jane Doe";
```

이 명령문은 firstStudentName라는 이름의 문자열 레퍼런스를 생성하고 초기 값으로 문자열 "Jane Doe"를 할당한다.

명령문의 처음에 쓴 키워드 final은 문자열 레퍼런스가 바뀔 수 없음을 나타내며 다른 객체를 해당 레퍼런스에 할당할 수 없다. final을 명시할 필요는 없지만 명시하는 것이 좋은 형식이며, firstStudentName을 상수로 사용한다는 것을 나타내기 쉽다. final의 다른 사용법은 다음에 다룰 것이다.

이제 상수를 선언했으므로 문자열 값을 상수로 교체할 수 있다.

```
final String firstStudentName = "Jane Doe";
Student student = new Student(firstStudentName);
assertEquals(firstStudentName, student.getName());
...
assertEquals(firstStudentName, student.getName());
```

컴파일 후 다른 영향을 준 것이 없는지 확인하기 위해 테스트를 다시 수행한다.

다른 문자열 값에 대해서도 비슷한 재구성을 적용한다. 추가로 지역 변수 이름 student를 secondStudent라는 이름과 비슷하게 firstStudent로 변경한다. 각각의 작은 수정 시마다 컴파일 후 JUnit을 이용하여 변화된 것이 없는 것을 확인한다. 끝으로 다음과 같은 코드가 된다.

```
public void testCreate() {
   final String firstStudentName = "Jane Doe";
   Student firstStudent = new Student(firstStudentName);
   assertEquals(firstStudentName, firstStudent.getName());

   final String secondStudentName = "Joe Blow";
   Student secondStudent = new Student(secondStudentName);
   assertEquals(secondStudentName, secondStudent.getName());
  assertEquals(firstStudentName, firstStudent.getName());
}
```

마지막의 assertEquals는 만들고자 하는 기능을 테스트하는 것이라기보다는 자바가 동작하는 원리를 이해하기 위한 것이다. 실제 코드과정에서는 마지막 확인은 생략할 수 있을 것이다. 지우는 것은 자유이며, 물론 지운다면 재컴파일을 하고 테스트를 다시 수행해야 한다. 개발 과정은 이제

- 기능의 일부분을 확인하는 작은 테스트를 작성한다.
- 테스트가 실패한 것을 확인한다.
- 테스트를 통과하는 작은 부분의 코드를 작성한다.
- 테스트와 코드 모두를 재구성하여 중복되는 부분을 제거하고 코드의 의미를 명확히 한다.

이 과정은 자연스러운 개발의 흐름으로 습관이 될 것이다.

15 this

Student 클래스의 코드를 보면 개선할 부분이 있음을 알 수 있다.

```
class Student {
        String myName;

    Student(String name) {
       myName = name;
    }

    String getName() {
       return myName;
    }
}
```

이 코드는 깔끔한 것처럼 보이지만 필드의 이름을 myName으로 하는 것은 학생들이나 하는 짓이다. 좀더 나은 이름으로 전문성을 나타내보자. 첫 번째로는 필드를 studentName으로 부르는 것을 고려해 볼 수 있다. 하지만 이 경우 불필요한 이름으로 인한 중복이 생긴다. Student 클래스 내에 정의되었기 때문에 이 필드가 학생의 이름을 나타낸다는 것은 명백하다.

또한 일반적으로 필드의 이름에 get을 붙여서 메소드를 만드는 경우가 많으므로 다음과 같이 명백히 불필요한 중복이 생길 가능성이 있다.

```
student.getStudentName();
```

어떻게 이름 필드를 간략하게 표현할 것인가?

name을 필드 이름으로 사용하는 것은 같은 name이라는 이름을 가지는 Student 생성자의 인수와 충돌하기 때문에 문제가 있다. 하지만 시도해보고 어떤 일이 생기는지 보자.

Agile Java

```
class Student {
  String name;

  Student(String name) {
    name = name;
  }

  String getName() {
    return name;
  }
}
```

경고(warning) 메시지를 보기는 하지만 컴파일이 될 것이다. 어쨌든 테스트를 실행해보면 실패할 것이다.

```
junit.framework.ComparisonFailure: expected:<Jane Doe> but was:<null>
```

왜일까? 문제의 일부는 자바 컴파일러가 인수와 같은 이름의 필드를 만드는 것을 허용하고 지역 변수로 사용하는 것까지 허용하기 때문이다. 코드가 컴파일 되었을 때, 자바는 어떤 name을 의미하는지를 찾는다. 컴파일러가 선택하는 해결방법은 가장 지역적으로 선언된 name을 사용하여 인수인 name을 사용하는 것이다.

```
name = name;
```

위 명령은 따라서 인수에 저장된 객체를 자신에게 할당하는 결과를 낳는다. 이것은 name이라는 인스턴스 변수(필드)에는 아무런 값도 할당하지 않는다는 것을 의미한다. 객체를 할당 받지 못한 필드 레퍼런스는 특별한 값인 null을 가진다. 따라서 JUnit 메시지는 다음과 같다.

```
expected:<Jane Doe> but was:<null>
```

이 상황에서 인수의 값을 필드에 할당하는 방법은 두 가지가 있다. 두 변수의 이름을 다르게 하거나 둘을 구분하기 위해 자바 키워드 this를 사용하는 것이다. this를 사용하는 것이 가장 일반적인 방법이다.

첫 번째 방법은 인수나 필드의 이름을 바꿔야 한다. 자바 프로그래머는 이런 이름짓기 문제를 해결하기 위해 여러 방법을 사용한다. 한가지는 인수를 하나의 문자로 하거나 앞에 특정 문자를 붙이는 것이다. 예를 들어, name은 n이나 aName으로 바꿀 수 있다. 다른 일반적인 선택은 언더바(_)를 필드 이름 앞에 붙이는 것이다 : _name. 이것은 코드를 이해할 때 상당히 귀중한 단서가 되도록 필드를 돋보이게 한다. 인수이름 앞에 a나 an을 붙이는 다른 방법도 있다(aName).

둘을 구분하는 두 번째 방법은 같은 이름을 사용하지만 필요한 경우 자바 키워드 this를 사용하여 둘을 구분하는 것이다.

```
class Student {
  String name;

  Student(String name) {
    this.name = name;
  }

  String getName() {
    return name;
  }
}
```

this 키워드는 현재 코드를 수행하고 있는 객체인 현재 객체에 대한 레퍼런스를 의미한다. 위의 예제의 명령문은 인수 name의 값을 필드 name에 할당한다.

이런 수정을 한 후 테스트를 통과하는 것을 확인한다. 이제부터 테스트를 하기 전에 코드를 다시 컴파일하는 것을 기억하자. 이후로는 말하지 않을 것이다.

16 \ private

자바는 기본적으로 메소드를 호출하는 것처럼 객체의 필드를 액세스하는 것을 허용한다.

```
public void testCreate() {
  final String firstStudentName = "Jane Doe";
  Student firstStudent = new Student(firstStudentName);
  assertEquals(firstStudentName, firstStudent.getName());

  final String secondStudentName = "Joe Blow";
  Student secondStudent = new Student(secondStudentName);
  assertEquals(secondStudentName, secondStudent.getName());

  assertEquals(firstStudentName, firstStudent.name);
}
```

이 테스트를 실행하면 통과할 것이다. 하지만 객체 지향 코드로서는 좋지 않은 예이다.

 필드를 다른 객체가 액세스하지 않도록 한다.

Student 객체를 생성한 이후로는 학생의 이름을 바꿀 수 없도록 Student 클래스를 디자인하기를 원한다고 하자. 다음의 테스트 코드는 왜 다른 객체가 필드를 액세스하도록 허용하는 것이 좋지 않은 방법인지를 보여 준다.

Agile Java

```
final String firstStudentName = "Jane Doe";
Student firstStudent = new Student(firstStudentName);
firstStudent.name = "June Crow";
assertEquals(firstStudentName, firstStudent.getName());
```

테스트는 Student 객체와 상호 작용하는 클라이언트 코드가 name 인스턴스 변수에 저장된 문자열을 직접 변경할 수 있다는 것을 보여 준다. 이것이 대단한 일이 아닌 것처럼 보일지 모르지만 호출하는 코드가 객체의 데이터를 바꾸는 것을 제한할 방법이 없다. 만약, 호출하는 코드에서 Student의 이름을 바꾸는 것을 허용하기를 바란다면 사용할 메소드를 생성할 수 있다. 예를 들어, 새로운 이름 문자열을 입력받는 setName이라는 이름의 메소드를 추가할 수 있다. setName 메소드 안에서는 추가적인 제한이 필요한 다른 코드를 포함할 수 있다.

StudentTest에 위의 수정을 하면 테스트는 실패할 것이다.

필드를 보호하기 위해(혹은 숨기기 위해) private로 명시해야 한다. Student 클래스에서 name 필드를 숨기도록 하자.

```
class Student {
  private String name;
  ...
```

이렇게 수정한 후 해당 필드를 엑세스하려고 시도하면 StudentTest의 코드가 name 필드를 직접 참조하려고 하기 때문에 컴파일조차 되지 않을 것이다.

```
assertEquals(firstStudentName, firstStudent.name);
```

다음과 같은 컴파일 에러를 보게 될 것이다.

```
name has private access in Student
    assertEquals(firstStudentName, firstStudent.name);
                                                ^
1 error
```

에러가 발생하는 줄을 제거하고 재 컴파일 후 다시 테스트한다.

필드를 private로 선언하는 것은 객체 지향과 캡슐화(encapsulation)의 개념을 보장하는 것이다. 객체지향 시스템은 데이터가 아닌 동작에 대한 것이다. 메시지를 보내서 필요한 일을 해야 한다. 또한 구현된 상세한 내용을 은폐해야 한다. 어쩌면 이후에 Student 클래스가 성과 이름을 따로 저장하고 getName 메소드가 합쳐진 이름을 반환하도록 바꿔야할 수도 있다. 이 경우 name 필드를 직접 엑세스하는 코드는 제대로 동작하지 않는다.

모든 규칙이 그렇듯, 예외는 있다. 필드를 private로 선언하지 않을 몇 가지 정당한 이유가 있다. (이후에 다룰 것이다.)

17 이름짓기 관례

지금까지 작성한 자바 코드에서 이름을 짓는데 일정한 양식이 있는 것을 눈치챘을 것이다. 이미 배운 자바의 대부분의 요소, 즉 필드, 인수, 메소드, 지역변수 등은 비슷한 방식으로 이름을 짓는다. 이런 관례는 가끔 낙타 형식(camel case)이라고도 불린다[12]. 낙타형의 이름 형식을 따르면 이름 혹은 식별자(identifier)를 직접 연결된 단어로 구성한다. 첫 번째 단어를 제외한 식별자의 각 단어는 대문자로 시작한다.

필드의 이름은 명사로 지어야 한다. 이 이름은 필드가 어떻게 구현되었는지가 아니고 어떻게 사용되는가와 무엇을 나타내는지를 설명해야 한다. 필드의 형식을 나타내는 접두어나 접미어는 불필요하고 사용하지 않아야 한다. 피해야할 필드 이름의 예는 firstNameString, trim, sDescription같은 것이다.

좋은 필드 이름의 예는 firstName, trimmer, description, name, mediaController, lastOrderPlaced 등이다.

메소드는 일반적으로 동작이나 요청이다. 즉 객체가 어떤 동작을 하거나 어떤 정보를 요청하기 위해 메시지를 보내는 것이다. 동작 메소드에 대해서는 동사로 이름을 지어야 한다. 요청 메소드의 이름으로도 역시 동사를 사용해야 한다. 일반적인 자바의 관례는 getNumberOfStudents, getStudent와 같이 얻는 속성의 이름에 get이라는 단어를 앞에 붙이는 것이다. 나중에 이 규칙에 대한 일부 예외를 설명할 것이다.

좋은 메소드 이름의 예는 sell, cancelOrder, isDoorClosed 등이다.

대문자로 시작하는 대문자 낙타형[13] 이름을 가진 클래스는 사물을 추상화한 객체이다. 객체의 이름으로는 거의 항상 명사를 사용해야 하며 복수형을 쓰지 않는다. 클래스는 한번에 하나의 객체를 생성하기 위해 사용된다. 예를 들어, Student 클래스는 Student 객체를 생성할 수 있다. 나중에 배우겠지만 Students 대신 StudentDirectory와 같이, 객체의 집합을 생성하고자 한다고 해도 역시 단수형의 이름을 사용한다. StudentDirectory 클래스에서는 StudentDirectory 객체를 생성할 수 있다. Student 클래스에서는 여러 개의 Student 객체를 생성할 수 있을 것이다. 하지만 이런 식의 이름은 이해하기 어렵고 비슷하게 이해하기 어려운 코드를 만들게 될 것이다.

좋은 클래스 이름의 예는 Rectangle, CompaceDisc, LaundryList, HourlyPayStarategy 등이다.

Footnote

12) 문자들이 낙타를 옆에서 본 모습을 나타내는 것을 상상해보자. 대문자는 혹이 된다. 이 용어에 대한 내용은 *http://c2.com/cgi/wiki?CamelCase*를 참고한다. 낙타 형식에 대하여 "복합 문자(mixed case)"라는 이름도 사용된다.

13) 따라서 낙타형은 종종 대문자 낙타형과 구분하기 위해 소문자 낙타형이라고 부른다.

Agile Java

좋은 객체 지향 디자인의 면에서 볼 때 디자인이 사물의 이름을 짓는 것에 영향을 주는 것을 알 수 있다. 잘 디자인된 클래스는 중요한 한가지 사물을 나타내고 오직 그 한가지 사물만을 나타낸다14). 클래스는 일반적으로 여러 개의 일을 하지 않아야 한다. 예를 들어, 월급봉투를 뜯어서 합계를 내고 각 부서의 합계를 구하는 일을 하는 클래스가 있다면 그 클래스를 간결하게 설명하는 하나의 이름을 찾기는 힘들다. 대신 이 클래스를 CheckWrite, PayrollSummaryReport, ChargebackCalculator라는 개별적인 세 개의 클래스로 나눈다.

식별자에는 숫자를 사용할 수 있지만 숫자가 첫 번째 문자가 될 수는 없다. 자바 컴파일러가 허용하지 않는 경우가 많기 때문에 특수 문자는 피해야 한다. 특히 단어를 구분하기 위해 언더바(_) 문자를 사용하지 않는다. 이전에 말한 것처럼 어떤 개발자는 언더바를 필드 이름 앞에 표시한다. 또한, (이후에 소개될) 클래스 상수는 대부분 이름에 언더바를 포함한다.

약어를 사용하지 않는다. 소프트웨어 개발에서 명확성은 중요한 요소이다. 몇 개의 추가적인 글자를 타이핑하는 시간을 아끼려고 하지 말자. 이렇게 하는 것이 나중에 다른 사람이 여러분의 코드를 이해하기 위해 들이는 시간보다 훨씬 효율적이다. cust나 num과 같은 이름을 좀더 의미 있는 custard와 numerology로 바꾼다15). 최근의 통합 개발 환경은 코드에서 일부분을 빠르게 바꿔줄 수 있고 타이핑하는 단어를 자동으로 완성하는 기능을 제공한다. 그러니 암호 같은 이름을 사용하는 것은 변명할 수 없는 짓이다. id 또는 tvAdapter와 같이 대화에서 일반적으로 사용되는 약어는 사용해도 좋다.

자바는 대소문자를 구분한다는 것을 기억하자. 이것은 student와 stuDent는 다른 이름이라는 것을 의미한다. 하지만 이런 혼란스러운 이름을 사용하는 것은 좋지 않은 형식이다.

이런 이름짓기 관례는 컴파일러가 명시적으로 지정하지는 않지만 코드를 작성하는 데에 일반적인 규칙이 있음을 보여 준다. 컴파일러는 동료 개발자를 괴롭히게될 끔찍한 이름을 사용하는 것을 허용한다. 대부분의 단체는 모든 개발자가 따르는 일반적인 표준을 채택한다. 자바 공동체는 이런 표준에 더 높은 수준의 규약을 가지고 있다. 선(Sun)사의 자바에 대한 코드 관례는 *http://java.sun.com/docs/codeconv*에서 찾을 수 있으며, 불완전하고 오래되기는 했지만 여러분 스스로의 코드 표준을 만들어 가는데 좋은 시작점이 될 것이다. Essential Java Style16), Elements of Java Style17)과 같이 다른 형식이나 표준의 책 역시 나와있다.

---

14) 단일 역할 법칙이라는 지침으로 알려져 있다 [Martin2003].
15) 아마도 두 변수를 customer와 number로 생각했을 것이다. 읽는 사람이 오해하게 만드는 것은 얼마나 쉬운가?
16) [Langr2000].
17) [Vermeulen2000].

시작하기 | Lesson 01

18 공백(Whitespace)

코드의 배치는 여러분과 여러분의 팀이 표준을 따라야하는 또 하나의 부분이다. 공백은 스페이스(space), 탭(tab) 문자와 폼피드(form feed), 엔터 키를 누를 때 입력되는 뉴라인(new-line)과 같은 문자를 말한다. 공백은 어떤 종류의 요소들(element) 사이에는 필수적이지만 다른 경우는 선택적으로 사용할 수 있다. 예를 들어, 클래스의 선언에서 class와 클래스 이름 사이에는 적어도 하나 이상의 빈칸이 있어야 한다.

```
class Student
```

그리고 다음의 공백도 가능하다. (하지만 사용하지 말아야 한다.)

```
String studentName = student    .    getName();
```

자바 컴파일러는 여분의 공백을 무시한다. 여러분은 스페이스, 탭 그리고 빈 줄을 코드를 구성하기 위해 신중하게 사용해야 한다. 이 것은 앞으로 코드를 쉽게 이해하는데 계속해서 도움이 될 것이다.

이 책의 예제에서는 자바 코드를 구성하는 일관되고 일반적인 방법을 보일 것이다. 만약, 여러분의 코드가 예제와 같이 보인다면 그 코드는 컴파일 될 것이다. 또한 대부분의 자바 개발 단체의 표준을 만족할 것이다. 여러분은 들여쓰기(indent)에 탭을 사용할 것인지 스페이스를 사용할 것인지를 결정하고 들여쓰기를 얼마나 할지 같은 문제들을 결정하기를 바랄 것이다.

연습문제

각 레슨의 끝에는 연습문제가 있다. 많은 연습문제들은 체스 게임을 하는 응용프로그램의 일부를 만들도록 할 것이다. 체스의 규칙을 잘 모른다면 *http://www.chessvariants.com/d.chess/chess.html*을 찾아보면 된다.

1. tudent 클래스와 마찬가지로 간단히 폰(pawn)을 나타내는 클래스를 만드는 것부터 시작한다. 먼저 PawnTest라는 빈 테스트 클래스를 만든다. PawnTest에 JUnit을 실행하고, 테스트 메소드를 만들지 않았기 때문에 실패하는 것을 확인한다.

2. testCreate라는 테스트 메소드를 만든다. 테스트 메소드를 만드는데 알맞은 문법을 따르는 것에 주의한다.

3. Pawn 객체를 인스턴스화하기 위해 testCreate에 코드를 추가한다. 클래스가 존재하지 않기 때문에 컴파일 실패가 생기는 것을 확인한다. Pawn 클래스를 만들고 컴파일이 잘 되는 것을 확인한다.

4. 인스턴스화한 Pawn 객체를 지역변수에 할당한다. 생성된 폰(pawn)에 색을 묻는다. JUnit의 좔의 기본 색이 문자열 "white"로 표시되도록 JUnit 확인(assertion)을 코드로 작성한다. 테스트가 실패하는 것을 확인하고, 테스트가 통과하도록 Pawn 클래스에 코드를 추가한다.

5. testCreate에서 두 번째 폰(pawn)을 생성하고 "black"을 생성자로 전달한다. 두 번째 폰의 색이 "black"인지를 확인한다. 테스트 실패를 확인하고 테스트가 성공하도록 수정한다. Pawn 객체를 생성하는 쪽에서 색을 전달하도록 한 기존 생성자는 없앤다. 이 수정은 연습문제 #4에서 작성할 코드에 영향을 줄 것이다.

6. testCreate에서 "white"와 "black" 문자열에 대한 상수를 만든다. 수정 후 테스트를 다시 수행하는 것을 잊지 말자.

MEMO

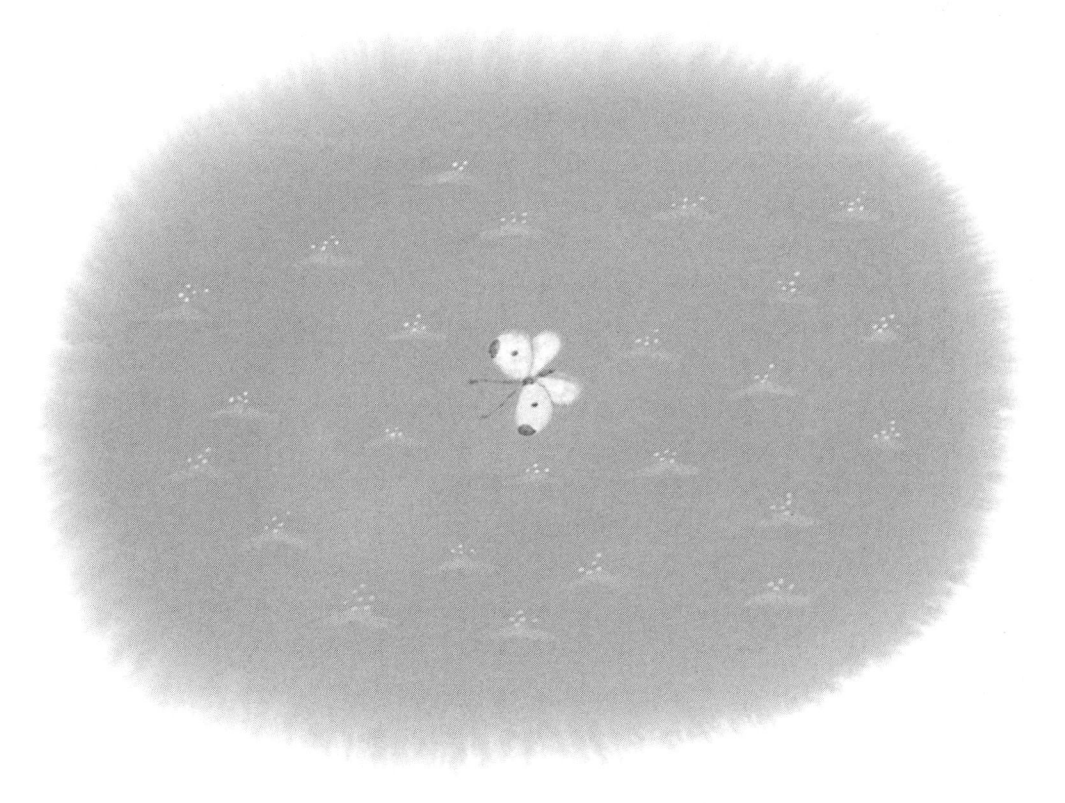

Lesson 2 자바의 기초

이 레슨에서는 다음 내용을 다룬다.

- 학생의 수를 세기 위하여 int형 숫자변수를 사용한다.
- 여러 학생정보를 저장하기 위해 자바 콜렉션 클래스인 java.uti.ArrayList를 사용한다.
- 기본 생성자를 이해한다.
- java.util.ArrayList의 사용법을 찾기 위해 J2SE API 문서를 사용하는 방법을 배운다.
- 하나 이상의 클래스를 테스트하기 위해 TestSuite를 만든다.
- 패키지와 import 명령문에 대해 배운다.
- 클래스 상수를 선언하고 사용하는 방법을 이해한다.
- 시스템 라이브러리에서 날짜와 달력 클래스를 사용한다.
- 자바에서 사용되는 다양한 형태의 주석을 배운다.
- javadoc으로 작성한 코드에 대한 API 문서를 생성한다.

1 CourseSession

학교에는 매학기 개설되는 Math 101, Engl 200과 같은 과목들이 있다. 단과대학, 수강번호, 학점 등의 기본적인 과목정보는 일반적으로 학기마다 같다.

강의는 과목의 한가지 부분이다. 강의는 다른 여러 정보와 강의 날짜와 강의하는 선생님의 정보를 가지고 있다. 또한 그 강의에 수강신청한 학생의 목록을 가지고 있어야 한다.

여러분은 강의의 기본 과목 정보와 수강정보를 관리하기 위해 CourseSession 클래스를 정의할 것이다. 한 학기동안의 CourseSession 객체를 다루는 동안은 같은 과목에서는 하나의 강의만 개설된다. 만약, 두 개의 CourseSession 객체가 하나의 과목에 대한 것이라면 두 객체에 모두 과목정보를 유지하는 것은 불필요하다. 하지만 지금은 한 과목에 대한 여러 강의는 고려하지 않는다. 이후에 한 과목에 대한 여러 강의를 다루기 위하여 디자인을 개선할 것이다.

CourseSessionTest.java 파일을 만들고, 그 안에 testCreate라는 이름의 테스트를 작성한다. StudentTest의 testCreate처럼 이 메소드는 어떻게 CourseSession 객체를 생성할 것인지를 보여 준다. 생성 테스트는 어떤 객체가 생성된 직후에 어떻게 보이는지를 살펴보기 위한 좋은 위치이다.

```
public class CourseSessionTest extends junit.framework.TestCase {
   public void testCreate() {
      CourseSession session = new CourseSession("ENGL", "101");
      assertEquals("ENGL", session.getDepartment());
      assertEquals("101", session.getNumber());
   }
}
```

이 테스트는 CourseSession이 개설한 학과와 과목번호로 생성될 수 있다는 것을 보여 준다. 또한 학과와 과목번호가 CourseSession 객체 안에 올바르게 저장된 것을 확인한다.

테스트를 통과하려면 CourseSession을 다음과 같이 작성해야 한다.

```
class CourseSession {
   private String department;
   private String number;

   CourseSession(String department, String number) {
      this.department = department;
      this.number = number;
   }

   String getDepartment() {
return department;
   }
```

Agile Java

```
    String getNumber() {
        return number;
    }
}
```

    지금까지 학생의 정보를 저장하는 Student 클래스와 과목 데이터를 저장한 Course Session 클래스를 만들었다. 두 클래스는 다른 객체에서 데이터를 가져가도록 하기 위한 "가져가기" 메소드를 제공한다.

    하지만 Student나 CourseSession과 같은 데이터 저장 클래스는 가장 흥미 있는 부분은 아니다. 만약, 객체 지향 개발방법이 데이터를 저장하고 가져오는 것만을 다룬다면 작성한 시스템은 쓸모가 없을 것이며, 객체 지향이라고 할 수 없다. 객체 지향 시스템은 특정 동작을 모델화하는 것임을 기억하자. 동작은 객체에 데이터를 요구하는 것이 아니고 어떤 일을 하도록 하기 위해 해당 객체에 메시지를 보내서 수행된다.

    하지만 일을 시작하기 위해서, 그리고 객체의 상태가 어떤지를 알 수 없다면 테스트 내에서 확인을 할 수 없다.

2 수강신청하기

    과목은 학생들이 수강신청을 하지 않는다면 학교에 이익이 되지 않는다. 학생정보 시스템의 대부분에서 한번에 한 명 이상의 학생정보를 요구할 것이다. 따라서 학생의 단체나 집합을 저장해야 하며 집합내의 학생에 대하여 연산을 해야 한다.

    CourseSession은 학생의 집합이라는 새로운 속성을 저장할 필요가 있다. 여러분은 이 새로운 속성을 확인하도록 CourseSession 생성 테스트를 강화해야 한다. 만약, 방금 새로운 과목을 생성했다면 신청한 학생은 아직 없을 것이다. 빈 과목을 어떻게 확인할 것인가?

    testCreate를 굵은 글씨로 표시된 확인을 하도록 고친다.

```
public void testCreate() {
    CourseSession session = new CourseSession("ENGL", "101");
    assertEquals("ENGL", session.getDepartment());
    assertEquals("101", session.getNumber());
    assertEquals(0, session.getNumberOfStudents());
}
```

3 int

    새로운 확인은 새로 만든 과목의 수강 학생 수가 0이어야 하는 것을 확인한다. 0이라는 기호

자바의 기초 | Lesson 02

는 정수형 영을 나타내는 숫자 값이다. 명확히는 자바에서는 int 형으로 표시되는 정수 값이다. CourseSession 클래스에 다음과 같이 getNumberOfStudents 메소드를 추가한다.

```
class CourseSession {
  ...
  int getNumberOfStudents() {
    return 0;
  }
}
```

(말 줄임표는 인스턴스 변수, 생성자 코드, 이미 작성한 메소드를 표시한다.)

getNumberOfStudents의 반환형은 int로 명시되었다. 메소드에서 반환되는 값은 반환형과 일치해야만 하며 따라서 getNumberOfStudents는 int 값을 반환한다. int형은 정수 값 -2,147,483,648에서 2,147,483,647까지를 표현할 저장할 수 있는 변수형이다.

자바에서의 숫자는 문자열 값과는 다르다. 문자열과 마찬가지로 메시지에서 인수로 숫자를 전달할 수는 있지만, 숫자에 메시지를 보낼 수는 없다. 기본적인 숫자 연산은 자바에서 문법으로 제공된다. 다른 여러 숫자 연산은 시스템 라이브러리 형태로 제공된다. 이 책의 뒷부분에서 비슷하게 객체형이 아닌 변수형을 배울 것이다. 이렇게 객체형이 아닌 변수형을 기본형(primitive type)이라고 부른다.

이제 새로운 CourseSession 객체가 알맞게 초기화된 것을 확인하였다. 하지만 학생들이 이 강의를 신청할 수 있는지는 확인하지 않았다. testEnrolStudents라는 새로운 테스트 메소드를 만들어 두 학생을 포함한다. 각각에 대하여 새로운 Student 객체를 생성하고 학생을 등록하고, CourseSession 객체가 정확한 학생 수를 알려 주는지 확인한다.

```
public class CourseSessionTest extends junit.framework.TestCase {
  public void testCreate() {
    ...
  }

  public void testEnrollStudents() {
    CourseSession session = new CourseSession("ENGL", "101");

    Student student1 = new Student("Cain DiVoe");
    session.enroll(student1);
    assertEquals(1, session.getNumberOfStudents());

    Student student2 = new Student("Coralee DeVaughn");
    session.enroll(student2);
    assertEquals(2, session.getNumberOfStudents());
  }
}
```

Agile Java

어떻게 enroll이라는 이름의 메소드가 필요하고 그 메소드가 인수로 Student 객체를 받아야 한다는 것을 알 수 있을까? 테스트 메소드를 작성하는 것은 부분적으로 개발자가 해당 클래스를 사용하기 위한 공용 인터페이스(public interface)를 디자인하는 과정이다. 여러분이 클래스를 디자인하는 목표는 클래스를 사용하고자 하는 개발자가 가장 단순하게 사용할 수 있도록 하는 것이다.

 (학생의 숫자가 2임을 확인하는) 두 번째 확인명령을 통과하는 가장 단순한 방법은 getNumberOfStudents 메소드에서 2를 반환하는 것이다. 하지만 이것은 첫 번째 확인을 통과하지 못한다. 따라서 CourseSession내에서 학생의 숫자를 관리하는 방법이 있어야 한다. 이것을 위해 새로운 필드를 만든다. 어떤 정보를 저장할 필요가 있을 때마다 객체의 상태를 나타내는 필드를 사용할 것이다. CourseSession 클래스를 다음과 같이 수정한다.

```
class CourseSession {
   ...
   private int numberOfStudents = 0;
   ...
   int getNumberOfStudents() {
      return numberOfStudents;
   }

   void enroll(Student student) {
      numberOfStudents = numberOfStudents + 1;
   }
}
```

 학생의 수를 관리하기 위한 필드의 이름은 numberOfStudents이고 일반적인 관례에 따라 private으로 선언하였으며 int형이다. 또한 초기값(initial value)으로 0을 할당하였다. CourseSession 객체가 인스턴스화되었을 때 이 numberOfStudents에서와 같이 필드 초기화가 수행된다. 필드 초기화는 생성자 내의 코드가 수행되기 전에 실행된다.

 getNumberOfStudents는 이제 int 값 0대신 numberOfStudents 필드를 반환한다.

 enroll 메소드가 호출될 때마다 학생의 수를 1씩 늘린다. enroll 메소드 내의 한 줄의 코드가 이 일을 수행한다.

```
numberOfStudents = numberOfStudents + 1;
```

 int형에서(또한 이후에 소개될 다른 숫자형에서) 더하기나 다른 여러 수학 연산을 적용할 수 있다. = 표시의 오른쪽 부분은 현재 numberOfStudents에 1을 더한 값을 나타낸다. numberOfStudent가 = 표시의 왼쪽에 나타나기 때문에 오른쪽의 계산 결과 값은 이 변수에 다시 저장된다. 이 예에서와 같이 변수의 값을 1 늘리는 것은 변수 값을 증가(incrementing) 시키는 일반적인 연산이다.

자바의 기초 | Lesson 02

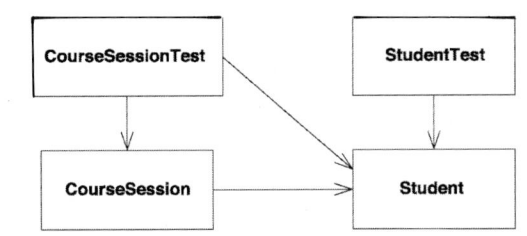

그림 2-1   CourseSession과 Student 클래스 다이어그램

할당 연산자의 양쪽에 numberOfStudents가 나오는 것이 이상하게 보일 수도 있다. 자바 가상머신은 항상 할당문의 오른쪽 부분을 먼저 실행한다는 것을 기억하자. 자바는 오른쪽의 명령문의 결과를 계산하여 왼쪽의 변수에 이 결과를 할당한다.

enroll 메소드는 void 형의 반환 값을 가지며 이것은 메시지를 보낸 클라이언트 쪽에 아무런 결과도 반환하지 않는다는 것을 의미한다.

그림 2-1의 클래스 다이어그램은 지금까지 작성한 시스템의 구조를 보여 준다.

개념적으로 한 강의는 몇 명의 학생이 참여할 수 있어야 한다. 실제로, 코드상에서, 과목은 학생 객체에 대한 레퍼런스를 보관하지 못하고 학생의 숫자만을 보관한다. 이후에 CourseSession 클래스가 실제로 Student에 대한 레퍼런스를 저장하도록 수정할 때, 이 UML 다이어그램은 CourseSession과 Student 사이의 1 대 다 관계를 표시하도록 바뀔 것이다.

enroll 메소드가 Student 객체를 인수로 받기 때문에 CourseSession은 Student에 의존적이다. 다시 말하면, Student 클래스가 없다면 CourseSession 클래스를 컴파일하는 방법을 알 수 없다.

그림 2-1에서 클래스 다이어그램 내에 마지막으로 모든 테스트 클래스를 표시할 것이다. 여러분은 테스트 위주 개발을 하고 있기 때문에 특별한 설명이 없다면 이후의 다이어그램은 각각의 결과 클래스에 테스트 클래스가 있다는 것을 의미한다.

4 초기화(Initialization)

이전에 여러분은 numberOfStudent 필드를 추가했고 0으로 초기화하였다. 이 초기화는 실제로 꼭 필요하지는 않다. int형의 필드는 기본적으로 0으로 초기화된다. 이렇게 명시적으로 필드를 초기화하는 것이 꼭 필요하지는 않지만 코드의 목적을 명확하게 하는데 도움이 된다.

현재까지는 필드를 초기화하는 두 가지 방법이 있다. 필드를 필드 선언부분에서 초기화하거나 생성자 안에서 초기화하는 것이다. 다음과 같이 CourseSession 생성자 안에서 numberOfStudents를 초기화할 수 있다.

Agile Java

```
class CourseSession {
  private String department;
  private String number;
  private int numberOfStudents;

  CourseSession(String department, String number) {
    this.department = department;
    this.number = number;
    numberOfStudents = 0;
  }
  ...
```

어디서 초기화를 해야 하는지에 대한 절대적인 규칙은 없다. 저자는 가능하면 필드 선언부분에서 초기화하는 쪽을 좋아한다. 초기화와 선언을 같은 자리에서 하는 쪽이 코드를 따라가기 쉽다. 또한 이 레슨의 뒷부분에서 배우게 될 것처럼 여러 개의 생성자를 만들 수 있다. 이런 경우 각 생성자에 중복되는 초기화 코드를 두는 것보다 변수선언과 같이 하는 것이 편하다.

필드 선언 시에 초기화 코드를 넣을 수 없는 상황이 있을 수 있다. 이런 경우는 생성자에서 초기화하는 것이 유일한 방법일 것이다.

5 기본 생성자

여러분은 SutudentTest와 CourseSessionTest와 같은 어떤 테스트 클래스에도 생성자가 없는 것을 보았을 것이다. 명시적으로 어떤 초기화도 할 필요가 없는 경우가 자주 있기 때문에 자바 컴파일러는 생성자를 정의하는 것을 요구하지는 않는다. 클래스에서 생성자를 정의하지 않으면[1] 자바는 기본적으로 인수를 가지지 않는 생성자를 제공한다. 예를 들어, StudentTest의 경우는 비어있는 다음의 생성자를 추가한 것과 마찬가지이다.

```
class StudentTest extends junit.framework.TestCase {
  StudentTest() {
  }
  ...
}
```

기본 생성자를 사용하는 것은 자바가 생성자를 클래스의 필수 요소로 여긴다는 것을 의미하기도 한다. 생성자는 생성자에 추가적인 초기화 코드가 없다고 해도 자바가 클래스를 초기화하는데 필요하다. 생성자를 제공하지 않으면 자바 컴파일러가 여러분을 위해 생성자를 만든다.

---

footnote

1) 자바 컴파일러는 하나의 클래스 안에 여러 개의 생성자를 정의하는 것을 허용한다. 이 부분은 후에 다룰 것이다.

자바의 기초 | Lesson 02

6 스위트(Suites)

앞에서 여러분은 두 번째 테스트 클래스인 CourseSessionTest를 만들었다. 앞으로 대상 클래스에 따라 CourseSessionTest나 StudentTest를 JUnit에서 실행할 수 있다. 불행히도 Student 클래스를 수정하는 동안 StudentTest를 모두 통과하지만 CourseSessionTest의 테스트를 통과하지 못하게 될 수도 있다.

CourseSessionTest의 테스트를 실행한 후 StudentTest를 실행하기 위해 매번 다시 JUnit 실행하거나 JUnit에 테스트 클래스 이름을 입력하거나 여러 개의 JUnit 윈도우를 열어둔 채로 둘 수도 있다. 하지만 이런 방법은 확장성이 없어서 더 많은 클래스를 생성하면서 관리하는 것이 급격히 불가능해진다.

대신 JUnit은 스위트(suite), 테스트의 집합을 만드는 기능을 제공한다. 스위트는 또한 다른 스위트를 포함 할 수 있다. 스위트는 JUnit 테스트 실행부분에서 다른 테스트와 마찬가지로 실행될 수 있다.

다음과 같은 코드로 AllTests라는 새로운 클래스를 추가한다.

```java
public class AllTests {
  public static junit.framework.TestSuite suite() {
    junit.framework.TestSuite suite =
      new junit.framework.TestSuite();
    suite.addTestSuite(StudentTest.class);
    suite.addTestSuite(CourseSessionTest.class);
    return suite;
  }
}
```

AllTests라는 클래스 이름으로 JUnit을 실행하면, CourseSessionTest와 StudentTest를 합해서 모든 테스트를 실행할 것이다. 이제부터 AllTests를 다른 개별적인 클래스 테스트를 대신해서 실행한다.

AllTests의 suite 메소드의 역할은 실행될 테스트들을 생성하고 그것을 반환하는 것이다. junit.framework.TestSuite 형식의 객체가 이 스위트를 관리한다. 여러분은 addTestSuite 메시지를 보내서 스위트에 테스트를 추가한다. 이 메시지를 통해 보내는 값은 클래스 값 (literal)이다. 클래스 값은 클래스의 이름에 .class를 붙여서 표시된다. 이것은 그 클래스를 유일하게 표시하고 클래스 정의 자체를 다른 모든 객체와 비슷하게 다룰 수 있도록 한다.

새로운 테스트 클래스를 추가할 때마다, AllTests에서 생성된 스위트에 추가해야 한다. 스위트를 고치는 것을 잊기 쉽기 때문에 이런 방식은 실수를 하기 쉽다. 레슨 12에서 여러분 대신 스위트를 생성하고 실행하는 좀더 나은 해결방법을 배울 것이다.

Agile Java

AllTests 안의 코드는 레슨 4에서 배우게 될 스태틱 메소드(static method)의 개념을 소개한다. 당장은 JUnit이 인식하기 위하여 static으로 메소드를 선언한다는 것만 이해하자.

7 SDK와 java.util.ArrayList

CourseSession 클래스는 학생의 수를 잘 관리한다. 하지만 신청한 학생들을 관리하지 않고 숫자만을 관리하고 있다. testEnrollStudents 메소드가 완전해지려면 CourseSession 객체가 실제 학생 객체를 유지한다는 것을 보일 필요가 있다.

한 가지 해결 방법은 CourseSession에 모든 신청한 학생의 목록을 요구하고, 기대되는 학생정보를 포함하는지 반환된 목록을 확인하는 것이다. 굵게 표시된 부분을 테스트에 추가하자.

```
public void testEnrollStudents() {
    CourseSession session = new CourseSession("ENGL", "101");

    Student student1 = new Student("Cain DiVoe");
    session.enroll(student1);
    assertEquals(1, session.getNumberOfStudents());
    java.util.ArrayList<Student> allStudents = session.getAllStudents();
    assertEquals(1, allStudents.size());
    assertEquals(student1, allStudents.get(0));

    Student student2 = new Student("Coralee DeVaughn");
    session.enroll(student2);
    assertEquals(2, session.getNumberOfStudents());
    assertEquals(2, allStudents.size());
    assertEquals(student1, allStudents.get(0));
    assertEquals(student2, allStudents.get(1));
}

java.util.ArrayList<Student> allStudents = session.getAllStudents();
```

추가된 코드의 첫 번째 줄은 CourseSession에 getAllStudents라는 메소드가 있다는 것을 알려 준다. getAllStudents의 결과를 변수에 저장하는 것을 살펴보면 메소드는 java.util.ArrayList<Student>형의 객체를 반환해야 할 것이다. 이렇게 클래스 이름 뒤에 각진 괄호(⟨와 ⟩)안에 인수형을 넣은 형식은 인수화된 형식(parameterized type)이라고 불린다. 이 예에서 java.util.ArrayList의 Student 인수는 java.util.ArrayList가 Student 객체만을 저장하도록 한정(bound)되었다는 것을 나타낸다.

java.util.ArrayList 클래스는 수천 가지의 사용 가능한 자바 SDK 클래스 라이브러리의 일부이다. 여러분의 컴퓨터에서 SDK 문서를 보려면 다운로드 후 설치해야만 한다. 또는 썬(Sun)사의 자바 홈페이지에서 온라인으로 문서를 볼 수 있다. 저자는 속도와 편리함 때문에

자바의 기초 | Lesson 02

문서를 설치하는 쪽을 좋아한다.

문서를 열어서 Java 2 Platform API specification 부분을 찾는다. 그림 2-2와 같은 화면을 볼 수 있을 것이다.

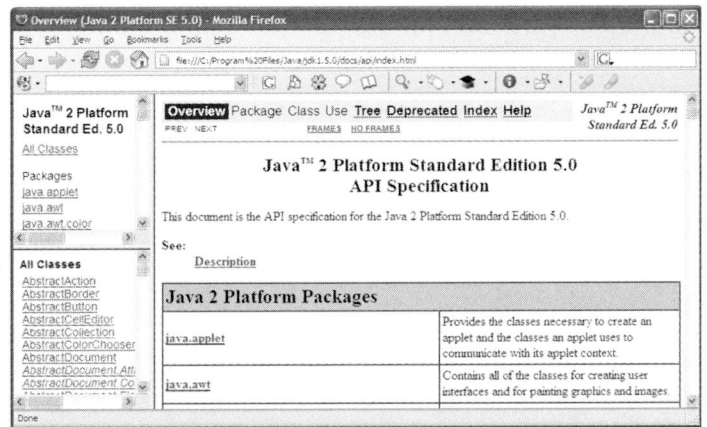

그림 2-2 Java 2 플랫폼 API 명세서

자바 API 문서는 가장 중요한 동료이다. 페어 프로그래밍(pair programming)[2]을 한다면 두 번째 중요한 동료가 될 것이다. 문서는 세 개의 프레임으로 나누어져 있다. 왼쪽 위의 프레임은 라이브러리(libaray)에서 사용 가능한 모든 패키지(package)를 나열한다. 패키지는 관련 있는 클래스의 모음이다.

왼쪽 아래 프레임은 기본적으로 라이브러리에 포함된 모든 클래스를 보여 준다. 패키지가 선택되면 왼쪽 아래 프레임은 패키지에 포함된 클래스만을 보여줄 것이다. 오른쪽의 프레임은 현재 선택된 패키지나 클래스에 대한 자세한 정보를 보여 준다.

패키지 프레임을 스크롤하여 java.util라는 패키지를 선택한다. 왼쪽 아래 프레임은 인터페이스(interface), 클래스, 예외(exception)의 목록을 보일 것이다. 인터페이스나 예외에 대해서는 이후에 다룰 것이다. 지금은 ArrayList라는 클래스를 찾아서 선택한다.

java.util 패키지는 자바 개발과정에서 자주 사용하게 될 몇 가지 유용한 클래스를 포함한다. 이 패키지의 여러 클래스는 콜렉션 프레임워크(Collections Framework)라고 불리는 것을 지원한다. 콜렉션 프레임워크는 리스트(list), 링크드 리스트(linked list), 세트(set), 해시테이블(hash table)과 같은 기본 데이터형을 지원하는데 사용되는 일관된 부분 라이브러리 코드이다. 관련된 객체의 집합을 관리하기 위하여 자바에서 계속해서 콜렉션을 사용하게 될 것이다. 오른쪽 프레임은 java.util.ArrayList 클래스에 대한 자세한 정보를 모두 보여 준다.

ⓕootnote

2) 개발 팀의 일부가 공동으로 코드를 작성하는 짝을 이루는 방법

Agile Java

Method Summary 부분까지 스크롤해서 내려가자. Method Summary에서는 java.util.ArrayList 클래스에 구현된 메소드를 보여 준다. 사용할 수 있는 메소드를 몇 분간만 읽어 보자. 메소드에 대한 자세한 정보는 각각의 메소드 이름을 클릭하면 얻을 수 있다.

현재의 예제에서는 add, get, size의 세 가지 java.util.ArrayList 메소드를 사용할 것이다. size는 테스트에서 이미 사용되었다. 다음 코드는 java.util.ArrayList 객체에 하나의 객체가 있는지를 확인한다.

```
assertEquals(1, allStudents.size());
```

새로운 코드의 다음 줄은 allStudents의 첫 번째 항목(element)이 신청한 학생과 일치하는지 확인한다.

```
assertEquals(student, allStudents.get(0));
```

API 문서에 따르면 get 메소드는 리스트의 임의의 위치의 항목을 반환한다. 이 위치는 인덱스(index) 값으로 get method로 전달된다. 인덱스는 0부터 시작하므로 get(0)은 리스트의 첫 번째 항목을 반환한다.

8 객체 추가하기

자바 SDK API 문서에서 add 메소드는 객체를 인수로 가진다. API 문서에서 Object라는 인수를 클릭하면 실제로는 java.lang.Object를 나타낼 것이다.

여러분은 자바가 "모든 것이 객체인"[3] "순수한" 객체 지향 언어라는 것을 들어보았을 것이다. java.lang.Object클래스는 자바 시스템 클래스 라이브러리에서 정의된 모든 클래스뿐 아니라 Student와 StudentTest와 같이 여러분이 정의한 모든 클래스의 부모 클래스이다. 모든 클래스는 직접적으로 혹은 간접적으로 java.lang.Object를 상속한다. StudentTest는 junit.framework.TestCase를 상속하고 junit.framework.TestCase는 java.lang.Object를 상속한다.

이런 java.lang.Object 상속은 중요하다. 여러분은 java.lang.Object에 의존적인 몇 가지 주요한 언어 특성을 배울 것이다. 지금은 String이나 Student, 정의하는 모든 클래스가 java.lang.Object를 상속한다는 것을 이해하자. 이런 상속은 String과 Student 객체가 java.lang.Oject 객체이기도 하다는 것을 의미한다. 이런 형태의 이점은 java.lang.Object를 인수로 하는 모든 메소드에 String이나 Student 객체를 인수로 전달할 수 있다는 것이다. 이

---

[3] 자바 언어의 상당부분은 객체지향이 아니다. 조금 뒤에서 이 부분을 다룰 것이다.

자바의 기초 | Lesson 02

미 배운 것처럼 add 메소드는 java.lang.Object의 인스턴스(instance)를 인수로 받는다.

add 메소드로 java.util.ArrayList에 임의의 객체를 전달할 수 있다고 해도 그렇게 사용하지는 않을 것이다. CourseSession 객체에서는 Student 객체가 강의를 신청할 수 있을 것이다. 따라서 인수화된 형 선언을 사용한다. java.util.ArrayList를 인수화된 형식으로 제한하는 것은 다른 형식의 객체를 부주의하게 리스트에 추가하는 것을 방지하는 효과가 있다.

학생 리스트에 String 객체를 추가하는 것이 허용된다고 하자. 따라서 학생 리스트에 getAllStudents를 사용하고 리스트에서 String 객체를 가져온다. Student 레퍼런스에 이 객체를 할당하려고 하면 자바 가상 머신은 에러를 낼 것이다. 자바는 강한 형식(strongly typed) 언어이고 String을 Student 레퍼런스에 할당하는 것을 허용하지 않을 것이다.

CourseSession에서 다음을 수정하면(굵은 글씨로 표시되어 있다) 이 테스트를 통과한다.

```java
class CourseSession {
  ...
  private java.util.ArrayList<Student> students =
     new java.util.ArrayList<Student>();
  ...
  void enroll(Student student) {
     numberOfStudents = numberOfStudents + 1;
     students.add(student);
  }

  java.util.ArrayList<Student> getAllStudents() {
     return students;
  }
}
```

students라는 새로운 필드는 모든 학생의 리스트를 저장하기 위하여 사용된다. 이 필드는 Student만을 저장하도록 제한된 빈 java.util.ArrayList 객체로 초기화된다[4]. enroll 메소드는 학생을 이 리스트에 추가하고 getAllStudents 메소드는 단순히 이 리스트를 반환한다.

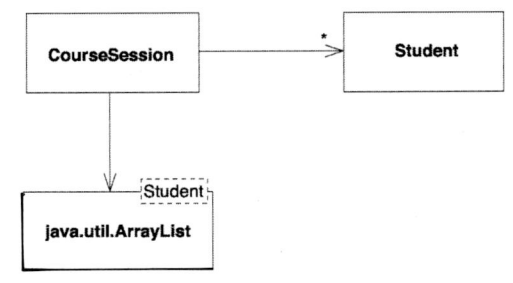

그림 2-3   인수화된 형식을 표시한 클래스 다이어그램

---

footnote

4) 넓이의 제한으로 인해서 students 필드의 선언을 두 줄로 나누었다. 이것을 한 줄에 입력해도 상관 없다.

Agile Java

그림 2-3은 CourseSession이 어떻게 인수화된 형식인 java.util.ArrayList〈Student〉에 의존적인지를 보여 준다. 또한 CourseSession과 Student사이에 끝에 *이 표시된 관계로 표시되어 CourseSession이 0 혹은 다수의 학생과 연관이 있음을 보여 준다.

그림 2-3의 클래스 다이어그램은 정상적인 것이 아니다. 이것은 실제로 같은 정보를 다른 형태로 두 번 보여 주고 있다. 인수화된 형 선언은 하나의 CourseSession이 ArrayList에 저장된 몇 개의 Student 객체와 관련이 있다는 것을 나타낸다. CourseSession에서 Student로의 관계는 비슷하게 1대 다 관계임을 보여 준다.

9 점진적인 재구성

```
int getNumberOfStudents() {
   return students.size();
}
```

java.util.ArrayList는 size 메소드를 제공한다. 여러분은 numberOfStudents를 따로 관리하는 대신 학생에 대한 ArrayList 객체에서 그 크기를 얻을 수 있다.
이 작은 부분을 수정하고 재컴파일한 후 테스트를 다시 실행한다. 이렇게 테스트를 수행하는 것이 코드를 무사히 수정하는데 확신을 줄 것이다. 만약, 바꾼 부분이 제대로 동작하지 않는다면 단순히 원래의 코드로 되돌리고 다른 방법을 시도해본다.

getNumberOfStudents에서 더 이상 numberOfStudents를 반환하지 않기 때문에 enroll 메소드에서 증가시킬 필요가 없다. 또 numberOfStudents 필드 자체를 지워버려도 된다.

CourseSession 클래스에서 numberOfStduents를 사용하는 부분을 찾아보면서 각각을 지울 때 컴파일러를 도구로 사용할 수 있다. 필드 선언을 지우고 다시 컴파일한다. 컴파일러는 그 필드를 참조하는 모든 위치에서 에러를 발생시킬 것이다. 이 정보를 이용하여 지울 코드 부분을 바로 찾을 수 있다.

클래스의 마지막 버전은 다음과 같다.

```
class CourseSession {
   private String department;
   private String number;
   private java.util.ArrayList<Student> students =
      new java.util.ArrayList<Student>();

   CourseSession(String department, String number) {
      this.department = department;
      this.number = number;
   }
```

자바의 기초 | Lesson 02

```
    String getDepartment() {
      return department;
    }

    String getNumber() {
      return number;
    }

    int getNumberOfStudents() {
      return students.size();
    }

    void enroll(Student student) {
      students.add(student);
    }

    java.util.ArrayList<Student> getAllStudents() {
      return students;
    }
}
```

10. 메모리상의 객체

testEnrollStudents에서 getAllStudents를 session으로 보내서 결과를 Student 클래스로 제한된 java.util.ArrayList 레퍼런스에 저장한다. 이 테스트의 뒷부분에서 두 번째 학생을 신청한 후, allStudents는 두 학생정보를 저장한다. session 객체에 allStudents를 다시 요청할 필요는 없다.

```
public void testEnrollStudents() {
  CourseSession session = new CourseSession("ENGL", "101");

  Student student1 = new Student("Cain DiVoe");
  session.enroll(student1);
  assertEquals(1, session.getNumberOfStudents());
  java.util.ArrayList<Student> allStudents = session.getAllStudents();
  assertEquals(1, allStudents.size());
  assertEquals(student1, allStudents.get(0));

  Student student2 = new Student("Coralee DeVaughn");
  session.enroll(student2);
  assertEquals(2, session.getNumberOfStudents());
  assertEquals(2, allStudents.size());
  assertEquals(student1, allStudents.get(0));
  assertEquals(student2, allStudents.get(1));
}
```

그 이유는 그림 2-4에 나타난다. CourseSession 객체는 students 필드를 속성으로 가진다. 이것은 students 필드가 CourseSession 객체가 유지되는 동안 사용 가능하다는 뜻이다. session으로 getNumberOfStudents 메시지를 보낼 때마다 같은 students 필드가 반환될 것이다. 메모리 주소에 대한 참조에서 레퍼런스를 사용한 모든 코드는 결과적으로 students 필드가 저장된 같은 메모리 주소를 참조한다.

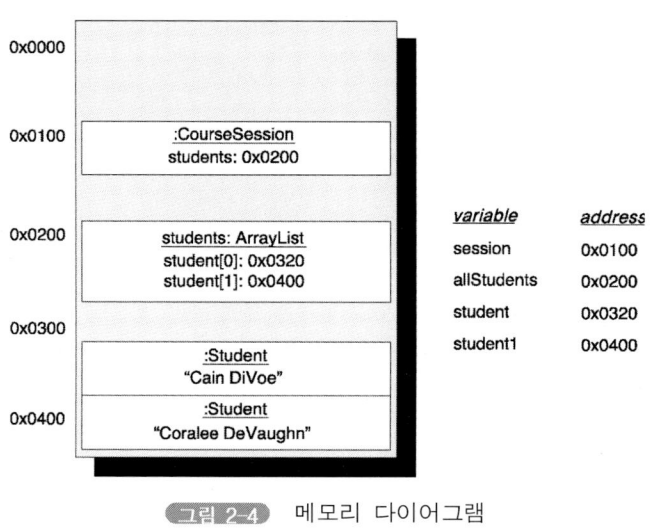

그림 2-4 메모리 다이어그램

11 패키지와 import 명령어

지금까지는 클래스 java.util.ArrayList의 전체 이름을 사용해 왔다. 클래스의 전체 이름은 패키지 이름(이 예에서는 java.util)을 포함하고 그 뒤에 클래스 이름(ArrayList)을 쓴다.

패키지는 개발자들이 관련된 클래스를 모을 수 있는 방법을 제공한다. 패키지는 몇 가지 이유로 사용된다. 첫째로, 클래스를 패키지로 모아두면 개발자들이 수백, 수천 개의 클래스를 뒤지는 수고를 덜어준다. 둘째로, 배포를 위하여 또는 코드의 모듈이나 부분 시스템을 재사용하기 편하게 하기 위하여 클래스를 모아두는 역할을 한다.

셋째로, 패키지는 자바에서 네임스페이스(namespace)를 제공한다. Student라고 불리는 클래스를 만들고 수업료 청구를 위한 하청업체(third-party)의 API를 구입했다고 가정하자. 만약, 하청업체의 소프트웨어가 역시 Student라는 이름의 클래스를 가지고 있다면 Student에 대한 참조는 모호해질 것이다. 패키지는 좀더 유일한 클래스 이름을 정하는 방법이 되고 클래스 이름이 겹치는 가능성을 최소화한다.

여러분의 클래스 이름은 com.mycompay.studentinfosystem.Student 라는 전체 이름을 가지고 하청업체 API는 com.thirdpartyco.expensivepackage.Student라는 이름을 사용할 수 있다.

이 책에서는 클래스 이름에서 패키지가 명확히 구분된다면 자바 시스템 클래스를 패키지 이름 없이 사용할 것이다. 예를 들어, java.util.ArrayList 대신 ArrayList를 사용할 것이고 java.lang.Object대신 Object를 사용할 것이다.

코드 전체에서 java.util.ArrayList를 입력하는 것은 지루하며 코드를 어지럽게 만든다. 자바는 소스파일 단위에서 전체 클래스 이름 혹은 패키지 이름을 구분하기 위해서 import라는 키워드(keyword)를 제공한다. import 명령문을 사용하면 나머지 소스파일에서 간단히 클래스 이름을 사용할 수 있다.

CourseSessionTest에서 소스 파일의 첫 번째 줄에서 import 명령문을 사용하도록 바꾼다. 이제 junit.framework.TestCase를 extends TestCase로 짧게 쓸 수 있다. 또 java.util.ArrayList<Student>를 ArrayList<Student>로 쓸 수 있다.

```java
import junit.framework.TestCase;
import java.util.ArrayList;
public class CourseSessionTest extends TestCase {
  ...
  public void testEnrollStudents() {
    CourseSession session = new CourseSession("ENGL", "101");

    Student student1 = new Student("Cain DiVoe");
    session.enroll(student1);
    assertEquals(1, session.getNumberOfStudents());
    ArrayList<Student> allStudents = session.getAllStudents();
    ...
  }
}
```

(테스트를 통과하는 것을 확인하자.)

AllTests, StudentTest, CourseSession를 import 명령어를 사용하도록 수정한다. 코드가 훨씬 더 깨끗해 보일 것이다.

12 java.lang 패키지

String 클래스 역시 시스템 클래스 라이브러리의 일부이다. 이 클래스는 java.lang이라는 패키지에 속한다. 그렇다면 왜 전체 클래스 이름(java.lang.String)을 사용하거나 import 명령문을 사용하지 않을까?

Agile Java

자바 라이브러리는 자바 프로그래밍을 할 때 너무나 기본적인 것이라서 대부분의 클래스에서 사용되는 클래스를 포함한다. String 클래스와 Object가 그런 클래스중 하나이다. 어디에나 사용되는 이런 클래스의 특성 때문에 자바 설계자들은 모든 곳에서 import를 명시해야 하는 귀찮은 작업을 없앴다.

String 클래스를 사용한다면 다음 명령문

```
import java.lang.String;
```

은 모든 자바 소스파일에 내재되어 있다.

상속을 배울 때(레슨 6), 모든 클래스가 내재적으로 java.lang.Object 클래스에서 상속되는 것을 알게 될 것이다. 다시 말하면, 클래스가 extends 키워드를 사용하지 않으면 다음과 같은 코드가 소스파일에 내재된 것과 같다.

```
class ClassName extends java.lang.Object
```

13 기본 패키지와 package 문

여러분이 작성한 모든 클래스 (AllTests, StudentTest, Student, CourseSessionTest, CourseSession)에서 패키지를 명시하지 않았다. 이것은 이런 클래스들이 기본 패키지라는 것에 포함된다는 것을 의미한다. 기본 패키지는 샘플이나 대학의 프로그램용으로는 충분하다. 하지만 여러분이 진행하는 실제 소프트웨어 개발에서는 모든 클래스는 기본 패키지가 아닌 어떤 패키지에 속해야만 한다. 사실, 기본 패키지에 클래스를 포함시키면 다른 패키지에서 그 클래스를 참조할 수 없다.

최근의 통합개발환경을 사용하고 있다면 클래스를 어떤 패키지로 옮기는 것은 클래스를 다른 패키지 이름으로 드래그하기만 하면 된다. 통합개발환경을 사용하지 않고 있다면 패키지를 설정하고 관련된 클래스패스를 이해하는 것은 약간 복잡할 수도 있다. 통합개발환경을 사용한다고 해도 패키지와 파일 시스템의 디렉토리 구조간의 관계를 이해하는 것은 중요하다.

여러분의 클래스를 studentinfo라는 이름의 패키지로 옮겨보자. 패키지 이름은 관습적으로 소문자를 사용한다. 여전히 약어를 사용하는 것은 피해야 하지만 패키지 이름은 패키지 이름은 쉽게 복잡해질 수 있다. 신중한 약어 사용은 패키지 이름이 관리할 수 없을 만큼 복잡해지는 것을 막아준다.

패키지 이름은 java 또는 javax로 시작해서는 안 된다. 이 둘은 썬(Sun)에서 독점적으로 사용된다.

자바의 기초 | Lesson 02

통합개발환경이 간단한 동작으로 클래스를 패키지로 옮기는 것을 지원한다면 이것을 사용해본다. 하지만 여러분은 배포 가능한 라이브러리를 만들 때 중요하기 때문에 클래스가 어떻게 패키지 구조와 연관되는지를 이해해야만 한다. 소스파일을 다른 디렉토리 구조로 복사하고 예제를 따라해 보자.

클래스 파일이 위치한 디렉토리에서 studentinfo라는 새로운 디렉토리를 생성한다. 대소문자 구별은 중요하다. 만든 디렉토리 이름이 모두 소문자인 것을 확인한다. 소스 파일이 c:\source에 이라면 c:\source\studentinfo 라는 디렉토리를 만들어야 한다. /usr/src라는 유닉스(Unix) 디렉토리에서 시작하였다면 /usr/src/studentinfo라는 디렉토리를 만들어야 한다.

먼저 조심스럽게 생성된 모든 클래스 파일을 삭제한다. 클래스 파일은 .class 확장자로 끝난다. 확실치 않다면 이 단계에서 디렉토리를 백업하여 힘들게 작업한 내용을 모두 잃어버리지 않도록 한다. 윈도우에서는 다음 명령문이면 충분하다.

```
del *.class
```

유닉스에서는 다음 명령문이 같은 일을 한다.

```
rm *.class
```

클래스 파일을 삭제한 후에, 다섯 개의 소스 파일(AllTests.java, StudentTest.java, Student.java, CourseSessionTest.java, CourseSession.java)을 studentinfo 디렉토리로 옮긴다. 클래스는 패키지 이름에 대응되는 디렉토리 구조에 있어야 한다.

다섯 개의 자바 소스 파일을 각각 편집한다. 클래스를 studentinfo 패키지에 포함하도록 package 명령문을 추가한다. package 명령문은 자바 클래스 파일의 가장 첫 번째 명령문이어야 한다.

```
package studentinfo;

class Student {
    ...
```

이제 studentinfo 디렉토리 안에서 클래스를 컴파일 할 수 있을 것이다.

하지만 JUnit에서 AllTests를 실행할 때 바꿔야만 하는 두 가지가 있다. 먼저 TestRunner로 전체 클래스 이름을 넘겨야만 한다. 아니면 JUnit은 클래스를 찾지 못할 것이다. 둘째로, studentinfo 디렉토리안에 있다면 TestRunner는 studentinfo.AllTests를 찾을 수 없을 것이다. 상위 디렉토리로 돌아가거나 좀더 나은 방법으로, 클래스 패스가 명시적으로 상위 디렉토리를 가리키도록 바꿔야 한다. 다음 명령은 바뀐 클래스패스와 완전한 전체 테스트 클래스 이름을 보여 준다.

Agile Java

```
java -cp c:\source;c:\junit3.8.1\junit.jar junit.awtui.TestRunner studentinfo.AllTests
```

사실 클래스패스에서 명시적으로 c:\source를 가리킨다면 어느 디렉토리에서나 java 명령을 실행할 수 있다. 또 javac 컴파일에서도 비슷한 클래스패스를 사용할 수 있다.

```
javac -classpath c:\source;c:\junit3.8.1\junit.jar studentinfo\*.java
```

이것을 이해하는 다른 방법이 있다. 클래스패스는 여러분이 사용하고자하는 모든 클래스를 찾을 시작 혹은 "루트(root)"디렉토리를 명시한다. 클래스 파일들은 루트 디렉토리 아래의 패키지 이름에 해당되는 디렉토리에 위치해야 한다. 예를 들어, 클래스패스가 c:\source이고 com.mycompany.Bogus라는 클래스를 사용하고자 한다면 Bogus.class라는 파일은 c:\source\com\mycompany라는 디렉토리에 있어야 한다.

패키지 이름을 짓는 표준은 여러분의 개발 팀이 합의해야 하는 부분이다. 대부분의 회사들은 패키지 이름을 웹 도메인 이름(web domain name)을 거꾸로 사용한다. 예를 들어, Minderbinder Enterprise라는 이름의 회사에서 생산된 소프트웨어는 com.minderbinder로 시작하는 패키지 이름을 사용할 것이다.

14 setUp 메소드

CourseSessionTest의 테스트 코드는 약간의 단순화 작업을 해야 한다. tests, testCreate, testEnrollStudents는 모두 새로운 CourseSession 객체를 인스턴스화하여 session이라는 변수에 레퍼런스를 저장한다는 것을 기억하자.

JUnit은 이런 중복을 피할 setUp 메소드를 제공한다. 다음 setUp 메소드를 추가하면 JUnitdms 각각의 테스트 메소드를 실행하기 전에 그 코드를 실행할 것이다. 테스트 초기화를 위한 공통 코드를 이 메소드에 포함해야 한다.

```
public class CourseSessionTest extends TestCase {
   private CourseSession session;

   public void setUp() {
      session = new CourseSession("ENGL", "101");
   }

   public void testCreate() {
      assertEquals("ENGL", session.getDepartment());
      assertEquals("101", session.getNumber());
      assertEquals(0, session.getNumberOfStudents());
   }
```

자바의 기초 | Lesson 02

```
public void testEnrollStudents() {
    Student student1 = new Student("Cain DiVoe");
    session.enroll(student1);
    ...
  }
}
```

주의사항!

session을 지역변수로 선언하여 setUp 코드를 작성하는 실수를 하기 쉽다.

```
public void setUp() {
    CourseSession session =
        new CourseSession("ENGL", "101");
}
```

지역변수를 인스턴스 변수이름과 같게 정의하는 것은 가능하다. 하지만 이것은 인스턴스 변수 session이 올바르게 초기화되지 않는 다는 것을 의미한다. 결과는 레슨 4에서 배우게 될 NullPointException으로 알려진 에러이다.

CourseSessionTest에서 session 인스턴스 변수를 추가하고 setUp 메소드에서 생성한 새로운 CourseSession 인스턴스를 할당한다. 이 테스트 메소드 testCreate와 testEnrollStudents에서는 더 이상 초기화 부분이 필요 없다. 두 테스트 메소드 모두 각자의 CourseSession 인스턴스를 가지게 될 것이다.

생성자를 만들고 공통의 초기화 코드를 그 안에 구현하는 것은 일반적으로 나쁜 습관이다. JUnit에서 테스트를 초기화하는 관용적인 방법은 setUp 메소드를 사용하는 것이다.

15 추가적인 재구성하기

testEnrollStudents 메소드는 필요보다 조금 길다. 이 메소드는 학생의 수를 추적하는 몇 가지 너무 많은 확인을 포함한다. 전체적으로 이 메소드는 이해하기가 힘들다.

호출하는 코드(client code, CourseSession 객체를 이용하는 다른 코드)에 학생의 전체 리스트를 알리는 대신에 특정 인덱스에 해당되는 Student 객체를 반환하도록 CourseSession에 요청할 수 있다. 현재는 학생의 전체 리스트를 가질 필요가 없으므로 getAllStudents 메소드를 삭제한다. 이것은 getAllStudents에서 반환되는 ArrayList의 크기를 확인할 필요가 없다는 것을 의미한다. 이 테스트 메소드는 다음과 같이 단순화될 수 있다.

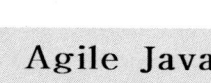

Agile Java

```
public void testEnrollStudents() {
  Student student1 = new Student("Cain DiVoe");
  session.enroll(student1);
  assertEquals(1, session.getNumberOfStudents());
  assertEquals(student1, session.get(0));

  Student student2 = new Student("Coralee DeVaughn");
  session.enroll(student2);
  assertEquals(2, session.getNumberOfStudents());
  assertEquals(student1, session.get(0));
  assertEquals(student2, session.get(1));
}
```

　　get 메소드를 CourseSession에 추가하고 getAllStudents 메소드를 제거한다. 이 재구성은 테스트 클래스의 공통적인 코드를 중복을 피하기 위하여 어떻게 결과 클래스로 직접 옮길 수 있는가를 보여 준다.

```
class CourseSession {
  ...
  Student get(int index) {
    return students.get(index);
  }
}
```

　　이 재구성의 또 다른 이점은 불필요하게 노출된 CourseSession의 세부사항을 숨긴다는 것이다. 오직 선택적으로 get, add, size 연산만을 허용하여 캡슐화(encapsulate)하였다.
　　이런 캡슐화는 두 가지 주요한 이점을 제공한다. 첫째, 현재는 학생 리스트를 ArrayList에 저장한다. ArrayList는 특정 사용법과 성능 특성을 가지는 한가지 특정 종류의 데이터 구조이다. 이것을 직접적으로 호출하는 코드(client code)에 직접적으로 노출한다면 그 코드는 학생 리스트가 ArrayList에 포함된다는 사실에 의존적이다. 이런 의존성은 이후 학생정보가 저장되는 방법을 쉽게 바꿀 수 없다는 뜻이다. 둘째, 전체 콜렉션을 노출하는 것은 다른 클래스가 CourseSession 클래스가 변화를 알지 못하는 상태에서 Student 객체를 새로 추가하거나 제거하거나하여 그 콜렉션을 조작하는 것을 허용하는 것이다. 여러분의 CourseSession 객체의 완결성이 망가질 수 있다.

16 　클래스 상수(class constants)

　　이미 말한 것처럼 코드 내에 값들을 그대로 포함하는 것은 좋은 방법이 아니다. 지역변수를 다른 코드가 값을 변경하지 못하도록 final로 선언하는 것이 좋다. 이 final 키워드는 "이 변수의 정해진 값을 변경하는 것을 바라지 않는다"는 것을 다른 개발자에게 알린다.

자바의 기초 | Lesson 02

특이한 성질 : final 키워드

지역 객체와 기본형(primitive) 변수를 final로 표시할 수 있다.

```
public void testCreate() {
    final String firstStudentName =
        "Jane Doe";
    final Student firstStudent =
        new Student(firstStudentName);
```

인수를 final로 표시할 수도 있다.

```
Student(final String name) {
    this.name = name;
}
```

이렇게 하면 메소드 안의 다른 코드가 지역변수나 인수에 다른 값을 할당하는 것을 막을 수 있다. 많은 개발자들이 이렇게 할 것을 주장하며, 이것은 나쁜 습관이 아니다.

저자는 이렇게 하지 않는 것을 선호하지만 여러분이 시도해 보고 어떻게 사용할 수 있는지를 확인해 보는 것을 권유한다. 저자가 필드를 final로 표시하는 이유는 보호를 위해서가 아니라 가독성을 위해서이다. 일반적으로 인수에는 어떤 값도 할당해서는 안 된다. 또한 지역 객체 레퍼런스 변수에는 값을 할당하지 않아야 한다. 저자는 이런 두 가지 규칙을 따르므로 필드를 final로 표시해서 이런 사실을 보여야 할 필요가 없다. 대신 저자는 지역 선언이 값 상수이고 초기화된 변수가 아니라는 사실을 강조하기 위해 final을 사용한다.

같은 값을 하나 이상의 클래스에서 사용할 필요가 자주 있다. 사실 테스트 위주 개발을 제대로 하고 있다면 새 값을 코드에서 추가할 때마다 해당 값에 대한 테스트 메소드를 추가했어야 한다. 테스트는 "이 상황에서 이런 에러가 발생하고 상황에 따라 정해진 에러 메시지를 보인다."는 것을 보여줄 것이다. 이런 테스트를 작성한 후, 정상적인 상황에서 해당되는 에러가 발생하는 결과 클래스를 작성한다. 이제 코드상에 중복이 발생한다. 정해진 에러 메시지는 테스트와 결과 코드에 모두 나타난다.

몇 가지 중복되는 문자열이 여기저기 나타나는 것은 괜찮을 수도 있지만, 이런 중복을 재구성하지 않으면 중복으로 인한 문제를 보게 될 것이다. 한가지 가능성은 소프트웨어의 크기 증가와 관련이 있다. 처음에 여러분은 일부 고객에게만 여러분의 시스템을 배치할 것이다. 이후에, 여러분의 소프트웨어가 좀더 성공하고 사업상의 이유로 다른 나라로 이 소프트웨어를 판매할 필요가 있을 수 있다. 이런 경우 다른 언어와 다른 문화를 지원하기 위해 여러분의 소프트웨어를 국제화(internationalize)할 필요가 있다.

여러 소프트웨어 개발자가 이런 문제를 겪는다. 이들이 몇 달 혹은 몇 년 동안 개발한 소프트웨어는 수백 수천 개의 문자열 값을 코드 전체에 걸쳐 포함하고 있다. 이런 소프트웨어를 국제화하기 위해 고치는 데는 엄청난 노력이 필요하다.

자바 코드의 장인으로서 중복을 보자마자 이런 중복을 꾸준히 제거하는 것이 여러분의 일이다5).

 일반적인 값을 클래스 상수로 바꾼다.

클래스 상수는 static과 final 키워드(keyword)로 선언된 필드이다. 다시 살펴보면, final 키워드는 필드 레퍼런스가 다른 값을 참조하지 못하도록 한다. static 키워드는 필드를 필드가 포함되는 클래스의 인스턴스를 생성하지 않고도 사용할 수 있다는 것을 의미한다. 또한 생성된 각 객체에 대하여 하나의 필드를 가지는 대신 메모리상에 오직 하나의 필드만을 가진다는 것을 의미한다. 다음 예제는 클래스 상수를 선언한다.

```
class ChessBoard {
   static final int SQUARES_PER_SIDE = 8;
}
```

관례적으로 클래스 상수는 대문자로 표시한다. 모든 문자가 대문자이면 낙타 표기법은 불가능하므로 단어들을 분리하기 위해 언더바(_)를 사용하는 것이 일반적이다.

클래스 상수는 클래스 이름을 명시하고 점(.) 연산자 뒤에 상수의 이름을 쓴다.

```
int numberOfSquares =
   ChessBoard.SQUARES_PER_SIDE * ChessBoard.SQUARES_PER_SIDE;
```

날짜에 대한 다음절에서 자바 클래스 라이브러리에 이미 정의된 클래스 상수를 사용할 것이다. 조금 뒤에서는 CourseSession 코드에 여러분 스스로 클래스 상수를 정의한다.

17 날짜

java.util 패키지에 대한 J2SE API 문서를 살펴보면 시간과 날짜에 관련된 Calendar, GregorianCalendar, Date, TimeZone, SimpleTimeZone 등 몇 개의 클래스를 볼 수 있다. Date 클래스는 간단한 시간 구조를 제공한다. 다른 관련 클래스들은 Date와 함께 국제화된 날짜와 시간에 관련된 구성요소를 사용하는 포괄적인 지원을 제공한다.

초기 버전의 자바는 날짜와 시간을 제공하기 위해서 Date 클래스만을 사용하였다. Date

---

5) 중복된 문자열 문제에 대한 해결책으로 좀더 나은 방법은 리소스 묶음(resource bundle)을 사용하는 것이다. 추가 레슨 III에서 리소스 묶음에 대하여 간단히 소개한다.

클래스는 대부분의 필요한 기능을 제공하도록 디자인되어 있었다. 이것이 구현을 간단하게 한다. 내부적으로 날짜는 "에포크(epoch)"으로 알려진 GMT 1970년 1월 1일 00:00:00이 후의 밀리초(1000분의 1초) 단위 숫자로 표현된다.

18 오버로드(overload)된 생성자

　Date 클래스는 수많은 생성자를 제공한다. 한가지 클래스형에서 여러 개의 객체를 생성하는 것이 가능하고 바람직한 것이다. 이 레슨에서 클래스에서 여러 개의 생성자를 만드는 방법을 배울 것이다.

　Date 클래스에서는 특정 날짜와 시간을 위한 Date 객체를 만들기 위해 시간의 일부분(년, 월, 일, 시, 분 혹은 초)을 정할 수 있는 세 개의 생성자를 제공한다. 네 번째 생성자로 입력된 문자열에서 Date 객체를 생성할 수 있다. 다섯 번째 생성자로 에포크 이후의 밀리초 숫자로 Date 객체를 생성한다. 마지막 생성자는 인수를 받지 않으며 객체가 생성된 현재 시간을 "현재" 시간을 표시하는 객체를 생성한다.

　또한 setHour, setMinutes, getDate, getSeconds와 같이 Date의 여러 필드를 읽어오고 설정하기 위한 많은 메소드가 있다.

　Date 클래스는 국제화된 시간을 지원하도록 디자인되지는 않았다. 대신, 자바 디자이너는 Calendar 크래스를 J2SE 1.1에서 추가하였다. 디자이너의 의도는 Calendar 클래스가 Date 클래스를 보충하는 것이었다. Calendar 클래스는 Date 클래스의 구성요소를 이용할 수 있다. 이것은 Date 클래스의 생성자와 읽기/설정 메소드가 더 이상 J2SE 1.1에서 필요하지 않다는 뜻이다. 썬(Sun)에서 취할 수 있는 가장 단순한 방법은 간단히 중복되는 생성자와 메소드를 제거하는 것이다.

　하지만 썬(Sun)사가 Date 클래스를 바꾸면 많은 수의 이미 작성된 응용프로그램이 수정되고, 다시 컴파일 되고, 테스트되고 배포되어야 한다. 썬은 이런 불행한 상황을 피하기 위해 대신 Date 클래스의 생성자와 메소드를 디프리케이트(deprecate)했다. 이것은 여전히 메소드와 생성자를 사용할 수 있지만 다음 주요 자바 버전에서는 디프리케이트 된 코드가 없어질 수 있다는 경고이다. API 문서에서 Date 클래스를 찾으면 썬이 분명하게 불필요한 메소드와 생성자를 표시한 것을 볼 것이다.

　이 예제에서 여러분은 디프리케이트 된 메소드를 실제로 사용할 것이다. 여러분은 컴파일러에서 경고를 표시하는 것은 볼 것이다. 경고는 대부분 좋지 않은 것이다. 경고는 아마도 잘못된 부분이 코드에 있다는 것을 표시한다. 언제나 경고를 표시하지 않는 좀더 나은 방법이 있다. 예제를 진행하면서, 개선된 방법으로 경고를 제거할 것이다.

Agile Java

💬 학생정보 시스템에서 강의는 강의의 시작과 끝 날짜를 가진다.
여러분은 CourseSession 생성자에서 시작과 끝 날짜를 지정할 수 있지만 항상 과목은 16주라는 말을 들었다(15주의 강의, 7주 후에 1주일간의 휴강). 이런 정보를 가지고 CourseSession 클래스의 이용자가 시작 날짜만을 제공하도록 클래스를 고치기로 했다. 여러분의 클래스 내에서 끝 날짜를 계산할 것이다.

다음이 CourseSessionTest에 추가될 테스트이다.

```java
public void testCourseDates() {
  int year = 103;
  int month = 0;
  int date = 6;
  Date startDate = new Date(year, month, date);

  CourseSession session =
    new CourseSession("ABCD", "200", startDate);

  year = 103;
  month = 3;
  date = 25;
  Date sixteenWeeksOut = new Date(year, month, date);
  assertEquals(sixteenWeeksOut, session.getEndDate());
}
```

CourseSessionTest의 처음에 import 명령문이 필요하다.

```java
import java.util.Date;
```

이 코드는 Date의 디프리케이트된 생성자중 하나를 사용한다. 또한 Date의 생성자에 이상해 보이는 인수 값을 사용한 것에 주의하자. 103년, 0월.

시스템 라이브러리 클래스를 이해하기 위하여 처음으로 참조해야 하는 API 문서는 인수로 무엇을 전달해야 하는지 설명한다. 특히 Date 생성자에 대한 문서에는 첫 번째 인수가 "년에서 1900을 뺀 값"을 표시하고, 두 번째 인수가 "0과 11사이의 월"을, 세 번째 인수가 "그 달에서 1-31사이의 날짜"를 나타낸다고 되어있다. 따라서 new Date(103, 0, 6)는 2003년 1월 6일을 나타내는 Date를 생성할 것이다.

시작 날짜가 강의를 나타내는데 중요하기 때문에 생성자에서 시작 날짜를 요구하기를 원할 것이다. 테스트 메소드는 새로운 CourseSession 객체를 생성하고 새로 생성된 Date 객체를 개설한 과와 강의 번호와 함께 전달한다. 이 수정된 생성자를 사용하기 위해서 setUp 메소드에서 CourseSession 객체를 생성하는 부분을 고쳐야 한다. 하지만 중간단계로 오버로드(overload)된 추가 생성자를 제공할 수 있다.

테스트는 마지막으로 getEndDate에서 반환하는 강의의 끝 날짜, 2003년 1월 25일을 확인한다.

자바의 기초 | Lesson 02

테스트를 통과하기 위해서는 CourseSession 클래스에서 다음을 수정해야 한다.

- java.util.Date, java.util.Calendar와 java.util.GregorianCalendar를 위한 import 명령문을 추가한다.
- 적절한 강의의 끝 날자를 계산하고 얻기 위해 getEndDate 메소드를 추가한다.
- 인수로 강의 시작 날짜를 받는 새로운 생성자를 추가한다.

다음이 결과 코드이다.

```java
package studentinfo;

import java.util.ArrayList;
import java.util.Date;
import java.util.Calendar;
import java.util.GregorianCalendar;

class CourseSession {
   private String department;
   private String number;
   private ArrayList<Student> students = new ArrayList<Student>();
   private Date startDate;

   CourseSession(String department, String number) {
      this.department = department;
      this.number = number;
   }

   CourseSession(String department, String number, Date startDate) {
      this.department = department;
      this.number = number;
      this.startDate = startDate;
   }
   ...
   Date getEndDate() {
      GregorianCalendar calendar = new GregorianCalendar();
      calendar.setTime(startDate);
      int numberOfDays = 16 * 7 - 3;
      calendar.add(Calendar.DAY_OF_YEAR, numberOfDays);
      Date endDate = calendar.getTime();
      return endDate;
   }
}
```

getEndDate에 대하여 설명한 것처럼 GregorianCalendar와 Calendar에 대하여 J2SE API 문서를 참조한다.

getEndDate에서 먼저 GregorianCalendar 객체를 생성한다. 그리고 강의 시작 일을 가

Agile Java

리키는 객체를 저장하기 위해 setTime[6] 메소드를 사용한다. 다음으로 시작 일부터 끝까지의 날짜를 저장하기 위해 더해야 할 값을 관리하기 위해 지역변수 numberOfDays를 만든다. 이 값은 16주에 한 주당 7일을 곱하고, (강의의 마지막 날이 16주차의 금요일이기 때문에) 3일을 빼서 계산된다.

```
calendar.add(Calendar.DAY_OF_YEAR, numberOfDays);
```

위의 코드는 calendar 객체에 add 메시지를 보낸다. GregorianCalendar의 add 메소드는 하나의 필드와 값을 받는다. 이 add 메소드를 완전히 이해하기 위해 GregorianCalendar 문서뿐 아니라 Calendar에 대한 J2SE API 문서를 찾아보아야 한다. GregorianCalendar는 Calendar클래스와 동작하는 방식이 같은 Calendar의 종속클래스(subclass)이다. 이 경우 1년 중 하루의 날짜에 특정 수를 더하고자 한다. Calendar 클래스는 DAY_OF_YEAR외에도 YEAR와 같이 날짜의 부분을 의미하는 몇 가지 클래스 상수를 정의한다.

calendar는 이제 강의의 마지막 날을 나타내는 날짜를 저장하고 있다. 여러분은 getTime 메소드로 이 날짜를 얻을 수 있고 마지막으로 이 메소드로 얻은 강의 종료일을 반환한다.

시작 날짜가 1년의 끝에 가까울 경우 getEndDate 메소드가 작동하는지 의심스러울 수도 있다. 일어날 수 있는 일이라면 거기에 대한 테스트를 작성해야 한다. 하지만 만들고 있는 학생정보 시스템은 200년 동안 있어온 대학에 대한 것이다. 어떤 학기도 한해에 시작하여 다음해에 시작하지 않았고 그런 경우는 앞으로도 없을 것이다. 따라서 걱정할 필요는 없다.

두 번째 생성자는 금방 없어질 것이다. 하지만 새로운 테스트를 빨리 통과할 수 있도록 해준다. 이제 이전의 생성자는 강의 날짜를 초기화하지 못하기 때문에 삭제하기를 원할 것이다. 그러려면 setUp 메소드와 testCourseDates를 수정할 필요가 있다. 또한 시작 날짜가 제대로 저장되었는지 확인하는 생성 테스트를 추가해야 한다.

```
package studentinfo;

import junit.framework.TestCase;
import java.util.ArrayList;
import java.util.Date;

public class CourseSessionTest extends TestCase {
    private CourseSession session;
    private Date startDate;

    public void setUp() {
        int year = 103;
```

---

footnote

6) 이 이름은 메소드 이름 짓기의 좋은 예는 아니다.

자바의 기초 | Lesson 02

```
        int month = 0;
        int date = 6;
        startDate = new Date(year, month, date);
        session = new CourseSession("ENGL", "101", startDate);
    }
public void testCreate() {
        assertEquals("ENGL", session.getDepartment());
        assertEquals("101", session.getNumber());
        assertEquals(0, session.getNumberOfStudents());
        assertEquals(startDate, session.getStartDate());
    }
    ...
    public void testCourseDates() {
        int year = 103;
        int month = 3;
        int date = 25;
        Date sixteenWeeksOut = new Date(year, month, date);
        assertEquals(sixteenWeeksOut, session.getEndDate());
    }
}
```

이제 CourseSession에서 이전의 생성자를 제거할 수 있다. 또 getStartDate 메소드를 CourseSession에 추가한다.

```
class CourseSession {
    ...
    Date getStartDate() {
        return startDate;
    }
}
```

19 디프리케이트(deprecation) 경고

위의 코드는 컴파일이 되고 테스트를 통과하지만 컴파일 결과로 경고를 보게 된다. 통합개발환경을 사용하고 있다면 이런 경고를 못 볼 수도 있다. 경고를 보이게 하는 방법을 찾아본다.

 모든 경고를 없앤다.

컴파일러 경고를 무시하는 것은 치통을 무시하는 것과 같다. 늦든 빠르든 무시한 대가를 치르게 된다7).

ⓕootnote

7) 저자는 지금 썩은 어금니를 감싸고 이 글을 쓰고 있다.

| 101 |

Agile Java

```
Note: CourseSessionTest.java uses or overrides a deprecated API.
Note: Recompile with -Xlint:deprecation for details.
```

명령줄에서 컴파일하고 있다면 메시지에서 표시하는 대로 한다. 컴파일 스위치 -Xlint: deprecation 옵션을 추가하여 컴파일 명령을 다시 입력한다.

```
javac -classpath c:\junit3.8.1\junit.jar -Xlint:deprecation *.java
```

새로 컴파일하면 다음과 같이 출력될 것이다.

```
CourseSessionTest.java:15: warning: Date(int,int,int) in java.util.Date has been
deprecated
        startDate = new Date(year, month, date);
                    ^
CourseSessionTest.java:43: warning: Date(int,int,int) in java.util.Date has been
deprecated
        Date sixteenWeeksOut = new Date(year, month, date);
                               ^
2 warnings
```

통합개발환경을 사용한다면 경고를 감추거나 보이게 하는 설정이 있을 것이다. 일반적으로 경고는 기본적으로 보이도록 설정되어 있기 때문에 비슷한 디프리케이션 경고를 이미 보았을 수도 있다. 어느 경우에도, 경고는 여러분의 장인정신에 위배되는 것이다. 당장은 거슬리지만 조금 뒤에 경고가 생기지 않도록 날짜를 사용하는 방법을 배울 것이다.

테스트는 잘 통과될 것이다. 하지만 이 코드에는 고쳐야 할 지저분한 부분이 많다.

20 재구성하기

첫 번째 개선은 불필요한 지역변수를 제거하는 것이다. CourseSession의 getEndDate 메소드의 끝에 있는 endDate를 없앤다. 임시로 변수를 선언하면 Calendar 클래스를 이해하는데 도움이 된다.

```
Date endDate = calendar.getTime();
return endDate;
```

좀더 간결한 형태는 getTime을 호출하여 반환된 Date 객체를 단순히 직접 반환하는 것이다.

```
return calendar.getTime();
```

자바의 기초 | Lesson 02

import 재구성하기

CourseSession 클래스는 java.util에서 네 개의 클래스를 임포트(import)한다.

```
import java.util.ArrayList;
import java.util.Date;
import java.util.GregorianCalendar;
import java.util.Calendar;
```

이것은 아직은 괜찮지만 필요한 시스템 라이브러리 클래스가 많아지면서 감당할 수 없도록 많아질 것이다. 패키지 이름이 각 import 문에 반복되므로 이것 역시 중복의 한가지 형태이다. 재구성의 첫 번째 일은 가능한 많이 중복되는 부분을 줄이는 것임을 기억하자.

자바는 특정 패키지에서 모든 클래스를 임포트하기 위해 import 문의 단축 형식을 제공한다.

```
import java.util.*;
```

이 형식은 패키지 임포트(package import)라고 부른다. 별(*) 문자는 와일드카드(wildcard) 문자로 사용된다.

이 부분을 수정한 후에는 import 문을 수정하거나 추가하지 않고도 java.util 패키지의 다른 클래스들을 사용할 수 있다. 이런 축약된 형태를 사용하거나 클래스이름을 직접 사용해도 실행 시에 불이익은 없다. import 문은 단순히 클래스 파일 내에서 어떤 클래스가 사용될 수도 있다는 것을 선언한다. import문을 썼다고 해서 클래스 파일에서 어떤 패키지의 클래스를 꼭 사용해야 하는 것은 아니다.

어느 쪽의 형식이 더 좋은지에 대해서 일반적인 관례는 없다. 대부분의 단체는 항상 * 형태의 import문을 사용하거나 import 문의 수가 많아지기 시작하면 * 형태를 사용한다. 어떤 단체는 클래스가 어떤 패키지에서 사용되는지 알기 쉽도록 모든 클래스가 import 문에서 명시적으로 나타나야 한다고 주장한다. 최근의 자바 통합개발환경은 import 형태를 결정할 수 있으며 여러 형태를 바꾸는 기능도 제공한다. 어떤 통합개발환경은 좀더 나은 형식을 스스로 결정한다.

소스코드에서 import에서 지정한 클래스나 패키지를 사용하지 않을 수 있다. 자바 컴파일러는 이런 불필요한 import 문에 대하여 경고를 보이지 않을 것이다. 대부분의 통합개발환경은 불필요한 import를 없애기 위한 최적화 기능을 가지고 있다.

팩토리(factory) 메소드에 대한 이해

CourseSession의 getEndDate메소드는 지금까지 작성한 것 중 가장 복잡한 메소드이다. 이 메소드의 길이에 대해서 생각해 보자. 대부분의 메소드는 한 줄에서 여섯 줄이어야 한다. 어떤 메소드는 여섯에서 열두 줄 정도였다. 메소드의 길이가 보통 이 정도이거나 더 길다면 재구성해야 한다. 이렇게 하는 이유는 메소드를 빠르게 이해하고 관리하기 위해서이다.

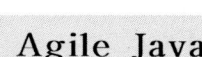

만약, 메소드가 충분히 짧지 않다면, 의미 있고 간결한 이름을 지을 수 없다. 이름을 짓기 어렵다면 각각을 간단하게 이름지을 수 있는 좀더 작은 메소드로 분리하는 것을 고려한다.

또 한가지 중복되고 명확성을 해치는 부분이 테스트 메소드에 있다. 잠시동안 Calendar클래스를 사용하는 것보다는 훨씬 간단한 디프리케이트된 생성자를 사용하고 있다. 하지만 년도는 1900년을 기준으로 계산하고 월은 1에서 12가 아니고 0에서 11까지로 설정하기 때문에 약간은 혼란스럽다.

CourseSessionTest에서 좀더 알기 쉬운 입력을 받는 createDate 메소드를 새로 추가한다.

```
Date createDate(int year, int month, int date) {
   return new Date(year - 1900, month - 1, date);
}
```

이렇게 하여 4자리 년도와 1에서 12까지의 달을 이용해서 날짜를 정할 수 있다.

이제 이 메소드를 사용하여 setUp과 testCourseDates를 재구성할 수 있다. 팩토리 메소드8) createDate에서 혼란스러운 부분을 감추기 때문에 이 메소드를 이용하기 위해 지역변수인 year, month, date를 추가하는 것은 코드를 이해하는데 크게 도움이 되지 않는다. 지역변수를 제거하고 그 값을 직접적으로 createDate로 보내는 메시지의 인수로 포함한다.

```
public void setUp() {
   startDate = createDate(2003, 1, 6);
   session = new CourseSession("ENGL", "101", startDate);
}
...
public void testCourseDates() {
   Date sixteenWeeksOut = createDate(2003, 4, 25);
   assertEquals(sixteenWeeksOut, session.getEndDate());
}
```

이 부분에서 의문을 가지는 사람도 있을 것이다. 여러분은 새로운 지역변수를 만들고 잠시 후에 추가한 부분을 다시 없애는 일을 자주하고 있다.

소프트웨어를 공들여 만드는 방법의 한 가지는 코드가 굉장히 유연한 형태라는 것을 이해하는 것이다. 가장 좋은 태도는 모양을 만들고 형틀로 찍어서 항상 조금 더 좋은 형태로 코드를 조각한다고 생각하는 것이다. 가끔씩 여러분은 코드의 일부분을 돋보이게 하기 위해 과장된 부분을 추가한다. 이후에 다른 사람에게 나은 방법을 물어보면서 고친 부분이 명백히 잘못된 것을 알게 될 수도 있다. 점차 코드에서 이런 문제 부분을 알아낼 수 있게 될 것이다 (마틴 파울러, Martin Fowler, "code smells")9).

여러분은 또한 지금 당장 코드의 문제를 고치는 것이 시스템의 나머지 부분과 지나치게 얽

---

8) 객체를 생성하고 반환하는 역할을 하는 메소드. 좀더 정확하게는 "생성 메소드(creation method)"
9) [Wiki2004].

자바의 기초 | Lesson 02

힐 때까지 기다리는 것보다 훨씬 효율적이란 것을 배우게 될 것이다. 코드 수정에는 그렇게 오랜 시간이 걸리지 않는다!

 항상 코드를 깔끔하게 유지한다!

21. Date와 Calendar 생성하기

컴파일을 할 때마다 디프리케이션 경고를 볼 것이다. 다른 사람이 불평하기 전에 이런 경고를 없애야 한다. 날짜 생성을 createDate라는 별개의 메소드로 옮긴 것의 좋은 점은 이제 경고를 없애기 위해 코드의 한 부분만을 고치면 된다는 것이다.

디프리케이트된 생성자를 사용해서 Date 객체를 생성하는 대신, GregorianCalendar 클래스를 사용할 것이다. Calendar의 set 메소드를 사용해서 날짜나 일자의 구성부분을 만들 수 있다. Calendar에 대한 API 문서는 설정할 수 있는 날짜의 여러 부분들을 나열한다. createDate 메소드는 년도, 월, 일을 제공해서 날짜를 만든다.

```java
Date createDate(int year, int month, int date) {
    GregorianCalendar calendar = new GregorianCalendar();
    calendar.clear();
    calendar.set(Calendar.YEAR, year);
    calendar.set(Calendar.MONTH, month - 1);
    calendar.set(Calendar.DAY_OF_MONTH, date);
    return calendar.getTime();
}
```

GregorianCalendar는 년도를 년도 그대로 사용하기 때문에 Date 클래스보다 좀더 사용하기 쉽다. 실제 년도가 2005년이면 105대신 2005를 calendar 객체에 전달하면 된다.

이렇게 바꾼 부분을 컴파일하고 테스트하려면 CourseSession의 import 문을 고쳐야 한다. 가장 단순한 방법은 java.util 패키지의 모든 것을 가져오는 것이다.

```java
import java.util.*;
```

컴파일하고 테스트한다. 더 이상 부끄러운 디프리케이트 경고는 없을 것이다!

22. 주석

좀더 명확히 해야 할 getEndDate 메소드의 한 부분은 강의 시작일에 더해야 할 날짜를 계산하는 것이다.

Agile Java

```
int numberOfDays = 16 * 7 - 3;
```

이 메소드를 관리하는 다른 개발자는 이 수학 계산을 즉시 이해하기 힘들다. 이 개발자가 아마도 몇 분 안에 의미를 알 수 있다고 해도, 원래의 개발자인 여러분이 생각하고 있던 것을 설명하는 편이 훨씬 효율적이다.

자바는 주석(comment)의 형태로 자유로운 형식의 설명문을 소스파일에 넣을 수 있도록 해준다. 컴파일러는 소스파일을 읽을 때 주석을 무시한다. 어디에 그리고 언제 주석을 다는 것이 적절한지는 여러분에게 달려있다.

여러분은 numberOfDays 계산에 한 줄 주석(single-line comment)을 달 수 있다. 한 줄 주석은 두 개의 슬래시(//)로 시작해서 현재 소스 줄의 끝까지이다. 컴파일러는 처음의 슬래시로부터 줄의 끝가지를 무시한다.

```
int numberOfDays = 16 * 7 - 3;  // weeks * days per week - 3 days
```

다른 줄에 한 줄 주석을 달 수도 있다.

```
// weeks * days per week - 3 days
int numberOfDays = 16 * 7 - 3;
```

하지만 주석은 잘못되거나 오해를 만들기 쉽다. 위의 주석은 불필요한 주석의 완벽한 예이다. 좀더 좋은 해결 방법은 이 코드를 표현하기 위한 좀더 명확한 방법을 찾는 것이다.

 주석보다는 좀더 의미가 명확한 코드를 짠다.

한가지 가능한 해결방법은 다음과 같다.

```
final int sessionLength = 16;
final int daysInWeek = 7;
final int daysFromFridayToMonday = 3;
int numberOfDays =
   sessionLength * daysInWeek - daysFromFridayToMonday;
```

이 코드는 좀더 의미가 명확하지만 daysFromFridayToMonday가 어떤 것인지 확실하지 않다. 이것은 항상 완벽한 해결방법은 없다는 것을 보여 준다. 재구성은 완전히 과학적인 일은 아니다. 하지만 해야 할 필요는 있다. 대부분의 수정은 코드를 발전시키고 어떤 사람(어쩌면 여러분)이 후에 좀더 나은 방법을 찾을 수 있을 것이다. 당장은 이것은 여러분의 일이다.

자바는 여러 줄 주석(multiline comment)이라는 다른 형태의 주석을 제공한다. 여러 줄 주석은 두 개의 문자(/*)로 시작하여 두 개의 문자(*/)로 끝난다. 처음의 슬래시로부터 끝의 슬래시 사이의 부분은 컴파일러가 무시한다.

자바의 기초 | Lesson 02

여러 줄 주석이 여러 줄 주석을 포함할 수는 없지만, 한 줄 주석을 포함할 수 있다는 것을 알아두자.

예제로 자바 컴파일러는 다음의 코드를 허용한다.

```
int a = 1;
/*  int b = 2;
//  int c = 3;
*/
```

하지만 다음 코드는 컴파일되지 않을 것이다.

```
int a = 1;
/*  int b = 2;
/*  int c = 3;  */
*/
```

코드를 주석 처리할 필요가 있을 때 한 줄 주석을 사용하고 싶지는 않을 것이다. 여러 줄 주석 형태는 코드의 큰 부분을 주석 처리(컴파일러가 읽지 않도록 코드를 죽이는 것)에 바르게 사용될 수 있다.

23 javadoc 주석

여러 줄 주석의 다른 사용은 정형화된 API 문서를 자동으로 생성하기 위해 필요한 정형화된 문서를 제공하는 것이다. javadoc 도구가 소스파일을 읽어서 javadoc 주석을 찾고 웹 페이지 형태의 문서를 만들기 위해 필요한 정보를 추출하기 때문에 이런 주석은 javadoc 주석으로 알려져 있다. 썬의 자바 문서 역시 javadoc을 사용하여 생성되었다.

javadoc 주석은 여러 줄 주석이다. 일반적인 주석과 다른 점은 javadoc 주석은 /* 대신 /**으로 시작한다는 것이다. 두 형식 모두 /*으로 시작해서 */으로 끝나기 때문에 javac 컴파일러에게 둘의 차이는 없다. 하지만 javadoc 도구는 차이를 안다.

javadoc 주석은 문서화할 자바 요소의 바로 전에 위치한다. javadoc 주석은 필드 앞에 나타날 수도 있지만 대부분 클래스와 메소드 문서화에 사용된다. javadoc 컴파일러가 제대로 읽기 위해 javadoc 주석을 쓰는 정형화된 규칙이 있다.

javadoc 웹 페이지를 만드는 가장 큰 이유는 다른 프로젝트 팀이나 공개 배포를 통해 외부 개발자를 위한 문서를 남기는 것이다. 모든 자바 요소(필드, 메소드, 클래스 등)에 javadoc 주석을 달 수 있지만 외부에 공개될 부분에만 주석을 만들어야 한다. javadoc 주석은 클래스를 어떻게 사용할지를 사용하는 개발자에게 알려 준다.

Agile Java

테스트 위주 개발을 하는 팀에서 javadoc 주석이 많이 필요하지는 않다. 제대로 적용한다면 여러분이 테스트 위주 개발 중에 작성한 테스트가 클래스의 기능에 대한 훨씬 나은 문서역할을 할 것이다. 페어 프로그래밍(pair programming)이나 집합적 코드 소유(collective code ownership)와 같이 개발자들이 시스템의 모든 부분을 아는 경우에도 javadoc 주석의 필요성은 작은 편이다.

메소드 이름을 잘 짓고, 인수의 이름을 잘 지정하여 코드를 간결하게 하면, javadoc 주석으로 적어야 할 추가적인 정보의 양은 최소화된다. 추가정보가 없으면 javadoc 컴파일러는 선택한 이름을 추출하고 보여 주는 일을 잘 해줄 것이다.

간단한 연습으로 CourseSession 클래스에서 한 개의 인수를 가진 생성자와 클래스 내의 한 개 메소드에 대한 javadoc 주석을 제공한다.

이런 javadoc 주석을 만든다.

```java
package studentinfo;

import java.util.*;

/**
 * Provides a representation of a single-semester
 * session of a specific university course.
 * @author Administrator
 */
class CourseSession {
   private ArrayList<Student> students = new ArrayList<Student>();
   private Date startDate;

   CourseSession() {
   }

   /**
    * Constructs a CourseSession starting on a specific date
    *
    * @param startDate the date on which the CourseSession begins
    */
   CourseSession(Date startDate) {
      this.startDate = startDate;
   }

   /**
    * @return Date the last date of the course session
    */
   Date getEndDate() {
      ...
   }
}
```

javadoc 주석에서 @ 키워드(keyword)를 특별히 주목하자. javadoc 주석으로 생성된 웹 페이지를 볼 때, javadoc 컴파일러가 표시된 주석으로 무엇을 하는지는 명백하다. javadoc 키워드 중 가장 자주 사용되는 것은 인수를 설명하기 위한 @param이나 메소드의 반환 값을 설명하기 위한 @return이다.

자바의 기초 | Lesson 02

javadoc에는 더 많은 규칙과 추가적인 @ 키워드가 있다. 더 많은 정보를 위해서는 javadoc 문서를 참조한다. javadoc 문서는 자바 SDK API 문서(다운로드받거나 온라인에서)의 해당 플랫폼의 tool docs 부분에서 찾을 수 있다.

이런 비슷한 주석을 코드에 추가한 후에 명령 창을 연다. (통합개발환경을 사용하고 있다면 개발환경 내에서 문서를 생성할 수 있을 것이다.) 새로 문서를 만들 때 기존의 문서를 지우기 쉽도록 생성된 문서를 저장하기 위한 새로운 빈 디렉토리를 만든다. 빈 디렉토리[10]로 가서 다음 명령을 실행한다.

```
javadoc -package -classpath c:\source;c:\junit3.8.1\junit.jar studentinfo
```

javadoc 프로그램은 몇 개의 .html 파일과 스타일시트(.css)파일을 생성할 것이다. index.html 파일을 웹브라우저에서 열고 단순한 명령이 어떤 결과를 만들었는지 살펴보자 (그림 2-5). 상당히 인상적인 결과일 것이다.

어떤가? 저자는 자신이 메소드에 대하여 쓴 주석이 부끄러웠다. 주석은 코드에 이미 나타난 것 외에 어떤 의미도 없다. @param 키워드는 인수의 형과 이름에서 알 수 있는 정보를 단순히 다시 말하고 있다. @return 키워드는 메소드의 이름과 반환 형에서 얻을 수 있는 정보를 보여 준다. @return과 @param 키워드가 필요하다면 이런 필요를 없애기 위해 인수와 메소드의 이름을 바꿔본다.

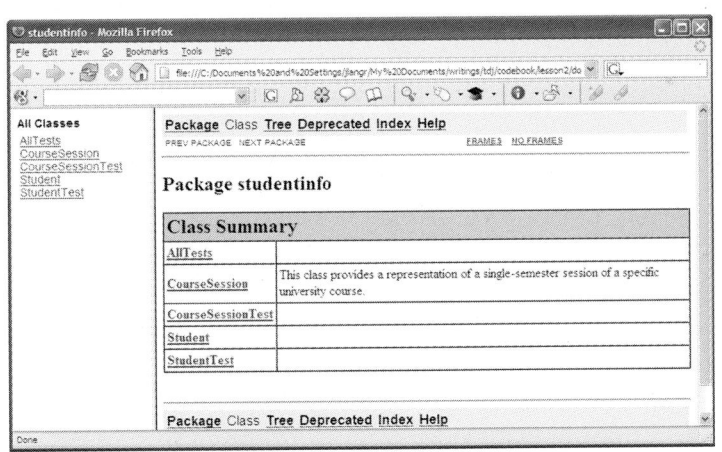

그림 2-5 생성된 API 문서

생성자와 메소드에 대한 주석을 완전히 없앤다. 하지만 클래스에 대한 주석은 남겨준다. 클

---

footnote

10) 빈 디렉토리로 가는 대신 -d 스위치를 이용해서 javadoc 명령의 출력 위치를 바꿔서 지정할 수 있다.

Agile Java

래스에 대한 주석은 문서를 읽는 사람에게 약간은 가치 있는 정보가 될 것이다. javadoc 명령을 다시 실행하고 웹 페이지를 다시 읽는다. 필요한 정보가 없어지지는 않았을 것이다. 여러분의 의견은 다를지도 모르지만…

연습문제

1. TestPawn에 색이 없이 말을 생성하는 테스트를 추가한다. 이 테스트는 왜 컴파일 에러를 발생시키는가? (힌트 : 기본 생성자에 대해 생각해 보자.) 기본으로 흰색의 말을 생성하는 두 번째 생성자를 추가하여 이 컴파일 에러를 고쳐보자.

2. 두 색상에 대한 상수를 만들고 그 상수를 Pawn 클래스로 옮긴다.

3. 장기 말은 체스 판이 없이는 쓸 수 없다. Board 클래스를 정의하기 위한 테스트를 사용한다. 체스 판이 위에 말이 없는 상태로 시작하는 것을 확인한다. TDD(테스트 위주 개발, test driven development) 과정을 적용한다. 가능한 가장 작은 테스트를 작성하고 붉은 막대를 보이며 실패하거나 컴파일 에러가 일어나는 것을 확인한다. 점차적으로 조금씩 코드를 추가하면서 컴파일이 되도록 하고 테스트에서 녹색 막대가 나타나도록 한다.

4. 장기말을 체스판에 추가할 수 있는 코드를 작성한다. 테스트에서 검은 색과 흰색의 말을 체스판에 추가한다. 말을 추가할 때마다 말의 수가 맞는 것을 확인한다. 또한 말을 추가할 때마다 체스판에서 말의 목록을 얻어서 원하는 말 객체를 가지고 있는 것을 확인한다.

5. 지금까지 작성한 각각의 결과 클래스와 메소드에 javadoc을 작성한다. 메소드가 이미 나타내고 있는 정보를 중복해서 보이지 않는다! javadoc은 단지 보충 정보일 뿐이다.

6. 작성한 클래스와 네 개의 테스트를 패키지로 묶는다. 패키지 이름을 chess로 한다. 컴파일 문제를 해결하고 녹색 막대를 다시 확인하자. 또한 import 문을 사용해서 List와 ArrayList의 전체 클래스 이름을 바꾼다.

7. TestPawn과 Pawn을 pieces라는 이름의 패키지로 옮기고 이 과정에서의 문제를 해결한다.

8. 체스판에 Pawn 이외의 객체가 추가되지 않도록 한다. 말의 리스트에 new Integer ("7") 객체를 추가해 보고 컴파일 에러가 발생하는 것을 확인한다.

9. 각각의 테스트 클래스를 실행하는 테스트 스위트를 생성한다.

10. 지금까지 작성한 코드를 둘러보고 코드에 중복되는 부분이 없는지 확인한다. 테스트 코드 역시 코드임을 기억하자. 필요하다면 setUp 메소드를 사용한다.

Lesson 3 문자열과 패키지

이 레슨에서는 다음 내용을 다룬다.

- String 클래스에 대해서 배운다.
- 문자가 자바에서 어떻게 표현되는지 배운다.
- 플랫폼에 독립적인(platform-independent) 코드를 작성하기 위해 시스템 속성을 사용한다.
- 문자열을 동적으로 생성하기 위해 StringBuilder 객체를 사용한다.
- 포함된 각각의 객체를 사용하기 위해 콜렉션을 사용하는 방법을 배운다.
- 결과를 출력하기 위해 System.out을 사용한다.
- 클래스를 패키지로 구성한다.
- public과 private 접근 수식어(access modifier)를 이해한다.
- javadoc으로 작성한 코드에 대한 API 문서를 생성한다.

1 문자와 문자열

문자열은 자바 응용프로그램이 실행되는 동안 생성되는 객체의 50% 이상을 차지한다. 문자열은 객체이지만 각각의 문자의 나열로 구성된다. 자바는 문자를 char 프리미티브(primtive)형으로 표현한다. char 값은 int 값처럼 프리미티브형이기 때문에 메시지를 보낼 수 없다는 것을 기억한다.

문자

자바는 문자와 숫자, 인용부호, 발음기호 그리고 다른 특수 문자를 나타내는 char 형을 가지고 있다. 자바는 문자를 나타내기 위해 유니코드(Unicode) 4.0이라는 표준에 기반한 문자를 사용한다. 유니코드 표준은 세계의 대부분의 주요 언어를 수용하기 위하여 디자인되었다. 이 표준에 대한 좀더 자세한 정보는 *http://www.unicode.org*에서 찾을 수 있다.

자바는 각각의 문자를 저장하기 위해 2 바이트를 사용한다. 2바이트는 16비트이며, 이것은 자바가 2^{16}개 혹은 65,536개의 문자를 표현할 수 있다는 것을 의미한다. 굉장히 많은 것처럼 보이지만 유니코드 표준의 모든 것을 지원하기에는 부족하다. 여러분은 2바이트 범위 이상의 값을 지원하는 경우에 신경 쓸 필요는 없다. 하지만 여러분이 이런 문제를 다루어야 한다면 자바는 문자를 int 값으로 표현할 수 있다. int는 4바이트로 수십억 개의 문자를 지원하므로 정부에서 로뮬란 문자를 사용하도록 하기 전에는 충분하다.

자바에서 여러분은 몇 가지 방법으로 문자 상수 값을 표현할 수 있다. 가장 단순한 방법은 실제 문자를 작은 따옴표 안에 넣는 것이다.

```
char capitalA = 'A';
```

언어 테스트

이 책에서 대부분의 코드는 학생정보 시스템의 일부이지만, 작은 코드 부분을 이용해서 자바의 자세한 문법을 일부 소개할 것이다. 이 절의 한 줄 짜리 확인이 그 예이다. 저자는 이런 것을 언어를 이해하기 위해 사용하는 언어 테스트라고 부른다. 나중에 언어를 사용하는데 필요한 이해를 위해 이런 코드를 사용할 것이다. 필요할 때 언제나 이런 코드를 작성한다. 저자는 현재 테스트 클래스의 개별 테스트 메소드로 이런 코드를 만들고 알고자 했던 부분을 이해하면 삭제한다. 여러분은 이런 "임시" 테스트를 저장하기 위한 독립된 클래스를 만들 수도 있다. 결국은 이런 테스트를 위한 임시 패키지나 스위트 프로젝트를 만들게 될지도 모른다.

여러분은 이런 테스트를 저장하여 일부를 재사용 할 수도 있다. 이런 언어 테스트 중 일부는 결과적으로 언어의 특성을 감추거나 단순화하는 메소드의 기본이 될지도 모른다.

Agile Java

문자는 본질적으로는 숫자이다. 각 문자는 0에서 65,535 사이의 대응되는 양수 값에 해당된다. 다음은 문자 'A'가 숫자 값 65(문자의 유니코드 값)를 가지는 것을 보여 준다.

```
assertEquals('\u0041', capitalA);
```

모든 문자가 키보드를 통해 직접 입력되지는 않는다. 유니코드 문자는 \u 혹은 \U 뒤에 4자리 16진수 수를 쓴 유니코드 이스케이프(escape) 형식으로 표현할 수 있다.

```
assertEquals('\u0041', capitalA);
```

추가적으로 문자를 3자리의 8진수 이스케이프 형식으로 표현할 수도 있다.

```
assertEquals('\101', capitalA);
```

대부분의 오래된 언어는(예를 들어, C) 문자를 한 바이트로 다룬다. 1바이트 문자형을 사용하는 가장 잘 알려진 표준은 ANSI X3.4[1])로 정의된 아스키(ASCII, american standard code for information interchange)이다. 유니코드의 처음 128 문자는 아스키 문자와 일치한다.

특수 문자

자바는 출력을 제어하는 것처럼 특별하게 사용하기 위한 몇 가지 특수 문자를 정의한다. 자바는 역슬래시(\)뒤에 문자를 넣은 이스케이프 시퀀스(escape sequence)로 특수 문자를 표현한다. 아래의 표는 이런 특수 문자를 나타내는 char 값을 요약한다.

캐리지 리턴(Carriage return)	'\r'
라인 피드(Line feed)	'\n'
탭(Tab)	'\t'
폼 피드(Form feed)	'\f'
백스페이스(Backspace)	'\b'

이런 한 글자와 백슬래시 문자는 각 char 값에 관련된 특별한 의미가 있기 때문에, 이스케이프 시퀀스로 표현해야 한다. 또한 인용부호를 이스케이프(\를 앞에 달아서)할 수 있다. 하지만 꼭 필요한 것은 아니다.

작은 따옴표(Single quote)	'\''
역 슬래시(Backslash)	'\\'
따옴표(Double quote)	'\"'

---

footnote

1) 사실 ASCII는 한 바이트의 8비트중 7비트만을 사용하는 표준이다. 0에서 127까지의 문자는 고정된 표현이 있지만 128에서 255까지의 문자는 몇가지 다른 표준이 있다.

문자열과 패키지 | Lesson 03

2. 문자열

문자열 객체는 고정된 길이의 char 문자의 나열을 표현한다. 자바의 String 클래스는 아마도 어떤 자바 응용프로그램에서도 가장 자주 사용되는 클래스일 것이다. 작은 응용프로그램에서도 수천 개의 String 객체가 생성된다.

String 클래스는 몇 가지 메소드를 제공한다. 이 클래스는 시스템의 대부분의 다른 클래스와는 다른 특별한 성능 특성이 있다. 마지막으로 String이 시스템의 다른 클래스처럼 클래스이기는 하지만 자바 언어는 String 객체를 위한 특별한 문법 지원을 하고 있다.

문자열을 몇 가지 방법으로 생성할 수 있다. 새로운 문자열 값을 만들 때마다 자바 가상기계는 String 객체를 보이지 않는 곳에서 생성한다. 다음은 String 객체를 생성하고 레퍼런스 변수에 할당하는 두 가지 방법이다.

```
String a = "abc";
String b = new String("abc"); // 이렇게 사용하지 않는다.
```

두 번째 방법을 사용하지 말자[2]. 이 방법은 두 개의 String 객체를 생성하고, 성능을 떨어트릴 수도 있다. 먼저 가상기계는 문자열 값 객체 "abc"를 생성한다. 다음으로 값 "abc"를 생성자로 전달하여 새로운 String 객체를 만든다. 또한 불필요한 생성자 사용은 코드를 읽기 어렵게 한다.

문자열이 문자의 나열이기 때문에 특수 문자를 포함 할 수 있다. 다음 코드의 문자열 값은 라인피드 문자 뒤에 탭 문자를 포함하고 있다.

```
String z = "\t\n";
```

문자열 연결하기(string concatenation)

여러분은 새로운 문자열을 만들기 위해 하나의 문자열을 다른 문자열과 연결할 수 있다.

```
assertEquals("abcd", "ab".concat("cd"));
```

문자열 연결은 자바에서 너무도 자주 사용되는 연산이기 때문에 문자열 연결의 단축형태로 더하기 표시(+)를 사용할 수 있다. 사실 대부분의 자바 문자열 연결은 다음과 같이 사용한다.

---

footnote

2) [Bloch2001].

Agile Java

```
assertEquals("abcdef", "abc" + "def");
```

두 문자열을 연결한 결과는 다른 문자열이기 때문에 코드에서 여러 문자열을 하나로 합하기 위해 여러 개의 + 연산을 사용할 수도 있다.

```
assertEquals("123456", "12" + "3" + "456");
```

이전의 레슨에서 여러분은 정수 값의 덧셈을 위해 +를 사용하였다. 자바는 연산자의 하나인 더하기 표시를 문자열을 연결하는데 사용하도록 한다. 어디에 사용하는지에 따라 + 연산자는 다른 의미가 있기 때문에 오버로드된 연산자(overloaded operator)라고 할 수 있다.

문자열의 불변성

String에 대한 자바 API 문서를 보면 문자열을 변경하는 메소드를 찾지 못할 것이다. 문자열의 길이를 바꿀 수 없고 문자열에 포함된 문자를 바꿀 수도 없다. String 객체는 불변성이 있다(immutable). 문자열을 바꾸기 위한 어떤 시도도 새로운 문자열을 생성한다. 예를 들어, +를 사용해서 두 개의 문자열을 연결하면 자바 가상기계는 어떤 문자열도 바꾸지 않는다. 대신 새로운 문자열 객체를 생성한다.

썬은 가장 최적화된 방법으로 실행되도록 하기 위하여 String이 변경될 수 없도록 하였다. 이런 최적화는 대부분 응용프로그램에서 문자열이 자주 사용되기 때문에 중요하다.

3 StringBuilder

동적으로 문자열을 만들 필요가 자주 있다. java.lang.StringBuilder는 이런 기능을 제공한다. 새로 생성된 StringBuilder는 빈 문자열 혹은 빈 문자의 콜렉션을 나타낸다. String Builder 객체에 append 메시지를 보내서 이 콜렉션에 문자를 추가할 수 있다.

자바가 int 값 더하기와 문자열을 연결하기 위해서 오버로드(overload)된 + 연산자를 사용하는 것처럼 StringBuilder 클래스는 어떤 기본형의 인수라도 append 메소드를 사용하도록 하기 위해 append 메소드를 오버로드 한다. 문자, 문자열, int 값 혹은 다른 형을 append 메시지의 인수로 사용할 수 있다. 오버로드된 메소드의 목록을 확인하려면 자바 API 문서를 참조한다.

StringBuilder에 모든 문자를 추가했을 때 여러분은 toString 메시지를 보내서 String Builder에서 String 객체를 얻을 수 있다.

사용자를 위해 학생정보 시스템은 강의 수강자 명단을 보여 주는 보고서를 생성해야 한다. 당장은 학생의 이름을 나열하는 간단한 문자 보고서면 충분하다.

문자열과 패키지 | Lesson 03

다음 테스트를 CourseSessionTest에 추가한다. 이 확인은 보고서가 간단한 시작부분과 학생 수를 보여 주는 끝부분을 포함하는 것을 확인한다.

```
public void testRosterReport() {
  session.enroll(new Student("A"));
  session.enroll(new Student("B"));

  String rosterReport = session.getRosterReport();
  assertEquals(
    CourseSession.ROSTER_REPORT_HEADER +
    "A\nB\n" +
    CourseSession.ROSTER_REPORT_FOOTER + "2\n", rosterReport);
}
```

(testRosterReport가 CourseSessionTest의 setUp 메소드에서 생성된 CourseSession 객체를 사용하는 것을 기억하자.) CourseSession을 다음과 같이 수정한다.

```
String getRosterReport() {
  StringBuilder buffer = new StringBuilder();

  buffer.append(ROSTER_REPORT_HEADER);

  Student student = students.get(0);
  buffer.append(student.getName());
  buffer.append('\n');

  student = students.get(1);
  buffer.append(student.getName());
  buffer.append('\n');

  buffer.append(ROSTER_REPORT_FOOTER + students.size() + '\n');

  return buffer.toString();
}
```

두 학생에 대하여 append로 문자열(학생들의 이름)을 전달하고 char(라인 피드)를 append로 전달한다. 또한 처음과 끝부분 정보를 buffer에 저장된 StringBuilder 객체에 전달한다. buffer라는 이름은 StringBuilder가 이후에 사용될 문자의 집합을 가지고 있다는 것을 의미한다. 마지막 부분을 만드는 부분은 연결된 문자열을 append 메소드의 인수로 전달할 수 있는지 보여 준다.

CourseSession 클래스에서 getRosterReport라는 메소드를 정의하였다. 클래스 내의 코드는 직접적으로 스태틱(static) 변수를 참조할 수 있다. 따라서

```
CourseSession.ROSTER_REPORT_HEADER
```

대신 다음을 사용할 수 있다.

```
ROSTER_REPORT_HEADER
```

Agile Java

레슨 4에서 static 키워드에 대해 배울 때 static 변수나 static 메소드는 클래스 내부에서 사용하더라도 (CourseSession.ROSTER_REPORT_HEADER처럼) 그 클래스 이름으로 한정하여 참조하라는 설명을 들을 것이다. 다른 경우 스태틱 요소를 사용할 때 이렇게 하지 않으면 심각한 문제가 생길 수 있다. 하지만 클래스 상수의 경우는 이름 자체가 (_문자를 사용한 대문자) 스태틱 요소를 참조하고 있다는 것을 분명하게 한다. 따라서 두 번째 형태는 사용가능하고 위 규칙의 예외가 된다.

예전의 자바 코드를 보면 java.lang.StringBuffer 클래스를 사용한 것을 볼 것이다. 여러분은 StringBuilder 객체를 사용하는 것처럼 StringBuffer 객체를 사용할 수 있다. 둘의 차이는 StringBuilder 클래스가 좀더 좋은 성능을 보인다는 것이다. 또한 두 부분의 코드가 하나의 StringBuffer를 동시에 사용할 수 있기 때문에 멀티쓰레드(multi-thread) 응용프로그램에서 특별한 고려를 할 필요가 없다. 멀티쓰레드에 대해서는 레슨 13을 참조한다.

4 시스템 속성

getRosterReport와 그 테스트를 위한 메소드의 여러 부분에서 라인 피드(line feed)를 표현하기 위해 '\n'dmf 사용한다. 이것은 중복일 뿐 아니라 출력에 새 줄을 표현하기 위해 다른 특수 문자를 사용하는 다른 플랫폼으로 이식하기 어렵다. 이런 문제에 대한 해결방법으로 java.lang.System 클래스를 사용할 수 있다. 항상 그렇듯, System 클래스를 좀더 자세히 이해하기 위해 J2SE API 문서를 참조한다.

System 클래스는 시스템 특성 키(문자열)를 인수로 받아서 키와 연관된 시스템 특성 값을 반환하는 getProperty라는 메소드를 포함하고 있다. 자바 가상기계는 시작할 때 몇 가지 시스템 특성을 설정한다. 이런 여러 특성 값은 가상기계와 실행환경에 대한 정보를 반환한다. getProperties에 대한 자세한 API 문서는 가능한 특성들의 목록을 보여 준다.

특성중 한가지는 line.separator이다. 자바 API 문서에 따르면 유닉스에서 이 특성의 값은 '\n'이다. 하지만 윈도우즈에서는 이 값이 '\r\n'이다. 플랫폼간의 차이를 보충하기 위해 여러분의 코드에서는 시스템 특성 값인 line.separator를 사용해야 한다.

테스트에 대한 다음 수정은 getProperty System 메소드 사용법을 보여 준다.

테스트 코드:

```
public void testRosterReport()
{
    Student studentA = new Student("A");
    Student studentB = new Student("B");
    session.enroll(studentA);
    session.enroll(studentB);
```

문자열과 패키지 | Lesson 03

```
    String rosterReport = session.getRosterReport();
    assertEquals(
      CourseSession.ROSTER_REPORT_HEADER +
      "A" + CourseSession.NEWLINE +
      "B" + CourseSession.NEWLINE +
      CourseSession.ROSTER_REPORT_FOOTER + "2" +
      CourseSession.NEWLINE, rosterReport);
  }
```

결과 코드:

```
class CourseSession {
  static final String NEWLINE =
    System.getProperty("line.separator");
  static final String ROSTER_REPORT_HEADER =
    "Student" + NEWLINE +
    "-" + NEWLINE;
  static final String ROSTER_REPORT_FOOTER =
    NEWLINE + "# students = ";
  ...
  String getRosterReport() {
    StringBuilder buffer = new StringBuilder();

    buffer.append(ROSTER_REPORT_HEADER);

    Student student = students.get(0);
    buffer.append(student.getName());
    buffer.append(NEWLINE);

    student = students.get(1);
    buffer.append(student.getName());
    buffer.append(NEWLINE);

    buffer.append(ROSTER_REPORT_FOOTER + students.size() + NEWLINE);

    return buffer.toString();
  }
}
```

5 모든 학생을 루프(loop)에서 엑세스하기

테스트 메소드 testRosterReport는 어떻게 두 학생에 대한 보고서를 만드는지를 보여 준다. 여러분은 이 보고서가 단지 두 명의 학생을 가정하고 생성된다는 것을 알고 있다.

Agile Java

여러분은 학생 숫자에 제한이 없는 결과 코드를 작성해야 한다. 이것을 위해 테스트를 수정하여 추가로 학생들을 등록한다. 그러면, 결과 클래스가 중복된 코드를 포함하고 있으며 세 줄의 코드가 학생에 대한 인덱스만 바뀌면서 각 학생에 대하여 반복되기 때문에 중복이 더 심해진 것을 알게 될 것이다.

ArrayList에 포함된 학생의 수에 관계없이, ArrayList 내의 각 학생에 대하여 같은 세 줄의 코드를 실행하기 위해서는 어떻게 해야 할까? 이런 작업을 위해 자바에서는 몇 가지 방법이 있다. J2SE 5.0에서 가장 직접적인 방법은 for-each 루프(loop)를 사용하는 것이다[3].

```
for (Student student: students) {
    // ... 여러 명령이 여기에 나온다 ...
}
```

두 번째 형태는 루프되는 부분을 한 명령문으로 정의한다. 따라서 괄호가 필요 없다.

```
for (Student student: students)
    // ... 하나의 명령문이 여기에 위치한다;
```

레슨 7에서는 콜렉션의 각 요소에 대하여 루프를 도는 대신 정해진 숫자만큼 for 루프를 사용하는 방법을 배울 것이다.

자바 가상기계는 for 루프의 내용을 students 콜렉션의 각 student에 대하여 실행한다.

```
String getRosterReport() {
  StringBuilder buffer = new StringBuilder();

  buffer.append(ROSTER_REPORT_HEADER);

  for (Student student: students) {
    buffer.append(student.getName());
    buffer.append(NEWLINE);
  }

  buffer.append(ROSTER_REPORT_FOOTER + students.size() + NEWLINE);

  return buffer.toString();
}
```

문장으로 위의 for-each 루프를 읽으면 다음과 같다. 콜렉션 students의 각 객체를 Student 형의 student라는 이름의 레퍼런스에 할당하고, 이 상태에서 for 루프의 내용을 실행한다.

ⓕootnote

3) 루프에 대한 확장으로도 불린다.

문자열과 패키지 | Lesson 03

6 단일 역할의 원칙

 새 보고서는 학생정보 시스템에서 계속 필요할 것이다. 여러분은 추가로 세 개의 보고서를 만들어야 한다는 것을 알게 되었다. 그리고 새로운 보고서가 계속해서 추가될 것이라고 예측하고 있다. 보고서가 추가되면서 CourseSession 클래스가 계속 수정되어야 할 것이다.

객체 지향 프로그래밍에서 가장 기본적인 디자인 원칙은 클래스는 한가지 일만을 잘해야 한다는 것이다. 이 한가지 일을 잘 하기 위해 클래스를 바꾸는 이유는 한 가지 뿐이다. 이것은 단일 역할의 원칙이라고 불린다4).

 클래스는 수정하는데는 오직 한가지 이유만이 있다.

CourseSession에서 다뤄야 할 한가지는 강의에 대한 모든 정보를 추적하는 것이다. 교수 정보를 저장하는 기능을 추가하는 것은 이 클래스의 가장 큰 목표에 잘 맞는 부분이다. 하지만 등록 보고서를 생성하는 것은 CourseSession 클래스를 것에 어울리지 않는 것이며 단일 역할 원칙을 위반하는 것이다.

RosterReporterTest라는 테스트 클래스를 만들어서 독립된 RosterReporter라는 새로운 클래스가 보고서를 생성하는데 사용되는 방법을 보인다.

```java
package studentinfo;

import junit.framework.TestCase;
import java.util.*;

public class RosterReporterTest extends TestCase {
  public void testRosterReport() {
    CourseSession session =
      new CourseSession("ENGL", "101", createDate(2003, 1, 6));

    session.enroll(new Student("A"));
    session.enroll(new Student("B"));

    String rosterReport = new RosterReporter(session).getReport();
    assertEquals(
```

---

4) [Martin2003].

Agile Java

```
        RosterReporter.ROSTER_REPORT_HEADER +
        "A" + RosterReporter.NEWLINE +
        "B" + RosterReporter.NEWLINE +
        RosterReporter.ROSTER_REPORT_FOOTER + "2" +
        RosterReporter.NEWLINE, rosterReport);
   }

   Date createDate(int year, int month, int date) {
      GregorianCalendar calendar = new GregorianCalendar();
      calendar.clear();
      calendar.set(Calendar.YEAR, year);
      calendar.set(Calendar.MONTH, month - 1);
      calendar.set(Calendar.DAY_OF_MONTH, date);
      return calendar.getTime();
   }
}
```

이 메소드 testRosterReport는 CourseSessionTest에 있던 것과 거의 같다. 가장 큰 차이점은 (굵은 글자로 표시되어 있다.) 다음과 같다.

- CourseSession 객체를 인수로 하여 RosterReporter의 인스턴스를 만든다.
- CourseSession 대신 RosterReporter에 선언된 클래스 상수를 사용한다.
- testReport는 자신의 CourseSession 객체를 만든다.

여러분은 CourseSessionTest와 RosterReporterTest 모두가 createDate 메소드를 사용하므로 중복된다는 것을 알아차려야 한다. 곧 코드를 재구성해서 이 중복을 없앨 것이다. AllTests에 새 테스트를 추가한다.

```
package studentinfo;

import junit.framework.TestSuite;

public class AllTests {
   public static TestSuite suite() {
      TestSuite suite = new TestSuite();
      suite.addTestSuite(StudentTest.class);
      suite.addTestSuite(CourseSessionTest.class);
      suite.addTestSuite(RosterReporterTest.class);
      return suite;
   }
}
```

테스트를 통과하도록 고치는 작업의 많은 부분은 CourseSession에서 코드를 옮기는 것이다. RosterReporter에서 모든 일을 처리하게 될 때까지 CourseSession과 CourseSessionTest는 변경하지 않으면서, 점진적으로 이 일을 해나간다.

문자열과 패키지 | Lesson 03

```java
package studentinfo;

import java.util.*;

class RosterReporter {
  static final String NEWLINE =
    System.getProperty("line.separator");
  static final String ROSTER_REPORT_HEADER =
    "Student" + NEWLINE +
    "-" + NEWLINE;
  static final String ROSTER_REPORT_FOOTER =
    NEWLINE + "# students = ";

  private CourseSession session;

  RosterReporter(CourseSession session) {
    this.session = session;
  }

  String getReport() {
    StringBuilder buffer = new StringBuilder();

    buffer.append(ROSTER_REPORT_HEADER);

    for (Student student: session.getAllStudents()) {
      buffer.append(student.getName());
      buffer.append(NEWLINE);
    }

    buffer.append(
      ROSTER_REPORT_FOOTER + session.getAllStudents().size() +
      NEWLINE);

    return buffer.toString();
  }
}
```

위의 예제에서 굵게 표시된 코드는 RosterReporter와 CourseSession에서의 같은 부분의 가장 큰 차이점을 보여 준다.

위의 코드를 만들기 위해 먼저 CourseSession에서 getReport의 내용을 RosterReporter의 해당 메소드에 직접 붙여 넣는다. 그리고 붙여 넣은 코드를 직접적으로 학생을 저장한 콜렉션을 엑세스하지 않고 getAllStudents 메시지를 보내서 CourseSession에서 학생 리스트를 얻어오도록 수정한다. 이전 레슨에서 getAllStudents를 삭제했기 때문에 CourseSession에 다시 추가해야 할 것이다.

Agile Java

```
class CourseSession {
  ...
  ArrayList<Student> getAllStudents() {
    return students;
  }
  ...
}
```

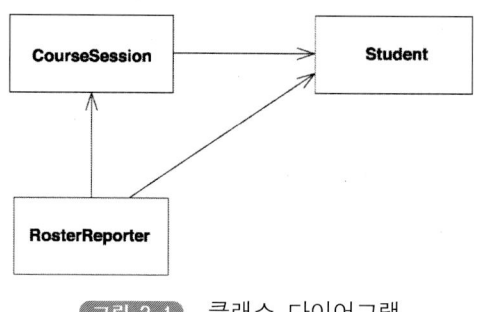

그림 3-1   클래스 다이어그램

   또한 RosterReporter에서 CourseSession 객체로 메시지를 보낼 수 있도록 CourseSession 레퍼런스를 저장해야만 한다. 여러분은 RosterReporter의 생성자에 전달된 CourseSession을 session이라는 인스턴스 변수에 할당하여 할 수 있다.
   다음으로, CourseSessionTest와 CourseSession에서 보고서에 관련된 코드를 지운다. 이것은 테스트 메소드 testRosterReport, 결과 클래스의 getRosterReport, CourseSession에 정의된 클래스 상수를 포함한다. 모든 테스트를 다시 실행한다.
   현재의 클래스 구조는 그림 3-1과 같다.

7 \ 재구성하기

   CourseSession와 RosterReporterTest는 createDate 메소드를 사용한다. createDate의 코드는 강의나 학생 명부 보고서와는 관련이 없다. 단순히 날짜 객체를 생성하는 것에 관련이 있다. 작은 유틸리티 클래스를 클래스에 포함하는 것은 단일 역할 규칙에 가볍게 위반되는 것이다. 작은 중복은 그냥 넘어갈 수 있겠지만, 금새 시스템에서 지나치기 어려운 중복이 생기기 시작할 것이다. 큰 시스템에서 날짜를 생성하는 대여섯 개의 메소드가 있을 수 있고 모두가 거의 비슷한 코드일 것이다.
   여러분이 직접적으로 중복을 만들었기 때문에 여기에서 중복은 명확하다. 다른 방식은 처음부터 중복을 발생시키지 않는 것이다. 중복되는 코드를 만든 것을 알자마자 중복의 가능성을 없애기 위해 필요한 재구성을 한다.

문자열과 패키지 | Lesson 03

여러분은 새로운 테스트 클래스와 결과 클래스를 만들 것이다. 새로운 테스트 클래스를 참조하도록 AllTests를 수정한다. 코드는 다음과 같다.

```java
// DateUtilTest.java
package studentinfo;

import java.util.*;
import junit.framework.*;

public class DateUtilTest extends TestCase {
   public void testCreateDate() {
      Date date = new DateUtil().createDate(2000, 1, 1);
      Calendar calendar = new GregorianCalendar();
      calendar.setTime(date);
      assertEquals(2000, calendar.get(Calendar.YEAR));
      assertEquals(Calendar.JANUARY, calendar.get(Calendar.MONTH));
      assertEquals(1, calendar.get(Calendar.DAY_OF_MONTH));
   }
}

// DateUtil.java
package studentinfo;

import java.util.*;

class DateUtil {
   Date createDate(int year, int month, int date) {
      GregorianCalendar calendar = new GregorianCalendar();
      calendar.clear();
      calendar.set(Calendar.YEAR, year);
      calendar.set(Calendar.MONTH, month - 1);
      calendar.set(Calendar.DAY_OF_MONTH, date);
      return calendar.getTime();
   }
}

// AllTests.java
package studentinfo;

import junit.framework.TestSuite;

public class AllTests {
   public static TestSuite suite() {
      TestSuite suite = new TestSuite();
      suite.addTestSuite(StudentTest.class);
      suite.addTestSuite(CourseSessionTest.class);
      suite.addTestSuite(RosterReporterTest.class);
      suite.addTestSuite(DateUtilTest.class);
      return suite;
   }
}
```

이전에는 createDate가 테스트 클래스 자체를 위한 유틸리티일 뿐이기 때문에 createDate에 대한 테스트가 없었다. 한 클래스의 코드를 새로운 클래스로 옮길 때, 항상 대응되는 새 테스트 클래스로 모든 테스트를 옮겨야 한다. 만약, 테스트가 없다면 테스트를 만들어야 한다. 이렇게 해야만 시스템을 유지할 수 있을 것이다.

Agile Java

이제 DateUtil 클래스를 만들고 테스트했으므로, 여러분의 코드에서 사용하도록 하자. 동시에 CourseSessionTest와 RosterReporterTest에서 createDate 메소드를 없앤다. 한가지 간단한 방법은 단순히 양쪽에서 createDate 메소드를 지우고 다시 컴파일 하는 것이다. 컴파일러는 코드의 어느 줄에서 존재하지 않는 createDate 메소드를 참조하는지 알려 줄 것이다.

 코드를 재구성할 때 컴파일러를 사용한다.

다음 코드를 수정한다.

```java
// CourseSessionTest
package studentinfo;

import junit.framework.TestCase;
import java.util.*;

public class CourseSessionTest extends TestCase {
  ...
  public void setUp() {
    startDate = new DateUtil().createDate(2003, 1, 6);
    session = new CourseSession("ENGL", "101", startDate);
  }
  ...
  public void testCourseDates() {
    Date sixteenWeeksOut = new DateUtil().createDate(2003, 4, 25);
    assertEquals(sixteenWeeksOut, session.getEndDate());
  }
}

// RosterReporterTest.java
package studentinfo;

import junit.framework.TestCase;

public class RosterReporterTest extends TestCase {
  public void testRosterReport() {
    CourseSession session =
      new CourseSession("ENGL", "101",
        new DateUtil().createDate(2003, 1, 6));
    ...
  }
}
```

createDate 유틸리티 메소드를 사용하기 위해 DateUtil 객체를 각각 만들어야 한다. CourseSession 테스트의 경우 여러분은 DateUtil 객체를 두 번 만들며, 이것은 재구성의 가장 큰 대상이다. 여러분은 DateUtil을 유지하기 위한 클래스 변수를 만들 수도 있지만, 좀 더 나은 해결방법은 DateUtil을 인스턴스없이 실행할 수 있는 스태틱(static) 메소드로 바꾸는 것이다. 레슨 4에서 이렇게 하는 방법을 배울 것이다.

문자열과 패키지 | Lesson 03

8 System.out

getReport는 수업을 신청한 모든 학생을 포함한 보고서를 반환한다. 학생정보 시스템에서, 문자열은 출력되거나 어딘가에 표시되지 않으면 의미가 없다. 자바는 콘솔이나 파일 혹은 다른 곳에 정보가 표시되도록 하는 출력 기능을 가지고 있다. 이런 출력 기능은 레슨 11에서 깊이 살펴볼 것이다.

이 예제에서 여러분은 콘솔에 보고를 출력하도록 테스트를 수정할 것이다. 아직은 요구사항에 포함되지 않지만 언젠가는 여러 이유로 어떤 정보를 표시할 필요가 있을 것이다. 다음 절에서는 이런 이유들을 살펴본다.

이 책의 설정 부분에서 여러분은 콘솔에 글을 출력하는 "Hello World" 응용프로그램을 작성하고 실행했다. 콘솔에 글을 출력한 코드는 다음과 같다.

```
System.out.println("hello world");
```

J2SE API 문서에서 java.lang 패키지에 위치한 System이라는 이름의 클래스에 대한 내용을 살펴보자. out이 stdout 혹은 "콘솔(console)"로 불리는 표준 출력 스트림을 표시하는 PrintStream형의 스태틱 변수인 것을 볼 수 있을 것이다. 여러분은 이 콘솔 객체를 다음 스태틱 변수 레퍼런스로 직접 엑세스할 수 있다.

```
System.out
```

이런 콘솔 객체를 얻으면 여러분은 println을 포함한 몇 개의 메시지를 보낼 수 있다. println은 (다른 것들 중에도) 문자열을 받아서 그것을 하위의 출력 스트림에 쓴다.

RosterReporterTest에 System.out을 사용하여 콘솔에 보고서를 보여 주는 줄을 추가한다.

```
package studentinfo;

import junit.framework.TestCase;

public class RosterReporterTest extends TestCase {
  public void testRosterReport() {
    CourseSession session =
      new CourseSession("ENGL", "101",
        new DateUtil().createDate(2003, 1, 6));

    session.enroll(new Student("A"));
    session.enroll(new Student("B"));

    String rosterReport = new RosterReporter(session).getReport();
```

Agile Java

```
System.out.println(rosterReport);
    assertEquals(
      RosterReporter.ROSTER_REPORT_HEADER +
      "A" + RosterReporter.NEWLINE +
      "B" + RosterReporter.NEWLINE +
      RosterReporter.ROSTER_REPORT_FOOTER + "2" +
      RosterReporter.NEWLINE, rosterReport);
   }
}
```

테스트를 다시 수행한다. 화면에 실제로 표시된 보고서를 볼 수 있어야 한다. 통합개발환경을 사용하고 있다면 출력 결과를 보기 위해 System.out 대신 System.err(stderr로도 알려진 표준 에러 출력)를 사용해야 할지도 모른다[5].

왼쪽 가장자리로 추가적인 코드를 배치한 것을 볼 수 있을 것이다. 저자는 임시로 사용한 코드를 표시하기 위해 이런 방법을 사용한다. 이렇게 하면 문장을 찾고 지우기가 쉽다.

출력 결과를 보았으면 바꾼 부분을 지우고 모든 테스트를 다시 실행한다.

9 System.out 사용하기

System.out을 사용하는 가장 큰 이유는 프로그램의 실수를 찾기 위해 콘솔에 메시지를 출력하는 것이다. 코드의 적절한 부분에서 유용한 정보를 표시하기 위해 System.out.println 명령문을 넣는다. 응용프로그램을 실행할 때 이런 트레이스(trace) 문의 출력은 시스템 내에서 작동하는 메시지나 데이터의 흐름을 이해하는데 도움이 될 것이다.

디버거는 같은 목적을 이루거나 그 이상을 하기 위한 좀더 복잡한 방법이지만, 간단한 트레이스 문이 때때로 가장 빠르고 효과적인 해결책일 수 있다. 또한 어떤 환경에서는 디버거를 사용하는 것이 불가능하다.

또한 TDD(테스트 위주 개발)를 잘 하고 있다면, 여러분은 코드를 디버그하거나 트레이스 문을 넣을 필요가 전혀 없어야 한다. TDD에서 정하는 작은 단계들을 수행하면 문제가 생기기 전에 여러분의 응용프로그램에 매우 적은 양의 코드만을 추가할 것이다. 더 좋은 해결법은 새로 추가한 적은 양의 코드를 버리고 더 작은 확인된 단계들을 이용해 다시 작성하는 것이다.

테스트와 실제 코드를 조금씩 늘려서 시스템을 완성한다. 문제가 생기면 늘린 부분을 버리고 더 작은 단계를 밟아서 다시 시작한다.

대부분의 개발자는 콘솔 기반의 응용프로그램을 작성하지 않지만, 여러분은 콘솔에서 동작하는 많은 프로그램에 익숙할 것이다. javac 컴파일러 자체는 콘솔 기만의 응용프로그램이다. 간단한 서버프로그램은 개발자가 출력을 확인하기 쉽도록 종종 콘솔프로그램으로 만든다.

---

footnote

5) 결과는 "콘솔"이라는 이름의 윈도우에 나타날 것이다.

문자열과 패키지 | Lesson 03

10 재구성하기

여러분이 이미 하지 않았다면 CourseSessionTest에서 testReport 메소드를 삭제하고 CourseSession에서 대응되는 결과 코드를 삭제한다.

writeReport 메소드는 아직 짧지만 개념적으로 세 가지 일을 하고 있다. 더욱더 이해하기 쉽도록 writeReport를 각각 보고서의 처음, 내용, 끝을 만드는 세 개의 더 작은 메소드로 나눌 수 있다.

```
String getReport() {
  StringBuilder buffer = new StringBuilder();
  writeHeader(buffer);
  writeBody(buffer);
  writeFooter(buffer);

  return buffer.toString();
}

void writeHeader(StringBuilder buffer) {
  buffer.append(ROSTER_REPORT_HEADER);
}

void writeBody(StringBuilder buffer) {
  for (Student student: session.getAllStudents()) {
    buffer.append(student.getName());
    buffer.append(NEWLINE);
  }
}

void writeFooter(StringBuilder buffer) {
  buffer.append(
    ROSTER_REPORT_FOOTER + session.getAllStudents().size() + NEWLINE);
}
```

11 패키지 구조(package structure)

여러분은 클래스들을 임의로 묶기 위해 패키지를 사용한다. 패키지 구조(package structure)로 불리는 이런 클래스의 묶음은 필요사항이 바뀌면서 바뀔 것이다. 처음에 여러분의 관심은 개발을 쉽게 하는 것이다. 클래스의 개수가 늘어나면서 여러분은 관리를 위해 추가적인 패키지들을 만들 것이다. 응용프로그램을 배포하면 여러분은 다른 것을 필요로 한다. 재사용의 가능성을 높이거나 패키지의 사용자가 관리 비용을 최소화하도록 패키지를 구성하게 될지도 모른다.

지금까지 모든 클래스는 studentinfo라는 하나의 패키지에서 만들어졌다. 패키지를 구성하기 시작하는 보편적인 방법은 최종 사용자가 사용하게 될 프로그램의 부분인 사용자 인터페

Agile Java

이스(user interface)를 사업 객체나 기반 객체를 표현하는 하부 클래스에서 분리하는 것이다. 이전 예제의 RosterReporter 클래스는 사용자에게 출력을 제공하기 때문에 사용자 인터페이스의 일부로 생각할 수도 있다.

다음으로 할 일은 studentinfo 패키지를 한 단계 낮춰서 패키지 이름이 sis.reportinfo가 되도록 하는 것이다. 이 디렉토리 외에도 report라는 이름의 하위 디렉토리를 만든다. studentinfo 디렉토리를 sis 디렉토리 안으로 옮긴다. 다음으로 RosterReporter와 RosterReporterTest를 분리하여 report 디렉토리로 옮긴다. 여러분의 디렉토리 구조는 다음과 같게 될 것이다.

```
|-sis
     |-studentinfo
     |-report
```

다음으로, 여러분은 모든 클래스의 package 문을 바꿔야 한다. report 디렉토리의 패키지에 대해서는 다음 패키지 문을 사용한다.

```
package sis.report;
```

studentinfo 디렉토리의 패키지에 대해서는 다음 패키지 문을 사용한다.

```
package sis.studentinfo;
```

레슨 2에서 한 것처럼, 모든 클래스 파일(*.class)을 제거하고 모든 코드를 다시 컴파일한다. 몇 개의 에러를 보게 될 것이다. 문제는 RosterReporter와 RosterReporterTest 클래스가 이제 CourseSession과 Student 클래스는 다른 패키지에서 속한다. 다른 패키지에 속하는 클래스를 더 이상 이전의 방법으로 사용할 수 없다.

12 접근 수식어(access modifier)

여러분은 키워드의 정확한 의미를 사용하지 않은 채로 JUnit 클래스와 메소드에 대하여 public 키워드를 사용하였다. 그 외에도 JUnit은 테스트 클래스와 메소드가 public으로 선언될 것을 요구한다. 또한 다른 클래스의 객체가 접근하지 못하도록 인스턴스 변수를 private으로 선언하는 것을 배웠다.

public과 private 키워드는 접근 수식어(access modifier)라고 불린다. 접근 수식어는 필드, 메소드, 클래스와 같은 자바 요소에 대한 접근을 통제하기 위해 사용된다. 클래스에 적합한 접근 수식어는 메소드나 필드를 위한 것과는 다르다.

클래스를 public으로 선언하면 다른 패키지가 직접 그 클래스를 import하고 참조할 수 있다.

문자열과 패키지 | Lesson 03

JUnit 프레임워크 클래스는 junit으로 시작하는 여러 패키지에 위치한다. 이런 JUnit클래스에서 여러분의 테스트 클래스를 사용하기 위해서는 public으로 선언해야 한다.

여러분이 작성한 CourseSession이나 Student 클래스에는 접근 수식어를 붙이지 않았다. 접근 수식어가 없는 경우에, 즉 기본 접근 권한으로 클래스는 패키지의 접근 수준을 가진다. 패키지 수준에서 같은 패키지 내의 다른 클래스는 참조할 수 있다. 하지만 다른 패키지의 클래스에서는 클래스에 접근할 수 없다.

"더 안전한" 프로그래밍을 위해서, 권장할 만한 전략은 가장 제한된 수준에서 시작해서 필요에 따라 접근을 허용하는 것이다. 클래스를 너무 많이 내보이면 사용하는 코드가 시스템을 구성한 방식에 불필요하게 의존하게 될 것이다. 만약, 세부적인 부분을 바꾸면 사용하는 쪽 코드는 동작하지 않게 될 것이다. 또한 너무 많은 부분에 접근을 허용하여 여러분이 작성한 코드가 영향을 받을 수도 있다.

 여러분의 코드를 가능한 보호한다. 필요한 경우에만 접근 제한을 푼다.

CourseSession과 Student 클래스는 패키지 수준의 접근이 가능하다. 다른 패키지의 클래스가 접근할 필요가 있을 때까지 이 수준을 유지할 수 있을 것이다.

코드를 컴파일하기 위해, 컴파일러가 studentinfo 패키지에서 Student와 CourseSession 클래스를 찾을 수 있도록 import 문을 먼저 추가해야 한다. RosterReporterTest의 수정부분은 다음과 같다.

```
package sis.report;

import junit.framework.*;
import sis.studentinfo.*;

public class RosterReporterTest extends TestCase {
    ...
```

RosterReporter에 같은 import 문을 추가한다.

studentinfo 패키지의 클래스는 여전히 패키지 수준 접근이다. 따라서 reports 패키지의 클래스는 이 클래스를 사용할 수 없다. Student, CourseSession, DateUtil 클래스를 다음 예처럼 public으로 선언한다.

Student의 예:

```
package sis.studentinfo;

public class Student {
    ...
```

AllTests.java에서 역시 컴파일 에러가 생긴다. RosterReporterTest가 다른 패키지로 옮겨졌기 때문에 컴파일러는 더 이상 RosterReporterTest 클래스를 인식하지 못한다. 당장은 AllTests.java에서 그 줄을 주석처리 한다.

Agile Java

AllTest.java:

```java
package sis.studentinfo;

import junit.framework.TestSuite;

public class AllTests {
  public static TestSuite suite() {
    TestSuite suite = new TestSuite();
    suite.addTestSuite(StudentTest.class);
    suite.addTestSuite(CourseSessionTest.class);
//    suite.addTestSuite(RosterReporterTest.class);
    suite.addTestSuite(DateUtilTest.class);
    return suite;
  }
}
```

여러분은 reports 패키지를 위한 새로운 AllTests를 만들 것이다. 코드를 주석처리 할 때는 왜 코드를 주석처리 했는지를 잊기가 쉽기 때문에 조심해야 한다.

다시 컴파일 하면, reports 패키지의 코드에서 Student와 CourseSession 객체로 보낸 메시지에 대하여 많은 에러가 생길 것이다. 클래스와 마찬가지로 생성자(혹은 메소드)에 대한 기본 접근 수준은 패키지이다. 클래스를 다른 패키지에서 사용하기 위해 public이 필요한 것처럼, 메소드나 생성자도 역시 public으로 선언되어야 한다. 하지만 public 선언은 신중해야 한다. 모든 메소드를 public으로 뒤덮어서는 안 된다.

양식과 구성의 면에서 소스에서 public 메소드를 public이 아닌 메소드의 앞에 배치할 수도 있다. 이렇게 하면 여러분이 작성한 클래스를 사용하고자 하는 개발자가 public 메소드를 (아마도 public 메소드가 이들이 찾는 메소드일 것이다) 쉽게 찾도록 할 수 있다. 대부분의 IDE (통합개발환경)에서는 클래스의 소스를 구성하고 탐색하는 더 나은 방법을 제공하기 때문에, 이런 구성이 꼭 필요하지는 않다.

모든 작업을 마치면 studentinfo의 결과 클래스는 다음과 같이 될 것이다.

```java
package studentinfo;
public class Student {
  private String name;

  public Student(String name) {
    this.name = name;
  }

  public String getName() {
    return name;
  }
}
```

CourseSession.java:

```java
package studentinfo;
import java.util.*;
```

문자열과 패키지 | Lesson 03

```java
/**
 * This class provides a representation of a single-semester
 * session of a specific university course.
 * @author Administrator
 */
public class CourseSession {
   private String department;
   private String number;
   private ArrayList<Student> students = new ArrayList<Student>();
   private Date startDate;

   /**
    * Constructs a CourseSession starting on a specific date
    * @param startDate the date on which the CourseSession begins
    */
   public CourseSession(
         String department, String number, Date startDate) {
      this.department = department;
      this.number = number;
      this.startDate = startDate;
   }

   String getDepartment() {
      return department;
   }

   String getNumber() {
      return number;
   }

   int getNumberOfStudents() {
      return students.size();
   }

   public void enroll(Student student) {
      students.add(student);
   }

   Student get(int index) {
      return students.get(index);
   }

   Date getStartDate() {
      return startDate;
   }

   public ArrayList<Student> getAllStudents() {
      return students;
   }

   /**
    * @return Date the last date of the course session
    */
   Date getEndDate() {
      GregorianCalendar calendar = new GregorianCalendar();
      calendar.setTime(startDate);
      final int sessionLength = 16;
      final int daysInWeek = 7;
      final int daysFromFridayToMonday = 3;
      int numberOfDays =
         sessionLength * daysInWeek - daysFromFridayToMonday;
      calendar.add(Calendar.DAY_OF_YEAR, numberOfDays);
      return calendar.getTime();
   }
}
```

Agile Java

DateUtil.java:

```java
package studentinfo;

import java.util.*;

public class DateUtil {
  public Date createDate(int year, int month, int date) {
    GregorianCalendar calendar = new GregorianCalendar();
    calendar.clear();
    calendar.set(Calendar.YEAR, year - 1900);
    calendar.set(Calendar.MONTH, month - 1);
    calendar.set(Calendar.DAY_OF_MONTH, date);
    return calendar.getTime();
  }
}
```

테스트는 어디에 있나?

지금까지 여러분은 여러분의 테스트 클래스를 결과 클래스와 같은 패키지에 두었다. 예를 들어, StudentTest와 Student는 둘다 같은 studentinfo 패키지에 있다. 이것이 가장 쉬운 방법이기는 하지만 유일한 방법은 아니다. 다른 방법은 모든 결과 패키지에 대해서 대응되는 테스트 패키지를 만드는 것이다. 예를 들어, studentinfo에 대한 테스트를 담고 있는 test.studentinfo라는 패키지를 만들 수 있다.

테스트를 결과 코드와 같은 패키지에 두는 이점은 테스트가 테스트하는 클래스의 패키지 수준의 자세한 부분까지 접근할 수 있다는 것이다. 하지만 이런 수준의 접근이 가능한 것이 문제가 될 수도 있다. 클래스를 테스트할 때는 가능한 공개적으로 사용이 허용된 public 인터페이스를 사용해야 한다. 테스트가 개별 클래스의 숨겨진 정보를 많이 이용할수록 구현방법에 묶이게(coupled)되고 종속적이 된다. 강하게 묶이게 된다(tight coupling)는 것은 테스트에 영향을 주지 않고 결과 클래스를 수정하기 어려워진다는 것을 의미한다.

공개하고 싶지 않은 객체의 정보에 대하여 확인을 할 필요가 있을 수도 있다. 이런 이유에서 테스트 클래스와 결과 클래스를 같은 패키지 안에 넣고 싶을 수도 있다. 이런 방법을 썼을 때 하나의 디렉토리 안에 너무 많은 클래스가 생긴다면 자바의 클래스패스를 사용할 수 있다. 두 개의 다른 종속 디렉토리에 같은 디렉토리 구조를 만들고 클래스패스가 두 개의 종속 디렉토리 모두를 참조하도록 한다.

예를 들어, 클래스를 c:\source\sys\bin에 컴파일했다면, c:\source\sis\test\bin에 두 번째 클래스 파일 위치를 만들 수 있다. 그리고 스크립트를 수정하여 (Ant에서는 이 작업이 매우 쉽다.) 테스트 클래스만을 c:\source\sis\test\bin 디렉토리에 컴파일하도록 한다. 다른 모든 것은 c:\source\sis\bin으로 컴파일한다. 그리고 c:\source\sis\bin과 c:\source\sis\test\bin을 클래스 패스에 추가한다.

이런 방법으로 Student를 위한 클래스 파일은 c:\source\sis\bin\studentinfo\Student.class로, StudentTest에 대한 클래스 파일은 c:\source\sis\test\bin\studentinfo\StudentTest.class가 될 것이다. 두 클래스는 packageinfo클래스에 남아 있지만 디렉토리는 나누어진다.

문자열과 패키지 | Lesson 03

이제 모든 것이 컴파일 가능해야 한다. 테스트 역시 실행되지만 RosterReporterTest를 주석 처리했던 것을 잊지 말자. 이 클래스를 다시 살릴 때이다.

  sis.report 패키지에 AllTests라는 이름의 새로운 클래스를 만든다. 일반적으로 패키지의 모든 클래스들이 테스트되는 것을 보장하기 위해 각 패키지마다 테스트 스위트(suite)를 작성하는 것이 좋다[6].

```
package sis.report;

import junit.framework.TestSuite;

public class AllTests {
   public static TestSuite suite() {
      TestSuite suite = new TestSuite();
      suite.addTestSuite(RosterReporterTest.class);
      return suite;
   }
}
```

이제 studentinfo.AllTests에서 주석처리 된 부분을 지울 수 있다.
  소스파일은 sis디렉토리에 만들어서 AllTests라는 클래스를 sis 패키지에 추가한다. 이 클래스는 응용프로그램의 모든 클래스가 테스트되는 것을 보장하는 통합 테스트 스위트가 될 것이다.

```
package sis;

import junit.framework.TestSuite;

public class AllTests {
   public static TestSuite suite() {
      TestSuite suite = new TestSuite();
      suite.addTest(sis.report.AllTests.suite());
      suite.addTest(sis.studentinfo.AllTests.suite());
      return suite;
   }
}
```

스위트에 addTestSuite 메시지를 보내는 대신, addTest 메시지를 보낼 것이다. 인수로는 적절한 AllTests클래스에 suite 메시지를 보내서 얻은 결과를 전달한다. 객체 대신 클래스에 메시지를 보내면 스태틱 메소드(static method)가 호출된다. 다음 레슨에서 스태틱 메소드에 대하여 다룰 것이다.
  모든 테스트 스위트를 실행하기 위해 JUnit에 sis.AllTests를 전달해야 한다.

---

footnote

[6] 테스트 스위트를 관리하는 다른 방법이 있다. 여기서도 IDE가 도움이 될 수 있다. 또한 동적으로 테스트를 모으는 방법에 대해서 레슨 12를 참조한다.

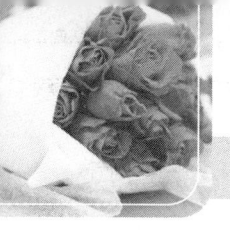

Agile Java

13. Ant 사용하기

이제부터 컴파일해야 할 디렉토리가 두 개 이상이기 때문에 컴파일을 하기 위해 Ant 스크립트를 사용할 것이다. Ant는 프로젝트를 컴파일하고 배포하기 위해 사용하는 플랫폼 독립적인 도구이다.

만약, IDE를 사용하고 있다면, IDE를 이용해서 전체 코드를 쉽게 컴파일할 수 있을 것이다. 예를 들어, Eclipse에서는 자바 소스를 고쳐서 저장할 때마다 자동으로 소스코드 전체를 컴파일한다.

여러분은 IDE나 플랫폼에 독립적인 환경을 위해 Ant를 사용할 수 있다. 다른 방법으로는 레슨 1에서 소개한 것처럼 셸 스크립트나 배치 파일을 만들어서 사용할 수 있다. 또한 몇 가지의 메이크(make) 도구를 사용할 수도 있다. 메이크 도구는 Ant와 비슷한 빌드 도구이다. 하지만 대부분의 메이크 도구는 특정 운영체제에 밀접하게 연관되어있다. 메이크 도구는 Ant처럼 자바 응용프로그램을 만들기 위한 기능을 제공하지 않는다. Ant는 자바를 위한 가장 효율적인 도구이다.

저자는 여러분이 Ant를 사용하는 방법을 알아두기를 권한다. 여러분의 IDE는 개인적인 필요사항을 만족할지는 모르지만 팀 단위 개발환경에서는 충분하지 않을 수 있다. 팀 환경에서 일한다면, 응용프로그램을 컴파일하고 배포하기 위한 표준적인 방법이 필요하다. 대부분의 개발 단체는 올바르고 일관성 있는 컴파일과 배포를 위해서 Ant 사용을 표준으로 한다.

Ant 사용법을 간단히 알아보려면 다음의 "Ant 시작하기" 부분을 참조한다.

Ant 시작하기

이 부분은, Ant 빌드 도구를 사용하는 방법에 대한 기본적인 이해를 도울 것이다. 대부분의 자바 IDE는 이미 Ant 지원 기능을 포함하고 있다. 만약, IDE를 사용하고 있지 않다면 다음의 몇 가지 단계를 따라하면 빌드를 위해 Ant를 사용할 수 있다.

- *http://ant.apache.org* 에서 최신 버전의 Ant를 다운로드한다.
- Ant 배포판에 포함된 지시에 따라한다. JAVA_HOME 환경변수를 J2SE 5.0 SDK를 설치한 디렉토리로 설정한다.
- Ant의 bin 디렉토리를 포함하도록 여러분의 시스템의 패스(path) 환경변수를 수정한다.
- 프로젝트의 최상위 디렉토리에 build.xml 파일을 생성한다.

IDE 사용여부에 관계없이 프로그램의 컴파일, 실행, 배포를 위한 명령을 포함하는 build.xml 파일을 작성해야 한다.

계속 →

문자열과 패키지 | Lesson 03

다음은 agileJava라는 프로젝트를 위한 예제 build.xml 파일이다.

```xml
<?xml version="1.0"?>
<project name="agileJava" default="junitgui" basedir=".">
<property name="junitJar" value="\junit3.8.1\junit.jar" />
<property name="src.dir" value="${basedir}\source" />
<property name="build.dir" value="${basedir}\classes" />
<path id="classpath">
<pathelement location="${junitJar}" />
<pathelement location="${build.dir}" />
</path>
<target name="init">
<mkdir dir="${build.dir}" />
</target>
<target name="build" depends="init" description="build all">
<javac
srcdir="${src.dir}" destdir="${build.dir}"
source="1.5"
deprecation="on" debug="on" optimize="off" includes="**">
<classpath refid="classpath" />
</javac>
</target>
<target name="junitgui" depends="build" description="run junit gui">
<java classname="junit.awtui.TestRunner" fork="yes">
<arg value="sis.AllTests" />
<classpath refid="classpath" />
</java>
</target>
<target name="clean">
<delete dir="${build.dir}" />
</target>
<target name="rebuildAll" depends="clean,build" description="rebuild all"/>
</project>
```

예제 빌드 파일 이해하기

여러분은 XML로 하나의 프로젝트에서 여러 타겟(target)을 빌드하는 방법을 지정할 수 있다. 타겟은 하나의 이름이고 하나이상의 다른 타겟에 대해서 의존적일 수 있다.

```xml
<target name="rebuildAll" depends="clean,build" />
```

위의 줄은 rebuildAll이라는 타겟을 정의한다. 이 타겟을 수행할 때, Ant는 먼저 clean과 build를 실행한다.

하나의 타겟은 실행해야 할 태스크(task) 혹은 명령 리스트를 포함한다. Ant를 설치하면 대부분의 상황에서 충분히 적용할 수 있는 많은 수의 태스크(task)에 대한 설명서가 제공된다. 적절한 태스크를 찾지 못하면 스스로 작성할 수 있다.

clean 타겟은 delete라는 이름의 하나의 태스크를 포함한다. 이 예제에서 delete 태스크는 Ant가 따옴표로 묶여있는 파일 시스템 디렉토리를 지우는 것을 지시한다.

```xml
<target name="clean">
<delete dir="${build.dir}" />
</target>
```

계속 →

Agile Java

Ant에서 자바의 상수와 비슷한 역할을 하는 속성(property)을 정의할 수 있다. delete 태스크가 수행될 때, Ant는 ${build.dir}을 build.dir이라는 이름의 속성 값으로 대체한다. agileJava Ant 스크립트에서 build.dir 속성은 다음과 같이 선언된다.

```
<property name="build.dir" value="${basedir}\classes" />
```

이 선언은 build.dir의 값을 ${basedir}\classes.로 설정한다. ${basedir}의 사용은 basedir이라는 속성을 참조한다.

```
<project name="agileJava" default="junitgui" basedir=".">
```

(. 은 basedir이 현재의 디렉토리, 즉 Ant가 실행된 디렉토리라는 것을 나타낸다.)
Ant를 실행할 때, 타겟을 지정할 수 있다.

```
ant rebuildAll
```

타겟의 리스트는 다음을 실행해서 알 수 있다.

```
ant -projecthelp
```

이 명령은 주 타겟(description 속성을 지정하는 타겟)을 보여줄 것이다.
몇 가지 내부적인 규칙을 이용하여 Ant는 필요한 경우에만 태스크를 수행한다. 예를 들어, junitgui 타겟을 실행하면 Ant는 마지막으로 junitgui를 실행한 이후 변화된 소스에 대해서만 javac 컴파일러를 실행한다. Ant는 이런 결정을 위해서 클래스 파일의 생성시간을 이용한다.
agileJava 프로젝트를 요약하면, build, junitgui, rebuildAll 세 개의 주 타겟이 있다. init 과 clean이라는 종속 타겟이 있다.
build 타겟은 결과 디렉토리(./classes)를 생성하는 init 타겟에 종속적이다. build 타겟은 Ant에 내장된 javac 태스크를 이용하여 소스 디렉토리의 모든 소스파일을 결과 디렉토리로 컴파일한다. javac 태스크는 javac 태스크에 내장된 요소로 classpath 등 몇 개의 속성을 가진다. classpath 속성은 classpath라는 이름으로 JUnit jar 파일과 클래스 디렉토리를 포함하는 특정 디렉토리 위치(path)를 참조한다.
junitgui 타겟은 build 타겟에 종속적이다. 만약, build 타겟이 성공하면, junitgui 타겟은 AllTests를 인수로 하여 JUnit GUI를 자바 가상기계를 이용해서 실행한다.
rebuildAll 타겟은 빌드 결과 디렉토리를 제거하는 clean 타겟과 build 타겟의 실행에 종속적이다.
좀더 자세한 정보를 위해서는 Ant 설명서를 참조한다. Ant에 대한 몇 가지 책도 있다. 이해하기 매우 쉬운 책 중 하나는 java Development with Ant이다[7].

---

7) [Hatcher2002].

연습문제

1. CharacterTest 클래스를 만든다. 이 클래스를 AllSuites 클래스에 추가하는 것을 잊지 않는다. 테스트가 실패하는 것을 확인하고 testWhitespace라는 이름의 테스트를 추가한다. 이 테스트는 새줄 문자, 탭 문자, 공백 문자가 Character.isWhitespace에 대하여 참 값을 반환하는 것을 보여야 한다. 참을 반환하는 다른 문자가 있는가?

2. 자바는 메소드나 클래스, 변수나 다른 개체의 이름으로 사용하는 식별자(identifier)에 대하여 몇 가지 제한이 있다. 예를 들어, 식별자에 캐럿(^)을 사용할 수 없다. Character 클래스는 문자가 식별자에서 사용될 수 있는 지를 구별하는 메소드를 가지고 있다. API 문서를 참조하여 이 메소드를 이해한다. CharacterTest 클래스에 자바 식별자에 대한 일부 규칙을 보여 주는 테스트를 추가한다.

3. 검은 폰의 출력되는 표현이 대문자 'P'이고 흰색 폰의 표현이 소문자 'p'이 srjt을 확인한다. 현재까지는 Pawn 생성자에 두 번째 인수를 넣어서 이 문제를 해결할 수 있다. 하지만 이런 방법은 표현상의 중복이다. 이후에 좀더 개선할 것이다.

4. (이 연습문제와 연습문제 5는 밀접하게 관련된다. 연습문제 5를 완성할 때까지 재구성을 미루는 것이 좋다.) 클라이언트가 Board 객체를 생성할 때, 자동으로 몇 개의 말을 포함한 상태로 초기화되기를 바랄 수 있다. 따라서 Board 클래스와 테스트를 바꿀 필요가 있을 수 있다. Board를 생성할 때 말의 개수를 확인하도록 하는데서 시작하자.

5. Board 클래스에 initialize 메소드를 추가한다. initalize 메소드는 폰을 추가할 흰색 폰을 위한 열과 (두번째 열) 검은 폰을 위한 열 (일곱번째 열)로 두 개의 열을 생성한다. 열을 저장하기 위해 Pawn 객체를 저장하는 ArrayList를 사용한다. 이런 리스트는 ArrayList〈Pawn〉으로 선언할 수 있다.
testCreate에서 두 번째 열이 "pppppppp"인지를 확인하도록 한다. 또한 일곱 번째 줄이 "PPPPPPPP"인지 확인한다. StringBuilder를 사용하고 for 루프를 사용해서 각 줄의 출력 가능한 형태의 표현을 얻는다.
여러분의 코드를 가능한 한 잘 재구성한다. 열에 폰을 추가하는데는 많은 중복이 있을 것이다. 다음 레슨에서 이런 중복을 없애는 방법을 배울 것이다.

연습문제

6. 초기 설정에서 체스판이 다음과 같이 보이는 것을 확인하자. 점 문자는 빈 칸을 의미한다. (8열은 가장 윗줄이고, 1열은 가장 아랫줄이다.)

```
........
PPPPPPPP
........
........
........
........
PPPPPPPP
........
```

테스트와 체스판 출력 메소드에서 시스템 설정을 적절히 사용하여 이식성을 보장하도록 한다.

7. String 연결로 체스 판 코드와 테스트를 여기까지 구현하였으면, StringBuilder 클래스를 사용하도록 코드를 수정한다. 만약, StringBuilder 클래스를 사용했다면 String 연결을 사용하도록 코드를 바꿔본다. 구조의 차이와 코드의 가독성을 비교해 본다.

8. 테스트를 수정하여 보드를 콘솔에 출력하도록 한다. 기대한대로 출력하는 것을 확인한다. 만약, 그렇지 않다면 코드를 수정한다.

9. 이후의 예제에서 루프나 다른 자바 구조를 배운 후에 이 코드의 중복을 줄여 나갈 것이다.

10. 전체 프로젝트를 컴파일하기 위한 Ant 빌드 파일을 생성하고 하나의 명령으로 테스트가 수행되도록 한다.

MEMO

Lesson 4 클래스 메소드와 필드 (field)

이 레슨에서는 다음 내용을 다룬다.

- 인스턴스 메소드(instance method)를 클래스 메소드로 바꾼다.
- 클래스 변수와 메소드에 대해 배운다.
- 스태틱 임포트(import) 기능을 사용한다.
- 단순한 디자인이 어떤 것인지 이해한다.
- 유틸리티 메소드를 만든다.
- 클래스 메소드를 신중하게 사용하는 방법을 배운다.
- 불린(boolean) 기본형을 사용한다.
- 테스트가 문서화에 중요한 이유를 이해한다.
- 예외와 스택 트레이스를 배운다.
- 초기화에 대해 좀더 배운다.

1 클래스 메소드

객체는 동작(자바에서는 메소드의 형태로 구현된다)과 속성(자바에서는 필드로 구현된다)으로 이루어진다. 객체가 유지되는 동안 속성은 유지된다. 항상 객체는 인스턴스 변수의 상태로 표현 가능한 특정 상태를 가진다. 그래서 인스턴스 변수를 상태 변수라고 부르기도 한다.

객체의 동작 메소드는 객체의 속성에 대한 연산을 하거나 바꿀 수 있다. 다시 말하면 동작 메소드는 객체의 상태를 바꾼다. 질의 메소드는 객체 상태의 일부를 반환한다.

객체의 상태를 바꾸거나 정보를 반환하는 것 중 한가지만을 하도록 메소드를 디자인 해야 한다.

가끔 인수를 받아서 인수에 대해서만 연산을 하고 값을 반환하는 메소드가 필요한 경우가 있다. 이런 메소드는 객체의 상태에는 영향을 주지 않는다. 이런 메소드는 유틸리티 메소드라고 불린다. 유틸리티 메소드는 다른 언어에서는 가끔 함수(function)라고 불린다. 이들은 어떤 클라이언트에서도 호출이 가능하다.

유틸리티 메소드를 사용하기 위해 객체를 생성하는 것은 의미가 없다. 예를 들어, 레슨 3에서 작성한 DateUtil의 createDate 메소드는 월, 일, 년 정수형 인수를 받아서 Date 객체를 반환하는 단순한 기능을 한다. DateUtil 객체를 생성할 필요가 없다면 코드가 약간은 단순해질 것이다. 또한 CreateDate가 DateUtil의 유일한 메소드이기 때문에 DateUtil을 만들 필요도 없다.

이런 이유 때문에 createDate는 클래스 메소드로 만드는 것이 좋다. 이 예제에서 createDate를 클래스 메소드로 만들어 코드를 재구성한다. 먼저 테스트를 수정하여 클래스 메소드를 호출하도록 한다.

```java
package sis.studentinfo;

import java.util.*;
import junit.framework.*;

public class DateUtilTest extends TestCase {
    public void testCreateDate() {
        Date date = DateUtil.createDate(2000, 1, 1);
        Calendar calendar = new GregorianCalendar();
        calendar.setTime(date);
        assertEquals(2000, calendar.get(Calendar.YEAR));
        assertEquals(Calendar.JANUARY, calendar.get(Calendar.MONTH));
        assertEquals(1, calendar.get(Calendar.DAY_OF_MONTH));
    }
}
```

이제 new 연산자를 사용하여 DateUtil의 인스턴스를 만들 필요가 없다. 대신 클래스 메소드를 가진 클래스 이름(DateUtil) 뒤에 연산자(.)를 붙이고 메소드의 이름과 인수를 붙여서(createDate(2000, 1, 1)) 클래스 메소드를 호출한다.

DateUtil 클래스에도 약간의 변경이 있다.

```
package sis.studentinfo;

import java.util.*;

public class DateUtil {
   private DateUtil() {}
   public static Date createDate(int year, int month, int date) {
      GregorianCalendar calendar = new GregorianCalendar();
      calendar.clear();
      calendar.set(Calendar.YEAR, year);
      calendar.set(Calendar.MONTH, month - 1);
      calendar.set(Calendar.DAY_OF_MONTH, date);
      return calendar.getTime();
   }
}
```

클래스 메소드를 static 지시어를 제외하고는 일반적인 인스턴스 메소드와 같이 선언한다.

createDate 메소드를 static으로 만드는 것에 추가로 DateUtil의 생성자를 private로 만드는 것이 좋다. 생성자를 private로 선언하면 DateUtil 클래스 내부의 코드에서만 새로운 DateUtil 인스턴스를 생성할 수 있다. DateUtil 객체를 생성하는 것을 허용하는 것이 큰 문제가 되진 않지만 사용하는 측에서 의미 없고 쓸모 없는 것을 할 수 있도록 두는 것은 좋지 않다.

private 생성자를 추가하는 것은 createDate에 대한 정적이지 않은 참조를 찾는데 도움이 된다. 코드를 컴파일 할 때 새로운 DateUtil 객체를 생성하려는 코드는 에러가 날 것이다. 예를 들어, CourseSessionTest의 setUp 메소드는 컴파일이 실패할 것이다.

```
public void setUp() {
   startDate = new DateUtil().createDate(2003, 1, 6);
   session = new CourseSession("ENGL", "101", startDate);
}
```

createDate 호출을 정적으로 바꾼다.

```
public void setUp() {
   startDate = DateUtil.createDate(2003, 1, 6);
   session = new CourseSession("ENGL", "101", startDate);
}
```

다른 컴파일 문제를 고치고 테스트를 다시 실행한다. 이제 시스템에서 자주 사용하게 될 일반적인 목적의 유틸리티를 만들었다[1].

---

[1] 이 유틸리티는 가장 성능이 좋은 것은 아니다. 매번 createDate를 호출할 때 마다 GregorianCalendar 객체를 생성해야 한다. 사용이 빈번하지 않다면 괜찮을 수 있다. 하지만 자주 사용되는 경우, 예를 들어, 입력 파일을 읽으면서 10,000개의 날짜 객체를 생성하는 경우, 클래스 변수로 calendar 객체를 유지하는 것을 고려해야 한다.

클래스 메소드와 필드(field) | Lesson 04

J2SE 5.0 클래스 라이브러리의 java.lang.Math는 여러 수학 계산을 제공한다. 예를 들어, Math.sin은 더블(double)형 변수의 사인 함수 값을 반환하고 Math.toRadians는 라디안 형의 각도 값에서 더블 값을 얻는다. Math 클래스는 또한 Math.PI와 Math.E, 두 개의 표준 상수 값을 제공한다. java.lang.Math의 각 메소드는 유틸리티 클래스 메소드이기 때문에 유틸리티 클래스라고 부른다

```
<< utility >>
    Math
PI
E

abs
acos
asin
atan
...
```

그림 4-1   Math 유틸리티 클래스

UML(그림 4-1)에서 유틸리티 클래스는 《utility》 스테레오 타입(stereotype)으로 표시되었다. UML에서 스테레오 타입은 UML이 제공하지 않는 개념을 정의하기 위해 사용된다. 유틸리티 스테레오 타입은 모든 클래스 동작과 속성이 전역적으로 접근 가능하다는 것을 나타낸다.

일반적으로 UML에서는 클래스 동작이나 클래스 속성에 밑줄을 사용한다. 《utility》 스테레오 타입이 클래스의 모든 메소드와 속성이 전역적이라는 것을 나타내기 때문에 각각에 밑줄을 표시할 필요는 없다.

정적인 초기화 블록

생성자는 클래스의 인스턴스를 생성할 때 실행된다. 여러분은 좀더 복잡한 인스턴스 초기화를 위해 사용할 수 있다.
때때로 좀더 복잡한 클래스 단위에서의 초기화가 필요할 수 있다. 이때 정적인 초기화 블록을 사용할 수 있다. 정적 초기화 블록 내부의 코드는 자바 가상 머신이 처음 클래스를 읽어들일 때 실행된다.

```java
import java.util.Date;
public class St {
    static {
        long now =
        System.currentTimeMillis();
        then = new Date(now + 86400000);
    }
    public static Date then;
}
```

정적 초기화 블록을 정의하기 위해 코드 블록({.....}) 앞에 static 지시어를 사용한다. 클래스 코드 내에서 메소드나 생성자 내부가 아닌 어느 곳에나 위치할 수 있다. 정적 초기화 블록 내에 어떤 코드라도 사용할 수 있지만 예외를 발생시켜서는 안 된다(레슨 8 참조).

Agile Java

2 클래스 변수

때때로 클래스의 모든 인스턴스에 대한 정보를 추적하고나 객체의 인스턴스를 생성하지 않고 연산을 해야만 할 때가 있다. 간단한 예로, 강의의 전체 개수를 추적하고 싶을 수 있다. 각 CourseSession 객체가 생성되면서 카운터를 올리도록 할 수 있을 것이다. 문제는 어디에 이 카운터를 위치시켜야 할 것인가? CourseSession에 인스턴스 변수를 추가해서 카운터를 유지할 수 있지만 이것은 어색하다. 모든 CourseSession 인스턴스가 카운트를 유지해야 하는가? 하나의 CourseSesion 인스턴스가 다른 인스턴스에서 카운터를 바꾼 것을 알 수 있는가?

다른 클래스, CourseSessionCounter를 만들어서 생성된 CourseSession 객체를 추적하도록 할 수 있다. 하지만 이런 단순한 목적을 위해서 새 클래스를 만드는 것은 낭비이다.

자바에서, 여러분은 이런 때에 인스턴스 변수의 상대적인 개념인 클래스 변수(class variable)를 사용할 수 있다. 클라이언트 코드는 클래스 변수를 클래스의 인스턴스를 생성하지 않고 클래스 변수를 사용할 수 있다. 클래스 변수는 정적인 범위(static scope)를 가진다. 클래스를 읽어들인 후부터 응용프로그램이 종료될 때까지 클래스가 존재한다면 사용할 수 있다.

여러분은 이미 클래스 상수를 사용해 보았다. 클래스 상수는 final로 제한된 클래스 변수이다. (CourseSessionTest의) 다음 테스트 코드는 생성된 CourseSession 인스턴스의 수를 센다.

```
public void testCount() {
   CourseSession.count = 0;
   createCourseSession();
   assertEquals(1, CourseSession.count);
   createCourseSession();
   assertEquals(2, CourseSession.count);
}
private CourseSession createCourseSession() {
   return new CourseSession("ENGL", "101", startDate);
}
```

(setUp 메소드에서 createCourseSession을 사용하도록 수정하는 것을 잊지 말자.)

이 테스트를 지원하기 위해 CourseSession 클래스에 count라는 이름의 클래스 변수를 만든다. static 지시어는 변수가 정적인 범위를 가지도록 한다. 또한 CourseSession에 새 CourseSession 인스턴스가 생성될 때 count를 올리는 코드를 추가한다.

```
public class CourseSession {
   // ...
   static int count;
```

클래스 메소드와 필드(field) | Lesson 04

```
public CourseSession(
        String department, String number, Date startDate) {
    this.department = department;
    this.number = number;
    this.startDate = startDate;
    CourseSession.count = CourseSession.count + 1;
}
// ...
```

클래스 변수 count는 클래스 메소드를 사용하는 것과 비슷하게 접근 할 수 있다. 클래스 변수를 사용하려면 먼저 클래스 이름(CourseSession)을 사용하고, . 연산자 뒤에 변수이름 (count)을 사용한다.

이미 언급한 것처럼 클래스 변수는 인스턴스 변수와는 다른 유효기간을 가진다. 인스턴스 변수는 변수를 포함하는 객체가 유지되는 동안 유효하다. 자바 가상 머신에서 생성한 각 CourseSession 객체는 CourseSession 내에 선언된 각자의 인스턴스 변수를 관리한다. 가상 머신이 CourseSession 객체를 만들 때 인스턴스 변수를 초기화한다.

반면에, 클래스 변수는 자바 가상 머신이 처음 클래스를 읽을 때, 즉 다른 코드에서 클래스를 처음 참조할 때 생성된다. 메모리상에는 하나의 클래스 변수만 존재한다. 자바 가상 머신이 처음으로 클래스를 읽을 때 클래스 변수를 초기화한다. 만약, 클래스 변수를 초기 상태로 되돌리고 싶다면 스스로 값을 정해주어야 한다.

실험으로 testCount의 첫 번째 줄(CourseSession.count = 0)을 주석처리 한다. 그리고 JUnit에서 테스트를 실행한다. JUnit에서 "Reload classes every run.[2]"이라고 표시된 체크박스를 끈다. Run 버튼을 다시 눌러서 테스트를 두 번 실행하면, 테스트가 실패하고 실제 카운트가 테스트를 실행할 때마다 증가하는 것을 볼 수 있다. 첫 번째 실행에서 테스트가 실패하는 것을 볼 수도 있다. CourseSessionTest의 다른 테스트 메소드에서도 CourseSession 객체를 생성하고 count 변수를 증가시키기 때문이다.

3 클래스 변수와 클래스 메소드에 대한 연산

클라이언트에 여러분이 만든 객체의 인스턴스 변수를 보이도록 하는 것이 좋지 않은 것처럼, 클래스 변수를 공개하는 것 역시 좋지 않다. 가장 유명한 예외는 클래스 상수이지만 클래스 상수를 사용하는 것을 피해야 할 이유를 레슨 5에서 배울 것이다.

ⓕootnote

2) 이 JUnit 스위치가 설정되면 각 테스트를 수행할 때마다 물리적으로 디스트에서 테스트 클래스를 다시 읽어들이고 초기화한다. 만약, 이클립스와 같은 IDE에서 실행한다면 JUnit 설정이 잘 적용되지 않을 수 있다.

Agile Java

유틸리티로 이용하기 위해 클래스 메소드를 사용하는 것 외에도 정적인 데이터에 대한 연산을 위해서 클래스 메소드를 사용할 수도 있다.

testCount 메소드는 count 클래스 변수를 직접 사용한다. 클래스 메소드를 사용하도록 테스트 코드를 바꿔보자.

```
public void testCount() {
  CourseSession.count = 0;
  createCourseSession();
  assertEquals(1, CourseSession.getCount());
  createCourseSession();
  assertEquals(2, CourseSession.getCount());
}
```

그리고 CourseSession에 count 클래스 변수를 반환하는 클래스 메소드를 추가한다.

```
static int getCount() {
  return count;
}
```

클래스 메소드는 클래스 변수에 직접 접근할 수 있다. 클래스 메소드에서 클래스 변수에 접근할 때는 클래스 이름을 명시해서는 안 된다.

자바 가상 머신은 클래스 메소드를 호출한 결과로 CourseSession의 인스턴스를 생성하지 않는다. 이것은 CourseSession의 클래스 메소드가 department나 students와 같은 CourseSession의 인스턴스 변수를 사용할 수 없다는 것을 의미한다.

테스트 메소드는 테스트를 수행할 때마다 count를 초기화할 필요가 있기 때문에 여전히 직접 count 클래스 변수에 접근한다.

```
static int getCount() {
    return count;
}
```

카운트를 초기화하기 위한 메시지를 만들도록 CourseSessionTest의 코드를 수정한다.

```
public void testCount() {
  CourseSession.resetCount();
  createCourseSession();
  assertEquals(1, CourseSession.getCount());
  createCourseSession();
  assertEquals(2, CourseSession.getCount());
}
```

CourseSession에 resetCount 메소드를 추가하고 count 클래스 변수를 private로 바꾼다.

클래스 메소드와 필드(field) | Lesson 04

```java
public class CourseSession {
  // ...
  private static int count;
  // ...
  static void resetCount() {
    count = 0;
  }
  static int getCount() {
        return count;
  }
  // ...
```

count 변수를 private로 바꾸면 컴파일을 할 때 직접 변수에 접근하는 부분을 지적할 것이다.

CourseSession 클래스를 어떻게 사용할지를 알려 주는 testCount 메소드는 이제 완전해졌다. 하지만 CourseSession 클래스 자체는 생성자에서 여전히 클래스 함수를 직접 접근한다. 스태틱 데이터를 직접 멤버(member)(인스턴스에 관련된 생성자, 필드 혹은 메소드)에서 접근하는 대신 좀더 나은 방법은 인스턴스에서 사용할 수 있는 클래스 메소드를 추가하는 것이 좋다. 이것은 클래스 변수에 대한 제어를 위한 일종의 보호이다.

CourseSessoin 생성자가 직접 클래스 변수에 접근하는 대신 incrementCount 메시지를 보내도록 한다.

```java
public CourseSession(String department, String number, Date startDate) {
   this.department = department;
   this.number = number;
   this.startDate = startDate;
   CourseSession.incrementCount();
}
```

이제 카운트를 올리는 클래스 메소드를 CourseSession에 추가한다. 이 메소드를 private로 선언하여 다른 클래스에서 카운터를 올리는 것을 막는다.

```java
private static void incrementCount() {
   count = count + 1;
}
```

클래스 이름을 지정하지 않고도 클래스 메소드나 변수를 인스턴스 쪽에서 접근하는 것이 가능하다. 예를 들어, 생성자의 코드를 다음과 같이 바꿀 수 있다.

```java
public CourseSession(String department, String number, Date startDate) {
   this.department = department;
   this.number = number;
   this.startDate = startDate;
   incrementCount(); // 이렇게 사용하지 않는다!
}
```

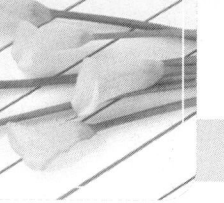

Agile Java

이렇게 사용하는 것은 가능하지만 피해야 할 일이다. 클래스 이름을 지정하지 않고 클래스 메소드를 사용하는 것은 코드를 읽을 때 불필요한 혼동을 주는 좋지 않은 습관이다. incrementCount는 클래스 메소드인가? 인스턴스 메소드인가? 위 코드의 생성자만을 보는 것으로는 메소드의 종류를 구분할 수 없으며 따라서 코드의 의도가 분명하지 못하다. 실제로 클래스 메소드를 인스턴스 메소드로 생각하고 사용하는 것은 이상한 문제를 일으킬 수 있다.

 다른 클래스 메소드 내에서 호출하는 경우를 제외하고 클래스 메소드를 호출할 때는 항상 클래스 이름을 붙여서 사용한다.

4 스태틱 임포트(static import)

앞에서 인스턴스 코드에서 클래스 메소드를 사용할 때는 클래스 이름을 붙여야 한다고 설명했다. 만약, 클래스 이름을 붙이지 않으면 클래스 메소드가 정의된 위치가 불명확해 진다. 클래스 변수에 대해서도 같은 문제가 있다(클래스 상수에는 적용되지 않는다).

자바에서는 좀더 복잡한 문제가 생길 가능성도 있다. 클래스에서의 스태틱 임포트는 다른 클래스에서 정의된 메소드나 변수를 자신이 정의한 것처럼 사용할 수 있도록 한다. 다시 말하면 스태틱 임포트는 다른 클래스의 스태틱 멤버를 참조할 때 클래스 이름을 생략할 수 있도록 한다.

스태틱 임포트는 적절하게 또 부적절하게 사용될 수 있다. 먼저 부적절하게 사용한 예를 살펴보자. CourseSessionTest를 다음과 같이 수정한다.

```
// 이렇게 사용하지 않는다.
package sis.studentinfo;

import junit.framework.TestCase;
import java.util.*;
import static sis.studentinfo.DateUtil.*; // 잘못된 사용

public class CourseSessionTest extends TestCase {
   private CourseSession session;
   private Date startDate;

   public void setUp() {
      startDate = createDate(2003, 1, 6); // 잘못된 사용
      session = CourseSession.create("ENGL", "101", startDate);
   }
   ...
   public void testCourseDates() {
      // 잘못된 사용:
      Date sixteenWeeksOut = createDate(2003, 4, 25);
      assertEquals(sixteenWeeksOut, session.getEndDate());
   }
   ...
}
```

클래스 메소드와 필드(field) | Lesson 04

스태틱 임포트 문은 일반적인 임포트 문과 비슷하게 보인다. 하지만 일반적인 임포트 문은 패키지에서 하나 혹은 모든 클래스를 가져오는 반면에 스태틱 임포트 문은 클래스에서 하나 혹은 모든 클래스 멤버(변수 혹은 메소드)를 가져온다. 위의 예제는 DateUtil 클래스의 모든 멤버를 가져온다. DateUtil에는 하나의 메소드만 있기 때문에 명시적으로 하나의 메소드만을 가져올 수도 있다.

```
mport static sis.studentinfo.DateUtil.createDate;
```

만약, DateUtil이 createDate라는 이름의 (인수 리스트가 다른) 클래스 메소드를 하나 이상 가지고 있거나 createDate라는 이름의 클래스 변수를 가지고 있다면 각각을 정적으로 가져올 수 있다.

단순히 몇 부분에서 클래스 이름을 생략하여 사용하기 위해 스태틱 임포트를 사용하는 것은 불필요한 혼란을 가져온다. 어디에 createDate가 선언되는가? 만약, 여러분이 몇 개의 외부 클래스 메소드를 자주(예를 들어, 수십 번 이상) 사용하는 코드를 작성한다면 스태틱 임포트를 사용할 수도 있다. 하지만 더 나은 방법은 먼저 왜 그렇게 많은 스태틱 메소드 호출이 필요한지 생각해 보고 클래스의 디자인을 바꾸는 것이다.

비슷하게 적절하게 스태틱 임포트'를 사용할 수 있는 부분은 한곳에 모여있는 몇 개의 관련 있는 클래스 상수를 사용하기 편리하게 하는 것이다. 여러분이 몇 개의 리포트 클래스를 만들었다고 가정하자. 각 리포트 클래스는 결과 출력에 새 줄 문자를 사용할 필요가 있을 것이다. 따라서 다른 리포트 클래스에서도 현재는 RosterReporter에 선언된 NEWLINE 상수를 사용할 필요가 있을 것이다.

```
static final String NEWLINE = System.getProperty("line.separator");
```

각각의 모든 클래스에서 이 상수를 중복하여 정의하는 것을 바라지는 않을 것이다. 이럴 때 이 상수를 저장하는 것만을 위한 새 클래스를 만들 수 있다. 점차적으로 다른 리포트를 위한 페이지 넓이와 같은 상수들을 추가할지도 모른다.

```java
public class ReportConstant {
  public static final String NEWLINE =
    System.getProperty("line.separator");
}
```

NEWLINE 상수는 보통의 리포트 클래스에서 여러 번 사용되기 때문에 코드를 좀더 정리하기 위해 스태틱 임포트를 사용할 수 있다[3].

---
[3] 몇 가지 다른 방법으로 NEWLINE 상수의 사용을 완전히 없앨수 있다. 레슨 8에서는 그중 자바 Formatter 클래스를 이용하는 방법을 배울 것이다.

Agile Java

```java
package sis.report;

import junit.framework.TestCase;
import sis.studentinfo.*;
import static sis.report.ReportConstant.NEWLINE;

public class RosterReporterTest extends TestCase {
   public void testRosterReport() {
      CourseSession session =
         CourseSession.create(
            "ENGL", "101", DateUtil.createDate(2003, 1, 6));

      session.enroll(new Student("A"));
      session.enroll(new Student("B"));

      String rosterReport = new RosterReporter(session).getReport();
      assertEquals(
         RosterReporter.ROSTER_REPORT_HEADER +
         "A" + NEWLINE +
         "B" + NEWLINE +
         RosterReporter.ROSTER_REPORT_FOOTER + "2" +
         NEWLINE, rosterReport);
   }
}
```

RosterReporter 클래스도 비슷하게 변경할 수 있다.

동작 (메소드) 없이 여러 개의 상수만을 클래스에 넣은 것은 객체 지향 프로그래밍 관점에서 문제가 될 수 있다. 클래스는 텅 빈 채로 놔두지 않는다. ReportConstants 클래스의 상수들은 Report라는 이름의 클래스처럼, 다른 "일반적인" 자바 클래스의 일부가 되는 것이 나을지도 모른다.

스태틱 임포트에 대한 추가 사항

- 하나의 문장에서 패키지의 모든 클래스의 모든 멤버를 가져오는 것은 불가능하다. 즉 다음과 같은 코드는 사용할 수 없다.

```java
import static java.lang.*;  // 컴파일 되지 않는다.
```

- 만약, 지역 메소드가 스태틱 임포트된 메소드와 같은 이름을 가진다면, 지역 메소드가 호출된다.

스태틱 임포트는 신중하게 사용해야 한다. 스태틱 임포트는 멤버들이 어디서 정의되는지를 모호하게 만들기 때문에, 클래스의 코드를 이해하는데 방해가 된다. 경험적으로 응용프로그램을 작성하는데 전반적으로 퍼져 있는 것들에 대해서만 스태틱 임포트를 사용하는 것이 좋다.

클래스 메소드와 필드(field) | Lesson 04

5 증가(incrementing)

incrementCount 메소드에는 다음의 코드가 있다.

```
count = count + 1;
```

명령문의 오른쪽은 count 레퍼런스의 값에 1을 더한 값을 나타내는 식이다. 실행될 때 자바는 이 새 값을 다시 count 변수에 저장한다.

변수에 변수를 더하는 것은 일반적인 연산이기 때문에 자바는 단축형식을 제공한다. 다음의 두 명령문은 동일하다.

```
count = count + 1;
count += 1;
```

두 번째 명령문은 복합 할당(compound assignment)을 보여 준다. 두 번째 명령문은 왼쪽의 변수(count)가 참조하는 값에 오른쪽의 특정 값(1)을 더한다. 그리고 계산된 합계를 다시 왼쪽의 변수(count)에 저장한다. 복합 할당은 모든 산술 연산에 적용된다.

예를 들면

```
rate *=2;
```

는 다음과 같다.

```
rate = rate * 2;
```

정수형 변수에 값 1을 더하는 것, 혹은 변수 값을 증가시키는 것은 너무나 흔히 사용되는 연산이기 때문에 더욱 단축된 형식이 있다. 다음 줄은 count의 값을 1 증가시키기 위한 증가 연산을 사용한다.

```
++count;
```

다음 줄은 count의 값을 1줄이기 위해 감소 연산을 사용한다.

```
--count;
```

위의 두 예제는 더하기와 빼기 기호를 변수이름 뒤에 붙여서 사용할 수 있다.

```
count++;
count--;
```

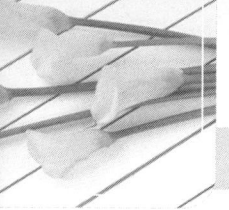

Agile Java

결과는 같을 것이다. 하지만 좀더 긴 식의 일부로 사용되었을 때 접두(prefix) 연산자와 접미(postfix) 연산자는 중요한 차이점이 있다.

자바 가상기계가 접두 연산자를 해석할 때 전체 식에서 사용되기 전에 변수 값을 증가시킨다.

```
int i = 5;
assertEquals(12, ++i * 2);
assertEquals(6, i);
```

자바 가상기계가 접미 연산자를 해석할 때는 전체 식에 사용된 후에 변수 값을 증가시킨다.

```
int j = 5;
assertEquals(10, j++ * 2);
assertEquals(6, j);
```

CourseSession의 코드에서 증가 연산을 사용하도록 고친다. 여러분은 긴 식의 일부에서 사용하지 않고, count 변수만을 증가시키기 때문에 접두형과 접미형의 사용은 영향을 주지 않는다.

```
private static void incrementCount() {
    ++count;
}
```

다시 컴파일하고 다시 테스트한다.

6 팩토리 메소드(factory methods)

CourseSession을 수정하면 CourseSession 객체를 생성하기 위한 스태틱 팩토리 메소드를 추가할 수 있다. 이렇게 하면 CourseSession의 새 인스턴스가 생성될 때의 동작을 좀더 제어할 수 있다.

새로운 팩토리 메소드를 사용하는 방법을 보기 위해 CourseSessionTest의 createCourse-Session 메소드를 다음과 같이 수정한다.

```
private CourseSession createCourseSession() {
    return CourseSession.create("ENGL", "101", startDate);
}
```

CourseSesstion에서 새로운 CourseSession 객체를 생성하여 반환하는 스태틱 팩토리 메소드를 추가한다.

클래스 메소드와 필드(field) | Lesson 04

```
public static CourseSession create(
    String department,
    String number,
    Date startDate) {
  return new CourseSession(department, number, startDate);
}
```

new CourseSession() 문장으로 CourseSession을 생성하는 다른 모든 코드를 찾는다. 먼저 CourseSession 생성자를 private로 바꾼 후, 컴파일러를 이용한다.

```
private CourseSession(
    String department, String number, Date startDate) {
  // ...
```

찾은 CourseSession 생성(RosterReporterTest와 CourseSessionTest에 하나씩 있을 것이다)을 스태틱 팩토리 메소드로 메시지를 보내는 코드로 대체한다. CourseSession 생성자가 private로 선언되었기 때문에 다른 코드(테스트 코드를 포함하여)에서는 생성자를 직접 호출하여 CourseSession의 인스턴스를 만들 수 없다. 따라서 스태틱 팩토리 메소드를 사용해야 한다.

조슈아 키리브스키(Joshua Kerievsky)는 위의 재구성(refactoring)을 "다수의 생성자를 생성 메소드로 대체한다"고 표현했다. 가장 큰 장점은 생성 메소드에 알기 쉬운 이름을 붙일 수 있다는 것이다. 생성자의 이름은 클래스 이름과 같아야 하기 때문에 생성자 이름은 개발자가 사용방법을 알기에 충분한 정보를 줄 수 없다.

이제 팩토리 메소드에서 CourseSession 객체를 생성하도록 하였기 때문에, 전체 개수를 세는 것은 스태틱 부분에서 처리가 가능하다. 객체 지향 디자인의 주요 부분은 코드 의미상 속하는 부분에 위치하도록 하는 것이다. 이것은 항상 처음부터 코드를 "알맞은 곳"에 위치시켜야 한다는 의미는 아니다. 하지만 좀더 나은 위치를 알게 되면 바로 코드의 위치를 옮겨야 한다. incrementCount 메시지 전달은 스태틱 코드부분에서 처리하는 것이 의미상 더 어울린다.

```
private CourseSession(
    String department, String number, Date startDate) {
  this.department = department;
  this.number = number;
  this.startDate = startDate;
}

public static CourseSession create(
    String department,
    String number,
    Date startDate) {
  incrementCount();
  return new CourseSession(department, number, startDate);
}
```

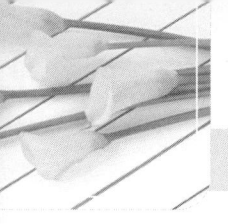

Agile Java

7 단순한 디자인

소프트웨어 공학의 신봉자들은 처음부터 완전한 디자인을 위하여 생각하는 시간을 많이 확보하라고 말할 것이다. 충분한 선견지명이 있다면 여러분은 스태틱 생성 메소드를 사용하는 것이 좋다는 것을 알았을 것이고 처음부터 적용했을 것이다. 객체 지향 개발에 대한 상당한 경험이 있다면 좀더 나은 디자인으로 시작할 수 있을 것이다.

하지만 대부분의 경우, 디자인의 영향은 실제로 코드를 시작할 때까지 알 수 없다. 코드에서 디자인을 검증해 보지 않는 디자이너는 정당한 이유 없이 스태틱 생성 메소드를 추가하는 것처럼 지나친 시스템 디자인을 경향이 있다. 또한 디자인의 중요한 부분을 놓치는 경우가 많다.

가장 좋은 전략은 항상 코드를 가장 깨끗하게 유지하는 것이다. 디자인을 깨끗하기 위한 규칙은 중요한 순서대로 다음과 같다.

- 테스트를 통과하고, 테스트에서 항상 100% 녹색으로 동작하는 것을 확인한다.
- 중복을 없앤다.
- 코드가 깨끗하고 분명한가를 확인한다.
- 클래스와 메소드의 수를 최소화한다.

또한 코드는 현재의 기능을 지원하기 위한 것보다 많은 부분에 대한 디자인을 포함해서는 안 된다. 이런 규칙은 "단순한 디자인(simple design)"이라고 알려져 있다[4].

단순한 디자인은 요구사항이 변할 때 또 디자인을 개선할 때 디자인을 갱신하기 쉬운 유연성을 준다. 생성자를 고쳐서 스태틱 팩토리 메소드를 만드는 것은 이미 본 것처럼 그렇게 어려운 일이 아니다. 단순한 디자인 규칙을 따른다면 쉽고 안전하게 처리할 수 있다.

8 정적 사용의 위험성

스태틱 메소드나 변수를 부적절하게 사용하는 것은 해결하기 어려운 심각한 문제를 일으킬 수 있다. 전형적인 미숙한 실수는 속성을 인스턴스 변수가 아닌 클래스 변수로 선언하는 것이다.

Student 클래스는 name이라는 인스턴스 변수를 선언한다. 각 Student 객체는 name 복사본을 각각 가지고 있어야 한다. name을 정적 변수로 선언하면 모든 Student 객체는 같은 name 변수를 사용한다.

---

4) [Wiki2004b]

클래스 메소드와 필드(field) | Lesson 04

```java
package sis.studentinfo;

public class Student {
    private static String name;

    public Student(String name) {
        this.name = name;
    }

    public String getName() {
        return name;
    }
}
```

다음 테스트가 여러분의 코드에 미치는 영향을 보여 준다.

```java
package sis.studentinfo;

import junit.framework.*;

public class StudentTest extends TestCase {
    ...
    public void testBadStatic() {
        Student studentA = new Student("a");
        assertEquals("a", studentA.getName());
        Student studentB = new Student("b");
        assertEquals("b", studentB.getName());
        assertEquals("a", studentA.getName());
    }
}
```

마지막의 assertEquals 문장은 studentA와 studentB가 둘 다 클래스 변수 name을 공유하기 때문에 실패할 것이다.

이런 종류의 실수를 해결하는 데는 많은 시간이 걸리며 특히 적절한 부분 테스트를 만들지 않았다면 더욱 많은 시간이 필요하다. 개발자들은 변수 선언처럼 단순한 부분에서 잘못된 부분이 없다고 생각하며, 변수 선언 같은 부분은 문제가 생길 때 마지막으로 고려한다.

Student 클래스에서 static 지시어를 제거하고, testBadStatic을 제거하고, 다시 컴파일하고, 다시 테스트한다.

9 정적 코드 사용하기 : 다양한 주의사항

- 단순히 정적인 메소드를 만들기 위해 인스턴스 변수를 클래스 변수로 만들지 않는다. 의미상으로 필요하거나 적어도 하나 이상의 클래스 메소드가 해당 메소드를 사용할 필요가 있을 때만 수정한다.

Agile Java

가비지 콜렉션 (garbage collection)

자바는 응용프로그램을 실행할 때 필요한 메모리관리를 많은 부분 담당한다. 메모리는 컴퓨터 시스템에서 귀중한 제한된 자원이다. 새로운 객체를 생성할 때마다 자바는 객체를 저장하기 위한 메모리 공간을 찾아야 한다. 자바가 메모리 관리를 하지 않으면 메모리에 올라간 객체는 계속해서 유지되고 사용 가능한 메모리가 계속해서 줄어들게 될 것이다.

자바는 응용프로그램의 메모리 사용을 관리하기 위해 가비지 콜렉션(garbage collection)이라는 기법을 사용한다. 자바 가상기계(Java VM)는 사용중인 모든 객체를 추적하며, 때때로 가비지 콜렉터(garbage collector)를 백그라운드에서 실행한다. 가비지 콜렉터는 더 이상 필요하지 않은 객체를 없앤다.

다른 객체가 어떤 객체를 더 이상 참조하지 않는다면 객체를 유지할 필요가 없다. 메소드 내에서 객체를 생성하고 그 객체를 지역변수에 할당했다고 가정하자. 가상기계가 메소드의 실행을 끝냈을 때 객체는 메모리를 차지하고 있지만 어디에서도 참조하지 않는다. 지역변수에 의한 참조는 메소드 내에서만 유효하다. 이때에 이 객체는 가비지 콜렉션 대상이 되며, 가비지 콜렉터가 다음에 실행될 때 삭제된다(언제 가비지 콜렉터가 동작하는 지는 보장할 수 없다.)

인스턴스 변수에서 객체를 참조한다면 해당 인스턴스 변수를 null로 설정해서 가비지 콜렉션이 될 확률을 높일 수 있다. 또는 인스턴스 변수를 포함하는 객체가 더 이상 참조되지 않을 때까지 기다릴 수 있다. 어디에서도 객체를 참조하지 않으면, 해당 객체가 참조하는 객체들도 가비지 콜렉션의 대상이 된다.

만약, 객체를 일반적인 콜렉션에 저장한다면 (예를 들어, ArrayList) 콜렉션이 객체에 대한 참조를 저장한다. 객체는 콜렉션에 포함되어 있는 동안은 가비지 콜렉션의 대상이 될 수 없다.

- 정적인 콜렉션(예를 들어, 클래스 변수에 ArrayList 객체를 저장하는 것)은 일반적으로 좋지 않은 방법이다. 콜렉션은 콜렉션에 추가되는 모든 객체에 대한 참조를 가지고 있다. 클래스 콜렉션에 추가된 모든 객체는 콜렉션에서 제거되거나 응용프로그램이 종료 될 때까지 유지된다. 인스턴스 측 콜렉션에서는 이런 문제가 발생하지 않는다. 가비지 콜렉션의 동작에 대해서는 위의 박스를 참조한다.

10 제프의 정적 코드 규칙

마지막으로 저자가 염치없게 제프(Jeff)의 정적 코드 규칙이라고 부르는 것이 있다.

 정적 코드가 필요해질 때까지 정적 코드를 사용하지 않는다.

이 단순한 규칙은 자바 개발 초기부터의 관찰 결과이다. 정적 코드에 대하여 충분한 지식이 없다면 분별 없이 사용하게 된다.

클래스 메소드와 필드(field) | Lesson 04

저자가 정적 코드의 불필요한 사용을 반대하는 것은 이런 코드가 객체 지향적이지 않기 때문이다. 시스템 내에 더 많은 정적 메소드가 생길수록 점차 순차적 프로그램과 같아지며, 전역 데이터에 대한 전역 함수들이 늘어난다. 또한 경험적으로 부적절하고 부주의한 정적 코드는 디자인의 제한, 찾기 힘들고 복잡한 버그, 메모리 누출과 같은 온갖 종류의 문제를 일으킨다.

언제 정적인 코드를 사용하는 것이 적절한지를 배우게 될 것이다. 왜 정적인 코드를 사용하는지를 명확히 알 때까지는 사용하지 않는 것이 좋다.

11 불린(boolean)

다음의 학생정보 시스템의 일부는 한학기의 수업료에 관련된 부분을 만드는 것이다. 지금은 학생에게 수업료 금액을 정하기 위해서 세 가지를 고려해야 한다. 같은 지역에 사는 학생인가, 파트타임 학생인가 풀타임 학생인가 그리고 얼마나 많은 학점을 듣는가 이다. 수업료 청구를 지원하기 위해 이런 정보를 추가하여 Student 클래스를 개선해야 한다.

학생들은 풀타임이거나 파트타임이다. 다시 해석하면 학생들은 풀타임이거나 풀타임이 아니다. 자바에서 단지 두 가지 상태중 하나일 수밖에 없는 것을 표현할 때는 boolean 형 변수를 사용할 수 있다. boolean 변수는 true와 false, 두 가지 값을 가질 수 있다. int와 마찬가지로 boolean은 기본형이며, 따라서 boolean 변수로 메시지를 보낼 수는 없다.

StudentTest 클래스에 testFullTime이라는 이름의 테스트 메소드를 만든다. 이 메소드는 Student를 초기화하고 풀타임이 아닌 것을 확인한다. 풀타임 학생은 최소 12학점을 들어야 하지만 새로 생성된 학생 개체는 수강 시간이 없다.

```
public void testFullTime() {
   Student student = new Student("a");
   assertFalse(student.isFullTime());
}
```

assertFalse 메소드는 StudentTest가 junit.framework.TestCase에서 상속받은 메소드 중 하나이다. 이 메소드는 하나의 boolean 표현을 인수로 받는다. 만약, boolean 표현이 false가 된다면 테스트는 통과될 것이다. testFullTime에서 테스트는 학생 객체가 풀타임이 아니라면 통과한다.

Student 클래스에 isFullTime이라는 메소드를 추가한다.

```
boolean isFullTime() {
   return true;
}
```

Agile Java

메소드의 반환형은 boolean이다. 테스트에서 isFullTime이 false를 반환하는지 확인하므로, 메소드가 true를 반환하게 하면 테스트가 실패할 것이다. 테스트가 실패하는 것을 확인하고 false를 반환하도록 고친다. 그리고 테스트를 통과하는 것을 확인한다.

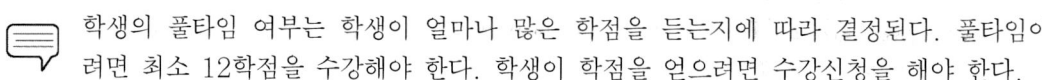

학생의 풀타임 여부는 학생이 얼마나 많은 학점을 듣는지에 따라 결정된다. 풀타임이려면 최소 12학점을 수강해야 한다. 학생이 학점을 얻으려면 수강신청을 해야 한다.

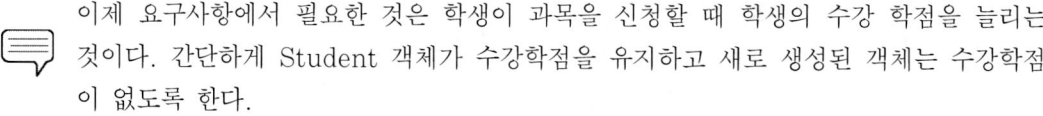

이제 요구사항에서 필요한 것은 학생이 과목을 신청할 때 학생의 수강 학점을 늘리는 것이다. 간단하게 Student 객체가 수강학점을 유지하고 새로 생성된 객체는 수강학점이 없도록 한다.

```java
public void testCredits() {
   Student student = new Student("a");
   assertEquals(0, student.getCredits());
   student.addCredits(3);
   assertEquals(3, student.getCredits());
   student.addCredits(4);
   assertEquals(7, student.getCredits());
}
```

Student에서

```java
package sis.studentinfo;

public class Student {
   private String name;
   private int credits;

   public Student(String name) {
      this.name = name;
      credits = 0;
   }

   public String getName() {
      return name;
   }

   boolean isFullTime() {
      return false;
   }

   int getCredits() {
      return credits;
   }

   void addCredits(int credits) {
      this.credits += credits;
   }
}
```

Student 생성자는 처음 생성된 학생 객체는 수강학점이 없다는 요구사항에 따라, credits 필드의 값을 0으로 초기화한다. 레슨 2에서 배운 것처럼, 자바가 기본적으로 int 변수들을 0

클래스 메소드와 필드(field) | Lesson 04

으로 초기화하기 때문에 필드를 0으로 초기화하는 것이 필수적인 것은 아니다.

지금까지도 학생 객체는 파트타임으로 간주된다. 수강학점이 직접적으로 학생의 상태에 관련이 있기 때문에 이 부분에 대한 테스트는 하나의 테스트 메소드 내에 포함되어야 할 수도 있다. testCredits와 testFullTime이라는 두 개의 메소드를 만드는 대신에 testStudentStatus라는 하나의 메소드를 만든다.

```
public void testStudentStatus() {
    Student student = new Student("a");
    assertEquals(0, student.getCredits());
    assertFalse(student.isFullTime());

    student.addCredits(3);
    assertEquals(3, student.getCredits());
    assertFalse(student.isFullTime());

    student.addCredits(4);
    assertEquals(7, student.getCredits());
    assertFalse(student.isFullTime());
}
```

확인 실패 메시지

여러분은 JUint의 확인에서 특별한 에러 메시지를 출력하도록 할 수 있다. JUint은 확인이 실패할 경우 지정한 메시지를 출력할 것이다. 잘 코딩된 테스트 자체가 다른 개발자가 확인 실패를 이해하는데 도움이 될 수 있지만 추가적인 메시지는 더 큰 도움이 될 수 있다.

```
assertTrue(
    "not enough credits for FT status",
    student.isFullTime());
```

assertEquals의 경우 대부분 기본 메시지로 충분하다. 어떤 경우에도 출력되는 메시지를 살펴보고 다른 개발자에게 충분한 정보가 되는지를 살펴보자.

이 테스트는 통과되어야 한다. 이제 학생이 12학점을 듣기 위해 힘든 5학점 수업을 등록하도록 테스트를 수정하자. 이제 학생이 풀타임 학생이 되었는지 테스트하기 위해 assertTrue 메소드를 사용할 수 있다. assertTrue 메소드는 인수가 true인 경우 통과된다.

```
public void testStudentStatus() {
    Student student = new Student("a");
    assertEquals(0, student.getCredits());
    assertFalse(student.isFullTime());
```

```
    student.addCredits(3);
    assertEquals(3, student.getCredits());
    assertFalse(student.isFullTime());

    student.addCredits(4);
    assertEquals(7, student.getCredits());
    assertFalse(student.isFullTime());

    student.addCredits(5);
    assertEquals(12, student.getCredits());
    assertTrue(student.isFullTime());
}
```

이 테스트는 실패한다. 테스트를 통과하기 위해서는, 수강학점수가 12 이상일 때 true를 반환하도록 isFullTime 메소드를 수정해야 한다. 이렇게 하기 위해 조건문을 사용해야 한다. 자바에서 조건문은 boolean 값을 반환하는 식이다. Student 클래스의 isFullTime 메소드를 바꿔서 적절한 식을 포함하도록 한다.

```
boolean isFullTime() {
    return credits >= 12;
}
```

이 코드는 "수강학점이 12 이상이면 true를 반환하고, 12 미만이면 false를 반환하라."라고 해석할 수 있다.

isFullTime을 재구성해서 Student 클래스의 상수로 만들어 12의 의미를 좀더 명확하게 하도록 한다.

```
static final int CREDITS_REQUIRED_FOR_FULL_TIME = 12;
...
boolean isFullTime() {
    return credits >= CREDITS_REQUIRED_FOR_FULL_TIME;
}
```

이제 Stdudent 객체는 수강학점을 추가하는 기능을 제공하므로, 학생이 수강신청을 했을 때 수강학점을 늘리도록 CourseSession을 수정한다. 테스트를 먼저 수정하자.

```
public class CourseSessionTest extends TestCase {
    // ...
    private static final int CREDITS = 3;

    public void setUp() {
        startDate = createDate(2003, 1, 6);
        session = createCourseSession();
    }
    // ...
```

클래스 메소드와 필드(field) | Lesson 04

```java
   public void testEnrollStudents() {
      Student student1 = new Student("Cain DiVoe");
      session.enroll(student1);
      assertEquals(CREDITS, student1.getCredits());
      assertEquals(1, session.getNumberOfStudents());
      assertEquals(student1, session.get(0));

      Student student2 = new Student("Coralee DeVaughn");
      session.enroll(student2);
      assertEquals(CREDITS, student2.getCredits());
      assertEquals(2, session.getNumberOfStudents());
      assertEquals(student1, session.get(0));
      assertEquals(student2, session.get(1));
   }
   // ...
   private CourseSession createCourseSession() {
      CourseSession session =
         CourseSession.create("ENGL", "101", startDate);
      session.setNumberOfCredits(CourseSessionTest.CREDITS);
      return session;
   }
}
```

CourseSession을 조금 수정하면 이 테스트가 통과된다.

```java
public class CourseSession {
   ...
   private int numberOfCredits;
   ...
   void setNumberOfCredits(int numberOfCredits) {
      this.numberOfCredits = numberOfCredits;
   }

   public void enroll(Student student) {
      student.addCredits(numberOfCredits);
      students.add(student) ;
   }
   ...
```

12 문서화로서의 테스트

테스트 메소드인 testStudentStatus는 학생 객체가 적절한 풀타임, 파트타임 상태를 반환하는 것을 확인한다. 또 Student 클래스가 정상적으로 수강학점을 추가하는 것을 확인한다.

이 테스트는 철저하게 모든 가능성을 테스트하지 않는다. 테스트의 일반적인 전략은 0, 1, 다수 혹은 경계가 되는 조건과 예외적인 상황에 대하여 테스트를 진행하는 것이다. 학생의 수강학점에 대하여 테스트는 0, 1, 11 학점을 수강하는 경우 파트타임으로, 12, 13학점을

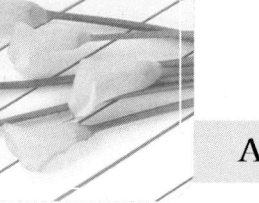

Agile Java

수강하는 경우 풀타임으로 간주되는 것을 확인한다. 또한 예측할 수 없는 연산, 예를 들어, 음수인 수강학점, 너무 큰 수의 학점 등에 대한 결과를 테스트한다.

테스트 위주 개발은 약간 다른 방법으로 접근한다. 전략은 비슷하지만 목표는 확연히 다르다. 테스트는 코드가 올바른가 만을 검사하는 도구가 아니다. 추가적으로 테스트 위주 디자인은 일정한 속도로 개발하기 위한 방법을 제공한다. 여러분은 점차적으로 코드를 추가해나가는 방법을 배우고 몇 초 혹은 몇 분마다 올바르게 개발을 진행하고 있는지 확인하게 될 것이다. 테스트를 통해 신뢰감을 가질 수 있다.

테스트 위주 개발은 개발하고 있는 시스템의 디자인에 영향을 주기 위해 시작하는 것이 아니다. 테스트 위주 개발은 쉽게 테스트할 수 있는 시스템을 만드는 방법을 알려 준다. 테스트의 용이성을 특징으로 하는 개발 방법론은 거의 없다. 테스트 위주 개발에서 시스템의 다른 클래스와는 분리하여 클래스를 테스트하는 방법을 배울 것이다. 이런 방법은 시스템의 객체들이 서로 밀접하게 묶이지 않도록 도와주고 객체 지향 시스템을 잘 디자인 할 수 있도록 해준다.

마지막으로 테스트는 클래스가 제공하는 기능을 문서화한다. 코딩을 마쳤을 때 클래스가 어떤 일을 하고 어떻게 일을 하는지 이해하기 위해 테스트를 다시 살펴볼 수 있다. 먼저 주어진 클래스가 제공하는 모든 기능을 이해하기 위해 테스트에 사용된 이름들을 볼 수 있다. 둘째로, 각 테스트는 기능을 어떻게 사용하는지에 대한 문서가 될 수 있다.

 테스트가 다른 사람들이 이해할 수 있는 포괄적인 명세서가 될 수 있도록 코드를 짠다.

testStudentStatus의 경우, 개발자로서 여러분은 isFullTime의 코드가 올바르다는 신념을 가지고 있다. 이 코드는 단지 한 줄이고, 이 한 줄의 코드가 무엇을 의미하는지를 알고 있다.

```
return credits >= Student.CREDITS_REQUIRED_FOR_FULL_TIME
```

여러분은 테스트가 충분하다고 생각하고 다음으로 넘어가려고 할지도 모르고, 그렇게 하는 것이 일반적이다. 다시 말하지만 테스트는 신뢰성에 대한 것이다. 신뢰성이 작고 코드가 더 복잡하다면 좀더 많은 테스트를 작성해야 한다.

의외의 연산은 어떻게 되는가? 수강학점에 누군가가 음수를 더한다면 Student 객체는 정상적인 상태를 유지하는가? 여러분은 시스템 전체를 만들어 가는 개발자이다. 여러분은 Student 클래스에 대한 접근을 제어하는 사람이다. 여러분에게는 두 가지 선택이 있다. 모든 가능한 예외사항에 대하여 테스트하고 확인하는 방법과, 시스템에 대하여 몇 가지 가정을 두고 디자인하는 방법이 있다.

학생정보 시스템에서 CourseSession 클래스는 Student 클래스의 수강학점을 증가시킬 수 있는 유일한 부분이다. 만약, CourseSession이 올바르게 코딩되었다면, 합당한 학점을 가지고 있을 것이다. 이 클래스가 합당한 학점을 가지고 있다면 Student 객체로 음수의 학점이 전달되는 일은 이론적으로 없을 것이다. 여러분은 테스트위주 개발 방법을 따라왔기 때

클래스 메소드와 필드(field) | Lesson 04

문에 CourseSession이 정상적으로 동작한다는 확신이 있다.

물론 어딘가에서 어떤 사람이 시스템에 과목의 학점을 입력해야 할 것이다. 모든 가능성을 고려해야 할 시점은 바로 이런 사용자 인터페이스 수준이다. 사람은 입력을 하지 않을 수도 있고 글자나, 음수, $문자를 입력할 수도 있다. 올바른 양수가 시스템으로 전달되는 것을 테스트하는 것은 사람이 입력을 할 때이다.

비정상적인 데이터에 대하여 이런 종류의 대책을 가지고 있다면, 이론적으로 시스템의 나머지 부분은 여러분의 통제 안에 있다. 이런 가정을 하면, 클래스의 나머지부분에서 비정상 데이터에 대한 대책을 생각할 필요가 없다.

실제로는, 항상 코드에서 결점을 남기는 무의식적인 "구멍"이 있다. 하지만 테스트 위주 개발을 성공적으로 진행하는 큰 부분은 피드백의 중요성을 이해하는 것이다. 결점은 테스트가 충분하게 완전하지 못하다는 증거이다. 다시 놓친 부분에 대한 테스트를 작성하고, 테스트가 실패하는 것을 확인한 후, 결점을 고친다. 점차 테스트에서 어떤 부분이 중요하고 어떤 부분이 중요치 않은지를 알게 될 것이다. 여러분은 테스트의 어느 부분에서 너무 많은 시간을 썼고 어느 부분에 너무 적은 시간을 썼는지도 알게 될 것이다.

저자는 testStudentStatus를 신뢰하고 있으며 그에 맞는 구현 코드를 신뢰한다. 이 테스트에서 부족한 것은 문서로서의 역할을 하지 못한다는 것이다. 문제의 일부는 여러분이 기능을 어떻게 작성했는지에 대하여 너무 많은 지식을 가지고 있다는 것이다. 다른 개발자가 테스트가 모든 규칙을 따르고 경계조건들을 제대로 테스트하는지 확인하는 것이 도움이 될 것이다. 만약, 도와줄 다른 개발자가 없다면 한발 물러서서 내부의 클래스 구조를 전혀 알지 못하는 것처럼 테스트 클래스를 다시 살펴보자. 테스트 코드가 클래스를 사용하는 방법을 잘 나타내는가? 다른 시나리오를 잘 표현하는가? 테스트하는 코드의 제한과 한계를 나타내는가?

이 경우, 테스트에서 Student가 사용하는 상수를 사용하도록 하는 것이 필요할 수도 있다. 그렇게 하여 테스트가 훨씬 이해하기 쉬워진다. 풀타임의 경계는 이제 잘 이해하였다.

```
public void testStudentStatus() {
    Student student = new Student("a");
    assertEquals(0, student.getCredits());
    assertFalse(student.isFullTime());

    student.addCredits(3);
    assertEquals(3, student.getCredits());
    assertFalse(student.isFullTime());

    student.addCredits(4);
    assertEquals(7, student.getCredits());
    assertFalse(student.isFullTime());

    student.addCredits(5);
    assertEquals(Student.CREDITS_REQUIRED_FOR_FULL_TIME,
       student.getCredits());
    assertTrue(student.isFullTime());
}
```

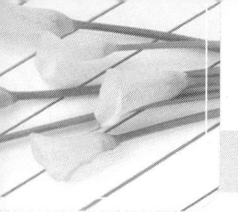

Agile Java

13 초기화에 대하여

같은 지역에 사는 학생과 다른 지역의 학생을 지원하기 위해 Student 객체는 학생이 살고 있는 지역을 저장할 필요가 있다. 학교가 콜로라도 주에 위치한다고 가정하자(약자 : CO). 만약, 학생이 다른 주에 거주하거나 사는 주가 명시되지 않았다면 (다른 나라 학생이거나 아직 정보를 입력하지 않은 경우), 다른 지역 학생이다.

다음은 이 부분에 대한 테스트이다.

```
public void testInState() {
   Student student = new Student("a");
   assertFalse(student.isInState());
   student.setState(Student.IN_STATE);
   assertTrue(student.isInState());
   student.setState("MD");
   assertFalse(student.isInState());
}
```

학생이 지역학생인지 확인하기 위해서는 문자열 "CO"와 학생의 거주지역을 비교해야 한다. 물론 state 라는 이름의 필드를 추가해야 한다.

```
boolean isInState() {
   return state.equals(Student.IN_STATE);
}
```

두 개의 문자열을 비교하기 위해 equals 메소드를 사용한다. 문자열 객체로 다른 문자열을 인수로 해서 equals 메시지를 보낸다. equals 메소드는 두 문자열이 같은 길이이고 문자열의 각 문자가 같다면 true를 반환한다. "CO".equals("CO")는 true를 반환하고 "Aa".equals("AA")는 false를 반환한다.

testInState를 통과하기 위해서 추가한 state 필드가 적절한 초기 값을 가지도록 하는 것이 좋다. "CO"가 아닌 어떤 값도 괜찮지만, 빈 문자열("")로도 충분하다.

```
package sis.studentinfo;
public class Student {
   static final String IN_STATE = "CO";
   ...
   private String state = "";
   ...
   void setState(String state) {
      this.state = state;
   }
   boolean isInState() {
      return state.equals(Student.IN_STATE);
   }
}
```

클래스 메소드와 필드(field) | Lesson 04

만약, 누군가 소문자로 주 이름을 입력하면 어떻게 될지를 테스트에서 보여야 할 것이다. 당장은 "Co"를 전달하면 학생은 같은 지역으로 분류되지 않을 것이다. "Co"는 "CO"와는 다르다. String의 toUpperCase 메소드로 이 문제를 해결할 수 있다.

14 예외

만약, state 필드에 초기 값을 제공하지 않으면 어떻게 되겠는가? 테스트에서 새로운 Student 객체를 만들고 즉시 isInState 메시지를 보낸다. isInState 메시지는 state 필드에 대하여 equals 메시지를 보내게 된다. 초기화되지 않은 객체에 메시지를 보내면 어떻게 되는지 알아보자. state 필드의 정의부분을 수정하여 초기화를 주석처리 한다.

```
private String state; // = "";
```

그리고 테스트를 다시 실행한다. JUnit은 에러를 낼 것이고, 테스트는 실패한다. 이 경우 문제는 여러분이 초기화되지 않은 레퍼런스로 메시지를 보낸 것이다. JUnit의 두 번째 패널은 문제를 보여줄 것이다.

```
java.lang.NullPointerException
        at studentinfo.Student.isInState(Student.java:37)
        at studentinfo.StudentTest.testInState(StudentTest.java:39)
        at sun.reflect.NativeMethodAccessorImpl.invoke0(Native Method)
        ...
```

이것을 스택 워크백(stack walkback) 혹은 스택 트레이스(stack trace)라고 한다. 이것은 무엇이 잘못되었는지를 알려 주지만 스택 트레이스의 내용을 알아내는데는 약간의 추리가 필요하다. 스택 트레이스의 첫 번째 줄은 문제가 무엇인지를 알려 준다. 이 경우 NullPointerException이라는 어떤 것을 받았다. NullPointerException은 실제로 문제가 있는 어떤 코드에서 "생성된(throw)" 에러 객체 혹은 예외(exception)이다.

스택 트레이스의 나머지 줄은 에러가 발생할 때까지의 메시지 전달을 보여 준다. 일부 줄은 여러분이 작성한 클래스나 메소드를 나타낸다. 다른 줄들은 자바의 시스템 라이브러리 코드나 써드파티(third-party) 라이브러리 코드를 나타낸다. 스택 트레이스를 해독하는 가장 쉬운 방법은 아래로 읽어 내려가면서 "여러분이" 스스로 작성한 코드를 찾는 것이다. 그리고 나서 해석할 수 있는 마지막 줄까지 읽어 내려간다. 이 마지막 해석 가능한 줄은 여러분이 작성한 코드로 들어가는 출발점이 되며 거기에서부터 분석해 나갈 수 있을 것이다.

위의 예제에서, 마지막 실행된 부분은 Student.java의 34번 줄이다. (여러분이 작성한 코드에서는 다를 수도 있다.) 이 코드는 StudentTest 의 39번 줄에서 보낸 메시지에서 호출

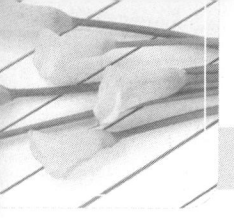

Agile Java

되었다. 따라서 문제가 발생한 경로를 따라가기 위해서 StudentTest 39번째 줄에서 시작한다. 39번째 줄은 다음 코드이다.

```
assertFalse(student.isInState());
```

Student.java의 37번 줄을 보면 다음 줄에서 NullPointerException을 일으키는 것을 볼 수 있다.

```
return state.equals(Student.IN_STATE);
```

명시적으로 초기화하지 않은 참조는 null 값을 가진다. null 값은 널 객체로 불리는 유일한 인스턴스를 나타낸다. null 객체에 메시지를 보내면, NullPointerException을 받게된다. 이 줄에서 여러분은 초기화되지 않은 state 참조에 equals 메시지를 보냈으므로 NullPointerException을 받았다.

레슨 6에서, 여러분은 메시지를 보내기 전에 어떤 필드가 null 값을 가지는지 확인하는 방법을 배울 것이다. 지금은, 문자열 필드를 빈 문자열("")로 초기화하도록 하자.

state 필드가 정상적으로 초기화되도록 코드를 되돌린다. 테스트를 다시 실행한다.

15 기본형 필드 초기화 다시 보기

참조형 필드(메모리상의 객체를 지시하는 필드)만이 null로 초기화되거나 null 값을 가질 수 있다. 기본형 변수를 null로 초기화할 수 없고 null값을 가지게 할 수도 없다. 이것은 boolean 변수와 숫자형(char, int 그리고 레슨 10에서 배우게 될 byte, short, long, float, double을 포함한다)을 포함한다. boolean 형의 필드는 초기 값으로 false를 가진다. 각각의 숫자형은 초기 값으로 0을 가진다.

0이 숫자형 변수에서 유용한 초기 값이지만 필드에 특별한 의미가 있다면 명시적으로 필드를 0으로 초기화해야 한다. 예를 들어, 변수가 자바 가상기계가 객체를 만들 때마다 0에서 시작해서 증가되는 카운터를 표시한다면 해당 변수는 명시적으로 0으로 초기화해야 한다. 만약, 이후의 코드에서 명시적으로 좀더 알맞은 값을 필드에 할당하려한다면, 필드를 0으로 초기화할 필요는 없다.

필요한 경우에만 명시적인 초기화를 한다. 이것은 코드의 개발자로서 여러분의 의도를 명확하게 한다.

연습문제

1. 줄의 끝에 새줄 문자를 넣는 것은 반복되는 코드를 사용한다. 이 기능을 util.StringUtil 클래스의 새로운 유틸리티 메소드로 분리한다. 생성자를 private로 선언해서 StringUtil 을 유틸리티 클래스로 표시한다. 이 클래스로 NEWLINE 클래스 상수를 옮겨야 한다. 컴파일러를 사용해서 다른 코드에 미치는 영향을 찾는다. 유틸리티 메소드에 대한 테스트를 만드는 것을 잊지 않는다.

2. Pawn 클래스를 좀더 일반적인 클래스 이름인 Piece로 바꾼다. Piece는 색생과 이름을 가진다(pawn, knight, rook, bishop, queen, king). Piece는 값 객체여야 한다. 즉, private 생성자를 가져야 하며 생성된 이후에는 어떤 것도 변화되지 않아야 한다. 색과 이름을 받아서 Piece 객체를 만드는 팩토리 메소드를 만든다. 기본 말을 만드는 기능은 없앤다.

3. BoardTest를 전체 체스판을 반영하도록 바꾼다.

```
package chess;

import junit.framework.TestCase;
import util.StringUtil;

public class BoardTest extends TestCase {
    private Board board;

    protected void setUp() {
        board = new Board();
    }
    public void testCreate() {
        board.initialize();
        assertEquals(32, board.pieceCount());
        String blankRank = StringUtil.appendNewLine("........");
        assertEquals(
            StringUtil.appendNewLine("RNBQKBNR") +
            StringUtil.appendNewLine("PPPPPPPP") +
            blankRank + blankRank + blankRank + blankRank +
            StringUtil.appendNewLine("pppppppp") +
            StringUtil.appendNewLine("rnbqkbnr"),
            board.print());
    }
}
```

4. 새 Board가 16개의 검은 말과 16개의 흰말을 만들도록 한다. Piece 객체의 클래스 카운터를 사용해서 개수를 추적한다. 두 가지 모두에 대해 테스트를 통과하는 것을 확인한다("Reload Classes Every Run"을 선택하지 않은 상태에서 두 번째 테스트를 수행한다).

5. Piece 클래스에 isBlack과 isWhite 메소드를 추가한다. (물론, 테스트를 먼저 작성하자.)

6. 테스트 메소드의 이름을 살펴보자. 클래스 이름을 각 테스트 이름의 앞에 기록한다. 주위 사람에게 이 리스트를 보여 주고 메소드가 클래스에 대해 어떤 의미인지 물어본다.

7. 단순한 디자인 부분을 다시 읽어보자. 지금의 체스 프로그램은 단순한 디자인 기법을 잘 따르고 있는가?

Lesson 5 인터페이스(interface)와 폴리모피즘(polymorphism)

이 레슨에서는 다음 내용을 다룬다.

- 정렬(sorting)
- 인터페이스(interface)
- Comparable 인터페이스
- if 문
- enum을 이용한 열거형(enumerated type)
- 폴리모피즘(polymorphism)

1 정렬 : 준비

학교는 모든 과목에 대한 보고서가 필요하다. 여러분은 개설 학과, 과목번호로 이 보고서를 정렬해야 한다. 따라서 같은 개설 학과의 과목은 리스트에 같이 표시된다. 개설 학과의 그룹은 알파벳순으로 표시된다. 같은 학과에서 각 과목은 과목번호로 정렬된다.

시작하면서, 모든 과목에 대한 간단한 보고서를 만든다. 지금은 순서를 고려하지 않는다.

```java
package sis.report;

import junit.framework.*;
import java.util.*;
import sis.studentinfo.*;
import static sis.report.ReportConstant.NEWLINE;

public class CourseReportTest extends TestCase {
  public void testReport() {
    final Date date = new Date();
    CourseReport report = new CourseReport();
    report.add(CourseSession.create("ENGL", "101", date));
    report.add(CourseSession.create("CZEC", "200", date));
    report.add(CourseSession.create("ITAL", "410", date));

    assertEquals(
        "ENGL 101" + NEWLINE +
        "CZEC 200" + NEWLINE +
        "ITAL 410" + NEWLINE,
      report.text());
  }
}
```

이제 단순하게 개설 학과와 과목번호를 보여 주는 보고서의 뼈대를 만들었다. 현재는 보고서 리스트의 과목은 여러분이 CourseReport 객체에 추가한 순서로 표시된다.

결과 클래스, CourseReport는 RosterReporter와 비슷하게 보인다.

```java
package sis.report;

import java.util.*;
import sis.studentinfo.*;
import static sis.report.ReportConstant.NEWLINE;

public class CourseReport {
  private ArrayList<CourseSession> sessions =
    new ArrayList<CourseSession>();

  public void add(CourseSession session) {
    sessions.add(session);
  }
```

Agile Java

```java
public String text() {
   StringBuilder builder = new StringBuilder();
   for (CourseSession session: sessions)
      builder.append(
         session.getDepartment() + " " +
         session.getNumber() + NEWLINE);
   return builder.toString();
}
```

CourseReport를 컴파일하기 위해, CourseSession의 getDepartment와 getNumber 메소드를 public으로 선언해야 한다.

2 정렬: Collections.sort

여러분은 문자열 객체의 정렬을 굉장히 쉽게 구현할 수 있다.

```java
public void testSortStringsInPlace() {
   ArrayList<String> list = new ArrayList<String>();
   list.add("Heller");
   list.add("Kafka");
   list.add("Camus");
   list.add("Boyle");
   java.util.Collections.sort(list);
   assertEquals("Boyle", list.get(0));
   assertEquals("Camus", list.get(1));
   assertEquals("Heller", list.get(2));
   assertEquals("Kafka", list.get(3));
}
```

java.util.Collections 클래스의 정적 메소드인 sort는 리스트를 인수로 받아서 주어진 리스트를[1] 정렬한다. 만약, 정렬된 새로운 리스트를 만들어야 한다면 새로운 리스트를 만들어서 sort 메시지의 인수로 전달해야 한다.

```java
public void testSortStringsInNewList() {
   ArrayList<String> list = new ArrayList<String>();
   list.add("Heller");
   list.add("Kafka");
   list.add("Camus");
   list.add("Boyle");
   ArrayList<String> sortedList = new ArrayList<String>(list);
```

---

1) sort 메소드는 리스트의 요소들을 두 그룹으로 나눈 후, 각 그룹을 정렬하고 모든 정렬된 부분들을 전체 리스트로 만드는 머지 소트(merge sort) 알고리즘을 사용한다.

인터페이스 (interface)와 폴리모피즘 (polymorphism) | Lesson 05

```
    java.util.Collections.sort(sortedList);
    assertEquals("Boyle", sortedList.get(0));
    assertEquals("Camus", sortedList.get(1));
    assertEquals("Heller", sortedList.get(2));
    assertEquals("Kafka", sortedList.get(3));

    assertEquals("Heller", list.get(0));
    assertEquals("Kafka", list.get(1));
    assertEquals("Camus", list.get(2));
    assertEquals("Boyle", list.get(3));
}
```

마지막의 네 개의 확인은 원래의 리스트가 변하지 않고 남아있는가를 확인한다.

3 CourseReportTest

CourseReportTest에서 testReport에 대하여 보고서가 정렬된 순서로 생성되는지를 확인한다. 여러분의 테스트 데이터는 현재 개설 학과만을 고려한다.

```
assertEquals(
    "CZEC 200" + NEWLINE +
    "ENGL 101" + NEWLINE +
    "ITAL 410" + NEWLINE,
  report.text());
```

예상한대로 이 테스트는 실패한다. JUnit에서 과목들이 잘못된 순서로 배열된 것을 확인할 수 있다.

이 문제를 해결하기 위해 Collections.sort를 사용해서 sessions 리스트를 정렬한다.

```
public String text() {
    Collections.sort(sessions);
    StringBuilder builder = new StringBuilder();
    for (CourseSession session: sessions)
        builder.append(
            session.getDepartment() + " " +
            session.getNumber() + NEWLINE);
    return builder.toString();
}
```

불행히도 이 코드는 컴파일되지 않는다.

```
cannot find symbol
symbol  : method sort(java.util.List<sis.studentinfo.CourseSession>)
location: class java.util.Collections
        Collections.sort(sessions);
                    ^
```

Agile Java

비교적 자바에 경험이 많다고 해도, 이 에러의 이유를 알아내기 힘들 수도 있다. 문제는 sort 메소드의 선언에서 정렬해야 할 객체가 java.lang.Comparable 형으로 지정되어있기 때문이다. (어떻게 정의되는지는 레슨 14에서 배우게 될 고급 문법에 관련된다.)

Comparable은 다른 객체와 비교가 가능한 형이다. 하지만 sessions 변수와 연결된 CourseSession 객체를 비교해야 한다. 이 문제를 해결하기 위해서 자바의 인터페이스(interface)를 이용할 수 있다. 인터페이스는 하나의 객체가 하나이상의 형으로 동작할 수 있도록 한다. CourseSession 클래스가 CourseSession으로서 뿐 아니라 java.lang.Comparable 형으로 보이도록 수정한다.

4 인터페이스

Comparable은 클래스형이 아닌 인터페이스형이다. 인터페이스는 여러 개의 메소드 선언을 포함한다. 메소드 선언은 메소드에 대한 시그니처(signature)뒤에 세미콜론을 붙인 형태이다. 중괄호를 사용하지 않으며 메소드 내부에 코드를 지정하지 않는다. 자바는 Comparable 형을 다음과 같이 선언한다.

```
public interface Comparable<T> {
   public int compareTo(T o);
}
```

문자 T는 비교할 객체의 형의 위치를 나타낸다. 레슨 14에서 이 개념에 대해서 좀더 자세히 설명한다. 지금은 이 위치에 Comparable 참조를 지정한다. 자바 컴파일러는 인터페이스 선언의 모든 T를 이 형으로 대체한다.

인터페이스 선언을 클래스 선언과 비교해 보자. 클래스를 class 키워드로 선언하는 반면에, 인터페이스는 interface 키워드로 선언한다. 인터페이스는 선언하는 메소드에는 구현내용을 포함하지 않는다.

UML에서 인터페이스는 몇 가지 다른 방법으로 표현된다. 그림 5-1은 그 중 하나를 보여 준다.

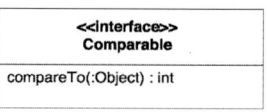

그림 5-1 Comparable

compareTo 메소드의 목적은 어떤 객체가 다른 객체의 이전에 위치할지 이후에 위치할지를 확인하는 것이다. 모든 정렬 방식은 한번에 두 개의 객체만을 비교하고 필요한 경우 두 개의 객체를 교환한다.

인터페이스(interface) 와 폴리모피즘(polymorphism) | Lesson 05

예를 들어, 어떤 리스트가 두 개의 문자열 객체 "E"와 "D"를 포함한다고 하자. 알파벳순으로 이 리스트를 정렬하고자 할 때, Collections의 sort 메소드는 문자열 "E"에 인수로 "D"를 사용해서 compareTo 메시지를 보낸다. compareTo 메소드는 "D"가 정렬된 순서에서 "E"보다 먼저 나와야 한다는 것을 의미하는 값을 반환한다. sort 메소드는 두 객체의 순서를 바꿔야 한다는 것을 알게 된다.

클래스는 인터페이스를 implements 하도록 정의될 수 있다. 이 선언을 하면 클래스는 인터페이스에 정의된 각 메소드를 구현하고 있다는 것을 보증한다. 인터페이스를 구현하는 것은 클래스가 하나 이상의 형으로 동작할 수 있게 한다.

이전의 정렬 예제에서, 문자열 객체의 콜렉션을 정렬했다. String 클래스에 대한 J2SE API 문서는 세 개의 구현된 인터페이스 중 하나로 Comparable 인터페이스를 지정한다. Comparable 인터페이스를 구현하는 것은 String 객체가 String 형의 객체로서뿐 아니라 Comparable 형 객체로도 사용할 수 있게 한다. 인터페이스를 구현하기 위한 문법은 다음의 실제 자바 String 클래스의 코드에 잘 나타난다.

```
public final class String
    implements java.io.Serializable, Comparable<String>, CharSequence
{
    ...
```

String 클래스의 소스를 좀더 살펴보면, Comparable 이 선언하는 compareTo 메소드가 구현된 것을 찾을 수 있다.

CourseReport에서 sort를 호출하므로, sessions에 포함된 객체에 compareTo 메시지를 보낼 수 있어야 한다. 하지만 이 과정에서 각 객체를 받아서 Comparable 인터페이스 형식의 변수를 할당하려고 할 것이다. 할당이 성공하면, sort는 안전하게 각 객체에 compareTo 메시지를 보낼 수 있다. 할당이 실패하면 자바는 에러 메시지를 생성한다.

5 왜 인터페이스인가?

인터페이스는 자바에서 강력하고 중요한 기능이다. 자바에 충실한 디자인을 하는 가장 중요한 요소 중 한가지가 언제 인터페이스를 사용할지(혹은 사용하지 말아야 할지)를 아는 것이다. 잘 사용하면 인터페이스는 다른 부분의 코드에 주는 영향을 최소화하여 소프트웨어를 구분할 수 있다.

인터페이스는 더 높은 단계의 추상화를 제공한다. sort 코드에서는 정렬중인 객체의 상세한 부분에 대해서 알 필요가 없다. Student 객체를 정렬하는지, Customer 혹은 String 객체를 정렬하는지 알 필요가 없다. 정렬 코드에서 알아야 할 모든 것은 정렬하고 있는 객체가 다른 객체와의 비교를 지원한다는 것이다. sort 코드에서 알고 있는 것은 정렬하고 있는 객

Agile Java

체의 다른 상세 정보가 아닌 이렇게 추상화된 특성이다.

이런 정렬기능의 추상화는 중복을 줄이는 한가지 방법으로 볼 수 있다. 인터페이스는 정렬 알고리즘이 다른 종류의 형식에 적용될 수 있도록 한다. 정렬 알고리즘은 비교하는 객체의 형식을 결정하기 위한 반복되는 코드를 줄일 수 있다.

 인터페이스를 시스템에서 추상화된 계층을 만들고 중복을 없애기 위해서 사용하자.

시스템에서 추상화된 계층은 몇 가지 좋지 않은 영향으로부터 코드를 분리시킨다. 이상적으로는 정렬 클래스를 한번 작성하여 완벽하게 동작한다면 앞으로는 고치지 않아야 한다. 정렬 클래스에서 알아야 할 단 한가지 정보는 정렬하고 있는 객체가 compareTo 메소드에 대하여 int값을 반환하여 응답한다는 것뿐이다. 정렬하고 있는 객체는 무수한 방법으로 변화될 수 있지만, 이런 변화는 여러분의 정렬 코드에는 영향을 미치지 않는다.

인터페이스를 사용하면 동작하지 않거나 아직 존재도 하지 않는 코드에 대한 의존성을 없앨 수 있다. 레슨 12에서 여러분은 모방(mocking)이라는 기법으로 이런 방법을 배울 것이다. 인터페이스는 효과적인 테스트를 위한 필수적인 도구가 된다.

Comparable 인터페이스를 구현하면 문자열 클래스는 문자열이 sort 목적으로 비교될 수 있다는 것을 알린다. String은 compareTo 메소드을 제공해서 String 객체가 비교되는 방법을 지정한다. sessions 리스트에 대해서 sort가 동작하도록 하기 위해서는 CourseSession이 Comparable 인터페이스를 구현하도록 해야 한다.

6 Comparable 구현하기

Comparable 인터페이스의 compareTo 메소드의 일은 두 객체(메시지를 받는 객체와 메시지의 인수가 되는 객체) 중 어느 것이 먼저 위치해야 하는 지를 결정하는 것이다. compareTo에 지정하는 코드는 자연스러운 혹은 기본적인 CourseSesison의 정렬 순서를 반환해야 한다. 다시 말하면 CourseSession의 콜렉션을 보통 어떻게 정렬할 것인가?

compareTo 메소드는 int 값을 반환한다. 반환 값이 0이면, 두 객체는 정렬의 목적에서는 같다. 반환 값이 음수인 경우 수신자(compareTo 메시지를 받는 객체)가 정렬 순서에서 앞에 나와야 한다. 반환 값이 양수이면, 인수가 수신자보다 먼저 나와야 한다.

String 클래스는 알파벳 순서로 문자열을 정렬하기 위한 compareTo 메소드를 구현한다. 다음 언어 테스트는 세 가지 가능한 시나리오에서의 compareTo 메소드의 반환 값을 보여 준다.

```
public void testStringCompareTo() {
   assertTrue("A".compareTo("B") < 0);
   assertEquals(0, "A".compareTo("A"));
   assertTrue("B".compareTo("A") > 0);
}
```

인터페이스(interface)와 폴리모피즘(polymorphism) | Lesson 05

이제 CourseSession 클래스를 고쳐서 Comparable 인터페이스를 구현하고 compareTo 메소드를 제공한다. CourseSessionTest에 추가해야 할 알맞은 테스트는 다음과 같다.

```
public void testComparable() {
   final Date date = new Date();
   CourseSession sessionA = CourseSession.create("CMSC", "101", date);
   CourseSession sessionB = CourseSession.create("ENGL", "101", date);
   assertTrue(sessionA.compareTo(sessionB) < 0);
   assertTrue(sessionB.compareTo(sessionA) > 0);

   CourseSession sessionC = CourseSession.create("CMSC", "101", date);
   assertEquals(0, sessionA.compareTo(sessionC));
}
```

CourseSession은 이제 Comparable 인터페이스를 구현한 것을 선언해야 한다. 또한 CourseSession의 관련형을 지정해야 한다.

```
public class CourseSession implements Comparable<CourseSession> {
...
```

this에 대하여

Student의 compareTo 메소드에서 return 문은 this.getDepartment() 표현식을 포함한다. 레슨 1에서 배운 것처럼 this 참조는 현재의 객체를 나타낸다. this로 범위를 제한하는 것을 일반적으로 불필요하다. 하지만 이 경우 현재의 객체와 인수 객체를 구분하는데 도움이 된다.

this 키워드의 다른 사용 방법은 아직 살펴보지 않은 생성자 체인(constructor chaining)이다. this의 조금 다른 형식을 사용하여 같은 클래스에서 정의된 다른 생성자를 호출할 수 있다.

```
Comparable
class Name {
   ...
   public Name(String first, String mid, String last) {
      this.first = first;
      this.mid = mid;
      this.last = last;
   }
   public Name(String first, String last) {
      this(first, "", last);
   }
   ...
```

Name의 두 번째 생성자의 문장은 첫 번째 생성자를 호출한다. 이 예제의 목표는 기본값인 빈 문자열을 중간 이름으로 전달하는 것이다.

이렇게 다른 생성자에 대한 호출은 항상 생성자의 첫 번째 줄에 나와야 한다. 생성자 체인은 중복을 없애는데 큰 도움이 될 수 있다. 체인이 없다면 일반적인 초기화를 위한 분리된 메소드를 만들어야 한다.

| 177 |

Agile Java

CourseSession을 Comparable을 구현한 것으로 선언했기 때문에, compareTo 메소드를 정의해서 CourseSession을 인수로 받도록 해야 한다.

```
public int compareTo(CourseSession that) {
   return this.getDepartment().compareTo(that.getDepartment());
}
```

compareTo 메소드 구현을 위해서 현재 CourseSession의 학과(this.getDepartment())를 인수 CourseSession 객체의 학과(that.getDepartment())와 비교한 결과를 반환한다.

이 시점에서 CourseSession의 testComparable과 CourseReportTest의 testReport가 통과되어야 한다.

7 학과와 번호로 정렬하기

이제 개설 학과로 과목을 정렬하여 보고서를 리포트를 생성할 수 있다. 이제 학과와 번호를 모두 사용하여 과목을 정렬하도록 리포트 코드를 확장한다. 먼저 적절한 데이터를 사용하도록 테스트를 고쳐야 한다. (CourseReportTest의) 다음 테스트는 새로운 두 개의 과목을 생성한다. 테스트 데이터는 같은 학과인 두 과목을 포함한다.

```
package sis.report;

import junit.framework.*;
import java.util.*;
import sis.studentinfo.*;
import static sis.report.ReportConstant.NEWLINE;

public class CourseReportTest extends TestCase {
   public void testReport() {
      final Date date = new Date();
      CourseReport report = new CourseReport();
      report.add(CourseSession.create("ENGL", "101", date));
      report.add(CourseSession.create("CZEC", "200", date));
      report.add(CourseSession.create("ITAL", "410", date));
      report.add(CourseSession.create("CZEC", "220", date));
      report.add(CourseSession.create("ITAL", "330", date));

      assertEquals(
          "CZEC 200" + NEWLINE +
          "CZEC 220" + NEWLINE +
          "ENGL 101" + NEWLINE +
          "ITAL 330" + NEWLINE +
          "ITAL 410" + NEWLINE,
         report.text());
   }
}
```

인터페이스(interface)와 폴리모피즘(polymorphism) | Lesson 05

이 과목들의 알맞은 순서를 결정하기 위해, compareTo 메소드는 먼저 학과를 살펴봐야 한다. 만약, 학과가 다르다면 결과 값을 반환해도 된다. 만약, 학과가 같다면, 과목번호를 비교해야 한다.

8 if 문

if 문은 조건 분기(conditional branching)를 위해 사용한다. 만약, 조건이 사실이라면 한가지 분기(영역)의 코드를 실행하고, 아니면 다른 분기의 코드를 실행한다. 분기는 한 개의 명령문이거나 명령문의 블록(block)일 수 있다.

좀더 복잡해진 비교를 표현하기 위해 CourseSessionTest 메소드의 testCompareTo에 다음을 추가한다.

```java
public void testComparable() {
   final Date date = new Date();
   CourseSession sessionA = CourseSession.create("CMSC", "101", date);
   CourseSession sessionB = CourseSession.create("ENGL", "101", date);
   assertTrue(sessionA.compareTo(sessionB) < 0);
   assertTrue(sessionB.compareTo(sessionA) > 0);

   CourseSession sessionC = CourseSession.create("CMSC", "101", date);
   assertEquals(0, sessionA.compareTo(sessionC));

   CourseSession sessionD = CourseSession.create("CMSC", "210", date);
   assertTrue(sessionC.compareTo(sessionD) < 0);
   assertTrue(sessionD.compareTo(sessionC) > 0);
}
```

그리고 CourseSession의 compareTo 메소드를 고친다.

```java
public int compareTo(CourseSession that) {
   int compare =
      this.getDepartment().compareTo(that.getDepartment());
   if (compare == 0)
      compare = this.getNumber().compareTo(that.getNumber());
   return compare;
}
```

해석하면 위의 코드는 다음의 의미이다.

개설과목을 인수의 개설과목과 비교하고 비교 결과를 compare 지역함수에 저장한다. 만약, compare에 저장된 값이 0이면(학과가 같다면), 과목번호를 인수의 과목번호와 비교하고 결과를 compare에 저장한다. 그리고 compare 지역변수에 저장된 값을 반환한다.

| 179 |

Agile Java

다음과 같이 코드를 작성할 수도 있다.

```
public int compareTo(CourseSession that) {
  int compare =
     this.getDepartment().compareTo(that.getDepartment());
  if (compare != 0)
    return compare;
  return this.getNumber().compareTo(that.getNumber());
}
```

만약, 처음의 비교에서 학과가 같지 않다면 (비교의 결과가 0이 아니면), 필요한 모든 일을 끝낸 것이다. 조건 비교부분에서 멈추어서 비교의 결과를 반환한다. 코드의 나머지 부분은 실행되지 않는다. 이런 형식의 코드가 따라가기 쉽다. 하지만 조심해야 한다. 좀더 긴 메소드에서 여러 개의 return은 메소드를 이해하고 따라가기 힘들게 만든다. 하지만 실제로 더 좋은 방법은 가능하면 긴 메소드를 만들지 않는 것이다.

모든 테스트가 통과되어야 한다.

9 학점 정하기

여러분은 모든 학생에 대한 리포트 카드를 생성해야 한다. 이 작업을 하기 전에 학생의 평균 학점(GPA, grade point average)을 계산할 수 있어야 한다. 학생은 몇 개의 학점을 받는다. 여러분은 Student 객체에 문자로 학점을 지정하는 addGrade 메시지를 보내서 학생의 학점을 저장한다. 평균 학점을 요청 받았을 때, 학생 객체는 평균을 계산하기 위해 저장된 학점 값을 이용한다.

또한 학점을 자바에서는 플로팅포인트(floating-point) 숫자로 알려진 십진수로 제공해야 한다.

10 플로팅포인트(floating-point) 숫자

이미 정수 값을 표현하는 기본형인 int를 배웠다. 자바는 정수 외에 추가로 IEEE 754 32비트 단일 정확도 이진 플로팅 포인트 형식(single precision binary floating point format) 수를 지원한다. 자바는 또한 64비트 2배 정확도 float, 즉 double을 제공한다.

인터페이스(interface)와 폴리모피즘(polymorphism) | Lesson 05

표 5-1   프로팅포인트 정확도 형식

Type	Range	Example Literals			
float	1.40239846e-45f to 3.40282347+38f	6.07f	6F	7.0f 7.0f	1.825f
double	4.94065645841246544e-324 to 1.79769313486231570e+308	1440.0 6		3.2545e7	32D 0d

표 5-1은 변수형과 지원하는 값의 범위 그리고 예제를 보여 준다.

모든 소수점을 가진 수나 뒤에 f, F, d, D가 붙은 수는 플로팅포인트 숫자이다.

Float 이나 double 숫자는 과학 표기법을 사용할 수도 있다. 중간에 e 혹은 E가 들어간 숫자 역시 플로팅포인트 숫자이다. double 수 1.2e6은 10의 6제곱에 1.2를 곱한 값을 나타낸다.

플로팅포인트 숫자의 뒤에 아무 표시도 하지 않으면 기본적으로 2배 정확도의 float으로 간주된다. 다시 말하면 단일 정확도 float 값을 명시하려면 뒤에 F 혹은 f를 붙여야 한다. 더 높은 정확도를 가지고 숫자 값의 뒤에 특별한 표시를 할 필요가 없기 때문에 이 책에서는 float 보다는 double을 사용하는 것을 선호한다.

하지만 플로팅포인트 숫자는 이진수를 이용해 만든 실제 값의 근사치일 뿐이다. 실수 값은 무한한 값을 가지지만 32혹은 64비트 float으로 표현 가능한 값은 한정되어 있기 때문에, 모든 실수 값을 표현하는 것은 불가능하다. 대부분의 실수는 플로팅포인트 표현에서는 근사치일 뿐이다.

예를 들어, 다음 코드를 실행해 보자.

```
System.out.println("value = " + (3 * 0.3));
```

결과는 다음과 같다.

```
value = 0.8999999999999999
```

기대한 값은 0.9이다.

플로팅포인트 숫자를 사용하려면, 반올림을 사용해서 이런 부정확성을 없애야 한다. 다른 방법은 자바의 BigDecimal 클래스를 사용해서 숫자를 표현하는 것이다. 이 책에서는 레슨 10에서 BigDecimal을 배운다.

11 학점 테스트하기

StudentTest에 추가되는 다음 테스트는 여러 범위의 가능성을 보여 준다. 이 테스트는 학생이 학점을 받지 않으면 평균 학점이 0이 되는 가장 간단한 테스트부터 시작한다. 또한 A에서 F까지의 학점을 조합해서 설정했을 경우도 테스트한다.

Agile Java

```
private static final double GRADE_TOLERANCE = 0.05;
...
public void testCalculateGpa() {
   Student student = new Student("a");
   assertEquals(0.0, student.getGpa(), GRADE_TOLERANCE);
   student.addGrade("A");
   assertEquals(4.0, student.getGpa(), GRADE_TOLERANCE);
   student.addGrade("B");
   assertEquals(3.5, student.getGpa(), GRADE_TOLERANCE);
   student.addGrade("C");
   assertEquals(3.0, student.getGpa(), GRADE_TOLERANCE);
   student.addGrade("D");
   assertEquals(2.5, student.getGpa(), GRADE_TOLERANCE);
   student.addGrade("F");
   assertEquals(2.0, student.getGpa(), GRADE_TOLERANCE);
}
```

이 테스트에서 assertEquals 메소드는 두 개가 아닌 세 개의 인수를 사용한다. 플로팅포인트 숫자는 실제 숫자의 정확한 표현이 아니기 때문에, 계산된 값이 기대되는 값과 약간의 차이가 있을 수 있다. 다음의 코드에서

```
assertEquals(0.9, 3 * 0.3);
```

결과는 실패일 것이다.

```
AssertionFailedError: expected:<0.9> but was:<0.8999999999999999>
```

JUnit은 두 플로팅포인트 값이 같은지를 비교하기 위해 세 번째 인수를 제공한다. 이 인수는 허용오차를 나타낸다. 이 인수는 JUnit에서 테스트 실패를 알리려면 두 플로팅포인트 변수의 차이가 얼마 이상이어야 하는지를 지정한다.

관용적인 규칙은 정확히 표현되기를 원하는 가장 작은 정확도의 반만큼의 차이를 허용하는 것이다. 예를 들어, 센트(1/100 달러)에 대하여 계산을 한다면, 1/2센트 이상의 차이는 허용되지 않는다.

여러분은 평균학점을 소수점 첫째자리까지 정확하게 표현하고자 한다. 따라서 허용오차는 5/100이어야 한다. 위의 코드에서는 StudentTest 클래스 내부에서 정의되는 정적 상수인 GRADE_TOLERANCE를 assertEquals 메소드의 세 번째 인수로 사용한다.

```
assertEquals(2.0, student.getGpa(), GRADE_TOLERANCE);
```

테스트를 통과하기 위해서는 Student 클래스가 ArrayList[2]에 학점을 추가하도록 수정해

---

2) 또한 하나의 학점값을 추가할 때마다 평균 학점을 계산할 수도 있다.

인터페이스(interface)와 폴리모피즘(polymorphism) | Lesson 05

야 한다. 그리고 평균학점을 계산하기 위해 getGpa 메소드를 추가할 수 있다. 평균 학점을 계산하려면 학점의 리스트를 읽어가면서 학점의 총계를 구해야 한다. 그리고 이 총계 값을 학점 개수로 나눈다.

```java
import java.util.*;
...
class Student {
  private ArrayList<String> grades = new ArrayList<String>();
  ...
  void addGrade(String grade) {
    grades.add(grade);
  }
  ...
  double getGpa() {
    if (grades.isEmpty())
      return 0.0;
    double total = 0.0;
    for (String grade: grades) {
      if (grade.equals("A")) {
        total += 4;
      }
      else {
        if (grade.equals("B")) {
          total += 3;
        }
        else
        {
          if (grade.equals("C")) {
            total += 2;
          }
          else {
            if (grade.equals("D")) {
              total += 1;
            }
          }
        }
      }
    }
    return total / grades.size();
  }
}
```

이 getGpa 메소드는 학점 리스트가 비어있는지 확인하기 위해 if 문으로 시작한다. 만약, 학점이 없다면, 이 메소드는 즉시 0.0으로 평균학점을 반환한다. 처음의 if 문은 보호 조건(guard clause)라고 알려진 특별한 조건에서 메소드를 종료시킨다. getGpa에서의 보호 조건은 학점을 전혀 받지 않은 특별한 경우에서 메소드의 나머지부분을 보호한다. 학점의 개수로 나눠서 평균학점을 계산하기 때문에 보호 조건은 0으로 나눌 가능성을 없앤다.

그리고 메소드 내부에서는 for-each 루프를 사용해서 grades 콜렉션에서 학점을 하나씩 가져온다. for-each 루프의 내부는 각 학점을 가능한 문자 표현과 비교한다. 이 부분은 if 문의 확장인 if-else 문을 사용한다.

for-each 루프 내부를 좀더 살펴보자. 학점이 A라면 총계[3]에 4를 더한다. 아니면 else 키워

Agile Java

드 뒤에 나오는 코드 블록을 실행한다. 이 경우 코드 블록 자체가 또 하나의 if-else 문이다. 만약, 학점이 B라면 총계에 3을 더하고 아니면 또 다른 코드 블록을 실행한다. 모든 가능성을 확인할 때까지 이런 방법을 사용한다. (학점 총계에 영향을 주지 않기 때문에, F는 무시된다.)

복잡한 if-else 문은 많은 중괄호와 반복되는 들여쓰기(indenting) 때문에 읽기 어려울 수 있다. 중복되는 if-else 문이 있는 상황에서는 좀더 간단한 형식을 사용할 수 있다. 각 else-if 문은 같은 줄에 나타난다. 또한 이 예에서는 if 문의 내부가 한 줄이기 때문에 중괄호를 생략할 수 있다.

```
double getGpa() {
   if (grades.isEmpty())
      return 0.0;
   double total = 0.0;
   for (String grade: grades) {
      if (grade.equals("A"))
         total += 4;
      else if (grade.equals("B"))
         total += 3;
      else if (grade.equals("C"))
         total += 2;
      else if (grade.equals("D"))
         total += 1;
   }
   return total / grades.size();
}
```

이런 구성방식은 같은 결과를 내면서 getGpa 메소드를 훨씬 읽기 쉽게 만든다.

12 재구성하기

getGpa 메소드는 길고 따라가기 힘들다. 주어진 문자 학점을 double 값으로 변환하는 새로운 메소드를 빼내보자.

```
double getGpa() {
   if (grades.isEmpty())
      return 0.0;
   double total = 0.0;
for (String grade: grades)
      total += gradePointsFor(grade);
return total / grades.size();
}
```

---

footnote

3) 아무런 문제없이 int 값을 double값에 더할 수 있다. 하지만 int와 double 값을 계산식에서 혼합해서 사용하는 것은 예상치 못한 결과를 낼 수 있다. 자바에서의 숫자표현에 대해서는 레슨 10을 참조한다.

인터페이스 (interface) 와 폴리모피즘 (polymorphism) | Lesson 05

```
int gradePointsFor(String grade) {
  if (grade.equals("A"))
    return 4;
  else if (grade.equals("B"))
    return 3;
  else if (grade.equals("C"))
    return 2;
  else if (grade.equals("D"))
    return 1;
  return 0;
}
```

이 것이 컴파일 되고 테스트를 통과하는지 확인한다. 좀더 변화를 줄 수 있는 부분은 else 를 없애는 것이다. return문은 제어 흐름이다. 자바 가상기계가 메소드 내에서 return 문은 만나면 메소드 내부의 명령을 더 이상 수행하지 않는다.

```
int gradePointsFor(String grade) {
  if (grade.equals("A")) return 4;
  if (grade.equals("B")) return 3;
  if (grade.equals("C")) return 2;
  if (grade.equals("D")) return 1;
  return 0;
}
```

gradePointFor 메소드에서는 알맞은 학점을 찾자마자 가상기계가 return 명령문을 실행 하고 더 이상 비교를 하지 않는다.

또한 if 문의 조건과 return을 같은 줄에 넣은 것을 볼 수 있다. 이 예제에서 여러 개의 if 문이 똑같이 반복된다. 이런 코드는 읽고 이해하기 쉽다. 다른 상황에서 조건과 명령문을 같 은 줄에 넣는 것은 읽기 힘들 수도 있다.

이제 테스트를 재구성할 수 있다.

```
public void testCalculateGpa() {
  Student student = new Student("a");
  assertGpa(student, 0.0);
  student.addGrade("A");
  assertGpa(student, 4.0);
  student.addGrade("B");
  assertGpa(student, 3.5);
  student.addGrade("C");
  assertGpa(student, 3.0);
  student.addGrade("D");
  assertGpa(student, 2.5);
  student.addGrade("F");
  assertGpa(student, 2.0) ;
}

private void assertGpa(Student student, double expectedGpa) {
  assertEquals(expectedGpa, student.getGpa(), GRADE_TOLERANCE);
}
```

Agile Java

13 enum

J2SE 5.0에서는 정해진 리스트에서만 값을 선택할 수 있는 열거형이 새로 추가되었다. 예를 들어, 카드 한 세트를 표현하는 클래스를 구현한다고 하자. 가능한 모양은 스페이드, 하트, 다이아몬드, 클로버이다. 다른 경우는 없다. 학점에 대해서는 오직 다섯 개의 문자만 가능한 것을 알고 있다.

위의 GPA 코드에서처럼 학점을 문자열로 정의하고 문자열 값을 가능한 문자 학점을 나타내기 위해 사용할 수 있다. 이것이 동작하기는 하지만 약간의 문제가 있다. 먼저, 여러 문자열을 타이핑하다보면 오타가 있을 수 있다. 여러분은 클래스 상수를 만들어서 각 문자 학점을 나타낼 수 있고, 모든 코드에서 이 상수를 사용한다면 문제가 없을 것이다.

만약, 클래스 상수를 제공한다고 해도, 호출하는 코드에서는 잘못된 값을 전달 할 수 있다. Student 클래스를 사용하는 측에서 다음 코드를 수행하는 것을 막을 방법이 없다.

```
student.addGrade("a");
```

학점으로 대분자를 사용하도록 했기 때문에 원하는 결과를 얻을 수 없을 것이다.

대신 enum으로 학점을 정의할 수 있다. 이것을 위해 가장 적합한 부분은 Student 클래스이다.

```
public class Student {
   enum Grade { A, B, C, D, F };
   ...
```

enum을 사용하면 새로운 변수형을 선언할 수 있다. 이 경우 Grade를 Student 클래스 안에서 정의했기 때문에, Student.Grade라는 이름의 새로운 변수형을 만들었다. 새 enum은 다섯 개의 가능한 값을 가지고, 각각은 객체 인스턴스를 표현한다.

테스트에서 enum 인스턴스를 사용하도록 고친다.

```
public void testCalculateGpa() {
   Student student = new Student("a");
   assertGpa(student, 0.0);
   student.addGrade(Student.Grade.A);
   assertGpa(student, 4.0);
   student.addGrade(Student.Grade.B);
   assertGpa(student, 3.5);
   student.addGrade(Student.Grade.C);
   assertGpa(student, 3.0);
```

인터페이스(interface)와 폴리모피즘(polymorphism) | Lesson 05

```
    student.addGrade(Student.Grade.D);
    assertGpa(student, 2.5);
    student.addGrade(Student.Grade.F);
    assertGpa(student, 2.0);
}
```

Student 클래스에서, 문자열로 학점을 선언한 모든 코드를 Grade 형을 사용하도록 바꿔야 한다. Grade enum은 Student 내부에서 정의되었기 때문에 직접적으로 참조할 수 있다. (즉, Student.Grade 대신 Grade를 사용할 수 있다.)

```
public class Student implements Comparable<Student> {
  enum Grade { A, B, C, D, F };
  ...
  private ArrayList<Grade> grades = new ArrayList<Grade>();
  ...
  void addGrade(Grade grade) {
    grades.add(grade);
  }
  ...
  double getGpa() {
    if (grades.isEmpty())
      return 0.0;
    double total = 0.0;
    for (Grade grade: grades)
      total += gradePointsFor(grade);
    return total / grades.size();
  }
       ...
  int gradePointsFor(Grade grade) {
    if (grade == Grade.A) return 4;
    if (grade == Grade.B) return 3;
    if (grade == Grade.C) return 2;
    if (grade == Grade.D) return 1;
    return 0;
  }
  ...
}
```

gradePointFor 메소드는 인수 grade를 각각의 enum값과 차례로 비교한다. 각 enum값은 메모리상의 유일한 인스턴스를 나타낸다. 따라서 equals 메소드 대신 == 연산자를 사용하는 것이 가능하다. == 연산자는 두 객체 참조를 비교하는데 사용된다는 것을 기억하자. 즉 두 참조가 메모리상의 같은 객체를 가르키는 지를 비교한다.

이제 다른 코드에서 잘못된 값을 addGrade 메소드로 전달하는 것이 불가능하다. 다른 코드에서는 Grade의 새 인스턴스를 생성할 수 없다. Student 내에서 enum으로 선언한 인스턴스들이 존재하는 유일한 인스턴스가 될 것이다.

Agile Java

14 폴리모피즘

if를 너무 많이 사용하면 빠르게 코드가 복잡해지고 이해하기 힘들어진다. 폴리모피즘이라고 알려진 개념은 if문의 사용을 최소화하도록 코드를 구성하는데 도움이 된다.

 학생의 학점은 위의 예제보다 좀더 복잡해졌다. 전공학생에 대한 학점을 처리해야 한다. 전공 학생은 학점을 좀더 넓은 범위에서 받는다. 이들은 A에 5학점, B에 4학점, C에 3학점, D에 2학점을 받는다.

```java
public void testCalculateHonorsStudentGpa() {
   assertGpa(createHonorsStudent(), 0.0);
   assertGpa(createHonorsStudent(Student.Grade.A), 5.0);
   assertGpa(createHonorsStudent(Student.Grade.B), 4.0);
   assertGpa(createHonorsStudent(Student.Grade.C), 3.0);
   assertGpa(createHonorsStudent(Student.Grade.D), 2.0);
   assertGpa(createHonorsStudent(Student.Grade.F), 0.0);
}

private Student createHonorsStudent(Student.Grade grade) {
   Student student = createHonorsStudent();
   student.addGrade(grade);
   return student;
}

private Student createHonorsStudent() {
   Student student = new Student("a");
   student.setHonors();
   return student;
}
```

코드는 간단하다.

```java
private boolean isHonors = false;
// ...
void setHonors() {
   isHonors = true;
}
// ...
int gradePointsFor(Grade grade) {
   int points = basicGradePointsFor(grade);
   if (isHonors)
      if (points > 0)
         points += 1;
   return points;
}

private int basicGradePointsFor(Grade grade) {
   if (grade == Grade.A) return 4;
   if (grade == Grade.B) return 3;
   if (grade == Grade.C) return 2;
```

인터페이스(interface)와 폴리모피즘(polymorphism) | Lesson 05

```
    if (grade == Grade.D) return 1;
    return 0;
}
... 하지만 조금씩 복잡해져서, 다음에는 다른 학점 정책을 적용해야 한다.

double gradePointsFor(Grade grade) {
    if (isSenatorsSon) {
        if (grade == Grade.A) return 4;
        if (grade == Grade.B) return 4;
        if (grade == Grade.C) return 4;
        if (grade == Grade.D) return 4;
        return 3;
    }
    else {
        double points = basicGradePointsFor(grade);
        if (isHonors)
            if (points > 0)
                points += 1;
        return points;
    }
}
```

이제 코드는 점차 복잡해져 간다. 그리고 학장은 학점체계에 계속해서 변동이 있을 것이라고 한다. 학장이 새로운 체계를 추가할 때마다 Student 클래스의 코드를 바꿔야 한다. Student를 바꾸는 과정에서 클래스가 잘못될 수 있고 다른 클래스들과 의존적인 관계가 생길 수 있다.

Student 클래스에 더 이상의 변화가 생기는 것을 막아야 할 것이다. 학점을 제외한 클래스의 다른 부분은 잘 동작한다는 것을 알고 있다. Student 클래스를 새로운 학점체계가 나올 때마다 고치는 대신, 시스템을 확장하여4) 새로운 요구사항을 만족할 수 있다.

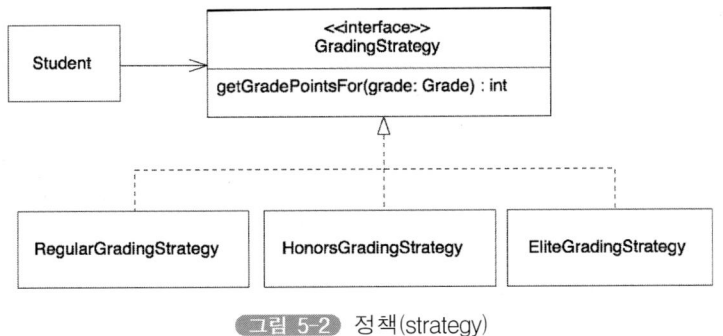

그림 5-2 정책(strategy)

 여러분의 시스템이 수정이 아닌 확장을 통해 변화될 수 있도록 한다.

Footnote

4) [Martin2003], p. 99

Agile Java

학점체계를 학생의 종류에 따른 정책이라고 할 수 있다. 따라서 HonorsStudent, Regular Student, PrivilegedStudent와 같이 특화된 학생 클래스를 만들 수 있다. 하지만 학생은 상태가 바뀔 수 있다. 하나의 객체를 하나의 형에서 다른 형으로 바꾸기는 어렵다.

대신 학점체계를 나타내는 클래스를 만들고, 각 학생에게 적당한 체계를 할당 할 수 있다.

학점체계라는 추상적인 개념을 표현하기 위해 GradingStrategy라는 인터페이스를 사용할 것이다. Student 클래스는 그림 5-2의 UML 다이어그램에 나타난 것처럼 GradingStrategy 형 인터페이스에 대한 참조를 저장할 것이다. 이 다이어그램에서는 인터페이스를 구현하는 RegularGradingStrategy, HonorsGradingStrategy, EliteGradingStrategy 세 가지 클래스가 있다. 점선으로 표시된 속이 빈 화살표는 UML에서 구현(realize) 관계를 나타낸다. 자바 용어에서는 RegularGradingStrategy가 GradingStrategy 인터페이스를 구현(implement)한다. UML 용어에서는, RegularGradingStrategy가 GradingStrategy 인터페이스를 구현(realize)한다.

GradingStrategy 인터페이스는 이 인터페이스를 구현하는 모든 클래스가 주어진 학점에 대하여 숫자형 학점을 반환하도록 선언한다. GradingStrategy를 다른 소스파일, Grading-Strategy.java에 저장한다.

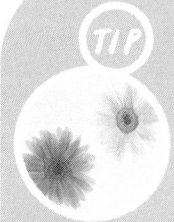

UML과 인터페이스

가끔 UML 클래스 다이어그램은 클래스간의 관계와 의존성, 즉 시스템의 구조를 나타내기 위해 사용된다. 그래서 UML 다이어그램은 상세한 부분으로 인해 혼잡해져서는 안 된다. public이 아닌 메소드는 표시하지 않으며, 특정 클래스에 대해서는 메소드를 전혀 표시하지 않는다. 다이어그램은 단지 관심 있고 유용한 부분만을 표시한다.

UML은 시스템의 고수준 표현을 위한 간단한 기호 언어로 사용되기에 좋다. 만약, 다이어그램에 모든 가능한 상세 부분을 포함한다면 표현하고자 하는 중요한 부분을 애매하게 만들 것이다.

UML에서 인터페이스를 표현하는 것도 비슷하다. 대게 클래스가 특정 인터페이스를 구현하고 있다는 것을 표현하는 것으로 충분하다. 인터페이스에서 정의된 메소드는 일반적으로 이해되고 또한 코드에서 찾을 수 있다. UML은 클래스가 인터페이스를 구현하고 있다는 것을 보여 주는 시각적으로 보여 주는 간단명료한 방법이다. 예를 들어, String 메소드가 Comparable interface를 구현하는 것을 다음의 UML다이어그램으로 표현할 수 있다.

```
  ┌────────┐              Comparable
  │ String │─────────────────○
  └────────┘
```

인터페이스(interface)와 폴리모피즘(polymorphism) | Lesson 05

```
package sis.studentinfo;

public interface GradingStrategy {
    public int getGradePointsFor(Student.Grade grade);
}
```

각 정책은 분리된 클래스로 표현된다. 각 정책 클래스는 GradingStrategy 인터페이스를 구현하고, 따라서 getGradePointsFor 메소드에 적절한 코드를 제공한다.

인터페이스는 구현하는 클래스의 공개적인 접근방법이 되는 메소드를 정의해야 한다. 따라서 모든 인터페이스 메소드는 의미상 public이어야 한다. 또한 인터페이스의 메소드 선언에는 public 키워드를 사용할 필요가 없다.

```
package sis.studentinfo;

public interface GradingStrategy {
    int getGradePointsFor(Student.Grade grade);
}
```

HonorsGradingStrategy:

```
package sis.studentinfo;

public class HonorsGradingStrategy implements GradingStrategy {
    public int getGradePointsFor(Student.Grade grade) {
        int points = basicGradePointsFor(grade);
        if (points > 0)
            points += 1;
        return points;
    }

    int basicGradePointsFor(Student.Grade grade) {
        if (grade == Student.Grade.A) return 4;
        if (grade == Student.Grade.B) return 3;
        if (grade == Student.Grade.C) return 2;
        if (grade == Student.Grade.D) return 1;
        return 0;
    }
}
```

RegularGradingStrategy:

```
package sis.studentinfo;

public class RegularGradingStrategy implements GradingStrategy {
    public int getGradePointsFor(Student.Grade grade) {
        if (grade == Student.Grade.A) return 4;
        if (grade == Student.Grade.B) return 3;
        if (grade == Student.Grade.C) return 2;
        if (grade == Student.Grade.D) return 1;
        return 0;
    }
}
```

Agile Java

이 코드에서 중복된 부분을 찾았다면 재구성해 보자. BasicGradingStrategy를 정의해서 공통적으로 사용되는 정적인 메소드를 제공할 수 있다. 혹은 다음 레슨에서 중복을 없애는 다른 방법을 배울 것이기 때문에 기다릴 수 있다(다른 경우는 즉시 중복을 없애야 한다).

StudentTest에서 setHornors를 전공 학생을 만들기 위해 사용하는 대신 setGrading-Strategy를 Student 객체로 보낸다. 이때 HonorsGradingStraategy 인스턴스를 인수로 보낸다.

```
private Student createHonorsStudent() {
   Student student = new Student("a");
   student.setGradingStrategy(new HonorsGradingStrategy());
   return student;
}
```

이 수정이 테스트 코드의 모든 중복을 없앤 것을 확인하자.

이제 Student 클래스가 정책을 설정하고 저장할 수 있도록 고쳐야 한다. gradingStrategy 인스턴스 변수를 기본적인 정책을 표현하기 위해 RegularGradingStrategy 객체로 초기화한다.

```
public class Student {
   ...
   private GradingStrategy gradingStrategy =
     new RegularGradingStrategy();
   ...
   void setGradingStrategy(GradingStrategy gradingStrategy) {
      this.gradingStrategy = gradingStrategy;
   }
   ...
}
```

다음 부분에서 인터페이스 레퍼런스를 이용해서 gradingStrategy 인스턴스 변수와 setGradingStrategty에 대한 인수를 GradingStrategy로 선언할 수 있는지 설명한다.

Student 코드를 수정해서 gradingStrategy 레퍼런스에 저장된 객체에 gradePointsFor 메시지를 보내서 학점을 얻는 코드를 추가한다.

```
int gradePointsFor(Grade grade) {
   return gradingStrategy.getGradePointsFor(grade);
}
```

isHonors 인스턴스 변수를 없애고, 관련된 메소드와 basicGradePointsFor 메소드를 없앤다.

이제 gradePointsFor 메소드는 단순한 전달만을 하고 그 코드를 getGpa 메소드 안에 포함할 수 있다. 어떤 경우에 gradePointsFor와 같은 한 줄짜리 위임 메소드는 명료하고 이해하기 쉬운 코드가 된다. 하지만 이 경우 gradePointsFor 메소드는 다른 코드에서 사용되지 않으며 중복된 이름이 될 뿐이다.

인터페이스(interface)와 폴리모피즘(polymorphism) | Lesson 05

getGPA에서의 호출에서 gradePointsFor 메소드를 대체한다. 이제 gradePointsFor 메소드를 완전히 없앨 수 있다.

```
double getGpa() {
  if (grades.isEmpty())
    return 0.0;
  double total = 0.0;
  for (Grade grade: grades)
    total += gradingStrategy.getGradePointsFor(grade);
  return total / grades.size();
}
```

이제 확장가능하고 다른 코드의 영향을 받지 않는 해결방법을 찾았다. GradingStrategy에 EliteGradingStrategy와 같은 세 번째 클래스를 추가하는 것은 단순히 새로운 클래스를 만들고 하나의 메소드를 구현하는 간단한 작업이 된다. Student의 코드는 수정할 필요가 없다. 즉 Student 클래스는 학점 정책에 대한 변화에 닫혀있다. 또한 앞으로는 다른 학점 정책에 관계없이 특정 학점 정책을 수정할 수 있다.

15 \ 인터페이스 참조 사용하기

Student에 사용한 코드는 GradingStrategy를 인스턴스 변수와 인수를 정의하는데 사용한다.

```
public class Student implements Comparable<Student> {
  ...
  private GradingStrategy gradingStrategy =
    new RegularGradingStrategy();
  ...
  void setGradingStrategy(GradingStrategy gradingStrategy) {
    this.gradingStrategy = gradingStrategy;
  }
}
```

RegularGradingStrategy 객체를 생성하고 gradingStrategy 인스턴스 변수에 할당하였지만 gradingStrategy를 RegularGradingStrategy가 아닌 GradingStrategy로 정의하였다. 자바는 이것을 허용한다. 인터페이스를 구현한 클래스는 그 인터페이스 형식이 될 수 있다. RegularGradingStrategy는 GradingStrategy를 구현하므로, GradingStrategy가 된다.

객체를 GradingStrategy 인터페이스 형식의 레퍼런스에 할당해도 메모리상에는 여전히 RegularGradingStrategy으로 남아 있는다. 하지만 GradingStrategy 참조를 사용하는 코드에서는 이 참조를 통해서 GradingStrategy에 관련된 메시지만을 보낼 수 있다.

Student의 코드에서는 RegularGradingStrategy이나 HonorsGradingStrategy로 메시지

Agile Java

를 보내는 것을 구별하지 않는다. getGpa메소드의 코드에서는 참조에 저장된 실제 인스턴스의 형식을 알지 못하더라도 gradingStrategy 참조에 getGradePointsFor 메시지를 보낼 수 있다.

 항상 인터페이스형의 변수와 인수를 사용하자.

인터페이스형을 사용하는 것은 좋은 객체지향 디자인의 초석이 된다. 인터페이스는 "추상화의 경계"이다. 변화가 가능한 객체에 대해서 추상화된 상호 작용 방법을 정의할 수 있다.

이것이 왜 중요한가? 그것은 클래스 X를 변화할 때마다 클래스 X에 의존적인 모든 클래스를 다시 컴파일하고 테스트해야 하기 때문이다. 또한 의존적인 클래스에 의존적인 클래스들 역시 모두 다시 컴파일하고 테스트해야 한다. 그림 5-3에서 클래스 X를 바꾸는 것은 의존적인 클래스인 A와 B에 영향을 줄 것이다.

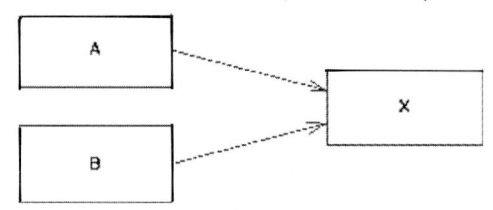

그림 5-3 X의 변화로 인한 A와 B에 대한 영향

인터페이스는 이런 의존성을 변화시켜서 클라이언트 클래스가 추상화된 개념에 의존적으로 만든다[5]. 인터페이스를 구현하는 클래스도 이 추상화된 개념에 의존하게 된다. 하지만 클라이언트 클래스는 실제적인 변화되는 클래스에 더 이상 의존적이지 않다. 그림 5-4에서, 인터페이스 XAbstration은 XImplementation 개념에 의한 추상화를 표현한다. 클래스 A와 B는 이 인터페이스를 통해서 XImplementation을 사용한다. 클래스 A와 B는 이제 추상화에만 의존적이다. XImplementation 클래스 역시 이 추상화에 의존적이다. 그림 5-4의 어떤 클래스도 변화되기 쉬운 구현상의 상세 사항에 의존적이지 않다.

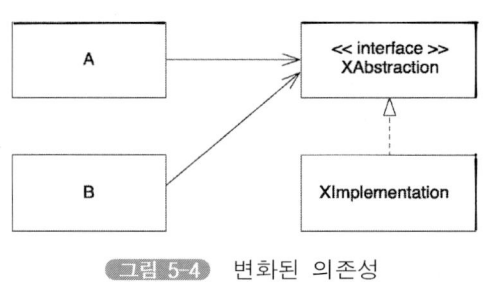

그림 5-4 변화된 의존성

---

5) 〔Martin2003〕, p. 127.

인터페이스(interface)와 폴리모피즘(polymorphism) | Lesson 05

 객체지향 시스템을 설계할 때, 이런 의존성 배치를 위해 노력할 것이다. 실제 형식에 의존할수록 시스템을 바꾸기가 힘들어 진다. 추상적 형식(인터페이스와 같은)에 의존할수록 시스템을 바꾸기 쉬워진다. 인터페이스를 적용하여 클라이언트와 실제 서버 클래스 사이에 추상적인 벽을 만들 수 있다.

16 ArrayList와 List 인터페이스

 이전의 레슨에서 여러분은 ArrayList 인스턴스를 생성하고 ArrayList 형 참조에 할당했다.

```
ArrayList<Student> students = new ArrayList<Student>();
```

 자바 API 문서는 ArrayList가 List 인터페이스를 구현하고 있다고 명시하고 있다. List 인터페이스 부분의 문서를 보면 ArrayList 인스턴스로 보낼 수 있는 대부분의 메시지가 List에 정의된 것을 볼 수 있다. 따라서 이 예제의 students를 List 형식으로 지정하는 것이 좋다.

```
List<Student> students = new ArrayList<Student>();
```

 ArrayList는 고정된 길이의 배열을 메모리에 정의한다. 리스트의 마지막 요소 전에 추가하거나 삭제한다면 성능은 좋다. 만약, 다른 특성을 원한다면 링크드 리스트(linked list)가 좀더 동적인 메모리 관리를 하기 때문에 더 나은 데이터 구조이다. 좋지 않은 점은 링크드 리스트에서 각 요소에 접근하는 것은 리스트의 처음부터 순차적으로 찾아나가는 방법밖에 없다. 반면에 배열에서는 메모리 블록의 시작 주소만을 계산하면 되기 때문에 각 요소에 즉시 접근할 수 있다.
 자바에서 링크드 리스트는 java.util.LinkedList로 제공된다. List 참조형을 코드에서 사용한다면 한곳에서만 코드를 수정해서 응용프로그램의 성능 특성을 바꿀 수 있다.

```
List<Student> students = new LinkedList<Student>();
```

 지금은 소스코드를 보면서 가능한 많은 참조를 인터페이스 형식으로 바꾼다.

연습문제

1. 두 개의 색을 나타내는 열거형을 만든다. Piece 클래스에서만 존재를 알 수 있도록 이 열거형을 숨긴다. 구현에 따라 많은 양의 재구성이 필요할 수도 있다. 이 변화를 위해 바꾼 부분들을 살펴보자.

   말의 종류에 대해서도 열거형을 만드는 것을 고려해볼 것이다. 만약, 코드상에서 간단하게 바꿀 수 있다면 해 보자. 레슨 6에서 데이터를 열거형 값과 연계시키는 방법을 배울 때까지 기다리는 것이 좋을 수도 있다.

2. 각 말에 대해서 enum을 만든다.

3. Piece에 대한 색과 말에 따른 분리된 팩토리 메소드를 만든다. (즉, createWhitePawn, createBlackRook).

```
package pieces;

import junit.framework.TestCase;

public class PieceTest extends TestCase {
  public void testCreate() {
    verifyCreation(
      Piece.createWhitePawn(), Piece.createBlackPawn(),
      Piece.Type.PAWN, Piece.PAWN_REPRESENTATION);
    verifyCreation(
      Piece.createWhiteRook(), Piece.createBlackRook(),
      Piece.Type.ROOK, Piece.ROOK_REPRESENTATION);
    verifyCreation(
      Piece.createWhiteKnight(), Piece.createBlackKnight(),
      Piece.Type.KNIGHT, Piece.KNIGHT_REPRESENTATION);
    verifyCreation(
      Piece.createWhiteBishop(), Piece.createBlackBishop(),
      Piece.Type.BISHOP, Piece.BISHOP_REPRESENTATION);
    verifyCreation(Piece.createWhiteQueen(), Piece.createBlackQueen(),
      Piece.Type.QUEEN, Piece.QUEEN_REPRESENTATION);
    verifyCreation(Piece.createWhiteKing(), Piece.createBlackKing(),
      Piece.Type.KING, Piece.KING_REPRESENTATION);
    Piece blank = Piece.noPiece();
    assertEquals(., blank.getRepresentation());
    assertEquals(Piece.Type.NO_PIECE, blank.getType());
  }

  private void verifyCreation(Piece whitePiece, Piece blackPiece,
      Piece.Type type, char representation) {
    assertTrue(whitePiece.isWhite());
    assertEquals(type, whitePiece.getType());
    assertEquals(representation, whitePiece.getRepresentation());

  assertTrue(blackPiece.isBlack());
    assertEquals(type, blackPiece.getType());
```

```
    assertEquals(Character.toUpperCase(representation),
        blackPiece.getRepresentation());
    }
}
```

if 문을 사용해서 createWhite와 createBlack 메소드를 하나의 private 팩토리 메소드로 줄인다.

4. Board에 색과 말 종류를 받아서 말의 개수를 반환하는 코드를 추가한다. 예를 들어, 아래의 체스판에서 검은 졸의 수를 요청 받으면 3을 반환해야 한다. 요청 받았을 때 개수를 계산하도록 한다.

```
. K R . . . . .
P . P B . . . .
. P . Q . . . .
. . . . n q . .
. . . . . p . .
. . . . . . p .
. . . . r k . .
```

5. 주어진 위치의 말을 가져오는 메소드를 만든다. 초기 설정에서 "a8"에 대한 요청에는 검은 루크를 반환해야 한다. 흰색 킹은 "e1"에 있다.
   Character 클래스에 정의된 유틸리티 메소드는 위치를 나타내는 문자열의 각 문자를 숫자 인덱스로 바꾸는데 도움이 될 것이다.
   주의 : 판이 반대일 수도 있다. 즉 rank 1이 가장 위이고 rank 8이 가장 아래 일 수도 있다.

```
R N B Q K B N R 8  (rank 8)
P P P P P P P P 7
. . . . . . . . 6
. . . . . . . . 5
. . . . . . . . 4
. . . . . . . . 3
p p p p p p p p 2
r n b q k b n r 1  (rank 1)
a b c d e f g h
      files
```

다음 연습문제에서, 빈 체스판에 말들을 만드는 기능을 추가할 것이다. 새로 생성된 Board 객체에 말이 없는 것을 확인하는 테스트를 추가하는 것부터 시작하자. 이것을 위해 약간의 재구성이 필요하다. ArrayList에 set 메소드 대신 add 메소드를 넣는 것이 필요하다.

연습문제

6. 체스판의 임의 위치에 말을 추가하는 코드를 작성한다. 사각형을 유지하기 위해 이전에 추가한 코드를 재구성하는 것을 잊지 말자.

   ```
   . . . . . . . . 8  (rank 8)
   . . . . . . . . 7
   . K . . . . . . 6
   . R . . . . . . 5
   . . k . . . . . 4
   . . . . . . . . 3
   . . . . . . . . 2
   . . . . . . . . 1  (rank 1)
   a b c d e f g h
         files
   ```

7. 체스 프로그램에서는 어떻게 움직일지를 결정하기 위해 체스판의 위치의 상대적인 상태를 정하는 것이 중요하다. 단순한 평가함수를 사용해서 체스판 위의 말들의 값을 더해 보자. 퀸은 9점, 루크는 5점 비숍은 3점, 나이트는 2.5점이다. 같은 세로줄에 같은 색의 폰이 있는 경우 폰은 0.5 점 아닌 경우 1점을 준다. 한번에 한쪽의 점수만을 계산하는 것을 잊지 말자.

   ```
   . K R . . . . . 8
   P . P B . . . . 7
   . P . . Q . . . 6
   . . . . . . . . 5
   . . . . . n q . 4
   . . . . . p . p 3
   . . . . . . p p 2
   . . . . r k . . 1
   a b c d e f g h
   ```

   위의 예에서 검은색은 20점 흰색은 19.5점이 된다.
   점차 이 방식을 개발해 나간다. 한 개의 말이 체스판에 있는 경우부터 시작해서 하나씩 말들을 추가하면서 확인해 나간다. 마지막으로 폰이 같은 세로줄에 있는지를 검사하는 복잡한 시나리오를 추가한다.

8. 체스판 위의 말들을 하나씩 보면서 각 말의 세기를 말 자체에 설정한다. 만약, 양 편(검은색과 흰색)에 대하여 콜렉션에 각 말의 리스트를 모은다. 콜렉션이 높은 가치를 가진 말부터 낮은 말을 가진 말의 순서로 정렬되도록 한다.

9. 인터페이스를 만들 기회를 찾아본다. 시스템이 좀더 깨끗해지는가 아니면 복잡해지는가? 불필요한 인터페이스를 사용하는 것에 주의하자. 단순함을 위해서 "적은 수의 클래스와 적은 수의 메소드" 그리고 "중복을 없애는 것"이 중요하다.

10. 지금까지 작성한 코드를 살펴보면서 이른 반환이나 보호 조건을 사용할 수 있는 곳을 찾아보자.

11. 코드를 살펴보면서 실제 구현내용보다는 인터페이스를 사용하고 있는지 확인한다. 특히 콜렉션이 사용을 살펴보고 인터페이스를 이용해서 코드를 작성한 것을 확인한다.

또한: 스태틱 임포트 기능이 코드를 읽기 어렵게 만들지만 테스트 코드에서는 적절하게 사용할 수 있다. 테스트 코드는 일반적으로 하나의 대상 클래스만을 사용한다. 대상 클래스가 클래스 상수를 사용한다면, 클래스 상수에 대하여 스태틱 임포트를 테스트 클래스에서 사용할 수 있다. 어디에 상수가 정의되는 지는 문맥상 알 수 있어야 한다.

코드에서 import static을 조심스럽게 사용하도록 한다.

Lesson 6 상속 (inheritance)

이 레슨에서는 다음 내용을 다룬다.

- switch 문
- 맵(map)
- 늦은 초기화(lazy initialization)
- 상속(inheritance)
- 확장 메소드
- 상위 클래스 생성자 호출하기
- 하청(subcontracting)의 법칙

1. switch 문

최근의 레슨에서 HonorsGradingStrategy와 RegularGradingStrategy가 주어진 문자 학점에 대해서 알맞은 평균 학점을 반환하는 코드를 작성했다. 이렇게 하기 위해 연속적인 if 문을 사용했다. 코드는 다음과 같다(HonorsGradingStrategy).

```
int basicGradePointsFor(Student.Grade grade) {
  if (grade == Student.Grade.A) return 4;
  if (grade == Student.Grade.B) return 3;
  if (grade == Student.Grade.C) return 2;
  if (grade == Student.Grade.D) return 1;
  return 0;
}
```

basicGradePointsFor의 각 조건은 하나의 변수, grade의 값을 비교한다. 자바에서 비교에 관련해서 제공하는 또 다른 구조는 switch 문이다.

```
int basicGradePointsFor(Student.Grade grade) {
  switch (grade) {
    case A: return 4;
    case B: return 3;
    case C: return 2;
    case D: return 1;
    default: return 0;
  }
}
```

switch 문의 대상으로 변수 혹은 비교해야 할 수식을 지정한다. 이 예에서는 grade 인수가 대상이다.

```
switch (grade) {
```

임의 개수의 case 레이블(label)을 지정할 수 있다. 각 case 레이블은 하나의 enum 값을 지정한다. 자바 가상기계가 switch 문을 실행할 때 대상 수식의 값을 결정한다. 이 값을 각 case 레이블과 차례로 비교한다.

대상 값이 case 레이블과 일치하면 자바 가상기계는 case 레이블 바로 뒤의 명령문을 실행한다. switch 대상과 case 레이블 사이의 명령문은 생략된다. 만약, 대상 값에 해당되는 case 레이블이 없다면 자바 가상기계는 default case 레이블로 이동한다. default case 레이블은 선택적으로 사용 가능하다. default case 레이블이 없다면 가상기계는 switch 문 이후의 명령문으로 이동한다.

따라서 grade 변수가 Student.Grade.B라면 자바는 다음 줄로 제어를 옮긴다.

```
case B: return 3;
```

자바 가상기계는 return 명령을 실행하고 메소드에서 제어가 나가게 된다.

2 case 레이블은 레이블일 뿐이다

case 레이블은 레이블일 뿐이다. 자바 가상기계는 case 레이블을 처음 switch 문을 만났을 때만 사용한다. 자바가 필요한 case 레이블을 찾고 제어를 옮긴 후에는 나머지 case 레이블을 무시한다. 자바는 switch 문 내부의 나머지 코드를 위에서 아래로 차례로 실행한다. 자바는 switch 문의 끝까지(혹은 return과 같이 제어를 옮기는 다른 명령을 만날 때까지) case 레이블과 default 레이블을 무시한다.

다음 예는 switch 문의 흐름을 보여 준다.

```
public void testSwitchResults() {
   enum Score
      { fieldGoal, touchdown, extraPoint,
      twoPointConversion, safety };

   int totalPoints = 0;

   Score score = Score.touchdown;

   switch (score) {
      case fieldGoal:
         totalPoints += 3;
      case touchdown:
         totalPoints += 6;
      case extraPoint:
         totalPoints += 1;
      case twoPointConversion:
         totalPoints += 2;
      case safety:
         totalPoints += 2;
   }
   assertEquals(6, totalPoints);
}
```

이 테스트는 실패한다.

```
junit.framework.AssertionFailedError: expected<6> but was<11>
```

score가 Score.touchdown으로 설정되었기 때문에 자바 가상기계는 다음의 case 레이블 뒤의 코드로 제어를 옮긴다.

상속 (inheritance) | Lesson 06

```
case touchdown:
   totalPoints += 6;
```

자바가 이 줄을 실행한 이후, 다음의 세 명령문을 실행한다. (case 레이블은 무시된다.)

```
case extraPoint:   // ignored
   totalPoints += 1;
case twoPointConversion:   // ignored
   totalPoints += 2;
case safety:      // ignored
   totalPoints += 2;
```

따라서 점수 합계는 6 더하기 1 더하기 2 더하기 2, 즉 11이다. 테스트는 실패한다. case 레이블의 각 부분의 코드 뒤에 break 문을 넣어서 필요한 동작을 하게 할 수 있다.

```
public void testSwitchResults() {
   enum Score
      { fieldGoal, touchdown, extraPoint,
        twoPointConversion, safety };

   int totalPoints = 0;

   Score score = Score.touchdown;

   switch (score) {
      case fieldGoal:
         totalPoints += 3;
         break;
      case touchdown:
         totalPoints += 6;
         break;
      case extraPoint:
         totalPoints += 1;
         break;
      case twoPointConversion:
         totalPoints += 2;
         break;
      case safety:
         totalPoints += 2;
         break;
   }
   assertEquals(6, totalPoints);
}
```

break 문은 제어흐름을 바꾸는 또 하나의 명령이다. 이 명령은 switch 문 밖의 다음 명령문으로 제어를 옮긴다. 이 예제에서 break 문을 실행하면 제어는 assertEquals 명령으로 이동한다. switch 문 내부에서 하나의 명령문 앞에 여러 개의 case 레이블이 나올 수 있다.

```
switch (score) {
   case fieldGoal:
      totalPoints += 3;
      break;
```

Agile Java

```
    case touchdown:
        totalPoints += 6;
        break;
    case extraPoint:
        totalPoints += 1;
        break;
    case twoPointConversion:
    case safety:
        totalPoints += 2;
        break;
}
```

score가 Score.twoPointConversion 혹은 Score.safety와 일치하면 코드는 합계에 2를 더한다.

enum 값에 의해 switch를 실행하는 것 외에도 char, byte, short, int 값으로 switch 문을 실행할 수 있다. 불행히도 String 값에 대해서는 적용할 수 없다.

코드상에 많은 switch 문을 넣어서는 안 된다. 또한 같은 목적을 위해서 여러 개의 If 문을 넣어서도 안 된다. 많은 경우, 이전 레슨에서처럼 폴리모피즘을 통한 해결방법으로 switch 문을 대신할 수 있다. switch 문을 폴리모피즘으로 바꾸는 기준은 중복과 반복의 정도, 유지의 용이성이다.

계속하기 전에 RegularGradingStrategy가 여러 개의 if 문 대신에 switch 문을 사용하도록 재구성한다.

3 맵(map)

switch 문을 대신하는 또 다른 방법은 맵이다. 맵은 특정한 키(key)에 관련된 값을 빠르게 추가하고 가져오기 위해 제공되는 콜렉션이다. 한가지 예는 각 단어(키)의 정의(값)를 저장하는 사전이다.

자바는 맵 구현의 일반적인 동작을 정의하기 위해 java.util.Map 인터페이스를 제공한다. 리포트 카드를 위해서는 EnumMap 구현을 사용할 것이다. EnumMap은 모든 키가 enum 객체여야 하는 제한을 가진 맵의 일종이다.

Map에 관련된 키 값의 조합을 추가하기 위해, 키와 값을 인수로 받는 put 메소드를 사용한다. 특정키에 저장된 값을 가져오기 위해 키를 인수로 받고 관련된 값을 반환하는 get 메소드를 사용한다.

각 학생에 대해서 리포트 카드에 학점에 따라 적절한 메시지를 넣기를 원한다고 가정하자. ReportCardTest를 sis.report 패키지에 추가한다.

상속 (inheritance) | Lesson 06

```java
package sis.report;

import junit.framework.*;
import sis.studentinfo.*;

public class ReportCardTest extends TestCase {
  public void testMessage() {
    ReportCard card = new ReportCard();
    assertEquals(ReportCard.A_MESSAGE,
            card.getMessage(Student.Grade.A));
    assertEquals(ReportCard.B_MESSAGE,
            card.getMessage(Student.Grade.B));
    assertEquals(ReportCard.C_MESSAGE,
            card.getMessage(Student.Grade.C));
    assertEquals(ReportCard.D_MESSAGE,
            card.getMessage(Student.Grade.D));
    assertEquals(ReportCard.F_MESSAGE,
            card.getMessage(Student.Grade.F));
  }
}
```

Student에 정의된 Grade enum을 이 코드가 컴파일 되도록 바꾼다.

```java
package sis.report;

import java.util.*;
import sis.studentinfo.*;

public class ReportCard {
  static final String A_MESSAGE = "Excellent";
  static final String B_MESSAGE = "Very good";
  static final String C_MESSAGE = "Hmmm...";
  static final String D_MESSAGE = "Youre not trying";
  static final String F_MESSAGE = "Loser";

  private Map<Student.Grade, String> messages = null;

  public String getMessage(Student.Grade grade) {
    return getMessages().get(grade);
  }

  private Map<Student.Grade, String> getMessages() {
    if (messages == null)
      loadMessages();
    return messages;
  }

  private void loadMessages() {
    messages =
      new EnumMap<Student.Grade, String>(Student.Grade.class);
    messages.put(Student.Grade.A, A_MESSAGE);
    messages.put(Student.Grade.B, B_MESSAGE);
    messages.put(Student.Grade.C, C_MESSAGE);
    messages.put(Student.Grade.D, D_MESSAGE);
    messages.put(Student.Grade.F, F_MESSAGE);
  }
}
```

Agile Java

ReportCard 클래스는 인수화된 Map 형으로 messages 인스턴스 변수를 정의한다. 이 형 인수는 Studet.Grade를 키로 하고 String을 변수로 한다. EnumMap을 생성할 때, 키에 해당되는 enum 형 표현을 클래스로 전달해야 한다.

getMessages 메소드는 정적 상수로 정의된 필요한 메시지 문자열을 EnumMap의 새로운 인스턴스로 읽어오기 위해 늦은 초기화(박스부분을 참조한다)를 사용한다.

늦은 초기화(lazy initialization)

여러분은 필드를 선언한 곳에서나 생성자 내부에서 초기화하는 방법을 배웠다. 다른 방법은 실제로 필드를 사용할 필요가 있을 때까지 기다렸다가 초기화하는 것이다. 이 기법을 늦은 초기화라고 한다.

getMessages와 같이 정보를 가져오는 메소드에서 먼저 필드가 초기화되어 있는지를 확인한다. 레퍼런스 인스턴스 변수의 경우 변수가 null인지 아닌지를 확인 할 것이다. 만약, null이라면 필요한 초기화를 실행하고 필드에 새 값을 할당한다. 결과적으로 메소드의 결과로 해당 필드를 일반적인 경우처럼 반환한다.

늦은 초기화를 사용하는 가장 큰 이유는 필요할 때까지 부담이 될 수 있는 연산을 미루는 것이다. 필드가 사용되지 않는다면, 읽어오는데 필요한 싸이클(cycle)을 사용하지 않을 것이다. 이 방법에는 매번 필드에 접근할 때 필드를 확인하는 약간의 추가 작업이 필요하다. 이 추가 작업은 가끔의 접근에 비해서는 무시할 정도이다.

이제 늦은 초기화는 필드 접근 방식에 가까운 좀더 복잡한 초기화 방법으로 사용된다. 이렇게 해서 필드가 초기화되고 사용되는 방법을 이해하기 쉬워진다.

getMessage 메소드는 학점 키에 대해서 적절한 문자열 값을 가져오는 Map 메소드 get을 사용하는 한 줄의 코드이다.

Map은 응용프로그램을 작성할 때 자주 사용되는 빠른 데이터 구조로서 상당히 유용하다. 사용에 대한 좀더 자세한 설명을 위해서 레슨 9를 참조한다.

4 상속(inheritance)

RegularGradingStrategy와 HonorsGradingStrategy를 위한 코드는 중복된 부분이 있다. 기본 학점을 가져오는 부분에 사용되는 코드는 양쪽 클래스에서 같다(두 클래스는 같은 형식의 switch 문을 사용한다).

상속 (inheritance) | Lesson 06

```
switch (grade) {
   case A:  return 4;
   case B:  return 3;
   case C:  return 2;
   case D:  return 1;
   default: return 0;
}
```

이런 중복을 없애는 한가지 방법은 상속을 사용하는 것이다. 이 책의 개요부분에서 상속을 간단하게 살펴봤다. 여러분은 BasicGradingStrategy라는 공통 클래스로 RegularGradingStrategy와 HonorsGradingStrategy의 공통부분을 옮길 수 있다. 그리고 RegularGradingStrategy와 HonorsGradingStrategy를 BasicGradingStrategy의 하위 클래스(subclass)로 정의할 수 있다. 하위 클래스로서 RegularGradingStrategy와 HonorsGradingStrategy 각각은 BasicGradingStrategy의 모든 동작을 가진다.

이런 상속 기반의 방법을 적용하는 것은 점진적으로 진행된다. 먼저 BasicGradingStrategy 클래스를 만든다.

```
package sis.studentinfo;

public class BasicGradingStrategy {
}
```

그리고 extends 키워드를 사용해서 RegularGradingStrategy와 HonorsGradingStrategy를 BasicGradingStrategy 클래스의 하위 클래스로 만든다. extends 부분은 implements 부분 전에 나와야 한다.

```
// RegularGradingStrategy.java
package sis.studentinfo;

public class RegularGradingStrategy
      extends BasicGradingStrategy
      implements GradingStrategy {
   public int getGradePointsFor(Student.Grade grade) {
      switch (grade) {
         case A: return 4;
         case B: return 3;
         case C: return 2;
         case D: return 1;
         default: return 0;
      }
   }
}
// HonorsGradingStrategy.java
package sis.studentinfo;

public class HonorsGradingStrategy
      extends BasicGradingStrategy
      implements GradingStrategy {
```

Agile Java

```java
public int getGradePointsFor(Student.Grade grade) {
   int points = basicGradePointsFor(grade);
   if (points > 0)
      points += 1;
   return points;
}

int basicGradePointsFor(Student.Grade grade) {
   switch (grade) {
      case A: return 4;
      case B: return 3;
      case C: return 2;
      case D: return 1;
      default: return 0;
   }
}
```

이제 공통적인 코드를 BasicGradingStrategy 상위 클래스(superclass)(혹은 베이스클래스로 불린다)의 메소드로 옮긴다. 먼저 basicGradePointsFor를 HornorsGradingStrategy에서 BasicGradingStrategy로 옮긴다.

```java
// HonorsGradingStrategy.java
package sis.studentinfo;

public class HonorsGradingStrategy
      extends BasicGradingStrategy
      implements GradingStrategy {
   public int getGradePointsFor(Student.Grade grade) {
      int points = basicGradePointsFor(grade);
      if (points > 0)
         points += 1;
      return points;
   }
}

// BasicGradingStrategy.java
package sis.studentinfo;

public class BasicGradingStrategy {
   int basicGradePointsFor(Student.Grade grade) {
      switch (grade) {
         case A: return 4;
         case B: return 3;
         case C: return 2;
         case D: return 1;
         default: return 0;
      }
   }
}
```

다시 컴파일하고 테스트한다.

HonorsGradingStrategy는 더 이상 basicGradePointsFor를 가지지 않지만 같은 클래스 내에 정의된 것처럼 메소드를 호출할 수 있다. 이것은 여러분의 테스트 클래스에서 assert 메

|208|

상속(inheritance) | Lesson 06

소드를 호출할 수 있는 것과 같은 것이다. 개념적으로 인터페이스를 구현하고 있는 클래스가 해당 인터페이스 형인 것처럼, HonorsGradingStrategy는BasicGradingStrategy이다. 따라서 HonorsGradingStrategy는 BasicGradingStrategy의 모든(private가 아닌) 메소드를 사용할 수 있다. (잠시 후 private가 아닌 메소드에 대해서 살펴볼 것이다.)

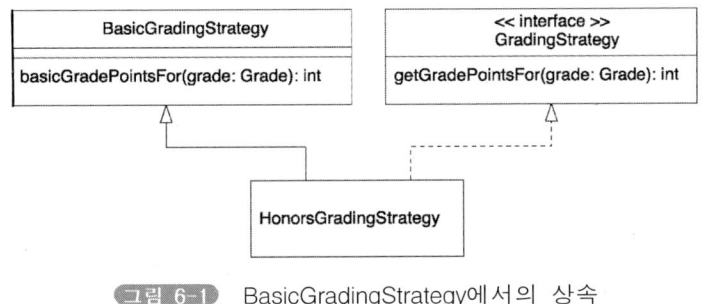

그림 6-1   BasicGradingStrategy에서의 상속

이 관계에 대한 UML 표현은 그림 6-1에 나타난다.
다음으로 RegularGradingStrategy를 수정해서 basicGradePointsFor를 재사용하도록 고친다.

```
package sis.studentinfo;

public class RegularGradingStrategy
    extends BasicGradingStrategy
    implements GradingStrategy {
  public int getGradePointsFor(Student.Grade grade) {
    return basicGradePointsFor(grade);
  }
}
```

5. 추상 클래스(abstract class)

여기서 멈춰도 충분한 해결방법이 된다. 추가적으로 상위 클래스인 BasicGradingStrategy가 직접적으로 GradingStrategy 인터페이스를 구현하도록 하여 중복을 좀더 줄일 수 있다. 문제는 getGradePointsFor를 구현할 필요가 없다는 것이다.
자바는 메소드의 동작을 구현할 수 없고 구현하지 않겠다는 의미로 메소드를 abstract로 선언하도록 한다. 클래스가 하나라도 abstract 메소드를 포함하면 그 클래스 자체도 abstract로 선언되어야만 한다. 인터페이스를 직접 인스턴스화할 수 없는 것처럼, abstract 클래스의 인스턴스를 생성할 수는 없다.

Agile Java

abstract 클래스를 확장하는 모든 클래스는 상속된 abstract 메소드를 구현하거나 자신도 abstract로 선언되어야 한다.

BasicGradingStrategy의 선언을 수정해서 GradingStrategy 인터페이스를 구현하도록 한다. 그리고 absract 선언을 getGradePointsFor 메소드에 붙인다.

```
package sis.studentinfo;

abstract public class BasicGradingStrategy implements GradingStrategy {
   abstract public int getGradePointsFor(Student.Grade grade);

   int basicGradePointsFor(Student.Grade grade) {
      switch (grade) {
         case A: return 4;
         case B: return 3;
         case C: return 2;
         case D: return 1;
         default: return 0;
      }
   }
}
```

하위 클래스들은 GradingStrategy 인터페이스를 구현한 것을 선언할 필요가 없다.

```
// HonorsGradingStrategy.java
package sis.studentinfo;

public class HonorsGradingStrategy extends BasicGradingStrategy {
   public int getGradePointsFor(Student.Grade grade) {
      int points = basicGradePointsFor(grade);
      if (points > 0)
         points += 1;
      return points;
   }
}

// RegularGradingStrategy.java
package sis.studentinfo;

public class RegularGradingStrategy extends BasicGradingStrategy {
   public int getGradePointsFor(Student.Grade grade) {
      return basicGradePointsFor(grade);
   }
}
```

6 메소드 확장하기

세 번째 해결 방법은 RegularGradingStrategy가 실제적으로 BasicGradingStrategy와 같다는 것을 이용하는 것이다. 기본적으로 HonorsGradingStrategy에 정의된 getGradePointsFor

상속 (inheritance) | Lesson 06

메소드는 RegularGradingStrategy의 메소드를 확장한 것이다(기본 메소드가 하는 것을 모두 하고, 약간의 추가적인 일을 한다). 다시 말하면, BasicGradingStrategy의 getGradePointsFor 메소드 기본 정의가 HonorsGradingStrategy에서 확장하도록 하는 것이다.

getGradePointsFor를 RegularGradingStrategy에서 BasicGradingStrategy로 옮긴다. 모든 메소드를 정의했기 때문에 더 이상 BasicGradingStrategy을 abstract로 선언해서는 안 된다.

```
public class BasicGradingStrategy implements GradingStrategy {
  public int getGradePointsFor(Student.Grade grade) {
    return basicGradePointsFor(grade);
  }

  int basicGradePointsFor(Student.Grade grade) {
    switch (grade) {
      case A: return 4;
      case B: return 3;
      case C: return 2;
      case D: return 1;
      default: return 0;
    }
  }
}

// RegularGradingStrategy.java
package sis.studentinfo;

public class RegularGradingStrategy extends BasicGradingStrategy {
}
```

RegularGradingStrategy 클래스는 이제 아무런 메소드도 정의하지 않는다. (컴파일하고, 테스트한다.)

다음으로 HonorsGradingStrategy의 코드를 수정해서 상위 클래스의 메소드인 basicGradePointsFor를 확장하도록 한다. 메소드를 확장하기 위해서, 상위 클래스에서와 같은 이름의 메소드를 정의한다. 이 하위 클래스 메소드에서 상위 클래스 메소드를 호출한다. 하위 클래스 메소드의 나머지 부분에서 추가적인 동작을 구현한다.

확장에 비해서, 자바는 원래의 메소드와 관계없는 전혀 새로운 메소드를 정의하는 것을 허용한다. 이것은 메소드를 오버라이드(overide)한다고 표현한다. 이것은 의미상의 정의이다. 컴파일러는 오버라이딩과 확장을 구별하지 않는다. 컴파일러에게 둘은 모두 오버라이드이다. 반면에 상위 클래스의 같은 이름의 메소드를 호출하기 때문에 여러분은 확장을 구분할 수 있다.

 오버라이딩보다는 확장을 사용하자.

어떤 의미에서 하위 클래스는 상위 클래스의 메소드의 동작을 완전히 변경하지 않고 특화시킬 필요가 있다.

Agile Java

상위 클래스의 메소드를 명시적으로 호출하려면, super 키워드를 메시지 전달의 범위로 사용한다.

```
package sis.studentinfo;

public class HonorsGradingStrategy extends BasicGradingStrategy {
   public int getGradePointsFor(Student.Grade grade) {
      int points = super.getGradePointsFor(grade);
      if (points > 0)
         points += 1;
      return points;
   }
}
```

super 키워드를 사용할 때 자바 가상기계는 해당되는 메소드 정의를 찾기 위해 상위 클래스를 참조한다.

7 재구성하기

BasicGradingStrategy의 basicGradePointsFor 메소드는 이제 불필요하다. basicGradePointsFor 메소드를 없애고 그 코드를 다른 코드에 포함할 수 있다.

```
package sis.studentinfo;

public class BasicGradingStrategy implements GradingStrategy {
   public int getGradePointsFor(Student.Grade grade) {
      switch (grade) {
         case A: return 4;
         case B: return 3;
         case C: return 2;
         case D: return 1;
         default: return 0;
      }
   }
}
```

RegularGradingStrategy에서 하위 클래스를 분리할 필요가 있는가?
이제 남은 부분은 많지 않다.

```
package studentinfo;

public class RegularGradingStrategy
   extends BasicGradingStrategy {
}
```

상속 (inheritance) | Lesson 06

Student의 gradeStrategy 레퍼런스가 기본적으로 BasicGradingStrategy를 사용하도록 해서 이 클래스를 없앨 수 있다.

```
public class Student {
  ...
  private GradingStrategy gradingStrategy =
    new BasicGradingStrategy();
  ...
```

지금까지 상속을 배운 이후로 수정한 코드는 결과 코드 뿐이다. 테스트 쪽의 코드는 수정하지 않았다. (조금씩 코드를 고칠 때마다 테스트를 실행했기를 바란다.) 어떤 동작도 변경하지 않았다. 오직 존재하는 동작이 구현되는 방법만을 바꿨다. Student에서 평균 학점을 테스트하는 것은 이 동작을 충분히 검사할 수 있다.

하지만 Student에 대한 테스트는 학생을 관리하는 입장에서의 동작을 검사한다. 일반적인 규칙은 하나의 결과 클래스에 적어도 하나의 테스트 클래스를 만드는 것이다. BasicGradingStrategy와 HonorsGradingStrategy 각각을 위한 테스트를 작성해야 한다. BasicGradingStrategy에 대한 테스트는 다음과 같다.

```
package sis.studentinfo;

import junit.framework.*;

public class BasicGradingStrategyTest extends TestCase {
  public void testGetGradePoints() {
    BasicGradingStrategy strategy = new BasicGradingStrategy();
    assertEquals(4, strategy.getGradePointsFor(Student.Grade.A));
    assertEquals(3, strategy.getGradePointsFor(Student.Grade.B));
    assertEquals(2, strategy.getGradePointsFor(Student.Grade.C));
    assertEquals(1, strategy.getGradePointsFor(Student.Grade.D));
    assertEquals(0, strategy.getGradePointsFor(Student.Grade.F));
  }
}
```

HonorsGradingStrategy에 대한 테스트는 다음과 같다.

```
package sis.studentinfo;

import junit.framework.*;

public class HonorsGradingStrategyTest extends TestCase {
  public void testGetGradePoints() {
    GradingStrategy strategy = new HonorsGradingStrategy();
    assertEquals(5, strategy.getGradePointsFor(Student.Grade.A));
    assertEquals(4, strategy.getGradePointsFor(Student.Grade.B));
    assertEquals(3, strategy.getGradePointsFor(Student.Grade.C));
    assertEquals(2, strategy.getGradePointsFor(Student.Grade.D));
    assertEquals(0, strategy.getGradePointsFor(Student.Grade.F));
  }
}
```

이 테스트를 AllTests에 정의된 스위트에 추가하는 것을 잊지 말자.

Agile Java

8 Grade enum을 확장하기

기본 학점 점수는 Grade enum에 직접적으로 관련된 정보이다. enum의 정의를 확장해서 다른 클래스 형식처럼 인스턴스 값, 생성자, 메소드를 포함하도록 할 수 있다. 제약사항은 enum에서 다른 enum을 확장할 수 없다는 것이다.

Student 클래스의 Grade enum의 정의를 수정한다.

```
public class Student {
  public enum Grade {
    A(4),
    B(3),
    C(2),
    D(1),
    F(0);

    private int points;

    Grade(int points) {
      this.points = points;
    }

    int getPoints() {
      return points;
    }
  }
  ...
```

이제 enum의 각 인스턴스를 인수와 연결했다. 추가로 enum 인스턴스의 리스트를 세미콜론으로 끝냈다. 세미콜론 이후에 Grade enum 내부의 코드는 다른 클래스 형과 마찬가지로 보인다. 각 enum 인스턴스에 관련된 인수는 Grade의 생성자로 전달된다. 이 points 인수는 인스턴스 변수 points에 저장된다. getPoints 메소드로 이 값을 가져올 수 있다.

이제 BasicGradingStrategy의 코드를 단순화한다.

```
package sis.studentinfo;

public class BasicGradingStrategy implements GradingStrategy {
  public int getGradePointsFor(Student.Grade grade) {
    return grade.getPoints();
  }
}
```

더 이상 switch 문이 필요하지 않다.

상속 (inheritance) | Lesson 06

9 여름학기 과목

CourseSession 클래스는 현재 봄과 가을에 시작되는 15주(그리고 1주 휴강) 과목만을 지원한다. 대학은 여름학기 과목을 추가하기를 바란다. 여름 과목은 이른 6월에 시작해서 휴강없이 8주동안 진행된다.

한가지 해결 방법은 과목 길이를 CourseSession 클래스로 넘겨서 저장하고 과목 종료일을 계산할 때 사용하는 것이다.

하지만 봄, 가을 학기와 여름학기는 최대 수업회수, 학점 등, 많은 부분이 다르다. 그래서 SummerCourseSession이라는 새로운 클래스를 만들기로 하자.

SummerCourseSession을 구현하는 가장 단순한 접근방법은 CourseSession 클래스를 확장하는 것이다. SummerCourseSession 클래스는 세부적인 부분에서 차이가 있는 CourseSession 이다(그림 6-2 참조).

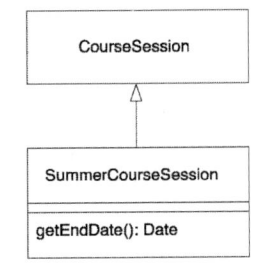

그림 6-1 SummerCourseSession

SummerCourseSession를 관리 목적에서 새로운 패키지인 summer에 만들고자 한다.

처음 작성하는 테스트 코드는 SummerCourseSession이 종료일을 정확히 계산하는지 확인한다.

```
package sis.summer;

import junit.framework.*;
import java.util.*;
import sis.studentinfo.*;

public class SummerCourseSessionTest extends TestCase {
   public void testEndDate() {
      Date startDate = DateUtil.createDate(2003, 6, 9);
      CourseSession session =
         SummerCourseSession.create("ENGL", "200", startDate);
      Date eightWeeksOut = DateUtil.createDate(2003, 8, 1);
      assertEquals(eightWeeksOut, session.getEndDate());
   }
}
```

Agile Java

  10 상위 클래스 생성자 호출하기

SummerCourseSession을 구현하는 초기 시도는 다음과 같다.

```java
// 이 코드는 컴파일 되지 않는다.
package sis.summer;

import java.util.*;
import sis.studentinfo.*;

public class SummerCourseSession extends CourseSession {
   public static SummerCourseSession create(
      String department,
      String number,
      Date startDate) {
    return new SummerCourseSession(department, number, startDate);
   }

   private SummerCourseSession(
      String department,
      String number,
      Date startDate) {
    super(department, number, startDate);
   }

   Date getEndDate() {
      GregorianCalendar calendar = new GregorianCalendar();
      calendar.setTime(startDate);
      int sessionLength = 8;
      int daysInWeek = 7;
      int daysFromFridayToMonday = 3;
      int numberOfDays =
         sessionLength * daysInWeek - daysFromFridayToMonday;
      calendar.add(Calendar.DAY_OF_YEAR, numberOfDays);
      return calendar.getTime();
   }
}
```

중요한 부분은 굵은 문자로 표시하였다.

먼저, SummerCourseSession을 CourseSession의 하위 클래스로 선언하기 위해서, extends 키워드를 클래스 선언에 사용하였다.

두 번째로, SummerCourseSession를 위한 생성자는 학과와 과목번호, 시작일을 인수로 하는 상위 클래스 생성자를 호출한다. 여기서 super 키워드를 사용한다. 이것은 메소드 호출에 super를 사용하는 것과 비슷하다.

세 번째로, 빠르게 일을 진행하기 위해 getEndDate 메소드를 CourseSession에서 복사하여 sessionLength 값을 임시로 16 대신 8로 바꿨다.

상속 (inheritance) | Lesson 06

이 코드는 컴파일되지 않을 것이다. 세 개의 컴파일 에러를 보게 될 것이다. 첫 번째는 어떻게 고쳐야 할 지를 이미 알고 있다.

```
getEndDate() is not public in sis.studentinfo.CourseSession; cannot be accessed from outside package
    assertEquals(eightWeeksOut, session.getEndDate());
                                ^
```

CourseSession의 getEndDate 메소드를 public으로 정의하고 다시 컴파일한다.

```
public Date getEndDate() {
```

이제 getEndDate에 관련된 다른 에러가 발생한다.

```
getEndDate() in sis.summer.SummerCourseSession cannot override getEndDate() in
sis.studentinfo.CourseSession; attempting to assign weaker access privileges; was public
    Date getEndDate() {
    ^
```

상위 클래스 메소드를 오버라이드하는 하위 클래스 메소드는 상위 클래스 메소드와 동일하거나 좀더 관대한 접근 권한을 가져야 한다. 다시 말하면 CourseSession의 getEndDate에 대한 제어는 하위 클래스의 제어보다 엄격해야 한다. 만약, 상위 클래스가 메소드를 package로 표시했다면 하위 클래스는 해당 오버라이드 메소드를 public혹은 package로 선언해야 한다. 만약, 상위 클래스가 메소드를 public으로 선언하면 하위 클래스는 오버라이드된 메소드를 public으로 선언해야 한다.

```
public Date getEndDate() {
```

컴파일하면 두 개의 비슷한 나머지 에러가 발생한다.

```
CourseSession(java.util.Date) has private access in sis.studentinfo.CourseSession
    super(department, number, startDate);
    ^
startDate has private access in sis.studentinfo.CourseSession
    calendar.setTime(startDate);
                     ^
```

명백하게 Date를 인수로 받는 CourseSession 생성자는 private로 선언되었다.

```
private CourseSession(
    String department, String number, Date startDate) {
  // ...
```

| 217 |

Agile Java

여러분은 코드에서 클래스 생성 메소드를 이용해서 CourseSession 인스턴스를 생성하도록 하기 위해 생성자를 private로 표시하였다. 문제는 private 접근 제한(private access modifier)은 생성자로의 접근을 막는다는데 있다. CourseSession 내부에서 정의된 코드에서만 생성자를 호출할 수 있다.

우리의 의도는 CourseSession 생성자를 CourseSession 자체의 코드나 그 하위 클래스 내부의 코드에만 공개하는 것이다. 만약, CourseSession의 하위 클래스를 다른 패키지에 선언하면, 이 하위 클래스 역시 CourseSession 생성자에 접근할 수 있어야 한다. 다른 클래스에는 이 생성자를 공개하고 싶지 않다.

public 접근을 선언하는 것은 너무 많은 접근을 허용한다. 다른 패키지의 하위 클래스가 아닌 클래스에서도 직접적으로 CourseSession 객체를 직접적으로 생성할 수 있다. package 접근은 다른 패키지에 속하는 하위 클래스가 CourseSession 생성자에 접근하는 것을 막을 것이다.

자바는 네 번째의 (그리고 마지막) 접근 권한, protected를 제공한다. protected 키워드는 메소드나 필드가 그것이 정의된 클래스 내부에서만, 혹은 같은 패키지에서, 혹은 하위 클래스에서 접근할 수 있다는 것을 의미한다. 하위 클래스는 다른 패키지에 포함된다고 해도, 상위 클래스에서 protected로 표시된 모든 것에 접근할 수 있다.

CourseSession 생성자를 private에서 protected로 바꾼다.

```
protected CourseSession(
    String department, String number, Date startDate) {
    // ...
```

생성자에 관련된 컴파일 에러는 없어졌다. 이제 하나의 에러가 남았다. getEndDate가 private 상위 클래스 필드인 startDate를 직접 참조한다.

```
startDate has private access in sis.studentinfo.CourseSession
        calendar.setTime(startDate);
                         ^
```

이 문제는 startDate를 protected 필드로 바꿔서 해결할 수 있다. 좀더 나은 방법은 다른 클래스와 마찬가지로 상위 클래스의 메소드를 이용하여 필드에 접근하는 것이다.

getStartDate 메소드를 package에서 protected로 바꾼다.

```
public class CourseSession implements Comparable<CourseSession> {
    ...
    protected Date getStartDate() {
        return startDate;
    }
    ...
```

이제 CourseSession와 SummerCourseSession의 코드를 이 메소드를 사용하도록 바꾼다.

상속 (inheritance) | Lesson 06

```java
// CourseSession.java
public Date getEndDate() {
  GregorianCalendar calendar = new GregorianCalendar();
  calendar.setTime(getStartDate());
  final int sessionLength = 16;
  final int daysInWeek = 7;
  final int daysFromFridayToMonday = 3;
  int numberOfDays =
      sessionLength * daysInWeek - daysFromFridayToMonday;
  calendar.add(Calendar.DAY_OF_YEAR, numberOfDays);
  return calendar.getTime();
}

// SummerCourseSession.java:
public Date getEndDate() {
  GregorianCalendar calendar = new GregorianCalendar();
  calendar.setTime(getStartDate());
  int sessionLength = 8;
  int daysInWeek = 7;
  int daysFromFridayToMonday = 3;
  int numberOfDays =
    sessionLength * daysInWeek - daysFromFridayToMonday;
  calendar.add(Calendar.DAY_OF_YEAR, numberOfDays);
  return calendar.getTime();
}
```

getEndDate의 코드를 복사하라고 했기 때문에 두 곳에서 변경사항을 적용해야 한다.

SummerCourseSession에서 getEndDate는 getStartDate를 호출한다. 하지만 getStartDate는 SummerCourseSession에서는 정의되어 있지 않다. super. 범위제한이 사용되지 않았기 때문에 자바는 SummerCourseSession에서 getStartDate가 정의되어 있는지 확인한다. getStartDate는 정의되어 있지 않으므로, 자바는 접근 가능한 getStartDate의 정의를 찾을 때까지 상속 관계를 찾아 올라간다.

protected 접근은 package보다 느슨한 접근 제한이다. 한가지 문제는 패키지 내부의 다른 클래스에서 protected로 제한된 요소(메소드 혹은 필드)에 접근할 수 있다는 것이다. 보통 이것은 여러분이 원하는 것이 아니다. 같은 패키지의 다른 클래스와 다른 패키지의 하위 클래스에 필드 접근을 허용하면서 다른 패키지의 다른 클래스에 접근을 제한하는 것은 좋은 디자인이 아니다.

CourseSession의 경우 생성자가 패키지에 관계없이 하위 클래스에만 접근 가능하고 다른 클래스에서는 접근이 불가능하기를 원한다. 자바에서는 이런 종류의 접근 제어는 제공되지 않는다.

11 재구성하기

급하게 코딩하면서 생긴 중복된 코드를 제거할 때가 되었다.

CourseSession과 SummerCourseSession에 정의된 getEndDate의 유일한 차이는 과

Agile Java

목의 길이이다. CourseSession에 이 값을 반환하는 protected 메소드를 정의한다.

```
public class CourseSession implements Comparable<CourseSession> {
   ...
   protected int getSessionLength() {
      return 16;
   }
   ...
```

getEndDate에서 getSessionLength를 호출하도록 고친다.

```
public Date getEndDate() {
   GregorianCalendar calendar = new GregorianCalendar();
   calendar.setTime(getStartDate());
   final int daysInWeek = 7;
   final int daysFromFridayToMonday = 3;
   int numberOfDays =
      getSessionLength() * daysInWeek - daysFromFridayToMonday;
   calendar.add(Calendar.DAY_OF_YEAR, numberOfDays);
   return calendar.getTime();
}
```

SummerCourseSession에서 getSessionLength 메소드를 오버라이드한다. 여름과목은 16주가 아닌 8주이다. 이 경우 동작을 바꾸지 않고 단순히 데이터에 관련된 부분만을 고치므로, 메소드를 확장하는 것보다 오버라이드하는 것이 좋다.

```
public class SummerCourseSession extends CourseSession {
      ...
   @Override
   protected int getSessionLength() {
      return 8;
   }
   ...
```

메소드를 오버라이드할 때는 @Override 주석을 달아야 한다. 주석은 코드의 특정부분을 표시하기 위해 사용한다. 다른 두구들, 예를 들어, 컴파일러, IDE, 테스팅 도구는 이런 주석을 해석한다. 자바 컴파일러는 @Override 주석을 읽을 도구이다.

컴파일러는 @Override으로 표시된 메소드에 대해서 상위 클래스에 같은 이름과 인수를 가지는 메소드가 있는 것을 확인한다. 만약, 무언가 잘못되었다면 (예를 들어, 메소드를 getSessionLength대신 getSessionLenght로 잘못 썼다면) 컴파일은 실패한다. 다음 메시지를 보게 될 것이다.

```
method does not override a method from its superclass
```

자바는 @Override을 추가하는 것을 필요로 하지 않는다. 하지만 이런 주석은 단순한 실수 예방 외에도 중요한 정보를 담고 있다. 레슨 15에서 주석에 대한 내용을 좀더 찾을 수 있다.

상속 (inheritance) | Lesson 06

이제 SummerCourseSession에서 getSessionLength를 제거해도 된다. 그림 6-3에서 getSessionLength 연산이 두 번 나온다. 이것은 하위 클래스(SummerCourseSession)가 상위 클래스(CourseSession)의 정의를 오버라이드한 것을 의미한다. 보통은 표시하지 않지만, 각 메소드 앞에 접근 권한을 표시한 것을 살펴보자. UML에서는 공개적인 정보만을 표시하기 때문에 공개적으로 접근이 가능한 연산에는 일반적으로 +를 생략한다.

하지만 이 경우, getSessionLength 메소드가 public이 아닌 protected이다. 그림 6-3에 접근 제한 표시를 다는 것은 메소드의 접근을 구분하고 getSessionLength에 관련된 문제를 돋보이게 한다. protected 에 대한 UML 표시는 #이다[1].

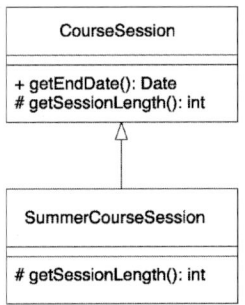

그림 6-3   protected 메소드 오버라이드하기

경향

자바는 메소드에 @Override 주석을 다는 것을 필수로 하지 않기 때문에 잊기 쉽다. (이것이 동료 개발자가 있어서 좋은 점이다.) @Override 주석은 J2SE 5.0 기능에서 새로 생긴 것이다. 따라서 저자 역시 이 책에서 쓰는 것을 잊을 수도 있다. TestCase 메소드를 오버라이드하고 있는데도, setUp과 tearDown 메소드에서 @Override을 사용하지 않은 것을 알 것이다. @Override를 사용하는 것은 좋은 습관이다(특히 setUp을 setup으로 잘못 쓰기 쉽기 때문에). 하지만 오래된 습관은 깨기 힘들다. 저자는 이 경우 단지 테스트 코드이기 때문에 괜찮다고 변명하지는 않겠다. 하지만 여러분은 이런 나쁜 습관을 가지지 않기를 바란다.

과목이 끝나는 날짜를 계산하는 과정의 대부분 코드는 고정되어 있다. CourseSession과 SummerCourseSession의 유일한 차이점은 과목의 기간 차이이다. 이 차이는 분리된 메소드, getSessionLength를 통한 추상화로 표현된다.

Footnote

1) private에 대한 UML 접근 표시는 (-)이다. 패키지 레벨 접근 제한에 대한 표시는 (~)이다.

Agile Java

　CourseSession 클래스는 getSessionLength의를 구현하고, SummerCourseSession은 다르게 구현할 수 있다.

　CourseSession의 getEndDate 메소드는 템플릿(template)로 사용된다. 이 메소드는 과목 종료 날짜를 계산하기 위한 많은 알고리즘을 지원한다. 어떤 종류의 알고리즘은 "끼워넣을 수 있다". 이것은 알고리즘의 자세한 부분이 다른 곳에서 제공된다는 의미이다. 하위 클래스에서는 이런 상세 부분을 다르게 할 수 있다. getEndDate에서의 템플리트 알고리즘은 템플리트 메소드(template method)2)라는 디자인 패턴의 예이다.

12 생성자에 대한 추가사항

　앞에서 본 것처럼, super 키워드를 사용해서 하위 클래스 생성자에서 상위 클래스 생성자를 호출할 수 있다. 상위 클래스 생성자에 대한 호출은 하위 클래스 생성자에서 첫 줄에 나와야 한다.

　하위 클래스는 상위 클래스를 확장한다. 하위 클래스를 기본 클래스 객체를 둘러싼 외부 계층 혹은 껍데기로 생각할 수도 있다. 하위 클래스 객체가 존재하기 전에 자바는 상위 클래스의 객체를 생성하고 정상적으로 초기화한다. 다음 언어 테스트는 클래스가 어떻게 생성되는 지를 보여 준다.

```java
// SuperClassTest.java
import junit.framework.TestCase;

public class SuperClassTest extends TestCase {
   public void testConstructorCalls() {
      SuperClass superClass = new SubClass();
      assertTrue(SuperClass.constructorWasCalled);
   }
}

// SuperClass.java
class SuperClass {
   static boolean constructorWasCalled = false;

   SuperClass() {
      constructorWasCalled = true;
   }
}
// SubClass.java
class SubClass extends SuperClass {
   SubClass() {
   }
}
```

---

2) [Gamma1995].

상속 (inheritance) | Lesson 06

자바 가상기계는 모든 클래스가 적어도 하나 이상의 생성자를 가지기를 요구한다. 하지만 명시적으로 생성자를 정의하지 않고도 클래스를 만들 수 있다. 만약, 생성자를 정의하지 않으면 자바는 자동으로 기본적인 인수 없는 생성자를 만든다.

하위 클래스 생성자에서 super 호출을 하지 않으면 자바가 인수 없는 상위 클래스 생성자를 호출한다. 인수를 받는 생성자에서도 인수를 사용하지 않는 상위 클래스 생성자를 기본으로 호출한다.

```
// SuperClassTest.java
import junit.framework.TestCase;

public class SuperClassTest extends TestCase {
   public void testConstructorCalls() {
      SuperClass superClass = new SubClass("parm");
      assertTrue(SuperClass.constructorWasCalled);
   }
}

// SubClass.java
class SubClass extends SuperClass {
   SubClass(String parm) {
   }
}
```

이 테스트는 새로운 SubClass 인스턴스를 생성하고 인수로 String을 전달한다. 인수 정보는 굵은 글씨로 표시하였다. 이 테스트는 그리고 SubClass 인스턴스를 만드는 것이 SuperClass의 인수 없는 생성자를 호출하는 것을 보여 준다.

기억할 것은 만약, 인수를 가지는 생성자를 클래스에서 정의하면 자바는 자동으로 인수 없는 생성자를 제공하지 않는다. 이 상태에서 모든 하위 클래스 생성자는 명시적으로 상위 클래스 생성자를 호출해야 한다. 그렇지 않으면 컴파일 에러를 발생시킬 것이다.

```
// 이 코드는 컴파일 되지 않는다.
// SuperClass.java
class SuperClass {
   static boolean constructorWasCalled = false;

   SuperClass(String parm) {
      constructorWasCalled = true;
   }
}

// SubClass.java
class SubClass extends SuperClass {
   SubClass(String parm) {
   }
}
```

위의 코드는 다음과 같은 컴파일 에러를 발생시킨다.

Agile Java

```
SubClass.java: cannot find symbol
symbol  : constructor SuperClass()
location: class studentinfo.SuperClass
   SubClass(String parm) {
                         ^
```

하위 클래스 생성자는 아마도 다음과 같아야 한다.

```
class SubClass extends SuperClass {
   SubClass(String parm) {
      super(parm);
   }
}
```

13 상속과 폴리모피즘

클래스 SummerCourseSession은 CourseSession을 상속한다. 인터페이스를 구현하는 클래스가 그 인터페이스 형이 되는 것처럼 다른 클래스를 상속하는 클래스는 상위 클래스 형이 된다. 따라서, SummerCourseSession은 CourseSession이다.

인터페이스 레퍼런스형을 쓰는 것이 좀더 나은 것처럼 가능하면 레퍼런스형으로 기본 클래스를 사용해야 한다. SummerCourseSession를 CourseSession 레퍼런스에 저장한다.

```
CourseSession session = new SummerCourseSession();
```

session 변수는 CourseSession 형식이지만 여전히 메모리상의 SummerCourseSession을 참조한다.

CourseSession과 SummerCourseSession 모두에서 getEndDate 메소드를 정의하였다. session 변수를 이용해서 getEndDate 메시지를 보낼 때, 이 메시지는 SummerCourseSession에서 받는다. 자바는 SummerCourseSession에서 정의된 getEndDate 메소드를 실행한다.

호출하는 코드에서는 CourseSession으로 메시지를 보낸다고 생각하지만 CourseSession에서 유도된(derived) 클래스의 객체가 메시지를 받고 이 메시지를 해석한다. 이것은 폴리모피즘의 또 다른 예이다.

14 하청의 법칙

CourseSession 형의 변수를 사용해서 객체에 메시지를 보내는 클라이언트에서는 특정 방식으로 객체가 메시지를 해석하고 동작하기를 기대한다. 테스트 위주 개발에서, 단위 테스트

상속 (inheritance) | Lesson 06

(unit test)는 이런 "방식"을 정의한다. 단위 테스트는 인터페이스를 통해 클래스가 상호작용면서 제공하는 기능을 설명한다. 먼저 실제로 동작을 요청하고 동작이 끝난 후 몇 가지 조건을 확인해서 기능을 설명하게된다.

CourseSession을 상속받는 클래스에서도 기대되는 기능을 바꿔서는 안 된다. CourseSession에 대한 테스트가 성공했다면 CourseSession의 하위 클래스에 대해서도 성공해야 한다. 일반적으로 하위 클래스는 그대로 혹은 좀더 강화된 조건을 만족해야 한다. 하위 클래스는 상위 클래스의 기능을 확장해야 하며, 이것은 하위 클래스의 테스트에는 조건이 추가되어야 한다는 것을 의미한다.

테스트위주 개발에서 이것이 의미하는 것은 (단위 테스트의 형태로) 상위 클래스에서 규칙을 만들어야 한다는 것이다. 모든 하위 클래스는 이런 단위 테스트를 만족해야 한다. 이런 규칙은 Abstract Test 라고 알려진 패턴으로 만들 수 있다[3].

실제로 이런 재구성을 해야 할 필수적인 이유는 없다. CourseSession 클래스에 대한 테스트는 CourseSession과 SummerCourseSession에 대한 규칙을 가지고 있다. 하지만 작은 차이가 있다. CourseSession 클래스는 명시적으로 생성된 인스턴스의 개수를 추적한다. SummerCourseSession는 이런 동작을 할 필요가 없다.

Session 상위 클래스를 만드는 것이 약간 더 명확하고 계층관계를 이해하기 쉽다. 개념적으로 CourseSession은 SummerCourseSession와 같은 계층 단계이다.

이런 재구성이 필요한지는 여러분이 판단해야 한다. 더욱 단순한 해결방법이 있다면, 그 방법을 사용해 보자. 계층 내에 쓸모 없는 클래스를 만들게 된다면 시간낭비일 뿐이다.

CourseSession 예에서, SummerCourseSession이 CourseSession는 대신, CourseSession과 SummerCourseSession 모두가 공통의 추상 상위 클래스를 상속하도록 할 것이다. 그림 6-4를 보자.

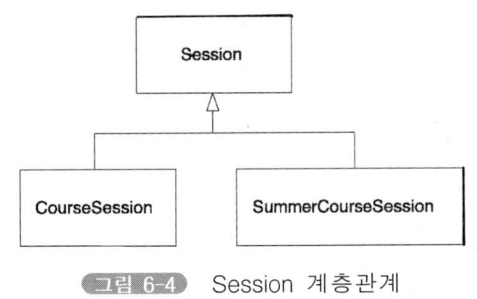

그림 6-4 Session 계층관계

Session과 그 하위 클래스에 대한 기본적인 단위 테스트가 될, SessionTest라는 추상 테스트 클래스를 만든다. testCreate, testComparable, testEnrollStudents를 CourseSessionTest

---
3) [George2002].

에서 SessionTest로 옮긴다. 이런 테스트는 모든 Session 하위 클래스에 적용되어야 할 규칙을 나타낸다.

SessionTest는 추상적인 팩토리 메소드, createSession을 포함한다. SessionTest의 하위 클래스는 적절한 형식(CourseSession 혹은 SummerCourseSession)의 객체를 반환하는 createSession을 정의할 것이다.

```java
package sis.studentinfo;

import junit.framework.TestCase;
import java.util.*;
import static sis.studentinfo.DateUtil.createDate;

abstract public class SessionTest extends TestCase {
    private Session session;
    private Date startDate;
    public static final int CREDITS = 3;

    public void setUp() {
        startDate = createDate(2003, 1, 6);
        session = createSession("ENGL", "101", startDate);
        session.setNumberOfCredits(CREDITS);
    }

    abstract protected Session createSession(
        String department, String number, Date startDate);

    public void testCreate() {
        assertEquals("ENGL", session.getDepartment());
        assertEquals("101", session.getNumber());
        assertEquals(0, session.getNumberOfStudents());
        assertEquals(startDate, session.getStartDate());
    }

    public void testEnrollStudents() {
        Student student1 = new Student("Cain DiVoe");
        session.enroll(student1);
        assertEquals(CREDITS, student1.getCredits());
        assertEquals(1, session.getNumberOfStudents());
        assertEquals(student1, session.get(0));

        Student student2 = new Student("Coralee DeVaughn");
        session.enroll(student2);
        assertEquals(CREDITS, student2.getCredits());
        assertEquals(2, session.getNumberOfStudents());
        assertEquals(student1, session.get(0));
        assertEquals(student2, session.get(1));
    }

    public void testComparable() {
        final Date date = new Date();
        Session sessionA = createSession("CMSC", "101", date);
        Session sessionB = createSession("ENGL", "101", date);
        assertTrue(sessionA.compareTo(sessionB) < 0);
        assertTrue(sessionB.compareTo(sessionA) > 0);
```

상속 (inheritance) | Lesson 06

```
    Session sessionC = createSession("CMSC", "101", date);
    assertEquals(0, sessionA.compareTo(sessionC));

    Session sessionD = createSession("CMSC", "210", date);
    assertTrue(sessionC.compareTo(sessionD) < 0);
    assertTrue(sessionD.compareTo(sessionC) > 0);
  }
}
```

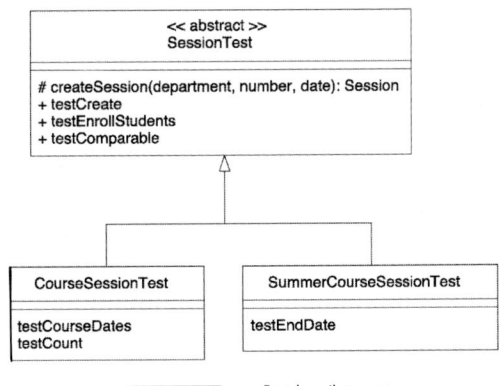

그림 6-5 추상 테스트

이제 테스트의 하위 클래스, CourseSessionTest와 SummerCourseSessionTest를 SessionTest를 상속하도록 수정해야 한다. 이 예제를 적용할 때 그림 6-5가 테스트 재구성을 위한 UML 기본 자료가 된다.

각 하위 클래스는 createSession을 구현할 필요가 있다.

```
// SummerCourseSessionTest.java
package sis.summer;

import junit.framework.*;
import java.util.*;
import sis.studentinfo.*;

public class SummerCourseSessionTest extends SessionTest {
  public void testEndDate() {
    Date startDate = DateUtil.createDate(2003, 6, 9);
    Session session = createSession("ENGL", "200", startDate);
    Date eightWeeksOut = DateUtil.createDate(2003, 8, 1);
    assertEquals(eightWeeksOut, session.getEndDate());
  }

  protected Session createSession(
      String department,
      String number,
      Date date) {
    return SummerCourseSession.create(department, number, date);
  }
}
```

Agile Java

CourseSessionTest에서는 createCourseSession 메소드를 createSession으로 바꾼다.

```java
// CourseSessionTest.java
package sis.studentinfo;

import junit.framework.TestCase;
import java.util.*;
import static sis.studentinfo.DateUtil.createDate;

public class CourseSessionTest extends SessionTest {
  public void testCourseDates() {
    Date startDate = DateUtil.createDate(2003, 1, 6);
    Session session = createSession("ENGL", "200", startDate);
    Date sixteenWeeksOut = createDate(2003, 4, 25);
    assertEquals(sixteenWeeksOut, session.getEndDate());
  }

  public void testCount() {
    CourseSession.resetCount();
    createSession("", "", new Date());
    assertEquals(1, CourseSession.getCount());
    createSession("", "", new Date());
    assertEquals(2, CourseSession.getCount());
  }

  protected Session createSession(
      String department,
      String number,
      Date date) {
    return CourseSession.create(department, number, date);
  }
}
```

testCourseDates 메소드는 자체적으로 CourseSession 인스턴스를 만든다. 다른 방법은 SessionTest의 setUp 메소드에서 생성한 CourseSession 객체를 이용할 수 있다. 하지만 CourseSession을 직접적으로 하위 클래스 테스트 메소드에서 만드는 것이 좀더 이해하기 쉽다. 다른 클래스에서 객체를 만든다면 테스트의 의미를 이해하기가 힘들어질 것이다. 이 확인은 CourseSession의 생성과 밀접한 관련이 있다.

이제 CourseSessionTest와 SummerCourseSessionTest 모두 추상 메소드인 create-Session 메소드의 구현을 제공한다.

중요한 점은 CourseSessionTest와 SummerCourseSessionTest 모두 SessionTest를 상속하기 때문에 SessionTest에 정의된 모든 테스트를 공유한다는 것이다. JUnit은 SessionTest에 정의된 테스트를 두 번 실행한다. 한번은 CourseSession에 대해서 실행하고, 한번은 SummerCourseSession에 대해서 실행한다. 이렇게 해서 Session의 하위 클래스가 적절하게 동작하는 것을 보장한다.

JUnit이 SessionTest에 정의된 메소드를 실행할 때, 결과적으로 createSession을 호출하게 된다. createSession을 추상으로 정의했기 때문에 SessionTest에는 메소드의 정의가 없다. 자바 가상기계는 적절한 하위 클래스의 createSession 메소드를 호출한다. createSession 내부의 코드는 적절한 Session의 하위형(CourseSession 혹은 SummerCourseSession)을 생성한다.

상속 (inheritance) | Lesson 06

결과 클래스의 재구성은 다음과 같다.

```java
package sis.studentinfo;

import java.util.*;

abstract public class Session implements Comparable<Session> {
  private static int count;
  private String department;
  private String number;
  private List<Student> students = new ArrayList<Student>();
  private Date startDate;
  private int numberOfCredits;

  protected Session(
      String department, String number, Date startDate) {
    this.department = department;
    this.number = number;
    this.startDate = startDate;
  }

  public int compareTo(Session that) {
    int compare =
      this.getDepartment().compareTo(that.getDepartment());
    if (compare != 0)
      return compare;
    return this.getNumber().compareTo(that.getNumber());
  }

  void setNumberOfCredits(int numberOfCredits) {
    this.numberOfCredits = numberOfCredits;
  }

  public String getDepartment() {
    return department;
  }

  public String getNumber() {
    return number;
  }

  int getNumberOfStudents() {
    return students.size();
  }

  public void enroll(Student student) {
    student.addCredits(numberOfCredits);
    students.add(student);
  }

  Student get(int index) {
    return students.get(index);
  }

   protected Date getStartDate() {
    return startDate;
  }

public List<Student> getAllStudents() {
    return students;
  }
```

Agile Java

```java
  abstract protected int getSessionLength();

  public Date getEndDate() {
    GregorianCalendar calendar = new GregorianCalendar();
    calendar.setTime(getStartDate());
    final int daysInWeek = 7;
    final int daysFromFridayToMonday = 3;
    int numberOfDays =
       getSessionLength() * daysInWeek - daysFromFridayToMonday;
    calendar.add(Calendar.DAY_OF_YEAR, numberOfDays);
    return calendar.getTime();
  }
}
```

Session의 많은 부분은 CourseSession에서 직접 가져온 코드이다. getSessionLength 메소드는 추상 메소드가 되었으며, 과목의 길이를 주단위로 제공하는 코드를 하위 클래스에서 제공하도록 한다. 이제 SessionTest를 상속하도록 변화된 CourseSession과 SummerCourseSession을 살펴보자.

```java
// CourseSession.java
package sis.studentinfo;

import java.util.*;

public class CourseSession extends Session {
  private static int count;

  public static CourseSession create(
      String department,
      String number,
      Date startDate) {
    return new CourseSession(department, number, startDate);
  }

  protected CourseSession(
      String department, String number, Date startDate) {
    super(department, number, startDate);
    CourseSession.incrementCount();
  }

  static private void incrementCount() {
    ++count;
  }

  static void resetCount() {
    count = 0;
  }

  static int getCount() {
    return count;
  }

  protected int getSessionLength() {
    return 16;
  }
}

// SummerCourseSession.java
package sis.summer;
```

상속 (inheritance) | Lesson 06

```java
import java.util.*;
import sis.studentinfo.*;
public class SummerCourseSession extends Session {
  public static SummerCourseSession create(
      String department,
      String number,
      Date startDate) {
    return new SummerCourseSession(department, number, startDate);
  }

  private SummerCourseSession(
      String department,
      String number,
      Date startDate) {
    super(department, number, startDate);
  }

  protected int getSessionLength() {
    return 8;
  }
}
```

이제 하위 클래스에 남은 것은 생성자, 정적 메소드, 메소드 오버라이드 뿐이다. 생성자는 상속되지 않는다. enroll과 getAllStudents와 같은 보통 메소드는 이제 상위 클래스인 Session에 있다. 모든 필드는 두 하위 클래스에 공통이며 따라서 Session에 있다. 또 한가지 중요한 것은 CourseSession와 SummerCourseSession의 create 메소드의 반환형이 추상적인 상위형인 Session이라는 것이다.

테스트 메소드 testCourseDates는 두 SessionTest 하위 클래스에 모두 나타난다. SessionTest에 이 공통의 확인을 정의할 수 있다. 하지만 어떤 것을 확인할 것인가? 한가지 간단한 확인은 종료일이 시작일보다 뒤라는 것을 확인하는 것이다. 하위 클래스는 특별한 날짜를 확인해서 확인사항을 보강해야 한다.

다른 방법은 종료일이 시작일 이후로 몇 주 이후라는 것을 정확히 확인하는 것이다. 결과 코드는 테스트 자체에 getEndDate의 구성을 중복해서 가지게 된다.

좀더 나은 것은 추상 테스트 클래스 자체에 getSessionLength에 확인을 추가하는 것이다.

```java
public void testSessionLength() {
  Session session = createSession(new Date());
  assertTrue(session.getSessionLength() > 0);
}
```

추상 클래스에서 조건을 명확하게 표현해서 모든 하위 클래스가 지켜야 할 규칙을 정할 수 있다.

이 재구성에는 많은 수정이 있었다. 이런 수정을 단계적으로 적용하기 바란다.

연습문제

1. 레슨 5의 연습문제에서 말의 종류와 위치를 기준으로 세기를 계산하는 메소드를 만들었다. 이 메소드를 고쳐서 if 문 대신 switch 문을 사용하도록 한다.

2. 세기 계산 메소드를 수정해서 말의 종류와 기본 세기 값을 연결하는데 Map을 사용하도록 한다. double 값을 Map에 넣기 위해 맵 선언을 Map〈Piece.Type, Double〉로 해야 한다4).

3. 말의 종류와 기본 세기를 연결하기 위해 늦은 초기화 방법을 사용한다. 이 변화가 코드의 가독성에 주는 영향을 살펴보자. 이 부분을 적용할 것인지 원래대로 되돌릴지를 결정하는 기준은 무엇인가?

4. 말에 대한 지시 값을 열거형으로 하고 열거형 내의 메소드에서 이 지시 값을 받도록 한다.

5. 말의 문자 표현을 Piece로 옮긴다. enum 형을 사용한다. Board의 코드는 여전히 검은 말에 대한 문자 표현을 대문자로 하도록 한다.

6. 킹이 움직이는 방법을 구현해야 한다. 기본 규칙은 킹이 어느 방향이거나 한 칸을 움직인다는 것이다. (지금은 주위 말이 움직임을 방해하거나 다른 말을 잡을 수 있다는 것은 무시한다.)

7. Board의 코드가 점차 복잡해져 간다. 이 클래스는 칸에 대한 계산, 말들의 상태 저장, 말의 움직임 규칙, 말의 세기 결정을 하고 있다. 남은 말들(퀸, 폰, 루크, 비숍, 나이트)의 움직임을 추가하면 클래스는 조건문 때문에 복잡해 질 것이다.
이 클래스를 분리하는 방법에는 몇 가지가 있다. 저자는 Board 클래스의 코드에는 크게 두 가지 기능이 있다고 본다. 한가지는 데이터 구조를 이용해서 8x8 크기의 판을 구현하는 것이다. Board의 많은 코드는 체스의 규칙에 관계없이 이런 데이터 구조를 사용하는데 필요하다. 나머지 부분은 체스 게임의 규칙을 정의하는데 필요하다.
Board 클래스를 두 개의 클래스로 나눈다. 체스 게임의 규칙을 나타내는 Game과 말을 저장하고 체스판의 구성을 관리하는 Board로 나눈다.
많은 재구성이 필요할 것이다. 가능하면 점점적으로 메소드를 옮기고 이때마다 테스트를 통과하는 것을 확인한다. 필요하다면, 양쪽에 같은 메소드를 그대로 두고 정상적으로 동작하게 되면 불필요한 코드를 없앤다. 필요한 테스트를 추가하는 것을 잊지 말자.
Board의 데이터 구조에 대한 구현을 가리도록 한다. 가로줄을 물어보고 말을 추가하는 대신 Game 코드가 Board의 메소드 put을 이용하도록 한다.

---

4) 레슨 7에서 래퍼 형을 배운다.

8. 퀸은 직선이라면 몇 칸이라도 움직일 수 있다. Piece 클래스에 이 기능을 넣는다. 초기의 구현은 말이 퀸인지 킹인지를 확인하기 위해서 if 문을 사용한다.

   이 과정에서 메소드가 자신을 호출하는 재귀호출(recursion)을 사용할지도 모른다. 재귀호출은 다른 메소드 호출과 마찬가지이며 어렵지 않다. 하지만 재귀호출이 끝나는 조건을 조심해서 설정해야 한다. 그렇지 않으면 메소드가 자신을 호출하는 무한 루프에 빠질 수 있다.

9. 킹과 퀸의 이동을 관리하는 코드는 if 문을 사용하고 있다. 앞으로 다른 말들의 이동을 지원하려면 수많은 조건문이 필요할 것이다. 이런 문제를 해결하기 위해서 Piece에 계층관계를 적용하여 King, Queen, Bishop 등의 하위형을 사용할 수 있다.

   Piece의 하위 클래스를 위해서 getPossibleMoves를 Piece 클래스에 만든다.

10. 이제 Piece의 하위 클래스를 만들 준비가 되었다. Queen, King에 대한 하위 클래스를 만들어야 한다. 이제 Type enum은 불필요하다. 다음 예제에서 enum을 없앤다. Piece를 확장하여 Queen과 King 클래스를 만든다. PieceTest에서 불필요한 테스트를 QueenTest와 KingTest로 옮긴다. 따라서 결과 클래스의 코드 역시 새로운 하위 클래스로 옮겨야 한다. 또한 나머지 말에 대한 하위 클래스를 만들고 Piece의 팩토리 메소드를 적절하게 수정한다.

    코드를 알맞게 재구성하고 중복을 없앤다. 새 클래스의 이동 메소드에 따라 필요한 테스트를 추가한다.

11. 마지막 단계로 Type enum을 없앤다. 각 말에 대해서 독립된 클래스가 있기 때문에 말의 종류에 따른 코드를 각 하위 클래스로 옮길 수 있다.

    생성된 하위 클래스의 종류를 확인할 필요가 있을 수 있다. 각 말에 Piece.Type 값을 물어보는 대신에 클래스의 종류를 요청할 수 있다.

    ```
    piece.getClass()
    ```

    그리고 이 것을 클래스 상수와 비교한다.

    ```
    Class expectedClass = Queen.class;
    assertEquals(expectedClass, piece.getClass());
    ```

    또한 객체의 종류를 물어보는 코드를 가능한 없애야 한다.
    if(piece.getClass().equals(Pawn.class))와 같은 코드를 적절한 클래스로 옮긴다.

Lesson 7 전통적인 요소

이 레슨에서는 자바의 전통적인 요소들에 대해서 배운다. 자바는 계속해서 진화하는 언어이다. 자바의 초기 버전은 언어 측면에서나 클래스 라이브러리 제공에서 충분하지 못했다. 몇 년이 지나면서 썬은 좀더 강력한 플랫폼을 제공하기 위한 시도로 언어와 클래스 라이브러리를 추가해왔다. 그 결과로 자바는 썬에서 사용하지 않을 것을 권장하는 많은 기능들을 가지고 있다.

J2SE 5.0은 이전의 요소를 대신하는 많은 새로운 언어 요소를 소개했다. 적절한 예로, 자바의 디자이너들은 5.0에서 콜렉션을 사용하는 방법을 바꿨다. 기존에는 클래스 라이브러리와 절차적인 루프 구조로 반복을 지원했다. 지금은 자바 언어가 for-each 루프를 통해 직접적으로 반복을 지원한다.

이 레슨에서는, 자바의 문법적인 조상인 C언어에서 파생된 자바 요소들을 배울 것이다. 이런 요소들은 근본적으로 절차적인 부분이지만 프로그래밍 언어를 완성하기 위해 꼭 필요하다. 반면에 대부분의 경우에 여러분은 이 레슨에서 소개하는 전통적 요소 대신 좀더 객체 지향적인 구조를 만들 수 있다.

저자는 전통적 요소의 사용을 중요시하지 않지만, 자바를 완전히 알기 위해서는 알아야 할 부분이다. 이런 요소들은 자바 언어의 기초가 된다. 많은 경우, 이런 요소들을 사용해야만 하며, 어떤 경우 당장의 문제에 가장 좋은 해결책이 된다.

전통적인 요소들에 대해서 배울 것은 다음 부분들이다.

- for, while 그리고 do 루프(loop)
- 루프 제어명령
- 기존의 콜렉션
- 이터레이터(iterator)
- 캐스팅(casting)
- 래퍼(wrapper) 클래스
- 배열
- 가변인수

가변인수를 제외하고 이런 각각의 요소는 자바의 발전과정에서 생긴 것들이다. 콜렉션, 이터레이터, 래퍼 클래스의 개념은 객체 지향 구조이다. 다른 것들은 C언어에서 파생된 것이다. 레슨 6에서 배운 switch 문 역시 C에서 파생된 전통적인 요소이다.

1 루프 구조

for 루프는 콜렉션을 되풀이하면서 각 항목에 접근하는 도구를 제공한다.

하지만 좀더 일반적인 목적을 위한 루프가 필요하다. 코드를 무한정 반복해서 실행할 수도 있고 특정 조건이 만족할 때까지, 혹은 10번 반복할 수 있다. 자바는 while, do, for의 세 가지 루프 구조로 이런 요구사항을 만족한다.

2 학생의 이름 나누기

현재는 Student 클래스는 학생의 이름을 나타내는 하나의 문자열로 학생 객체를 생성한다. Student 클래스를 수정해서 이름의 각 부분을 나누도록 한다. 예를 들어, Student 클래스는 "Robert Cecil Martin"을 "Robert", 가운데 이름 "Cecil" 그리고 성 "Martin"으로 나눠야 한다.

이 클래스는 또한 성과 이름의 두 부분으로만 표시되는 이름, 한 부분뿐인 이름도 처리해야 한다.

먼저 StudentTest의 testCreate 메소드를 수정한다.

```java
public void testCreate() {
  final String firstStudentName = "Jane Doe";
  Student firstStudent = new Student(firstStudentName);
  assertEquals(firstStudentName, firstStudent.getName());
  assertEquals("Jane", firstStudent.getFirstName());
  assertEquals("Doe", firstStudent.getLastName());
  assertEquals("", firstStudent.getMiddleName());

  final String secondStudentName = "Blow";
  Student secondStudent = new Student(secondStudentName);
  assertEquals(secondStudentName, secondStudent.getName());
  assertEquals("", secondStudent.getFirstName());
  assertEquals("Blow", secondStudent.getLastName());
  assertEquals("", secondStudent.getMiddleName());


  final String thirdStudentName = "Raymond Douglas Davies";
  Student thirdStudent = new Student(thirdStudentName);
  assertEquals(thirdStudentName, thirdStudent.getName());
  assertEquals("Raymond", thirdStudent.getFirstName());
  assertEquals("Davies", thirdStudent.getLastName());
  assertEquals("Douglas", thirdStudent.getMiddleName());
}
```

Agile Java

Student에 필드와 메소드를 추가해야 한다.

```
private String firstName;
private String middleName;
private String lastName;
...
public String getFirstName() {
   return firstName;
}

public String getMiddleName() {
   return middleName;
}

public String getLastName() {
   return lastName;
}
```

수정된 Student 생성자는 이번 문제를 어떻게 해결할 것인지 보여 준다.

```
public Student(String fullName) {
   this.name = fullName;
   credits = 0;
   List<String> nameParts = split(fullName);
   setName(nameParts);
}
```

의도를 통한 프로그래밍은 실제로 어떻게 코딩을 할 것인지를 알기 전에 무엇을 해야 할지를 명확하게 하는 유용한 기법이다1). 이 기법은 문제를 좀더 작은 추상적인 부분으로 나누는 것으로 볼 수 있다. 이런 추상적인 부분을 구현하기 위해 코드로 바꿔야 한다. 이제 여러분은 전체 이름을 각 부분으로 나눠야 하는 것을 알고 있지만 그 방법은 아직 알지 못한다.

 의도를 통한 프로그래밍을 하나의 문제를 여러 작은 목표로 나누는데 사용한다.

문자열을 세 개까지의 이름 부분의 리스트로 나누는 방법을 알고 나면 나머지 구현은 간단하다. 이것은 몇 개의 if-else 문으로 가능하다. 각 if 조건은 토큰(token) 리스트에서 사용 가능한 부분을 검사한다.

```
private void setName(List<String> nameParts) {
   if (nameParts.size() == 1)
      this.lastName = nameParts.get(0);
   else if (nameParts.size() == 2) {
      this.firstName = nameParts.get(0);
      this.lastName = nameParts.get(1);
   }
```

---

footnote

1) [Astels2003], p. 45.

전통적인 요소 | Lesson 07

```
  else if (nameParts.size() == 3) {
    this.firstName = nameParts.get(0);
    this.middleName = nameParts.get(1);
    this.lastName = nameParts.get(2);
  }
}
```

위의 setName 코드는 항상 lastName에 값을 할당한다. 하지만 fristName과 middleName 에는 항상 값을 할당하지는 않는다. Student에서 이 필드가 적절하게 초기화되도록 한다.

```
private String firstName = "";
private String middleName = "";
private String lastName;
```

while 루프

일반적으로 자바는 이름을 나누는 문제를 해결하는 몇 가지 방법을 제공한다. 먼저 좀더 "전통적"이고 장황한 방법부터 시작해 보자. 이름의 각 문자를 보면서 빈칸을 찾고, 그 빈칸 으로 한 부분의 끝과 다음 부분의 시작을 구분한다. 이후에 좀더 단순하고, 객체 지향적인 해 결법을 배울 것이다.

split 메소드는 전체 이름을 인수로 받아서 토큰의 리스트를 결과로 반환한다. 여러분은 while 루프를 이용해서 문자열에서 각 토큰을 차례로 찾아 리스트에 추가해야 한다.

```
private List<String> tokenize(String string) {
  List<String> results = new ArrayList<String>();

  StringBuffer word = new StringBuffer();
  int index = 0;
  while (index < string.length()) {
    char ch = string.charAt(index);
    if (ch != ' ') // prefer Character.isSpace.  Defined yet?
      word.append(ch);
    else
      if (word.length() > 0) {
        results.add(word.toString());
        word = new StringBuffer();
      }
    index++;
  }
  if (word.length() > 0)
    results.add(word.toString());
  return results;
}
```

while 루프는 조건을 만족하는 동안 코드 블록을 계속해서 실행하기 위해 사용된다.

Agile Java

이 예에서 자바가 인덱스 카운터를 0으로 초기화한 후, while 루프를 실행한다. 인덱스가 문자열 길이보다 작은 동안 (index < string.length()), 자바는 whlie 루프 본체(while의 조건 뒤의 괄호 안의 모든 코드)를 실행한다.

이 예제에서 본체는 문자열에서 현재 인덱스가 가리키는 문자를 가져온다. 그리고 문자가 빈칸(' ')인지 아닌지를 확인한다. 아니라면 문자를 현재의 StringBuffer 인스턴스에 추가한다. 맞다면 그리고 현재의 StringBuffer에 문자가 들어 있다면 StringBuffer의 내용은 완성된 단어를 나타내고 결과에 추가한다. 새로운 StringBuffer를 새 단어를 나타내기 위해 생성하고 word 레퍼런스에 할당한다.

while 루프의 본체가 끝날 때마다 제어는 다시 while 루프의 조건문으로 넘어간다. 조건이 false를 반환하면 while 루프는 끝난다. 조건문이 false를 반환하면, 루프는 끝난다. 이 예제에서 if 문의 바로 뒤의 명령은 마지막 단어가 결과에 포함되도록 한다.

이렇게 추가한 코드는 수정된 테스트를 통과해야 한다.

재구성하기

setName 메소드는 약간은 반복적이다. 이름의 각 부분을 리스트에 넣어서 재구성할 수 있다.

```java
private void setName(List<String> nameParts) {
   this.lastName = removeLast(nameParts);
   String name = removeLast(nameParts);
   if (nameParts.isEmpty())
      this.firstName = name;
   else {
      this.middleName = name;
      this.firstName = removeLast(nameParts);
   }
}

private String removeLast(List<String> list) {
   if (list.isEmpty())
      return "";
   return list.remove(list.size() - 1);
}
```

실제로 이 해결방법과 함께 많은 코드를 추가했다. 하지만 중복을 제거했고 setName에 퍼져있는 고정된 인덱스를 없앴다. 추가로, 이후에 유용하게 사용할 수 있는 일반적인 메소드인 removeLast를 만들었다.

for 루프

카운터와 한계 값을 이용해서 루프를 만드는 것은 일반적인 동작이다. for 루프의 변형을 이용하여 이런 동작을 좀더 간결하게 표현할 수 있다. for 루프는 세 개의 일반적인 부분을 하나의 선언에 포함한다. 각 for 루프 선언은 다음을 포함한다.

전통적인 요소 | Lesson 07

- 초기화 코드
- 루프를 계속 실행할지를 결정하는 조건문
- 자바 가상기계가 루프가 끝날 때 실행할 갱신 계산식

for 루프 선언에서 이 세 부분은 세미콜론을 이용해서 구분한다.

for 루프의 고전적인 사용방법은 코드 본체를 정해진 수만큼 실행하는 것이다. 필수적인 것은 아니지만 일반적으로 초기화 코드는 인덱스를 0으로 설정한다. 조건문은 인덱스가 한계값보다 작은 것을 확인하고, 갱신 계산식에서 카운터를 1 증가시킨다.

```java
private List<String> split(String name) {
   List<String> results = new ArrayList<String>();

   StringBuffer word = new StringBuffer();
   for (int index = 0; index < name.length(); index++) {
      char ch = name.charAt(index);
      if (!Character.isWhitespace(ch))
         word.append(ch);
      else
         if (word.length() > 0) {
            results.add(word.toString());
            word = new StringBuffer();
         }
   }
   if (word.length() > 0)
      results.add(word.toString());
   return results;
}
```

for 루프 예에서 초기화 코드는 index를 int로 선언하고 0으로 초기화한다. 조건문에서 index가 String 인수의 문자 개수보다 작은 것을 확인한다. 이 조건이 true인 동안 자바는 루프의 본체를 실행한다. 루프를 실행할 때마다 자바는 index를 증가시킨다(index++). 그리고 제어를 조건문으로 넘긴다. 조건문이 false를 반환하면 자바는 제어를 for 루프 본체의 뒤의 명령으로 넘긴다.

이 예제에서 자바는 입력 문자열의 각 문자에 대해서 for 루프의 본체를 실행한다. 인덱스 값의 범위는 0에서 입력 문자열 길이에서 1을 뺀 값까지이다.

for 루프에서의 다중 초기화와 갱신식

초기화와 갱신 코드 부분에서는 쉼표로 구분된 여러 개의 식이 허용된다. 문자열에서 특정 문자의 개수를 반환하는 countChars 메소드[2]는 i와 count를 0으로 초기화하는 방법을 보여준다.

---

[2] 이 레슨에서 소개되는 이 메소드와 다음에 나올 isPalindrome과 같은 메소드는 학생정보 시스템과는 관련이 없다. 단지 자주 볼 수 없는 자바 문법을 소개하기 위해 추가되었다.

Agile Java

```
public static int countChars(String input, char ch) {
  int count;
  int i;
  for (i = 0, count = 0; i < input.length(); i++)
    if (input.charAt(i) == ch)
      count++;
  return count;
}
```

i를 루프의 인덱스로 사용하는 것은 극히 일반적인 일이다. 변수의 이름을 짧게 써도 되는 몇 안 되는 일반적인 표준이 있다. 대부분의 개발자는 i를 index보다 선호한다.

다음 메소드, isPalindrome은 문자열을 뒤로 읽어도 바르게 읽은 것과 같을 때 true를 반환한다. 이 메소드는 하나 이상의 변수를 초기화 코드에서 선언하고 초기화하는 방법을 보여 준다. 또한 갱신 과정에서 (forward를 증가시키고, backward를 감소시키는) 여러 개의 계산식을 사용하는 것을 보여 준다.

```
public static boolean isPalindrome(String string) {
  for
    (int forward = 0, backward = string.length() - 1;
     forward < string.length();
     forward++, backward)
    if (string.charAt(forward) != string.charAt(backward))
      return false;
  return true;
}

// tests
public void testPalindrome() {
  assertFalse(isPalindrome("abcdef"));
  assertFalse(isPalindrome("abccda"));
  assertTrue(isPalindrome("abccba"));
  assertFalse(isPalindrome("abcxba"));
  assertTrue(isPalindrome("a"));
  assertTrue(isPalindrome("aa"));
  assertFalse(isPalindrome("ab"));
  assertTrue(isPalindrome(""));
  assertTrue(isPalindrome("aaa"));
  assertTrue(isPalindrome("aba"));
  assertTrue(isPalindrome("abbba"));
  assertTrue(isPalindrome("abba"));
  assertFalse(isPalindrome("abbaa"));
  assertFalse(isPalindrome("abcda"));
}
```

for 루프의 초기화 코드에서 선언된 지역변수는 지역변수 for 루프 안에서만 유효하다. 따라서 countChars 메소드에서는 for 루프 이후에 count를 반환해야 하기 때문에 count를 루프 이전에 선언한다.

전통적인 요소 | Lesson 07

자바는 "지역변수 선언이 있을 때 쉼표 이후의 각 계산식은 지역변수 선언의 일부여야 한다"는 규칙을 가지고있다. 따라서 i를 선언하고 count를 초기화하도록 할 수 있다면 좋겠지만, 자바는 다음코드에서 i와 count 모두를 선언하기를 기대한다.

```java
// 이 코드는 컴파일되지 않는다.
public static int countChars(String input, char ch) {
   int count;
   for (int i = 0, count = 0; i < input.length(); i++)
      if (input.charAt(i) == ch)
         count++;
   return count;
}
```

하지만 여러분은 이미 count를 for 루프 이전에 선언하였고 자바 컴파일러는 이런 시도를 받아들이지 않는다.

```
count is already defined in countChars(java.lang.String,char)
```

for 루프 선언의 세 부분(초기화, 조건문, 갱신 계산식)은 선택적이다. 만약, 조건문을 생략하면 자바는 루프를 무한히 반복한다. 다음 명령문은 무한 루프의 일반적인 표현이다.

```java
for (;;) {
}
```

무한루프의 좀더 명확한 표현을 위해서는 while 루프를 사용한다.

```java
while (true) {
}
```

이미 말한 것처럼 for 루프를 사용하는 가장 흔한 상황은 count를 0부터 n-1까지 (n이 콜렉션에 들어 있는 객체의 개수일 때) 바꾸는 것이다. 다르게 for 루프를 사용한다고 해서 문제가 될 것은 없다. isPalindrome 메소드는 두 개의 다른 방향으로 count를 바꾸는 방법을 보여 준다.

다른 언어 테스트는 인덱스의 증가와 감소 외에 갱신 계산식에서 어떤 것을 할 수 있는지 보여 준다.

```java
public void testForSkip() {
   StringBuilder builder = new StringBuilder();
   String string = "123456";
   for (int i = 0; i < string.length(); i += 2)
      builder.append(string.charAt(i));
   assertEquals("135", builder.toString());
}
```

do 루프

do 루프는 조건문이 루프 본체의 뒤에 나온다는 것을 제외하면 while 루프와 같이 동작한다. do 루프는 루프 본체가 최소한 한번은 실행되도록 한다.

13세기에, 레오나르도 피보나치(Leonardo Fibonacci)는 토끼가 번식하는 표현하는 숫자열을 생각해냈다[3]. 피보나치 수열은 0과 1에서 시작한다. 뒤의 숫자들은 앞의 두 숫자의 합이다. 아래의 테스트와 코드는 do 루프를 이용한 피보나치 함수의 구현을 보여 준다.

```java
public void testFibonacci() {
   assertEquals(0, fib(0));
   assertEquals(1, fib(1));
   assertEquals(1, fib(2));
   assertEquals(2, fib(3));
   assertEquals(3, fib(4));
   assertEquals(5, fib(5));
   assertEquals(8, fib(6));
   assertEquals(13, fib(7));
   assertEquals(21, fib(8));
   assertEquals(34, fib(9));
   assertEquals(55, fib(10));
}

private int fib(int x) {
   if (x == 0) return 0;
   if (x == 1) return 1;
   int fib = 0;
   int nextFib = 1;
   int index = 0;
   int temp;
   do {
      temp = fib + nextFib;
      fib = nextFib;
      nextFib = temp;
   } while (++index < x);
   return fib;
}
```

3 자바 루프의 비교

세 가지 루프 중 하나로 모든 루프를 표현하는 방법이 있다. 다음 테스트와 세 개의 메소드는 쉼표로 구분된 숫자의 리스트를 보여 주는 세 가지 방법을 보여 준다.

---

3) [Wikipedia2004]

전통적인 요소 | Lesson 07

```java
public void testCommas() {
   String sequence = "1,2,3,4,5";
   assertEquals(sequence, sequenceUsingDo(1, 5));
   assertEquals(sequence, sequenceUsingFor(1, 5));
   assertEquals(sequence, sequenceUsingWhile(1, 5));

   sequence = "8";
   assertEquals(sequence, sequenceUsingDo(8, 8));
   assertEquals(sequence, sequenceUsingFor(8, 8));
   assertEquals(sequence, sequenceUsingWhile(8, 8));
}

String sequenceUsingDo(int start, int stop) {
   StringBuilder builder = new StringBuilder();
   int i = start;
   do {
      if (i > start)
         builder.append(',');
      builder.append(i);
   } while (++i <= stop);
   return builder.toString();
}

String sequenceUsingFor(int start, int stop) {
   StringBuilder builder = new StringBuilder();
   for (int i = start; i <= stop; i++) {
      if (i > start)
         builder.append(',');
      builder.append(i);
   }
   return builder.toString();
}

String sequenceUsingWhile(int start, int stop) {
   StringBuilder builder = new StringBuilder();
   int i = start;
   while (i <= stop) {
      if (i > start)
         builder.append(',');
      builder.append(i);
      i++;
   }
   return builder.toString();
}
```

이 예에서처럼, 하나의 루프 방법이 다른 두 가지보다 적절한 것을 볼 수 있다. 여기서는 루프가 카운트 변수를 다루는데 집중되기 때문에 for 루프가 가장 어울린다.

만약, 카운터나 다른 증가 변수를 유지할 필요가 없다면 while 루프로 충분하다. 대부분의 경우 루프에 들어갈 때마다 조건문을 확인하기를 바란다. do 루프는 훨씬 적게 사용될 것이다. 항상 최소한 한번 루프를 실행하는 것은 일반적인 상황이 아니다.

Agile Java

4 재구성하기

isPalindrome

isPalindrome 메소드는 문자열이 팔린드롬(palindrome)인지 확인하기 위해 필요한 작업의 거의 두 배 정도를 하고 있다. 보통은 성능이 문제가 될 때까지 성능에 대해 걱정할 필요가 없지만 알고리즘은 명확해야 한다. 필요 없는 어떤 것을 하는 것은 알고리즘이 문제를 충분히 이해하고 있지 못하다는 의미이다. 또한 앞으로 코드를 볼 개발자를 혼란스럽게 할 수 있다.

여러분은 문자열의 중간까지만 살펴보면 된다. 현재의 구현은 문자열 전체를 보게되며, 이것은 모든 문자, 혹은 대부분의 문자를 두 번 비교한다는 의미이다. 좀더 나은 구현이 있다.

```
public static boolean isPalindrome(String string) {
   if (string.length() == 0)
      return true;
   int limit = string.length() / 2;
   for
      (int forward = 0, backward = string.length() - 1;
       forward < limit;
       forward++, backward)
      if (string.charAt(forward) != string.charAt(backward))
         return false;
   return true;
}
```

피보나치와 재귀

자바는 재귀적인(recursive) 메소드 호출을 지원한다. 재귀 메소드는 자신을 부르는 메소드이다. 피보나치 수열의 좀더 우아한 구현은 재귀를 사용한다.

```
private int fib(int x) {
   if (x == 0)
      return 0;
   if (x == 1)
      return 1;
   return fib(x - 1) + fib(x - 2);
}
```

재귀 호출을 사용할 때는 주의해야 한다! 재귀호출을 "끊을" 방법을 확실히 하지 않으면, 메소드가 무한히 반복 호출된다. fib 메소드에서와 같이 이 목적을 위해 보호 조건을 사용한다.

5. 루프 제어명령

자바는 루프 내에서의 제어 흐름을 바꾸기 위한 추가적인 도구를 제공한다. continue 문, break 문, 레이블 된 break 문 continue 문이 이런 도구가 된다.

break 문

루프의 실행을 중간에 멈추기를 바랄 수 있다. 자바 가상기계가 루프의 본체에서 break 문을 만나면 즉시 제어를 루프 본체 이후의 명령으로 옮긴다.

String 클래스는 빈 문자를 문자열의 양쪽 끝에서 없애기 위한 trim 메소드를 정의한다. 여러분은 문자열의 끝에서만 빈 문자[4])를 제거하는 문자열 함수를 정의할 것이다.

```
public void testEndTrim() {
    assertEquals("", endTrim(""));
    assertEquals(" x", endTrim(" x "));
    assertEquals("y", endTrim("y"));
    assertEquals("xaxa", endTrim("xaxa"));
    assertEquals("", endTrim(" "));
    assertEquals("xxx", endTrim("xxx       "));
}

public String endTrim(String source) {
    int i = source.length();
    while (i >= 0)
        if (source.charAt(i) != ' ')
            break;
    return source.substring(0, i + 1);
}
```

continue 문

continue 문을 만나면 자바는 즉시 제어를 루프의 조건문으로 옮긴다.

 다음 예는 파트타임 학생에 대한 평균 학점을 계산한다. 테스트는 SessionTest에 구현된 것과 같다.

```
public void testAverageGpaForPartTimeStudents() {
    session.enroll(createFullTimeStudent());
```

---

4) 실제로 이 메소드는 공백을 제거한다. 공백에는 빈칸, 탭, 새줄, 폼피드(form feed), 캐리지 리턴(carriage return) 문자를 포함한다.

Agile Java

```
    Student partTimer1 = new Student("1");
    partTimer1.addGrade(Student.Grade.A);
    session.enroll(partTimer1);

    session.enroll(createFullTimeStudent());

    Student partTimer2 = new Student("2");
    partTimer2.addGrade(Student.Grade.B);
    session.enroll(partTimer2);

    assertEquals(3.5, session.averageGpaForPartTimeStudents(), 0.05);
}
private Student createFullTimeStudent() {
    Student student = new Student("a");
    student.addCredits(Student.CREDITS_REQUIRED_FOR_FULL_TIME);
    return student;
}
```

Session의 구현은 학생이 파트타임이 아니면 continue 문을 사용하는 예를 보여 준다.

```
double averageGpaForPartTimeStudents() {
    double total = 0.0;
    int count = 0;
    for (Student student: students) {
       if (student.isFullTime())
          continue;
       count++;
       total += student.getGpa();
    }
    if (count == 0) return 0.0;
    return total / count;
}
```

쉽게 이런 if-else 문을 사용한 continue 사용을 고칠 수 있다. 때때로 continue의 사용은 좀더 우아하고 읽기 쉬운 표현이 된다.

레이블 있는 break와 continue 문

레이블이 있는 break와 continue 문은 복잡한 포함관계가 있는 루프에서 제어를 옮길 수 있도록 해준다.

첫 번째 예는 레이블이 있는 break을 테스트한다. 특이한 table 선언에 겁먹지 말자. List<List<Integer>>는 Integer 형에 관련된 리스트를 리스트에 넣도록 선언한다.

```
public void testLabeledBreak() {
    List<List<String>> table = new ArrayList<List<String>>();

List<String> row1 = new ArrayList<String>();
    row1.add("5");
    row1.add("2");
```

```
    List<String> row2 = new ArrayList<String>();
    row2.add("3");
    row2.add("4");

    table.add(row1);
    table.add(row2);
    assertTrue(found(table, "3"));
    assertFalse(found(table, "8"));
}
private boolean found(List<List<String>> table, String target) {
    boolean found = false;
    search:
    for (List<String> row: table) {
       for (String value: row) {
          if (value.equals(target)) {
             found = true;
             break search;
          }
       }
    }
    return found;
}
```

이 예제에서 search 레이블을 break 문에 사용하지 않았다면, 자바는 가장 안쪽의 for 루프에서만 나올 것이다. 대신 break 문은 search 레이블에서 루프가 끝나도록 한다. 따라서 이 예제에서는 가장 바깥쪽의 루프에서 끝난다.

자바 가상기계가 제어를 레이블이 있는 루프로 옮긴다는 것을 제외하면 레이블된 continue 문 역시 비슷하게 동작한다.

레이블된 break나 continue문을 사용할 상황은 많지 않다. 대부분의 경우 이런 구조를 사용하지 않고 if-else 문을 사용하거나 더 좋은 방법으로 메소드를 더 작은 메소드로 잘라서 코드를 조정할 수 있다. 레이블 된 명령은 사용해서 이해가 좀더 쉬워지는 경우만 사용한다.

6 삼중(ternary) 연산자

레슨 5는 if문을 소개하였다. if 조건의 결과로 변수에 값을 할당하거나 메소드에서 값을 반환해야 하는 경우가 자주 있다. 예를 들면

```
String message =
   "the course has " + getText(sessions) + " sessions";
...
private String getText(int sessions) {
   if (sessions == 1)
      return "one";
   return "many";
}
```

Agile Java

새 값을 반환해야 하는 간단한 조건문을 위해서 자바는 삼중 연산자(ternary operator)라고 불리는 단축형을 제공한다. 삼중 연산자는 if-else 문을 하나의 문장으로 줄인다. 삼중 연산자의 일반적인 형식은 다음과 같다.

```
conditional ? true-value : false-value
```

만약, conditional이 true 값을 반환하면 전체 표현식의 결과는 true-value가 된다. 다른 경우 전체 표현식은 false-value가 된다. 삼중 연산자를 사용하여 메시지를 생성하는 이전의 코드를 다시 작성할 수 있다.

```
String message =
  "the course has " + (sessions == 1 ? "one" : "many") + " sessions";
```

만약, session 이 1이면, 괄호 안의 삼중 연산자는 문자열 "one"을 반환하고, 아니면 "many"를 반환한다. 이 결과 문자열은 문자열 병합의 일부로 사용된다.

삼중 연산자는 C언어에서 남겨진 것이다. if 문의 일반적인 대체용으로 삼중 연산자를 사용하지 말자. 삼중 연산자를 사용하기에 좋은 곳은 위의 예에서처럼 단순한 한 줄의 표현식이다. 좀더 복잡한 필요가 있는 경우 혹은 코드가 한 줄에 들어가지 않는 경우 if 문을 쓰는 것이 좋다. 삼중 연산자를 너무 많이 사용하면 관리하기 어려운 암호 같은 코드가 된다.

7 기존의 콜렉션

1.2 버전 이전의 SDK에서는, 콜렉션 "프레임워크"가 자바에서 제공되지 않았다. 자바는 주로 많이 사용되는 java.util.Vector, java.util.Hashtable[5]의 두 가지 콜렉션을 가지고 있었으며, 지금도 존재한다. 현재의 자바에서 비슷한 클래스는 java.util.ArrayList와 java.util.HashMap이다. java.util.HashMap클래스는 이미 익숙한 java.util.EnumMap 클래스와 비슷한 기능을 제공한다. HashMap에 대한 추가적인 정보는 레슨 9를 참조한다.

Vector와 Hashtable은 독립적이며, 따라서, 공통의 인터페이스를 구현하지 않는다. 기본적으로 멀티쓰레드 프로그래밍[6]을 지원하고, 이것은 자주 불필요한 부담을 준다. 불행히도, 현재까지도 Vector 클래스를 사용하는 많은 코드를 보게 될 것이다.

---

5) 다른 두 가지 콜렉션 클래스가 있었다. 그 두 가지는 BitSit가 Stack(Vector의 서브클래스이다)이며 양쪽 모두 거의 사용되지 않았다.

6) 멀티쓰레드 프로그래밍에 관련해서 레슨 13을 참조한다.

전통적인 요소 | Lesson 07

자바의 초기 버전에서는 이런 클래스를 위한 인터페이스가 없었으므로, Vector혹은 Hashtable 인스턴스를 해당 클래스의 레퍼런스에 할당해야 했다.

```
Vector names = new Vector();
```

컬렉션 프레임워크가 도입되면서, 썬은 Vector 클래스가 List 인터페이스를 구현하고 Hashtable 클래스가 Map 인터페이스를 구현하도록 하였다. 어떤 이유 때문에 계속해서 Vector 혹은 Hashtable을 사용할 필요가 있을 수도 있다. 그런 경우 인스턴스를 인터페이스 레퍼런스에 할당하는 현대적인 방법을 사용할 수 있다.

```
List names = new Vector();
Map dictionary = new Hashtable();
```

썬은 Vector와 Hashtable이 인수화된 변수형을 사용하도록 했다. 따라서 다음과 같은 코드도 가능하다.

```
List<String> names = new Vector<String>();
Map<Student.Grade,String> dictionary =
   new Hashtable<Student.Grade,String>();
```

8 \ 이터레이터(iterator)

여러분은 컬렉션의 각 항목을 사용하기 위해 for-each 루프를 사용하는 것을 배웠다. 이 형태의 for 루프는 J2SE 5.0에서 추가된 새로운 구조이다.

for-each 루프 이전에 컬렉션을 사용하는 방법은 java.util.Iterator 객체를 사용하는 것이다. 이터레이터 객체는 컬렉션 내의 항목에 대한 내부적인 포인터를 유지한다. 이터레이터에 컬렉션의 다음 항목을 반환하도록 요청할 수 있다. 다음 요소를 반환한 후에 이터레이터는 다음의 가능한 항목을 참조하도록 내부 포인터를 갱신한다. 또한 이터레이터로 컬렉션에 더 이상의 항목이 있는지를 확인할 수 있다.

예를 들어, 이 레슨의 앞에서 나온 averageGpaForParTimeStudents 메소드를 for-each 루프 대신에 Iterator 객체와 for 루프를 사용하도록 바꿔보자.

```
double averageGpaForPartTimeStudents() {
   double total = 0.0;
   int count = 0;

for (Iterator<Student> it = students.iterator();
      it.hasNext(); ) {
```

Agile Java

```
      Student student = it.next();
      if (student.isFullTime())
         continue;
      count++;
      total += student.getGpa();
   }
   if (count == 0) return 0.0;
   return total / count;
}
```

보통 콜렉션에 iterator 메시지를 보내서 이터레이터를 얻을 수 있다. 이 이터레이터 객체를 콜렉션에 저장된 객체의 변수형에 바인드된 이터레이터 레퍼런스에 할당한다. 이제 이터레이터를 students 콜렉션에 저장된 Student 형에 바인드시켰다.

이터레이터 인터페이스는 hasNext, next, remove(선택적이며 자주 사용되지 않는다)의 세 개의 메소드를 정의한다. hasNext 메소드는 콜렉션에 사용하지 않고 남은 항목이 있으면 true를 반환한다. next 메소드는 콜렉션에서 다음 가능한 항목을 반환하고 내부 포인터를 하나 전진시킨다.

기존의 콜렉션, Vector, Hashtable은 열거형(enumeration)으로 알려진 것과 같은 방식을 쓴다. 사용 방식은 이름이 다른 것을 제외하면 사실상 같다. Session의 students 인스턴스 변수를 Vector가 되도록 재정의한다.

```
package sis.studentinfo;

import java.util.*;

abstract public class Session
      implements Comparable<Session> {
   ...
   private Vector<Student> students = new Vector<Student>();

   double averageGpaForPartTimeStudents() {
      double total = 0.0;
      int count = 0;

      for (Enumeration<Student> it = students.elements();
         it.hasMoreElements(); ) {
         Student student = it.nextElement();
         if (student.isFullTime())
            continue;
         count++;
         total += student.getGpa();
      }
      if (count == 0) return 0.0;
      return total / count;
   }
}
```

iterator 메소드를 이용해서 이터레이트를 요청하는 대신, elements 메소드를 이용해서 Enumeration을 요청할 수 있다. hasNext대신 hasMoreElements를 이용해서 사용가능

전통적인 요소 | Lesson 07

한 구성요소가 있는지 확인할 수 있다. next 대신 nextElement를 사용해서 다음 구성요소를 가져올 수 있다. 썬은 클래스 이름 Enumeration과 메소드 이름 사용의 불필요한 불편을 해결하기 위해 이터레이터를 만들었다.

Vector는 List 인터페이스를 구현하기 때문에 Vector에 iterator 메시지를 보내서 Enumeration대신 Iterator를 얻을 수 있다.

Session 코드를 현대적인 컬렉션과 for-each 루프를 사용하도록 되돌린다.

9. 이터레이터와 for-each 루프

for-each 루프구조는 이터레이터 생성자를 이용하여 만들어진다. 콜렉션을 루프에서 사용하기 위해서 콜렉션은 iterator 메시지를 보냈을 때 이터레이터 객체를 반환해야 한다. for-each 루프는 콜렉션이 java.lang.Iterable 인터페이스를 구현하였는지 확인한다.

다음의 예제에서 students 콜렉션을 Session 클래스를 수정한다.

SessionTest에 다음 코드를 작성한다.

```
public void testIterate() {
  enrollStudents(session);

  List<Student> results = new ArrayList<Student>();
  for (Student student: session)
    results.add(student);

  assertEquals(session.getAllStudents(), results);
}
private void enrollStudents(Session session) {
  session.enroll(new Student("1"));
  session.enroll(new Student("2"));
  session.enroll(new Student("3"));
}
```

Session이 아직 Iterable 인터페이스를 지원하지 않기 때문에 컴파일 할 때 다음 에러가 생길 것이다.

```
foreach not applicable to expression type
      for (Student student: session)
                                ^
```

Session 클래스가 Iterable 인터페이스를 구현하도록 바꿔야 한다. for-each 루프에서 Student 형만을 포함한 콜렉션을 사용하기 때문에 Iterable 인터페이스를 Student 형으로 제한할 수 있다.

Agile Java

```
abstract public class Session
    implements Comparable<Session>, Iterable<Student> {
// ...
```

이제 Session에 iterator 메소드를 구현할 필요가 있다. Session이 단지 학생을 가진 ArrayList를 캡슐화(encapsulate)하기 때문에 단순히 iterator 메소드가 ArrayList의 Iterator 객체를 반환하지 못할 이유가 없다.

```
public Iterator<Student> iterator() {
    return students.iterator();
}
```

10 캐스팅(Casting)

레퍼런스를 캐스팅을 할 필요가 있는 경우는 프로그래머가 객체가 어떤 형인지를 정확히 알고 있지만 컴파일러는 형식을 알지 못하는 경우이다. 캐스팅은 컴파일러에 어떤 형의 객체를 다른 형의 레퍼런스에 안전하게 할당 할 수 있다는 것을 알린다.

썬은 자바에서의 캐스팅의 필요성을 없애기 위해 인수화된 형을 도입하였다. J2SE 5.0 이전에 자바에서 컬렉션 클래스는 인수화된 변수형을 지원하지 않았기 때문에 컬렉션에 들어가는 모든 것은 List 인터페이스의 add 메소드의 형식처럼 Object 레퍼런스형이어야 했다.

```
public boolean add(Object o)
```

모든 저장된 것이 Object이기 때문에 가져올 때 역시 Object형을 가져온다.

```
public Object get(int index)
```

개발자는 Student 객체를 컬렉션에 저장한 것을 알고 있지만 컬렉션은 오직 Student에 대한 Object 레퍼런스 만을 저장한다. 컬렉션에서 객체를 가져올 때 여러분은 Student 객체가 저장된 것을 알고 있다. 이것은 컬렉션에서 객체를 가져오면서 Object 레퍼런스를 다시 Student 레퍼런스로 캐스트해야 한다는 의미이다.

캐스트를 위해서는 캐스트하기를 원하는 레퍼런스 형을 괄호에 넣어 대상 표현식 앞에 붙인다.

```
Student student = (Student)students.get(0);
```

이 예에서 대상 표현식은 students.get(0)의 결과 전체이다. 좀더 명확하게 하기 위해 대상 표현식에 괄호를 사용할 수도 있다.

전통적인 요소 | Lesson 07

```
(Student)(students.get(0));
```

캐스트와 대상사이에 공백이 없는 것에 주의하자. 캐스트와 대상사이에 공백을 넣어도 상관없지만 일반적인 사용방법은 공백을 넣지 않는 것이다.

캐스팅이 대상 객체를 전혀 바꾸지 않는다는 것을 이해하는 것이 중요하다. Student 형의 캐스트는 같은 위치에 대한 새 레퍼런스를 생성한다. 새로운 레퍼런스는 Student 형이기 때문에 자바 컴파일러는 Student에 관련된 메시지를 이 레퍼런스를 통해 객체로 보내는 것을 허용한다. 캐스팅을 하지 않으면 Student 객체로 Object에 정의된 메시지만을 보낼 수 있다.

인수화된 형을 사용하면, 객체 레퍼런스를 캐스트할 이유는 거의 없다. 만약, 캐스팅을 사용하고 있다면 인수형을 사용해서 캐스팅을 하지 않는 방법을 찾아보자.

연습으로 다음 테스트는 for-each 루프나 인수화된 형을 사용하지 않고 콜렉션을 순차적으로 접근하는 "전통적인 방법"을 보여 준다. 이 코드는 J2SE 5.0에서 역시 동작한다. 하지만 인수화된 콜렉션 형을 사용하지 않았기 때문에 경고를 보게 될 것이다.

```java
public void testCasting() {
  List students = new ArrayList();
  students.add(new Student("a"));
  students.add(new Student("b"));

  List names = new ArrayList();

  Iterator it = students.iterator();
  while (it.hasNext()) {
    Student student = (Student)it.next();
    names.add(student.getLastName());
  }

  assertEquals("a", names.get(0));
  assertEquals("b", names.get(1));
}
```

기본형 캐스팅하기

기본형을 레퍼런스형으로 캐스트하거나 반대로 캐스팅하는 것은 불가능하다.

숫자형을 다른 형으로 변환하기 위해서는 다른 형태의 캐스팅이 필요하다. 숫자형의 변환은 수학 연산에 관련된 레슨 10에서 배운다.

11 래퍼 클래스(wrapper class)

학생정보 시스템은 수업료를 콜렉션에 저장하고 나중에 전체를 계산한다. 각 수업료는 학생이 한 과목에 대해서 지불하는 센트 수를 의미하는 int 값이다.

Agile Java

기본형은 객체가 아닌 것을 기억하자. 기본형은 java.lang.Object에서 파생되지 않는다. java.util.List 인터페이스는 레퍼런스 형만을 인수로 받는 add 메소드만을 제공한다. 각각의 기본형을 위한 오버로드된 add 메소드를 제공하지는 않는다.

따라서, int 값을 콜렉션에 저장하려면 객체로 변환해야 한다. 래퍼 클래스에 int값을 저장해서 이런 작업을 할 수 있다.

java.lang는 각각의 기본형에 대한 래퍼 클래스[7]를 정의하고 있다.

Type	Wrapper Class
char	Character
byte	Byte
short	Short
int	Integer
long	Long
float	Float
double	Double
boolean	Boolean

각각의 래퍼 클래스는 적절한 기본형을 인수로 받는 생성자를 제공한다. 래퍼로 이 기본형 값을 저장하고 메소드를 이용해 값을 가져올 수 있다. Integer 래퍼의 경우 원래의 int를 intValue 메소드를 호출해서 가져올 수 있다.

```
public void testCharges() {
  Student student = new Student("a");
  student.addCharge(500);
  student.addCharge(200);
  student.addCharge(399);
  assertEquals(1099, student.totalCharges());
}
```

J2SE 5.0 이전의 코드를 사용해서 구현한다면 다음과 같은 코드가 가능하다.

```
public class Student implements Comparable {
  ...
  private List charges = new ArrayList();
  ...
  public void addCharge(int charge) {
    charges.add(new Integer(charge));
  }
}
```

Footnote

[7] 표는 모든 가능한 기본형과 그에 따른 래퍼를 표시하고 있다. 레슨 10에서 아직 나오지 않은 기본형들을 배울 것이다.

전통적인 요소 | Lesson 07

```
public int totalCharges() {
  int total = 0;
  Iterator it = charges.iterator();
  while (it.hasNext()) {
    Integer charge = (Integer)it.next();
    total += charge.intValue();
  }
  return total;
}
...
```

addCharge 메소드는 charges 콜렉션의 add 메소드로 전달하기 위해 int값을 Integer 래퍼로 포장하는 방법을 보여 준다. (totalCharges)에서 콜렉션에 순차적으로 접근할 때, 각각의 Object를 Integer 래퍼 클래스로 캐스트한다. 그 후에 intValue 메소드를 이용해서 원래의 int값을 가져올 수 있다.

J2SE 5.0에서는 인수화된 변수형과 for-each 루프를 사용해서 코드를 간단하게 할 수 있다.

```
public class Student implements Comparable<Student> {
  ...
  private List<Integer> charges = new ArrayList<Integer>();
  ...
  public void addCharge(int charge) {
    charges.add(new Integer(charge));
  }

  public int totalCharges() {
    int total = 0;
    for (Integer charge: charges)
      total += charge.intValue();
    return total;
  }
  ...
```

기본형을 포장하는 것 외에도 래퍼 클래스는 기본형에 대한 연산을 클래스 메소드로 제공한다. 우리는 이미 Character 클래스의 isWhitespace 메소드를 사용했다.

J2SE 5.0에서 소개된 오토박싱(autoboxing)을 사용해서 코드를 좀더 간단하게 만들 수 있다.

오토박싱(autoboxing)과 오토언박싱(autounboxing)

오토박싱은 기본형을 해당되는 래퍼 클래스로 자동으로 포장하는 컴파일러의 기능이다. 오토박싱은 자바가 해당되는 형식으로 정의된 메소드가 없는 경우에만 동작한다. 메소드 형식의 비교는 이름과 메시지의 인수가 메시지를 받는 클래스에 정의된 메소드와 일치하는 것을 의미한다. 인수는 변수형이 정확히 일치하거나 인수의 형이 메소드에 정의된 형의 파생형일 때 일치한다.

Agile Java

예를 들어, Box가 메소드를 다음과 같이 정의한다면

```
void add(List list) { ... }
```

다음의 메시지 전달은 add 메소드형 선언에 맞는다.

```
Box b = new Box();
b.add(new List());
b.add(new ArrayList());
```

두 번째 add 메시지는 ArrayList가 List의 서브클래스이기 때문에 가능하다.
만약, 자바가 알맞은 메소드 형 선언을 찾지 못하면, 래핑에 기반하여 맞는 메소드를 찾는다. 적절한 곳에 객체 인수가 있는 임의의 메소드를 사용한다.
addCharge 메소드에서 int의 Integer로의 명시적인 포장은 더 이상 필요하지 않다.

```
public void addCharge(int charge) {
   charges.add(charge);
}
```

래핑이 여러분이 모르는 사이에 일어난다는 것을 이해하는 것이 중요하다. 자바는 새로운 Integer 인스턴스를 여러분이 제공한 기본 형 값을 위해 생성한다.
오토박싱은 인수에 대해서만 적용된다. 오토박싱이 기본형에 메시지를 보내려고 시도할 때마다 일어난다면 편리할 것이다. 아직 이런 기능은 제공되지 않지만, 만약, 제공된다면 다음과 같은 표현이 가능할 것이다.

```
6.toString()  // 동작하지 않는다.
```

오토언박싱은 기본형을 포장된 기본형이 들어가야 할 곳에 사용하는 경우 일어난다. 다음은 오토언박싱의 예이다.

```
public void testUnboxing() {
   int x = new Integer(5);
   assertEquals(5, x);
}
public void testUnboxingMath() {
   assertEquals(10, new Integer(2) * new Integer(5));
}
```

오토언박싱의 좀더 유용한 적용은 기본형 래퍼 타입을 제한된 콜렉션의 구성요소를 가져올 때이다. 오토박싱과 오토언박싱으로 Student의 코드는 다음과 같이 단순해진다.

```
public void addCharge(int charge) {
  charges.add(charge);
}

public int totalCharges() {
  int total = 0;
  for (int charge: charges)
    total += charge;
  return total;
}
```

수학 연산에 대한 레슨 10에서 래퍼 클래스에 기능에 대하여 좀더 배운다.

12 배열(array)

이 책에서는 배열에 대해서 여러 번 언급했다. 배열은 고정된 크기의 연속적인 메모리 슬롯의 집합이다. ArrayList나 다른 콜렉션 객체와 달리 배열은 용량이 차면 더 이상의 요소를 추가할 수 없다. 용량이 찬 배열에 요소를 추가하는 유일한 방법은 더 큰 다른 배열을 만들어서 모든 요소들을 새로운 배열에 복사하는 것이다.

자바는 배열에 대해서 특별한 문법을 지원한다. ArrayList 클래스의 형태로 간접적으로 여러분은 계속해서 배열을 사용해 왔다. ArrayList는 모든 요소를 자바 배열에 저장한다. ArrayList 클래스는 너무 많은 요소들을 추가했을 때 커지는 배열을 처리하는 귀찮은 과정을 스스로 처리한다.

 이 예제는 CourseSession에서 각 학생의 시험점수를 관리할 Performance라는 이름의 새로운 클래스를 만든다. Performance 클래스는 모든 시험의 평균을 계산한다.

```
package sis.studentinfo;

import junit.framework.*;

public class PerformanceTest extends TestCase {
  private static final double tolerance = 0.005;
  public void testAverage() {
    Performance performance = new Performance();
    performance.setNumberOfTests(4);
    performance.set(0, 98);
    performance.set(1, 92);
    performance.set(2, 81);
    performance.set(3, 72);

    assertEquals(92, performance.get(1));

    assertEquals(85.75, performance.average(), tolerance);
  }
}
```

Agile Java

Performance 클래스는 다음과 같다.

```
package sis.studentinfo;

public class Performance {
   private int[] tests;
   public void setNumberOfTests(int numberOfTests) {
      tests = new int[numberOfTests];
   }

   public void set(int testNumber, int score) {
      tests[testNumber] = score;
   }

   public int get(int testNumber) {
      return tests[testNumber];
   }

   public double average() {
      double total = 0.0;
      for (int score: tests)
         total += score;
      return total / tests.length;
   }
}
```

시험 점수는 tests라는 이름의 배열에 저장한다.

```
private int[] tests;
```

이 선언은 인스턴스 변수 tests가 int[]형(이것을 "int 배열"이라고 읽는다)이라고 선언한다. 괄호는 이 변수가 배열이라는 것을 나타낸다. 여러분은 배열에 대한 인덱스로 괄호를 사용한다. 배열의 인덱스로 사용하고자 하는 요소의 위치를 자바에 알린다.

자바에서는 괄호를 변수이름 뒤에 선언하는 것 역시 허용한다.

```
private int tests[]; // 배열을 이런 방법으로 선언하지 않는다.
```

이런 형식은 사용하지 않도록 하자. 이렇게 사용한다면 여러분은 C/C++ 프로그래머이다. 위의 두 가지 형식의 배열 선언은 메모리를 할당하지 않는다. 만약, 배열의 한 요소를 참조하려고 하면 에러[8]가 발생할 것이다.

Performance를 사용하는 코드에서 setNumberOfTests를 호출하면, 할당문이 test 배열을 초기화한다.

---

[8] 정확히는 NullPointerException이 발생한다. 예외에 대한 자세한 정보는 레슨 8을 참조한다.

전통적인 요소 | Lesson 07

```
public void setNumberOfTests(int numberOfTests) {
   tests = new int[numberOfTests];
}
```

배열은 new 키워드로 할당한다. new 키워드 뒤에 배열에서 저장할 변수형(이 예에서는 int)과 할당할 슬롯의 개수(numberOfTests)를 명시할 수 있다.

배열을 초기화한 후 각 슬롯에 값을 정할 수 있다. 저장할 값은 배열의 변수형과 일치해야 한다. 예를 들어, int 값만을 int[]에 저장할 수 있다.

```
public void set(int testNumber, int score) {
   tests[testNumber] = score;
}
```

set은 score의 값을 tests 배열의 testNumber에 해당하는 위치에 저장한다. 배열의 인덱스는 0부터 시작한다. 첫 번째 슬롯은 0이며 두 번째는 1이다.

get 메소드는 특정 인덱스 위치의 배열 요소에 접근하는 방법을 보여 준다.

```
public int get(int testNumber) {
   return tests[testNumber];
}
```

for-each 루프를 사용해서 다른 콜렉션과 비슷하게 순차적으로 접근할 수 있다.

```
public double average() {
   double total = 0.0;
   for (int score: tests)
      total += score;
   return total / tests.length;
}
```

또한 average 메소드는 특별한 변수인 length를 이용해서 배열의 구성요소 개수를 가져오는 방법을 보여 준다.

기존의 for 루프를 이용해서 배열을 사용할 수도 있다.

```
public double average() {
   double total = 0.0;
   for (int i = 0; i < tests.length; i++)
      total += tests[i];
   return total / tests.length;
}
```

배열은 레퍼런스 혹은 기본형, 어떤 변수형으로도 선언할 수 있다. Student의 배열을 나타내는 인스턴스 변수를 만들 수 있다.

```
private Student[] students;
```

Agile Java

배열 초기화하기

배열을 할당할 때 자바는 해당 변수형의 기본값으로 초기화한다. 숫자형인 경우 배열의 모든 슬롯을 0으로 초기화하고 boolean인 경우 false, 레퍼런스인 경우 null로 초기화한다. 자바는 배열의 선언과 인스턴스화할 때 사용되는 특별한 배열 초기화 문법을 제공한다.

```
public void testInitialization() {
   Performance performance = new Performance();
   performance.setScores(75, 72, 90, 60);
   assertEquals(74.25, performance.average(), tolerance);
}
```

setScores 메소드는 네 개의 점수 인수를 배열 초기화로 넘긴다.

```
public void setScores(int score1, int score2, int score3, int score4) {
   tests = new int[] { score1, score2, score3, score4 };
}
```

이 예제에서 배열 초기화는 4개의 슬롯을 가지고 int값을 채운 배열을 생성한다. 좀더 단축된 배열 선언, 할당 문은 다음과 같다.

```
int[] values = { 1, 2, 3 };
```

배열 초기화 리스트의 끝을 쉼표로 끝낼 수 있다. 자바 컴파일러는 마지막 쉼표를 무시한다(배열에 추가적인 슬롯을 만들지 않는다). 예를 들어, 다음 코드는 앞의 선언과 초기화와 같은 의미이다.

```
int[] values = {
  1,
  2,
  3,
};
assertEquals(3, values.length);
```

초기화를 여러 줄에 걸쳐서 하는 것의 유용함을 보이기 위해 위와 같이 코드를 작성했다. 이렇게 배열을 초기화하면 자유스럽게 배열에 새로운 요소를 추가하고 제거하고 옮길 수 있다. 마지막 요소의 뒤에 쉼표를 남겨둔 것에 신경 쓸 필요가 없으며 모든 요소를 쉼표로 끝낼 수 있다.

배열을 사용할 때

기존의 배열대신에 자바에서 제공하는 참조형에 대한 콜렉션을 사용하자. 코드가 좀더 단순해지고 순수한 객체 지향에 가까워지며, 좀더 유연해진다. ArrayList를 LinkedList로 교체

전통적인 요소 | Lesson 07

하는 것은 쉽지만 배열을 LinkedList로 바꾸는 것은 노력이 많이 필요한 작업이다.

어떤 상황에서는 배열을 써야 한다. 많은 API들이 배열을 반환하거나 배열을 인수로 사용한다.

배열을 사용하는 것이 더 적절한 상황도 있다. 많은 수학 알고리즘과 구조(예를 들어, 행렬)는 배열로 좀더 잘 구현할 수 있다.

배열의 각 구성요소에 접근하려면 해당 요소가 저장된 슬롯의 인덱스에 슬롯의 크기를 곱하고 메모리 주소를 더해서 접근한다. 그림 7-1의 유사 메모리 다이어그램은 int 배열에 세 개의 요소가 저장된 모습을 나타낸다. 자바는 배열의 시작 주소를 0x100로 저장한다. 배열의 세 번째 요소에 접근하려면, 자바는 새로운 메모리 위치를 다음과 같이 계산한다.

0x100 시작주소 + 2번째 슬롯 * 슬롯 당 4바이트

int형은 4바이트를 차지하기 때문에 각 슬롯은 4바이트를 사용한다[9]. 결과 주소는 0x108이며, 55를 찾게 된다.

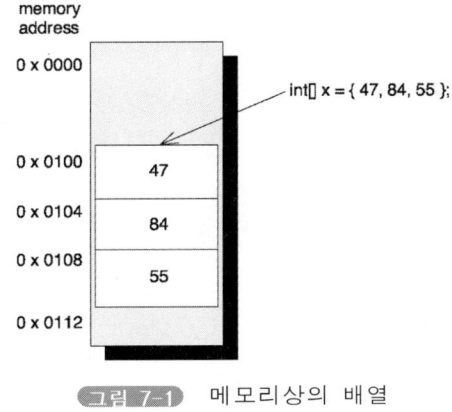

그림 7-1 메모리상의 배열

가장 빠른 속도를 위해서는 콜렉션보다 배열을 사용해야 한다. 하지만 배열보다 콜렉션 클래스를 사용하자. 임의로 콜렉션 클래스를 배열로 바꾸고자 한다면 항상 먼저 성능을 측정해 보자.

 배열보다는 객체 지향적인 콜렉션을 사용한다.

가변인수

임의 개수의 비슷한 형의 인수를 메소드로 전달하려고 한다면 먼저 콜렉션에 이런 인수들을 저장해야 한다. 위의 setScores 메소드는 네 개의 시험 점수로 제한되어 있다. 여러분은

---

[9] 자바는 기본형을 직접 배열에 저장한다. 객체에 대한 배열은 메모리상에 다른 위치에 대한 레퍼런스의 연속적인 리스트를 저장한다.

Agile Java

임의 개수의 점수 값을 Performance 객체로 전달하고 싶다. J2SE 5.0 이전에는 이런 기능을 위한 표준적인 방법은 새로운 배열을 임시로 생성하는 것이었다.

```
public void testArrayParm() {
   Performance performance = new Performance();
   performance.setScores(new int[] { 75, 72, 90, 60 });
   assertEquals(74.25, performance.average(), tolerance);
}
```

그리고 setScores 메소드는 직접 그 배열을 저장할 수 있다.

```
public void setScores(int[] tests) {
   this.tests = tests;
}
```

또한 더 짧은 형태의 배열 정의/초기화 문법을 이용하려고 해볼 수도 있다.

```
performance.setScores({ 75, 72, 90, 60 }); // 컴파일 되지 않는다.
```

하지만 이것은 허용되지 않는다.

J2SE 5.0은 메소드가 임의 개수의 인수를 받는 것을 허용한다. 인수들은 메소드 인수 리스트의 제일 끝에 나와야 하고 같은 변수형이어야 한다.

가변인수는 (...)으로 선언할 수 있다. C언어에 익숙한 프로그래머는 이것을 가변인수(vargs) 선언이라고 부른다.

```
public void setScores(int... tests) {
   this.tests = tests;
}
```

setScore에 대한 메소드 호출은 임의 개수의 시험 점수를 전달 할 수 있다.

```
public void testVariableMethodParms() {
   Performance performance = new Performance();
   performance.setScores(75, 72, 90, 60);
   assertEquals(74.25, performance.average(), tolerance);

   performance.setScores(100, 90);
   assertEquals(95.0, performance.average(), tolerance);
}
```

자바 응용프로그램을 실행할 때 자바 가상기계는 명령줄 인수를 main 메소드에 String 객체의 인수형태로 전달한다.

```
public static void main(String[] args)
```

main 메소드 역시 다음과 같이 선언할 수 있다.

```
public static void main(String... args)
```

다차원 배열(multidimensional array)

자바는 배열의 배열, 즉 다차원 배열을 지원한다. 다차원 배열은 전통적으로 행렬을 표현하는데 사용되었다. 최대 255차원까지의 배열을 만들 수 있지만, 아마도 3차원이상은 사용하지 않을 것이다. 다음의 언어 테스트는 2차원 배열을 어떻게 할당하고 채우고 접근하는지 보여준다.

```
// 0 1 2 3
// 4 5 6 7
// 8 9 10 11
public void testTwoDimensionalArrays() {
   final int rows = 3;
   final int cols = 4;
   int count = 0;
   int[][] matrix = new int[rows][cols];
   for (int x = 0; x < rows; x++)
     for (int y = 0; y < cols; y++)
        matrix[x][y] = count++;
   assertEquals(11, matrix[2][3]);
   assertEquals(6, matrix[1][2]);
}
```

모든 차원을 한번에 할당할 필요는 없다. 오른쪽은 지정하지 않은 채로 놔두고, 각 차원을 왼쪽부터 할당할 수 있다. 나중에 가장 오른쪽의 차원을 할당할 수 있다. testPartial-Dimensions에서 처음에는 matrix를 3행의 int 배열로 할당한다. 그 후에 각 행의 슬롯에 크기가 다른 int 배열을 할당한다.

```
// 0
// 1 2
// 3 4 5
public void testPartialDimensions() {
   final int rows = 3;
   int[][] matrix = new int[rows][];
   matrix[0] = new int[]{ 0 };
   matrix[1] = new int[]{ 1, 2 };
   matrix[2] = new int[]{ 3, 4, 5 };
   assertEquals(1, matrix[1][0]);
   assertEquals(5, matrix[2][2]);
}
```

testPartialDimensions에서 보인 것처럼, 자바에서 다차원 배열이 사각일 필요는 없다. 다차원 배열을 배열 초기화 문법 형태로 초기화할 수도 있다.

Agile Java

다음 초기화는 testPartialDimensions와 동일한 배열을 만든다.

```
int[][] matrix2 = { { 0 }, { 1, 2 }, { 3, 4, 5 } };
```

배열 클래스

배열은 객체가 아니기 때문에 배열에 메시지를 보낼 수 없다. 배열의 크기를 알기 위해 length 변수를 사용할 수 있지만 이것은 자바에서 제공하는 특별한 문법이다.

java.util.Arrays 클래스는 배열에 대한 몇 가지 연산을 클래스 메소드로 가지고 있다. Arrays 클래스를 이용해서 1차원 배열에 대해서 다음과 같은 연산을 할 수 있다.

- 바이너리 검색(binary search)을 한다.(배열이 정렬되어있다고 가정한다) : binarySearch
- 정렬한다. : sort
- 배열을 List 인터페이스를 구현하는 객체로 변환한다. : asList
- 같은 형의 다른 1차원 배열과 비교한다. : equals
- 해쉬 코드를 얻는다. (레슨 9참조) : hashCode
- 특정 값이나 값의 범위로 각 구성요소의 값을 지정한다. : fill
- 배열의 출력 가능한 표현을 얻는다. : toString

equals 메소드는 좀더 깊이 살펴 볼 것이다. 다른 메소드에 대해서는 자바 API 문서의 java.util.Arrays 부분을 참조한다.

Arrays.equals

기본 변수형을 저장하거나 레퍼런스를 저장하는가에 관계없이 배열은 레퍼런스형이다. 만약, 두 개의 개별적인 배열을 만들면 자바 가상기계는 둘을 다른 메모리 위치에 저장한다. 따라서 두 배열을 ==으로 비교하면 항상 false를 반환한다.

```
public void testArrayEquality() {
  int[] a = { 1, 2, 3 };
  int[] b = { 1, 2, 3 };
  assertFalse(a == b);
}
```

배열이 레퍼런스이기 때문에, 두 배열을 equals 메소드를 이용해서 비교할 수 있다. 하지만 같은 차원에 같은 값을 넣어도 비교하면 false를 반환할 것이다.

```
public void testArrayEquals() {
  int[] a = { 1, 2, 3 };
  int[] b = { 1, 2, 3 };
  assertFalse(a.equals(b));
}
```

Arrays.equals 메소드를 이용해서 메모리 위치가 아닌 두 배열의 내용을 비교할 수 있다.

```
public void testArraysEquals() {
   int[] a = { 1, 2, 3 };
   int[] b = { 1, 2, 3 };
   assertTrue(Arrays.equals(a, b));
}
```

13 재구성하기

문자열 나누기

 Student의 split 메소드는 whle루프나 for 루프를 사용한 것에 관계없이 동작하지만 결과 코드는 상당히 복잡해진다. 자바는 문자열을 토큰으로 나누는데 적어도 두 가지의 방법을 제공한다. 먼저 입력 문자열을 각 부분(토큰)으로 나누기 위해 StringTokenizer 클래스를 사용하는 방법을 배울 것이다. StringTokenizer클래스는 고전적인 클래스이며, 썬에서는 좀더 나은 방법을 제공하고 있다. 다른 방법은 String에 정의된 split 메소드이다. StringTokenizer로 코드를 했다면 String.split을 이용하도록 고치자.

 자바 1.4까지 썬은 StringTokenizer를 문자열을 나누는 방법으로 권장했다. 아직도 StringTokenizer를 사용하는 코드를 많이 볼 수 있으며, 그 것이 이 부분에서 StringTokenizer를 다루는 이유이기도 하다. 자바 1.4에서 썬은 정규 표현식(regular expression) API를 추가하였다. 정규 표현식은 문자열에 대한 패턴 비교를 위한 정의이다. 정규 표현식을 이용하면 믿을 수 있고 표준적인 언어로 문자열의 패턴을 지정할 수 있다. 새로운 String.split 메소드는 정규 표현식을 이용하며, 따라서 StringTokenizer 방식보다 훨씬 효율적이다. 추가적인 정보를 위해서는 추가 레슨 III의 정규 표현식 API를 참조한다.

 java.util.StringTokenizer 클래스의 생성자는 인수로 입력 문자열과 구분자가 될 문자의 리스트를 나타내는 문자열을 받는다. StringTokenizer는 그리고 입력 문자열을 순차적으로 사용할 수 있도록 토큰으로 나눈다. while 루프가 각 토큰을 사용하는데 알맞은 구조이다.

```
private List<String> split(String name) {
   List<String> results = new ArrayList<String>();
   StringTokenizer tokenizer = new StringTokenizer(name, " ");
   while (tokenizer.hasMoreTokens())
      results.add(tokenizer.nextToken());
   return results;
}
```

Agile Java

StringTokenizer에 hasMoreTokens 메시지를 보내면 남은 토큰이 없는 경우 false를 반환한다. nextToken은 가능한 다음 토큰을 반환한다. StringTokenizer 코드는 어떤 문자가 토큰을 구분하는지를 구분자의 리스트로 받아서 사용한다. 위의 예제는 공백 문자를 토큰을 구분하기 위해 사용했다.

문자열 나누기 : String.split

String 클래스는 StringTokenizer보다 사용하기 쉬운 split 메소드를 제공한다. String.split을 사용하면 Student.split 메소드 전체를 한 줄로 바꿀 수 있다.

```
public Student(String fullName) {
   this.name = fullName;
   credits = 0;
   List<String> nameParts = split(fullName);
   setName(nameParts);
}

private List<String> split(String name) {
   return Arrays.asList(name.split(" "));   // 적절히 동작하지 않는다.
}

private void setName(List<String> nameParts) {
   this.lastName = removeLast(nameParts);
   String name = removeLast(nameParts);
   if (nameParts.isEmpty())
      this.firstName = name;
   else {
      this.middleName = name;
      this.firstName = removeLast(nameParts);
   }
}

private String removeLast(List<String> list) {
   if (list.isEmpty())
      return "";
   return list.remove(list.size() - 1);
}
```

우리의 목표는 다른 부분에는 가능한 영향을 미치지 않는 것이다. split 메소드에 있는 한 줄의 코드는 이런 조건을 만족할 것 같다.

```
return Arrays.asList(name.split(" "));   // 적절히 동작하지 않는다
```

split 메소드는 하나의 인수, 단어의 경계가 되는 문자열의 리스트를 받는다. 그리고 단어

전통적인 요소 | Lesson 07

의 배열을 반환한다. Arrays 클래스의 asList 메소드는 배열을 받아서 배열의 List 표현을 반환한다.

이 코드가 StringTokenizer를 사용해서 단어 리스트를 생성한 이전의 코드를 잘 대체할 수 있을 거라고 생각할 것이다. 하지만 이 코드는 동작하지 않는다. removeLast 메소드에서의 remove 호출이 UnsupportedOperationException이라는 에러를 낼 것이다.

문제는 Arrays의 asList 메소드이다. 자바 API 문서에 따르면 asList는 인수로 전달한 배열로 이루어진 리스트를 반환한다. 이 리스트는 배열의 다른 표현이고, 배열은 없어지지 않는다. 이 리스트는 배열에 준 변화를 그대로 반영한다.

이 리스트는 배열로 이루어져 있고, 배열에서 구성요소를 삭제할 수 없기 때문에 자바는 remove 호출을 허용하지 않는다.

해결 방법은 for-each 루프를 사용해서 split의 결과를 순차적으로 접근하는 것이다. StringTokenizer를 사용하는 방법과 마찬가지로, 각 단어를 결과 배열에 추가할 수 있다.

```java
private List<String> split(String fullName) {
   List<String> results = new ArrayList<String>();
   for (String name: fullName.split(" "))
      results.add(name);
   return results;
}
```

split 메소드는 정규 표현식이라는 자바의 기능을 사용한다. 정규 표현식은 문법적인 요소와 문자열을 검색하기 위한 기호의 집합이다. 여러분은 디렉토리 내의 파일들을 보기 위해 간단한 형태의 정규 표현식을 사용해 왔다. (*)를 와일드카드 기호로 임의 문자열의 파일이름을 의미하기 위해 사용한다. 좀더 강력한 정규 표현식의 기능은 추가 레슨 III을 참조한다.

연습문제

1. 다른 종류의 루프가 동작하는 것을 보기 위해 팩토리얼 알고리즘을 (재귀호출을 사용하지 않고) 작성한다. 팩토리얼의 정의는 다음과 같다.

   ```
   n이 0이면, n 팩토리얼 = 1.
   n이 1이면, n 팩토리얼 = 1.
   n이 1보다 크면, n 팩토리얼 = 1 * 2 * 3 * .... n까지.
   ```

   테스트를 작성하고 while루프를 사용해서 factorial 메소드를 작성한다. 다음으로 while 키워드대신 C형식의 for 루프를 사용하여 테스트를 통과하는 같은 메소드를 작성한다. 마지막으로 do-while 루프를 사용하도록 고친다. 다른 루프 구조를 사용하기 위해 바꿔야 하는 부분을 살펴보자. 또한 어떤 루프 문제를 사용하기 위해 한가지 루프 구조만을 사용할 수 있다는 것을 확인해 보자.
   a) 왜 하나의 루프 구조를 다른 것보다 자주 사용하는가?
   b) 어떤 루프가 가장 짧은가?
   c) 이 문제에는 어떤 루프가 가장 어울리는가? 이유는 무엇인가?
   d) 루프를

   ```
   while(true) {
   ```

   로 바꾸고 break 키워드를 이용해서 루프를 끝내본다.

2. continue 키워드에 대해서 이해하고 있는지 확인해 보자. 1에서 n까지의 숫자를 포함하는 문자열을 반환하는 메소드를 만든다. 각각의 숫자는 빈칸으로 구분한다. 5로 나누어지는 숫자의 뒤에는 *표를 붙인다. 예를 들어, n을 12로 설정하면 다음의 결과를 얻는다.

   ```
   "1 2 3 4 5* 6 7 8 9 10* 11 12".
   ```

3. a) 이전 연습문제에서의 문자열 결과를 부분 문자열의 Vector로 나눈다. 문자열은 공백문자로 나눈다. "1 2 3 4 5* 6 7" 문자열은 문자열 "1", "2", "3", "4", "5*", "6", "7"을 포함하는 Vector로 나눈다.
   b) 열거형을 사용해서 벡터의 구성요소를 순차적으로 접근하고 연습문제 #2의 문자열을 다시 생성한다.
   c) 모든 인수화된 변수형을 없앤다. 컴파일러 에러를 확인하고 필요한 부분은 코드를 수정한다.

4. 이전에 연습문제에서 주어진 말의 가능한 움직임을 확인하기 위한 테스트를 작성했다. 이 확인을 다음과 비슷하게 고친다.

```
public void testKingMoveNotOnEdge() {
  Piece piece = Piece.createBlackKing();
  board.put("d3", piece);
  assertContains(piece.getPossibleMoves("d3", board),
    "c4", "d4", "e4", "c3", "e3", "c2", "d2", "e2");
}
```

다른 테스트 역시 이런 구조를 사용하여 재구성한다.

5. 지금까지 많은 시간을 들여서 작성한 체스판이 실제로는 각 칸의 2차원 배열이라는 것을 알았을 것이다. 기존의 Board 클래스를 백업해둔다. Board를 내부적인 데이터 구조로 2차원 배열을 이용하도록 고친다.

   한가지 어려운 부분은 클라이언트 코드 (Game, Pawn과 같은)에서 체스판에 관련된 구현 사항을 사용한다는 것이다. 예를 들어, 클라이언트 코드에서 2차원 배열의 가로줄과 세로줄에 대해서 루프를 실행하도록 코드를 고친다. 이것은 이상적인 상태는 아니다. 보통 여러분은 고정된 공개 인터페이스를 디자인하고 그 인터페이스를 수정하지 않아야 한다. Board 클래스의 구현 사항을 바꿀 때, Game 클래스는 영향을 받지 않아야 한다.

   다른 방법은 클라이언트 코드에서 전체 말에 접근할 때마다 Piece의 2차원 배열을 Piece 객체의 리스트에 대한 리스트로 바꾸는 것이다. 하지만 가장 좋은 방법은 클라이언트에서 스스로 순차 접근을 하도록 하는 것이다. 한가지 세련된 (그리고 복잡한) 방법은 비지터라는 디자인 패턴을 사용하는 것이다. 추가적인 정보는 디자인 패턴(Design Patterns)[10]라는 책을 참조한다. 지금은, Board에서 내부적으로 사용하는 2차원 배열을 외부에서도 사용하도록 하는 것으로 충분하다.

   이전의 Board와 비교해 보자. 어느 쪽이 읽고 이해하기 쉬운가? 어느 쪽이 코드가 더 적은가?

6. Board 클래스를 Iterable로 만들어서, 각 말을 for-each 루프에서 접근하도록 하자. 복잡한 방법은 가로줄과 세로줄 인덱스를 관리하는 독립적인 Iterator 클래스를 만드는 것이다. 좀더 쉬운 방법은 체스판의 행렬에 대해서 루프를 돌면서 각 말을 List 객체에 추가하는 것이다. 그리고 List 객체에서 Iterator를 반환하도록 할 수 있다.

   클래스를 순차적인 접근이 가능하도록 했으면, 뒤로 돌아가서 모든 말에 접근하는 코드가 가능하면 for-each 루프를 사용하도록 고친다. 아직 고치지 않았다면, 한가지 예로 Piece 객체가 현재의 가로줄과 세로줄을 저장하도록 고친다.

7. ArrayList 클래스에 대한 javadoc API를 읽고 학생의 이름을 분리하고 각 부분을 포함하는 List를 반환하는 이 장의 마지막 예제를 단순화하는 방법을 찾아보자. 루프를 전혀 사용하지 않고 split 메소드를 다시 작성할 수 있다. (힌트: ArrayList의 생성자를 살펴보자.)

---

10) [Gamma1995].

Lesson 8 예외 (Exception) 와 로그 (logging)

이 레슨에서 여러분은 예외와 로그에 대해서 배울 것이다. 예외는 자바가 제어를 옮기는 방법이다. 코드상에서 문제가 되는 상황을 알리기 위해 예외를 사용한다. 여러분은 예외를 알리거나 발생한 예외상황을 처리하기 위한 코드를 작성해야 한다.
자바는 응용프로그램이 실행되면서 정보를 저장할 수 있는 유연한 로그 기능을 제공한다. 예외, 관심사항 발생, 추적하고자 하는 이벤트를 기록하도록 선택할 수 있다.

이 레슨에서는 다음 내용을 다룬다.

- try-catch 블록
- 검사된 예외와 검사되지 않은(runtime) 예외
- throws 문
- 예외 계층구조
- 스스로의 예외형 만들기
- 예외 메시지
- 다중 예외 처리하기
- 예외 전달하기
- 스택 트레이스(stack trace) 이용하기
- finally 블록
- Formatter 클래스
- 자바 로그 API
- 파일로 로그하기
- 로그 핸들러
- 로그 속성
- 로그 계층구조

예외(exception)와 로그(Logging) | Lesson 08

1. 예외(exception)

레슨 4에서, 정상적으로 초기화되지 않은 변수에 무언가를 하면 NullPointerException을 발생시키는 것을 보았다.

예외는 코드상의 예외적인 상황을 표현하는 객체이다. 여러분은 예외 객체를 생성하고 전달할(throw) 수 있다. 예외가 있을 수 있다는 것을 알고 있다면, 그런 예외를 명시적으로 처리하거나 잡는(catch) 코드를 작성할 수 있다. 혹은, 코드에서 예외를 처리하지 않고 다른 부분에서 문제를 처리하도록 선언 할 수도 있다.

생성된 예외는 제어의 이동을 의미한다. 코드의 어느 부분에서나 예외를 생성할 수 있다. 다른 API 역시 어느 때나 예외를 생성할 수 있다. 가상기계 역시 예외를 생성할 수 있다. 예외가 발생한 순간 자바 가상기계는 그 예외를 처리하는, 혹은 잡는(catch) 첫 번째 부분으로 제어를 옮긴다. 어느 코드도 예외를 잡지 않으면, 프로그램이 비정상적으로 종료된다[1].

결과적으로 여러분이 원하는 것은 과목에서 학생의 시험 점수를 입력할 수 있는 사용자 인터페이스를 만드는 것이다. 사용자 인터페이스는 모든 것이 잘못될 가능성이 있다. 사용자는 너무 큰 숫자를 입력하거나, 입력하지 않거나, 의미 없는 값을 입력할 수도 있다. 여러분의 임무는 이런 잘못된 입력 값을 받자마자 처리하는 것이다.

시험 점수는 문자열 객체로 사용자 인터페이스에 입력된다. 여러분은 이런 문자열을 int 형으로 변환할 필요가 있다. 이 연산을 위해 Integer 래퍼 클래스의 유틸리티 메소드인 parseInt를 사용한다. parseInt 메소드는 String을 받아서 숫자로 변환한다. 성공한다면, parseInt는 적절한 int를 반환한다. 만약, 입력된 문자열이 잘못되었다면, parseInt는 NumberFormatException을 발생시킨다.

성공적인 경우를 나타내는 간단한 테스트로부터 시작한다.

```
package sis.studentinfo;

import junit.framework.TestCase;

public class ScorerTest extends TestCase {
  public void testCaptureScore() {
    Scorer scorer = new Scorer();
    assertEquals(75, scorer.score("75"));
  }
}
```

---

footnote

1) 멀티쓰레드로 실행되는 응용프로그램에서는 다를 수 있다. 쓰레드에 관한 레슨을 참조한다.

Agile Java

이 코드가 테스트를 통과하도록 한다.

```
package sis.studentinfo;

public class Scorer {
   public int score(String input) {
      return Integer.parseInt(input);
   }
}
```

그리고 score 메소드에 잘못된 입력이 들어가는 경우를 두 번째 테스트에서 작성한다.

```
public void testBadScoreEntered() {
   Scorer scorer = new Scorer();
   scorer.score("abd");
}
```

이것은 완전한 테스트는 아니지만, 코드에서 예외를 생성할 때 일어나는 일을 잘 보여 준다. 코드를 컴파일하고 테스트를 실행한다. JUnit은 테스트 실패 대신에 에러를 일으킨다. 에러는 테스트 내의 코드가 처리되지 않은 예외를 발생시켰다는 것을 나타낸다. 예외의 스택 트레이스가 JUnit 윈도우에 나타나서, Integer 클래스가 NumberFormatException을 발생시킨 것을 보여 준다.

여러분은 테스트가 score 메소드에 잘못된 입력이 넘겨진 경우 예외를 발생시키는 것을 확인하고자 한다. 이 테스트 케이스는 예외를 받을 것을 기대하는 경우 보여 준다. 따라서 예외가 발생한다면 테스트를 통과한 것이고, 발생하지 않는다면 실패한 것이다.

자바는 예외 처리를 위해 try-catch 블록이라는 구조를 제공한다. try-catch 블록의 표준적인 형태는 두 블록의 코드이다. try 블록은 예외가 발생할 수도 있는 코드로 구성된다. catch 블록은 예외가 발생한 경우 실행되는 코드를 포함한다.

```
public void testBadScoreEntered() {
   Scorer scorer = new Scorer();
   try {
      scorer.score("abd");
      fail("expected NumberFormatException on bad input");
   }
   catch (NumberFormatException success) {
   }
}
```

testBadScoreEntered는 예외를 검사할 때 가장 일반적인 형태이다. try 블록은 NumberFormatException 예외가 발생할 가능성이 있는 score 메시지 전송을 포함하고 있다. 만약, score의 코드가 예외를 발생시키면, 자바 가상기계는 즉시 예외가 발생한 지점에서 catch블록으로 제어를 옮긴다.

만약, score의 코드 실행이 예외를 발생하지 않으면 제어는 정상적으로 진행되고 자바는

예외 (exception) 와 로그 (Logging) | Lesson 08

try 블록 다음의 명령문을 실행한다. testBadScoreEntered에서 다음 명령문은 JUnit 메소드 fail을 호출한다. ScorerTest는 junit.framework.TestCast에서 fail을 상속한다. fail을 실행하면 테스트 메소드를 즉시 멈춘다. 가상기계는 나머지 코드를 실행하지 않는다. JUnit은 테스트 메소드를 실패로 처리한다. fail을 호출하는 것은 assertTrue(false) (혹은 assertFalse(true))를 호출하는 것과 같다.

여러분은 score가 예외를 일으키기를 바란다. 그렇지 않다면, 무엇인가 잘못된 것이고, 테스트는 실패한 것이다. 만약, score가 예외를 발생시킨다면 가상기계는 제어를 catch 블록으로 옮기기 때문에 fail 문은 건너뛴다.

catch 블록은 비어있다. 테스트는 catch 블록을 비워두어도 되는 유일한 경우이다. 일반적으로, 여러분은 어떻게든 받은 예외를 처리하기를 바란다. 이런 처리를 catch 블록에서 하게 된다. 이 레슨에서 잡은 예외를 관리하는 몇 가지 방법을 소개할 것이다.

testBadScoreEntered에서 예외를 받는 것은 정상이다. 여러분은 catch 부분에서 NumberFormatException 객체의 이름을 success로 정해서 이 예외가 정상적인 것임을 명시하였다. 앞으로 보게 될 대부분의 코드에서 예외 객체의 이름은 e와 같은 일반적인 것을 사용한다. 하지만 필수적인 것은 아니다. 예외의 이름으로 예외가 발생하는 이유를 설명하도록 하자.

"예외 테스트"는 다른 클라이언트에서 다뤄야 할 부분을 보여 준다. 사용자 인터페이스 코드의 어딘가에서, testBadScoreEntered와 비슷한 코드 구조를 사용하게 될 것이다. 이 테스트는 score가 NumberFormatException을 발생시킬 가능성이 있고 어떤 상황에서 발생되는지를 보여 준다.

2 예외 다루기

예외를 관리하는 한가지 전략은 발생하는 부분(예외가 발생가능한 곳)에 가능한 가까운 곳에서 예외를 잡는 것이다. 예외를 잡으면 그것을 처리하는 코드를 작성할 수 있다. 문제를 적절한 동작으로 바꾸는 것은 예외를 포장하는 한가지 방법이다.

또한 예외가 발생하지 않도록 할 수도 있다. Scorer 클래스에서 추가적으로 isValid 메소드를 제공해서 클라이언트 코드에서 입력 문자열을 미리 검사하도록 할 수 있다. 잘못된 입력 값을 사용하지 않도록 클라이언트를 제한하는 것이다.

```
// ScorerTest.java
public void testIsValid() {
  Scorer scorer = new Scorer();
  assertTrue(scorer.isValid("75"));
  assertFalse(scorer.isValid("bd"));
}
```

Agile Java

```java
// Scorer.java
public boolean isValid(String input) {
   try {
      Integer.parseInt(input);
      return true;
   }
   catch (NumberFormatException e) {
      return false;
   }
}
```

클라이언트에서는 먼저 isValid를 호출한다. isValid가 true를 반환하면 클라이언트는 score 메소드를 안전하게 호출할 수 있다. isValid가 false를 반환하면 클라이언트는 사용자에게 잘못된 입력을 알린다.

이런 구조를 사용하는 것의 이점은 클라이언트에서 try-catch 블록을 코딩하지 않아도 되는 것이다. 대부분의 경우 코드의 제어 흐름을 제한하기 때문에 예외는 가능하면 사용하지 않는다. 예외를 발생부분에서 가까운 곳에서 처리하면, 클라이언트 코드에서 try-catch 블록을 사용할 필요가 없다.

다른 가능성은 score 메소드가 try-catch 블록을 가지도록 하는 것이다. NumberFormatException을 잡았을 때 클라이언트 코드에서 인식할 수 있는 -1이나 다른 특별한 int 값을 반환하도록 한다.

3 확인된 예외(checked exception)

대학교에서 각 과목마다 웹페이지가 있다. Session 객체를 만든 후 그 과목의 웹페이지의 URL[2]을 나타내는 문자열을 지정할 수 있다. Session은 이 문자열을 이용해서 java.net.URL 객체를 생성해야 한다. java.net.URL의 생성자 중 하나는 적절한 형식의 URL 문자열을 인자로 받는다. 적절한 형식이 되기 위해서는 URL은 프로토콜 이름이나 호스트 이름과 같은 구성부분에 몇 가지 규칙을 지켜야 한다. 적절하지 않은 문자열을 받는 경우 java.net.URL 생성자는 java.net.MalformedURLException 형식의 예외를 발생한다.

SessionTest의 간단한 테스트는 과목에 대한 URL을 문자열로 설정한다. 이 테스트는 그리고 java.net.URL로 URL을 가져온다. 마지막으로 URL 객체의 문자열 표현(toString)이 인수로 전달한 URL 문자열과 일치하는지 확인한다.

---

2) Uniform Resource Locator

예외 (exception) 와 로그 (Logging) | Lesson 08

```
public void testSessionUrl() {
   final String url = "http://course.langrsoft.com/cmsc300";
   session.setUrl(url);
   assertEquals(url, session.getUrl().toString());
}
```

Session의 코드는 값을 가져오고 할당한다.

```
package sis.studentinfo;

import java.util.*;
import java.net.*;

abstract public class Session
      implements Comparable<Session>, Iterable<Student> {
   ...
   private URL url;
   ...
   public void setUrl(String urlString) {
      this.url = new URL(urlString);
   }

   public URL getUrl() {
      return url;
   }
   ...
```

하지만 컴파일 하면 다음과 같은 에러가 생길 것이다.

```
unreported exception java.net.MalformedURLException; must be caught or declared to be thrown
         this.url = new URL(urlString);
                    ^
```

자바는 MalformedURLException 형식의 예외를 확인된 예외(checked exception)라고 부른다. 확인된 예외는 코드에서 명시적으로 처리해야 하는 예외이다.

여러분은 (NumberFormatException과 같은) 확인되지 않은 예외를 무시할 수 있지만, 예외를 무시하는 것은 안전하지 않다.

확인된 예외를 발생하는 모든 코드는 코드가 나오는 메소드에서 반드시 처리되어야 한다. 예외를 처리하기 위해서 try-catch 블록을 사용하거나 단순히 예외를 메소드를 호출한 코드로 전달하도록 선언할 수 있다. 예외를 전달하도록 선언하기 위해서 (그리고 아니면 무시하기 위해서) throws 명령을 사용한다.

```
public void setUrl(String urlString) throws MalformedURLException {
   this.url = new URL(urlString);
}
```

throws MalformedURLException 코드는 setUrl 메소드가 예외를 생성할 수 있다는 것을 나타낸다. setUrl 메소드를 호출하는 모든 코드는 try-catch 블록 안에 있거나 적절한 throws 문을 포함하는 메소드 안에 있어야 한다.

Agile Java

테스트 자체는 MalformedURLException을 처리하거나 MalformedURLException을 던지도록 선언되어야 한다. 컴파일하여 스스로 살펴보자.

```
public void testSessionUrl() throws MalformedURLException {
   final String url = "http://course.langrsoft.com/cmsc300";
   session.setUrl(url);
   assertEquals(url, session.getUrl().toString());
}
```

(SessionTest에 java.net에 대한 import를 추가하는 것을 잊지 말자.)

테스트의 일부로 예외를 받는 것을 예상하고 있다면 단순히 테스트가 예외를 전달하도록 선언한다. try-catch 블록 안에서 setUrl을 호출하지 않는다. 여러분은 테스트를 정의하고 있다. 이 테스트에서, 여러분은 URL이 정상적인 "정상적인 경우"를 보여 주고자 한다. 이 두 가지를 생각해 보면, 예외는 무언가 굉장히 잘못되지 않았다면 실행되는 동안 예외를 발생하지 않아야 한다. 여러분은 이런 정상 경우의 테스트에서는 예외를 무시할 수 있다. 혹시 예외가 발생하는 경우 JUnit이 예외를 잡아서 테스트가 실패한 것을 표시할 것이다.

문제가 있는 잘못된 경우에 대한 테스트 역시 필요하다.

```
public void testInvalidSessionUrl() {
   final String url = "httsp://course.langrsoft.com/cmsc300";
   try {
      session.setUrl(url);
      fail("expected exception due to invalid protocol in URL");
   }
   catch (MalformedURLException success) {
   }
}
```

MalformedURLException 클래스를 import해야 한다.

4 예외의 계층구조

객체를 예외로 전달할 수 있기 위해서는 Throwable형이어야 한다. 클래스 Throwable은 java.lang에 정의된 예외의 계층구조에서 루트(root)가 된다. Throwable은 Error와 Exception, 두 가지의 하위 클래스가 있다.

확인된 그리고 확인되지 않은 예외는 Exception 클래스를 계승한다.

썬은 Error 클래스를 자바환경 자체에서 잘못될 수 있는 심한 문제를 위해 사용한다. Error는 확인되지 않은 예외이며, 일반적으로 Errorr 클래스의 인스턴스를 받는 상황은 정해져 있지 않다. Error 예외형은 OutOfMemoryError나 InternalError와 같은 것을 포함

예외 (exception)와 로그 (Logging) | Lesson 08

한다. 이런 상황에서 복구하는 코드를 작성하는 것은 불가능하다.

Exception 클래스는 모든 다른 예외형의 상위 클래스이다. 썬은 가상기계 혹은 자바 클래스 라이브러리에서 생성되는 예외를 Exception의 하위 클래스로 정의했다. Exception의 하위 클래스는 가끔 응용프로그램 예외(application exception)로 불린다.

확인되지 않은 응용프로그램 예외는 Exception을 직접적인 하위 클래스인 RuntimeException을 계승해야 한다.

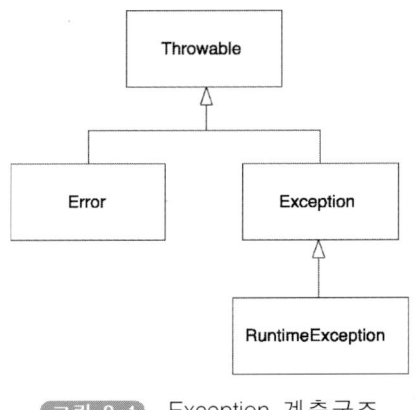

그림 8-1 Exception 계층구조

그림 8-1은 예외 계층구조의 주요부분을 보여 준다.

5 스스로 예외형을 생성하기

여러분은 자바에서 이미 제공하는 예외를 생성하고 던질 수 있다. 하지만 스스로 예외형을 만드는 것이 응용프로그램의 흐름을 명확히 할 수 있다. 만들어진 예외형을 사용하면 테스트가 쉬워진다.

이미 말한 것처럼 예외를 전달하는 것은 다른 방법으로 응용프로그램에서 처리할 수 없는 경우를 전달하기 위해서이다. 예외를 전달하지 않는 다른 방법을 찾는 것이 좋다.

예외가 더 적합한 한가지 경우는 URL의 예에서처럼 생성자의 인수를 확인할 필요가 있을 때이다. 여러분은 정적 메소드 호출로 확인을 하도록 할 수 있다(예를 들어, public static boolean URL.isValid(String url)). 하지만 사용자가 정적 메소드 호출을 하도록 강요하는 것보다는 예외를 생성하는 것이 좀더 나은 방법이다.

 예를 들어, 다음 테스트에 구현된 것처럼, 이름으로 세 개 이상의 부분을 가진 학생 객체의 생성을 막고자 할 수 있다.

Agile Java

```
public void testBadlyFormattedName() {
  try {
    new Student("a b c d");
    fail("expected exception from 4-part name");
  }
  catch (StudentNameFormatException success) {
  }
}
```

첫 번째 단계는 이 테스트가 새로운 Exception 하위 클래스를 생성하는 것을 깨닫는 것이다. Exception을 직접적으로 계승하기 전에 썬에서 자바 클래스 라이브러리에 제공하는 예외형들을 조사해봐야 한다. 여러분이 만들고자 하는 예외와 비슷한 예외형을 찾아보자. 이 경우 java.lang.IllegalArgumentException이 가장 알맞다. java.lang.IllegalArgumentException의 하위 클래스로 StudentNameFormatException를 만든다.

```
package sis.studentinfo;

public class StudentNameFormatException
    extends IllegalArgumentException {
}
```

이것이 새로운 예외형을 정의하기 위해 필요한 전부이다. 새로운 테스트는 컴파일 될 것이고, 코드 내에서 예외가 발생하기 때문에 실패할 것이다. 테스트를 통과하기 위해 다음과 같이 고친다.

```
public Student(String fullName) {
  this.name = fullName;
  credits = 0;
  List<String> nameParts = split(fullName);
  final int maximumNumberOfNameParts = 3;
  if (nameParts.size() > maximumNumberOfNameParts)
    throw new StudentNameFormatException();
  setName(nameParts);
}
```

이 코드는 다른 객체와 마찬가지로 새로운 Exception 객체를 생성한 것을 보여 준다.

```
throw new StudentNameFormatException();
```

throw 키워드로 이 예외 객체를 전달한다.

```
throw new StudentNameFormatException();
```

여러분이 만든 StudentNameFormatException는 IllegalArgumentException의 하위 클래스이기 때문에, 또한 IllegalArgumentException은 RuntimeException의 하위 클래스이기 때문에 Student 생성자에서 throws를 선언할 필요가 없다.

예외(exception)와 로그(Logging) | Lesson 08

StudentNameFormatException에 대해서는 테스트 클래스가 없는 것에 주의하자. 그 이유는 잘못될 가능성이 있는 코드가 거의 없기 때문이다. Exception 상위 클래스를 상속받는 것을 잊을 지도 모르지만, 그 경우는 컴파일이 되지 않는다.

6 확인된 예외와 확인되지 않은 예외

코드의 설계자로서, 여러분은 StudentNameFormatException을 확인된 혹은 확인되지 않은 예외로 만들 수 있다. 어느 쪽이 좋은지에 대해서는 상당한 논란이 있다. 한쪽은 확인된 예외가 사용시의 장점에 비해 문제를 많이 일으킨다고 주장한다[3]. 한가지 이유는 새로운 throws를 추가해서 메소드의 형식을 바꾸면 클라이언트 코드를 바꿔야 하기 때문이다.

실제로 대부분의 코드는 대부분의 예외에 대하여 아무런 일도 하지 않는다. 자주, 예외를 관리해야 하는 유일한 곳은 사용자 인터페이스 계층이다. "저희 응용프로그램에서 잘못된 부분이 있으면 지원실에 연락해주십시오." 시스템의 깊은 곳에 있는 코드에서 발생한 예외는 사용자 인터페이스 계층까지 전달되어야 한다. 모든 중간 클래스가 이런 가능한 문제를 다루도록 하면 코드는 지나치게 복잡해 질 것이다.

어떤 개발자는 사용하는 개발자가 즉시 그리고 항상 예외를 처리하도록 하는 것이 좋다는 이유로 확인된 예외를 선호한다. 불행히도 많은 개발자는 확인된 예외를 볼 때 훨씬 좋지 않은 해결법을 선택한다.

```
try {
   doSomething();
}
catch (Exception e) {
   // 기록을 작성하거나 아무것도 하지 않는다.
}
```

catch 블록 안에서 아무것도 하지 않는 것은 Empty Catch[4] 형식이라고 알려진 좋지 않은 패턴이다. 예외를 기록하는 것은 아무것도 하지 않는 것과 마찬가지이다. Empty Catch 형식이 적절한 몇 가지 드문 경우가 있다. 하지만 아무것도 하지 않는 것은 잘못될 가능성이 있는 문제를 감추기 때문에 앞으로 더 나쁜 문제를 만든다.

 예외를 전달하지 않는다. 하지만 빈 catch 블록은 만들지 않는다.

---

footnote

3) [Venners2003].
4) [Wiki2004a].

Agile Java

7 메시지

대부분의 예외는 관련된 메시지를 저장하고 있다. 메시지는 대게 개발자를 위한 것이다. 오직 일부 경우에만 응용프로그램의 사용자에게 메시지를 보여 주기에 적절하다. (메시지는 적절한 사용자 메시지를 결정하기 위한 기준이 될 수는 있다.) 일반적으로 메시지는 디버깅 목적으로 사용된다. 흔히 메시지를 어떤 문제가 발생하기 위해 응용프로그램 로그파일에 저장한다[5].

Exception 클래스는 메시지를 가지거나 가지지 않는 새 예외 객체를 생성할 수 있도록 한다. getMessage 메소드를 이용하여 예외에서 메시지를 가져올 수 있다. 메시지 없이 생성된 예외 객체에 대해서는 getMessage는 null을 반환한다.

여러분은 에러 메시지를 StudentNameFormatException 내에 저장하기를 원할 수도 있다.

```
public void testBadlyFormattedName() {
  try {
    new Student("a b c d");
    fail("expected exception from 4-part name");
  }
  catch (StudentNameFormatException expectedException) {
    assertEquals(
      "Student name a b c d contains more than 3 parts",
      expectedException.getMessage());
  }
}
```

예외 객체를 위해 임시변수인 success를 정의하는 대신, 이제 변수이름을 expectedException 으로 정의할 수 있다. 예외를 잡는 것으로는 테스트 통과를 판단할 수 없다. expectedException 에 저장된 메시지 역시 기대된 값이어야 한다.

e.getMessage()가 기본적으로 null을 반환하기 때문에 테스트는 실패할 것이다.

StudentNameFormatException 생성자를 수정해서 메시지를 인수로 받도록 한다. 그리고 생성자는 해당되는 상위 클래스 생성자를 직접 호출할 수 있다.

```
public class StudentNameFormatException
    extends IllegalArgumentException {
  public StudentNameFormatException(String message) {
    super(message);
  }
}
```

---

[5] 로그에 대해서는 이 레슨의 후반부를 참조한다.

예외 (exception)와 로그 (Logging) | Lesson 08

Student 생성자는 메시지와 예외 생성자를 한 줄에 모을 수 있다.

```
public Student(String fullName) {
  this.name = fullName;
  credits = 0;
  List<String> nameParts = split(fullName);
  final int maximumNumberOfNameParts = 3;
  if (nameParts.size() > maximumNumberOfNameParts) {
    String message =
      "Student name '" + fullName +
      "' contains more than " + maximumNumberOfNameParts +
      " parts";
    throw new StudentNameFormatException(message);
  }
  setName(nameParts);
}
```

예외 메시지 문자열은 테스트와 코드에서 중복된다. 원한다면 이 부분을 재구성할 수 있다. 이 레슨의 뒷부분에서, String의 메소드 format을 이용해서 동적으로 메시지를 만드는 방법을 배울 것이다. 이 책에서는 그 때 이 코드를 재구성한다.

8 여러 개의 예외 잡기

한 줄의 코드에서 하나 이상의 예외를 발생할 수도 있다. 각 예외는 다른 예외형일 수 있다. 하나 이상의 예외가 생성하는 메소드는 각 예외형을 각각 나열 할 수 있다.
public void send() throws ObjectStreamException, UnknownHostException
  만약, 두 예외가 같은 클래스라면, 같은 상위 클래스형의 예외를 생성하는 것으로 선언할 수 있다.

```
public void send() throws Exception
```

try-catch 블록은 여러 개의 catch 문을 가질 수 있으며, 각각은 생길 수 있는 예외를 지정한다.

```
try {
  new Student("a b c d");
}
catch (StudentNameFormatException e) {
  ...
}
catch (NoSuchElementException e) {
  ...
}
```

Agile Java

만약, try 블록 내의 코드가 예외를 던지면 자바 가상기계는 첫 번째 catch 블록으로 제어를 옮긴다. 생성된 예외가 catch문에서 선언된 형식과 일치한다면, 가상기계는 catch블록 내의 코드를 실행한다. 그렇지 않다면, 가상기계는 제어를 다음 catch 블록으로 차례로 옮긴다. catch 블록의 코드가 실행되면 가상기계는 모든 다른 catch 블록을 무시한다.

다음 코드에서 두 번째 catch 블록은 Exception 형의 모든 예외를 잡는다. 모든 예외는 Exception에서 파생되기 때문에 이 "모든 예외" 블록은 이미 첫 번째 catch 블록에서 처리한 StudentNameFormatException를 제외한 모든 응용프로그램 예외를 잡을 것이다.

```
try {
   new Student("a b c d");
}
catch (StudentNameFormatException e) {
   ...
}
catch (Exception e) {
   ...
}
```

모든 예외를 잡는 것은 예상치 못한 예외를 처리하는데 유용하게 사용된다. 일반적으로 모든 예외를 잡는 방식은 사용자 인터페이스에 가까운 가장 상위 단계 클래스에서만 사용해야 한다. 모든 예외를 잡았을 때 처리하는 유일한 방법은 에러를 기록하고 사용자에게 어떤 메시지를 보여 주는 것이다. 이렇게 해서 응용프로그램이 멈추거나 충돌하는 것을 막을 수 있다.

모든 예외를 잡을 때는 굉장히 신중해야 한다. try 블록이나 try 블록에서 호출하는 코드에서 새로운 코드를 추가하면, 이 코드는 다른 예외를 생성할 수 있다. 여러분은 이 새로운 예외를 모를 수 있다. 에러를 감추는 것은 좋지 않은 습관이다.

9 예외를 전달하기

catch 블록 내에서 예외를 잡아서 그 예외 혹은 다른 예외를 다시 던지는 것은 전혀 문제가 없다. 이것은 예외를 전달(rethrow)한다고 한다.

예외를 전달하는 흔한 이유는 생성부분에 가까운 곳에서 예외를 잡아서 기록하고 전파하기 위해서이다. 이런 방법으로 문제가 발생한 위치를 결정하기 쉬워진다.

```
public void setUrl(String urlString) throws MalformedURLException {
   try {
      this.url = new URL(urlString);
   }
   catch (MalformedURLException e) {
      log(e);
```

예외 (exception)와 로그 (Logging) | Lesson 08

```
      throw e;
   }
}

private void log(Exception e) {
   // 로그 코드 부분. 이 레슨의 뒷부분에서 다룬다.
   // 당장은 비워둔다.
}
```

setUrl을 위와 같이 바꾸면, catch 블록 내의 코드는 잡힌 예외 객체를 log 메소드로 보내고 다시 전달한다. 이 방법보다 개선된 방법은 좀더 응용프로그램에 적합한 형식의 예외를 생성하고 전달하는 것이다. 이렇게 해서 예외를 발생시킨 구현상의 상세 사항을 가릴 수 있다.

MalformedURLException을 생성하는 대신 여러분은 응용프로그램에 적합한 SessionException 형식의 예외를 생성하고자 한다. 예외 클래스를 생성한 후

```
package sis.studentinfo;

public class SessionException extends Exception {
}
```

테스트 코드를 새로운 예외형식을 반영하여 고친다.

```
public void testSessionUrl() throws SessionException {
   final String url = "http://course.langrsoft.com/cmsc300";
   session.setUrl(url);
   assertEquals(url, session.getUrl().toString());
}

public void testInvalidSessionUrl() {
   final String url = "httsp://course.langrsoft.com/cmsc300";
   try {
      session.setUrl(url);
      fail("expected exception due to invalid protocol in URL");
   }
   catch (SessionException success) {
   }
}
```

마지막으로 결과코드에서 새로운 예외를 던지도록 수정한다.

```
public void setUrl(String urlString) throws SessionException {
   try {
      this.url = new URL(urlString);
   }
   catch (MalformedURLException e) {
      log(e);
      throw new SessionException();
   }
}
```

이런 해결 방법의 단점은 정보를 일부 잃어버린다는 것이다. 예외가 생성되면 그 이유는 무엇인가? 다른 환경에서 try 블록 내의 코드는 하나 이상의 종류의 예외를 던질 수 있다. 이렇게 응용프로그램에 따른 예외를 전달하는 것은 근본적 원인을 숨기게 된다.

해결방법으로는 생성된 예외에서 메시지를 가져와서 SessionException 인스턴스에 저장하는 것이다. 하지만 여전히 원래의 스택 트레이스(stack trace) 정보를 잃어버린다.

J2SE 1.4에서 썬은 근본 원인을 저장하는 기능을 Throwable 클래스에 추가했다. Throwable 클래스는 두 개의 추가적인 생성자 형식을 제공한다. 하나는 Throwable을 인수로 받고 다른 하나는 메시지 문자열과 Throwable을 인수로 받는다. 썬은 이런 생성자를 Throwable에서 파생된 Exception과 RuntimeException에 추가했다. initCause 메소드를 이용해서 Throwable 객체가 이미 생성된 후에도 예외 원인을 지정할 수 있다. 이후에, getCause 메시지를 보내서 예외에서 이런 Throwable 객체를 가져올 수 있다.

먼저, testInvalidSessionUrl을 SessionException에서 예외 원인을 가져오도록 수정한다. 이 테스트의 일부로 기대되는 예외가 발생하는지를 확인한다.

```java
public void testInvalidSessionUrl() {
   final String url = "https://course.langrsoft.com/cmsc300";
   try {
      session.setUrl(url);
      fail("expected exception due to invalid protocol in URL");
   }
   catch (SessionException expectedException) {
      Throwable cause = expectedException.getCause();
      assertEquals(MalformedURLException.class, cause.getClass());
   }
}
```

assertEquals 문은 예외의 원인이 MalformedURLException임을 확인한다. 이 코드는 프로그램 실행 중 형식과 정의를 참조할 수 있는 자바의 반영(reflective)기능을 보여 준다. 반영은 레슨 12에서 좀더 자세히 배운다.

간단히 말하면, 여러분은 모든 객체에 적절한 클래스 상수를 반환하는 getClass 메시지를 보낼 수 있다. 클래스 상수는 클래스 이름 뒤에 .class가 붙는다. MalformedURLException.class는 MalformedURLException 클래스를 나타내는 클래스 상수이다.

이 테스트는 실패할 것이다. 만약, 원인이 명시적으로 정해지지 않으면 getCause 는 null 을 반환한다. SessionException을 먼저 수정해서 생성자에서 원인을 포함하도록 해야 한다.

```java
package studentinfo;

public class SessionException extends Exception {
   public SessionException(Throwable cause) {
      super(cause);
   }
}
```

예외 (exception)와 로그 (Logging) | Lesson 08

그 후에 결과 코드를 수정해서 SessionException 인스턴스에 원인을 포함하도록 한다.

```
public void setUrl(String urlString) throws SessionException {
  try {
     this.url = new URL(urlString);
  }
  catch (MalformedURLException e) {
     log(e);
     throw new SessionException(e); // < heres the change
  }
}
```

10 스택 트레이스(stack trace)

레슨 4에서 예외의 원인을 찾기 위해 예외 스택을 보는 방법을 배웠다.

예외에 저장된 스택 트레이스는 Throwable에 정의된 printStackTrace 메소드를 이용해서 프린트 스트림이나 프린트 라이터에 보낼 수 있다. printStackTrace의 한가지 구현은 인수가 없으며 기본적으로 스택 트레이스를 시스템 콘솔(System.out)에 출력한다. 로그의 가장 미숙한 방법은 이 메소드를 그대로 이용하는 것이다.

```
private void log(Exception e) {
   e.printStackTrace();
}
```

사용 시스템에서, 여러분은 좀더 안정적인 로그 방법을 원할 것이다. 썬은 J2SE 1.4에서 로그 API를 추가했다. 이 레슨의 뒷부분에서 로그에 대해서 배울 것이다.

printStackTrace에서 출력된 스택 트레이스 표현은 좀더 향상된 프로그램에 유용하다. 여러분은 정보를 얻기 위해 다른 여러 개발자들이 해 온 것처럼, 직접 이 스택 트레이스 객체를 해석할 수 있다. 혹은 J2SE 1.4에서처럼, getStackTrace를 예외 객체로 보내서 이미 해석된 형식으로 사용할 수 있다.

11 finally 블록

예외가 발생한 경우 자바 가상기계는 즉시 제어를 예외가 발생한 부분에서 예외 형식에 맞는 첫 번째 catch 블록으로 옮긴다. 자바는 try 블록의 코드를 더 이상 실행하지 않는다. 하지만 코드의 일부가 제어를 옮기기 전에 실행되기를 바랄 수도 있다.

선택적인 finally 블록은 예외의 발생 여부에 관련 없이, 자바 가상기계가 코드 일부를 항상 실행되도록 보장한다. try-catch 블록의 끝에 하나의 finally 블록을 붙일 수 있다.

Agile Java

finally 블록을 사용하는 전형적인 이유는 지역 자원을 처리하기 위해서이다. 만약, 파일을 열었다면 finally 블록은 파일이 정상적으로 닫히는 것을 보장한다. 만약, 데이터베이스 연결을 얻었다면 finally 블록은 이 연결이 닫히도록 보장할 수 있다.

```
public static Student findByLastName(String lastName)
    throws RuntimeException {
  java.sql.Connection dbConnection = null;
  try {
     dbConnection = getConnection();
     return lookup(dbConnection, lastName);
  }
  catch (java.sql.SQLException e) {
     throw new RuntimeException(e.getMessage());
  }
  finally {
     close(dbConnection);
  }
}
```

(이 예제는 단지 보여 주기 위한 것이다. JDBC를 통한 데이터베이스 사용에 대한 간단한 개요는 추가 레슨 III을 참조한다.)

lookup 메소드와 getConnection 메소드는 SQLException 객체를 던질 수 있다. lookup 메소드는 연결이 설정된 후 호출할 수 있다. 만약, lookup 메소드가 후에 예외를 발생시키면 데이터베이스 연결이 닫히기를 바랄 것이다.

만약, 예외가 발생하지 않으면 자바는 try 블록의 코드 실행이 완료된 후 finally 블록으로 제어를 옮긴다. 이 예제에서 finally 블록은 데이터베이스 연결을 닫기 위한 호출을 한다. 예외가 발생하면 자바는 catch 블록 내의 코드를 실행한다. catch 블록이 끝나거나 catch 블록에서 제어가 나오면(위의 예제에서는 throw문을 실행한다) 즉시 finally 블록을 실행하여 연결을 닫는다.

만약, finally 블록을 지정하면, catch 블록 자체는 선택적이다. 예를 들어, SQL 예외를 findByLastName내에서 처리하지 않기를 원할 수도 있다. 대신, findByLastName이 SQLException을 발생하도록 선언한다. 하지만 여전히 findByLastName에서 제어가 나갈 때 연결을 닫아야 한다.

```
public static Student findByLastName(String lastName)
    throws java.sql.SQLException {
  java.sql.Connection dbConnection = null;
  try {
     dbConnection = getConnection();
     return lookup(dbConnection, lastName);
  }
  finally {
     close(dbConnection);
  }
}
```

예외 (exception) 와 로그 (Logging) | Lesson 08

어떤 상황에서도 finally 블록 내에서 return 명령을 사용해서는 안 된다. 이런 경우 catch 블록에서 발생한 예외를 없앨 것이다. 어떤 개발자는 try 블록이나 catch 블록에서도 return을 사용해서는 안 된다고 주장한다.

12 재구성하기

사용자에게 보이기 위한 문자열을 만드는 것은 흔히 몇 개의 문자열 부분, 기본 변수형 객체의 출력 가능한 형태를 붙이는 연산이 필요하다. Student 생성자는 예를 보여 준다.

```
public Student(String fullName) {
   this.name = fullName;
   credits = 0;
   List<String> nameParts = split(fullName);
   final int maximumNumberOfNameParts = 3;
   if (nameParts.size() > maximumNumberOfNameParts) {
      String message =
         "Student name '" + fullName +
         "' contains more than " + maximumNumberOfNameParts +
         " parts";
      throw new StudentNameFormatException(message);
   }
   setName(nameParts);
}
```

Student 생성자에서, 여러분은 다섯 개의 분리된 요소를 조합해서 하나의 문자열을 만든다. 이렇게 테스트 메소드에서도 문자열을 만들 수 있다. 많은 정보가 포함되는 큰 문자열의 병합 코드는 읽고 관리하기 힘들다.

String 클래스는 format이라는 클래스 메소드를 제공한다. format 메소드는 형식 문자열과 가변 인수를 전달받을 수 있다(가변 인수에 대해서는 레슨 7을 참조한다). 그리고 원하는 형식으로 된 문자열을 반환한다. 형식 문자열은 형식 지정자(format specifier)로 알려진 요소를 포함하고 있다. 이런 지정자들은 인수의 위치를 표시한다. 형식 지정자는 각 인수를 어떻게 해석하고 어떤 형식으로 표현해야 하는지를 알려 준다. 항상 그런 것은 아니지만, 각 형식 지정자에 하나의 인수를 대응한다.

C언어에 익숙한 사람에게, 자바의 문자열 형식화 기능은 C의 기능인 함수 printf와 비슷하다. 자바는 비슷하지만 좀더 많은 기능과 안정성을 구현하였다. 자바 형식 지정자가 C 형식 지정자와 동일하게 동작한다고 생각해서는 안 된다.

testBadlyFormattedName에서 시작해서 병합부분을 format 호출로 바꾸자. 또한 이름 부분의 최대 숫자를 지정하기 위한 클래스 상수를 만들자.

Agile Java

```
public void testBadlyFormattedName() {
  final String studentName = "a b c d";
  try {
    new Student(studentName);
    fail("expected exception from 4-part name");
  }
  catch (StudentNameFormatException expectedException) {
    assertEquals(
      String.format("Student name '%s' contains more than %d parts",
        studentName, Student.MAX_NAME_PARTS),
      expectedException.getMessage());
  }
}
```

format에 대한 호출은 세 개의 인수가 있다. 형식 문자열과 두 형식 문자열 인수이다. 형식 문자열에는 %s, %d, 두 개의 형식 지정자가 있다. 첫 번째 형식 지정자는 첫 번째 인수인 studentName에 대응된다. 두 번째 형식 지정자는 두 번째 인수인 Student.MAX_NAME_PARTS에 대응된다. 형식 지정자는 항상 퍼센트 표시 (%)로 시작하고 변환문자로 끝난다. 변환문자는 format 메소드에 해당되는 인수를 해석하는 방법을 알려 주는 문자이다.

%s에서 s는 문자열 변환을 나타낸다. format 메소드가 형식 지정자에서 문자열 변환을 만나면 해당되는 인수의 형식 지정자를 교체한다. 이 테스트에서 format은 %s를 studentName의 내용으로 교체한다.

```
Student name 'a b c d' contains more than %d parts
```

%d에서 d는 십진수로의 변환을 나타낸다. 이 테스트에서 %d는 Student.MAX_NAME_PARTS의 내용으로 교체된다(값은 3이 저장되어 있다).

```
Student name 'a b c d' contains more than 3 parts
```

String의 format 메소드는 모든 실제 일을 java.util.Formatter 클래스의 인수로 위임(delegate)한다. Formatter 클래스는 날짜 변환이나 좀더 복잡한 수식 변환을 포함하는 수십 개의 변환 기능을 제공한다.

상당히 유용한 변환은 새줄을 나타내는 n이다. %n을 지정하면, Formatter는 이것을 플랫폼에 따른 적절한 줄바꿈 문자로 변환한다(일반적으로 "\n" 혹은 "\r\n"). 이것으로 시스템의 줄 바꿈 정보를 사용하는 부분을 줄일 수 있다.

Formatter가 제공하는 몇 가지 다른 기능은 다음과 같다.

- 국제화(internationalization)
- 형식 지정자의 순서와 맞지 않는 인수 제공
- StringBuilder 혹은 다른 저장소에 출력을 추가하는 기능.
- java.util.Formatter에 대한 API 문서는 길고 자세하다. 추가적인 변환을 사용하는 방법 혹은 Formatter의 추가적인 기능을 사용하는 방법에 대해서는 문서를 참조한다.

예외(exception)와 로그(Logging) | Lesson 08

마지막 과정으로, 에러 메시지를 클래스 상수로 정의하도록 재구성할 수 있다. 다음 코드는 Student 내의 구현을 보여 준다.

```
// StudentTest.java
public void testBadlyFormattedName() {
  final String studentName = "a b c d";
  try {
    new Student(studentName);
    fail("expected exception from 4-part name");
  }
  catch (StudentNameFormatException expectedException) {
    assertEquals(
      String.format(Student.TOO_MANY_NAME_PARTS_MSG,
               studentName, Student.MAX_NAME_PARTS),
      expectedException.getMessage());
  }
}

// Student.java
static final String TOO_MANY_NAME_PARTS_MSG =
  "Student name '%s' contains more than %d parts";
...
public Student(String fullName) {
  this.name = fullName;
  credits = 0;
  List<String> nameParts = split(fullName);
  if (nameParts.size() > MAX_NAME_PARTS) {
    String message =
      String.format(Student.TOO_MANY_NAME_PARTS_MSG,
               fullName, MAX_NAME_PARTS);
    throw new StudentNameFormatException(message);
  }
  setName(nameParts);
}
```

13 로그(logging)

대부분의 회사에서 응용프로그램의 실행내역을 기록하는 것이 중요하다. 로그 코드의 일은 중요한 사건과 이런 사건에 대한 데이터를 저장하는 것이다. 개발자로서 어느 정도 내용까지 추적해야 하는 지를 결정해야 한다. 이런 결정 후에 응용프로그램의 필요한 부분에 정보를 로그파일이나 파일로 저장하는 코드를 추가한다. 이후에 성능, 문제점 분석 등에 이런 로그를 이용할 수 있다.

단지 무엇을 추적해야 할지가 결정하기 어려운 부분이다. 현재로는 아무것도 기록하고 있지 않다. 여러분은 발생하는 에러에 대한 정보를 잃어버리고 있다. 관계된 문제 데이터가 없다면 문제를 해결할 방법이 없다. 더 나쁜 점은, 너무 늦어버릴 때까지 문제가 발생한 것조차

Agile Java

모를 수 있다(이것이 비어있는 catch 블록을 써서는 안 되는 이유이다).

최소한으로 예상하지 못한 에러 상황(예외)을 기록해야 한다. 여러분은 중요한 계산, 문제가 되는 루틴이나 흥미 있는 데이터 역시 로그에 저장할 수 있다. 메소드가 실행된 시간과 같이, 실제적으로 모든 것을 로그에 저장할 수 있다.

모든 것을 기록하거나 너무 많은 것을 기록하는 것은 문제가 된다. 시스템이 커지면서 로그파일은 빠르게 커질 수 있다. 로그는 작은 성능상의 불이익이 있다. 지나친 로그 기록은 시스템이 느려지게 만든다. 하지만 더 나쁜 문제는 너무 많은 정보가 기록되면 수많은 데이터를 해석할 수 없을 것이다. 이런 경우는 로그가 불필요해진다. 코드 측에서 로그는 소스를 어지럽게 하고 코드 크기를 늘린다.

어떻게 로그를 기록할지는 여러분의 선택이다. 어떤 상황에서는, 코드를 바꾸기 쉬운 상황에서(예를 들어, 웹 응용프로그램), 너무 적은 정보를 저장하는 잘못을 한다. 바꾸기 어려운 부분에서 너무 많은 정보를 기록하기도 한다. 더 많은 정보를 가지는 것은 문제를 해결할 가능성을 높여준다. 코드의 일부분이 문제가 있거나 위험한 부분인 경우 너무 많은 정보를 저장하도록 하자.

14 자바에서의 로그기록

자바는 java.util.logging[6]에서 모든 로그 기능을 제공한다. 예를 들어, 로그 패키지로 예외를 기록할 수 있다. Student 생성자는 예외를 생성한다. 이것을 기록해 보자. 이제 로그를 위한 위치를 표시해서 Student 생성자를 고친다.

```
public Student(String fullName) {
   this.name = fullName;
   credits = 0;
   List<String> nameParts = split(fullName);
   if (nameParts.size() > MAX_NAME_PARTS) {
      String message =
         String.format(Student.TOO_MANY_NAME_PARTS_MSG,
                   fullName, MAX_NAME_PARTS);
      // 여기서 메시지를 로그에 기록한다.
      throw new StudentNameFormatException(message);
   }
   setName(nameParts);
}
```

ⓕootnote

[6] 자바의 로그 기능이 대부분의 필요사항을 만족하지만 많은 개발자는 무료로 사용가능한 Log4J 패키지를 선호한다 (http://logging.apache.org/log4j/docs/).

예외 (exception) 와 로그 (Logging) | Lesson 08

첫 번째 문제는 예외가 발생했을 때 적절한 메시지가 저장된 것을 어떻게 확인하는가하는 것이다. 혹은 이런 테스트를 해야 하는지 하는지의 문제이다.

테스트의 첫 번째 규칙을 기억하자. 잘못될 가능성이 있는 모든 것을 확인한다. 로그 기록은 명확히 잘못될 수 있다.

```
public void testBadlyFormattedName() {
   final String studentName = "a b c d";
   try {
     new Student(studentName);
     fail("expected exception from 4-part name");
   }
   catch (StudentNameFormatException expectedException) {
     String message =
        String.format(Student.TOO_MANY_NAME_PARTS_MSG,
                studentName, Student.MAX_NAME_PARTS);
     assertEquals(message, expectedException.getMessage());
     assertTrue(wasLogged(message));
   }
}

private boolean wasLogged(String message) {
   // ???
}
```

메시지가 로그에 기록되었는지의 여부는 어떻게 확인하는가? wasLogged라는 이름의 메소드는 확인해야 할 것을 표현한다. wasLogged 의 내용은 어떻게 확인할지를 나타낸다.

로그와 같이 익숙하지 않은 API를 테스트하는 방법을 배우는 것은 API의 동작을 이해하기 전까지 사용해 보는 것이다. API에 대한 좀더 완전한 이해가 없다면, 어떻게 테스트할지를 알 수 없다. 이 예제에서 로그 API를 좀더 이해하기 위한 "탐색" 코드를 구현하였다. 그리고 탐색 코드를 삭제하고 실제 테스트를 작성하고 구현 결과 코드가 테스트를 만족하도록 한다.

```
public Student(String fullName) {
   this.name = fullName;
   credits = 0;
   List<String> nameParts = split(fullName);
   if (nameParts.size() > MAX_NAME_PARTS) {
     String message =
        String.format(Student.TOO_MANY_NAME_PARTS_MSG,
                fullName, MAX_NAME_PARTS);
     log(message);
     throw new StudentNameFormatException(message);
   }
   setName(nameParts);
}
```

그리고 log 메소드를 작성한다.

```
private void log(String message) {
   Logger logger = Logger.getLogger(getClass().getName());
   logger.info(message);
}
```

| 291 |

Agile Java

메시지를 기록하기 위해서 Logger 객체가 필요하다. Logger 객체를 얻기 위해서 Logger 팩토리 메소드인 getLogger를 호출한다. getLogger의 인수로 여러분은 기록하고자 하는 부분 시스템의 이름을 전달한다. 이 레슨의 뒷부분에서 (로그 계층구조 섹션에서), 여러분은 부분시스템 이름의 중요성을 볼 것이다. 단순히 클래스 이름을 사용하는 것이 일반적이고 충분하다.

같은 이름의 Logger 객체가 이미 존재한다면, getLogger 는 이미 존재하는 logger를 반환할 것이다.

log의 두 번째 줄은 message를 인수로 하여 Logger의 메소드 info를 호출한다. info 메소드를 사용하여, 특정 정보 레벨의 메시지가 기록되도록 요청할 수 있다. 로그 API는 몇 개 레벨의 메시지 로그를 지원한다. Logger 클래스는 각 레벨에 해당하는 메소드를 제공한다. 높은 단계에서 낮은 단계로 severe, warnin, info, config, fine, finer, finest 단계가 있다.

각 logger 객체는 각자의 로그 레벨을 유지한다. 만약, logger의 레벨보다 낮은 레벨의 메시지를 기록하려고 하면, 그 메시지는 버려진다. 예를 들어, 만약, logger가 warning으로 설정되었다면 severe와 warning 메시지만을 기록한다.

getLevel과 setLevel을 이용하여 logger에 레벨을 가져오고 설정할 수 있다. 여러분은 Level 객체로 로그 레벨을 표시한다. Level 클래스는 몇 가지 Level 클래스 상수를 정의하며, 각각은 로그 레벨을 표현한다. Level 클래스는 모든 메시지를 저장하거나 메시지를 저장하지 않는 것을 의미하는 Level.All, Level.OFF, 두 개의 추가적인 클래스 상수도 정의한다.

StudentTest내의 wasLogged 메소드를 수정하여 false를 반환하도록 한다. 모든 테스트를 수행한다. false를 반환하여 testBadlyFormattedName이 실패하도록 할 수 있다. 이 실패는 테스트를 작성해야 한다는 것을 기억하게 해 줄 것이다.

콘솔에는 다음과 같은 메시지가 출력된다.

```
Apr 14, 2005 2:45:04 AM sis.studentinfo.Student log
INFO: Student name a b c d contains more than 3 parts
```

메시지를 기록하는데 성공했다.

그림 8-2의 UML 클래스 다이어그램은 Logger와 Level간의 관계를 보여 준다. 또한 Logger와 다음에 배울 다른 주요 객체의 관계를 포함하고 있다.

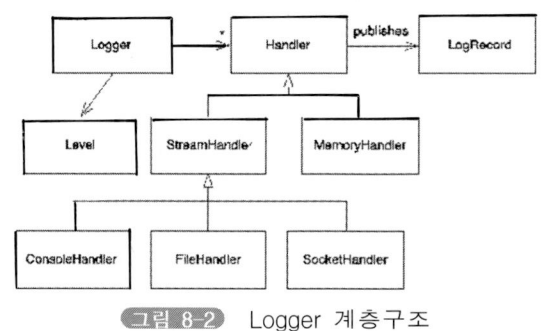

그림 8-2　Logger 계층구조

예외 (exception)와 로그 (Logging) | Lesson 08

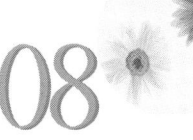

15 기록 확인하기

이제 여러분의 문제는 기록을 어떻게 확인하는가 하는 것이다. 하지만 먼저 약속한대로, Student의 탐색 코드를 삭제해야 한다. log 메소드를 버리고 log에 대한 호출을 제거해서 생성자를 수정한다.

```
public Student(String fullName) {
   this.name = fullName;
   credits = 0;
   List<String> nameParts = split(fullName);
   if (nameParts.size() > MAX_NAME_PARTS) {
      String message =
         String.format(Student.TOO_MANY_NAME_PARTS_MSG,
                       fullName, MAX_NAME_PARTS);
      throw new StudentNameFormatException(message);
   }
   setName(nameParts);
}
```

테스트 없이 코드를 작성하는 것은 문제를 만드는 지름길이라는 것을 잊지 말자. 먼저 어떤 코드를 작성할 것인지를 지정하도록 한다.

메시지를 성공적으로 기록했지만, 콘솔로 출력된다. 테스트를 작성하기 위한 목적으로 이 메시지를 가로채는 방법은 무엇인가?

로그 기능에서는 콘솔이 아닌 다른 쪽으로 메시지를 보낼 수 있다. 또한 하나 이상의 대상으로 메시지를 보낼 수 있다[7]. handler 객체는 java.util.loggin.Handler의 하위 클래스이다. ConsoleHandler는 출력을 콘솔로 보내는 동작을 나타낸다. 대부분의 개발단체는 FileHandler를 사용하여 로그를 파일로 보내고 개발자가 나중에 파일을 보도록 하는 것을 선호한다. Handler 객체를 보내서 logger가 메시지를 다른 방향으로 보내도록 지정할 수 있다.

불행히도, 아직 자바 IO(레슨 11에서 배운다)를 배우지 않았기 때문에 로그파일을 읽는 테스트 코드를 작성할 수는 없을 것이다. 대신 새로운 TestHandler라는 핸들러 클래스를 만든다. 이 핸들러 클래스에서는 모든 로그 메시지를 잡을 것이다. 기록을 가져오기 위해서 메소드를 추가한다. 이 핸들러 클래스를 만들면, 그 인스턴스를 logger에 전달할 수 있다.

---

footnote

7) 그림 8-2의 UML 다이어 그램은 Logger와 Handler 객체 사이의 관계에 (*)표시를 달아서 하나의 Logger가 여러 개의 Handler객체를 가질 수 있음을 표시하고 있다. *은 다중관계를 표시한다. 다중관계에 대한 표시가 없다면 그 관계는 1:1이거나 다중관계를 고려할 필요가 없다는 의미이다. Logger와 Handler의 관계는 일 대 다수 관계이다.

Agile Java

로그에 기록하는 각 메시지에 대하여 Logger 객체는 java.util.loggin.LogRecord 객체를 인수로 하여 Handler객체의 publish라는 메소드를 호출한다.

여러분이 작성한 Handler의 하위 클래스가 메시지를 가로챌 수 있도록 이 publish 메소드를 오버라이드(override)한다. 또한 Handler의 다른 추상 메소드인 flush와 close에 대한 정의도 작성해야 한다. 이 둘은 비어있어도 된다.

```java
package sis.studentinfo;

import java.util.logging.*;

class TestHandler extends Handler {
  private LogRecord record;

  public void flush() {}
  public void close() {}
  public void publish(LogRecord record) {
     this.record = record;
  }

  String getMessage() {
     return record.getMessage();
  }
}
```

testBadlyFormattedName에서, 먼저 Student가 사용할 logger를 얻는다. Student에 대한 테스트와 실제 클래스가 같은 Student라는 클래스 이름을 getLogger로 전달하기 때문에, 양쪽에서 모두 같은 Logger 객체를 받을 것이다. 그리고 TestHandler의 인스턴스를 생성해서 logger에 핸들러로 추가한다.

```java
public void testBadlyFormattedName() {
    Logger logger = Logger.getLogger(Student.class.getName());
    TestHandler handler = new TestHandler();
    logger.addHandler(handler);
    ...
}
```

로그에 저장하는 모든 메시지는 TestHandler 객체로 갈 것이다. Student 코드가 실제로 메시지를 저장하는 것을 확인하기 위해, 핸들러에 받은 마지막 메시지를 요청할 수 있다.

```java
public void testBadlyFormattedName() {
    ...
    final String studentName = "a b c d";
    try {
      new Student(studentName);
      fail("expected exception from 4-part name");
    }
    catch (StudentNameFormatException expectedException) {
```

예외 (exception) 와 로그 (Logging) | Lesson 08

```
      String message =
         String.format(Student.TOO_MANY_NAME_PARTS_MSG,
                   studentName, Student.MAX_NAME_PARTS);
      assertEquals(message, expectedException.getMessage());
      assertTrue(wasLogged(message, handler));
   }
}

private boolean wasLogged(String message, TestHandler handler) {
   return message.equals(handler.getMessage());
}
```

스타일 때문에 저자는 아래와 같이 테스트를 작성하는 것을 좋아한다.

```
public void testBadlyFormattedName() {
   Logger logger = Logger.getLogger(Student.class.getName());
   Handler handler = new TestHandler();
   logger.addHandler(handler);

   final String studentName = "a b c d";
   try {
      new Student(studentName);
      fail("expected exception from 4-part name");
   }
   catch (StudentNameFormatException expectedException) {
      String message =
         String.format(Student.TOO_MANY_NAME_PARTS_MSG,
                   studentName, Student.MAX_NAME_PARTS);
      assertEquals(message, expectedException.getMessage());
      assertTrue(wasLogged(message, (TestHandler)handler));
   }
}
```

TestHandler의 새 인스턴스를 TestHandler 레퍼런스에 할당하는 대신 Handler 레퍼런스에 할당한다. 이것은 테스트의 의도를 좀더 명확히 하여, addHandler 메소드가 (TestHandler가 아닌)Handler를 인수로 요구한다는 것을 이해하기 쉽다.

테스트의 요구사항에 맞는 코드가 Student에 없기 때문에 테스트는 실패할 것이다. 더 진행하기 전에 테스트가 실패하는 것을 확인하자. 여러분이 아는 한 새 테스트 코드는 아무것도 하지 않지만, 만약, 녹색 바를 보게 된다면 잊어버릴지도 모른다. (때때로 일어나는 일이다. 이것은 여러분이 코드를 컴파일하지 않았다는 것을 의미한다.) 이런 방식에 적응하면 침착해지고 좀더 실수를 줄일 수 있다.

탐색 코드를 지웠어야 하는 이유는 좀더 나은, 재구성된 버전으로 교체할 것이기 때문이다. 현재는 중복된 코드가 있다. StudentTest와 Student 는 Logger 객체를 가져오는 복잡한 코드를 포함한다.

Student 클래스 변수를 logger에 대해서 사용하는데 더해서 수정된 테스트에서 wasLogged 메소드를 대체하도록 한다.

Agile Java

```
public void testBadlyFormattedName() {
  Handler handler = new TestHandler();
  Student.logger.addHandler(handler);

  final String studentName = "a b c d";
  try {
    new Student(studentName);
    fail("expected exception from 4-part name");
  }
  catch (StudentNameFormatException expectedException) {
    String message =
      String.format(Student.TOO_MANY_NAME_PARTS_MSG,
             studentName, Student.MAX_NAME_PARTS);
    assertEquals(message, expectedException.getMessage());
    assertEquals(message, ((TestHandler)handler).getMessage());
  }
}
```

다음은 재구성된 Student 코드이다.

```
package sis.studentinfo;

import java.util.*;
import java.util.logging.*;

public class Student {
  ...
  final static Logger logger =
    Logger.getLogger(Student.class.getName());
  ...
  public Student(String fullName) {
    this.name = fullName;
    credits = 0;
    List<String> nameParts = split(fullName);
    if (nameParts.size() > MAX_NAME_PARTS) {
      String message =
        String.format(Student.TOO_MANY_NAME_PARTS_MSG,
               fullName, MAX_NAME_PARTS);
      Student.logger.info(message);
      throw new StudentNameFormatException(message);
    }
    setName(nameParts);
  }
  ...
}
```

16 파일로 로그 기록하기

썬은 로그 기능에 대해서 동적으로 로그 특성을 바꿀 수 있도록 하였다. 코드를 고치고, 다시 컴파일하고 배포하지 않고도 로그 메시지를 콘솔대신 파일로 옮길 수 있다.

예외 (exception)와 로그 (Logging) | Lesson 08

기본 동작은 로그를 콘솔로 보내는 것이다. 이것은 Logger 클래스에 고정된 동작이 아니다. 자유롭게 수정할 수 있는 외부 설정 파일에 있다.

자바를 설치한 디렉토리를 살펴보자. 이 디렉토리 안에 jre/lib 디렉토리를 볼 수 있을 것이다. 이 디렉토리에 loggin.properties[8]라는 파일이 있다. 이 파일을 에디터로 편집하자.

응용프로그램의 동작을 변경하기 위해 여러 상황에서 설정 파일을 사용할 수 있다. 썬은 설정파일로 로그 동작을 설정하는 방식을 선택했다. 설정 파일의 배치는 읽어보면 알 수 있다. 주석은 샵 표시(#)로 시작한다. 빈 줄은 무시된다. 나머지 줄은 해쉬 테이블에서와 같이, 키-설정값 쌍이다. 각 키-설정값 쌍 혹은 설정은 다음 형식이다.

loggin.properties 파일에서 아래쪽에 다음을 볼 수 있다.

```
# "handlers" specifies a comma separated list of log Handler
# classes.  These handlers will be installed during VM startup.
# Note that these classes must be on the system classpath.
# By default we only configure a ConsoleHandler, which will only
# show messages at the INFO and above levels.
handlers= java.util.logging.ConsoleHandler

# To also add the FileHandler, use the following line instead.
#handlers=java.util.logging.FileHandler,java.util.logging.ConsoleHandler
```

주석처리된 부분을 바꾼다. handlers를 ConsoleHandler로 설정하는 부분을 주석처리하고, handlers를 FileHandler와 ConsoleHandler로 설정한 줄의 주석을 푼다. 이렇게 하면 로그 출력이 각 핸들러 형식으로 바뀌는 것을 볼 수 있다.

loggin.properties 파일의 가장 아래 가까이에 다음과 같을 줄이 있다.

```
java.util.logging.FileHandler.pattern = %h/java%u.log
java.util.logging.FileHandler.limit = 50000
java.util.logging.FileHandler.count = 1
java.util.logging.FileHandler.formatter = java.util.logging.XMLFormatter
```

로그 기능은 FileHandler 동작을 결정하기 위해 이 줄을 사용한다.

java.util.logging.FileHandler.pattern에 대한 값은 로그파일의 이름을 결정하는 패턴이다. 현재 정의된 패턴의 %h와 %u는 필드이다. %h 필드는 FileHandler가 로그파일을 홈 디렉토리에 저장하도록 한다.

파일 핸들러는 %u 필드를 유일한 숫자로 바꾼다. 이렇게 하는 이유는 두 개의 로그파일이 같은 파일이름이 되지 않도록 하기 위해서이다.

---

[8] 이 파일이 없다면 만들 수 있다. 예제 내용을 참조하자.

Agile Java

테스트를 다시 실행하고 홈 디렉토리로 가보자. 대부분 윈도우즈 버전에서 다음 명령으로 홈 디렉토리로 이동할 수 있다[9].

```
cd %USERPROFILE%
```

대부분의 Unix 셸에서 다음 명령으로 홈 디렉토리로 이동할 수 있다.

```
cd $HOME
```

홈 디렉토리에는 java0.log라는 파일이 있을 것이다. 숫자 0은 %u필드를 대체한 유일한 숫자이다.
java0.log파일의 내용을 보면 다음과 비슷할 것이다.

```
<?xml version="1.0" encoding="windows-1252" standalone="no"?>
<!DOCTYPE log SYSTEM "logger.dtd">
<log>
<record>
  <date>2004-04-15T03:27:05</date>
  <millis>1082021225078</millis>
  <sequence>0</sequence>
  <logger>sis.studentinfo.Student</logger>
  <level>INFO</level>
  <class>sis.studentinfo.Student</class>
  <method>log</method>
  <thread>10</thread>
  <message>Student name a b c d contains more than 3 parts</message>
</record>
</log>
```

이것은 여러분이 바라던 두 줄의 로그 메시지가 아니다. 대신 메시지는 XML 형식으로 나타난다[10]. 로그 기능에서 각 핸들러에 다른 형식을 지정하는 것이 가능하다. 형식 지정자는 java.util.logging.Formatter 의 하위 클래스이다. 썬은 두 가지 형식 지정자를 구현하였다. SimpleFormatter는 이전에 본 두 줄짜리 로그 형식을 만든다. XMLFormatter는 좀 전에 java0.log에서 본 출력을 생성한다. 원하는 대로 출력을 조정하기 위해 스스로 형식 지정자 클래스를 만들 수 있다.

java.util.logging.FileHandler.formatter 설정을 loggin.properties에서 찾는다. 현재의 값은 java.util.logging.XMLFormatter이다. 이 값을 java.util.logging.SimpleFormatter 으로 바꾸고 테스트를 다시 실행한다.
java0.log의 내용은 ConsoleHandler에 의한 출력과 같게 보일 것이다.

---

footnote

9) 유저 프로파일이 있는 디렉토리로 바꿔야 한다. set USERPROFILE 명령을 실행해서, 드라이브 이름을 포함한 홈 디렉토리의 전체 경로를 볼 수 있다.

10) eXtensible Markup Language. *http://www.w3.org/XML/* 을 참조한다.

예외 (exception) 와 로그 (Logging) | Lesson 08

17 로그에 대한 테스트 철학

앞의 섹션의 파일로 로그 저장하기에서, loggin.properties 파일을 수정하여 동작을 바꿨다. 설정파일을 이용하여 동작을 바꾸는 것은 굉장히 강력하고 시스템을 유연하게 한다.

여러분이 작성한 테스트는 로그 출력이 어디로 되거나 상관없이 실행된다는 것을 알아두자. 대신 여러분의 테스트 코드는 특정 메시지를 logger 객체에 보냈다는 것을 확인하였다. logger에서 핸들러로 보낸 메시지를 확인하여 이것을 보장할 수 있다.

하지만 로그 출력의 방향은 상세 설정의 일부이며, 테스트해야 할 부분의 하나이다. 설정 파일을 잘못고칠 가능성도 있다. 응용프로그램을 판매했을 때, 이런 변화는 큰 문제가 된다. 여러분이 작성한 코드 뿐 아니라 코드에 영향을 주는 시스템 설정 역시 테스트 해봐야 한다.

로그파일이 실제로 생성되는지를 확인하는 JUnit 테스트를 작성할 수 있다. 테스트 시나리오는 다음과 같다.

1. 적절하게 설정파일을 작성한다.
2. 로그 기능에서 이 설정파일을 읽도록 한다.
3. 메시지를 기록하는 코드를 실행한다.
4. 로그파일을 읽어서 메시지가 저장되었는지 확인한다.

혹은 이 테스트를 통합 테스트라고 부르는 시나리오에 추가할 수 있다. 여러분은 이미 단위 코드인, Student 코드가 로그 기능을 정상적으로 사용하는 것을 확인하였다. 로그 기능이 정상적으로 동작하는가를 확인하는 것은 단위 테스트의 범위를 벗어나는 것이다.

의미에 관계없이 (이 테스트를 단위 테스트로 생각하는지에 관계없이) 설정에 대해서도 테스트를 해봐야 한다. 앞의 섹션에서 한 것처럼 로그파일을 직접 열어서 읽어 볼 수도 있다. 위의 4단계 시나리오를 실행 가능한 테스트로 만들어서 통합 테스트 때 사용할 수도 있다. 회귀 테스트 (regression test)의 일부로 이런 테스트를 할 수도 있다. 회귀 테스트는 전체 시스템에 대한 테스트를 수행해서 새로 추가된 부분이 기존의 코드에 영향을 주지 않는지 확인하는 것이다.

로그는 유지성를 위한 도구이다. 유지성은 다른 기능적인 요구사항과 마찬가지로 시스템 요구사항이다. 어떤 단계에서든 로그에 대한 테스트를 하는 것은 필수적이다. 하지만 로그 메시지를 추가할 때마다 확인해야 하는가?

게으른 대답은 "아니오"이다. 로그의 기본 기능이 제대로 동작하는 것을 확인했다면 추가적인 로그 기록에 대해서 테스트를 작성하는 것은 시간 낭비이다. 흔히, 로그를 기록하는 유일한 이유는 코드가 제대로 작동하는 것을 확인하기 위해서 이다. logger에 대해 새로운 호출을 하는 것 때문에 로그 기능에 이상이 생기지는 않는다.

더 나은 대답은 "그렇다"이다. 모든 로그에 대해서 테스트를 유지하는 것은 지루한 일이지만, 사소한 부분에 문제가 생가는 것을 방지해 준다.

많은 개발자는 요구사항이나 테스트 때문이 아니고, 컴파일러가 에러 메시지를 내기 때문에 try-catch 블록을 사용한다. 이들은 예외가 발생할 때 무엇을 할 지에 대한 해결책을 가지고 있지 않다. 개발자의 무신경한 반응은 catch 블록 안에서 로그 메시지를 기록하는 것이다. 이것은 빈 catch 문을 만들고 심각한 문제를 감추게 된다.

모든 로그 메시지에 대해서 테스트를 작성한다고 해서 빈 catch 문 문제가 해결되는 것은 아니다. 하지만 두 가지 일이 일어난다. 먼저, 테스트를 작성하기 위해 문제가 되는 예외가 발생하는 상황을 생각해본다. 가끔 이런 과정을 겪는 것이 빈 catch 문을 없애는 방법을 알려 준다. 둘째로, 테스트를 작성해서 빈 catch 문의 잘못된 점을 더 잘 볼 수 있다.

모든 로그 메시지에 대해서 테스트를 작성하는 것의 또 다른 장점은 이 과정이 괴롭다는 것이다. 가끔은 고통스러운 것이 좋은 것이다. 이 과정에서의 고통은 시스템으로 가는 모든 로그 메시지에 대해서 생각하게 만들 것이다. "내가 정말 이 로그가 필요한가? 이 메시지가 필요한가? 우리 팀의 로그 정책에 맞는가?" 만약, 이런 질문에 맞는 로그만을 신경 쓴다면, 지나치게 로그를 많이 남기는 것을 방지할 수 있다.

마지막으로 다른 부분에 영향을 주는 로그 코드가 들어갈 가능성이 있다. 가능성이 낮아 보이지만 종종 있는 일이다.

18 FileHandler에 대한 추가사항

FileHandler는 %t와 %g를 포함하여 좀더 많은 필드를 정의하고 있다. FileHandler 코드는 %t필드를 시스템의 임시 디렉토리 이름으로 바꾼다. 윈도우즈에서, 이것은 일반적으로 c:\temp이다. 유닉스에서 이것은 일반적으로 /tmp이다.

FileHandler 코드는 %g 필드를 세대 번호로 바꾼다.

이 필드는 java.util.logging.File-Handler.count와 java.util.logging.FileHandler.limit 설정과 연관된다. limit 속성은 얼마나 많은 바이트가 로그파일에 저장 될 수 있는지를 나타낸다. limit 값 0은 제한이 없다는 것을 나타낸다. 로그파일의 크기가 이 한계를 넘으면 FileHandler는 이 파일을 닫는다. count 필드는 얼마나 많은 로그파일을 FileHandler에서 돌아가면서 사용할 수 있는지를 지정한다. 만약, count가 1이면, FileHandler는 한계를 넘어갈 때마다 같은 파일을 사용할 것이다.

아니면 FileHandler는 세대 번호를 유지한다. 첫 번째 로그파일은 %g 대신에 세대 번호 0을 사용한다. 로그파일 패턴 java%g.log에서 첫 번째 생성된 로그파일이름은 java0.log이다. 로그파일의 크기 한계를 넘어갈 때마다, 파일이름 패턴의 %g 필드를 증가된 세대 번호로 대체한다. FileHandler는 이후의 로 그 기록을 새로운 이름의 로그파일에 저장한다. 두 번째 로그파일은 java1.log가 된다. FileHandler가 count 로그파일을 닫은 세대 번호는 0으로 초기화한다.

예외 (exception)와 로그 (Logging) | Lesson 08

19 로그 레벨

시스템의 실행 흐름을 따라가기 위해서 "trace" 메시지를 사용해서 중요한 메소드가 실행되는 시간을 재는 것처럼, 특별한 목적을 위해 메시지를 기록하고자 할 수도 있다. 이런 메시지는 응용프로그램이 판매된 후에는 기록되기를 바라지 않을 것이다. 대신, 코드를 고치고, 컴파일하고 다시 배포하지 않고, 필요에 따라 이런 메시지를 "켜는" 기능을 원할 것이다.

이전에 말한 것처럼 자바 로그 API는 severe, warning, info, config, fine, finer, finest의 일곱 단계를 지원한다. 최종 로그는 severe, warning, info 단계로 제한해야 한다. 다른 로그 단계는 특별하고 일시적인 곳에 사용한다.

여러분이 getGpa 메소드의 실행 시간을 재야 한다고 가정해 보자. 시스템의 부하가 심한 상황에서 이 메소드가 잘 동작하지 않을 수 있다. fine Logger 메소드를 사용해서 getGpa의 처음과 시작에서 메시지를 기록해 보자.

```
double getGpa() {
   Student.logger.fine("begin getGpa " + System.currentTimeMillis());
   if (grades.isEmpty())
      return 0.0;
   double total = 0.0;
   for (Grade grade: grades)
      total += gradingStrategy.getGradePointsFor(grade);
   double result = total / grades.size();
   Student.logger.fine("end getGpa " + System.currentTimeMillis());
   return result;
}
```

다시 컴파일하고 테스트를 실행해 보자[11]. 로그파일이나 콘솔에서 새로운 로그 메시지를 보지 못할 것이다.

이 로그 메시지를 보기 위해서는 핸들러가 낮은 단계의 로그 메시지를 출력하도록 설정해야 한다. 일반적으로 logging.properties 파일에서 이런 설정을 한다. logging.properties에서 굵은 선으로 표시된 부분을 바꾼다.

```
...
.level= FINE

############################################################
# Handler specific properties.
# Describes specific configuration info for Handlers.
############################################################
```

11) 이 로그 기록은 일시적인 것이기 때문에, 필자는 로그 기록에 대한 테스트는 작성하지 않았다.

| 301 |

```
# default file output is in users home directory.
java.util.logging.FileHandler.pattern = %h/java%u.log
java.util.logging.FileHandler.limit = 50000
java.util.logging.FileHandler.count = 1
java.util.logging.FileHandler.level = FINE
java.util.logging.FileHandler.formatter=java.util.logging.SimpleFormatter

# Limit the message that are printed on the console to INFO and above.
java.util.logging.ConsoleHandler.level = INFO
...
```

FINE이나 더 높은 단계의 메시지를 받도록 하기 위해서 전체 레벨(.level)과 FileHandler 레벨(java.util.logging.FileHandler.level)을 지정할 수 있다. 로그 기능은 요청된 레벨이 전체 레벨과 같거나 높은지 확인한다. 그렇지 않다면 핸들러로 메시지를 전달하지 않는다. logger에서 메시지를 핸들러로 보내면, 핸들러는 비슷하게 메시지가 기록되어야 할지를 결정한다.

다시 말하면, 전체 설정은 모든 핸들러 레벨보다 같거나 낮아야 한다. 만약, 반대라면 핸들러에서 메시지가 기록되지 않을 것이다. 예를 들어, 전체 레벨이 Info이고 FileHandler 레벨이 FINE이라면 FileHandler는 메시지를 저장하지 않을 것이다.

테스트를 다시 실행하고 로그파일에 시간메시지가 나오고 콘솔에는 나오지 않는 것을 확인하자.

20 로그 계층구조

Logger의 클래스 메소드인 getLogger를 호출해서 logger를 가져올 때, Logger 코드는 같은 이름으로 이미 생성된 Logger 객체가 있다면 이미 존재하는 Logger객체를 반환한다. Logger.getLogger(Student.class.getName())를 호출하면 "sis.studentinfo.Student"라는 클래스 전체 이름으로 logger를 생성한다. Logger에 대해서는 이 이름으로 충분하다.

다음 언어 테스트는 getLogger가 같은 이름에 대해 같은 Logger 객체를 반환하는 것을 보여 준다.

```
public void testLoggingHierarchy() {
   Logger logger = Logger.getLogger("sis.studentinfo.Student");
   assertTrue(logger == Logger.getLogger("sis.studentinfo.Student"));
}
```

완전한 클래스 이름은 계층구조를 나타낸다. 이 계층구조의 가장 높은 부분은 sis이다. 다음은 studentinfo이다. studentinfo의 각 클래스는 이 계층구조의 리프(leaf)이다. 자바가 컴파일된 클래스를 저장하는 디렉토리 구조에서 이런 계층구조를 명확히 볼 수 있다.

로그를 위해서 이런 이름의 계층구조를 이용할 수 있다. 만약, sis.studentinfo.Student 라는 이름의 logger를 만든다면, 그 부모는 sis.studentinfo이다. sis.studentinfo의 부모 logger는 sis가 된다. 다음의 언어 테스트는 이런 계층관계를 보여 준다.

예외 (exception) 와 로그 (Logging) | Lesson 08

```
public void testLoggingHierarchy() {
  Logger logger = Logger.getLogger("sis.studentinfo.Student");
  assertTrue(logger == Logger.getLogger("sis.studentinfo.Student"));

  Logger parent = Logger.getLogger("sis.studentinfo");
  assertEquals(parent, logger.getParent());
  assertEquals(Logger.getLogger("sis"), parent.getParent());
}
```

이런 계층구조의 장점은 범위에 따른 로그 레벨 설정이 가능하다는 것이다. 예를 들어, sis logger에서 로그 레벨을 Level.ALL로 지정할 수 있다. 자식들은 자신의 로그 레벨이 지정되지 않았다면 부모의 것을 사용한다.

21 로그에 대한 추가사항

- 로그 기능에서 logger나 핸들러에 임의의 필터를 달 수 있다. Filter 인터페이스는 LogRecord를 인수로 하는 isLoggable이라는 하나의 메소드를 정의한다. LogRecord의 정보를 이용하여 isLoggable은 메시지가 기록되어야 한다면 true를, 아니면 false를 반환한다. 예를 들어, 특정 길이 이상의 로그 메시지를 무시하는 Filter를 구현할 수도 있다.
- 로그 기능은 국제화를 지원한다. 국제화에 대해서는 자바 API 문서와 추가 레슨 III을 참조한다.
- 응용프로그램이 실행되는 도중에 로그 설정을 바꿔야 할 수도 있다. 물리적인 설정 파일을 바꾸었다면 LogManager의 클래스 메소드인 readConfiguration으로 설정 파일을 다시 읽어오도록 할 수 있다. 이것을 위해 적절한 설정 파일을 InputStream으로 지정해야 한다. 입력 스트림으로 파일을 사용하는 방법은 레슨 11을 참조한다.
- 실행 시 로그 특성을 정의하기 위해 loggin.properties를 수정하는 것을 배웠다. loggin.properties 파일 대신 개별적인 설정을 지정할 수 있다. java.util.logging.config.file의 값을 설정한다. 한가지 방법은 자바 응용프로그램을 실행할 때 명령줄에서 지정하는 것이다.

```
java -Djava.util.logging.config.file=sis.properties sis.MainApp
```

- Logger 클래스는 특별한 상황을 기록하기 위한 편리한 메소드를 제공한다. entering과 exiting을 메소드에 들어가는 것과 나오는 것을 단순화하기 위해 사용할 수 있다. throwing 메소드를 예외를 저장하기 위해 사용할 수 있다. 더 자세한 정보는 자바 API 문서의 Logger 부분을 참조한다.

연습문제

1. blowsUp 메소드를 호출하는 테스트를 작성한다. "Somebody should catch this!"라는 메시지를 가진 RuntimeException을 생성하는 blowsUp 메소드를 작성한다. 테스트를 실행해서, 스택 트레이스를 출력하면서 실행이 종료되는 것을 확인한다.

2. blowsUp을 호출하는 부분을 바꾸지 않고 테스트를 통과하도록 고쳐보자. blowsUp이 예외를 생성하지 않으면 테스트가 실패하도록 만든다.

3. 잡힌 예외가 적절한 메시지를 포함하는지 확인해 보자. 메시지를 바꾸고, 테스트가 실패하는지 확인하자. 테스트를 통과하도록 하기 위해 메시지를 원래대로 돌려놓는다.

4. rethrows라는 새로운 메소드를 호출하는 테스트를 만든다. rethrows 메소드는 blowsUp을 호출하여 예외를 잡는다. 새로운 RuntimeException 안에 이 예외를 포장해서 다시 전달한다. getCause를 사용해서 새 예외에 저장된 예외가 원래의 예외와 같은지 확인한다.

5. blowsUp 메소드를 호출했을 때 새로운 예외형인 SimpleException을 기다리도록 테스트를 수정한다. SimpleException은 RuntimeException을 상속받아야 한다.

6. 다음 테스트 메소드 중 어떤 것이 컴파일 되지 않는가? 컴파일 되는 것 중 어떤 것이 실패하는가?

```
public void testExceptionOrder1() {
   try {
      blowsUp();
      rethrows();
      fail("no exception");
   }
   catch (SimpleException yours) {
      fail("caught wrong exception");
   }
   catch (RuntimeException success) {
   }
}

public void testExceptionOrder2() {
   try {
      rethrows();
      blowsUp();
      fail("no exception");
   }
   catch (SimpleException success) {
   }
   catch (RuntimeException failure) {
      fail("caught wrong exception");
```

```java
      }
   }

   public void testExceptionOrder3() {
      try {
         blowsUp();
         rethrows();
         fail("no exception");
      }
      catch (RuntimeException success) {
      }
      catch (SimpleException yours) {
         fail("caught wrong exception");
      }
   }

   public void testExceptionOrder4() {
      try {
         blowsUp();
         rethrows();
         fail("no exception");
      }
      catch (RuntimeException fail) {
         fail("exception unacceptable");
      }
      catch (SimpleException yours) {
         fail("caught wrong exception");
      }
      finally {
         return;
      }
   }

   public void testExceptionOrder5() {
      try {
         blowsUp();
         rethrows();
         fail("no exception");
      }
      catch (SimpleException yours) {
         fail("caught wrong exception");
      }
      catch (RuntimeException success) {
      }
   }

   public void testExceptionOrder6() {
      try {
         rethrows();
         blowsUp();
         fail("no exception");
      }
      catch (SimpleException yours) {
         fail("caught wrong exception");
      }
```

연습문제

```
      catch (RuntimeException success) {
      }
   }
   public void testExceptionOrder7() {
      try {
         rethrows();
         blowsUp();
         fail("no exception");
      }
      catch (SimpleException success) {
      }
      catch (RuntimeException fail) {
         fail("caught wrong exception");
      }
   }

   public void testErrorException1() {
      try {
         throw new RuntimeException("fail");
      }
      catch (Exception success) {
      }
   }

   public void testErrorException2() {
      try {
         new Dyer();
      }
      catch (Exception success) {
      }
   }

   public void testErrorException3() {
      try {
         new Dyer();
      }
      catch (Error success) {
      }
   }

   public void testErrorException4() {
      try {
         new Dyer();
      }
      catch (Throwable success) {
      }
   }

   public void testErrorException5() {
      try {
         new Dyer();
      }
      catch (Throwable fail) {
         fail("caught exception in wrong place");
      }
      catch (Error success) {
      }
   }
```

```
public void testErrorException6() {
  try {
    new Dyer();
  }
  catch (Error fail) {
    fail("caught exception in wrong place");
  }
  catch (Throwable success) {
  }
}

public void testErrorException7() {
  try {
    new Dyer();
  }
  catch (Error fail) {
    fail("caught exception in wrong place");
  }
  catch (Throwable success) {
  }
  finally {
    return;
  }
}

Dyer:
class Dyer {
  Dyer() {
    throw new RuntimeException("oops.");
  }
}
```

7. 다음 코드에서 어떤 컴파일러 에러가 발생하는가? 테스트 클래스에 복사해서 테스트를 통과하도록 고쳐보자.

```
public void testWithProblems() {
  try {
    doSomething();
    fail("no exception");
  }
  catch (Exception success) {}
}

void doSomething() {
  throw new Exception("blah");
}
```

연습문제

8. 다음과 같은 흔한 코드에서 무엇이 잘못되었는가?

```
public void doSomething() {
  try {
    complexOperationWithSideEffects();
  } catch (Exception e) {
    e.printStackTrace();
  }
}
```

9. 스택 트레이스에서 순서를 거꾸로 기록하는 메소드를 작성한다.

10. 받은 메시지를 버리고 각 로그 레벨에 해당되는 메시지 개수만을 세는 Handler를 작성한다. 로그 레벨별 개수를 저장하기 위해서 맵을 사용한다.

11. 필요에 따라 CountingLogHandler로 생성할 수 있는 로그 메시지 포매터(formatter)를 만든다. 만약, CountingLogHandler가 전달되지 않으면 다음 형식의 출력을 생성한다.

```
LEVEL: message
```

예를 들면

```
WARNING: watch out
```

만약, CountingLogHandler가 지정되었다면 각 메시지는 현재 레벨의 개수를 출력한다.

```
WARNING: watch out (WARNING total = 1)
```

각 경우에 대한 테스트를 작성한다.
CountingLogHandler가 새로 만든 포매터를 기본적으로 사용하도록 한다. 테스트에서 로그 기록을 참조할 수 있도록 CountingLogHandler가 형식화된 출력을 StringBuilder에 저장하도록 한다.
마지막으로, 로그 설정 파일을 편집해서 새로운 포매터를 ConsoleHandler에 지정한다. 콘솔에서 기대되는 결과가 나오는 것을 확인한다.

MEMO

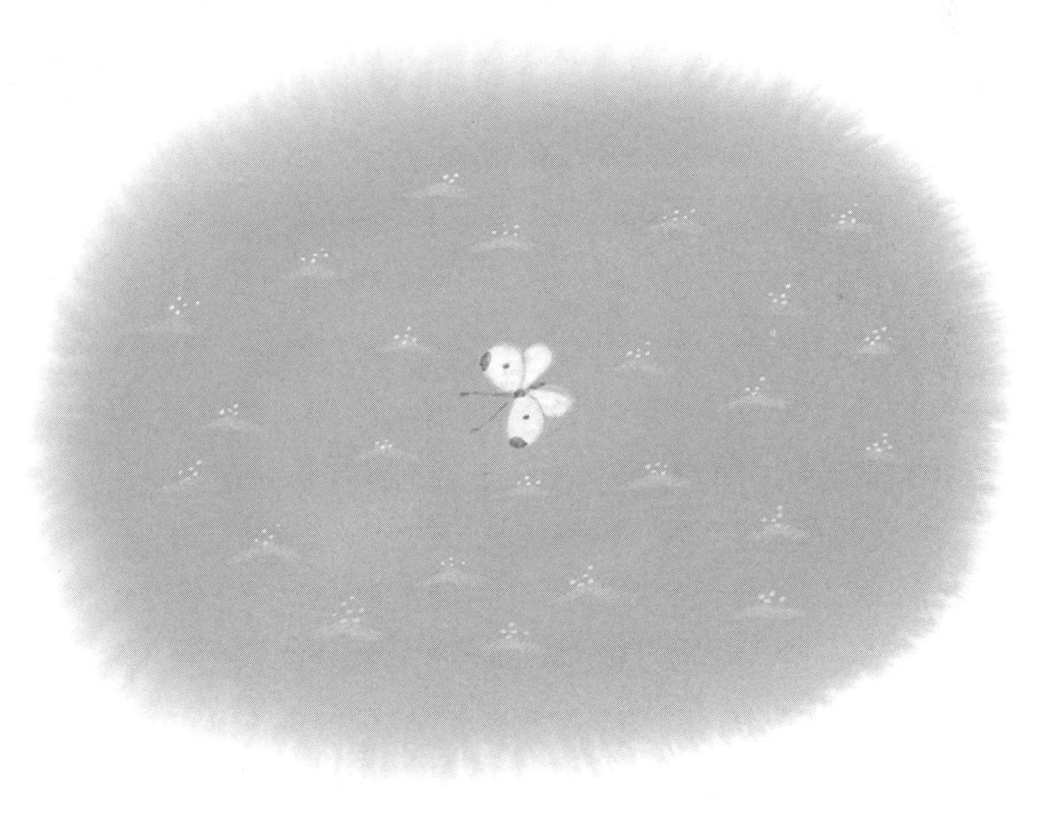

Lesson 9 맵과 동일성

이 레슨에서 자바의 해쉬 테이블(hash table)데이터 구조 클래스를 배운다. 동일성에 대한 기본적인 개념을 배울 것이다. 이 기본적이고 서로 관련된 내용을 배우는 것은 자바를 완전히 이해하는데 필수적이다. 하지만 자바에 몇 년간의 경험을 가진 개발자도 이 개념들을 완벽히 이해하지 못하는 경우가 많다. 지나치기 쉬운 문제들이나 이런 개념으로 인해 성능 문제가 생기게 된다. 하지만 이 중요한 주제를 다루기 전에 역시 중요한 주제인 논리 연산자에 대해서 배울 것이다.

이 레슨에서는 다음 내용을 다룬다.

- 논리 연산자
- 해쉬 테이블(hash table)
- 동일성
- toString
- Map과 Set 구현
- 문자열과 동일성

1   논리 연산자

두 개의 별개의 조건이 만족되는 경우에만 코드를 실행하고 싶다고 하자. if 문을 연결해서 코드를 감쌀 수 있다.

```
if (isFullTime)
   if (isInState)
      rate *= 0.9;
```

논리 연산자를 사용해서, 여러 조건을 하나의 복합 불리언(boolean) 식으로 바꿀 수 있다.

```
if (isFullTime && isInState)
   rate *= 0.9;
```

두 개의 앰퍼샌드 문자(&&)는 논리적인 and 연산자이다. 이것은 피연산자(두 개의 불리언 식)를 나누는 이항 연산자이다. 만약, 두 피연산자가 true라면 전체 조건문은 true가 된다. 다른 경우 전체 조건문은 false가 된다. 여기에 테스트를 통한 논리표(TDTT[1], test-driven truth table)가 있다.

```
assertTrue(true && true);
assertFalse(true && false);
assertFalse(false && true);
assertFalse(false && false);
```

논리 or 연산자(||) 역시 이항 연산자이며, 어느 한쪽의 피연산자가 true가 되거나 양쪽 모두 true인 경우 true를 반환한다. 양쪽 피연산자가 false인 경우에만 false가 된다.

```
assertTrue(true || true);
assertTrue(true || false);
assertTrue(false || true);
assertFalse(false || false);
```

부정 연산자(!)는 단항 연산자이며 표현식의 불리언 값을 뒤집는다. 만약, 원래의 표현식이 true라면 not 연산자는 false로 만든다.

```
assertFalse(!true);
assertTrue(!false);
```

---

footnote

1) 임시로 만든 약어지만, 그럴듯하다.

Agile Java

논리적 xor 연산자(^)는 자주 사용되지는 않는다.

```
assertFalse(true ^ true);
assertTrue(true ^ false);
assertTrue(false ^ true);
assertFalse(false ^ false);
```

여러분은 여러 개의 논리 연산자를 합해서 사용할 수 있다. 만약, 괄호를 사용하지 않으면, 우선순위는 ! 그리고 &&, ^, ||이다.

2 연산 생략

&&와 || 연산자는 단축(short-circuited) 논리 연산자이다. 자바 가상기계가 단축 논리 연산자를 사용한 표현식을 실행할 때, 먼저 왼쪽의 피연산자(연산자 왼쪽의 식)를 먼저 평가한다. 왼쪽 표현식의 결과가 전체 표현식의 결과를 결정할 수도 있다.

or(||)의 경우, 왼쪽이 true라면 오른쪽 피연산자를 확인할 필요가 없다. 전체 표현식은 항상 true가 될 것이다. 자바 가상기계는 표현식의 반만을 실행하여 시간을 절약한다. and(&&)의 경우는 왼쪽이 false라면 전체 표현식은 항상 false가 된다. 자바는 똑같이 오른쪽 피연산자를 확인하지 않을 것이다.

양쪽의 표현식을 모두 확인해야 할 필요가 있는 경우는 많지 않다. 오른쪽에 있는 코드가 꼭 실행되어야 하는 코드일 수도 있지만, 이것은 좋은 디자인이 아니다. 레슨 4에서 메소드는 동작을 하거나 정보를 반환하거나 하는 한가지 역할만을 해야 한다고 지적했다. 비슷하게 피연산자는 명령이거나 값에 대한 참조여야 한다. 조건문을 확인하기 전에 필요한 동작을 하도록 코드를 수정할 수 있다.

만약, 여전히 양쪽 피연산자를 수행해야 할 필요가 있다면, 단축되지 않는 연산자를 사용한다. 하나의 앰퍼센드로 표시되는 연산자(&)는 단축되지 않는 and 연산자이다.

xor(^)는 항상 단축되지 않는다. xor에 대해서 자바는 하나의 피연산자만을 보고 전체 조건문의 값을 결정할 수 없다. 이유를 명확히 하려면 위의 TDTT를 살펴보자.

3 해쉬 테이블(hash table)

대학에서 등록한 학생을 포함하는 학생 주소록을 만들고자 한다. 시스템은 각 학생에게 유일한 식별자 혹은 ID를 주어야 한다. 시스템은 ID를 이용해서 주소록에서 학생

맵과 동일성 | Lesson 09

에 대한 정보를 가져올 수 있도록 구성되어야 한다.

이 조건을 맞추기 위해, StudentDirectory 클래스를 만든다. 학생 목록을 저장하기 위해 ArrayList를 사용할 수 있지만, 대신해서 Map을 사용한다. 레슨 6에서 맵에 대한 내용을 약간 배웠다. 다시 살펴보면, Map은 키를 이용해서 항목을 저장하고 가져올 수 있는 데이터 구조에 대한 인터페이스이다. 맵은 키-값의 조합이다. 맵에는 각 항목을 특정키에 대해서 저장하고 가져온다.

레슨 6에서 Map 인터페이스를 구현하는 EnumMap에 대해서 배웠다. Map에서 키가 enum 형이라면, EnumMap을 이용할 수 있다. 아니면 Map의 다른 구현인 java.util.HashMap을 이용하게 될 것이다. HashMap은 해쉬 테이블이라는 데이터 구조에 기반한 일반적인 맵이다. 대부분의 Map 코드는 HashMap을 이용할 것이다(혹은 기존의 Hashtable 구현을 사용한다. 레슨 7 참조).

해쉬 테이블은 맵을 구현하기 위한 방법을 제공한다. 이 데이터 구조는 빠른 추가와 검색을 위해 사용된다.

학생 주소록을 위해 테스트를 먼저 작성하자.

```java
package sis.studentinfo;

import junit.framework.*;
import java.io.*;

public class StudentDirectoryTest extends TestCase {
   private StudentDirectory dir;

   protected void setUp() {
      dir = new StudentDirectory();
   }

   public void testStoreAndRetrieve() throws IOException {
      final int numberOfStudents = 10;

      for (int i = 0; i < numberOfStudents; i++)
         addStudent(dir, i);

      for (int i = 0; i < numberOfStudents; i++)
         verifyStudentLookup(dir, i);
   }
   void addStudent(StudentDirectory directory, int i)
         throws IOException {
      String id = "" + i;
      Student student = new Student(id);
      student.setId(id);
      student.addCredits(i);
      directory.add(student);
   }
```

Agile Java

```
  void verifyStudentLookup(StudentDirectory directory, int i)
      throws IOException {
    String id = "" + i;
    Student student = dir.findById(id);
    assertEquals(id, student.getLastName());
    assertEquals(id, student.getId());
    assertEquals(i, student.getCredits());
  }
}
```

testStoreAndRetrieve 테스트는 StudentDirectory에 몇 명의 학생정보를 만들어 넣기 위해 for 루프를 사용한다. 테스트는 다시 for 루프를 사용해서 각 학생정보가 존재하는지를 findById 메소드로 확인한다.

StudentDirectory 코드는 간단하다.

```
package sis.studentinfo;

import java.util.*;

public class StudentDirectory {
  private Map<String,Student> students =
    new HashMap<String,Student>();

  public void add(Student student) {
    students.put(student.getId(), student);
  }

  public Student findById(String id) {
    return students.get(id);
  }
}
```

StudentDirectory는 HashMap students를 포함한다. 클라이언트 코드가 add 메소드를 호출할 때 add 내의 코드는 student 인수를 HashMap에 추가한다. 추가되는 학생정보에 대한 키는 학생의 ID이다.

ID 값은 유일해야 한다. 만약, 이미 존재하는 ID에 대한 새로운 값에 대해 put을 실행하면 기존의 값은 사라진다.

이 레슨의 뒤에서 해쉬 테이블을 다시 볼 것이다. 하지만 먼저 동일성에 대해서 배운다. 동일성을 배우기 전에 구현해야 할 사항이 있다.

4 강의

강의는 한 과목을 주어진 시작일로부터 가르치는 것을 표현한다. 대부분의 과목은 학기 당 1번 개설된다. 각 과목은 따라서 여러 개의 강의 인스턴스를 나타낸다[2].

맵과 동일성 | Lesson 09

현재 Session 클래스는 학과와 관련된 과목번호에 대한 정보 그리고 학점 정보를 포함하기 있다. 만약, 한 과목에 여러 강의가 있다면, 각 강의마다 과목 정보가 반복되기 때문에, 이 구현은 비효율적이고 문제가 된다.

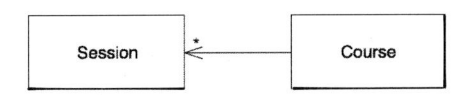

그림 9-1   Course는 많은 Session을 가진다.

대신 여러분이 원하는 것은 많은 강의 객체를 하나의 Course 객체와 연결하는 것이다. 그림 9-1의 UML 다이어그램은 이런 Session과 새로운 클래스인 Course 간의 다 대 일 대응 관계를 보여 준다.

위의 관계에 따라 코드를 재구성해야 한다. 학과, 과목번호, 학점을 저장하는 단순한 Course 클래스를 생성하는 것으로 시작하자. 간단한 테스트는 학과와 번호가 Course를 생성하기 위해 필요하다는 것을 나타낸다. 학과와 번호는 합쳐져서 Course의 유일한 키가 된다. 두 개의 다른 과목은 같은 학과와 번호를 가질 수 없다.

```
package sis.studentinfo;

import junit.framework.*;

public class CourseTest extends TestCase {
   public void testCreate() {
      Course course = new Course("CMSC", "120");
      assertEquals("CMSC", course.getDepartment());
      assertEquals("120", course.getNumber());
   }
}
```

Course는 간단한 데이터 객체로 시작한다. 생성자와 키 필드를 반환하는 메소드를 포함하고 있다.

```
package sis.studentinfo;

public class Course {
   private String department;
   private String number;

   public Course(String department, String number) {
      this.department = department;
      this.number = number;
   }
}
```

ⓕootnote

2) 작은 학교라고 가정하자. 따라서 많은 학생을 위해서 분반이 있는 경우는 생각하지 않는다.

Agile Java

```
public String getDepartment() {
   return department;
}

public String getNumber() {
   return number;
}
}
```

5 Session 재구성하기

이제 재구성을 위한 단계의 개요를 살펴보자.

1. Course 객체를 이용해서 강의 객체를 생성한다. 영향을 주는 클래스 : SessionTest, Session, CourseSessionTest, SummerCourseSessionTest, RosterReporterTest, CourseReportTest
2. CourseSession과 SummerCourseSession의 생성 메소드를 바꿔서 Course를 인수로 받도록 한다.
3. CourseSession과 SummerCourseSession 생성자가 Course를 받도록 한다.
4. Session 생성자가 Course를 받도록 한다.
5. Session내에 학과와 번호 문자열 대신 Course 레퍼런스를 저장한다.

점차적으로 이런 부분을 수정해 나갈 것이다. 각 수정마다, 문제를 찾기 위해 컴파일러를 사용하고, 문제가 없는 것을 확인하기 위해 테스트를 실행한다.

SessionTest에서 시작하자:

현재는 추상 메소드 createSession은 학과와 번호 문자열을 이용해서 Session 객체를 생성한다.

```
abstract protected Session createSession(
   String department, String number, Date startDate);
```

이 생성 메소드를 Course 객체를 이용하여 Session 객체를 만들도록 수정한다.

```
abstract public class SessionTest extends TestCase {
   ...
   abstract protected Session createSession(
      Course course, Date startDate);
```

이렇게 고치면 몇 가지 다른 부분에도 수정이 필요하지만 전체적으로 5분이 걸리지 않을

맵과 동일성 | Lesson 09

것이다. SessionTest에서 setUp 메소드와 testComparable 메소드를 고칠 필요가 있다. 다음은 SessionTest의 setUp 메소드이다(굵은 글씨로 표시된 부분이 수정할 부분이다).

```
public void setUp() {
  startDate = createDate(2003, 1, 6);
  session = createSession("ENGL", "101", startDate);
  session.setNumberOfCredits(CREDITS);
}
```

testComparable에 대한 테스트 역시 비슷하게 수정한다.

```
protected void setUp() {
  startDate = new Date();
  session = createSession(new Course("ENGL", "101"), startDate);
  session.setNumberOfCredits(CREDITS);
}
```

이런 수정을 할 때 컴파일러를 활용한다. 한가지를 수정하면 컴파일러가 다음에 수정할 부분을 알려 줄 것이다.

SummerCourseSessionTest와 CourseSessionTest를 고쳐야 한다. 점진성을 위해서, 테스트를 통과하는 가장 작은 부분을 고치도록 한다. CourseSession과 SummerCourseSession을 고치지 않고 CourseSessionTest와 SummerCourseSessionTest를 고칠 수 있다.

다음은 테스트에 대한 수정이다. 이전 코드와 비교할 수 있도록 이전 코드도 남겨준다. 재구성의 나머지 부분에서도 표시를 남겨둘 것이다.

```
// CourseSessionTest
...
public class CourseSessionTest extends SessionTest {
  public void testCourseDates() {
    Date startDate = DateUtil.createDate(2003, 1, 6);
    Session session = createSession("ENGL", "200", startDate);
    Session session = createSession(createCourse(), startDate);
    Date sixteenWeeksOut = createDate(2003, 4, 25);
    assertEquals(sixteenWeeksOut, session.getEndDate());
  }

  public void testCount() {
    CourseSession.resetCount();
    createSession("", "", new Date());
    createSession(createCourse(), new Date());
    assertEquals(1, CourseSession.getCount());
    createSession("", "", new Date());
    createSession(createCourse(), new Date());
    assertEquals(2, CourseSession.getCount());
  }

  private Course createCourse() {
    return new Course("ENGL", "101");
  }
}
```

Agile Java

```
protected Session createSession(
    String department, String number, Date date) {
    return CourseSession.create(department, number, date);
}
  protected Session createSession(Course course, Date date) {
    return CourseSession.create(
      course.getDepartment(), course.getNumber(), date);
  }
}

// SummerCourseSessionTest.java
package sis.summer;

import junit.framework.*;
import java.util.*;
import sis.studentinfo.*;

public class SummerCourseSessionTest extends SessionTest {
  public void testEndDate() {
    Date startDate = DateUtil.createDate(2003, 6, 9);
    Session session = createSession("ENGL", "200", startDate);
    Session session =
      createSession(new Course("ENGL", "200"), startDate);
    Date eightWeeksOut = DateUtil.createDate(2003, 8, 1);
    assertEquals(eightWeeksOut, session.getEndDate());
  }

  protected Session createSession(
    String department, String number, Date date) {
    return SummerCourseSession.create(department, number, date);
  }
  protected Session createSession(Course course, Date date) {
    return SummerCourseSession.create(
      course.getDepartment(), course.getNumber(), date);
  }
}
```

이 시점에서 테스트를 통과해야 한다. 이제 Session 하위 클래스 생성 메소드를 Course를 직접 받도록 수정한다.

```
// CourseSessionTest.java

protected Session createSession(Course course, Date date) {
  return CourseSession.create(
    course.getDepartment(), course.getNumber(), date);
  return CourseSession.create(course, date);
}

// SummerCourseSessionTest.java
protected Session createSession(Course course, Date date) {
  return SummerCourseSession.create(
    course.getDepartment(), course.getNumber(), date);
  return SummerCourseSession.create(course, date);
}
```

맵과 동일성 | Lesson 09

이 변화는 RosterReporterTest에 영향을 준다.

```
package sis.report;

import junit.framework.TestCase;
import sis.studentinfo.*;
import static sis.report.ReportConstant.NEWLINE;

public class RosterReporterTest extends TestCase {
   public void testRosterReport() {
      Session session =
         CourseSession.create(
            "ENGL", "101", DateUtil.createDate(2003, 1, 6));
      Session session =
         CourseSession.create(
            new Course("ENGL", "101"),
            DateUtil.createDate(2003, 1, 6));
      ...
   }
}
```

CourseReportTest 역시 수정한다[3].

```
package sis.report;
import junit.framework.*;
import java.util.*;
import sis.studentinfo.*;
import static sis.report.ReportConstant.NEWLINE;

public class CourseReportTest extends TestCase {
   public void testReport() {
      final Date date = new Date();
      CourseReport report = new CourseReport();
      report.add(CourseSession.create("ENGL", "101", date));
      report.add(CourseSession.create("CZEC", "200", date));
      report.add(CourseSession.create("ITAL", "410", date));
      report.add(CourseSession.create("CZEC", "220", date));
      report.add(CourseSession.create("ITAL", "330", date));
      report.add(create("ENGL", "101", date));
      report.add(create("CZEC", "200", date));
      report.add(create("ITAL", "410", date));
      report.add(create("CZEC", "220", date));
      report.add(create("ITAL", "330", date));

      assertEquals(
         String.format(
            "CZEC 200%n" +
```

---

footnote

[3] 원래 코드를 작성한 후 배운 자바 기능들을 이용해서 RosterReporterTest와 CourseReportTest를 수정하였다. 예를 들어, CourseSession객체를 Session 레퍼런스에 할당한다. 이렇게 하면 RosterReporter와 CourseReport에도 변화가 필요하다.

Agile Java

```
            "CZEC 220%n" +
            "ENGL 101%n" +
            "ITAL 330%n" +
            "ITAL 410%n"),
         report.text());
   }

   private Session create(String name, String number, Date date) {
      return CourseSession.create(new Course(name, number), date);
   }
}
```

CourseSession과 SummerCourseSession의 생성 메소드를 변경해서 Course를 인수로 받도록 한다. 하지만 아직은 생성자에 학과와 번호를 넘기도록 한다.

```
// CourseSession.java
public static Session create(
      String department, String number, Date startDate) {
   incrementCount();
   return new CourseSession(department, number, startDate);
}
public static Session create(Course course, Date startDate) {
   incrementCount();
   return new CourseSession(
      course.getDepartment(), course.getNumber(), startDate);
}

// SummerCourseSession.java
public static SummerCourseSession create(
      String department, String number, Date startDate) {
   return new SummerCourseSession(department, number, startDate);
}
public static Session create(Course course, Date startDate) {
   return new SummerCourseSession(
      course.getDepartment(), course.getNumber(), startDate);
}
```

테스트는 성공한다. 이제 생성자에 Course 객체를 넣고 테스트를 다시 실행한다.

```
// CourseSession.java
public static Session create(Course course, Date startDate) {
   incrementCount();
   return new CourseSession(course, startDate);
}

protected CourseSession(
      String department, String number, Date startDate) {
   super(department, number, startDate);
}
protected CourseSession(Course course, Date startDate) {
   super(course.getDepartment(), course.getNumber(), startDate);
}
```

맵과 동일성 | Lesson 09

```
// SummerCourseSession.java
public static Session create(Course course, Date startDate) {
   return new SummerCourseSession(course, startDate);
}

private SummerCourseSession(
      String department, String number, Date startDate) {
   super(department, number, startDate);
}
private SummerCourseSession(Course course, Date startDate) {
   super(course.getDepartment(), course.getNumber(), startDate);
}
```

지루한가? 그럴 수도 있다. 이 재구성의 각 단계는 단순하고 몇 초밖에 걸리지 않는다. 안전한가? 물론 그렇다. 모든 것이 동작하는데 필요한 시간은 몇 분이어야 한다. 여러분은 조금씩 코드를 바꾸면서 녹색 바가 나타나는 것을 확인했다. 재구성에 관해서 권위 있는 Martin Fowler는 테스트를 너무 자주 실행하는 경우는 없다고 말한다[4].

다른 방법은 한번에 모든 것을 고치고 동작하기를 바라는 것이다. 이 방법으로 몇 분을 절약할 수 있을지 모른다. 하지만 실수하지 않고 모든 것을 바꿀 가능성은 희박하다. 잘못된 부분을 고치는데 절약한 시간보다 많은 시간이 들 것이다.

이제 거의 끝났다. Session 생성자에 Course 객체를 전달한다.

```
// CourseSession.java
protected CourseSession(Course course, Date startDate) {
   super(course, startDate);
}

// SummerCourseSession.java
private SummerCourseSession(Course course, Date startDate) {
   super(course, startDate);
}

// Session.java
protected Session(
      String department, String number, Date startDate) {
   this.department = department;
   this.number = number;
   this.startDate = startDate;
}
protected Session(Course course, Date startDate) {
   this.department = course.getDepartment();
   this.number = course.getNumber();
   this.startDate = startDate;
}
```

---

[4] [Fowler2000], p. 94.

Agile Java

마지막으로, Session 클래스를 Course 레퍼런스를 저장하도록 수정할 수 있다.

```
// Session.java
abstract public class Session implements Iterable<Student> {
   private String department;
   private String number;
   private Course course;
   // ...
   protected Session(Course course, Date startDate) {
      this.course = course;
      this.startDate = startDate;
   }

   String getDepartment() {
      return department;
      return course.getDepartment();
   }

   String getNumber() {
      return number;
      return course.getNumber();
   }
   // ...
```

6 동일성

다음의 레슨에서, 과목 목록을 만들 것이다. 과목 목록에 대한 한가지 요구사항은 목록에 중복된 과목을 들어가지 않는 다는 것이다. 과목은 같은 학과와 같은 번호이면 의미상 같다.

이제 동작하는 Course 클래스를 만들었으므로, 의미상의 동일성을 확인하는 메소드를 오버라이드 한다. 만약, 두 Course 객체가 학과와 번호 필드에 같은 문자열을 가지고 있다면, 둘을 비교하면 true를 반환한다.

```
// in CourseTest.java:
public void testEquality() {
   Course courseA = new Course("NURS", "201");
   Course courseAPrime = new Course("NURS", "201");
   assertEquals(courseA, courseAPrime);
}
```

이 테스트는 실패한다. 레슨 1에서 메모리상에서 courseA 객체가 courseAPrime과는 다른 것을 보았다. assertEquals 메소드는 대체적으로 다음과 같은 의미이다[5].

---

5) 실제 코드는 좀더 복잡하다.

맵과 동일성 | Lesson 09

```
if (!courseA.equals(courseAPrime))
   fail();
```

다시 말하면 assertEquals에서 두 객체의 비교는 메시지를 받는 쪽의 equals 메소드를 사용한다. 메시지를 받는 쪽은 JUnit에서 첫 번째 인수이며, 이 예제에서는 courseA이다.

Course에 대해서는 아직 equals 메소드를 정의하지 않았다. 자바는 따라서 계층구조를 따라 올라가서 이 메소드를 찾는다. Course의 하나뿐인 상위 클래스는 Object이다. Object에서 equals의 기본 정의를 찾을 수 있다.

```
package java.lang;
public class Object {
   // ...
   public boolean equals(Object obj) {
      return (this == obj);
   }
   // ...
}
```

Object에서 구현된 Object는 레퍼런스(메모리 위치)를 비교한다.

 만약, 클래스에서 equals를 정의하지 않으면, 기본 정의를 사용하여 메모리 위치를 비교한다.

메모리 비교는 두 레퍼런스가 메모리상의 정확히 같은 객체일 때 같다고 판단한다.

Course 객체에 대한 equals 정의를 바꿔야 한다. equals 메소드는 두 객체가 의미상 같으면 true를 반환해야 한다. Course의 경우, 두 객체의 학과와 번호가 같다면 true를 반환해야 한다.

이 코드를 천천히 한 단계씩 작성해 보자. 당장은 단순히 테스트를 통과하도록 equals 메소드 Course의 equals 메소드를 수정한다.

```
@Override
public boolean equals(Object object) {
   return true;
}
```

equals 메소드는 assertEquals 가 원하는 함수형과 일치해야 한다. assertEquals 메소드는 Object를 인수로 하는 equals 메소드를 호출할 것을 기대하고 있다. 만약, Course 객체를 인수로 받도록 한다면 assertEquals 메소드는 새로 만든 메소드를 찾지 못한다.

```
@Override
public boolean equals(Course course) { // 제대로 동작하지 않는다.
   return true;
}
```

Agile Java

assertEquals 메소드는 대신 Object에 정의된 equals를 호출한다.
이제 실패할 수밖에 없는 비교확인을 테스트에 추가한다(equals는 항상 true를 반환한다).

```
public void testEquality() {
  Course courseA = new Course("NURS", "201");
  Course courseAPrime = new Course("NURS", "201");
  assertEquals(courseA, courseAPrime);

  Course courseB = new Course("ARTH", "330");
  assertFalse(courseA.equals(courseB));
}
```

테스트가 실패하는 것을 확인하고 equals 메소드를 수정한다.

```
@Override
public boolean equals(Object object) {
  Course that = (Course)object;
  return
    this.department.equals(that.department) &&
    this.number.equals(that.number);
}
```

인스턴스 변수를 참조하기 위해서 먼저 object 인수는 Course 레퍼런스로 캐스트해야 한다. 인수에 지은 지역변수이름은 메시지 수신자(this)와 인수(that)를 구별하는데 도움이 된다. return 문은 this Course의 학과와 번호를 that Course의 학과와 번호와 비교한다. 만약, 둘 모두(&&) 같다면, equals는 true를 반환한다.

7   동일성에 대한 약속

Object의 equals 메소드에 대한 자바 API 문서는 두 객체의 동일성에 대한 규칙을 정하고 있다.

Reflexivity:	x.equals(x)
Symmetry:	x.equals(y) *if-and-only-if (iff)* y.equals(x)
Transitivity:	x.equals(y) 그리고 y.equals(z) 이면, x.equals(z)
Consistency:	같은 상태에서 x.equals(y) 는 같은 값을 반환한다.
null에 대한 비교:	!x.equals(null)

위의 규칙은 모든 null이 아닌 x와 y에 대해서 참이다. 이 규칙들을 동일성에 대한 단위 테스트로 구현할 수 있다[6].

맵과 동일성 | Lesson 09

```
public void testEquality() {
  Course courseA = new Course("NURS", "201");
  Course courseAPrime = new Course("NURS", "201");
  assertEquals(courseA, courseAPrime);

  Course courseB = new Course("ARTH", "330");
  assertFalse(courseA.equals(courseB));

  // reflexivity
  assertEquals(courseA, courseA);

  // transitivity
  Course courseAPrime2 = new Course("NURS", "201");
  assertEquals(courseAPrime, courseAPrime2);
  assertEquals(courseA, courseAPrime2);

  // symmetry
  assertEquals(courseAPrime, courseA);

  // consistency
  assertEquals(courseA, courseAPrime);

  // comparison to null
  assertFalse(courseA.equals(null));
}
```

테스트를 실행할 때, testEquality의 마지막 확인을 제외한 부분은 통과할 것이다. 여러분은 NullPointerException을 받을 것이다. that 인수는 null이며 equals 코드는 that의 필드 (department와 object)에 접근하려고 할 것이다. 여러분은 인수가 null인 경우에 false를 반환하는 보호조건을 넣을 수 있다.

```
@Override
public boolean equals(Object object) {
  if (object == null)
    return false;
  Course that = (Course)object;
  return
    this.department.equals(that.department) &&
    this.number.equals(that.number);
}
```

"동일성 조건"을 별개의 테스트에 넣을 수도 있다. TDD(테스트 위주 개발)에는 다른 관점이 있다. 어떤 개발자는 하나의 테스트에 하나의 확인을 넣어야 한다고 주장한다[7]. 저자는 테스트의 목적은 하나의 기능에 대해서 검사하는 것이라고 생각한다. 이렇게 하는 것은 많은 확인과 조건을 필요로 한다. 이 예제에서 많은 확인이 동일성이라는 하나의 기능을 보이기 위해 작성되었다.

---

[6] http://sourceforge.net/projects/junit-adons에 있는 JUnit 확장은 동일성 규칙을 확인하기 위한 자동적인 도구를 제공한다.

[7] [Astels2004].

Agile Java

8 사과와 오렌지

equals 메소드가 Object를 인수로 받기 때문에, 어떤 것이든 인수로 전달 할 수 있다(또한 코드는 여전히 컴파일 될 것이다). 여러분의 equals 메소드는 이런 상황도 처리해야 한다.

```
// apples & oranges
assertFalse(courseA.equals("CMSC-120"));
```

Course를 비교하기 위해 학과와 번호 문자열을 비교하지만 Course는 문자열이 아니다. 여러분은 이 비교가 false를 반환하기를 바란다. 하지만 자바가 equals메소드를 실행할 때 ClassCastException을 받을 것이다. 캐스트를 실행하는 equals 메소드의 일부 코드가 그 원인이다.

```
@Override
public boolean equals(Object object) {
  if (object == null)
    return false;
  Course that = (Course)object;
  return
    this.department.equals(that.department) &&
    this.number.equals(that.number);
}
```

이 코드는 String 인수를 Course로 캐스트하려고 한다. 이것은 불가능한 캐스트이며 ClassCastException을 발생시킨다.

여러분은 equals 메소드에 오렌지를 넣은 경우 즉시 false를 반환하는 보호 조건을 넣어야 한다. 보호 조건은 인수의 형식이 메소드를 받는 객체의 형식과 일치하는 것을 보장한다.

```
@Override
public boolean equals(Object object) {
  if (object == null)
    return false;
  if (this.getClass() != object.getClass())
    return false;
  Course that = (Course)object;
  return
    this.department.equals(that.department) &&
    this.number.equals(that.number);
}
```

레슨 8에서 getClass 메소드에 대해서 배웠다. 이 메소드는 클래스 상수를 반환한다. ClassCastException을 생성하는 예제 비교에서 클래스 상수는 Course.class였다. 그리고 인수의 클래스 상수는 String.class이다. 클래스 상수는 유일하다. 오직 하나의 Course.class

맵과 동일성 | Lesson 09

클래스 객체의 인스턴스 만이 존재한다. 이 유일성 때문에 클래스 상수를 equals를 사용하지 않고 !=로 비교해도 된다.

어떤 개발자는 instanceof 연산자를 사용하기도 한다. instanceof 연산자는 객체가 대상 클래스의 인스턴스이거나 하위 클래스의 인스턴스 인 경우 true를 반환한다. instanceof를 사용한 equals 메소드는 다음과 같다.

```
@Override
public boolean equals(Object object) {
  if (object == null)
    return false;
  if (!(object instanceof Course))
    return false;
  Course that = (Course)object;
  return
    this.department.equals(that.department) &&
    this.number.equals(that.number);
}
```

처음에는 instanceof 연산자보다 직접 두 객체를 비교하도록 하자. 클래스 비교는 두 객체가 완전히 같은 형식인 경우만 true를 반환한다. 이후에 클래스 계층구조에서 객체를 비교하고자 할 때 instanceof를 사용할 것이다. instanceof에 대한 추가 정보는 레슨 12를 참조한다.

JUnit과 동일성

저자는 가끔 좀더 명확하게 equals에 대한 테스트를 작성한다.

```
assertEquals(courseA, courseB);
```

대신 다음과 같이 표현한다.

```
assertTrue(courseA.equals(courseB));
```

여러분은 assertEqauls가 equals 메소드를 이용한다는 것을 분명히 알고 있어야 한다. 하지만 우리가 테스트하고 있는 대상이 equals 메소드라는 사실을 좀더 명확하게 할 것이다.

같은지 확인하기 위해서 두 개의 레퍼런스를 확인하기를 원할 수도 있다. 다시 말하면 두 레퍼런스가 메모리상의 같은 객체를 가리키는가? 이런 비교는 다음과 같이 표현할 수 있다.

```
assertTrue(courseA==courseB);
```

또는

```
assertSame(courseA, courseB);
```

실패일 때 좀더 나은 대응을 하기 때문에 두 번째 확인을 사용하는 것이 좋다. 하지만 전과 같이 테스트를 위해서 명시적으로 == 비교를 사용하는 것도 좋은 방법이다.

Agile Java

9   컬렉션과 동일성

학생정보 시스템은 모든 Course 객체를 포함하는 과목 목록을 작성할 필요가 있다. 따라서 Course를 컬렉션에 저장하고, 컬렉션이 이 객체를 포함하는지 확인해야 한다.

```
package sis.studentinfo;

import junit.framework.*;
import java.util.*;

public void testEquality() {
  Course courseA = new Course("NURS", "201");
  Course courseAPrime = new Course("NURS", "201");
  assertEquals(courseA, courseAPrime);

  ...

  // containment
  List<Course> list = new ArrayList<Course>();
  list.add(courseA);
  assertTrue(list.contains(courseAPrime));
}
```

ArrayList에 정의된 contains 메소드는 저장된 모든 객체에 대해서 루프를 돌면서 equals 메소드를 이용해서 인수를 비교한다. 이 테스트는 더 이상 수정하지 않아도 잘 동작한다. 실제로 이 테스트는 언어 테스트의 일종이다. 이 테스트는 ArrayList가 equals 메소드를 사용하는 것을 보이기 위해 ArrayList의 기능을 테스트한다. 이 테스트는 실행해본 후 삭제하자.

Course를 HashMap 객체로 사용하는 것은 어떨까?

```
public void testEquality() {
  Course courseA = new Course("NURS", "201");
  Course courseAPrime = new Course("NURS", "201");

  // ...

  Map<Course, String> map = new HashMap<Course, String>();
  map.put(courseA, "");
  assertTrue(map.containsKey(courseAPrime));
}
```

위의 테스트의 일부는 Map 메소드 containsKey를 사용한다. 이 메소드는 맵 내에 같은 키가 존재하면 true를 반환한다. Map이 컬렉션이지만 이 테스트는 실패한다. 이유를 알기 위해서는 HashMap 클래스 구현을 알아야 한다.

맵과 동일성 | Lesson 09

10 해쉬 테이블(hash table)

ArrayList는 연속된 메모리 공간의 블록인 배열을 감싸고 있다. 배열에서 객체를 찾기 위해서는 항목을 찾기 위해 배열을 순차적으로 따라가는 동작이 필요하다. java.util.HashMap 클래스는 이 레슨의 처음에서 언급한 해쉬 테이블 구조를 이용하여 만들어져 있다. 또한 메모리상의 연속된 공간 블록을 사용한다.

해쉬 테이블은 몇 개의 슬롯으로 표현될 수 있다(그림 9-2 참고).

어떤 항목을 해쉬 테이블에 추가할 때, 코드는 해쉬 코드를 요청해서 항목의 슬롯을 빠르게 결정한다. 해쉬 코드는 단순히 정수이며 이상적으로는 유일해야 한다. 해쉬 코드의 규칙은 클래스의 동일성에 기반하고 있다. 두 객체가 같다면 해쉬 코드는 같아야 한다. 만약, 두 객체가 다르다면 해쉬 코드는 가능하면(필수적인 것은 아니다.) 다른 것이 좋다.

해쉬 코드가 결정되면 약간의 수학 연산으로 슬롯을 결정한다.

```
해쉬 코드 % 테이블 크기 = 슬롯 번호
```

(모듈러스 연산자, %, 가 정수 나누기의 나머지 값을 반환한다는 것을 기억하자) 예를 들어, Course 객체를 크기가 10인 해쉬 테이블에 넣는다면 해쉬 코드 값이 65일 때 다섯 번째 슬롯으로 들어갈 것이다.

```
65 % 10 = 5
```

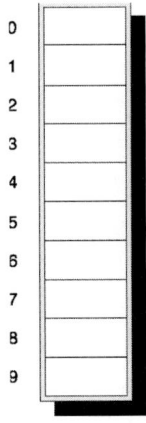

그림 9-2 10개의 슬롯을 가진 해쉬 테이블

그림 9-3은 해쉬 테이블에 위치한 Course 항목을 보여 준다.

해쉬 코드는 임의 Object에 hashCode 메시지를 보내어 얻을 수 있는 int 값이다. java.lang.Object는 hashCode에 대한 기본 정의를 제공한다. 이 메소드는 객체의 메모리 주소를 이용해서 유일한 값을 반환한다.

해쉬 테이블에서 객체를 가져오려면, 객체의 hashCode를 요청해서 슬롯의 위치를 다시 계산한다. 그리고 즉시 객체를 가져오기 위해 위치 계산을 할 수 있다.

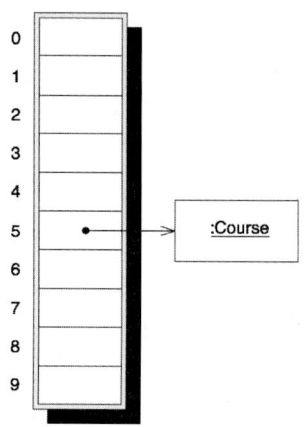

그림 9-3 다섯 번째 슬롯에 Course 객체를 저장한 해쉬 테이블

hashCode 메소드에서 무슨 일이 일어나는가? 이 메소드는 int를 반환해야 하며 이미 말한 것처럼 두 개의 같은 객체는 같은 hashCode를 반환해야 한다. 가장 단순하고, 쓸모 없는 해결 방법은 숫자 1과 같이 상수를 반환하는 것이다.

11 충돌(collision)

객체에 대한 해쉬 코드는 가능한 유일해야 한다. 만약, 두 개의 다른 객체가 같은 해쉬 코드를 반환하면, 이것을 충돌(collision)이라고 한다. 충돌로 인해서 충돌이 생긴 객체를 위한 추가적인 처리와 추가적인 시간이 필요하다. 충돌을 해결하기 위한 몇 가지 방법이 존재한다. 가장 단순한 것은 각 슬롯에 충돌이 발생한 객체를 위한 리스트를 유지하는 것이다. 그림 9-4는 이 방법을 그림으로 표현한 모습이다.

이 리스트는 추가된 모든 객체를 포함할 것이다. 이 경우 ArrayList를 사용할 수도 있을 것이다.

만약, 모든 객체의 해쉬 코드가 다른 슬롯을 지정한다면, 이상적으로 할당된 해쉬 테이블을

맵과 동일성 | Lesson 09

얻을 수 있다. 성능은 최대가 될 것이다. 모든 추가와 검색이 정해진 시간 안에 가능하다. 또한 충돌 리스트를 차례로 검색할 필요가 없다.

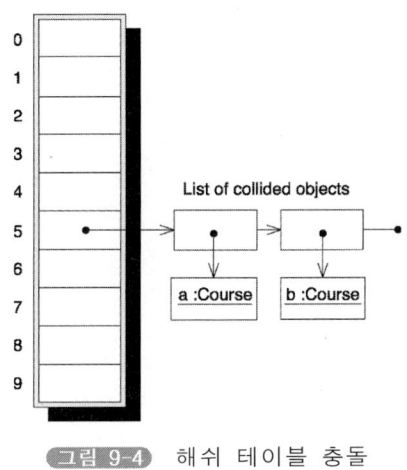

그림 9-4 해쉬 테이블 충돌

12 이상적인 해쉬 알고리즘

자바는 이미 자주 HashMap의 키 형식이 되는 String 클래스에 대해서 좋은 hashCode 구현을 제공하고 있다. 숫자 래퍼 클래스(Integer, Long, Byte, Char, Short) 역시 자주 HashMap 키로 사용된다. 이들의 해쉬 코드는 단순히 포장하고 있는 숫자 값이다.

여러분의 객체를 유일하게 구별하는 필드는 보통 이런 객체 형식(String 혹은 숫자)중 하나이다. 이 동일성 조건을 만족하기 위한 알맞은 해쉬 코드를 얻기 위해서, 단순히 유일한 키를 가지는 해쉬 코드를 반환할 수 있다. 만약, 하나 이상의 필드가 유일한 키를 나타낸다면, 해쉬 코드를 생성하기 위한 알고리즘을 생각해내야 한다.

Course 클래스에 추가될 다음 코드는 department와 number의 hashCode를 조합해서 hashCode를 생성해 낸다. 해쉬 코드 알고리즘은 일반적으로 소수(prime number)를 이용한다. 소수를 이용하는 것이 테이블 크기에 대해 모듈러스 연산을 했을 때 더 나은 분포를 보여 준다.

```
@Override
public int hashCode() {
    final int hashMultiplier = 41;
    int result = 7;
    result = result * hashMultiplier + department.hashCode();
    result = result * hashMultiplier + number.hashCode();
    return result;
}
```

Agile Java

여러분이 hashCode 메소드를 구현하였다면 이 테스트는 통과되어야 한다[8]. hashCode의 조건을 만족하는가를 확인할 새 테스트를 따로 만든다.

```
public void testHashCode() {
   Course courseA = new Course("NURS", "201");
   Course courseAPrime = new Course("NURS", "201");

   Map<Course, String> map = new HashMap<Course, String>();
   map.put(courseA, "");
   assertTrue(map.containsKey(courseAPrime));

   assertEquals(courseA.hashCode(), courseAPrime.hashCode());
   // consistency
   assertEquals(courseA.hashCode(), courseA.hashCode());
}
```

이 테스트는 두 개의 의미상 같은 과목이 같은 해쉬 코드를 생성하는 것을 보여 준다. 또한 키 값이 같다면 hashCode의 반환 값이 매번 같은 값을 반환하는 것을 보여 준다.

이 테스트의 일부는 hashCode에 대해서 확인하는 것만 필요하고 Course를 해쉬 맵에 넣는 부분을 삭제할 수 있다는 것을 보여 준다. 해쉬 코드 규칙에 대한 테스트의 마지막 버전이다.

```
public void testEquality() {
   Course courseA = new Course("NURS", "201");
   Course courseAPrime = new Course("NURS", "201");
   assertEquals(courseA, courseAPrime);

   Course courseB = new Course("ARTH", "330");
   assertFalse(courseA.equals(courseB));

   // reflexivity
   assertEquals(courseA, courseA);

   // transitivity
   Course courseAPrime2 = new Course("NURS", "201");
   assertEquals(courseAPrime, courseAPrime2);
   assertEquals(courseA, courseAPrime2);

   // symmetry
   assertEquals(courseAPrime, courseA);

   // consistency
   assertEquals(courseA, courseAPrime);

   // comparison to null
   assertFalse(courseA.equals(null));
```

---

footnote

8) 이 알고리즘은 http://mindprod.com/jgloss/hashcode.html에서 가져온 것이다.

맵과 동일성 | Lesson 09

```
    // apples & oranges
    assertFalse(courseA.equals( CMSC-120 ));
  }
  public void testHashCode() {
    Course courseA = new Course("NURS", "201");
    Course courseAPrime = new Course("NURS", "201");

    assertEquals(courseA.hashCode(), courseAPrime.hashCode());
    // consistency
    assertEquals(courseA.hashCode(), courseA.hashCode());
  }
```

이 테스트들은 많은 코드를 포함한다! 다시 한번 JUnit 애드온(6번 주석을 참조한다)을 동일성과 해쉬 코드 규칙을 자동으로 테스트하기 위한 도구로 사용한 것을 고려해 보자. 만약, JUnit 애드온을 사용하지 않기로 했다면 이 테스트를 작성할 때 반복이 없도록 재구성하는 것을 잊지 말자.

13 hashCode에 대한 마지막 내용

 클래스에 대한 equals 메소드를 작성한다면 hashCode도 같이 작성한다.

hashCode가 없다고 해도, 컴파일러는 불평하지 않을 것이다. 또한 특별한 문제가 생기지도 않는다. 하지만 콜렉션을 이용하는 해쉬 테이블에 객체를 넣었을 때 예상치 못한 동작을 할 수도 있다. 이럴 때 hashCode 메소드가 없다는 사실을 알아차리는 것은 시간낭비이다. equals를 작성할 때 hashCode를 같이 작성하자!

성능이 중요하다면, 해쉬 코드에 대한 단위 테스트를 작성하고자 할 것이다. 한가지 기법은 많은 숫자의 항목을 포함하는 HashSet을 읽어서 알맞은 시간 내에 추가가 가능한지를 확인하는 것이다. 그렇지 못하다면 해쉬 테이블에 많은 수의 충돌이 있는 것이다.

```
public void testHashCodePerformance() {
  final int count = 10000;
  long start = System.currentTimeMillis();
  Map<Course, String> map = new HashMap<Course, String>();
  for (int i = 0; i < count; i++) {
    Course course = new Course("C" + i, "" + i);
    map.put(course, "");
  }
  long stop = System.currentTimeMillis();
  long elapsed = stop - start;
  final long arbitraryThreshold = 200;
  assertTrue("elapsed time = " + elapsed,
    elapsed < arbitraryThreshold);
}
```

333

Agile Java

성능을 측정하는데는 여러 방법이 있지만 위의 테스트는 간단하고 적절한 방법이 된다. 클래스 java.lang.System은 정적 메소드인 현재 시간을 밀리초 단위로 반환하는 currentTimeMillis를 포함하고 있다. 시작하기 전에, 현재의 지역변수(start)에 저장한다. 원하는 코드를 for 루프를 사용하여 n번 실행한다. 루프가 끝났을 때 시간을 측정한다(stop). 이제 시작부터 끝까지의 시간을 뺄셈으로 계산할 수 있다. 이 확인은 루프가 적절한 시간(arbitraryThreshold) 내에 끝나는 것을 보여 준다.

assertTure 메소드 호출은 첫 번째 인수로 String을 포함한다. String은 JUnit에서 확인이 실패하는 경우에만 에러 메시지의 일부로 출력된다. 이 예제에서, 실패하면 실제로 실행에 걸린 시간을 출력한다.

성능 테스트를 분리해서 모으기를 원할 수도 있다. 정기적으로 이런 테스트를 실행하기를 원할 수도 있다(매일 혹은 중요한 작업을 마친 후에). 하지만 성능 테스트의 특성상 시간이 오래 걸리고 기능에 대한 단위 테스트를 시간을 길게 하기 때문이다. 좀더 포괄적인 단위 테스트를 원한다면, 중복을 제거하여 스스로 테스트 구조를 만들거나 JUnit-Perf[9]와 같은 도구를 사용하는 것이 좋다. JUnit 자체는 중복되는 테스트를 위한 기본적인 구조를 제공한다.

예제 성능 테스트의 유용성을 보여 주기 위해 Course 구현에서의 hashCode 구현을 상수를 반환하도록 고쳐보자.

```
@Override
public int hashCode() {
   return 1;
}
```

10,000개의 HashMap 항목에서도 테스트는 완전히 실패할 것이다. hashCode를 원래대로 돌리고 테스트를 통과하는 것을 확인한다.

hashCode를 테스트하는 다른 기법은 해쉬 코드가 생성되는 분포가 충분히 넓은 것을 확인하는 것이다. 분산은 숫자의 분포가 퍼진 정도를 나타내는 값이다. 분산은 평균에서 각 숫자의 차를 제곱한 값의 평균이다.

이 테스트 기법의 문제는 적절한 수준을 임의로 결정해야 한다는 것이다. 개발자로서 여러분은 이런 테스트의 값을 즉시 결정하거나 해쉬 테이블의 성능이 문제가 될 때까지 미룰 수 있다.

최소한으로, hashCode에 대한 조건들을 만족하는 것을 확인하기 위한 테스트는 작성해야 한다.

---

9) http://www.clarkware.com/software/JUnitPerf.html

맵과 동일성 | Lesson 09

14 HashMap 사용에 대한 추가사항

리스트와 비슷하게 해쉬 테이블의 내용을 차례로 접근하기를 바랄 수 있다. 키에만 접근하거나, 값 혹은 둘을 모두 순차적으로 사용하기를 바랄 수도 있다.

레슨 6에서, ReportCard 클래스를 만들었다. ReportCard는 학점에 따라 성적표에 출력될 메시지를 맵에 저장한다. 다음은 ReportCard의 소스이다.

```
package sis.report;

import java.util.*;
import sis.studentinfo.*;

public class ReportCard {
   static final String A_MESSAGE = "Excellent";
   static final String B_MESSAGE = "Very good";
   static final String C_MESSAGE = "Hmmm...";
   static final String D_MESSAGE = "Youre not trying";
   static final String F_MESSAGE = "Loser";

   private Map<Student.Grade, String> messages = null;

   public String getMessage(Student.Grade grade) {
      return getMessages().get(grade);
   }

   private Map<Student.Grade, String> getMessages() {
      if (messages == null)
         loadMessages();
      return messages;
   }

   private void loadMessages() {
      messages =
         new EnumMap<Student.Grade, String>(Student.Grade.class);
      messages.put(Student.Grade.A, A_MESSAGE);
      messages.put(Student.Grade.B, B_MESSAGE);
      messages.put(Student.Grade.C, C_MESSAGE);
      messages.put(Student.Grade.D, D_MESSAGE);
      messages.put(Student.Grade.F, F_MESSAGE);
   }
}
```

ReportCard에 대한 다음 테스트는 세 가지 방법으로 각 항목에 접근하는 방법을 보여 준다. (이것은 불필요한 테스트이며 언어 테스트에 가깝다). 이 세 개 테스트 각각은 다르지만 적절한 테스트 방법을 보여 준다.

Agile Java

```java
package sis.report;

import junit.framework.*;
import sis.studentinfo.*;
import java.util.*;

public class ReportCardTest extends TestCase {
   private ReportCard card;

   protected void setUp() {
      card = new ReportCard();
   }

   public void testMessage() {
      // setUp에서 선언되었기 때문에 card의 선언을 없앤다
      ...
   }

   public void testKeys() {
      Set<Student.Grade> expectedGrades = new HashSet<Student.Grade>();
      expectedGrades.add(Student.Grade.A);
      expectedGrades.add(Student.Grade.B);
      expectedGrades.add(Student.Grade.C);
      expectedGrades.add(Student.Grade.D);
      expectedGrades.add(Student.Grade.F);

      Set<Student.Grade> grades = new HashSet<Student.Grade>();
      for (Student.Grade grade: card.getMessages().keySet())
         grades.add(grade);
      assertEquals(expectedGrades, grades);
   }
}
```

첫 번째 테스트 testKeys는 콜렉션의 모든 기대되는 값에 순서대로 접근하는 것을 확인한다. 먼저 집합(set)을 만들고 받기를 바라는 객체를 채운다(이 예제에서는 학점). 다음으로 순차적으로 접근한 항목들을 두 번째 집합에 추가한다. 두 개의 집합을 비교하여 둘이 같은 것을 확인한다.

어쩌면 학교에서 배운 집합을 기억하고 있을지도 모르겠다. (밴다이어그램을 기억하는가?) 기억하지 못해도 상관은 없다. 집합은 유일한 항목을 포함하는 순서 없는 콜렉션이다. 집합에 중복되는 항목을 추가하면 집합은 거부한다. 자바에서는 java.util.Set 인터페이스가 집합의 동작을 지정한다. java.util.HashSet는 Set의 동작을 구현하는 실제 클래스이다. hashSet 클래스는 중복을 확인하기 위해 equals 메소드로 객체들을 비교한다.

해쉬 테이블의 동작에 대해 이해하고 있다면 키 값에 특정 순서가 없다는 것을 알 수 있다. 또한 각 키는 유일하다는 것 또한 명확하다. 해쉬 테이블에는 같은 키를 가지는 두 개의 항목이 있을 수 없다. 따라서 ketSet 메시지를 HashMap 객체에 보낼 때, 키를 집합으로 반환해준다.

testKey에서 보인 것처럼, List에 접근하는 것과 마찬가지로 for-each 루프를 사용해서 Set에 접근할 수 있다.

맵과 동일성 | Lesson 09

반면에 해쉬 테이블의 값은 중복될 수 있다. 예를 들어, D를 받은 학생과 F를 받은 학생에게 같은 메시지("도움을 받으세요")를 출력할 수 있다. HashMap은 따라서 Set으로 값을 반환할 수는 없다. 대신, java.util.Collection으로 값들을 반환한다.

컬렉션은 HashSet과 ArrayList가 공통으로 구현하고 있는 인터페이스이다. Collection 인터페이스는 객체를 컬렉션에 추가하거나 컬렉션에 대한 이터레이터를 반환하는 기본적인 컬렉션 기능을 정의한다. Collection 인터페이스는 컬렉션에 어떤 순서도 강요하지 않으므로 List 인터페이스처럼 인덱스와 관련된 메소드를 정의하지 않는다. java.util.Set과 java.util.List 인터페이스는 모두 Collection 인터페이스를 계승하고 있다.

```java
public void testValues() {
  List<String> expectedMessages = new ArrayList<String>();
  expectedMessages.add(ReportCard.A_MESSAGE);
  expectedMessages.add(ReportCard.B_MESSAGE);
  expectedMessages.add(ReportCard.C_MESSAGE);
  expectedMessages.add(ReportCard.D_MESSAGE);
  expectedMessages.add(ReportCard.F_MESSAGE);

  Collection<String> messages = card.getMessages().values();
  for (String message: messages)
    assertTrue(expectedMessages.contains(message));
  assertEquals(expectedMessages.size(), messages.size());
}
```

testValues 테스트는 조금 다른 기법을 사용한다. 여러분은 기대되는 값에 대한 Set을 만들고 가능한 값을 추가한다. HashMap 객체에 values 메시지를 보내서 해쉬 테이블 값을 얻는다.

이 값에 접근하면서, 기대되는 값의 리스트가 각 항목을 포함하는지를 확인한다. 컬렉션이 객체를 저장하고 있는지 확인하기 위해 contains 메소드는 equals 메소드를 사용한다. 마지막으로 기대되는 것보다 많은 항목을 포함하기 있는지 확인하기 위해 두 번째 집합의 크기를 확인한다.

세 번째 테스트인 testEntries는 키와 관련된 값을 동시에 접근하는 방법을 보여 준다. entrySet 메시지를 HashMap에 보내면 키-값 쌍을 포함하는 Set을 반환한다. 이 집합을 for-each 루프를 이용하여 순차접근할 수 있다. 루프를 돌면서 키-값 조합을 저장하고 있는 Map.Entry 레퍼런스를 받는다. Map.Entry에서 getKey와 getValue 메소드를 이용해서 키와 값을 가져올 수 있다. Map.Entry은 HashMap 객체와 같은 키 형식(Student.Grade)과 값 형식(String)으로 한정된다.

```java
public void testEntries() {
  Set<Entry> entries = new HashSet<Entry>();

  for (Map.Entry<Student.Grade,String> entry:
       card.getMessages().entrySet())
    entries.add(
      new Entry(entry.getKey(), entry.getValue()));
```

Agile Java

```
    Set<Entry> expectedEntries = new HashSet<Entry>();
    expectedEntries.add(
       new Entry(Student.Grade.A, ReportCard.A_MESSAGE));
    expectedEntries.add(
       new Entry(Student.Grade.B, ReportCard.B_MESSAGE));
    expectedEntries.add(
       new Entry(Student.Grade.C, ReportCard.C_MESSAGE));
    expectedEntries.add(
       new Entry(Student.Grade.D, ReportCard.D_MESSAGE));
    expectedEntries.add(
       new Entry(Student.Grade.F, ReportCard.F_MESSAGE));

    assertEquals(expectedEntries, entries);
}
```

for-each 루프를 돌면서 모든 항목에 대해서 테스트를 진행해야 한다. 앞의 테스트에서처럼 기대되는 항목들의 두 번째 집합을 만들어서 기대되는 집합과 실제 포함된 항목의 집합을 비교할 수 있다. 기대되는 값의 집합에는 적절한 키-값 조합을 추가해야 한다. 하지만 불행히도 Map.Entry는 인터페이스이다. 키-값 조합을 저장할 실제 클래스가 없다.

대신 스스로 키-값 조합을 저장하는 Entry 클래스를 만든다. 순차 접근 과정에서 Entry 객체를 만들어서 집합에 추가한다. 또한 기대 집합을 Entry 객체들로 채울 것이다. 그리고 두 개의 집합을 비교할 수 있다.

```
class Entry {
    private Student.Grade grade;
    private String message;
    Entry(Student.Grade grade, String message) {
       this.grade = grade;
       this.message = message;
    }

    @Override
    public boolean equals(Object object) {
       if (object.getClass() != this.getClass())
          return false;
       Entry that = (Entry)object;
       return
          this.grade == that.grade &&
          this.message.equals(that.message);
    }

    @Override
    public int hashCode() {
       final int hashMultiplier = 41;
       int result = 7;
       result = result * hashMultiplier + grade.hashCode();
       result = result * hashMultiplier + message.hashCode();
       return result;
    }
}
```

Entry 클래스는 단지 테스트를 위한 편하지만 지저분한 클래스이다. 따라서 테스트를 작성하지는 않는다. Entry 클래스는 equals 메소드와 그 짝이 되는 hashCode메소드를 포함한다.

맵과 동일성 | Lesson 09

이 클래스는 임시 클래스이기 때문에 hashCode메소드는 생략할 것이지만, 테스트를 통과하려면 이 메소드가 필요하다. hashCode가 없는 상태로 테스트를 실행해 보고, 왜 hashCode 메소드가 없으면 테스트가 실패하는지 이해해 보자.

15 추가적인 해쉬 테이블과 집합 구현

java.util 패키지는 Map과 Set 인터페이스를 구현하는 몇 가지 추가적인 클래스를 가지고 있다. 이중 일부를 간단하게 살펴볼 것이다. 좀더 자세한 사용방법은 자바 API 문서의 java.util부분을 참고한다.

EnumSet

레슨 6에서 EnumMap에 대해서 배웠다. EnumSet 클래스는 조금 다르게 동작한다. 이것은 추상 클래스로 정의되어있다. 여러분은 수십 개의 클래스 메소드를 호출해서 EnumSet의 하위 클래스의 인스턴스를 만들 수 있다. 이런 팩토리 메소드는 표 9-1에 정리했다.

EnumSet을 사용해서 여러분은 ReportCardTest의 메소드 testKeys를 다음과 같이 단순하게 만들 수 있다.

```
public void testKeys() {
  Set<Student.Grade> expectedGrades =
    EnumSet.allOf(Student.Grade.class);
  Set<Student.Grade> grades =
    EnumSet.noneOf(Student.Grade.class);
  for (Student.Grade grade: card.getMessages().keySet())
    grades.add(grade);
  assertEquals(expectedGrades, grades);
}
```

표 9-1 EnumSet 팩토리 메소드

메소드	설 명
allOf	특정 enum 형의 모든 가능한 항목으로 EnumSet을 생성한다.
complementOf	다른 EnumSet의 여집합으로 EnumSet을 생성한다. 즉 새로운 EnumSet은 원래 EnumSet에 포함되지 않은 모든 항목이다.
copyOf (+1 variant)	이미 존재하는 콜렉션의 항목으로 EnumSet을 만든다.
noneOf	지정된 형식의 빈 EnumSet을 만든다.
of (+4 variants)	다섯개까지의 다른 초기 값 범위로 EnumSet을 만든다.
range	

Agile Java

TreeSet과 TreeMap

TreeSet은 자연스러운 정렬 순서(Comparable로 정의한)로 그 항목들을 관리한다. TreeMap은 키의 순서를 비슷한 방식으로 관리한다. 예를 들어, 성적표 메시지가 학생의 학점에 따라 정렬되어 있도록 할 수 있다. 이런 동작을 위해서는 추가적인 비용이 있다. HashMap이나 HashSet을 사용했을 때의 즉각적인 추가와 검색 시간 대신 콜렉션의 크기가 커지면서 연산 시간은 로그값으로 커진다.

LinkedHashSet과 LinkedHashMap

LinkedHashSet은 항목의 순서를 시간 순으로 관리한다. 즉, 항목의 저장 순서를 기억한다. 그렇게 되는 이유는 내부적으로 링크드 리스트를 사용하기 때문이다. 이 클래스는 HashSet과 비교될 만한 성능을 보인다. add, contains, remove는 정해진 시간 안에 실행되지만 HashSet보다는 느리다. LinkedHashSet을 순차 접근하는 것은 일반적인 HashSet에 접근하는 것보다 실제로 빠르다.

IndentityHashMap

IndentityHashMap은 키의 동일성 비교를 위해 equals를 사용하지 않고 레퍼런스 동일성(==)을 사용한다. 이 Map은 키가 단일 인스턴스인 경우에만 사용한다. 이 클래스는 키 값 비교를 equals로 해야 한다는 조건을 만족하지 않기 때문에 일반적인 목적의 맵 구현은 아니다.

16   toString

여러분은 StringBuilder 객체의 내용을 String 형태로 얻기 위해서 toString 메시지를 보내는 방법을 보았다.

toString 메소드는 자바 디자이너가 java.lang.Object에 정의하기로 결정한 몇 가지 안 되는 메소드 중 하나이다. 이 메소드의 가장 큰 목적은 객체의 출력 가능한(String)형식을 반환하는 것이다. 이 출력 가능한 표현을 사용자 프로그램의 일부로 사용할 수 있지만, 그렇게 하지 않는 것이 좋다. toString 메소드는 개발자가 디버깅을 하거나 JUnit 메시지를 해석하는데 더 유용하다.

여러분은 Course 클래스의 객체를 JUnit 에러 메시지에서 출력했을 때 읽을 수 있는 문자열로 보이기를 바랄 것이다. 한가지 방법은 각각의 항목을 추출하여 병합된 문자열을 출력하는 것이다. 다른 방법은 toString을 이용하는 것이다.

맵과 동일성 | Lesson 09

```
public void testToString() {
   Course course = new Course("ENGL", "301");
   assertEquals("ENGL 301", course.toString());
}
```

toString은 Object에서 계승되기 때문에 기본 구현은 테스트를 통과하지 못한다.

```
expected: <ENGL 301> but was: <studentinfo.Course@53742e9>
```

다음 코드를 고치면 테스트를 통과한다.

```
@Override
public String toString() {
   return department + " " + number;
}
```

여러 IDE는 변수 정보 창에서 객체에 toString 메시지를 보내서 객체를 보여 준다. JUnit은 assertEquals 메소드가 실패한 경우 적절한 메시지를 출력하기 위해서 toString을 사용한다.

```
assertEquals(course, new Course("SPAN", "420"));
```

이제, JUnit은 다음 ComparisonFailure 메시지를 출력할 것이다.

```
expected: <ENGL 301> but was: <SPAN 420>
```

+ 연산자를 사용해서 문자열에 객체를 붙일 수 있다. 자바는 이 객체에 toString 메시지를 보내서 String 객체로 변환할 것이다. 예를 들어,

```
assertEquals("Course: ENGL 301", "Course: " + course);
```

toString의 기본 구현이 필요한 경우는 거의 없다. 여러분은 아마도 좀더 유용한 형태를 여러분의 클래스에서 제공해야 할 것이다. 단지 디버깅이나 코드를 이해하기 위한 목적으로 여러분만 toString을 사용한다면 테스트를 꼭 작성할 필요는 없다.

사실, toString의 정의는 변하기 쉽다. 개발자가 보기를 원하는 정보에 따라 toString은 변경된다. 불필요하게 toString에 대한 테스트를 작성하는 것은 결과클래스를 바꾸기 힘들게 할 것이다.

테스트를 만드는 주요 이유는 안전하게 코드를 바꾸는 것이다. 테스트를 작성하지 않은 부분에 대해서는 코드를 수정할 때의 안정감이 없을 수 있다. 테스트를 작성하는 것이 변경을 가능하게 해준다. 아이러니인 것은 더 많은 테스트 클래스를 만들수록 변경을 하는데 시간이 더 많이 든다.

Agile Java

테스트를 관리하기 어렵다고 해서 테스트를 작성하지 않아도 되는 것은 아니다. 하지만 불필요한 테스트를 만들어서도 안 된다. 코드를 작성할 때는 가능한 변경할 필요가 없게 해야 한다. 이런 균형을 맞추는 것은 경험과 판단의 문제이다.

결과적으로 이것은 여러분이 결정할 문제이다. 저자의 일반적인 조언은 꼭 필요한 테스트만으로 시작하라는 것이다. 다른 방법으로는 해결되지 않는 문제가 있을 때만 테스트를 추가해 나간다.

17 문자열과 동일성

String 클래스는 잦은 사용에 최적화되어있다. 대부분의 응용프로그램에서, String 객체의 개수는 다른 어떤 클래스보다도 많다.

현재 버전의 자바 가상기계는 여러 형태의 프로파일을 켜기 위한 스위치를 제공한다.

```
java -agentlib:hprof=help
```

좀더 자세한 정보를 보려면 명령줄에 위의 스위치를 사용해 보자10).

저자는 60개의 테스트를 가진 현재의 테스트 스위트를 JUnit이 실행할 때 이 프로파일을 적용해 보았다. 자바 가상기계는 테스트를 수행하는데 필요한 몇 초 동안에 19,250개의 객체를 생성했다. 이 객체들 중, 7,100개 이상이 String객체였다. 다음으로 많이 생성된 객체의 인스턴스 개수는 약 2,000개였다. 그 이후는 같은 형식의 객체 수는 훨씬 줄어든다.

이 숫자는 자바에서 String 클래스의 역할을 보여 준다. String 객체는 일반적인 응용프로그램 실행 중 생성되는 전체 객체의 1/3에서 1/2의 숫자를 차지한다. 따라서, String 클래스의 성능은 중요하다. 또한 이렇게 많은 String 객체 생성이 메모리를 채우지 않도록 하는 것 역시 중요하다.

사용하는 메모리의 양을 최소화하기 위해, String 클래스는 문자 풀(literal pool)을 사용한다. 주요 아이디어는 두 String 객체가 같은 문자를 포함한다면, 같은 메모리 공간("풀")을 공유한다는 것이다. String 문자 풀은 플라이웨이트(Flyweight)라는 디자인 패턴의 구현이다11). 플라이웨이트는 많은 수의 개별 객체를 효율적으로 공유하고 사용하기 위한 구조이다.

```
String a = "we have the technology";
String b = "we have the technology";
assertTrue(a.equals(b));
assertTrue(a == b);
```

---

footnote

10) 더 높은 버전의 자바에서는 이 기능이 작동하지 않을 수도 있다.
11) 〔Gamma1995〕.

맵과 동일성 | Lesson 09

a와 b는 의미상으로 동일하다(.equals). 이 둘의 문자열 내용은 같다. 문자열 레퍼런스 또한 메모리상에서 같다(==). 이들은 메모리상의 같은 String 객체를 가리킨다.

이런 최적화때문에 초보 자바 프로그래머는 String 객체를 ==을 사용해서 비교해야 한다고 생각한다.

```
if (name == "David Thomas")
```

하지만 이것은 거의 항상 잘못된 것이다. 두 개의 문자열이 같은 문자를 가지지만 다른 메모리에 저장될 가능성이 있다. 이것은 자바가 StringBuiler를 사용하거나 병합된 문자열에 대해서는 최적화를 수행하지 못하기 때문이다12).

 String을 비교할 때는 ==이 아닌 equals를 사용한다.

```
String c = "we have";
c += " the technology";
assertTrue(a.equals(c));
assertFalse(a == c);
```

이 테스트는 통과된다. 자바 가상기계는 c를 a와는 다른 메모리 위치에 저장한다.

코드상에서 특별한 환경에서 String 객체를 ==을 이용해서 비교할 수 있다. 이렇게 하는 것이 성능을 높여줄 것이다. 하지만 성능향상을 위해서 명확하게 주석으로 표시를 한 후에만 ==을 문자열 비교를 위해 사용해야 한다. 다른 상황에서 String 비교에 메모리 주소 비교를 사용하는 것은 찾기 어려운 버그를 만든다.

---

12) 컴파일 될 때, 문자열 병합을 위해 +를 사용한 코드는 StringBuffer 클래스를 사용한 코드와 동일하게 취급된다.

연습문제

1. 이 연습문제의 처음 두 문장으로 문자열 변수를 만든다. WordCount라는 클래스를 만들어서 글을 해석해서 각 단어의 개수를 센다. 단어 리스트에는 마침표는 단어의 일부로 나오지 않는다. 빈도를 저장하기 위해 map을 사용한다. WordCount 클래스는 또한 각 단어와 대소문자에 관계없는 빈도를 포함하는 문자열을 반환해야 한다. 다시 말해서, 같은 문자로 구성되고 대소문자만 다른 경우 같은 단어로 간주한다.

   힌트: String에서 단어를 추출하기 위해서 String의 split 메소드에 정규표현식 \W+를 사용할 수 있다.

2. Name이라는 클래스를 만들고 하나의 문자열 필드를 선언한다. equals 메소드를 이 클래스에 추가해서 문자열 필드를 비교한다. hashCode 메소드는 추가하지 않는다. Name의 동일성 규칙을 확인하는 테스트를 만든다.

3. new Name("foo")를 포함하여 여러 가지 Name 객체를 포함한 Set〈Name〉 객체를 만든다. Name("Foo") 인스턴스를 포함하는지 확인할 때 Set의 contains 메소드가 false를 반환하는 것을 확인한다. 다음과 같이 foo를 만들었을 때

   ```
   Name foo = new Name("Foo");
   ```

   이 Set은 foo를 포함하고 있다.

4. Name에 대한 테스트를 수정해서 리스트가 new Name("Foo")를 포함하는 경우에만 통과되도록 한다.

MEMO

Lesson 10 수학계산

이 레슨에서 여러분은 자바의 수학 기능을 배울 것이다. 자바는 다목적 언어로 디자인되었다. 일반적인 계산 외에도 자바는 무한과 같은 좀더 향상된 수학 개념을 포함하고 있다. 이런 기능은 자바 언어 특성과 라이브러리 클래스를 이용해서 사용한다.
자바는 넓은 범위의 소수와 정수 표현을 제공한다. 이런 숫자 표현과 관계된 기능은 IEEE 표준에서 가져온 것이다. 어떤 경우에는 좀더 빠른 알고리즘을 사용하거나 공개된 표준의 결과와 일치하는 정확한 알고리즘을 선택할 수 있다.

이 레슨에서는 다음 내용을 다룬다.

- BigDecimal
- 추가적인 정수형과 연산
- 숫자 캐스팅
- 계산식 평가 순서
- NaN
- 무한(infinity)
- 수치 오버플로우(numeric overflow)
- 비트 연산
- java.lang.Math
- 정적 임포트(static imports)

1. BigDecimal

java.math.BigDecimal은 정해진 정확도의 십진수 소수 계산을 제공한다. 이것은 BigDecimal을 이용한 수치연산은 학교에서 배운 연산과 일치한다는 것이다. BigDecimal 클래스는 광범위한 수치 연산 메소드와 근사값 제어 기능을 제공한다. BigDecimal 객체는 사용자가 유효숫자의 개수를 지정할 수 있는 임의 정확도의 십진수를 표현한다. 이 클래스는 불변성(immutable)이 있다. 즉, BigDecimal에 저장된 숫자를 바꿀 수는 없다.

BigDecimal을 사용하는 가장 흔한 경우는 금융 응용프로그램이다. 금융 응용프로그램에서는 1원이나 그 이하 값에 대해서도 정확한 계산이 필요하다.

자바에서 float이나 double로 구현되는 기본 플로팅포인트 표현은 모든 숫자를 정해진 그대로 저장하지 못한다. 이것은 이진수를 사용해서 특정 십진수를 표현하는 것이 수학적으로 불가능하기 때문이다. BigDecimal은 모든 숫자를 정확히 표현할 수 있다.

BigDecimal에는 두 가지 단점이 있다. 먼저 하드웨어는 이진 플로팅포인트 연산에 최적화되어 있지만 BigDecimal 계산은 소프트웨어로 구현된다. BigDecimal을 사용하여 많은 계산을 하는 경우 성능 문제를 겪게 될 것이다.

둘째로, BigDecimal에 적용되는 수학 연산자가 없다. 덧셈이나 곱셈 같은 일반적인 연산도 메소드 호출로 실행해야 한다. 따라서 쓰고 읽기가 힘들다.

BigDecimal 사용하기

 학생정보 시스템은 각 학생에 대한 학비 청구와 지급 정보를 유지해야 한다. 첫 번째 테스트는 Account가 적용되는 청구와 지급에 따른 잔액 계산을 보여 준다.

```
package sis.studentinfo;

import java.math.BigDecimal;
import junit.framework.*;

public class AccountTest extends TestCase {
  public void testTransactions() {
    Account account = new Account();
    account.credit(new BigDecimal("0.10"));
    account.credit(new BigDecimal("11.00"));
    assertEquals(new BigDecimal("11.10"), account.getBalance());
  }
}
```

새로운 BigDecimal을 만드는데 선호되는 방법은 그 생성자에 문자열을 전달하는 것이다. 이 문자열은 BigDecimal이 표현하기를 원하는 값을 나타낸다. 또한 double을 전달할 수도 있다. 하지만 자바에서의 플로팅포인트 표현의 제한 때문에 여러분이 원하는 정확한 값을 표현하지 못할 수 있다.
또한 다른 BigDecimal 객체로부터 BigDecimal 객체를 만들 수 있다. 따라서 BigDecimal을 반환하는 계산식을 생성자의 인수로 사용할 수 있다.

```
package sis.studentinfo;

import java.math.BigDecimal;

public class Account {
   private BigDecimal balance = new BigDecimal("0.00");

   public void credit(BigDecimal amount) {
      balance = balance.add(amount);
   }

   public BigDecimal getBalance() {
      return balance;
   }
}
```

BigDecimal 객체는 불변이다. add 메시지를 BigDecimal에 보내는 것은 객체를 변경하지 못한다. 대신 add 메소드는 인수의 값을 받아서 BigDecimal에 저장된 값에 더한다. 그리고 나서 합한 값으로 새로운 BigDecimal 객체를 생성한다. Account 구현에서, balance에 add 메시지를 보낸 결과는 새로운 BigDecimal 객체이다. 합한 값을 유지하려면 이 새로운 객체를 balance에 다시 할당해야 한다.

BigDecimal은 수치 연산을 표현하는 완전한 메소드를 제공한다. 이 메소드들은 abs, add, devide, max, min, multiply, negate, substract이다. 추가적인 메소드는 자리 수와 BigDecimal에서 여러 형태로 값을 추출하는데 사용된다.

유효숫자

testTransactions에서 BigDecimal의 값이 소수점 뒤에 십진수 두 자리를 포함해서 "11.10"인 것을 확인한다. 반면에 자바 float이나 double에서는 "11.1"로 처리된다.

```
assertEquals(new BigDecimal("11.1"), account.getBalance());
```

이 테스트는 실패한다.
수에서 숫자의 개수는 수의 유효숫자를 나타낸다. BigDecimal에 대해서 수치 연산을 하면, 결과 BigDecimal은 두 개의 BigDecimal 값중 더 큰 유효숫자를 가지게 된다. 예를 들어,

```
assertEquals(new BigDecimal("5.300"),
   new BigDecimal("5.000").add(new BigDecimal("0.3")));
```

즉, 3자리와 1자리 유효숫자의 수를 더하면 3자리의 유효숫자를 가지게 된다.

수학계산 | Lesson 10

나누기와 근사값

숫자를 나눌 때 결과는 나누는 수나 나눌 수보다 많은 소수 자리수를 가진다. 기본적으로 BigDecimal은 이렇게 큰 값을 모두 사용하지는 않는다. 대신, 두 수중 큰 쪽으로 제한하게 된다. 또한 새로운 유효숫자 개수를 명시적으로 정의할 수 있다.

자바에서 유효숫자를 제한하면 나누기 연산에서 결과와 근사값이 필요할 수 있다. 자바는 8개의 다른 근사값 모드를 제공한다. 가장 익숙한 근사값 계산 방법은 BigDecimal.ROUND_HALF_UP이다. 이 모드는 BigDecimal 값에서 0.5보다 같거나 작은 거리에 있는 가장 가까운 거리의 정수 값을 나타낸다. 예를 들어, 5.935는 2유효 자리수 숫자 5.94가 되며, 5.934는 5.93이 될 것이다.

```
public void testTransactionAverage() {
    Account account = new Account();
    account.credit(new BigDecimal("0.10"));
    account.credit(new BigDecimal("11.00"));
    account.credit(new BigDecimal("2.99"));
    assertEquals(new BigDecimal("4.70"), account.transactionAverage());
}
```

다음은 수정된 Account 클래스이다.

```
package sis.studentinfo;

import java.math.BigDecimal;

public class Account {
  private BigDecimal balance = new BigDecimal("0.00");
  private int transactionCount = 0;

  public void credit(BigDecimal amount) {
     balance = balance.add(amount);
     transactionCount++;
  }

  public BigDecimal getBalance() {
     return balance;
  }

  public BigDecimal transactionAverage() {
     return balance.divide(
        new BigDecimal(transactionCount), BigDecimal.ROUND_HALF_UP);
  }
}
```

추가적인 일곱 가지 근사값 모드에 대해서는 자바 API 문서를 참조한다.

Agile Java

2. 기본 숫자형에 대한 추가사항

지금까지 여러분은 숫자 기본형 int, double, float을 배웠다. 기초적인 수학 연산을 배웠으며 int값에 대한 증가, 감소 연산자, 복합 할당 연산자를 배웠다.

다른 정수형

지금까지는 정수를 나타내기 위해 int형을 사용했다. 자바에는 다른 크기를 표현하는 다른 정수형들이 있다. 표 10-1은 모든 정수형과 크기, 지원하는 값의 범위를 보여 준다.

char 형 역시 숫자형이다. char에 대한 추가정보는 레슨 3을 참고한다.

보통은 숫자를 표현하기 위해 10진수를 사용한다. 자바는 16진수나 8진수 표현도 허용한다.

16진수 수에는 앞에 0x를 붙인다.

```
assertEquals(12, 0xC);
```

8진수 앞에는 0을 붙인다.

```
assertEquals(10, 012);
```

정수형 수는 기본적으로 int형이다. L을 붙여서 long형이 되도록 할 수 있으며, 소문자 l도 사용할 수 있다. 하지만 소문자는 숫자 1과 구분하기 힘들므로 대문자를 사용하도록 하자.

표 10-1 정수형

형식	크기	범위	예
byte	8bit	-128 ~ 127	0 24
char	16bit	0~65535	17 'A' '%' \u0042 \062
short	16bit	-32768~32767	1440 0x1AFF
int	32bit	-2,147,483,648~2,147,483,647	-1440526 0x41F0 937
long	64bit	-9223372036854775808~9223372036854775807	-90633969336693 77L 42

수학계산 | Lesson 10

3 정수형 계산

여러 테스트의 평균을 계산하는 (레슨 7의) Performance 클래스의 코드를 다시 살펴보자.

```
public double average() {
   double total = 0.0;
   for (int score: tests)
      total += score;
   return total / tests.length;
}
```

total 지역변수가 double이 아니고 int로 선언되었다면, int에 int를 더한 결과는 다른 int형이 될 것이다.

```
public double average() {
   int total = 0;
   for (int score: tests)
      total += score;
   return total / tests.length;
}
```

이렇게 별 것 아닌 것처럼 보이는 단순한 변동이 PerformanceTest의 몇 개의 테스트를 실패하도록 만든다. 문제는 int를 int로 나누면 역시 int값이 된다는 것이다. 정수 나누기는 항상 정수 결과를 낸다. 나머지 값은 버려진다. 다음의 두 확인은 정수 나눗셈의 결과를 보여 준다.

```
assertEquals(2, 13 / 5);
assertEquals(0, 2 / 4);
```

정수 나눗셈을 하면서 나머지 값을 원한다면, 모듈러스 연산자(%)를 사용한다.

```
assertEquals(0, 40 % 8);
assertEquals(3, 13 % 5);
```

4 숫자 캐스팅하기

자바는 여러 값 범위의 숫자형을 제공한다. float 형은 32비트를 사용하도록 구현되었으며, 64비트를 사용하는 double보다는 작은 범위의 수를 표현한다. 정수 기본형 (char, byte, short, int, long)은 각각이 다른 범위를 지원한다.

Agile Java

여러분은 항상 더 작은 기본형의 값을 더 큰 기본형의 변수에 할당할 수 있다. 예를 들어, float 레퍼런스를 double 레퍼런스에 할당할 수 있다.

```
float x = 3.1415f;
double y = x;
```

표면적으로 보이지는 않지만 이 할당으로 인해 float에서 double로의 형 변환이 일어난다. 반대는, 즉 큰 기본형에서 작은형으로 할당하는 것은 정보가 사라질 위험이 있다. 만약, double에 저장된 값이 가장 큰 float 값보다도 큰 값이라면, float에 할당하면 정보가 잘려 나갈 위험이 있다. 이런 경우 자바는 정보 손실의 가능성을 명시적으로 알리기 위해 캐스팅을 하도록 강요한다.

다음 코드를 컴파일 하려고 하면

```
double x = 3.1415d;
float y = x;
```

다음의 컴파일 에러를 받을 것이다.

```
possible loss of precision
found   : double
required: float
float y = x;
          ^
```

여러분은 double을 float으로 캐스트해야 한다.

정수형이 아닌 나눗셈을 하기 위해 정수 값을 플로팅포인트 숫자로 캐스트할 수도 있을 것이다. 위의 문제에 대한 해결방법은 나눗셈을 하기 전에 나눌 값을 double로 캐스트하는 것이다.

```
public double average() {
   int total = 0;
   for (int score: tests)
      total += score;
   return (double)total / tests.length;
}
```

추가적으로, 정수형과 소수값을 섞어서 식을 작성하는 경우 자바는 계산식을 적절한 float형으로 바꾼다.

```
assertEquals(600.0f, 20.0f * 30, 0.05);
assertEquals(0.5, 15.0 / 30, 0.05);
assertEquals(0.5, 15 / 30.0, 0.05);
```

수학계산 | Lesson 10

5   계산식 평가 순서

복합 계산식을 평가하는 순서는 중요하다. 기초적인 규칙은

- 자바는 먼저 가장 안쪽의 괄호 안에 있는 계산식을 평가한다.
- 어떤 연산자는 다른 것보다 높은 우선권을 가진다. 예를 들어, 합보다는 곱의 우선순위가 높다.
- 아니면, 계산식은 왼쪽에서 오른쪽으로 평가된다.

연산 순서를 기억하기 힘들 수 있기 때문에, 특별히 복잡한 계산식에서는 괄호를 사용해야 한다. 사실, 우선순위 규칙 중 일부는 자연스러운 순서가 아니다. 괄호는 계산식이 평가되는 순서를 이해하는데 큰 도움이 된다. 단지 너무 많은 괄호를 사용하지는 말자. 대부분의 개발자는 우선순위 규칙에 익숙하다.

 복잡한 계산식을 이해하기 쉽도록 괄호를 사용하자.

다음은 우선순위가 계산식에 미치는 영향에 대한 예이다.

```
assertEquals(7, 3 * 4 - 5);      // 왼쪽에서 오른쪽으로
assertEquals(-11, 4 - 5 * 3);    // 뺄셈보다 곱셈이 먼저
assertEquals(-3, 3 * (4 - 5));   // 괄호를 먼저 계산
```

의심스러운 부분이 있다면, 테스트 코드를 작성해 보자!

6   NaN

만약, 시험 성적이 없다면 Performance의 평균은 0이어야 한다. 여러분은 이 경우에 대한 테스트를 아직 작성하지 않았다. 다음의 간단한 테스트를 PerformanceTest에 추가하자.

```
public void testAverageForNoScores() {
  Performance performance = new Performance();
  assertEquals(0.0, performance.average());
}
```

| 353 |

Agile Java

이 테스트를 실행하면, NullPointerException을 받을 것이다. Performance에 정의된 테스트의 정수 배열을 초기화하면 해결할 수 있다.

```
private int[] tests = {};
```

다시 테스트를 실행할 때 다른 예외를 받는다.

```
junit.framework.AssertionFailedError: expected:<0.0> but was:<NaN>
```

NaN은 java.lang.Float과 java.lang.Double 클래스 양쪽에 정의되며 "숫자가 아님"을 나타낸다.

점수가 없다면 test.length()는 0을 반환하며, 이것은 다음 코드에서 0으로 나눗셈을 한다는 의미이다.

```
return total / tests.length;
```

정수를 다룰 때, 자바는 0으로 나누는 경우에 ArithmeticException을 발생한다. 플로팅 포인트 수의 경우는 NaN을 받는다.

average의 처음에 시험 점수의 개수를 확인해서 이 문제를 해결해 보자.

```
public double average() {
   if (tests.length == 0)
      return 0.0;
   int total = 0;
   for (int score: tests)
      total += score;
   return (double)total / tests.length;
}
```

Nan은 몇 가지 재미있는 특성을 가진다. 다음 언어 테스트에서처럼 NaN에 대한 어떤 논리 비교도 false를 반환한다.

```
assertFalse(Double.NaN > 0.0);
assertFalse(Double.NaN < 1.0);
assertFalse(Double.NaN == 1.0);
```

평균 메소드가 Nan을 반환하기를 바랄 수도 있을 것이다. 하지만 NaN을 다른 값에 비교할 수 없는데 어떻게 테스트를 작성할 것인가? 자바는 이런 경우를 위해 Float과 Double 클래스에 정적 메소드인 isNaN을 제공한다.

```
public void testAverageForNoScores() {
   Performance performance = new Performance();
   assertTrue(Double.isNaN(performance.average()));
}
```

수학계산 | Lesson 10

7 무한

java.lang.Float 클래스는 무한에 대해서 두 개의 상수를 제공한다. : Float.NEGATIVE_INFINITY, Float.INFINITY이다. java.lang.Double 역시 해당 상수를 제공한다.

정수 값을 0으로 나눈 경우 에러가 생기지만 double이나 float 연산은 수학적으로 표현 가능한 무한이 된다. 다음 확인은 무한 상수의 사용방법을 보여 준다.

```
final float tolerance = 0.5f;
final float x = 1f;

assertEquals(
  Float.POSITIVE_INFINITY, Float.POSITIVE_INFINITY * 100, tolerance);
assertEquals(Float.NEGATIVE_INFINITY,
  Float.POSITIVE_INFINITY * -1, tolerance);

assertEquals(Float.POSITIVE_INFINITY, x / 0f, tolerance);
assertEquals(Float.NEGATIVE_INFINITY, x / -0f, tolerance);
assertTrue(Float.isNaN(x % 0f));

assertEquals(0f, x / Float.POSITIVE_INFINITY, tolerance);
assertEquals(-0f, x / Float.NEGATIVE_INFINITY, tolerance);
assertEquals(x, x % Float.POSITIVE_INFINITY, tolerance);

assertTrue(Float.isNaN(0f / 0f));
assertTrue(Float.isNaN(0f % 0f));

assertEquals(
  Float.POSITIVE_INFINITY, Float.POSITIVE_INFINITY / x, tolerance);
assertEquals(
  Float.NEGATIVE_INFINITY, Float.NEGATIVE_INFINITY / x, tolerance);
assertTrue(Float.isNaN(Float.POSITIVE_INFINITY % x));

assertTrue(
  Float.isNaN(Float.POSITIVE_INFINITY / Float.POSITIVE_INFINITY));
assertTrue(
  Float.isNaN(Float.POSITIVE_INFINITY % Float.POSITIVE_INFINITY));
assertTrue(
  Float.isNaN(Float.POSITIVE_INFINITY / Float.NEGATIVE_INFINITY));
assertTrue(
  Float.isNaN(Float.POSITIVE_INFINITY % Float.NEGATIVE_INFINITY));
assertTrue(
  Float.isNaN(Float.NEGATIVE_INFINITY / Float.POSITIVE_INFINITY));
assertTrue(
  Float.isNaN(Float.NEGATIVE_INFINITY % Float.POSITIVE_INFINITY));
assertTrue(
  Float.isNaN(Float.NEGATIVE_INFINITY / Float.NEGATIVE_INFINITY));
assertTrue(
  Float.isNaN(Float.NEGATIVE_INFINITY % Float.NEGATIVE_INFINITY));
```

Agile Java

8 수치 오버플로우

정수 변수를 다룰 때는, 잘못된 결과를 낼 수 있는 오버플로우를 조심해야 한다.

각 숫자형에 대해서 자바는 그 범위를 나타내는 상수를 제공한다. 예를 들어, Integer.MAX_VALUE와 Integer.MIN_VALUE는 int가 표현할 수 있는 가장 큰 값과 작은 값을 각각 표현한다.

자바는 내부적으로 충분히 큰 기본형에 계산식의 결과를 저장한다. 예제 테스트는 byte의 최대값 (127)에 1을 더하는 방법을 보여 준다. 자바는 계산식의 결과를 큰 기본형에 저장한다.

```
byte b = Byte.MAX_VALUE;
assertEquals(Byte.MAX_VALUE + 1, b + 1);
```

하지만 계산 결과는 byte에 다시 할당하기에는 너무 크기 때문에, 결과는 여러분이 원하는 것이 아니다. 다음 테스트는 통과될 것이며, byte의 최대값에 1을 더하면 최소값이 되는 것을 보여 준다.

```
byte b = Byte.MAX_VALUE;
assertEquals(Byte.MAX_VALUE + 1, b + 1);
b += 1;
assertEquals(Byte.MIN_VALUE, b);
```

결과는 자바가 이진수로 숫자를 저장하는 방법 때문이다. 오버플로우 상황에서는 최상위 비트를 잃어버린다.

플로팅포인트 숫자는 오버플로우의 경우 무한값이 된다.

```
assertTrue(Double.isInfinite(Double.MAX_VALUE * Double.MAX_VALUE));
```

플로팅포인트 숫자는 값이 0에 너무 가까워지는 언더플로우도 일어날 수 있다. 자바는 이런 경우 0으로 처리한다.

9 비트 연산

자바는 정수에 대한 비트 단위 연산을 지원한다. 무수한 많은 사용방법 중에 수학 계산 중 성능 향상을 위해서(어떤 수학 연산은 비트 쉬프트로 더 빨라질 수 있다) 혹은 암호화, 플래그의 단축된 표현을 위해서 비트 연산을 사용할 수 있다.

수학계산 | Lesson 10

이진수

컴퓨터는 결과적으로 모든 숫자를 내부적으로 비트열로 처리한다. 비트는 2진수 혹은 두 가지 선택만을 나타낸다. 이진수는 0이거나 1이다. 다음 표는 2진수 0에서 15까지를 나타낸다.

Decimal	Binary	Hex	Decimal	Binary	Hex
0	0	0x0	8	1000	0x8
1	1	0x1	9	1001	0x9
2	10	0x2	10	1010	0xA
3	11	0x3	11	1011	0xB
4	100	0x4	12	1100	0xC
5	101	0x5	13	1101	0xD
6	110	0x6	14	1110	0xE
7	111	0x7	15	1111	0xF

위의 표는 또한 각 숫자의 16진수("hex") 표현도 보여 준다. 자바는 이진 상수를 쓰는 것을 허용하지만 비트 연산을 이해하는데는 16진수 상수를 사용하는 것이 좋다. 각 16진수 숫자는 네 개의 이진 숫자를 표현한다.

자바 이진 표현

자바는 int를 32 이진 숫자로 표현한다. 최상위 비트는 int가 양수(0)인지 음수(1)인지를 나타낸다. 자바는 양수를 이진수 그대로 저장한다. 음수 정수는 2의 보수 형태로 저장된다. 숫자의 2의 보수 표현을 얻기 위해서는 양수 값의 모든 비트를 바꾸고 1을 더한다.

예를 들어, 17은 2진수로 다음과 같이 표현된다.

```
0000 0000 0000 0000 0000 0000 0001 0001[1]
```

2의 보수로 표현된 -17은 다음과 같다.

```
1111_1111_1111_1111_1111_1111_1110_1111
```

논리적 비트 연산자

자바는 비트를 다루기 위한 네 개의 논리 연산자를 제공한다. bit-and, bit-or, 부정,

---

footnote

1) 보기 편하도록 _문자를 사용했다.

Agile Java

bit-xor이다. 진리표는 모든 가능한 비트 조합의 결과를 보여줘서 각 논리 비트 연산자의 동작을 보여 준다.

bit-and, bit-or, bit-xor 논리 연산자는 두 개의 정수 값에 대해서 사용된다. 이들은 따라서 이항 연산자이다. 부정 연산자는 하나의 정수에 사용되며 단항 연산자이다.

이항 연산자를 실행하기 위해서 자바는 관련된 두 숫자의 각 비트를 비교한다. 32비트 정수형에 비트 단위 연산을 한다면, 32번 개별적인 bit-and가 일어난다는 뜻이다. 정수형에 단항 논리 연산자를 적용하기 위해 자바는 정수 값의 각 비트를 개별적으로 바꾼다.

논리 비트 연산은 두 개의 int형이나 작은 정수 값에 대해서 적용할 수 있다. 하지만 자바는 int보다 작게 선언된 정수 값, byte, short, char등을 비트 연산을 수행하기 전에 int로 바꾼다.

bit-and 연산자(&)는 비트단위 곱셈으로도 불린다. 양쪽 비트가 1이면 비트 단위 곱셈은 1을 반환한다. 아니면 0을 반환한다. 다음 bit-and 동작을 보여 준다.

```
assertEquals(0, 0 & 0);
assertEquals(0, 0 & 1);
assertEquals(0, 1 & 0);
assertEquals(1, 1 & 1);
```

bit-or 연산자(|)는 비트 단위 덧셈으로도 불린다. 양쪽 비트가 0이면 결과는 0이 된다. 다른 경우 1을 반환한다.

```
assertEquals(0, 0 | 0);
assertEquals(1, 0 | 1);
assertEquals(1, 1 | 0);
assertEquals(1, 1 | 1);
```

xor 연산자(^)는 비트 비교로도 불린다. 양쪽 비트가 같다면 0을 반환하고 아니면 1을 반환한다.

```
assertEquals(0, 0 ^ 0);
assertEquals(1, 0 ^ 1);
assertEquals(1, 1 ^ 0);
assertEquals(0, 1 ^ 1);
```

논리 부정 연산자(~)는 정수형의 모든 비트를 뒤집어서 0은 1이되고 1은 0이 되도록 한다.

```
int x = 0x7FFFFFF1;              //0111_1111_1111_1111_1111_1111_1111_0001
assertEquals(0x8000000E, ~x); //1000_0000_0000_0000_0000_0000_0000_1110
```

자바는 논리 비트 연산자에 대한 복합 할당을 지원한다. 따라서 x &= 1은 x = x & 1과 같다.

수학계산 | Lesson 10

bit-and와 bit-or, 부정 사용하기

연속되는 플래그(불리안 값)를 표현해야 한다면, 이들을 좀더 단순하게 표현하기 위해 정수 값을 사용할 수 있다. 비효율적인 방법은 이들을 각각의 boolean 변수로 표현하거나 bolean의 배열로 표현하는 것이다. 정수의 각 비트는 다른 플래그를 나타낸다. 따라서, 여러분은 한 바이트로 8개의 플래그를 나타낼 수 있다. 예를 들어, 00000001은 첫 번째 플래그를 설정하고 다른 플래그를 끈 것을 나타낸다. 이진수 값 00000101은 첫 번째와 세 번째 플래그를 설정하고 나머지는 끈 상태이다.

각 플래그 값을 설정하기 위해 먼저 각 이진수 위치에 대한 마스크(mask)를 설정해야 한다. 첫 번째 위치에 대한 마스크는 00000001(십진수 1)이며, 두 번째 위치에 대한 마스크는 00000010(십진수 2)이다. 값을 설정하는 것은 bit-or를 이용하며, 값을 가져오는 것은 bit-and를 이용한다.

> 여러분은 각 학생에게 4개의 네-아니오 형식 플래그를 설정해야 한다. 각 값은 학생이 캠퍼스 안에 사는가, 세금을 면제받는가, 미성년인가, 문제학생인가를 나타낸다. 200,000명의 학생에 대한 정보를 저장해야 하며 메모리가 부족하다.

```java
public void testFlags() {
  Student student = new Student("a");
  student.set(
    Student.Flag.ON_CAMPUS,
    Student.Flag.TAX_EXEMPT,
    Student.Flag.MINOR
  );
  assertTrue(student.isOn(Student.Flag.ON_CAMPUS));
  assertTrue(student.isOn(Student.Flag.TAX_EXEMPT));
  assertTrue(student.isOn(Student.Flag.MINOR));

  assertFalse(student.isOff(Student.Flag.ON_CAMPUS));
  assertTrue(student.isOff(Student.Flag.TROUBLEMAKER));

  student.unset(Student.Flag.ON_CAMPUS);
  assertTrue(student.isOff(Student.Flag.ON_CAMPUS));
  assertTrue(student.isOn(Student.Flag.TAX_EXEMPT));
  assertTrue(student.isOn(Student.Flag.MINOR));
}
```

보통은 각 플래그에 대해서 메소드를 만들어야 한다(isOnCampus, isTroublemake 등). 위의 방법은 여러 개의 플래그를 관리하고 요구사항이 변하기 쉬울 때 유용하다.

Student의 관련 코드는 다음과 같다.

```java
public enum Flag {
  ON_CAMPUS(1),
  TAX_EXEMPT(2),
  MINOR(4),
  TROUBLEMAKER(8);
```

Agile Java

```java
    private int mask;

    Flag(int mask) {
        this.mask = mask;
    }
}

private int settings = 0x0;
...
public void set(Flag... flags) {
    for (Flag flag: flags)
        settings |= flag.mask;
}

public void unset(Flag... flags) {
    for (Flag flag: flags)
        settings &= ~flag.mask;
}

public boolean isOn(Flag flag) {
    return (settings & flag.mask) == flag.mask;
}

public boolean isOff(Flag flag) {
    return !isOn(flag);
}
```

각 플래그는 Student 내부에서 Flag enum으로 정의되는 enum 상수이다. 각 enum 인스턴스를 생성할 때 Flag의 생성자에 마스크를 나타내는 정수 값을 전달한다. 이 int 인스턴스 변수의 값을 settings에 저장한다. 의도를 명확하게 표현하기 위해 명시적으로 이 변수의 모든 비트를 0으로 설정한다.

set 메소드는 Flag enum 객체의 변수 숫자를 받는다. 그리고 배열을 찾으면서 Flag의 마스크를 bit-or 연산자를 이용해서 settings 변수에 적용한다.

다음은 bit-or 연산이 해당 비트를 설정하는 것을 보여 준다.

```
Flag.MINOR                              0100
settings                                0000
settings = settings | Flag.MINOR        0100
Flag.ON_CAMPUS                          0001
settings | Flag.ON_CAMPUS               0101
```

isOn 메them는 Flag의 마스크를 이용하여 settings 변수에서 bit-and를 적용한다.

```
settings                                       0000
Flag.MINOR                                     0100
settings & Flag.MINOR                          0000
settings & Flag.MINOR == Flag.MINOR            false
settings = settings | Flag.MINOR               0100
settings & Flag.MINOR                          0100
settings & Flag.MINOR == Flag.MINOR            true
```

수학계산 | Lesson 10

마지막으로 unset 메소드에서 비트 부정의 사용방법을 보여 준다.

```
settings                    0101
~Flag.MINOR                 1011
settings & ~Flag.MINOR      0001
```

여러 개의 플래그를 저장하기 위해 비트 연산을 사용하는 것은 가능한 많은 정보를 메모리에 넣기 위해 생겨난 고전적인 방법이다. boolean의 콜렉션이나 배열 형태의 표현이 의미가 명확하고 단순한 방법이기 때문에, 대부분의 자바 개발과정에서 일반적으로 권장되는 사항은 아니다.

xor 사용하기

xor 연산자는 되돌릴 수 있는 특성이 있다.

```
int x = 5;              // 101
int y = 7;              // 111
int xPrime = x ^ y;     // 010
assertEquals(2, xPrime);
assertEquals(x, xPrime ^ y);
```

또한 xor를 패리티 체크(parity check)를 위해 사용할 수 있다. 데이터를 전송할 때는 각 비트가 변경될 우려가 있다. 패리티 체크는 체크섬(checksum)과 같이 추가적인 정보를 전송하는 것과 관련된다. 전송할 때 전송하는 모든 데이터에 대해서 체크섬을 계산한다. 수신측에서는 데이터와 체크섬에 대해서 같은 알고리즘을 적용한다. 만약, 체크섬이 맞지 않으면 데이터를 다시 받아야 한다.

패리티 체크는 두 가지 값만을 가진다. 데이터의 스트림(stream)은 짝수나 홀수의 패리티만을 가질 수 있다. 만약, 데이터의 1의 개수가 짝수라면 패리티는 짝수이다. 만약, 데이터의 1의 개수가 홀수라면 패리티는 홀수이다. 이런 패리티 계산을 위해 xor를 사용할 수 있다. 다음은 간단한 테스트이다.

```java
public void testParity() {
    assertEquals(0, xorAll(0, 1, 0, 1));
    assertEquals(1, xorAll(0, 1, 1, 1));
}

private int xorAll(int first, int... rest) {
    int parity = first;
    for (int num: rest)
        parity ^= num;
    return parity;
}
```

짝수개의 1을 xor하면 항상 결과는 짝수 패리티(0)이다. 홀수개의 1을 xor하면 결과는 홀수 패리티(1)이 된다.

Agile Java

이렇게 동작하는 이유는 xor를 하는 것은 두 수를 더해서 2로 모듈러스하는 것과 같기 때문이다. 이것을 보여 주는 확장된 진리표이다.

```
0 ^ 0 = 0        (0 + 0) % 2 = 0
0 ^ 1 = 1        (0 + 1) % 2 = 1
1 ^ 0 = 1        (1 + 0) % 2 = 1
1 ^ 1 = 1        (1 + 1) % 2 = 0
```

2로 모듈러스하는 것은 숫자가 홀수(1)이거나 짝수(0)일수 있다는 것을 보여 준다. 이진 숫자를 더할 때 하나의 숫자만이 합에 영향을 줄 것이다. 따라서, 이 합에 모듈러스 2를 하는 것은 숫자 1의 개수가 짝수인지 홀수인지를 알려 준다.

이 것을 한단계 발전시키면 임의 정수 값에 대한 체크섬을 계산할 수 있다. ParityChecker 클래스의 역할은 데이터의 바이트 배열에 대한 체크섬을 계산하는 것이다. 이 테스트는 한 바이트를 바꾸는 것이 결과적으로 체크섬을 다르게 만드는 것을 보여 준다.

```java
package sis.util;

import junit.framework.*;

public class ParityCheckerTest extends TestCase {
   public void testSingleByte() {
      ParityChecker checker = new ParityChecker();
      byte source1 = 10;  // 1010
      byte source2 = 13;  // 1101
      byte source3 =  2;  // 0010

      byte[] data = new byte[] { source1, source2, source3 };

      byte checksum =  5;  // 0101

      assertEquals(checksum, checker.checksum(data));

      // corrupt the source2 element
      data[1] = 14;        // 1110

      assertFalse(checksum == checker.checksum(data));
   }
}
```

ParityChecker 모든 데이터 바이트에 대해서 루프를 돌면서, 각 바이트를 누적되는 체크섬과 xor한다. 이 테스트에서는 checksum 5가 각 행을 xor로 계산한 결과임을 보이기 위해 각 10진수(source1, source2, source3)의 이진 표현을 정렬했다.

```java
package sis.util;

public class ParityChecker {
   public byte checksum(byte[] bytes) {
      byte checksum = bytes[0];
      for (int i = 1; i < bytes.length; i++)
         checksum ^= bytes[i];
      return checksum;
   }
}
```

수학계산 | Lesson 10

간단한 xor 패리티 체크는 모든 가능한 에러를 잡지는 못한다. 좀더 복잡한 방법은 모든 바이트의 끝에 패리티 바이트를 붙이고, 추가로 각 바이트에 패리티 비트를 붙이는 것이다. 이렇게 하면 매트릭스형으로 에러를 찾을 수 있다.

비트 쉬프트

자바는 비트를 왼쪽이나 오른쪽으로 옮기기 위한 세 가지 연산자를 제공한다.

비트를 왼쪽이나 오른쪽으로 옮기기면서, 부호를 유지하기 위해서 왼쪽 비트 쉬프트(<<)나 오른쪽 비트 쉬프트(>>) 연산자를 이용한다.

왼쪽 비트 쉬프트는 왼쪽으로 하나씩 옮긴다. 가장 왼쪽의 비트는 잃어버리게되며 가장 오른쪽 비트는 0으로 채워진다.

예를 들어, 4비트의 부호없는 수에서 1011을 하나 옆으로 쉬프트하면 0110이 될 것이다.

```
                              //    101 = 5
assertEquals(10, 5 << 1);     //   1010 = 10
assertEquals(20, 5 << 2);     //  10100 = 20
assertEquals(40, 5 << 3);     // 101000 = 40
assertEquals(20, 40 >> 1);
assertEquals(10, 40 >> 2);
                              // ... 1111 0110 = -10
assertEquals(-20, -10 << 1);  // ... 1110 1100 = -20
assertEquals(-5, -10 >> 1);   // ... 1111 1011 = -5
```

왼쪽 비트쉬프트가 2의 제곱수를 곱한 것과 같다는 것을 알았을 것이다.

부호없는 오른쪽 비트 쉬프트는 부호비트에 관계없이 모든 비트를 오른쪽으로 옮긴다. 가장 오른쪽의 비트는 잃어버리고 가장 왼쪽 비트(부호 비트를 포함해서)는 0으로 채워진다.

```
assertEquals(5, 10 >>> 1);
assertEquals(2147483643, -10 >>> 1);
   // 1111_1111_1111_1111_1111_1111_1111_0110 = -10
   // 0111_1111_1111_1111_1111_1111_1111_1011 = 2147483643
```

부호없는 오른쪽 비트 쉬프트의 결과는 항상 양수가 되는 것을 기억하자.

비트 쉬프트는 암호화나 그래픽 이미지 관리에서 사용된다. 2의 제곱수를 곱하는 것처럼, 일부 수학 연산에도 비트 쉬프트를 사용할 수 있다. 하지만 극한의 성능이 필요하거나 성능 테스트에서 수학 연산이 문제가 될 때만 사용하도록 한다.

BitSet

자바 API 라이브러리는 java.util.BitSet을 제공한다. 이 클래스는 비트의 벡터를 저장하고 필요에 따라 늘어난다. BitSet 객체는 바뀔 수 있으며, 따라서 각 비트를 설정하거나 끌 수 있다. BitSet 객체를 다른 객체에 bit-and, bit-or, bit-xor할 수 있다. 또한 BitSet에 부정 연산을 적용할 수 있다. 이 클래스의 이점은 int의 용량 한계보다 큰 숫자의 bit 연산을 지원한다는 것이다.

10 java.lang.Math

java.lang.Math 클래스는 수학 계산을 위한 유틸리티 라이브러리이다. 또한 자연 로그의 기본값인 Math.E와 파이를 나타내는 Math.PI 상수 정의를 포함한다. 이런 상수는 십진수 15자리의 정확도를 가지는 double 값이다.

자바 APi 라이브러리는 해당 기능의 표준과 비트단위로 일치하는 java.lang.StrictMath 라는 클래스를 포함하고 있다. 대부분의 경우에 Math는 충분히 정확하고 좀더 나은 성능을 제공한다.

다음 테이블에서 Math 클래스가 제공하는 함수를 요약한다. 각 함수에 대한 세부사항은 자바 API 문서를 참조한다.

메소드 이름	기능
abs	절대값, 모든 기본형에 대해서 오버로드된다.
max, min	최대값, 최소값
acos, asin, atan	아크 코사인, 아크사인, 아크 탄젠트
cos, sin, tan	코사인, 사인, 탄젠트
atan2	(x, y) 좌표를 극좌표로 변환
ceil, floor, round	버림, 올림, 반올림
exp	e의 제곱승
log	자연 로그
pow	제곱
sqrt	제곱근
random	0.0에서 1.0까지의 임의값
rint	double에 가장 가까운 int값
toDegrees, toRadians	각도와 라디안의 변환
IEEERemainder	IEEE 754 나머지

수학계산 | Lesson 10

직각삼각형의 빗변의 길이를 계산하는 메소드는 간단한 예가 된다.

```
// util.MathTest.java:
package util;

import junit.framework.*;

public class MathTest extends TestCase {
  static final double TOLERANCE = 0.05;

  public void testHypotenuse() {
     assertEquals(5.0, Math.hypotenuse(3.0, 4.0), TOLERANCE);
  }
}

// in util.Math:
package util;

import static java.lang.Math.*;

public class Math {
  public static double hypotenuse(double a, double b) {
     return sqrt(pow(a, 2.0) + pow(b, 2.0));
  }
}
```

변의 길의 a와 b를 제곱하기 위해 pow 함수를 사용했다. hypotenuse 메소드는 이 제곱 값의 합을 구하고 sqrt로 제곱근을 구한다.

Math 클래스는 자주 사용되므로 레슨 4에서 배운 정적 임포트 기능을 사용해도 좋다. 그렇지 않으면 수많은 Math 메소드 호출은 코드를 작성하거나 읽는데 방해가 될 것이다.

저자는 클래스의 이름을 java.lang.Math 클래스와 같이 Math로 지었다. 이것은 의심스러운 방법이지만 (불필요한 혼란이 생길 수 있다). 자바에서 이 두 클래스를 구분할 수 있다는 것을 보여 준다.

11 숫자 래퍼 클래스

레슨 7에서 본 것처럼, 자바는 각 기본형에 대해서 Integer, Double, Float, Byte, Boolean등의 래퍼 클래스를 제공한다. 이런 래퍼 클래스의 목적은 콜렉션에 저장하기 위해서 기본형을 객체형으로 바꾸는 것이다.

숫자형에 대한 래퍼 클래스는 추가적인 사용방법이 있다. 여러분은 이 레슨의 앞에서 각 숫자 래퍼 클래스가 MIN_VALUE와 MAX_VALUE 상수를 제공하는 것을 보았다. 또한 Float과 Double 클래스가 NaN과 무한 상수를 제공하는 것을 배웠다.

Agile Java

출력 가능한 표현

클래스 Integer는 int의 16진수 8진수 2진수 형태의 출력 가능한 표현을 만드는 정적 유틸리티 메소드를 제공한다.

```
assertEquals("101", Integer.toBinaryString(5));
assertEquals("32", Integer.toHexString(50));
assertEquals("21", Integer.toOctalString(17));
```

자바 라이브러리는 임의의 진수에 따라 적절한 문자열을 생성하는 일반적인 목적의 메소드를 포함한다. 다음은 3진수 문자열 표현을 보여 준다.

```
assertEquals("1022", Integer.toString(35, 3));
```

문자열을 숫자로 바꾸기

레슨 8에서 문자열을 받아서 해당되는 int 값을 반환하는 Integer.parseInt 메소드를 배웠다. 보통은 parseInt 메소드는 사용자 인터페이스로 받은 입력을 숫자형으로 바꾸기 위해 사용한다. 음수 기호가 될 수도 있는 첫 번째 문자를 제외한 문자열의 모든 문자는 십진수이어야 한다. 문자열이 해석할 수 있는 정수를 포함하지 않는다면, parseInt는 NumberFormatException을 발생시킨다.

parseInt의 추가적인 형태는 두 번째 인수로 무슨 진수인지를 입력 받는다. valueOf 메소드는 int 대신 Integer 객체를 반환하는 것을 제외하고 parseInt와 같이 동작한다.

각각의 해당 숫자 래퍼 클래스는 해석 메소드를 가지고 있다.

예를 들어, Double.parseDouble을 이용해서 문자열을 double로 바꿀 수 있으며, Float.parseFloat으로 float을 얻을 수 있다.

parseInt 메소드는 오직 십진수만을 받을 수 있다. decode 메소드는 16진수나 8진수를 입력으로 받을 수 있다.

```
assertEquals(253, Integer.decode("0xFD"));
assertEquals(253, Integer.decode("0XFD"));
assertEquals(253, Integer.decode("#FD"));
assertEquals(15, Integer.decode("017"));
assertEquals(10, Integer.decode("10"));
assertEquals(-253, Integer.decode("-0xFD"));
assertEquals(-253, Integer.decode("-0XFD"));
assertEquals(-253, Integer.decode("-#FD"));
assertEquals(-15, Integer.decode("-017"));
assertEquals(-10, Integer.decode("-10"));
```

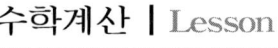

수학계산 | Lesson 10

12. 랜덤 숫자

클래스 Math는 0.0에서 1.0의 사이의 유사 랜덤 double 반환하는 random 메소드를 제공한다. 이 범위의 숫자가 여러분이 원하는 것일 수도 있다. 생성되는 숫자는 완전히 무작위는 아니다. 유사 랜덤 숫자열은 비교적 각각에 독립적인 값이다[2]. 대부분의 응용프로그램에서는 이정도로 충분하다.

클래스 java.util.Random은 유사 랜덤 숫자를 생성하는 좀더 광범위한 방법이다. 이 클래스는 boolean, byte, int, long, float, 가우시안, double의 열을 만들어 낸다. 이 방법의 유사 랜덤 숫자열은 완전히 무작위는 아니다. 대신 수치 알고리즘을 이용한다.

시드(seed)를 가지거나 가지지 않는 Random 인스턴스를 만들 수 있다. 시드는 랜덤 숫자열의 유일한 식별자이다. 같은 시드 값으로 생성된 두 개의 Random 객체는 같은 값들을 생성할 것이다. 만약, Random 객체를 시드를 명시적으로 지정하지 않고 생성하면, 이 클래스는 시스템 클록을 시드로 사용한다[3].

Random의 nextBoolean을 반복해서 동전 뒤집기를 시뮬레이션할 수 있다. true 값은 앞면을, false값은 뒷면을 나타낸다. 아래의 테스트는 앞뒤의 확률이 동일한 동전 뒤집기 값을 생성하는 것을 보인다.

```java
public void testCoinFlips() {
  final long seed = 100L;
  final int total = 10;
  Random random1 = new Random(seed);
  List<Boolean> flips1 = new ArrayList<Boolean>();
  for (int i = 0; i < total; i++)
    flips1.add(random1.nextBoolean());

  Random random2 = new Random(seed);
  List<Boolean> flips2 = new ArrayList<Boolean>();
  for (int i = 0; i < total; i++)
    flips2.add(random2.nextBoolean());

  assertEquals(flips1, flips2);
}
```

nextInt, nextDouble, nextLong, nextFloat 역시 비슷하게 동작한다. 추가적인 nextInt 버전은 인수로 최대 값을 받아서 0에서 최대 값 사이의 수를 반환한다.

Footnote

[2] http://en.wikipedia.org/wiki/Pseudo-random_number_generator.

[3] 만약, 두 개의 Random 객체를 우연히 같은 나노초에 생성한다면, 양쪽에서 같은 숫자열을 받게 된다. 자바의 이전 버전에서는 Random 생성자는 밀리초 단위를 시드로 사용하였다. 이것은 같은 숫자열이 나올 확률을 높이다.

Agile Java

랜덤 코드 테스트하기

랜덤 숫자열을 사용하는 코드에 대해서 단위 테스트를 작성하는 몇 가지 방법이 있다. 한 가지 방법은 Random 의 하위 클래스를 구현하고 코드에서 사용되는 Random 클래스를 대체하는 것이다. 이 방법을 Random 클래스를 가장한다고 한다. 이후에 가장하기에 대해서 좀더 배울 것이다.

> 레슨 8에서 테스트를 위해 스스로의 로그 핸들러 클래스를 작성했다. 이것 역시 모킹(macking)의 한가지 예이다.

여러분은 온라인에서 계정에 접근할 수 있도록 각 학생에게 암호를 할당해야 한다. 암호의 각 문자는 특정 문자열 범위에 있어야 한다.

```
package sis.util;

import junit.framework.*;

public class PasswordGeneratorTest extends TestCase {
  public void testGeneratePassword() {
    PasswordGenerator generator = new PasswordGenerator();
    generator.setRandom(new MockRandom(A));
    assertEquals("ABCDEFGH", generator.generatePassword());

    generator.setRandom(new MockRandom('C'));
    assertEquals("CDEFGHIJ", generator.generatePassword());
  }
}
```

테스트 메소드인 testGeneratePassword는 PasswordGenerator 클래스가 MockRandom 인스턴스를 사용하도록 랜덤 변수를 설정한다. MockRandom 클래스는 Random 클래스에서 파생된다. 자바 API 문서는 비트 시퀀스에 기반하여 임의의 수를 반환하도록 메소드 next를 오버라이드하여 Random 클래스를 확장하는 방법을 설명한다. Random 클래스 내부의 모든 다른 메소드는 이 메소드를 이용한다.

mock 구현은 int 형으로 표현된 시작 문자값을 생성자의 인수로 받는다. 이 값을 이용해 임의 숫자열의 시작 값을 정하고 i에 저장한다. 초기 값은 암호에서 가장 작은 유효한 문자이다. next(int bits) 메소드는 단순히 i를 반환하고 i의 값을 증가시킨다.

```
package sis.util;

import junit.framework.*;

public class PasswordGeneratorTest extends TestCase {
  ...
  class MockRandom extends java.util.Random {
    private int i;
    MockRandom(char startCharValue) {
```

```
        i = startCharValue - PasswordGenerator.LOW_END_PASSWORD_CHAR;
    }
    protected int next(int bits) {
        return i++;
    }
   }
}
```

MockRandom은 PasswordGeneratorTest 안에서만 정의된다. 이 클래스는 Password-GeneratorTest의 내장 클래스이다. PasswordGeneratorTest 안에서는 직접 Mock-Random 객체를 생성할 수 있지만, 다른 클래스에서는 생성할 수 없다. 미묘한 차이가 있는 다른 종류의 내장 클래스들 역시 사용이 가능하다. 레슨 11에서는, 내장 클래스를 좀더 자세히 배울 것이다. 그때까지는 조심해서 사용해야 한다.

PasswordGenerator의 코드는 다음과 같다.

```
package sis.util;

import java.util.*;

public class PasswordGenerator {
    private String password;
    private static final int PASSWORD_LENGTH = 8;
    private Random random = new Random();

    static final char LOW_END_PASSWORD_CHAR = 48;
    static final char HIGH_END_PASSWORD_CHAR = 122;

    void setRandom(Random random) {
        this.random = random;
    }

    public String generatePassword() {
        StringBuffer buffer = new StringBuffer(PASSWORD_LENGTH);
        for (int i = 0; i < PASSWORD_LENGTH; i++)
            buffer.append(getRandomChar());
        return buffer.toString();
    }

    private char getRandomChar() {
        final char max = HIGH_END_PASSWORD_CHAR - LOW_END_PASSWORD_CHAR;
        return (char)(random.nextInt(max) + LOW_END_PASSWORD_CHAR);
    }

    public String getPassword() {
        return password;
    }
}
```

패키지 수준의 setRandom 메소드가 호출되지 않는다면, 랜덤 인스턴스 변수는 정상적인 java.util.Random 인스턴스의 초기 값을 그대로 가지고 있다. MockRandom은

java.util.Random의 규칙을 따르기 때문에, 테스트를 위해서 Random 대신 MockRandom의 인스턴스를 대체할 수 있다.

testGeneratePassword의 목적은 PasswordGenerator 클래스가 임의의 암호를 생성하고 반환하는 것을 보이는 것이다. 이 테스트는 Random 크래스에서 계승한 기능을 검증할 필요는 없지만, 테스트는 PasswordGenerator 객체가 Random 인스턴스와 nextInt(int max) 라는 공개 인터페이스를 사용해서 접근할 수 있다는 것을 보여야 한다. 이 테스트는 또한 PasswordGenerator가 nextInt의 반환 값을 반환하는지 확인해야 한다. 이 예에서, PasswordGenerator는 nextInt 반환값을 제대로 사용한다. 이 예에서 PasswordGenerator는 임의의 8개 문자를 만들기 위해 nextInt nextInt의 반환값을 이용한다.

자바는 표준을 따르고, 암호학적으로 강한 임의 숫자를 만들기 위해서 java.util.SecureRandom이라는 추가적인 랜덤 클래스를 제공한다.

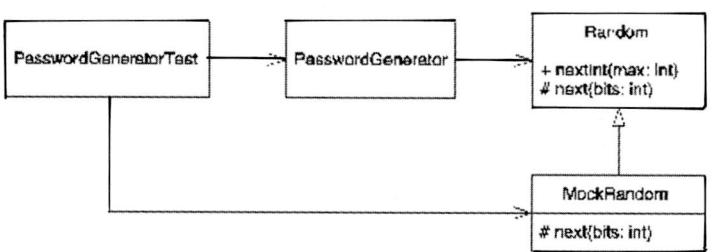

그림 10-1 Random 클래스 확장하기

연습문제

1. BigDecimal의 불변성을 보여 주는 테스트를 작성한다. 하나의 BigDecimal에 다른 값을 더해서 원래의 객체가 기존 값을 그대로 가지고 있는 것을 보인다.

2. "10.00"값을 이용해서 BigDecimal을 하나 만들고, "1" 값을 이용해서 값을 하나 만든다. 둘이 같지 않은 것을 보인다. 곱셈과 유효숫자 조정을 이용해서 두 번째 BigDecimal에서 첫 번째와 같은 값을 가지는 새로운 BigDecimal 객체를 만든다. 이제 반대로 10.00을 이용해서 1값을 만들어 본다.

3. 0.9와 0.005 * 2.0이 float 값으로 같지 않은 것을 보인다. 어느 정확도에서 둘은 같은가? 더블에서는 얼마나 정확한가?

4. 다음은 왜 컴파일되지 않는가? 고치는 두가지 방법은 무엇인가?

   ```
   public class CompilerError {
      float x = 0.01;
   }
   ```

5. 0xDEAD의 10진수 값을 찾는 간단한 탐색 코드를 작성한다. 어떻게 숫자 값을 8진수로 바꿀 수 있는가?

6. NaN이나 무한의 계산에 관련된 여러 규칙을 찾아보자.

7. 도전해 보기: Float과 같은 래퍼가 원래의 해당되는 기본형과 같이 동작하도록 할 수 있는가?

8. 임의 개수의 int형 값을 받는 새로운 메소드를 만든다. 전달받은 인수중 3으로 나누어 떨어지는 값들만을 반환하는 코드를 만든다. 두 개의 코드를 작성한다. 먼저 모듈러스(%) 연산자만을 사용한다. 두 번째는 나누기(/) 연산자와 필요하다면 곱하기 연산자를 이용하고 모듈러스(%)는 사용하지 않는다. 1에서 10까지의 정수 숫자열에 대해서 테스트해본다.

9. 체스 코드에서 적절한 곳에 캐스트를 사용하도록 고친다. Board 클래스의 toChar 메소드가 필요하지 않도록 바꾼다.

연습문제

10. 다음 중 어떤 줄이 제대로 컴파일 되는가? 이유는 무엇인가?

```
float x = 1;
float x = 1.0;
float x = (int)1.0;
```

11. (int) 1.9의 값은 얼마인가?

12. Math.rint(1.9)의 값은 얼마인가?

13. Math.rint를 사용할 때, 근사치는 어떻게 계산되는가? 1.5는 1과 같은가, 2와 같은가? 2.5는 어느값을 가지는가?

14. x가 5, y가 10, x, y가 int라고 할 때, 다음 계산식의 최종 결과는 얼마인가? 컴파일이 되지 않는 부분도 표시해 보자. x와 y의 값은 계산후 얼마가 되는가?

```
x * 5 + y++ * 7 / 4
++x * 5 * y++
x++ * 5 * ++y
++x + 5 * 7 + y++
++y++ % ++x++
x * 7 == 35 || y++ == 0      // 어려운 연산
++x * ++y
x++ * y++
true && x * 7
x * 2 == y || ++y == 10      // 어려운 연산
x * 2 == y || ++y == 10      // 어려운 연산
```

15. << 연산자만을 사용해서 17을 34로 바꾼다.

16. ~1의 10진수 값은 얼마인가?

17. >>와 >>>의 다른 점을 보인다. 양수에서 둘의 차이가 있는가? 음수에서는 어떤가?

18. Math.random을 사용하는 함수를 만들어서 1에서 59까지의 정수를 생성한다. 이 함수는 어떻게 테스트할 것인가? 완전하게 테스트할 수 있는가? 코드가 제대로 동작하는 것을 어떻게 확신할 것인가?

19. 1에서 100까지의 숫자 리스트를 만든다. Random 생성기를 써서 리스트 내의 숫자를 서로 100번 바꾼다. 적절한 테스트를 작성한다. 리스트의 크기가 그대로 유지되고 한번 바꿀 때마다 두 개의 숫자가 바뀐 것을 확인한다.

20. 시드 값을 1로 한 경우와 설정하지 않은 경우 Random의 nextDouble이 다른 값을 반환하는 것을 보인다. 이것이 사실이라는 것을 확인하는 테스트를 작성할 수 있는가?

21. 도전해 보기: xor 연산자를 이용해서 임시 변수 없이 두 숫자를 바꿔본다.

22. 도전해 보기: 각 정수형 (char, byte, short, int, long)을 저장하기 위해 필요한 비트의 수를 프로그램으로 보인다. 힌트 : 쉬프트 연산자를 사용한다. 부호가 있는 숫자는 부호를 저장하기 위해 한 비트가 추가로 필요한 것을 기억하자.

Lesson 11 입출력 (IO)

이 레슨에서 자바의 입출력 기능을 배운다. 입출력은 응용프로그램에서 혹은 응용프로그램으로 데이터를 전달하는 모든 것을 말한다. 자바에서의 입출력은 거의 완전하고, 복잡하고, 일관성있다. 자바의 입출력 능력을 파일로 리포트를 작성하고나 콘솔에서 사용자 입력을 받기 위해 사용할 수 있다.

이 레슨에서는 다음 내용을 다룬다.

- 스트림 클래스를 구성하기
- 문자 스트림과 바이트 스트림
- File 클래스
- 데이터 스트림
- System.in과 System.out 리다이렉트하기
- 객체 스트림
- 임의 접근 파일
- 내장 클래스

1. 구성

java.io 패키지는 데이터 스트림, 직렬화, 파일 시스템으로의 입력과 출력을 관리하기 위한 십여개의 클래스를 포함하고 있다. 이 클래스들의 구성과 명명 규칙을 이해하는 것은 자바에서 입출력을 하는 부담을 줄여준다.

자바 입출력은 스트림(stream)에 기반한다. 스트림은 쓰거나 읽을 수 있는 데이터의 나열이다. 스트림은 콘솔과 같은 소스(source)와 파일 시스템과 같은 대상(destination)이다. 데이터 소스에 대한 스트림은 입력 스트림이다. 대상이 되는 스트림은 출력 스트림이다.

자바는 옮기는 데이터의 종류에 따라서 스트림의 종류를 다시 나눈다. 자바는 문자 스트림과 바이트 스트림을 포함한다. 문자 스트림은 2바이트(16비트) 유니코드 문자를 사용한다. Reader(입력)와 Writer(출력)가 이름에 붙는 클래스는 문자 스트림이다. 문자 스트림은 사람이 읽을 수 있는 글을 다루기 위해 사용한다.

바이트 스트림은 8비트 바이너리 데이터를 다룬다. 바이트 스트림 클래스는 Input 혹은 Output이 클래스 이름에 포함된다. 바이트 스트림은 글이 아닌 그림 혹은 컴파일된 바이트 코드를 다루는데 사용한다.

저수준 자바 스트림은 한번에 한 바이트를 읽거나 쓰는 것처럼 기초적인 기능을 지원한다. 저수준 스트림만을 사용한다면 지루하고 반복적인 코드를 작성해야 할 것이다. 자바는 추가적인 기능을 제공해서 개발자의 일을 쉽게 해주는 고수준 스트림을 제공한다. 이런 고수준 스트림은 래퍼(wrapper) 스트림이라고 불린다.

래퍼 스트림 객체는 저수준 스트림 객체에 대한 레퍼런스를 가지고 있다. 여러분은 래퍼 스트림을 이용한다. 그리고 래퍼 스트림은 포함된 저수준 스트림을 사용해서 단순한 일을 처리한다.

java.io 패키지를 보면 입출력의 기본이 되는 인터페이스와 클래스를 포함하고 있다. 상당히 양이 많은 것을 알게 될 것이다. - 자바 입출력 기능은 완전하지만 복잡하다. 패키지는 필터되거나, 버퍼링되거나 파이프를 지원하거나 객체를 지원하는 특정 스트림 구현을 포함하고 있다.

스트림 클래스에 추가로 java.io 패키지는 배경이 되는 파일 시스템을 관리하는 클래스를 제공한다.

2. 문자 스트림

레슨 3에서 과목에 신청한 학생에 대한 보고서를 만들기 위해서 RosterReporter 클래스를 만들었다. 이 보고서를 문자열로 만들었고 System.out으로 보고서를 출력했다. 다음은 RosterReporter 클래스이다.

Agile Java

```java
package sis.report;

import java.util.*;
import sis.studentinfo.*;
import static sis.report.ReportConstant.NEWLINE;

class RosterReporter {
    static final String ROSTER_REPORT_HEADER =
        "Student" + NEWLINE +
        "-" + NEWLINE;
    static final String ROSTER_REPORT_FOOTER =
        NEWLINE + "# students = ";

    private Session session;

    RosterReporter(Session session) {
        this.session = session;
    }

    String getReport() {
        StringBuilder buffer = new StringBuilder();

        writeHeader(buffer);
        writeBody(buffer);
        writeFooter(buffer);

        return buffer.toString();
    }

    void writeHeader(StringBuilder buffer) {
        buffer.append(ROSTER_REPORT_HEADER);
    }

    void writeBody(StringBuilder buffer) {
        for (Student student: session.getAllStudents()) {
            buffer.append(student.getName());
            buffer.append(NEWLINE);
        }
    }

    void writeFooter(StringBuilder buffer) {
        buffer.append(
            ROSTER_REPORT_FOOTER + session.getAllStudents().size() +
            NEWLINE);
    }
}
```

현재 RosterReporter 클래스는 전체 보고서를 나타내는 문자열을 만든다.
    RosterReporter를 이용하는 다른 클래스에서는 이 문자열을 받아서 이것을 콘솔이나 파일 혹은 인터넷과 같은 다른 목적지로 보낸다. 따라서 여러분은 보고서의 모든 문자를 한번은 문자열로 그리고 한번은 최종 목적지로 두 번 쓰게 된다. 더 큰 보고서에서는 전체 보고서가 생성되는데 오랜 시간이 걸릴 수도 있다.

입출력 (IO) | Lesson 11

더 나은 방법은 최종 목적지를 나타내는 스트림에 직접 문자를 쓰는 것이다. 이것은 또한 큰 문자열 버퍼에 전체 보고서를 저장할 필요가 없다는 것을 나타낸다.

여러분은 학생정보 시스템을 유연하게 구성하도록 요청 받았다. 초기에 시스템은 보고서를 콘솔이나 파일로 저장할 수 있어야 한다. 이런 요구사항을 맞추기 위해 여러분은 먼저 RosterReporter 클래스가 문자 스트림에 직접 기록하도록 고쳐야 한다.

먼저 테스트를 고친다.

```java
package sis.report;

import junit.framework.TestCase;
import sis.studentinfo.*;
import static sis.report.ReportConstant.NEWLINE;
import java.io.*;

public class RosterReporterTest extends TestCase {
  public void testRosterReport() throws IOException {
    Session session =
      CourseSession.create(
        new Course("ENGL", "101"),
        DateUtil.createDate(2003, 1, 6));

    session.enroll(new Student("A"));
    session.enroll(new Student("B"));

    Writer writer = new StringWriter();
    new RosterReporter(session).writeReport(writer);
    String rosterReport = writer.toString();

    assertEquals(
      RosterReporter.ROSTER_REPORT_HEADER +
      "A" + NEWLINE +
      "B" + NEWLINE +
      RosterReporter.ROSTER_REPORT_FOOTER + "2" +
      NEWLINE, rosterReport);
  }
}
```

자바의 입출력 클래스를 사용하려면 java.io 패키지를 가져와야 한다. 여러분은 테스트 메소드가 IOException을 생성하도록 선언해야 한다.

RosterReporter 는 보고서를 클라이언트에서 제공하는 Writer 객체에 쓴다. 클래스 java.io.Writer는 문자 스트림의 기본이 된다. 테스트를 위해서, 여러분은 Writer의 하위 클래스인 StringWriter 객체를 생성한다. StringWriter에 toString 메시지를 보내면 해당 Writer에 보낸 모든 문자를 문자열 형태로 반환할 것이다.

디자인의 개선을 살펴보자. RosterReporter에 보고서를 요청(getReport)하는 대신, 보고서를 쓰도록(writeReport) 요청한다.

RosterReporter 안에서, RosterReporter에 테스트와 같이, 여러분은 import 문과

throws를 입출력을 수행하는 메소드에 추가해야 한다. (시키는 대로 하는 것보다는 throws가 없는 채로 컴파일 했을 때의 컴파일러 에러를 살펴보자.)

```java
package sis.report;

import java.util.*;
import sis.studentinfo.*;
import static sis.report.ReportConstant.NEWLINE;
import java.io.*;

class RosterReporter {
   static final String ROSTER_REPORT_HEADER =
      "Student" + NEWLINE +
      "-" + NEWLINE;
   static final String ROSTER_REPORT_FOOTER =
      NEWLINE + "# students = ";

   private Session session;
   private Writer writer;

   RosterReporter(Session session) {
      this.session = session;
   }

   void writeReport(Writer writer) throws IOException {
      this.writer = writer;
      writeHeader();
      writeBody();
      writeFooter();
   }

   private void writeHeader() throws IOException {
      writer.write(ROSTER_REPORT_HEADER);
   }

   private void writeBody() throws IOException {
      for (Student student: session.getAllStudents())
         writer.write(student.getName() + NEWLINE);
   }

   private void writeFooter() throws IOException {
      writer.write(
         ROSTER_REPORT_FOOTER + session.getAllStudents().size() +
         NEWLINE);
   }
}
```

writeHeader, writeBody, writeFooter에서 여러분은 StringBuilder의 append 메소드 호출을 Writer 클래스의 write 메소드로 바꾼다. 또한 이전에는 메소드간에 StringBuilder를 전달했다. 이제 Writer 인스턴스 변수를 추가한다. 전체적으로 사용되는 변수를 모든 메소드에서 인수로 전달하지 않으면 중복을 줄일 수 있을 것이다.

테스트를 통과하는 것을 확인하고, 자바 문자열 기능을 이용하기 위해 다음과 같이 재구성한다.

입출력 (IO) | Lesson 11

```java
package sis.report;

import java.util.*;
import sis.studentinfo.*;
import java.io.*;

class RosterReporter {
   static final String ROSTER_REPORT_HEADER = "Student%n-%n";
   static final String ROSTER_REPORT_FOOTER = "%n# students = %d%n";

   private Session session;
   private Writer writer;

   RosterReporter(Session session) {
      this.session = session;
   }

   void writeReport(Writer writer) throws IOException {
      this.writer = writer;
      writeHeader();
      writeBody();
      writeFooter();
   }

   private void writeHeader() throws IOException {
      writer.write(String.format(ROSTER_REPORT_HEADER));
   }

   private void writeBody() throws IOException {
      for (Student student: session.getAllStudents())
         writer.write(String.format(student.getName() + "%n"));
   }

   private void writeFooter() throws IOException {
      writer.write(
         String.format(ROSTER_REPORT_FOOTER,
                  session.getAllStudents().size()));
   }
}
```

테스트를 다음과 같이 고친다.

```java
package sis.report;

import junit.framework.TestCase;
import sis.studentinfo.*;
import java.io.*;

public class RosterReporterTest extends TestCase {
   public void testRosterReport() throws IOException {
      Session session =
         CourseSession.create(
            new Course("ENGL", "101"),
            DateUtil.createDate(2003, 1, 6));
```

Agile Java

```
    session.enroll(new Student("A"));
    session.enroll(new Student("B"));

    Writer writer = new StringWriter();
    new RosterReporter(session).writeReport(writer);
    String rosterReport = writer.toString();

    assertEquals(
      String.format(RosterReporter.ROSTER_REPORT_HEADER +
                "A%n" +
                "B%n" +
                RosterReporter.ROSTER_REPORT_FOOTER, 2),
      rosterReport) ;
  }
}
```

3 파일로 쓰기

이제 RosterReporter가 파일이름을 인수로 받도록 수정해야 한다. 테스트는 운영체제의 파일에 보고서가 정상적으로 기록된 것을 확인해야 한다.

먼저, RosterReporter에 setUp 메소드와 assertReportContents 메소드를 추가한다. 이렇게 해서 여러분은 새로운 테스트인 testFileReport를 추가하기 위한 준비를 마쳤다.

assertReportContents내에서 session 객체에서 기대되는 학생 수를 얻는지에 대한 확인을 하도록 수정할 수 있다. 여러분은 Session의 getNumberOfStudents를 package에서 public으로 바꿔야 한다.

다음은 재구성된 RosterReporterTest이다.

```
package sis.report;

import junit.framework.TestCase;
import sis.studentinfo.*;
import java.io.*;

public class RosterReporterTest extends TestCase {
  private Session session;

  protected void setUp() {
    session =
      CourseSession.create(
        new Course("ENGL", "101"),
        DateUtil.createDate(2003, 1, 6));

    session.enroll(new Student("A"));
    session.enroll(new Student("B"));
  }
```

입출력 (IO) | Lesson 11

```java
public void testRosterReport() throws IOException {
  Writer writer = new StringWriter();
  new RosterReporter(session).writeReport(writer);
  assertReportContents(writer.toString());
}

private void assertReportContents(String rosterReport) {
  assertEquals(
    String.format(RosterReporter.ROSTER_REPORT_HEADER +
              "A%n" +
              "B%n" +
              RosterReporter.ROSTER_REPORT_FOOTER,
              session.getNumberOfStudents()),
    rosterReport);
  }
}
```

새로운 테스트 testFiledReport는 writeReport의 오버로드 된 메소드를 호출한다. 이 writeReport의 두 번째 버전은 Writer 객체 대신 파일이름을 인수로 받는다.

```java
public void testFiledReport() throws IOException {
  final String filename = "testFiledReport.txt";
  new RosterReporter(session).writeReport(filename);

  StringBuffer buffer = new StringBuffer();
  String line;

  BufferedReader reader =
    new BufferedReader(new FileReader(filename));
  while ((line = reader.readLine()) != null)
    buffer.append(String.format(line + "%n"));
  reader.close();

  assertReportContents(buffer.toString());
}
```

writeReport를 호출한 후, 테스트는 BufferedReader를 사용해서 보고서 파일을 버퍼로 읽어들인다. 그리고 버퍼의 내용을 assertReportContents 메소드로 전달한다.

BufferedReader는 Reader의 하위 클래스로서 다른 Reader를 포장한다. Reader 객체를 문자 스트림을 읽기 위해 사용한다는 것을 기억하자. 테스트는 FileReader를 인수로 해서 BufferedReader를 생성한다. FileReader는 파일에서 데이터를 읽어올 수 있는 문자 기반의 입력 스트림이다. 여러분은 파일이름을 지정해서 FileReader 객체를 만들 수 있다.

BufferedReader를 사용하지 않고 직접 FileReader를 이용해서 파일의 내용을 읽을 수 있다. 하지만 BufferedReader는 읽을 때 버퍼를 사용하기 때문에 좀더 효율적이다. 추가로 BufferedReader는 코드를 단순하게 만들어주는 readLine이라는 메소드를 제공한다.

Agile Java

readLine 메소드는 줄을 구분하기 위해 "line.separator" 시스템 속성을 사용하여, 포함된 스트림에서 한줄의 입력을 읽어온다.

다음은 RosterReporter에 추가되는 새로운 메소드이다.

```
void writeReport(String filename) throws IOException {
  Writer bufferedWriter =
    new BufferedWriter(new FileWriter(filename));
  try {
    writeReport(bufferedWriter);
  }
  finally {
    bufferedWriter.close();
  }
}
```

writeReport 메소드는 전달받은 파일이름을 이용해서 FileWriter를 생성한다. BufferedWriter 안에 FileWriter를 포함시킨다. 그리고 기존의 writeReport 메소드(PrintWriter를 인수로 받는다)에 Writer 객체를 전달한다.

finally 블록은 writeReport의 예외 생성 여부에 관련 없이 PrintWriter가 항상 닫히는 것을 보장한다. 여러분은 파일 자원을 닫는 것을 잊지 말아야 한다. 그렇지 않으면 잠겨진 파일 문제를 겪을 수 있다. 또한 버퍼링 된 정보는 Writer를 닫을 때까지 파일에 반영되지 않는다. 또는 Writer가 가지고 있는 내용을 기록하도록 flush 메소드를 사용할 수 있다.

한 줄의 코드도 고치지 않고 기존의 RosterReporter 클래스의 기능을 추가할 수 있는 것을 배웠다. 여러분은 단순히 새로운 메소드를 추가했다. 이렇게 이상적인 기능 변경은 항상 코드를 최적의 디자인으로 유지할 때만 가능하다. 코드를 작성할 때는 추상적인 개념을 이용하는 것이 좋다.

4 java.io.File

File 클래스는 스트림 기반의 클래스가 아니다. 스트림을 이용하는 대신 내부적인 파일시스템에서 사용되는 File 클래스는 파일과 디렉토리 구조에 대한 인터페이스를 제공한다. 이 클래스는 파일을 지우거나 임시 파일을 만들거나 하는 것처럼 파일에 대한 몇 가지 유틸리티를 제공한다.

파일을 사용하는 테스트를 작성할 때 테스트를 위한 환경을 마련해야 한다. 또한 테스트가 끝났을 때는 원래의 상태로 돌려놓아야 한다. testFiledReport의 경우, 이것은 테스트의 처음에 이미 존재한다면 보고서 파일을 삭제해야 하고 테스트의 마지막 단계에서는 보고서 파일을 지워야 한다는 의미이다.

입출력 (IO) | Lesson 11

```java
public void testFiledReport() throws IOException {
    final String filename = "testFiledReport.txt";
    try {
        delete(filename);

        new RosterReporter(session).writeReport(filename);

        StringBuffer buffer = new StringBuffer();
        String line;

        BufferedReader reader =
            new BufferedReader(new FileReader(filename));
        while ((line = reader.readLine()) != null)
            buffer.append(String.format(line + "%n"));
        reader.close();

        assertReportContents(buffer.toString());
    }
    finally {
        delete(filename);
    }
}

private void delete(String filename) {
    File file = new File(filename);
    if (file.exists())
        assertTrue("unable to delete " + filename, file.delete());
}
```

delete 메소드는 이런 목적으로 File 클래스를 사용한다. 이 메소드는 생성자에 파일이름을 전달해서 File 객체를 생성한다. 그리고 그 파일이 파일시스템에 존재하는지 확인하기 위해서 exists 메소드를 호출한다. 마지막으로 delete 메소드를 호출한다. delete 메소드는 파일시스템에서 성공적으로 파일이 삭제되면 true를, 실패하면 false를 반환한다. 파일 시스템은 파일이 잠겨있거나 읽기 전용 속성으로 설정되어 있다면 파일을 삭제하지 못할 수도 있다.

표 11-1 종류별 java.io.File 메소드

종류	메소드
임시 파일 생성	createTempFile
빈 파일 생성	createNewFile
파일 관리	delete, deleteOnExit, renameTo
파일과 경로 확인	getAbsoluteFile, getAbsolutePath, getCanonicalFile, getCanonicalPath, getName, getPath, toURI, toURL
파일 형식 구분	isFile, isDirectory
속성 확인/설정	isHidden, lastModified, length, canRead, canWrite, setLastModified, setReadOnly
디렉토리 확인/관리	exists, list, listFiles, listRoots, mkdir, mkdirs, getParent, getParentFile

표 11-1은 클래스 java.io.File의 대부분의 기능을 분류한 표이다.

Agile Java

5 바이트 스트림과 변환

 자바는 표준 입력(stdin)과 표준 출력(stdout)을 각각 System.in과 System.out에 저장된 스트림 객체로 표현한다. System.in은 InputStream 형식이고 System.out은 PrintStream 형식이다. PrintStream은 여러 형식의 객체를 간단하게 쓰기 위해 특화된 OutputStream의 일종이다.

 System.in과 System.out은 문자 스트림이 아닌 바이트 스트림이다. 대부분의 운영체제가 1바이트 문자 표현을 사용하지만 자바는 하나이상의 바이트로 문자를 표시하는 유니코드를 사용한다는 것을 기억하자.

 java.io 패키지는 바이트 스트림과 문자 스트림을 변환하는 도구를 제공한다.

 InputStreamReader는 InputStream을 포장해서 읽어들인 각 바이트를 적절한 문자로 변환한다. 변환은 기본적으로 플랫폼 시스템의 기본 인코딩 방식을 사용한다. 또한 명시적으로 변환 방법을 정의하는 클래스를 제공할 수도 있다. 비슷하게, OutputStreamWriter는 출력 스트림을 포장하여 각 문자를 바이트 단위로 바꾼다.

 InputStreamReader와 OutputStreamWriter를 사용하는 가장 흔한 경우는 자바의 문자 스트림과 stdin/stdout 사이에 변환을 처리하는 것이다. Reader와 Writer 하위 클래스는 줄 단위로 입력과 출력을 다룰수 있도록 해준다.

 System.in과 System.out으로 직접 메시지를 보내지 않는다.

 다른 매체(예를 들어, 파일)로 출력을 돌리거나, 테스트를 쉽게 하려면 Reader나 Writer 추상 클래스를 참조한다.

6 Student 사용자 인터페이스

 이 부분에서는, 굉장히 단순한 콘솔 기반의 사용자 인터페이스(UI, user interface)를 만들 것이다. UI는 사용자가 학생정보 시스템을 이용해서 학생 객체를 생성하도록 해준다. 여러분은 사용자가 학생을 추가하거나 응용프로그램을 종료할 수 있는 간단한 메뉴를 보여줄 것이다.

 테스트 위주 개발을 통해 사용자 인터페이스의 개발 방법에는 여러 가지가 있다. StudentUITest에 구현된 다음 테스트는, 한가지 방법을 보여 준다. 저자는 소스코드를 크게 세 부분으로 나눴다. 첫 번째 부분은 핵심적인 테스트 메소드인 testCreateStudent이다.

입출력 (IO) | Lesson 11

```java
package sis.ui;

import junit.framework.*;
import java.io.*;
import java.util.*;
import sis.studentinfo.*;

public class StudentUITest extends TestCase {
  static private final String name = "Leo Xerces Schmoo";

  public void testCreateStudent() throws IOException {
    StringBuffer expectedOutput = new StringBuffer();
    StringBuffer input = new StringBuffer();
    setup(expectedOutput, input);
    byte[] buffer = input.toString().getBytes();

    InputStream inputStream = new ByteArrayInputStream(buffer);
    BufferedReader reader =
      new BufferedReader(new InputStreamReader(inputStream));

    OutputStream outputStream = new ByteArrayOutputStream();
    BufferedWriter writer =
      new BufferedWriter(new OutputStreamWriter(outputStream));

    StudentUI ui = new StudentUI(reader, writer);
    ui.run();

    assertEquals(
      expectedOutput.toString(),
      outputStream.toString());
    assertStudents(ui.getAddedStudents());
  }

  private String line(String input) {
    return String.format("%s%n", input);
  }
  ...
}
```

이 테스트는 두 개의 StringBuffer를 만든다. 하나는 기대되는 출력을 그리고 다른 하나는 사용자의 입력을 저장한다. setUp 메소드는 명시적으로 각각을 채운다.

```java
private void setup(StringBuffer expectedOutput, StringBuffer input) {
  expectedOutput.append(StudentUI.MENU);
  input.append(line(StudentUI.ADD_OPTION));
  expectedOutput.append(StudentUI.NAME_PROMPT);
  input.append(line(name));
  expectedOutput.append(line(StudentUI.ADDED_MESSAGE));
  expectedOutput.append(StudentUI.MENU);
  input.append(line(StudentUI.QUIT_OPTION));
}
```

setUp 메소드는 시스템이 만족해야 하는 스크립트로 생각할 수 있다. append는 시스템 출력과 입력을 에뮬레이트 한다. 이런 실행 과정은 스크립트를 이해하는데 도움이 될 것이다.

Agile Java

먼저 사용자 인터페이스가 사용자에게 메뉴를 보인다.

```
expectedOutput.append(StudentUI.MENU);
```

사용자가 학생을 추가하기 위한 옵션을 선택해서 응답을 준다.

```
input.append(line(StudentUI.ADD_OPTION));
```

이 line 메소드는 입력 문자열에 개행문자를 붙이는 유틸리티 메소드이다. setUp 메소드의 나머지 부분은 어떤 글을 보여 주는 시스템과(expectedOutput.append) 응답을 입력하는 사용자(input.append)를 표현한다.

testCreateStudent의 코드는 입력 StringBuffer에서 추출한 바이트 값을 ByteArrayInputStream으로 포장하여 InputStream을 생성한다.

그리고 InputStreamReader를 생성하고 BufferedReader로 포장해서 입력 바이트를 문자로 변환한다.

비슷하게, 테스트는 바이트를 문자로 변환하는 OutputStreamWriter로 ByteArrayOutputStream을 생성하고 포장한다. BufferedWriter는 OutputStreamWriter를 포장하게 된다.

이 두 개의 스트림, reader와 writer를 setup 실행이 끝난 후 StudentUI의 생성자로 전달한다. UI는 사용자가 종료를 선택할 때까지 계속해서 메뉴를 보여 준다.

UI가 처리를 끝내면 응용프로그램이 알맞은 출력을 생성했는지를 확인한다. 이것을 위해 ByteArrayOutputStream의 내용을 expectedOutput StringBuffer의 내용과 비교한다.

마지막으로 테스트는 UI에서 정상적인 학생 목록이 생성되고 저장되었는지를 확인하기 위해 assertStudents를 호출한다.

```
private void assertStudents(List<Student> students) {
   assertEquals(1, students.size());
   Student student = students.get(0);
   assertEquals(name, student.getName());
}
```

예제의 setup메소드내의 스크립트 코드를 확인하려면, assertStudents는 StudentUI 객체가 하나의 학생만을 추가하고 이 학생정보는 지정된 대로여야 한다.

전체 StudentUI 구현은 아래와 같다. 이 클래스를 컴파일할 때는 테스트부터 점진적으로 해야 한다. 먼저 메뉴가 보이는 것을 확인하고 사용자가 응용프로그램을 종료시킬 수 있는가를 확인한다. 그리고 학생을 추가하는 기능을 넣는다. 처음에는 사용자 인터페이스의 과정을 확인하고 다음으로 학생 객체가 생성되는 것을 확인한다. 좀더 완전한 테스트는 여러 학생 데이터가 생성 가능한 것을 확인해야 할 것이다.

입출력 (IO) | Lesson 11

```java
package sis.ui;

import java.io.*;
import java.util.*;
import sis.studentinfo.*;

public class StudentUI {
   static final String MENU = "(A)dd or (Q)uit?";
   static final String ADD_OPTION = "A";
   static final String QUIT_OPTION = "Q";
   static final String NAME_PROMPT = "Name: ";
   static final String ADDED_MESSAGE = "Added";

   private BufferedReader reader;
   private BufferedWriter writer;
   private List<Student> students = new ArrayList<Student>();
   public StudentUI(BufferedReader reader, BufferedWriter writer) {
      this.reader = reader;
      this.writer = writer;
   }

   public void run() throws IOException {
      String line;
      do {
         write(MENU);
         line = reader.readLine();
         if (line.equals(ADD_OPTION))
            addStudent();
      } while (!line.equals(QUIT_OPTION));
   }

   List<Student> getAddedStudents() {
      return students;
   }

   private void addStudent() throws IOException {
      write(NAME_PROMPT);
      String name = reader.readLine();

      students.add(new Student(name));
      writeln(ADDED_MESSAGE);
   }

   private void write(String line) throws IOException {
      writer.write(line, 0, line.length());
      writer.flush();
   }

   private void writeln (String line) throws IOException {
      write(line);
      writer.newLine();
      writer.flush();
   }
}
```

Agile Java

7 응용프로그램 테스트하기

학생 사용자 인터페이스는 누군가가 실행해서 사용하는 실제 응용프로그램이다. 여러분은 응용프로그램을 시작할 수 있도록 main 메소드를 제공해야 한다. 현재는 응용프로그램을 실행하기 위해서는 적절한 System.in과 System.out을 사용해서 UI를 생성하고 run 메소드를 호출해야 한다.

여러분은 이런 작업을 StudentUI 클래스 자체에 포함해서 main 메소드를 단순화할 수 있다. 이것은 적절할 수도 있고 적절하지 않을 수도 있는 전략이다. 하나의 사용자 인터페이스만이 있다면, 이렇게 해도 괜찮다. 하지만 몇 개의 관련된 UI 클래스가 사용자 인터페이스의 일부를 제어한다면, 하나의 클래스 내에 콘솔 래퍼를 생성하는 것이 좋다.

이 예제에서는, 가능한 단순하게 main 메소드를 작성한다. System의 메소드인 setIn과 setOut을 사용하면 콘솔의 입력과 출력을 바꿀 수 있다. setOut을 호출하려면 ByteArrayOutputStream을 PrintStream의 내부에 포장해야 한다.

```
public void testCreateStudent() throws IOException {
   StringBuffer expectedOutput = new StringBuffer();
   StringBuffer input = new StringBuffer();
   setup(expectedOutput, input);
   byte[] buffer = input.toString().getBytes();

   InputStream inputStream = new ByteArrayInputStream(buffer);
   OutputStream outputStream = new ByteArrayOutputStream();

   InputStream consoleIn = System.in;
   PrintStream consoleOut = System.out;
   System.setIn(inputStream);
   System.setOut(new PrintStream(outputStream));
   try {
      StudentUI ui = new StudentUI();
      ui.run();

      assertEquals(
         expectedOutput.toString(),
         outputStream.toString());
      assertStudents(ui.getAddedStudents());
   }
   finally {
      System.setIn(consoleIn);
      System.setOut(consoleOut);
   }
}
```

finally 문으로 System.out과 System.in을 원래대로 돌려야 한다.

StudentUI의 새로운 생성자는 stdin을 BufferedReader로 포장하기 위해서 InputStream-

입출력 (IO) | Lesson 11

Reader를, stdout을 BufferedWriter에 포함하기 위해 OutputStreamWriter를 사용한다.

```
public StudentUI() {
  this.reader =
    new BufferedReader(new InputStreamReader(System.in));
  this.writer =
    new BufferedWriter(new OutputStreamWriter(System.out));
}
```

테스트를 통과하는 것을 확인한 후에, 응용프로그램을 시작하는 main 메소드를 작성한다.

```
public static final void main(String[] args) throws IOException {
  new StudentUI().run();
}
```

여기에는 두 가지 생각의 방식이 있다. 먼저 main 메소드에 대한 테스트를 작성하는 것이다. 여러분은 다른 모든 메소드와 마찬가지로 이 메소드를 호출 할 수 있다(하지만 명령줄 인수를 나타내는 문자열 객체 배열을 전달해줘야 한다).

```
StudentUI.main(new String[] {});
```

다른 테스트 방법은 main 내에서 문제가 생기지 않도록 하는 것이다. main 메소드 내에 한 줄의 코드만을 넣는다. 여러분은 동작을 확인하기 위해 한번은 명령줄에서 응용프로그램을 실행할 것이다. 그 후에 변경하지 않는다면 main에서 문제가 생기지는 않으므로, 테스트를 할 필요가 없어진다.

main을 테스트할지, 하지 않을 지는 여러분이 선택할 문제이다. 하지만 main 메소드를 한 줄로 만들려고 노력해야 한다. main메소드의 코드를 다른 정적 메소드나 인스턴스 메소드로 재구성한다. 명령줄 인수를 관리하기 위한 유틸리티 클래스를 만든다. main에서 딴 곳으로 옮긴 코드를 테스트한다.

이렇게 단순한 콘솔기반 사용자 인터페이스에 대한 테스트도 많은 양의 코드가 필요한 것을 알기 바란다. 콘솔 응용프로그램을 더 작성한다면, 테스트와 결과 코드를 위한 유틸리티 메소드를 이용하여 이런 작업을 간단하게 만들 수 있다.

8 데이터 스트림

여러분은 자바의 기본 데이터를 DataOutputStream에 직접적으로 쓸 수 있다.

DataOutputStream은 필터링되는 스트림의 한 예이다. 필터가 있는 스트림은 다른 스트림을 포함하고 추가적인 기능을 제공하거나 데이터를 수정한다. 기본적인 필터링된 스트림 클래스

Agile Java

는 FilteredOuputStream, FilteredInputStrea, FileteredWriter, FilteredReader이다.

DataOutputStream의 필터가 제공하는 메소드는 각 자바 기본형을 출력한다. (writeBoolean, writeDouble 등). 또한 문자열을 출력하기 위한 writeUTF 메소드를 apthemmf 제공한다.

9 CourseCatalog

 학생정보 시스템은 가능한 모든 강의 목록을 저장하기 위해서 CourseCatalog 클래스를 사용해야 한다. CourseCatalog는 기본 강의 정보(학과, 강의 번호, 시작 날짜, 학점수)를 파일에 저장해서 응용프로그램이 다시 시작되었을 때 데이터를 잃어버리지 않도록 해야 한다.

CourseCatalog는 DataOuputStream에서 모든 Session 객체를 콜렉션으로 읽어들이는 load 메소드를 제공한다. 그리고 이 콜렉션을 DataOuputStream으로 쓰는 store 메소드를 제공한다.

```java
package sis.studentinfo;

import junit.framework.*;
import java.util.*;
import java.io.*;

public class CourseCatalogTest extends TestCase {
    private CourseCatalog catalog;
    private Session session1;
    private Session session2;
    private Course course1;
    private Course course2;

    protected void setUp() {
        catalog = new CourseCatalog();
        course1 = new Course("a", "1");
        course2 = new Course("a", "1");

        session1 =
            CourseSession.create(
                course1, DateUtil.createDate(1, 15, 2005));
        session1.setNumberOfCredits(3);

        session2 =
            CourseSession.create(
                course2, DateUtil.createDate(1, 17, 2005));
        session2.setNumberOfCredits(5);
```

입출력 (IO) | Lesson 11

```java
    catalog.add(session1);
    catalog.add(session2);
  }

  public void testStoreAndLoad() throws IOException {
    final String filename = "CourseCatalogTest.testAdd.txt";
    catalog.store(filename);
    catalog.clearAll();
    assertEquals(0, catalog.getSessions().size());
    catalog.load(filename);

    List<Session> sessions = catalog.getSessions();
    assertEquals(2, sessions.size());
    assertSession(session1, sessions.get(0));
    assertSession(session2, sessions.get(1));
  }

  private void assertSession(Session expected, Session retrieved) {
    assertNotSame(expected, retrieved);
    assertEquals(expected.getNumberOfCredits(),
      retrieved.getNumberOfCredits());
    assertEquals(expected.getStartDate(), retrieved.getStartDate());
    assertEquals(expected.getDepartment(), retrieved.getDepartment());
    assertEquals(expected.getNumber(), retrieved.getNumber());
  }
}
```

이 테스트는 몇 개의 강의를 카탈로그에 추가하고, store 메소드를 호출한다. 카탈로그를 비우고, load 메소드를 호출한다. 그리고 카탈로그가 처음에 추가한 두 개의 강의를 포함하는 것을 확인한다.

load와 store를 제외한 CourseCatalog의 코드는 간단하다.

```java
package sis.studentinfo;

import java.util.*;
import java.io.*;

public class CourseCatalog {
  private List<Session> sessions =
    new ArrayList<Session>();

  public void add(Session session) {
    sessions.add(session);
  }

  public List<Session> getSessions() {
    return sessions;
  }

  public void clearAll() {
    sessions.clear();
  }
  // ...
}
```

Agile Java

store 메소드는 FileOuputStream을 포함하는 DataOuputStream을 만든다. 먼저 강의의 개수를 나타내는 int값을 쓴다. 그리고 모든 강의에 대해서 루프를 돌면서 시작 날짜, 학점수, 학과, 강의 번호를 쓴다.

```
public void store(String filename) throws IOException {
  DataOutputStream output = null;
  try {
    output =
      new DataOutputStream(new FileOutputStream(filename));
    output.writeInt(sessions.size());
    for (Session session: sessions) {
      output.writeLong(session.getStartDate().getTime());
      output.writeInt(session.getNumberOfCredits());
      output.writeUTF(session.getDepartment());
      output.writeUTF(session.getNumber());
    }
  }
  finally {
    output.close();
  }
}
```

Session 클래스에 학점 수를 반환하는 메소드를 추가해야 할 것이다.

```
public int getNumberOfCredits() {
  return numberOfCredits;
}
```

load 메소드는 FileInputStream을 포함하는 DataInputStream을 생성한다. 먼저 강의 개수를 읽어서 몇 개의 강의 정보를 읽어올 것인지를 결정한다. 이렇게 숫자를 명시적으로 표현하는 것이, 파일이 끝날 때 예외를 이용하는 방식보다 자주 사용된다.

load 메소드는 강의가 SummerCourseSession이나 다른 Session 하위 클래스가 아닌 CourseSesion에 읽혀 진다고 가정한다. 만약, CourseCatalog가 하나 이상의 형식을 지원한다면, 이 클래스 형식 역시 저장해야 한다. 형식 정보는 load 메소드에서 각 객체를 읽어오기 위해 어떤 클래스를 사용할지를 결정하는 기준이 될 것이다.

```
public void load(String filename) throws IOException {
  DataInputStream input = null;
  try {
    input = new DataInputStream(new FileInputStream(filename));
    int numberOfSessions = input.readInt();
    for (int i = 0; i < numberOfSessions; i++) {
      Date startDate = new Date(input.readLong());
      int credits = input.readInt();
      String department = input.readUTF();
      String number = input.readUTF();
      Course course = new Course(department, number);
      Course course = new Course(department, number);
```

입출력 (IO) | Lesson 11

```
        Session session =
           CourseSession.create(course, startDate);
        session.setNumberOfCredits(credits);
        sessions.add(session);
     }
  }
  finally {
     input.close();
  }
}
```

load와 store 메소드는 finally 블록을 사용해서 연결된 데이터 스트림이 닫히는 것을 보장한다.

10 추가적인 스트림

파이프된 스트림(piped stream)

파이프된 스트림은 다른 쓰레드 간에 안전한 입출력 기반 데이터 통신 채널을 만들기 위해서 사용된다.

SequenceInputStream

SequenceInputStream은 몇 개의 입력 소스가 하나의 스트림인 것처럼 동작하게 해준다. 소스의 콜렉션은 순서가 있다. 하나의 소스를 완전히 읽은후 닫고 다른 스트림을 열어서 읽어들인다.

푸쉬백 스트림(pushback stream)

푸쉬백 스트림(PushbackInputStream과 PushbackReader)을 사용하는 가장 큰 목적은 컴파일러와 같이 문법 구조 분석을 위한 프로그램이다. 이 클래스는 데이터를 마치 아직 읽어들이지 않은 것처럼 다시 스트림으로 돌려놓는 기능을 제공한다.

스트림 분리기(StreamTokenizer)

StreamTokenizer를 사용하는 용도는 문자열 해석 프로그램이다. 이 클래스는 StringTokenizer와 비슷하게 동작한다. 내부의 스트림에서 문자열만을 추출하는 대신 StreamTokenizer는 값과 함께 토큰의 종류를 반환한다. 토큰의 종류는 단어이거나 숫자, 개행문자이거나 파일 종료 표시일 수 있다.

11 객체 스트림

자바는 객체를 직접 스트림으로 읽거나 쓰는 기능을 제공한다. 자바는 직렬화(serialization)를 통해 객체를 객체 출력 스트림에 쓴다. 자바는 객체를 바이트열로 변환해서 객체를 직렬화한다. 객체를 직렬화하는 것은 자바 RMI(Remote Method Invocation)의 기본이 되는 기술이다. RMI는 다른 시스템에 있는 객체와 마치 같은 시스템에 있는 것처럼 통신하도록 해준다. RMI는 또한 컴포넌트 기반 기술인 자바 EJB(Enterprise Java Bean) 기술의 기초가 된다.

OjbectOutputStream과 ObjectInputStream 클래스를 이용해서 객체를 쓰고 읽을 수 있다. 간단한 예로, 다음 코드는 CourseCatalog 클래스의 store와 load를 다시 작성한 예이다. 수정된 코드는 데이터 스트림 대신 객체 스트림을 사용한다.

```java
public void store(String filename) throws IOException {
   ObjectOutputStream output = null;
   try {
      output =
         new ObjectOutputStream(new FileOutputStream(filename));
      output.writeObject(sessions);
   }
   finally {
      output.close();
   }
}

public void load(String filename)
      throws IOException, ClassNotFoundException {
   ObjectInputStream input = null;
   try {
      input = new ObjectInputStream(new FileInputStream(filename));
      sessions = (List<Session>)input.readObject();
   }
   finally {
      input.close();
   }
}
```

테스트 코드는 크게 변하지 않는다.

```java
public void testStoreAndLoad() throws Exception {
   final String filename = "CourseCatalogTest.testAdd.txt";
   catalog.store(filename);
   catalog.clearAll();
   assertEquals(0, catalog.getSessions().size());
   catalog.load(filename);

   List<Session> sessions = catalog.getSessions();
assertEquals(2, sessions.size());
   assertSession(session1, sessions.get(0));
   assertSession(session2, sessions.get(1));
}
```

입출력 (IO) | Lesson 11

load 메소드는 ClassNotFoundException을 생성하기 때문에 테스트 메소드 선언의 throws 부분은 바꾸어야 한다. 이 예의 범위에서, ClassNotFoundException이 발생할 가능성은 없다. 여러분은 Session 객체의 리스트를 저장하고 즉시 다시 읽어들이며, java.util.List와 Session은 코드에서 접근이 가능하다. 하지만 만약, Session 클래스에 접근할 수 없는 다른 응용프로그램에서 파일에서 객체를 읽으면 예외가 발생할 수 있다.

테스트를 실행할 때, 예외를 받을 것이다.

```
java.io.NotSerializableException: studentinfo.CourseSession
```

객체를 객체 스트림에 쓰려면, 클래스는 serializable이어야 한다. java.io.Serializable 인터페이스를 구현하면, 클래스를 직렬화가 가능하도록 할 수 있다. 자바 시스템 클래스 라이브러리의 대부분의 클래스는 이미 직렬화가 가능한 것으로 선언되어 있을 것이다. 이것은 String과 Date 클래스 그리고 모든 콜렉션 클래스(HashMap, ArrayList 등)에 적용된다. 하지만 여러분이 스스로 만든 클래스는 표시를 해줘야 한다.

```
abstract public class Session
    implements Comparable<Session>,
        Iterable<Student>,
        java.io.Serializable { ...
```

Session 클래스에 포함되어 있는 Course 클래스를 잊지 말자.

```
public class Course implements java.io.Serializable { ...
```

추상 상위 클래스를 직렬화 가능한 것으로 선언하면, 모든 하위 클래스 역시 직렬화가 가능하다. Serializable 인터페이스는 메소드 정의를 포함하지 않는다. 따라서 Session 클래스를 고칠 필요는 없다.

메소드를 정의하지 않는 인터페이스를 마커 인터페이스(marker interface)라고 부른다. 여러분은 개발자가 클래스를 특정 목적에 사용할 수 있다는 것을 표시하기 위해 사용할 수 있다. Serializable 마커는 안전을 위한 기구이다. 여러분은 어떤 객체가 보안상의 목적으로 직렬화되는 것을 막아야 할 수도 있다.

일시성(transient)

학생들은 어떤 강의에 수강신청을 할 수 있다. 하지만 강의 목록에는 학생 객체를 포함하지 않기를 바란다. 하지만 강의 목록을 만들기 전에 학생이 일찍 강의신청을 했다고 생각해보자. CourseCatalogTest의 setUp 메소드는 다음과 같이 한 학생을 등록한다.

Agile Java

```
protected void setUp() {
    catalog = new CourseCatalog();
    course1 = new Course("a", "1");
    course2 = new Course("a", "1");

    session1 =
      CourseSession.create(
        course1, DateUtil.createDate(1, 15, 2005));
    session1.setNumberOfCredits(3);

    session2 =
      CourseSession.create(
        course2, DateUtil.createDate(1, 17, 2005));
    session2.setNumberOfCredits(5);
    session2.enroll(new Student("a"));

    catalog.add(session1);
    catalog.add(session2);
}
```

만약, 테스트를 실행하면 NotSerializableException이 발생한다. 이 강의는 직렬화될 수 없는 Stduent 객체를 포함하고 있다.

Student를 고치는 대신, 여러분은 Session내의 학생 리스트를 transient 수식어를 달아서 직렬화 과정에서 제외할 수 있다.

```
abstract public class Session
       implements Comparable<Session>,
                  Iterable<Student>,
                  java.io.Serializable {
    ...
    private transient List<Student> students = new ArrayList<Student>();
```

학생 리스트는 이제 이 예제에서 직렬화되지 않으며, 테스트를 통과할 것이다.

직렬화와 수정

직렬화는 객체를 저장하는 것을 쉽게 해준다. 어쩌면 너무 쉽게 해준다. 클래스를 Serializable로 선언하는 것은 내재적인 문제가 있다. 가장 중요한 문제는 직렬화된 객체를 유지하면, 현재의 클래스 정의에 따라 객체를 저장한다. 만약, 이후에 클래스 정의를 바꾸면 직렬화된 객체를 읽을 때 예외가 발생할 것이다.

예로서, Session.java에 name 필드를 추가해 보자. 이렇게 하면 새로운 버전의 Session 클래스가 생성된다. 테스트는 수정하지 않는다. 이 부분은 일시적인 실험을 위한 코드이다.

```
abstract public class Session
       implements Comparable<Session>,
                  Iterable<Student>,
                  java.io.Serializable {
    private String name;
    ...
```

입출력 (IO) | Lesson 11

테스트를 마지막으로 실행했을 때 CourseCatalogTest.testAdd.txt라는 파일에 객체 스트림을 저장했다. 이 파일에 저장된 객체 스트림은 name 필드가 추가되기 이전의 클래스 정의에 따른 Session 객체를 저장하고 있다.

이제 studentinfo.SerializationTest라는 새로운 테스트 클래스를 만든다.

```
package sis.studentinfo;

import junit.framework.*;

public class SerializationTest extends TestCase {
  public void testLoadToNewVersion() throws Exception {
    CourseCatalog catalog = new CourseCatalog();
    catalog.load("CourseCatalogTest.testAdd.txt");
    assertEquals(2, catalog.getSessions().size());
  }
}
```

이 테스트는 저장된 객체 스트림을 읽으려고 한다. 이 테스트만을 실행한다. AllTests 스위트를 실행하지 않는다. 다음과 같은 예외가 생길 것이다.

```
testLoadToNewVersion(studentinfo.SerializationTest)
  java.io.InvalidClassException: studentinfo.Session;
  local class incompatible:
    stream classdesc serialVersionUID = 5771972560035839399,
    local class serialVersionUID = 156127782215802147
```

자바는 출력 스트림에 저장된 객체와 현재의 클래스 정의의 호환성을 확인한다. 이 과정에서 클래스 이름, 클래스가 구현하고 있는 인터페이스, 필드, 메소드를 비교한다. 이들 중 한 가지를 변경하면 호환이 불가능하다.

하지만 transient로 선언된 필드는 무시한다. Session에서 name의 선언을 transient로 하면

```
private transient String name;
```

SerializationTest를 통과할 것이다.

시리얼 버전 UID

이전에 생긴 InvalidClassException 예오는 스트림의 클래스 정의와 현재의 클래스 정의에서 serialVersionUID를 참조한다. 클래스의 정의가 바뀌었는지 확인하기 위해서, 자바는 클래스 이름, 구현한 인터페이스, 필드, 메소드를 기반으로 serialVersionUID를 생성한다. serialVersionUID는 64비트 long 값이며, 스트림 단일 식별자(stream unique identifier)라고 불린다.

여러분은 자바가 생성한 serialVersionUID를 대신해서 직접 값을 정할 수 있다. 이것은 버전

관리에 좀더 유용한 기능이다. 명령줄 프로그램인 serialver를 이용해서 기본 serialVersionUID를 읽거나 임의 값을 할당 할 수 있다. 다음은 serialver 실행의 예이다.

```
serialver -classpath classes studentinfo.Session
```

선택적으로 클래스패스를 지정하고, 그 뒤에 serialVersionUID를 생성하고자 하는 클래스의 리스트를 지정할 수 있다.

Session에서 name 필드를 제거한다. 전체 테스트 스위트를 다시 컴파일하고 실행한다. serialVersionUID 정의를 Session에 추가한다. 동시에 name 필드를 다시 추가한다.

```
abstract public class Session
    implements Comparable<Session>,
        Iterable<Student>,
        java.io.Serializable {
    public static final long serialVersionUID = 1L;
    private String name;
    ...
```

이제 SerializationTest만을 실행한다. 새로운 필드를 추가했지만 버전 ID는 같다. 자바는 name 필드를 기본값이 null로 초기화할 것이다. 만약, serialVersionUID를 2L로 바꾸고 테스트를 실행하면 버전의 차이로 인한 예외가 발생할 것이다.

직렬화 형태 지정하기

여러분의 클래스는 클래스의 다른 데이터를 기반으로 다시 생성될 수 있다. 클래스를 만들 때, 그 클래스의 모든 객체의 논리적 상태를 표현하는 속성을 정의한다. 이런 속성에 추가로, 동적으로 계산되는 데이터 구조나 다른 필드가 있을 수 있다. 이런 동적으로 계산되는 데이터를 그대로 저장하는 것은 프로그램의 동작을 느리게 만들고, 공간의 낭비이다.

강의 뿐 아니라 각 강의를 신청한 학생들까지 저장해야 한다고 가정하자. Students는 많은 추가적인 데이터를 가지고 있으며, 이미 다른 곳에 저장되어 있다. 여러분은 각 강의의 콜렉션에 대해서 각 학생에 대한 단일한 식별자만을 저장한다[1]. 이렇게 축소된 콜렉션을 읽어올 때, 여러분은 완전한 학생 객체를 찾아서 course session에 저장한다.

이것을 위해서 Session에 writeObject, readObject 두 개의 객체를 정의해야 한다. 이 메소드는 각 객체를 객체 스트림으로 읽거나 쓸 때 호출되는 직렬화 과정의 일부이다. 만약, 이부분에 아무것도 지정하지 않으면 기본적으로 정의된 직렬화가 일어난다.

먼저 CourseCatalogTest의 테스트를 수정해서 수강신청한 학생이 정상적으로 저장되고 복구되는 것을 확인한다.

---

[1] 우리는 작은 학교를 다루고 있다. 같은 성을 가진 학생이 없다고 가정하고, 따라서 성을 단일 식별자로 이용한다.

입출력 (IO) | Lesson 11

```java
public void testStoreAndLoad() throws Exception {
  final String filename = "CourseCatalogTest.testAdd.txt";
  catalog.store(filename);
  catalog.clearAll();
  assertEquals(0, catalog.getSessions().size());
  catalog.load(filename);

  List<Session> sessions = catalog.getSessions();
  assertEquals(2, sessions.size());
  assertSession(session1, sessions.get(0));
  assertSession(session2, sessions.get(1));

  Session session = sessions.get(1);
  assertSession(session2, session);
  Student student = session.getAllStudents().get(0);
  assertEquals("a", student.getLastName());
}
```

Session의 students 필드가 transient로 표시된 것을 확인하자. 그리고 Session에 writeObject 정의를 추가한다.

```java
private void writeObject(ObjectOutputStream output)
    throws IOException {
  output.defaultWriteObject();
  output.writeInt(students.size());
  for (Student student: students)
    output.writeObject(student.getLastName());
}
```

writeObject의 첫 번째 줄은 defaultWriteObject를 스트림에 대해서 호출한다. 이것은 모든 transient로 선언되지 않은 필드를 정상적으로 스트림으로 저장한다. 그리고 나서, writeObject의 코드는 먼저 학생의 수를 스트림으로 쓰고, 각 학생의 리스트에 대해서 루프를 돌면서 각 학생의 성을 스트림에 기록한다.

```java
private void readObject(ObjectInputStream input)
    throws Exception {
  input.defaultReadObject();
  students = new ArrayList<Student>();
  int size = input.readInt();
  for (int i = 0; i < size; i++) {
    String lastName = (String)input.readObject();
    students.add(Student.findByLastName(lastName));
  }
}
```

반대로, readObject는 먼저 defaultReadObject를 모든 transient가 아닌 필드를 스트림에서 읽어들인다. 이 메소드는 transient 필드인 students를 학생을 저장하는 새로운 ArrayList로 초기화한다. 그리고 size로 학생의 수를 읽어오고 size 숫자만큼 반복연산을 한다. 각 반복 때마다 학생의 성을 스트림에서 읽어온다. Student 객체를 읽어온 성으로 찾아서 가져오고 그 객체를 students 콜렉션에 저장한다.

Agile Java

실제로, findByLastName 메소드는 적절한 학생정보를 데이터 베이스나 파일에서 읽어오도록, 학생 명부 객체에 메시지를 보내는 작업을 할 수도 있다. 예제를 위해 우리는 테스트를 통과하도록 간단하게 구현한다.

직렬화 방법들

정의가 바뀔 것으로 예상되는 클래스에 대해서는, 직렬화 버전을 다루는 것이 어려울 수 있다. 직렬화된 객체를 예전의 버전으로 읽어오는 것은 가능하지만 어렵다. 가장 좋은 방법들은 다음과 같다.

- 직렬화를 가능한 사용하지 않는다.
- transient 필드의 수를 최대한 늘린다.
- serialVersionUID로 버전을 확인한다.
- 스스로 직렬화 버전을 지정한다.

객체를 직렬화할 때, 여러분은 인터페이스를 내보낸다. 인터페이스를 추상적이고 가능한 변하지 않도록 해야 하는 것처럼, 직렬화 가능한 클래스 역시 같은 조건을 만족해야 한다.

12 임의 접근 파일

응용프로그램을 실행할 때마다 전체 강의 목록을 읽어오고 저장하는 대신, 여러분은 임의 접근 파일로 구현해서 목록을 동적으로 사용할 수 있다. 임의 접근 파일은 파일에서 특정 위치를 빨리 찾고, 그 위치를 읽거나 쓰는 것이 가능하다.

자바에서는 임의 접근 파일을 이용해서 완전히 새로운 객체 데이터베이스를 만드는 것도 가능하다. 다음 예제 코드는 그런 작업의 시작이 될 것이다.

레슨 9에서, 여러분은 StudentDirectory 클래스를 만들었다. 이 클래스는 학생 객체를 저장하기 위해서 학생의 ID를 키로 사용해서 HashMap 인터페이스를 구현하고 있다.

이제 여러분은 학생 명부가 대학에 등록한 수만명의 학생을 지원하도록 해야 한다. 더욱이, 데이터를 지키기 위해 이 목록을 파일시스템에 저장해야 한다. 학생정보를 명부에서 가져오는 것은 빠르게 동작해야 한다. 가져오기는 상수시간 안에(파일의 어느부분에 학생정보가 있거나 상관없이 정해진 시간 안에) 가능해야 한다.

여러분은 학생 명부를 간단한 인덱스된 파일 시스템을 이용해서 구현할 것이다. 학생 기록을 데이터 필드에 저장하고, 각 학생에 대한 유일한 ID(식별자)는 인덱스 파일에 저장한다. 직렬화된 학생 객체를 데이터 파일에 기록 할 때 여러분은 ID, 위치, 길이를 인덱스 파일에 저장한다. 인덱스 파일은 데이터 파일 크기에 비해서 작다. 또한 빠르게 메모리로 읽어올 수

입출력 (IO) | Lesson 11

있고, 데이터 파일이 닫힐 때 빠르게 쓸 수 있다[2].

예제 코드는 이 책에서 지금까지의 코드 중 가장 복잡하다. 만약, 테스트와 메소드를 같이 살펴본다면, 이해하는 것이 힘들지는 않을 것이다. 처음부터 테스트와 코드를 작성하는 것은 힘들 수도 있다. UML은 그림 11-1과 같다.

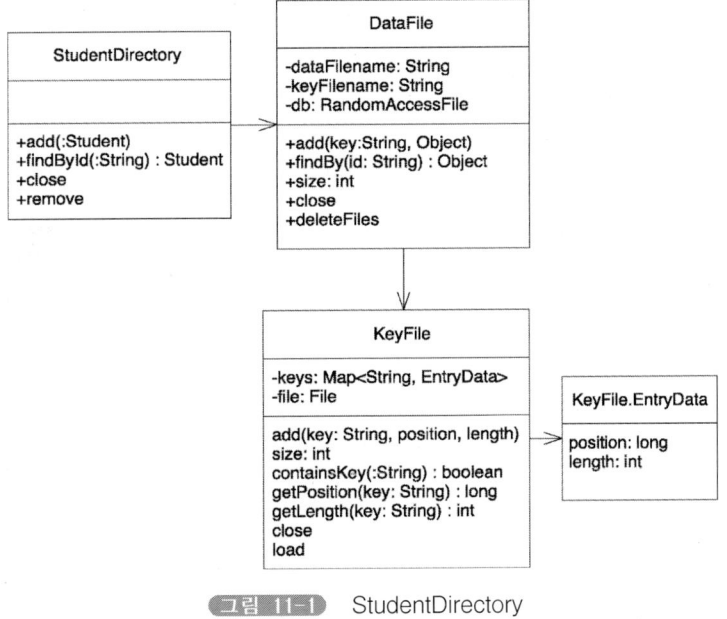

그림 11-1 StudentDirectory

그리고 코드는 다음과 같다. 각 클래스의 코드를 나열한 후 흥미있는 부분을 설명할 것이다.

13 StudentDirectory

```
package sis.studentinfo;

import junit.framework.*;
import java.io.*;
```

ootnote

2) 학생을 추가할 때마다 인덱스를 저장하지 않는 것은 약간은 위험하다. 데이터 파일 내에도 데이터의 길이를 쓰는 것이 위험을 줄여준다. 이렇게 하면 이후에 데이터 파일을 읽으면서 인덱스 파일을 재구성할 수 있다.

Agile Java

```java
public class StudentDirectoryTest extends TestCase {
   private StudentDirectory dir;

   protected void setUp() throws IOException {
      dir = new StudentDirectory();
   }

   protected void tearDown() throws IOException {
      dir.close();
      dir.remove();
   }

   public void testRandomAccess() throws IOException {
      final int numberOfStudents = 10;
      for (int i = 0; i < numberOfStudents; i++)
         addStudent(dir, i);
      dir.close();

      dir = new StudentDirectory();
      for (int i = 0; i < numberOfStudents; i++)
         verifyStudentLookup(dir, i);
   }

   void addStudent(StudentDirectory directory, int i)
         throws IOException {
      String id = "" + i;
      Student student = new Student(id);
      student.setId(id);
      student.addCredits(i);
      directory.add(student);
   }

   void verifyStudentLookup(StudentDirectory directory, int i)
         throws IOException {
      String id = "" + i;
      Student student = dir.findById(id);
      assertEquals(id, student.getLastName());
      assertEquals(id, student.getId());
      assertEquals(i, student.getCredits());
   }
}
```

    StudentDirectoryTest에서 가장 중요한 새로운 부분은 testRandomAccess이다. 학생을 명부에 추가할 때 테스트는 그것을 닫는다. 그리고 학생 찾기에 사용될 새로운 명부 인스턴스를 만든다. 이렇게 해서, 테스트는 최소한의 영속성을 보인다.

    추가적인 성능 테스트는 학생정보가 파일의 어느 부분에 있거나 찾는데 일정한 시간이 걸린다는 것을 보인다. 학생의 추가 역시 상수시간에 가능하다.

입출력 (IO) | Lesson 11

```
package sis.studentinfo;

import java.io.*;
import sis.db.*;

public class StudentDirectory {
  private static final String DIR_BASENAME = "studentDir";
  private DataFile db;

  public StudentDirectory() throws IOException {
     db = DataFile.open(DIR_BASENAME);
  }

  public void add(Student student) throws IOException {
     db.add(student.getId(), student);
  }

  public Student findById(String id) throws IOException {
     return (Student)db.findBy(id);
  }

  public void close() throws IOException {
     db.close();
  }

  public void remove() {
     db.deleteFiles();
  }
}
```

반면에 StudentDirectory 클래스는 대부분이 변경되었다. StudentDirectory 클래스는 이제 명부 기능을 제공하기 위해 DataFile 인스턴스를 포함한다. 또한 추가적인 상세사항, 사용할 키 필드(학생 ID)와 데이터, 키 저장을 위한 기본 파일이름을 제공한다. 그 외에, 이 클래스는 단순히 메시지를 DataFile 객체로 전달한다.

14 sis.db.DatafileTest

```
package sis.db;

import junit.framework.*;
import java.io.*;
import sis.util.*;

public class DataFileTest extends TestCase {
  private static final String ID1 = "12345";
```

Agile Java

```java
    private static final String ID2 = "23456";
    private static final String FILEBASE = "DataFileTest";

    private DataFile db;
    private TestData testData1;
    private TestData testData2;
    protected void setUp() throws IOException {
        db = DataFile.create(FILEBASE);
        assertEquals(0, db.size());

        testData1 = new TestData(ID1, "datum1a", 1);
        testData2 = new TestData(ID2, "datum2a", 2);
    }

    protected void tearDown() throws IOException {
        db.close();
        db.deleteFiles();
    }

    public void testAdd() throws IOException {
        db.add(ID1, testData1);
        assertEquals(1, db.size());

        db.add(ID2, testData2);
        assertEquals(2, db.size());

        assertTestDataEquals(testData1, (TestData)db.findBy(ID1));
        assertTestDataEquals(testData2, (TestData)db.findBy(ID2));
    }

    public void testPersistence() throws IOException {
        db.add(ID1, testData1);
        db.add(ID2, testData2);
        db.close();

        db = DataFile.open(FILEBASE);
        assertEquals(2, db.size());

        assertTestDataEquals(testData1, (TestData)db.findBy(ID1));
        assertTestDataEquals(testData2, (TestData)db.findBy(ID2));

        db = DataFile.create(FILEBASE);
        assertEquals(0, db.size());
    }

    public void testKeyNotFound() throws IOException {
        assertNull(db.findBy(ID2));
    }

    private void assertTestDataEquals(
        TestData expected, TestData actual) {
```

입출력 (IO) | Lesson 11

```
    assertEquals(expected.id, actual.id);
    assertEquals(expected.field1, actual.field1);
    assertEquals(expected.field2, actual.field2);
  }
  static class TestData implements Serializable {
    String id;
    String field1;
    int field2;
    TestData(String id, String field1, int field2) {
      this.id = id;
      this.field1 = field1;
      this.field2 = field2;
    }
  }
}
```

DataFileTest는 새로운 DataFile을 정적 팩토리 메소드인 create를 이용해서 만드는 것을 보여 준다. create 메소드는 DataFile의 이름을 인수로 받는다.

이 테스트는 또한 유일한 키와 관련된 객체를 인수로 하는 add 메소드를 이용해서 DataFile에 객체를 넣는 것을 보여 준다. 객체를 가져오기 위해서는 객체의 키를 인수로 해서 findBy 메시지를 보낸다. 객체를 가져올 수 없다면 Datafile은 null을 반환한다.

영속성은 DataFile을 닫고 팩토리 메소드인 open을 호출해서 새로운 인스턴스를 만들어서 확인한다[3]. open과 create의 구분은 create는 이미 데이터 파일이 존재한다면 지우지만, open은 이미 존재하는 파일을 이용하고 필요한 경우에만 새로운 파일을 만든다.

findBy 메소드에서 반환되는 객체는 캐스트가 필요하다는 것을 알아두자. 이것은 Datafile이 인수화된 형을 사용해서 구현할 대상이라는 것을 의미한다. (인수화된 형식에 대해서는 레슨 14를 보자.)

15 정적 내장 클래스(static nested class)와 내부 클래스(inner class)

DataFileTest는 DataFile이 객체를 영속적으로 저장하고 이후에 가져올 수 있는 것을 보인다. 이런 테스트를 작성하기 위해 다른 누구도 바꾸지 못하는 클래스를 사용하는 것이 가장 좋다. 여러분은 String과 같은 자바 시스템 라이브러리 클래스를 사용할 수 있지만, 새로

---

footnote

3) 엄밀하게 이 테스트는 디스크상의 영속성을 보이지는 못한다. 여러분은 객체를 정적인 콜렉션에 저장하는 방법을 선택했다. 하지만 이 테스트의 요점은 여러분이 정직하지 않고 바보같은 방법을 사용했다는 것을 보이는 것이 아니다. 이 테스트는 대신 기대되는 동작을 보여 준다. 하지만 확신하지 못한다면, 객체가 실제로 디스크상의 파일에 저장된 것을 확인할 수 있다. 이런 방법은 훨씬 복잡하고 아마도 필요치 않다.

Agile Java

운 자바 버전이 나오면서 바뀔 가능성이 있다. 대신, 더 나은 방법은 DataFileTest에서만 사용되는 테스트 클래스를 만드는 것이다.

TestData는 완전히 DataFileTest내부에 포함된 내장 클래스(nested class)로 정의된다. 내장 클래스에는 정적 내장 클래스(static nested class)와 내부 클래스(inner class)의 두 가지 종류가 있다. 가장 큰 차이는 내부 클래스는 외부 클래스 내에서 정의된 인스턴스 변수에 접근할 수 있다는 것이다. 정적 내장 클래스는 불가능하다.

다른 구분은 내부 클래스는 외부 클래스에 완전히 포함된다. 내부 클래스는 외부 클래스의 인스턴스 변수에 접근할 수 있기 때문에, 다른 코드에서 내부 클래스의 인스턴스를 만드는 것은 불가능하다. 자바는 기술적으로 외부 코드에서 내부클래스를 참조하는 것을 허용하지만 약간 복잡하기 때문에 이 책에서는 다루지 않을 것이다. 내부 클래스를 참조하지 말자!

반면에, 정적 내장 클래스는 private으로 선언되지 않았다면 외부 코드에서 사용될 수 있다. 여러분은 Map 객체에 대한 키-값 쌍을 사용하기 위해서 정적 내장 클래스 Entry를 사용했다. Map 클래스 외부의 코드에서 사용했기 때문에, 이 클래스를 Map.Entry로 참조했다.

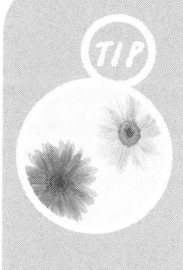

내장 클래스의 클래스 이름

클래스나 인터페이스를 컴파일 할 때, 컴파일 단위는 클래스 이름에 .class 확장자를 붙여서 만든다. 예를 들어, Course 클래스는 Course.class로 컴파일 된다.

내장 클래스를 포함하는 클래스를 컴파일할 때, 자바는 외부 클래스이름에 $표시를 붙이고 내장 클래스 이름을 붙여서 파일을 생성한다. 예를 들어, DataFileTest는 DataFileTest.clas와 DataFileTest$TestData.class, 두 개의 컴파일 단위가 된다.

클래스 파일을 복사하거나 배포를 위해 JAR 파일에 넣을 때, 모든 내장 클래스를 포함하는 것을 잊지 말자.

내장 클래스를 정적으로 선언하는 이유는 클래스가 사용하도록 하기 위해서이다. 여러분은 내장 클래스가 아닌 일반 클래스로 선언할 수 있지만, 포함하는 클래스와 긴밀한 관계를 원한다. 예를 들어, Map.Entry는 Map 클래스가 없다면 의미가 없기 때문에 Map과 단단히 결합되어있다.

내장 클래스를 정적으로 선언하는 두 번째 이유는 직렬화를 위해서이다. 내부 클래스 객체는 외부 클래스의 인스턴스 변수에 접근해야 하기 때문에 내부 클래스 객체를 직렬화할 수 없다. 직렬화가 가능하려면 직렬화 과정에서 외부 클래스의 필드를 직접 저장해야 한다.

영구적인 TestData 객체를 원하기 때문에 클래스를 직렬화할 수 있어야 한다. TestData가 내장 클래스라면, 이 클래스를 static으로 선언해야 한다.

입출력 (IO) | Lesson 11

16 sis.db.DataFile

```java
package sis.db;

import java.util.*;
import java.io.*;
import sis.util.*;

public class DataFile {
  public static final String DATA_EXT = ".db";
  public static final String KEY_EXT = ".idx";

  private String dataFilename;
  private String keyFilename;

  private RandomAccessFile db;
  private KeyFile keys;

  public static DataFile create(String filebase) throws IOException {
     return new DataFile(filebase, true);
  }

  public static DataFile open(String filebase) throws IOException {
     return new DataFile(filebase, false);
  }

  private DataFile(String filebase, boolean deleteFiles)
       throws IOException {
    dataFilename = filebase + DATA_EXT;
    keyFilename = filebase + KEY_EXT;

    if (deleteFiles)
       deleteFiles();
    openFiles();
  }

  public void add(String key, Object object) throws IOException {
    long position = db.length();

    byte[] bytes = getBytes(object);
    db.seek(position);
    db.write(bytes, 0, bytes.length);

    keys.add(key, position, bytes.length);
  }

  public Object findBy(String id) throws IOException {
    if (!keys.containsKey(id))
       return null;

    long position = keys.getPosition(id);
```

| 407 |

Agile Java

```java
      db.seek(position);

      int length = keys.getLength(id);
      return read(length);
   }

   public int size() {
      return keys.size();
   }

   public void close() throws IOException {
      keys.close();
      db.close();
   }

   public void deleteFiles() {
      IOUtil.delete(dataFilename, keyFilename);
   }

   private Object read(int length) throws IOException {
      byte[] bytes = new byte[length];
      db.readFully(bytes);
      return readObject(bytes);
   }

   private Object readObject(byte[] bytes) throws IOException {
      ObjectInputStream input =
         new ObjectInputStream(new ByteArrayInputStream(bytes));
      try {
         try {
            return input.readObject();
         }
         catch (ClassNotFoundException unlikely) {
            // 필요하다면 테스트를 작성한다.
            return null;
         }
      }
      finally {
         input.close();
      }
   }

   private void openFiles() throws IOException {
      keys = new KeyFile(keyFilename);
      db = new RandomAccessFile(new File(dataFilename), "rw");
   }

   private byte[] getBytes(Object object) throws IOException {
      ByteArrayOutputStream byteStream = new ByteArrayOutputStream();
      ObjectOutputStream outputStream =
         new ObjectOutputStream(byteStream);
      outputStream.writeObject(object);
      outputStream.flush();
      return byteStream.toByteArray();
   }
}
```

입출력 (IO) | Lesson 11

DataFile 클래스는 이번 구현의 중심 부분이다. 이 클래스는 인스턴스 변수인 db(데이터베이스의 약자이다. 저자가 사용하는 몇 개 안 되는 약어 중 하나이다)를 저장하는 RandomAccessFile 객체의 사용을 보여 준다. 여러분은 File 객체와 RandomAccessFile에 접근하는 방식을 선언하는 문자열을 전달해서 RandomAccessFile 객체를 만든다.

RandomAccessFile은 네 개의 모드를 제공한다. : "r"(읽기전용), "rw"(읽고 쓰기), "rws"(동기화된 데이터/메타데이터 갱신이 가능한 읽고 쓰기), "rwd"(동기화된 데이터 갱신이 가능한 읽고 쓰기). 동기화된 갱신은 파일을 고치면 안전하게 저장 장치에 쓰는 것을 보장한다. 이것을 사용하지 않으면, 시스템이 멈추는 경우 데이터를 잃어버릴 수도 있다. "rws" 옵션은 내용과 메타데이터(예를 들어, 파일이 마지막으로 수정된 시간정보)가 저장되는 것을 보장한다. "rwd" 옵션은 내용이 저장되는 것만을 보장한다.

우리는 파일에서 데이터를 읽고 써야 하기 때문에 "rw" 옵션을 사용한다. 다른 읽고 쓰기 옵션은 추가적인 부담이 있지만 데이터의 무결성을 유지하기 위해서는 필요할 수도 있다.

seek 메소드를 사용해서 빠르게 내부의 파일 포인터를 파일의 임의의 위치로 옮길 수 있다. getFilePoint 메소드는(이 예제에서는 사용되지 않는다) 파일 포인터의 현재 위치를 반환한다. length 메소드는 파일의 전체 바이트 크기를 반환한다. 다른 IO 클래스처럼, RandomAccessFile은 데이터를 가져오고 저장하기 위한 여러 read와 write 메소드를 제공한다.

RandomAccessFile은 객체 저장을 직접 지원하지는 않는다. RandomAccessFile에 객체를 저장하려면 먼저 객체를 바이트 배열로 바꿔야 한다. 객체를 바이트 형식으로 바꾸기 위해 getBytes 메소드는 ObjectOutputStream에 ByteArrayOutputStream을 포장한다. 이것은 ObjectOutputStream에 쓴 객체가 내부에 있는 ByteArrayOutputStream으로 전달된다는 의미이다. 여러분은 toByteArray 메시지를 보내서 ByteArrayOutputStream에서 바이트 배열을 얻을 수 있다.

RandomAccessFile에서 객체를 읽으려면, 반대로 해야 한다. 적절한 길이의 바이트 배열을 만들고, readFully로 RandomAccessFile로부터 바이트 값을 읽는다. 이 바이트 배열을 ByteArrayInputStream에 넣고, ObjectInputStream에 다시 넣는다.

ObjectInputStream을 읽으면 저장된 바이트로부터 객체를 되돌릴 수 있다.

17 \ sis.db.KeyFileTest

```
package sis.db;

import junit.framework.*;
import java.io.*;
import java.util.*;
import sis.util.*;
```

Agile Java

```java
public class KeyFileTest extends TestCase {
   private static final String FILENAME = "keyfiletest.idx";
   private static final String KEY = "key";
   private static final long POSITION = 1;
   private static final int LENGTH = 100;

   private KeyFile keyFile;

   protected void setUp() throws IOException {
      TestUtil.delete(FILENAME);
      keyFile = new KeyFile(FILENAME);
   }

   protected void tearDown() throws IOException {
      TestUtil.delete(FILENAME);
      keyFile.close();
   }

   public void testCreate() {
      assertEquals(0, keyFile.size());
   }

   public void testAddEntry() {
      keyFile.add(KEY, POSITION, LENGTH) ;

      assertEquals(1, keyFile.size());
      assertTrue(keyFile.containsKey(KEY));
      assertEquals(POSITION, keyFile.getPosition(KEY));
      assertEquals(LENGTH, keyFile.getLength(KEY));
   }

   public void testReopen() throws IOException {
      keyFile.add(KEY, POSITION, LENGTH);
      keyFile.close();

      keyFile = new KeyFile(FILENAME);
      assertEquals(1, keyFile.size());
      assertEquals(POSITION, keyFile.getPosition(KEY));
      assertEquals(LENGTH, keyFile.getLength(KEY));
   }
}
```

KeyFileTest는 KeyFile에 키(유일한 아이디)를 추가하는 기능을 보여 준다. 키는 DataFile 객체에서 관련된 데이터의 위치와 데이터의 크기와 함께 저장된다. 데이터 위치와 길이는 유일한 키를 사용해서 KeyFile에서 찾을 수 있다.

세 번째 테스트인 testReopen은, 키 파일의 이름을 이용해서 새로운 KeyFile 객체를 만드는 기능을 보여 준다. KeyFile 객체는 이미 저장된 키 데이터를 읽어야만 한다.

입출력 (IO) | Lesson 11

18. sis.db.KeyFile

```
package sis.db;

import java.util.*;
import java.io.*;

class KeyFile {
   private Map<String, EntryData> keys =
      new HashMap<String, EntryData>();
   private File file;

   KeyFile(String filename) throws IOException {
      file = new File(filename);
      if (file.exists())
         load();
   }

   void add(String key, long position, int length) {
      keys.put(key, new EntryData(position, length));
   }

   int size() {
      return keys.size();
   }

   boolean containsKey(String key) {
      return keys.containsKey(key);
   }

   long getPosition(String key) {
      return keys.get(key).getPosition();
   }

   int getLength(String key) {
      return keys.get(key).getLength();
   }

   void close() throws IOException {
      ObjectOutputStream stream =
         new ObjectOutputStream(new FileOutputStream(file));
      stream.writeObject(keys);
      stream.close();
   }

   void load() throws IOException {
      ObjectInputStream input = null;
      try {
         input = new ObjectInputStream(new FileInputStream(file));
         try {
```

```
         keys = (Map<String, EntryData>)input.readObject();
      }
      catch (ClassNotFoundException e) {
      }
   }
   finally {
      input.close();
   }
}

static class EntryData implements Serializable {
   private long position;
   private int length;

   EntryData(long position, int length) {
      this.position = position;
      this.length = length;
   }

   private long getPosition() {
      return position;
   }

   private int getLength() {
      return length;
   }
}
}
```

KeyFile은 키 정보를 keys라는 Map에 저장한다. Map 객체는 키를 직렬화가 가능하고, 데이터의 위치와 길이를 함께 저장하는, 정적 내장 클래스인 EntryData에 저장한다. 닫을 때 KeyFile은 ObjectOutputStream을 이용하여 전체 Map을 파일에 쓴다. 열때는 전체 Map을 읽어온다.

19 sis.util.IOUtilTest

```
package sis.util;

import junit.framework.*;
import java.io.*;

public class IOUtilTest extends TestCase {
   static final String FILENAME1 = "IOUtilTest1.txt";
   static final String FILENAME2 = "IOUtilTest2.txt";

   public void testDeleteSingleFile() throws IOException {
```

입출력 (IO) | Lesson 11

```
    create(FILENAME1);
    assertTrue(IOUtil.delete(FILENAME1));
    TestUtil.assertGone(FILENAME1);
  }

  public void testDeleteMultipleFiles() throws IOException {
    create(FILENAME1, FILENAME2);
    assertTrue(IOUtil.delete(FILENAME1, FILENAME2));
    TestUtil.assertGone(FILENAME1, FILENAME2);
  }

  public void testDeleteNoFile() throws IOException {
    TestUtil.delete(FILENAME1);
    assertFalse(IOUtil.delete(FILENAME1));
  }

  public void testDeletePartiallySuccessful() throws IOException {
    create(FILENAME1);
    TestUtil.delete(FILENAME2);
    assertFalse(IOUtil.delete(FILENAME1, FILENAME2));
    TestUtil.assertGone(FILENAME1);
  }

  private void create(String... filenames) throws IOException {
    for (String filename: filenames) {
      TestUtil.delete(filename);
      new File(filename).createNewFile();
    }
  }
}
```

IOUtilTest의 가장 재미있는 부분은 이 클래스가 네 개의 테스트 메소드를 가지며, 각 테스트가 같은 IOUtil 메소드인 delete를 시험한다는 것이다. 각 테스트는 전형적인 시나리오를 검증한다. 여러 다른 테스트가 가능할 것이다. 얼만큼의 테스트를 해야 신뢰할 수 있고, 여러분이 만족할지는 여러분이 결정할 일이다.

 너무 적은 테스트를 작성하는 것보다는 너무 많은 테스트를 작성하는 실수를 하자.

20 sis.util.IOUtil

```
package sis.util;

import java.io.*;

public class IOUtil {
```

Agile Java

```
public static boolean delete(String... filenames) {
   boolean deletedAll = true;
   for (String filename: filenames)
      if (!new File(filename).delete())
         deletedAll = false;
   return deletedAll;
}
```

delete 메소드는 한번의 메소드 호출에서 여러 파일을 지우기 위해서 가변인수를 사용한다. 모든 파일이 성공적으로 지워지면 true를 반환한다.

21 \ sis.util.TestUtil

```
package sis.util;

import junit.framework.*;
import java.io.*;

public class TestUtil {
   public static void assertGone(String... filenames) {
      for (String filename: filenames)
         Assert.assertFalse(new File(filename).exists());
   }

   public static void delete(String filename) {
      File file = new File(filename);
      if (file.exists())
         Assert.assertTrue(file.delete());
   }
}
```

테스트들만이 TestUtil 클래스의 코드를 이용한다. TestUtil은 junit.framework.TestCase를 계승하지 않기 때문에, assert 인스턴스 메소드를 사용할 수 없다. 하지만 junit.framework.Assert는 클래스 메소드로서 assert 메소드를 선언하므로, 어디에서나 사용할 수 있다.

또 다른 해야 할 일은

- GradingStrategy 구현형을 만들고 Student를 직렬화 가능하도록 한다.
- Student 클래스에 id 필드를 만들고 이 값을 읽거나 설정할 수 있는 메소드를 추가한다.
- AllTests 스위트 클래스를 갱신한다.

입출력 (IO) | Lesson 11

22 발전시키기

이 예제에서, SutdentDirectoryTest에서 보는 것처럼 testRandomAccess라는 하나의 테스트에서 StudentDirectory를 구현하기 시작했다. 흔히 StudentDirectory에 기능을 만드는 일은 큰 작업이다. StudentDirectory에서 메소드들을 빼왔기 때문에, DataFile 클래스를 만들게 되었다. 이것은 StudentDirectoryTest에 대한 작업은 일시적으로 멈춘다는 의미이다. 비슷하게, DataFile에 대해서 작업을 시작한 후에는 KeyFile에 키에 관련된 기능을 넣는 것이 쉽다는 것을 알았다.

한가지 문제를 해결하기 위해 개발을 진행하면서, 저자는 계속해서 현재의 디자인을 다시 평가해 보았다. 저자의 일반적인 전략은 외부에서부터 초기 디자인을 그려가는 것이다. 다시 말하면 클라이언트 코드가 클래스를 사용하고자 하는 방법을 결정하고, 그 인터페이스를 기반으로 디자인을 만들어간다. 필요하다면, 고수준의 구조를 구성하고, 내부적인 세부사항을 결정한다. 어떻게 일하거나, 저자는 디자인이 항상 유동적인 상태라고 생각한다. 내부적인 세부사항을 구현하는 것은 주변 클래스에 영향을 주기도 하고, 반대가 될 수도 있다.

디자인을 바꾸는 것은 정상적인 일이다. 가장 외부의 인터페이스는 상당히 안정적으로 유지하지만 세부사항은 자주 바뀐다. 디자인의 변경은 큰 것이 아니다. 디자인 변경은 작은 코드 부분을 다른 곳으로 옮기고 디자인을 계속해서 개선하는 과정이다.

초기 디자인을 하는 것은 매우 가치 있는 일이다. 단지 세부사항에 너무 많은 시간을 들이지는 말자. 디자인의 중요한 부분은 인터페이스 부분이다. 어디에서 여러분의 코드가 시스템의 코드와 상호작용하는가? 그 외에는 여러분이 조정할 수 있다. 구현과정에서 디자인을 바꿔서 좀더 나은 시스템을 만들어 낼 수 있다.

연습문제

1. 이 예제를 파일 시스템에 쓰는 테스트를 작성한다. 이 테스트는 다시 파일을 읽어서 내용을 확인한다. 이 테스트를 여러번 실행할 수 있고 통과하도록 만든다. 마지막으로 테스트가 끝났을 때, 예외가 발생하는 경우에도, 남은 파일이 없도록 한다.

2. (어려움) 버퍼링되는 클래스를 사용하는 것이 성능 향상에 도움이 되는지 확인하는 타이밍 테스트를 만든다. 이 테스트는 여러 크기의 파일에 대해서 10의 배수로 늘어나는 크기의 문자 데이터를 만들고 한번에 한 문자를 쓰는 메소드를 호출해서 문자 데이터를 쓰는 메소드를 만든다. 그리고 버퍼링되는 출력 스트림을 사용하는 것이 5배의 성능 향상이 될 때까지 테스트를 반복한다. 버퍼링된 스트림을 사용하는 것이 눈에 뛰는 성능향상을 보이는 것은 언제부터인가?

3. MyFile이라는 유틸리티 클래스를 만들고 테스트한다. 이 크래스는 File 객체를 포함하고, 생성자의 인수로 문자열 파일이름을 받는다. 이 클래스는 문자열 혹은 줄의 리스트로 파일의 내용을 가져오기 위한 메소드를 가져야 한다. 또한 문자열이나 문자열의 리스트를 쓰는 메소드를 제공해야 한다. 읽고 쓰는 동작은 파일의 열기와 닫기를 포함해야 한다. 클라이언트 코드는 파일을 직접 닫지 않아야 한다.
   파일이 존재하지 않으면 특정 예외를 발생하고 읽기 메소드가 실패하도록 한다. 비슷하게 파일이 존재하지 않으면 쓰기 메소드도 실패해야 한다. delete와 overwrite 메소드를 제공하면 계속해서 쓸 수 있는 유틸리티 클래스가 될 것이다.

4. 유틸리티 클래스에 추가한다. : Dir 클래스를 만들어서 실제 파일시스템의 디렉토리를 yv 시하는 File 객체를 포함시킨다. 존재하는 디렉토리를 가리킬때만 동작하는 클래스를 만든다. ensureExists라는 sapthem를 제공해서 디렉토리가 존재하지 않는 경우 만들도록 한다. 생성자는 디렉토리 이름이 존재하는 파일과 같으면 예외를 생성한다. 마지막으로 디렉토리의 MyFile 객체 리스트를 반환하는 메소드를 작성하고 디렉토리가 아직 생성되지 않았으면 예외를 발생하도록 한다.

5. ByteArrayOutputStream을 사용해서 예외를 잡고 스택 트레이스를 문자열로 출력하는 방법을 보인다. OutputStreamWriter를 사용거나, 사용하지 않는 버전을 만든다. 문자 버전과 바이트 버전, 양쪽 모두에서 버퍼링되는 읽기, 쓰기 클래스를 사용한다.

6. 체스를 고쳐서 체스판의 위치를 텍스트 파일로 쓰고 다시 읽어들이도록 한다. 두가지 방법이 있다. Board를 직렬화하거나 이전 예제에서의 문자형식 표현을 이용한다.

7. 추가 레슨 Ⅲ에서, 여러분은 객체를 복사하는 방법을 배울 것이다. 이 방법을 배울 때 가지 객체 직렬화와 역직렬화로 객체 복사를 구현할 수 있다. 여러분의 구현은 실제 시스템 구현에는 사용하지 않는 "가난한 자의" 복사방법이 될 것이다.

8. Dir에 두 가지 디렉토리 속성(읽기 전용, 숨김)을 저장하는 Attributes라는 인스턴스 내부 클래스를 만든다. Dir 클래스는 요청이 있으면 이 클래스를 반환해야 한다. 이 테스트가 객체를 만들지 못하는 것을 확인하자(컴파일이 불가능하다).

9. Dir.Attributes 내부 클래스를 정적 내장 클래스로 바꾸고 코드와 테스트가 실행되도록 고친다. 무엇이 변하는가? 테스트가 Dir.Attributes 클래스의 객체를 생성할 수 있는 것을 확인하자. 이 디자인은 의미가 있는가?

10. 레슨 10의 예제에서 프로그램적으로 각 기본 정수형의 크기를 결정하는 코드를 작성했다. 이제 데이터 스트림을 사용해서 모든 기본형의 기본 크기를 결정하는 코드를 작성한다.

Lesson 12 반영과 다른 상급 주제

이제 대부분의 문제를 해결할 만큼 충분히 자바를 배웠다.
이 레슨에서는 자바에 관련된 상급 주제와 학생정보 시스템에는 사용되지 않은 몇 가지 중요한 작은 기능을 다룬다.

이 레슨에서는 다음 내용을 다룬다.

- 추가적인 모방 방법
- 이름이 없는 내부 클래스
- 반영
- 아답터(adapter)
- 인스턴스 초기화
- Class 클래스
- 동적인 프록시 기능

1. 모방 객체(mock object) 다시 보기

레슨 10에서, 여러분은 랜덤 숫자 생성기의 동작을 흉내내는 모방 객체를 만들었다. 이 모방 클래스는 java.util.Random을 계승한다. 여러분은 모방 클래스를 테스트 내에 내장 클래스로 만들었다. 모방 클래스는 테스트에서만 사용되기 때문에, 모방 코드를 테스트 클래스에 직접 포함하는 것이 좋다. 이 레슨에서는, 더욱 간단한 방법을 배울 것이다. 이제 모방 클래스를 완전히 테스트 메소드 안에 포함시킬 것이다.

만약, 여러분의 코드가 외부 API와 상호작용을 해야 한다면, 모방 객체를 사용할 필요가 있을 수도 있다. 일반적으로 여러분은 외부코드나 API가 반환하는 값을 조절할 수 없다. 또한 API는 항상 사용 가능한 것이 아닌 외부 자원과 통신을 할 수도 있다. 이런 API는 좋지 않은 의존성을 만들므로, 모방 클래스로 해결할 수 있다.

 의존성 관계가 있을 때, 모방 클래스를 사용하자.

Account 클래스는 관련된 은행 계좌에서의 송금을 처리할 필요가 있다. 그러기 위해서, 짐 밥의 ACH 회사에서 나온 ACH 소프트웨어와 통신을 해야 한다. ACH 소프트웨어는 API 명세를 제공한다. 다른 문제가 있다. 우리는 아직 실제 소프트웨어를 구입하거나 설치하지 않았다. 하지만 우리는 코드를 구입하고 설치한 후 짧은 시간 내에 소프트웨어를 배포하기 위해서 당장 코딩을 시작해야 한다.

테스트 자체는 작다.

```
package sis.studentinfo;

import java.math.BigDecimal;
import junit.framework.*;

public class AccountTest extends TestCase {
   static final String ABA = "102000012";
   static final String ACCOUNT_NUMBER = "194431518811";

   private Account account;

   protected void setUp() {
      account = new Account();
      account.setBankAba(ABA);
      account.setBankAccountNumber(ACCOUNT_NUMBER);
      account.setBankAccountType(Account.BankAccountType.CHECKING);
   }
   // ...
   public void testTransferFromBank() {
      account.setAch(new com.jimbob.ach.JimBobAch()); // uh-oh
```

Agile Java

```
        final BigDecimal amount = new BigDecimal("50.00");
        account.transferFromBank(amount);

        assertEquals(amount, account.getBalance());
    }
}
```

계좌에서 돈을 찾으려면 은행의 ABA 숫자, 계좌번호, 계좌의 형태를 알아야 한다. 여러분은 이런 필요한 계좌 정보를 setUp 메소드에서 채운다.

테스트 메소드, testTransferFromBank는 새로운 JimBobAch 객체를 만들고 Account 객체로 넘긴다. 여러분은 JimBobAch 클래스를 아직 가지고 있지 않으므로 컴파일도 되지 않을 것이다. 모방 클래스로 이 문제를 금방 해결할 수 있다.

나머지 테스트는 이 계좌에 transferFromBank 메시지를 보내고, 계좌 잔액이 알맞게 늘어난 것을 확인한다.

이제 어떻게 존재하지 않는 JimBobAch 클래스 문제를 해결할 것인가? 여러분은 다른 필요한 모든 것을 가지고 있다. 짐 밥 ACH 사는 API 문서를 제공하였다.

2 짐 밥 ACH 인터페이스

PDF 형태로 제공된 이 API 문서는 클래스 JimBobAch가 구현하고 있는 인터페이스를 포함하고 있다. 또한 관련된 데이터 클래스의 정의도 포함하고 있다. 여러분은 짐 밥 ACH 코드를 받고 여러분의 시스템으로 복사할 수 있다. 이 코드를 여러분의 소스 디렉토리의 ./com/jimbob/ach에 넣는다. (아마도 PDF 문서에서 직접 가져올 수 있을 것이다.)

여러분이 실제 API 라이브러리를 받았을 때, 임시 코드를 지우기 전에 비교해 보자.

```
// com.jimbob.ach.Ach
package com.jimbob.ach;

public interface Ach {
   public AchResponse issueDebit(AchCredentials credentials, AchTransactionData data);
   public AchResponse markTransactionAsNSF(AchCredentials credentials,
AchTransactionData data, String traceCode);
   public AchResponse refundTransaction(AchCredentials credentials, AchTransactionData
data, String traceCode);
   public AchResponse issueCredit(AchCredentials credentials, AchTransactionData
data);
   public AchResponse voidSameDayTransaction(AchCredentials credentials,
AchTransactionData data, String traceCode);
   public AchResponse queryTransactionStatus(AchCredentials credentials,
AchTransactionData data, String traceCode);
}
```

반영과 다른 상급 주제 | Lesson 12

```
// com.jimbob.ach.AchCredentials
package com.jimbob.ach;

public class AchCredentials {
   public String merchantId;
   public String userName;
   public String password;
}

// com.jimbob.ach.AchTransactionData
package com.jimbob.ach;

import java.math.BigDecimal;

public class AchTransactionData {
   public String description;
   public BigDecimal amount;
   public String aba;
   public String account;
   public String accountType;
}

// com.jimbob.ach.AchResponse
package com.jimbob.ach;

import java.util.*;

public class AchResponse {
   public Date timestamp;
   public String traceCode;
   public AchStatus status;
   public List<String> errorMessages;
}

// com.jimbob.ach.AchStatus
package com.jimbob.ach;

public enum AchStatus {
   SUCCESS, FAILURE;
}
```

당장은, 여러분은 오직 Ach 인터페이스 메소드인 issueDebit에만 관심이 있다. 은행 계좌에서 돈을 찾으려면 JimBobAch 객체에 issueDebit 메시지를 보내야 한다. 이 메시지는 AchCredentials 객체와 AchTranactionData 객체를 인수로 받는다. 이 두 클래스의 인스턴스 변수를 직접적으로 보이도록 하는 것은 좋지 않을 수 있다. 불행히도, 여러분은 써드파티 소프트웨어를 다루고 있으므로, 어쩔수 없다.

issueDebit 메소드는 완료되면 AchResponse 객체를 반환한다. 이 응답 데이터는 AchStatus enum 값을 사용해서 이체가 성공인지 아닌지를 나타낸다.

Agile Java

3 모방 클래스

여러분은 실제 JimBobAch 클래스를 가지고 있지는 않지만, 같은 인터페이스를 구현하는 모방 클래스를 만들 수 있다. 여러분의 테스트는 이 모방 객체를 사용할 것이다.

아래의 MockAch 클래스는 Ach 인터페이스를 구현하고 있다. ACH의 서비스 중 여러분이 관심있는 것은 issueDebit 메소드 뿐이다. 다른 메소드는 스텁(stub)으로 구현하여, 컴파일만 되도록 null을 반환하도록 한다. issueDebit 메소드는 실제와 같은 인수를 받도록 한다. 만약, 인수가 유효하다면, 원하는 결과 데이터를 넣어서 AchResponse 객체를 만든다1).

```
package sis.studentinfo;

import java.util.*;
import com.jimbob.ach.*;
import junit.framework.Assert;

class MockAch implements Ach {
  public AchResponse issueDebit(
      AchCredentials credentials, AchTransactionData data) {
    Assert.assertTrue(
      data.account.equals(AccountTest.ACCOUNT_NUMBER));
    Assert.assertTrue(data.aba.equals(AccountTest.ABA));

    AchResponse response = new AchResponse();
    response.timestamp = new Date();
    response.traceCode = "1";
    response.status = AchStatus.SUCCESS;
    return response;
  }

  public AchResponse markTransactionAsNSF(AchCredentials credentials,
      AchTransactionData data,
      String traceCode) {
    return null;
  }
  public AchResponse refundTransaction(AchCredentials credentials,
      AchTransactionData data,
      String traceCode) {
    return null;
  }
  public AchResponse issueCredit(AchCredentials credentials,
      AchTransactionData data) {
    return null;
  }
}
```

Footnote

1) 여러분은 AchCredentials 객체 역시 기대되는 형식인 것을 확인해야 한다. 지면 관계상 이 책에서는 생략했다.

반영과 다른 상급 주제 | Lesson 12

```
public AchResponse voidSameDayTransaction(
    AchCredentials credentials,
    AchTransactionData data,
    String traceCode) {
  return null;
}
public AchResponse queryTransactionStatus(AchCredentials credentials,
    AchTransactionData data, String traceCode) {
  return null;
}
```

이 방법이 양방향으로 그림 12-1과 같이 의존성을 만드는 것을 살펴보자. AccountTest 클래스는 MockAch를 만들며, 이것은 테스트 클래스가 MockAch에 의존적이라는 의미이다. MockAch가 ACCOUNT_NUMBER와 ABA 클래스 상수를 AccountTest에서 참조하기 때문에 MockAch는 AccountTest에 의존적이다. 양방향 의존성은 일반적으로 좋지 않은 것이지만 어떤 경우에는 이런 강한 결합이 가능하기도 하다. 테스트는 모방 클래스를 필요로 하고, 모방 클래스는 테스트 내에서만 유용하다.

이제 testTransferFromBank로 돌아가자. 이 메소드 안에 여러분은 존재하지 않는 JimBobAch 클래스의 객체를 만들었다. 대신 이제 MockAch 인스턴스를 만들어서 Account 객체로 전달한다.

```
public void testTransferFromBank() {
  // acount.setAch(new com.jimbob.ach.JimBobAch());
  account.setAch(new MockAch());

  final BigDecimal amount = new BigDecimal("50.00");
  account.transferFromBank(amount);

  assertEquals(amount, account.getBalance());
}
```

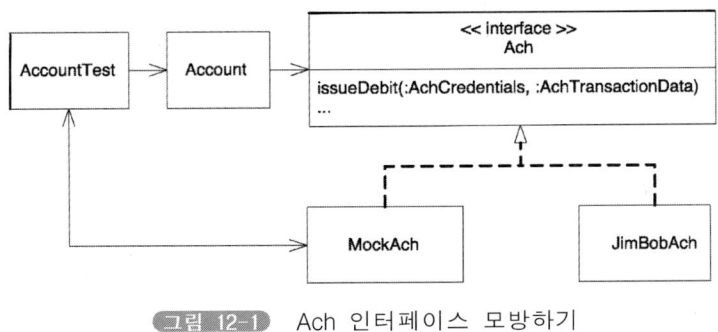

그림 12-1 Ach 인터페이스 모방하기

Agile Java

4   Account 클래스 구현

다음은 수정된 Account 클래스 코드이다.

```
package sis.studentinfo;

import java.math.BigDecimal;
import com.jimbob.ach.*;

public class Account {
   private BigDecimal balance = new BigDecimal("0.00");
   private int transactionCount = 0;
   private String bankAba;
   private String bankAccountNumber;
   private BankAccountType bankAccountType;
   private Ach ach;

   public enum BankAccountType {
      CHECKING("ck"), SAVINGS("sv");
      private String value;
      private BankAccountType(String value) {
         this.value = value;
      }
      @Override
      public String toString() {
         return value;
      }
   }

   public void credit(BigDecimal amount) {
      balance = balance.add(amount);
      transactionCount++;
   }

   public BigDecimal getBalance() {
      return balance;
   }

   public BigDecimal transactionAverage() {
      return balance.divide(
         new BigDecimal(transactionCount), BigDecimal.ROUND_HALF_UP);
   }
   public void setBankAba(String bankAba) {
      this.bankAba = bankAba;
   }

   public void setBankAccountNumber(String bankAccountNumber) {
      this.bankAccountNumber = bankAccountNumber;
   }
```

반영과 다른 상급 주제 | Lesson 12

```
public void setBankAccountType(
    Account.BankAccountType bankAccountType) {
  this.bankAccountType = bankAccountType;
}

public void transferFromBank(BigDecimal amount) {
  AchCredentials credentials = createCredentials();

  AchTransactionData data = createData(amount);

  Ach ach = getAch();
  AchResponse achResponse = ach.issueDebit(credentials, data);

  credit(amount);
}

private AchCredentials createCredentials() {
  AchCredentials credentials = new AchCredentials();
  credentials.merchantId = "12355";
  credentials.userName = "sismerc1920";
  credentials.password = "pitseleh411";
  return credentials;
}

private AchTransactionData createData(BigDecimal amount) {
  AchTransactionData data = new AchTransactionData();
  data.description = "transfer from bank";
  data.amount = amount;
  data.aba = bankAba;
  data.account = bankAccountNumber;
  data.accountType = bankAccountType.toString();
  return data;
}

private Ach getAch() {
  return ach;
}

void setAch(Ach ach) {
  this.ach = ach;
}
}
```

Account 클래스는 클라이언트가 Ach 레퍼런스를 전달하도록 하고 이 레퍼런스를 저장한다. 최종 시스템에서, Account를 생성하는 클라이언트 코드는 JimBobAch 객체를 보낼 것이다. 이 테스트에서, 여러분의 코드는 Account에 MockAch 객체를 전달한다. 어느 경우에도, Account는 issueDebit 메시지를 보내는 대상의 정확한 형식을 알지 못하고 구별하지 않는다.

testTransferFromBank는 이제 통과될 것이지만, 왜인지는 명확하지 않다. 모방 클래스는 다른 소스파일이므로, 어떤 일이 일어나는 지 알아보려면 앞뒤로 두 개의 클래스 정의를

Agile Java

살펴봐야 한다. 현재 상태로도 쓸만하지만 좀더 개선할 부분이 있다. 한가지는 모방 클래스 정의를 내장 클래스로 하는 것이다. 다른 하나는 이름 없는 내부 클래스로서 테스트 메소드 내에서 모방 클래스를 포함하는 것이다.

5 이름없는 내부 클래스

레슨 11에서는 정적 내장 클래스와 내부 클래스의 구별에 대해서 배웠다. 내장 클래스의 세 번째 형태가 이름없는 내부 클래스이다. 이름없는 내부 클래스는 메소드 내부에 이름을 정하지 않는 클래스 구현을 동적으로 만드는 방법이다.

이름없는 내부 클래스의 문법과 의미를 파악하는 것이 힘들 수도 있다. 하지만 이해하고 나면, 코드를 좀더 간결하고 이해하기 쉽게 만들 수도 있다.

MockAch의 내부(즉 모든 메소드 정의)를 가져다가 testTransferFromBank 내의 첫 번째 줄에 넣는다. 넣은 코드 바로 앞 다음 줄을 넣는다.

```
Ach mockAch = new Ach() {
```

그리고 중괄호를 닫고 세미콜론을 넣는다.

```
public void testTransferFromBank() {
  Ach mockAch = new Ach() {
    public AchResponse issueDebit(
        AchCredentials credentials, AchTransactionData data) {
      Assert.assertTrue(
          data.account.equals(AccountTest.ACCOUNT_NUMBER));
      Assert.assertTrue(data.aba.equals(AccountTest.ABA));

      AchResponse response = new AchResponse();
      response.timestamp = new Date();
      response.traceCode = "1";
      response.status = AchStatus.SUCCESS;
      return response;
    }

    public AchResponse markTransactionAsNSF(
        AchCredentials credentials,
        AchTransactionData data,
        String traceCode) {
      return null;
    }
    public AchResponse refundTransaction(AchCredentials credentials,
```

반영과 다른 상급 주제 | Lesson 12

```
            AchTransactionData data,
            String traceCode) {
        return null;
    }
    public AchResponse issueCredit(AchCredentials credentials,
            AchTransactionData data) {
        return null;
    }
    public AchResponse voidSameDayTransaction(
            AchCredentials credentials,
            AchTransactionData data,
            String traceCode) {
        return null;
    }
    public AchResponse queryTransactionStatus (
            AchCredentials credentials,
            AchTransactionData data, String traceCode) {
        return null;
    }
};

account.setAch(mockAch);

final BigDecimal amount = new BigDecimal("50.00");
account.transferFromBank(amount);

assertEquals(amount, account.getBalance());
}
```

인스턴스 초기화

레슨 4에서 정적인 초기화 블록을 배웠다. 자바는 인스턴스 초기화 블록을 이용하는 것을 허용한다.

이름없는 내부 클래스에서, 여러분은 생성자를 만들 수 없다. 이름이 없으므로, 생성자에 이름을 지을 수 없다. 대신, 인스턴스 초기화 블록을 이용할 수 있다.

```
Expirable t = new Expirable() {
    private long then;
    {
            long now = System.currentTimeMillis();
            then = now + 86400000;
    }
    public boolean isExpired(Date date) {
            return date.getTime() > then;
    }
};
```

인스턴스 초기화는 최상위 클래스에서는 잘 사용되지 않는다. 생성자나 필드 단위 초기화에 사용된다. 하지만 공통적인 설정 코드를 실행해야 하는 여러 생성자에서 중복을 줄이기 위해 사용할 수 있다.

Agile Java

다음 줄은

```
Ach mockAch = new Ach() {
```

인터페이스 형 Ach의 mockAch라는 참조를 생성한다. 오른쪽은 new를 사용해서 Ach 객체를 인스턴스화한다. 하지만 Ach는 인터페이스이다. 어떻게 인터페이스를 인스턴스화할 수 있는가?

자바는 동적으로 Ach 인터페이스를 구현하고, 동시에 그 구현을 인스턴스로 만드는 것을 허용한다. 여러분은 생성자 호출(new Ach()) 바로 뒤, 세미콜론 앞에 코드 블록에서 구현을 제공하였다.

구현내용은 Ach 형의 블록 안에서 제공되지만, 클래스 이름은 없다. 이 클래스는 익명이다. MockAch와 같이 Ach를 구현한 다른 객체와 마찬가지로, 여러분은 이 객체에 메시지를 보내고 저장하고, 인수로 전달할 수 있다.

테스트를 통과하는 것을 확인하고, 아직은 MockAch를 지우지 않는다.

여러분이 본 것처럼 이름없는 내부 클래스는 테스트를 위한 모방 객체를 만들 때 유용하다. 스윙(swing) 응용프로그램(추가 레슨 I 참조)과 멀티쓰레드(레슨 13 참조)에서 이름없는 내부 클래스를 많이 사용한다.

testTransferFromBank에서 어떤 일이 일어나는지 따라가는 것은 아직 약간 힘들다. 이 테스트 메소드는 이제 길고 복잡하다. 다음 섹션은 이런 상태를 개선하기 위해 아답터에 대해서 배울 것이다.

6 아답터(adapter)

이름없는 내부 클래스를 너무 많이 사용하면 코드를 이해하기 힘들어진다. 여러분의 목표는 테스트 메소드이기는 하지만 메소드를 짧게 유지하는 것이다. testTransferFromBank의 긴 내부 클래스 코드 때문에 메소드 전체 소스를 보기 위해서 스크롤이 필요할 수도 있다.

여러분은 인터페이스 아답터 클래스를 만들어서 Ach 인터페이스의 빈 구현을 제공할 수 있다. MockAch 클래스를 issueDebit 메소드에 대한 빈 정의를 제공하도록 고친다.

```
package sis.studentinfo;

import java.util.*;
import com.jimbob.ach.*;
import junit.framework.Assert;

class MockAch implements Ach {
    public AchResponse issueDebit(
```

반영과 다른 상급 주제 | Lesson 12

```
        AchCredentials credentials, AchTransactionData data) {
      return null;
    }
    public AchResponse markTransactionAsNSF(AchCredentials credentials,
        AchTransactionData data,
        String traceCode) {
      return null;
    }
    public AchResponse refundTransaction(AchCredentials credentials,
        AchTransactionData data,
        String traceCode) {
      return null;
    }
    public AchResponse issueCredit(AchCredentials credentials,
        AchTransactionData data) {
      return null;
    }
    public AchResponse voidSameDayTransaction(
        AchCredentials credentials,
        AchTransactionData data,
        String traceCode) {
      return null;
    }
    public AchResponse queryTransactionStatus(AchCredentials credentials,
        AchTransactionData data, String traceCode) {
      return null;
    }
}
```

AccountTest로 다시 돌아가서, 새로운 Ach()를 인스턴스화하는 대신 새로운 MockAch()를 사용하자. issueDebit외에 모든 메소드 구현을 없앤다.

```
public void testTransferFromBank() {
  Ach mockAch = new MockAch() {
      public AchResponse issueDebit(
          AchCredentials credentials, AchTransactionData data) {
        Assert.assertTrue(
            data.account.equals(AccountTest.ACCOUNT_NUMBER));
        Assert.assertTrue(data.aba.equals(AccountTest.ABA));

        AchResponse response = new AchResponse();
        response.timestamp = new Date();
        response.traceCode = "1";
        response.status = AchStatus.SUCCESS;
        return response;
      }
  };

  account.setAch(mockAch);

  final BigDecimal amount = new BigDecimal("50.00");
  account.transferFromBank(amount);

  assertEquals(amount, account.getBalance());
}
```

Agile Java

여러분은 아직 이름없는 내부 클래스를 만든다. 이름없는 내부 클래스는 인터페이스를 구현하거나 다른 클래스를 계승할 수 있다. 이 코드는 뒤쪽의 방법을 사용한다. 여기에서, 여러분은 MockAch 클래스를 아답터로 사용해서 모방 객체에서 관심을 가질 필요가 없는 메소드를 가린다. 이제 충분히 간단한 테스트 메소드에 적절한 모방 코드를 포함할 수 있다.

7 외부 클래스에서 변수에 접근하기

 여러분은 은행에서 송금 요청을 거절할 때 어떻게 처리해야 할지를 나타내는 추가적인 테스트인, testFailedTransferFromBank가 필요하다. 이 테스트와 모방 객체는 testTransferFromBank와 비슷할 것이다. 학생의 잔고는 송금이 실패한 경우 바뀌어야 하므로, 테스트에서의 확인부분도 바뀌어야 한다.

모방 객체는 거의 완전히 같기 때문에 여러분은 중복된 코드를 사용하지 않고 둘을 생성하는 방법을 원한다. 여러분은 다음과 같이 새 테스트를 만들고 싶다2).

```
public void testFailedTransferFromBank() {
  account.setAch(createMockAch(AchStatus.FAILURE));
  final BigDecimal amount = new BigDecimal("50.00");
  account.transferFromBank(amount);
  assertEquals(new BigDecimal("0.00"), account.getBalance());
}
```

이전의 테스트인, testTransferFromBank는 같은 구조를 사용할 수 있다.

```
public void testTransferFromBank() {
  account.setAch(createMockAch(AchStatus.SUCCESS));
  final BigDecimal amount = new BigDecimal("50.00");
  account.transferFromBank(amount);
  assertEquals(amount, account.getBalance());
}
```

이름없는 내부 클래스 객체는 그저 객체이다. 이들은 메소드에서 생성되서 다른 객체와 마찬가지로 반환될 수 있다.

```
// 이 코드는 컴파일되지 않는다.
private Ach createMockAch(AchStatus status) {
  return new MockAch() {
```

---

2) Account 코드에서 ACH 송금이 실패했다는 예외를 전달하기를 원할 수도 있다. 여기에서는 예제를 단순하게 하기 위해 예외를 사용하지 않았다.

반영과 다른 상급 주제 | Lesson 12

```
    public AchResponse issueDebit(
        AchCredentials credentials, AchTransactionData data) {
      Assert.assertTrue(
        data.account.equals(AccountTest.ACCOUNT_NUMBER));
      Assert.assertTrue(data.aba.equals(AccountTest.ABA));

      AchResponse response = new AchResponse();
      response.timestamp = new Date();
      response.traceCode = "1";
      response.status = status;
      return response;
    }
  };
}
```

하지만 이 코드는 컴파일 되지 않는다. 다음의 메시지가 출력될 것이다.

```
local variable status is accessed from within inner class; needs to be declared final
```

이름없는 내부 클래스는 내부 클래스이다. 레슨 11에서 배운 정의에 따르면 내부 클래스는 외부 클래스의 인스턴스 변수(그리고 메소드)에 접근할 수 없다.

이름없는 내부 클래스는 지역변수에 접근할 수 없다. status 인수는 createMockAch메소드에서만 접근할 수 있기 때문에 지역변수와 비슷하다.

하지만 컴파일러 에러에 따르면, 여러분은 status 인수를 final로 선언해서 이런 제한을 피할 수 있다.

```
private Ach createMockAch(final AchStatus status)
```

이렇게 하면, 코드는 컴파일 되지만 테스트를 통과하지 못한다.

왜 변수를 final로 선언해야 할까? 변수를 final로 선언하면 처음 설정한 후에 그 값을 바꿀 수 없다는 것을 의미한다.

이름없는 내부클래스의 인스턴스는 선언된 메소드의 바깥에 있다. 우리의 예제에서, createMockAch 메소드는 새로운 이름없는 내부 클래스를 인스턴스화하고, 호출하는 테스트 메소드로 반환된다.

지역변수는 메소드의 실행이 끝나면 존재하지 않는다! 인수 또한 그렇다. 모든 메소드의 인수는 호출하는 코드에서 전달한3) 인수의 복사본이다. 만약, 이름없는 내부클래스가 지역변수에 접근할 수 있다면, 이름없는 내부 클래스의 코드가 실제로 동작하기 전에 지역변수의 값이 파괴될 수 있다. 이것은 물론 좋지 않은 일이다.

테스트를 통과하려면, Account에 코드를 추가해서 성공적으로 송금이 되었는지만을 확인한다.

---

3) 좀더 알아보려면, 값을 통한 호출에 대한 추가 레슨 III을 참조한다.

Agile Java

```
public void transferFromBank(BigDecimal amount) {
  AchCredentials credentials = createCredentials();
  AchTransactionData data = createData(amount);
  Ach ach = getAch();
  AchResponse achResponse = ach.issueDebit(credentials, data);
  if (achResponse.status == AchStatus.SUCCESS)
     credit(amount);
}
```

약간만 재구성하면, 다음과 같이 간단하게 만들 수 있다.

```
public void transferFromBank(BigDecimal amount) {
  AchResponse achResponse =
     getAch().issueDebit(createCredentials(), createData(amount));
  if (achResponse.status == AchStatus.SUCCESS)
     credit(amount);
}
```

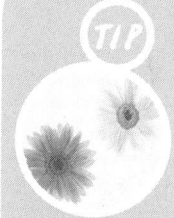

이름없는 내부 클래스의 클래스 이름

이름없는 내부 클래스를 컴파일하면, 자바는 이름이 있는 정적 내장 클래스와 비슷한 규칙으로 컴파일 단위의 이름을 만든다. 자바는 클래스 이름을 구분하기 위해 $ 표시를 사용한다.

사소한 문제가 있다. 이름없는 내부 클래스는 이름이 없다! 자바는 간단한 해결방법으로 이름없는 내부 클래스에 1에서 시작하는 숫자를 사용한다. 그리고 이 숫자를 내장 클래스의 이름 부분에 넣는다. 예를 들어, AccountTest 클래스는 AccountTest.class, AccountTest$1.class, 두 개의 컴파일 단위를 생성한다.

마지막 챕터에서의 경고를 반복하겠다. 클래스 파일을 복사하거나 JAR 파일에 넣을 때, 모든 내장 클래스를 넣는 것을 잊지 말자.

8 트레이드오프(tradeoff)

이전에 테스트 자체에서 모방 객체를 보는 것은 좋은 일이라고 말했다. 그리고 저자는 비슷한 모방 객체를 사용하는 다른 테스트가 추가되면서 중복을 줄이기 위해 모방 클래스의 정의를 분리했다. 이것은 약간의 명료성을 위한 것이다.

중복과 코드를 읽기 어려운 것 중 어느 쪽이 더 나쁜가? 답은 항상 명확하지는 않다. 이 문제는 논란거리가 될 수 있다. 저자의 입장에서는 중복된 코드가 읽기 어려운 코드보다 문제가 된다. 여러분은 한쪽보다 다른 쪽을 선택할 일이 많지 않다. 하지만 그래야 할 때 중복

반영과 다른 상급 주제 | Lesson 12

을 줄이는 것이 안전한 길이다. 중복을 줄이면, 여러분은 관리를 위한 비용을 줄일 수 있다. 또한 한곳에서 바꾼 것을 다른 곳에 적용하지 않을 위험을 줄일 수 있다.

9 반영(reflection)

여러분은 이전에 Object의 메소드인 getClass가 실행시에 객체의 형식을 구분하도록 하는 것을 보았다. 이것은 코드 내에서 코드 자체의 정보를 시험하는 반영적 능력이라고 한다. 다른 용어로는 메타데이타(metadata)라고도 한다.

JUnit은 여러분이 제공한 테스트를 실행하기 위해 필요한 정보를 모으려고 반영을 많이 사용한다. 여러분은 테스트하고자 하는 테스트 클래스 파일을 JUnit에 전달한다. JUnit은 여러분의 클래스 파일이 junit.framework.TestCase를 계승하는지 확인하기 위해 반영을 사용한다. JUnit은 또한 테스트 클래스에서 메소드의 리스트를 얻기 위해서 반영을 사용한다. 그리고 테스트 메소드를 확인하여, 조건을 만족하는 메소드만을 실행한다.

- 메소드의 이름은 소문자 "test"로 시작한다
- 반환형은 void이다.
- 메소드는 인수를 받지 않는다.

지금까지 JUnit에 어떤 클래스를 테스트하기를 원하는지를 전달했다. 이것은 지정한 테스트만을 실행한다. 이런 방법의 문제는 테스트 클래스를 스위트에 추가하는 것을 잊기 쉽다는 것이다. 여러분은 중요한 테스트를 건너뛸 수도 있다!

다른 방법은 자바가 클래스 패스의 모든 클래스를 검색해서, 적절한 테스트클래스를 모으고, 이 클래스만을 실행하는 것이다. 이 방법의 이점은 여러분이 코드로 스위트를 유지할 필요가 없다는 것이다. 어떤 테스트도 빠트리지 않을 것이다. 한가지 단점은 성능 테스트와 같이 항상 실행하기를 원하지 않는 테스트도 있다는 것이다. 하지만 필요한 경우 이런 테스트를 건너뛸 추가 코드를 작성할 수 있다.

10 JUnit 코드 사용하기

다행히도, JUnit은 클래스패스에서 테스트 클래스를 모으는 것을 도와줄 기능을 제공한다. 이것을 어떻게 알 수 있는가? 먼저, JUnit을 실행하고 살펴보면 모든 테스트 클래스의 리스트를 보이는 기능이 있는 것을 알 수 있다. 추가로, 여러분은 JUnit의 소스코드를 열심히 읽어보고 junit.runner.ClassPathTestCollector라는 클래스를 보았을 수도 있다.

|433|

Agile Java

모든 테스트 클래스를 모으는 SuiteBuilder라는 클래스를 만들어보자. SuiteBuilder에 대한 간단한 첫 번째 테스트는 SuiteBuilderTest 자체가 클래스패스에서 찾은 테스트 클래스 목록에 있는 것을 확인한다.

```
package sis.testing;

import junit.framework.*;
import java.util.*;

public class SuiteBuilderTest extends TestCase {
  public void testGatherTestClassNames() {
    SuiteBuilder builder = new SuiteBuilder();
    List<String> classes = builder.gatherTestClassNames();
    assertTrue(classes.contains("testing.SuiteBuilderTest"));
  }
}
```

이 테스트의 재미있는 부분은 이 리스트를 Class형이 아닌 String 형에 묶는다는 것이다. ClassPathTestCollector의 소스를 보면, 여러분은 각각이 클래스 이름을 나타내는 String 의 열거형을 반환하는 것을 알 수 있다. 우리는 당장은 이렇게 놔두고, 어떤 문제가 생기는지 살펴볼 것이다.

```
package sis.testing;

import java.util.*;
import junit.runner.*;
import junit.framework.*;

public class SuiteBuilder {
  public List<String> gatherTestClassNames() {
    TestCollector collector = new ClassPathTestCollector() {
      public boolean isTestClass(String classFileName) {
        return super.isTestClass(classFileName);
      }
    };
    return Collections.list(collector.collectTests());
  }
}
```

ClassPathTestCollector는 abstract로 선언되었으므로, 인스턴스를 만드려면 이 클래스를 계승해야 한다.

재미있는 것은 이 클래스에는 추상 메소드가 없다. 따라서 ClassPathTestCollector의 메소드를 오버라이드할 필요는 없다. 이제 isTestClass를 오버라이드한다.

```
protected boolean isTestClass(String classFileName) {
  return
    classFileName.endsWith(".class") &&
    classFileName.indexOf($) < 0 &&
    classFileName.indexOf("Test") > 0;
}
```

반영과 다른 상급 주제 | Lesson 12

isTestCalss는 클래스의 구조에 관계없이 클래스 파일이름만을 고려한다. 추가로, 파일이 .class로 끝나지 않거나, $ 혹은 Test를 포함하지 않는지 확인한다.

이 정의를 사용할 경우 문제가 생기는 것을 미리 알 수 있어야 한다. .class 확장자가 알맞은 클래스 파일이 아니면 어떻게되는가? 만약, 클래스이름이 "Test"를 포함하지만 테스트 클래스가 아니라면 어떻게 하는가? 마지막 조건의 가능성은 높다. 여러분의 학생정보 시스템 코드에서도 TestCase의 종속 클래스가 아닌 util.TestUtil이라는 클래스가 있다.

아직은 이런 문제에 대해서 걱정하지 말자. 당장은 getTestClassNames의 코드는 isTestClass를 오버라이드 하고, 단순히 상위 클래스의 메소드를 호출한다.

gatherTestClassNames의 마지막 줄은 collectTests메시지를 ClassPathTestCollector로 보낸다. 그 과정에서, collectTests는 간접적으로 isTestClass를 호출한다. collectTests의 반환 형은 java.util.Enumeration이다. 여러분은 java.util.Collections 유틸리티 메소드인 list를 Enumeration형을 ArrayList형으로 바꾸기 위해 사용할 수 있다. ClassPathTestCollector가 특정 형식으로 연결되지 않은 콜렉션을 직접 사용하기 때문에 경고를 받을 것이다.

11 Class 클래스

"Test"라는 단어가 클래스 이름에 있으면서, junit.framework.TestCase의 종속 클래스가 아닌 경우에 대해서 생각해 보자. 이 경우의 테스트는 SuiteBuiler가 사용하거나 사용하지 않을 클래스를 정의할 필요가 있다. 여러분은 이미 학생정보 시스템을 위해 작성한 TestUtil과 같은 기존의 클래스를 생각해 볼 수 있다.

하지만 테스트가 기존의 클래스의 존재나 안정성에 의존적이기를 바라지는 않을 것이다. 어떤 사람이 TestUtil을 수정하거나 삭제하거나 하면, SuiteBuilderTest는 정상적으로 동작하지 않는다. 대신 SuiteBuilderTest를 테스트하기 위한 더미(dummy) 클래스를 만들 것이다. 새로운 패키지인 sis.testing.testclasses에 NotATestClass를 만드는 것에서부터 시작한다.

```
package sis.testing.testclasses;
public class NotATestClass {}
```

NotATestClass는 junit.framework.TestCase를 계승하지 않으므로, 테스트 클래스로 인식되어서는 안 된다. 테스트 메소드에 다음 확인을 추가한다.

```
public void testGatherTestClassNames() {
    SuiteBuilder builder = new SuiteBuilder();
    List<String> classes = builder.gatherTestClassNames();
    assertTrue(classes.contains("testing.SuiteBuilderTest"));
    assertFalse(classes.contains("testing.testclasses.NotATestClass"));
}
```

Agile Java

다음은 SuiteBuilder에서의 해당 코드이다4).

```java
public List<String> gatherTestClassNames() {
   TestCollector collector = new ClassPathTestCollector() {
      public boolean isTestClass(String classFileName) {
         if (!super.isTestClass(classFileName))
            return false;
         String className = classNameFromFile(classFileName);    // 1
         Class klass = createClass(className);                    // 2
         return TestCase.class.isAssignableFrom(klass);           // 3
      }
   };
   return Collections.list(collector.collectTests());
}

private Class createClass(String name) {
   try {
      return Class.forName(name);
   }
   catch (ClassNotFoundException e) {
      return null;
   }
}
```

SuiteBuilder 구현의 추가적인 제한사항은 클래스 파일이름이 TestCase를 상속받는 컴파일 단위를 나타내야 한다는 것이다. 여기에는 세 단계가 필요하다.

다음 설명은 gatherTestClassName의 주석부분에 해당하는 설명이다.

1. 디렉토리를 포함한 파일이름을 클래스 이름으로 바꾼다. 예를 들어, "testing/testclasses/NotATestClass"를 "testing.testclasses.NotATestClass."로 바꾼다. ClassPathTestCollector의 classNameFromFile이 이 일을 한다.

2. 클래스 이름으로부터 Class 객체를 만든다. createClass에서, forName에 대한 정적 호출이 이 일을 한다. forName 메소드는 만약, 전달한 문자열이 자바가 읽을 수 있는 클래스를 나타내지 못하면, ClassNotFoundException을 생성한다. 당장은, 이런 경우 createClass에서 null을 반환할 수 있지만, 이 가능성에 대한 테스트를 작성해야 한다.

3. 클래스가 TestCase의 하위 클래스인지를 확인한다. 이 과정에서 클래스 정의의 메타데이터를 제공하는 java.lang.Class의 메소드를 사용할 것이다. Class의 isAssignableFrom은 Class 객체를 인수로 받아서 인수(klass)의 인스턴스를 메시지를 받는 클래스형(junit.framework.TestCase)의 레퍼런스에 할당할 수 있는지 확인한다.

자바 API 문서에서 java.lang.Class에 대한 내용을 간단히 살펴보자. 이 클래스는 컴파일된 자바 클래스에서 대부분의 정보를 가져올 수 있는 getMehods, getConstructors, getFields와 같은 메소드를 포함하고 있다.

---

4) Class 객체를 표현하기 위한 변수이름을 klass로 한 것에 유의하자. 자바에서 클래스 정의를 위해서만 사용하기 때문에 class라는 변수를 만들 수는 없다. 어떤 개발자는 한 문자인 c(추천할만한 이름은 아니다)나 clazz를 사용한다.

436

반영과 다른 상급 주제 | Lesson 12

12 Suite 만들기

다음 단계는 스윙 테스트 실행기로 전달될 TestSuite 객체를 만드는 것이다. 이 부분의 코드는 간단하다. gatherTestClassNames의 결과 각각에 대해서, 테스트 클래스 이름에 대한 Class 객체를 만들고 스위트에 추가한다. 이 테스트는 보이는 그대로이다. 스위트가 바라는 테스트 클래스를 포함하는지 확인한다.

```java
public void testCreateSuite() {
  SuiteBuilder builder = new SuiteBuilder() {
    public List<String> gatherTestClassNames() {
      List<String> classNames = new ArrayList<String>();
      classNames.add("testing.SuiteBuilderTest");
      return classNames;
    }
  };

  TestSuite suite = builder.suite();
  assertEquals(1, suite.testCount());
  assertTrue(contains(suite, testing.SuiteBuilderTest.class));
}
```

여기서는 보통 쓰이는 것처럼 메소드에서 모든 클래스를 가져오지 않고 모방 클래스를 사용하였다. 그렇지 않으면, gatherTestClassNames는 클래스 패스 내의 모든 클래스 리스트를 반환할 것이다. 이 리스트는 학생정보 시스템의 모든 테스트를 포함한다. 여러분은 스위트의 메소드가 이 작업을 제대로 수행했는지 명확하게 확인할 방법이 없다.

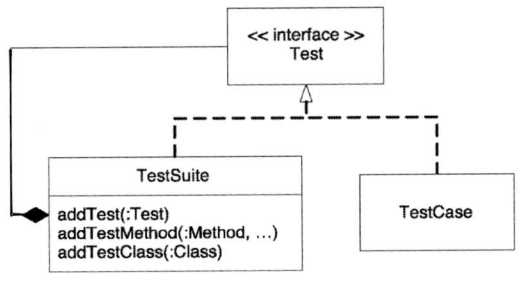

그림 12-2 JUnit 합성 디자인

TestSuite에 어떤 클래스가 추가되었는지를 확인하는 것은 기대만큼 쉽지 않다. 테스트 스위트는 테스트 케이스 클래스나 다른 테스트 스위트를 포함 할 수 있다. 그림 12-2는 합성

Agile Java

(composite)이라고 불리는 이 디자인을 보여 준다5). 속이 까만 다이아몬드는 TestSuite 와 Test간의 합성 관계를 나타낸다. TestSuite는 Test객체에서 합성된다.

클래스가 스위트에 포함되었는지를 결정하려면, 스위트의 전체 구조를 뒤져야 한다. 현재 스위트 안에서 다른 스위트를 만나는 경우 자신을 호출하기 때문에 contains 메소드는 재귀적이다.

```
public boolean contains(TestSuite suite, Class testClass) {
   List testClasses = Collections.list(suite.tests());
   for (Object object: testClasses) {
      if (object.getClass() == TestSuite.class)
         if (contains((TestSuite)object, testClass))
            return true;
      if (object.getClass() == testClass)
         return true;
   }
   return false;
}
```

이제 남은 것은 TestRunner클래스를 만드는 것이다. TestRunner는 SuiteBuilder를 스위트를 만들기 위해 사용할 것이다. 그리고 이 스위트로 스윙 테스트 실행자를 실행한다. 테스트는 따로 작성하지 않는다. 이 코드에 대한 테스트를 작성하는 것은 가능하기는 하지만 어려운 일이다. 하지만 SuiteBuilder를 만드는 방법을 보면 TestRunner 코드가 너무 작아서 잘못될만한 부분이 없다.

```
package sis.testing;

public class TestRunner {
   public static void main(String[] args) {
      new junit.swingui.TestRunner().run(TestRunner.class);
   }

   public static junit.framework.Test suite() {
      return new SuiteBuilder().suite();
   }
}
```

testing.TestRunner를 실행하기 위한 빌드 스크립트에 대상을 추가해야 한다.

```
<target name="runAllTests" depends="build">
   <java classname="testing.TestRunner" fork="yes">
      <classpath refid="classpath" />
   </java>
</target>
```

하지만 모든 테스트를 실행한 후, 수십 개의 에러를 보게 될 것이다.

---

5) [Gamma1995].

반영과 다른 상급 주제 | Lesson 12

13 클래스 수식어

문제는 추상클래스인 SessionTest가 테스트 메소드에 대한 정의를 몇 가지 가지고 있다는 것이다. 메소드는 SessionTest 서브 클래스의 일부로 실행하기 위한 것이다. 따라서, 이전에는 스위트에 SessionTest를 추가하지 않았다. 여러분은 SuiteBuilder가 추상 클래스를 무시하도록 해야 한다.

추상 클래스를 하나 만들고, TestCase를 계승하도록 한다.

```
package sis.testing.testclasses;

abstract public class AbstractTestClass
    extends junit.framework.TestCase {
  public void testMethod() {}
}
```

그리고 나서 추상 클래스를 무시하는 것을 확인하는 테스트를 추가한다.

```
public void testGatherTestClassNames() {
  SuiteBuilder builder = new SuiteBuilder();
  List<String> classes = builder.gatherTestClassNames();
  assertTrue(classes.contains("testing.SuiteBuilderTest"));
  assertFalse(classes.contains("testing.testclasses.NotATestClass"));
  assertFalse(
    classes.contains("testing.testclasses.AbstractTestClass"));
}
```

테스트를 실행하고, 이 테스트가 실패하는 것을 확인하자. 그리고 나서야 SuiteBuilder의 코드를 수정해야 한다. 여러분은 테스트 패턴을 따르고 있다. 만약, 최종 결과물에서 최종 테스트를 만족하지 못하는 코드를 배포한다면, 단위 테스트가 적절하지 못하다는 의미이다. 여러분의 일은 빠진 테스트 코드를 추가하고 이 테스트가 최종 테스트와 같은 이유로 실패하는 것을 확인하는 것이다[6].

 한 단계의 테스트에 완전히 의존하지 않아야 한다. 단위 테스트의 구멍을 메울수 있는 단위 테스트 단계 추가하도록 한다.

이제 테스트가 실패하는 것을 확인했으면, 이 문제를 해결하기 위해 SuiteBuilder에 코드를 추가한다.

---

[6] [Jeffries2001], p. 163.

Agile Java

```
public List<String> gatherTestClassNames() {
   TestCollector collector = new ClassPathTestCollector() {
      public boolean isTestClass(String classFileName) {
         if (!super.isTestClass(classFileName))
            return false;
         String className = classNameFromFile(classFileName);
         Class klass = createClass(className);
         return
            TestCase.class.isAssignableFrom(klass) &&
            isConcrete(klass);
      }
   };
   return Collections.list(collector.collectTests());
}
private boolean isConcrete(Class klass) {
   if (klass.isInterface())
      return false;
   int modifiers = klass.getModifiers();
   return !Modifier.isAbstract(modifiers);
}
```

    만약, 형식(Class는 인터페이스와 클래스 형을 모두 표현한다)이 인터페이스라면, 이 것은 추상적이다. isInterface 메소드를 사용해서 확인 할 수도 있다.

    isConcrete 메소드는 또한 Class의 메소드인 getModifiers를 사용한다. 이 메소드는 각 비트가 가능한 클래스 수식어를 나타내는 플래그의 리스트를 포함하는 int값을 반환한다[7]. 유틸리티 클래스인 java.lang.reflect.Modifer(적절한 import 문을 SuiteBuilder에 추가해야 한다)는 int에서 설정된 수식어의 종류를 결정하는데 도움이되는 정적 메소드를 가지고 있다.

    이제 AllTests클래스를 지울 수 있다.

14 동적 프록시(dynamic proxy)

    J2SE 버전 1.3에서는 java.lang.relfect.Proxy라는 새로운 클래스가 추가되었다. 이 클래스로 동적 프록시 클래스를 만들 수 있다. 동적 프록시 클래스로 동적으로 (실행되는 동안에) 하나 이상의 인터페이스를 구현할 수 있다.

    프록시 패턴은 디자인 패턴즈(Design Patterns)[8]라는 책에 소개된 유용한 패턴 중 하나이다. 프록시는 실제 클래스를 대신한다. 프록시 패턴 구현에서 클라이언트 객체는 그들이 실제 객체와 통신한다고 생각하지만 실제로는 프록시와 통신하는 것이다.

---

7) 메소드와 필드 역시 수식어를 가지고, 같은 int 플래그 형식을 사용한다.
8) [Gamma1995].

반영과 다른 상급 주제 | Lesson 12

그림 12-3은 분산 객체 통신의 상황에서 프록시 패턴을 보여 준다.

ServiceImplementation 클래스는 Client 클래스와는 다른 프로세스 공간의 다른 컴퓨터에 있다. Clilent가 ServiceImplemenation과 통신하려면, 저수준의 통신이 일어나야 한다. Client가 ServiceImplemenation에 submitOrder 메시지를 보내야 한다고 가정하자. 이 자바 메시지는 통신으로 전달될 수 있도록 데이터 스트림으로 변환되어야 한다. 서버 측에서, 데이터 스트림은 ServiceImplemenation으로 전달될 자바 메시지로 재생된다.

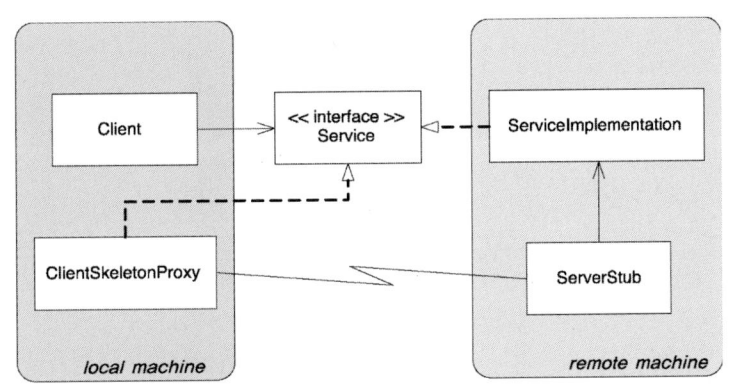

그림 12-3 프록시를 사용한 분산 통신

여러분은 Client의 코드가 마치 같은 자바 가상기계 프로세스 내에서 실행되는 것처럼 ServiceImplemenation을 이용할 수 있기를 바란다. Client나 ServiceImplemenation의 코드는 통신 기능을 사용해서는 안 된다.

해결방법은 클라이언트 측의 클래스가 ServiceImplemenation 클래스와 같은 인터페이스를 구현하는 ClientSkeletonProxy 클래스를 사용하는 것이다. Client 객체는 자신이 실제 ServiceImplemenation을 사용한다고 가정하고, ClientSkeletonProxy를 이 인터페이스를 통해서 사용한다. 따라서, ClientSkeletonProxy는 실제 ServiceImplemenation 클래스의 대역 혹은 프록시이다.

ClientSkeletonProxy는 요청을 받아서 저수준 통신을 처리하기 위해 ServerStub을 사용한다. ServerStub은 들어오는 데이터 송신과 받아서, ServiceImplementation에 대한 호출로 바꾼다. (자바에서 이 과정은 반영을 많이 사용하는 것을 알 수 있다)

자바에서 이 프록시 구성은 RMI(remote method invocation)라는 기술의 기초가 된다. 또한 RMI는 콤포넌트 기반 분산 컴퓨팅 기술인 EJB(Enterprise Java Bean)[9]의 기초가 된다.

---

9) EJB는 J2EE (Java 2 Enterprise Edition) 플랫폼의 일부이다.

Agile Java

프록시는 다른 여러 사용 방법이 있다. 늦은 읽기, 카피 온 라이트, 풀링, 캐싱, 트랜젝션 마크업 등에 사용된다. 또한 프록시를 사용해서 투명하게 보안 기능을 구현할 수 있다.

자바 프록시 구현에서, 프록시는 실제 객체와 같은 인터페이스를 구현한다. 프록시는 클라이언트로 전달되는 메시지를 가로챈다. 메시지를 처리한 후 프록시는 실제 객체에서 처리내용을 실행시킨다. 프록시 클래스가 대상 클래스와 같은 인터페이스를 구현해야 한다면, 프록시를 관리하는 것은 지루한 일이다. 인터페이스에 메소드를 추가할 때마다, 실제 구현과 프록시 구현을 추가해야 한다. 다행히도 자바의 동적 프록시는 프록시 내의 인터페이스 메소드의 이런 명시적인 구현을 없애준다.

15 안전한 Account 클래스

여러분은 클라이언트의 권한에 따라 어떤 Accout 메소드로의 접근을 제한할 수 있다. 클라이언트는 읽기 전용 혹은 수정 모드를 사용해야 한다. 수정모드에서 클라이언트는 Account에 정의된 모든 메소드를 사용할 수 있다. 읽기 전용 모드에서 클라이언트는 계좌의 상태를 바꾸지 않는 메소드만을 사용할 수 있다.

여러분은 계좌 객체를 생성할 때 사용자의 권한을 전달하도록 Account 클래스에 코드를 추가할 수 있다. 각 제한된 메소드에 사용자를 확인하고 사용자에게 알맞은 접근 권한이 없다면 예외를 발생시킬 것이다. 보안 관련 코드는 Account 클래스를 복잡하게 만들 것이다. 여러분은 단일 목적 원리[10]를 어기고 있다.

대신, 보안 제한을 프록시 클래스로 빼낸다. Account 클래스 자체는 거의 완전히 그대로 일 것이다! 우리는 오픈-클로즈드 원리[11] 사용한다. 새로운 기능을 기존의 코드를 수정하지 않고 새로운 코드를 추가해서 구현하고자 한다.

프록시를 사용하면 팩토리를 많이 사용하게 된다. 그림 12-4의 UML 다이어그램은 SecureProxy의 인스턴스를 반환하는 AccountFactory클래스의 사용을 포함하여, 보안 프록시의 완전한 구현방법을 보여 준다. 클라이언트는 실제 Account를 사용한다고 여긴다. 하지만 실제로는 같은 메시지를 프록시와 주고 받는다.

AccountFactory 클래스는 SecureProxy 객체를 생성하기 위해 동적 프록시 클래스인 Proxy를 사용한다. SecureProxy는 Accountable을 직접 구현하지 않는다. 대신 Proxy 클래스가 SecureProxy에서 모든 수신 메시지를 잡아서 InvocationHandler 인터페이스 메소드인 invoke로 보내도록 한다.

Footnote

10) 〔Martin2003〕, p.95.
11) 〔Martin2003〕, p. 99.

반영과 다른 상급 주제 | Lesson 12

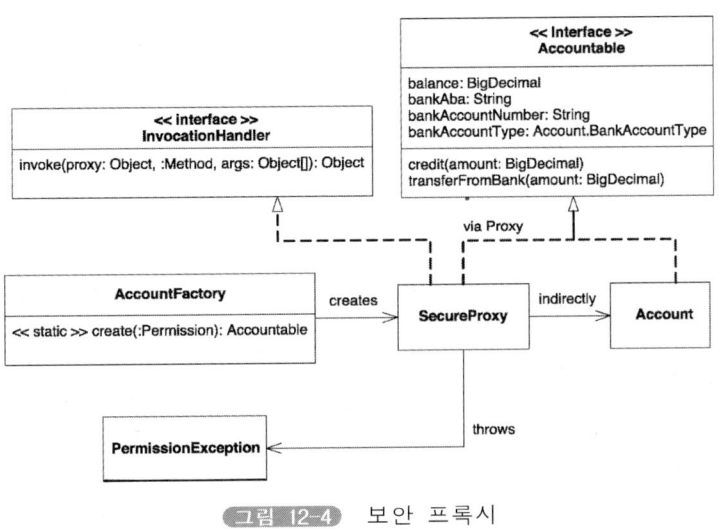

그림 12-4 보안 프록시

16 보안 계좌 구현하기

구현을 시작하는 부분은 권한과 메소드의 여러 조합을 테스트하게 될, AccountFactoryTest 이다. 테스트 클래스는 두 개의 테스트 메소드를 포함하고 있다. testReadOnlyAccess 는 모든 계좌 메소드가 읽기 전용 권한의 사용자가 보안 메소드에 접근할 때 예외를 생성하는 것을 확인한다. testUpdateAccess는 수정 권한의 사용자가 모든 메소드에 접근 가능한 것을 보인다.

```
package sis.studentinfo;

import java.math.*;
import java.util.*;
import java.lang.reflect.*;
import junit.framework.*;

import sis.security.*;

public class AccountFactoryTest extends TestCase {
    private List<Method> updateMethods;
    private List<Method> readOnlyMethods;

    protected void setUp() throws Exception {
        updateMethods = new ArrayList<Method>();
        addUpdateMethod("setBankAba", String.class);
        addUpdateMethod("setBankAccountNumber", String.class);
        addUpdateMethod("setBankAccountType",
            Account.BankAccountType.class);
```

Agile Java

```java
    addUpdateMethod("transferFromBank", BigDecimal.class);
    addUpdateMethod("credit", BigDecimal.class);

    readOnlyMethods = new ArrayList<Method>();
    addReadOnlyMethod("getBalance");
    addReadOnlyMethod("transactionAverage");
}

private void addUpdateMethod(String name, Class parmClass)
      throws Exception {
   updateMethods.add(
      Accountable.class.getDeclaredMethod(name, parmClass));
}

private void addReadOnlyMethod(String name) throws Exception {
   Class[] noParms = new Class[] {};
   readOnlyMethods.add(
      Accountable.class.getDeclaredMethod(name, noParms));
}

public void testUpdateAccess() throws Exception {
   Accountable account = AccountFactory.create(Permission.UPDATE);
   for (Method method: readOnlyMethods)
      verifyNoException(method, account);
   for (Method method: updateMethods)
      verifyNoException(method, account);
}

public void testReadOnlyAccess() throws Exception {
   Accountable account = AccountFactory.create(Permission.READ_ONLY);
   for (Method method: updateMethods)
      verifyException(PermissionException.class, method, account);
   for (Method method: readOnlyMethods)
      verifyNoException(method, account);
}

private void verifyException(
      Class exceptionType, Method method, Object object)
      throws Exception {
   try {
      method.invoke(object, nullParmsFor(method));
      fail("expected exception");
   }
   catch (InvocationTargetException e) {
      assertEquals("expected exception",
         exceptionType, e.getCause().getClass());
   }
}
```

반영과 다른 상급 주제 | Lesson 12

```
  private void verifyNoException(Method method, Object object)
      throws Exception {
    try {
      method.invoke(object, nullParmsFor(method));
    }
    catch (InvocationTargetException e) {
      assertFalse(
        "unexpected permission exception",
        PermissionException.class == e.getCause().getClass());
    }
  }

  private Object[] nullParmsFor(Method method) {
    return new Object[method.getParameterTypes().length];
  }
}
```

이 테스트에서, 여러분은 두 개의 콜렉션을 생성한다. 하나는 읽기 전용 메소드에 대한 것이고 하나는 수정 메소드에 대한 것이다. 여러분은 setUp 메소드에서 읽기 전용과 수정 콜렉션을 java.lang.reflect.Method 객체로 채운다. Method 객체는 자바 클래스 내에 정의된 개별 메소드를 나타내며, 이름과 인수, 반환형, 수식어(예를 들어, static이나 final)등의 정보를 포함한다. 가장 중요한 것은 여러분이 Method 객체와 메소드가 정의된 클래스의 객체를 가지고 있다면, 그 메소드를 동적으로 실행할 수 있다.

여러분은 Method 객체를 Class 객체에 여러 메시지를 보내서 얻을 수 있다. 한가지 방법은 getDeclareMethods로 모든 메소드의 배열을 가져오는 것이다. 클래스는 클래스 내에서 직접 정의된 모든 메소드를 반환할 것이다. 또한 Class에 이름과 인수 리스트를 지정하고 getDeclareMethod 메시지를 보내서 특정 메소드를 가져올 수도 있다. 위의 코드에서 다음 줄은

```
Accountable.class.getDeclaredMethod(name, parmClass)
```

getDeclaredMethod의 사용을 보여 준다.

testReadOnlyAccess 는 먼저 AccountFactory를 사용해서 Accountable 인터페이스를 구현하는 프록시 객체를 생성한다. create 메소드의 인수는 Permission 열거형이다.

```
package sis.security;

public enum Permission {
   UPDATE, READ_ONLY
}
```

모든 public 메소드 정의를 Account에서 가져와서 Accountable 인터페이스를 만들 수 있다.

Agile Java

```
package sis.studentinfo;

import java.math.*;

public interface Accountable {
  public void credit(BigDecimal amount);
  public BigDecimal getBalance();
  public BigDecimal transactionAverage();
  public void setBankAba(String bankAba);
  public void setBankAccountNumber(String bankAccountNumber);
  public void setBankAccountType(
     Account.BankAccountType bankAccountType);
  public void transferFromBank(BigDecimal amount);
}
```

Account 클래스 정의를 이 인터페이스를 구현하도록 바꿔야 한다.

```
public class Account implements Accountable {
```

코드를 살펴보면 이미 이 인터페이스를 구현하고 있다. 따라서 Account를 더 이상 수정할 필요는 없다.

testReadOnlyAccess가 Accountable 레퍼런스를 가지면, 수정 메소드와 읽기 전용 메소드의 리스트에 대해서 루프를 수행한다.

```
for (Method method: updateMethods)
   verifyException(PermissionException.class, method, account);
for (Method method: readOnlyMethods)
   verifyNoException(method, account);
```

각 수정 메소드에 대해서 testReadOnlyAccess는 account에 대해서 method를 호출했을 때 예외가 발생하는지 확인하기 위해서 verifyException을 호출한다. 이 테스트는 또한 각 읽기 전용 메소드가 보안 예외를 발생시키지 않고 실행되는 것을 확인한다.

verifyException 메소드는 메소드를 호출하고 SecurityException이 발생하는 것을 확인하는 역할을 한다. 이 메소드를 호출하는 실제 코드는 다음과 같다.

```
method.invoke(object, nullParmsFor(method));
```

메소드를 실행하기 위해서, 인수로 호출할 객체와 인수의 객체 배열을 지정해서, Method 객체에 invoke 메시지를 보낸다. 여기에서 유틸리티 메소드 nullParmsFor를 null 값의 배열을 만들기 위해서 사용한다. 메소드에 어떤 것을 전달하는지는 중요하지 않다.

메소드가 NullPointerException 혹은 다른 종류의 예외를 생성한다고 해도, 테스트는 PermissionException에 대해서만 관여한다.

반영과 다른 상급 주제 | Lesson 12

```
package sis.security;

public class PermissionException extends RuntimeException {
}
```

verifyException 메소드는 invoke 메시지를 보냈을 때 PermissionException이 아닌, InvocationTargetException을 발생하기를 기대한다. 만약, invoke에서 내부적으로 호출된 메소드에서 예외가 발생하면, invoke는 InvocationTargetException에 포장한다. 포장된 원래의 예외 객체를 얻으려면 InvocationTargetException에 대해서 getCause를 호출해야 한다.

테스트에서 반영의 사용은 필수적인 것은 아니다. 이 부분이 반영에 대한 내용이 아니었다면, 테스트를 다른 동적이지 않은 방법으로 구현했을 것이다.

AccountFactory 클래스의 역할은 Accountable 인터페이스를 구현하는 클래스의 인스턴스를 만드는 것이다.

```
package sis.studentinfo;

import java.lang.reflect.*;
import sis.security.*;

public class AccountFactory {
  public static Accountable create(Permission permission) {
    switch (permission) {
      case UPDATE:
        return new Account();
      case READ_ONLY:
        return createSecuredAccount();
    }
    return null;
  }

  private static Accountable createSecuredAccount() {
    SecureProxy secureAccount =
      new SecureProxy(new Account(),
        "credit",
        "setBankAba",
        "setBankAccountNumber",
        "setBankAccountType",
        "transferFromBank");

    return (Accountable)Proxy.newProxyInstance(
      Accountable.class.getClassLoader(),
      new Class[] { Accountable.class },
      secureAccount);
  }
}
```

팩토리의 사용은 클라이언트가 보안 프록시가 존재하는 것조차 알지 못해야 한다는 조건을 만족하기 위해서이다. 클라이언트는 Permission 열거형에 따른 계좌 객체를 요구하고, AccountFactory는 새로운 Account 객체나(Permission.UPDATE) 동적 프록시 객체(Permission.READ_ONLY)를 반환한다.

동적 프록시 객체를 만드는 일은 createSecuredAccount 메소드에서 처리한다.

SecureProxy 클래스는 여러분이 만들 동적 프록시 객체이다. 이 것은 어떤 대상 클래스에 대해서도 보안 프록시로 동작할 수 있다. SecureProxy를 만들려면, 대상 객체와 보안되어야 할 메소드의 리스트를 전달한다. (메소드의 리스트는 데이터 베이스를 찾아서 쉽게 얻을 수 있다. 보안 관리자가 학생정보 시스템의 다른 일부로서 데이터 베이스의 내용을 넣는다.)

두 번째 문장인 createSecureAccount는 동적 프락시로 동작하는 SecureProxy를 설정하기 위한 방법이다. 이 코드는 지저분하므로, 여기에서 참조 번호를 붙여서 다시 살펴본다.

```
return (Accountable)Proxy.newProxyInstance(      // 1
       Accountable.class.getClassLoader(),       // 2
       new Class[] { Accountable.class },        // 3
       secureAccount);                           // 4
```

1번 줄은 Proxy 팩토리 메소드 newProxyInstance를 호출한다. 이 메소드는 인수화되지 않았으므로, Object를 반환한다. 여러분은 반환값을 Accountable 인터페이스 레퍼런스로 캐스트해야 한다.

newProxyInstance(2번 줄)의 첫 번째 인수는 이 인터페이스 클래스의 클래스 로더(class loader)이어야 한다. 클래스 로더는 소스에서 자바 컴파일 단위의 바이트 표현을 읽어들인다. 자바는 클래스파일을 디스크에서 읽어들이는 기본 클래스 로더를 포함하고 있지만, 직접 데이터 베이스나 인터넷과 같이 외부에서 클래스 파일을 읽어오는 클래스 로더를 만들 수 있다. 대부분의 경우에 여러분은 Class 객체 자체에서 getClassLoader 메소드를 호출하기를 원할 것이다. 이 메소드는 원래 읽어들인 클래스의 클래스 로더를 반환한다.

두 번째 인수는 (3번 줄)동적 프록시를 생성할 수 있는 인터페이스형의 배열이다. 내부적으로, 자바는 이 리스트를 동적으로 모든 인터페이스를 구현하는 객체를 만들기 위해 사용할 것이다.

마지막 인수 (4번 줄)의 형식은, 전달되는 메시지를 가로채기 위해 여러분의 동적 프록시 클래스가 구현해야 하는 하나의 메소드를 포함하는 인터페이스인 InvocationHandler이다. 여러분의 프록시 객체를 이 세 번째 인수로 전달한다.

17 SecureProxy 클래스

SecureProxyTest:

```
package sis.security;

import java.lang.reflect.*;
import junit.framework.*;
```

반영과 다른 상급 주제 | Lesson 12

```java
public class SecureProxyTest extends TestCase {
  private static final String secureMethodName = "secure";
  private static final String insecureMethodName = "insecure";
  private Object object;
  private SecureProxy proxy;
  private boolean secureMethodCalled;
  private boolean insecureMethodCalled;

  protected void setUp() {
    object = new Object() {
      public void secure() {
        secureMethodCalled = true;
      }
      public void insecure() {
        insecureMethodCalled = true;
      }
    };
    proxy = new SecureProxy(object, secureMethodName);
  }

  public void testSecureMethod() throws Throwable {
    Method secureMethod =
      object.getClass().getDeclaredMethod(
        secureMethodName, new Class[]{});
    try {
      proxy.invoke(proxy, secureMethod, new Object[]{});
      fail("expected PermissionException");
    }
    catch (PermissionException expected) {
      assertFalse(secureMethodCalled);
    }
  }

  public void testInsecureMethod() throws Throwable {
    Method insecureMethod =
      object.getClass().getDeclaredMethod(
        insecureMethodName, new Class[]{});
    proxy.invoke(proxy, insecureMethod, new Object[]{});
    assertTrue(insecureMethodCalled);
  }
}
```

    SecureProxyTest에서 이 코드의 일부는 AccountFactoryTest와 비슷하다. 테스트 코드의 일부를 재구성하는 것도 좋다. 두 테스트의 주된 차이점은 AccountFactoryTest는 Accountable 인터페이스에 정의된 모든 인터페이스를 테스트해야 하는데 비해서 SecureProxyTest는 순수한 테스트 클래스 정의만을 테스트 한다는 것이다.

    setUp 메소드는 익명 내부 클래스 구조를 두 개의 메소드 secure, insecure를 가지는, 새로운 이름 없는 클래스를 만들기 위해서 사용한다. 이 메소드가 하는 것은 해당하는 호출된 경우, 해당되는 boolean 인스턴스 변수를 설정하는 것이다. setUp의 두 번째 문장은 대상 객체와 보호되어야 할 메소드의 이름을 지정해서 SecureProxy 객체를 만든다.

Agile Java

testSecureMethod는 먼저 익명 클래스의 정확한 Method 객체를 찾는다. 그리고 나서, 이 Method 객체를 프록시 인스턴스와 빈 인수 리스트로 프록시 객체의 invoke 메소드에 전달하는 것이다. 보통 여러분은 invoke 메소드를 직접 호출하지 않지만, 테스트를 위해서 이렇게 하지 못할 이유는 없다.

```
proxy.invoke(proxy, secureMethod, new Object[]{});
```

testSecureMethod는 PermissionException을 기대하는 예외 테스트 구분을 사용한다. 또한 보안 메소드가 호출되지 않는 것을 보장한다. 테스트 testInsecureMethod는 insecureMethod가 호출되는 것을 확인한다.

마지막으로 다음은 SecureProxy이다.

```
package sis.security;


import java.lang.reflect.*;
import java.util.*;

public class SecureProxy implements InvocationHandler {
   private List<String> secureMethods;
   private Object target;

   public SecureProxy(Object target, String... secureMethods) {
      this.target = target;
      this.secureMethods = Arrays.asList(secureMethods);
   }

   public Object invoke(Object proxy, Method method, Object[] args)
         throws Throwable {
      try {
         if (isSecure(method))
            throw new PermissionException();
         return method.invoke(target, args);
      }
      catch (InvocationTargetException e) {
         throw e.getTargetException();
      }
   }

   private boolean isSecure(Method method) {
      return secureMethods.contains(method.getName());
   }
}
```

SecureProxy는 대상 객체와 보호되어야 할 메소드의 리스트를 생성자의 인수로 받는다. 이 클래스는 InvocationHandler의 유일한 메소드인 invoke를 구현한다. 프록시로 전달되는 모든 메시지는 invoke 메소드로 전달된다. 이 테스트에서 본 것처럼 invoke는 세 개의

반영과 다른 상급 주제 | Lesson 12

인수를 받는다. 프록시 객체 자체, 호출될 메소드 그리고 메소드로 전달될 인수[12]이다. 이렇게 전달되는 정보를 사용하는 것은 여러분의 일이다.

SecureProxy에서, 여보호 메소드의 리스트에서 전달받은 메소드를 찾아본다. 만약, 리스트에 있다면, PermissionException을 생성한다. 그렇지 않다면, 이 메시지를 invoke를 호출해서 대상 클래스로 전달한다.

이것이 전부이다. 이제 테스트를 통과할 것이다.

18 반영의 문제점

지금까지 본 것처럼, 여러분은 반영을 이용해서 매우 재미있는 일을 할 수 있다. 반영은 어떤 응용프로그램에서는 거의 필수적이다. JUnit은 현재는 반영에 크게 의존한다. EJB와 자바빈(JavaBeans)을 포함한 많은 다른 자바 기술이 반영을 필요로 한다. 반영은 자바에서 다른 방법으로는 사실상 해결이 불가능한 문제를 해결한다. 하지만 반영을 사용할 때는 주의해야 한다.

먼저, 반영을 사용하는 코드는 읽고 디버그하기가 힘들다. 이클립스와 같은 현대적인 IDE는 시스템을 따라가는 것을 도와주기 위해 노력해왔다. 예를 들어, 이클립스는 클래스나 메소드를 사용하는 모든 코드를 찾아준다. 하지만 원하는 호출이 반영을 사용하는 경우 사용부분을 찾을 수 없다. 반영은 코드를 따라가는데 구멍이 된다.

반영을 사용하는 코드는 사용하지 않는 코드보다 상당히 느리게 실행된다. 자주 그리고 많은 부분에 반영 코드를 넣을 때에는 시간을 기록해 봐야 한다.

마지막으로, 반영을 사용할 때, 여러분의 코드는 컴파일할 때 잡히지 않는 결점이 있을 수 있다. 따라서 코드를 방어적으로 작성해야 한다. 예를 들어, Class.forName에서 생길 수 있는 ClassNotfoundException을 처리해야 한다.

 반영을 사용해 보기 위해 반영을 사용하지는 말자.

이것은 레슨 4의 스태틱에 대한 제프의 규칙을 반영에 적용한 것이다.

---

12) 아직까지 생각해 보지 않았다면, 기본 인수형은 객체로 자동 포장된다.

연습문제

1. Comparable 형의 익명 내부 클래스를 이전 연습문제에서 작성한 체스판 위치를 정렬하기 위해 사용한다.

2. 디버그를 할 때, toString 메소드가 충분한 정보를 제공하지 못하는 것을 보았을 것이다. 이럴 때, 좀더 내부적인 정보를 "출력"하는 유틸리티 메소드가 있다면 편할 것이다.
   객체를 받아서 객체의 필드 이름과 현재의 객체 상태를 재귀적으로 출력하는 객체 출력 유틸리티를 만든다. java 혹은 javax 패키지의 클래스는 따라 들어가지 않는다. 이 유틸리티는 private 필드를 보일 수 있어야 한다. 정적 필드는 표시해야 한다. 단순화를 위해 상위 클래스의 필드는 무시한다.

3. 다른 클론 연습이다. 반영 연산을 사용해서 급조된 클론과 다른 버전을 작성한다. 원래 객체의 클래스에서 Construct 객체를 얻는다. newInstance를 호출해서 새로운 객체를 만들고 각 필드의 값을 원래 객체에서 새 객체로 복사한다. 복사되는 클래스는 인수가 없는 생성자를 제공해야 한다. 단순한 복사만을 구현한다.

4. toString을 제외한 모든 메소드를 원래 객체로 전달하는 Proxy 클래스를 만든다. 프록시가 toString 메시지를 받으면 대신 객체 출력기로 전달한다. 대상 객체는 toString을 정의하는 인터페이스를 구현해야 한다.

MEMO

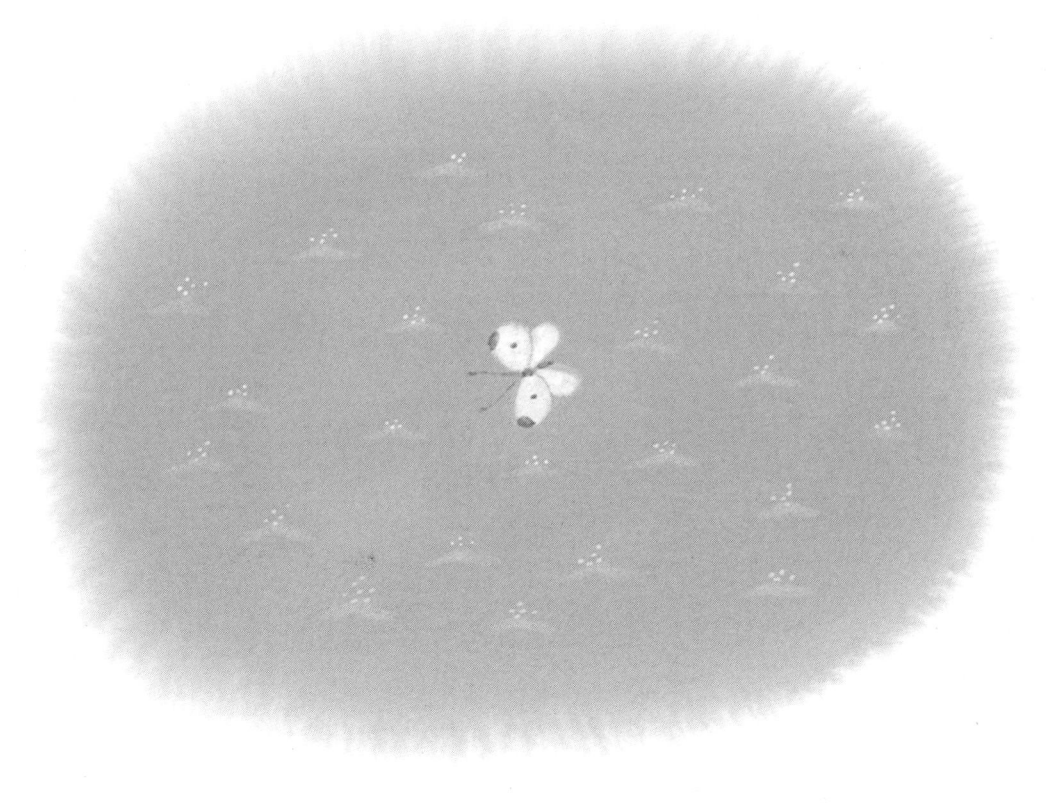

Lesson 13 멀티쓰레드 (multithreading)

이 레슨에서는 자바의 기본 기술 중 이해하고 사용하기 가장 힘든 멀티쓰레드를 배운다. 지금까지, 여러분은 하나의 쓰레드로 실행되는 코드를 작성했다.
이 코드는 처음부터 끝까지 순서대로 실행된다. 하지만 멀티쓰레드를 사용하거나 동시에 여러 부분의 코드를 실행할 필요가 있을 수 있다.

이 레슨에서는 다음 내용을 다룬다.

- 쓰레드의 실행을 멈추기
- Thread를 계승해서 쓰레드 생성하고 실행하기
- Runnable을 구현해서 쓰레드 생성하고 실행하기
- 협조형과 선점형(preemptive) 멀티테스킹
- 동기화(synchronization)
- BlockingQueue
- 쓰레드 멈추기
- wait과 notify 메소드
- 락과 조건
- 쓰레드 우선순위
- 데드락(deadlock)
- ThreadLocal
- 타이머 클래스
- 멀티쓰레드의 기본 설계 원칙

1 멀티쓰레드

많은 멀티쓰레드 요구사항은 빠른 응답의 사용자 인터페이스를 만들기 위해서이다. 예를 들어, 대부분의 워드 프로세싱 응용프로그램은 "자동저장" 기능을 포함하고 있다. 여러분은 워드 프로세서가 문서를 특정 시간마다 저장하도록 설정할 수 있다. 저장은 아마도 몇 초가 걸리지만, 여러분은 중단 없이 일을 계속할 수 있다.

워드 프로세서 코드는 적어도 두 쓰레드를 관리한다. 한 쓰레드는 흔히 포그라운드(foreground) 쓰레드라고 불리며, 워드프로세서와의 상호작용을 관리한다. 예를 들어, 키를 입력하면, 포그라운드 쓰레드의 코드에서 처리한다. 반면에 백그라운드(background) 쓰레드는 가끔 시간을 확인한다. 설정된 시간이 지나면, 두 번째 쓰레드는 저장 기능을 실행한다.

다중 프로세서 컴퓨터에서, 멀티쓰레드는 실제로 동시에 다른 프로세서에서 실행된다. 단일 프로세서 컴퓨터에서 각 쓰레드는 짧은 시간동안 프로세서를 사용해서 마치 쓰레드가 동시에 실행되는 것처럼 보이게 한다.

다른 쓰레드에서 실행되는 코드를 작성하는 것은 의외로 간단하다. 문제가 되는 것은 여러 개의 쓰레드가 같은 자원을 사용할 필요가 있을 때이다. 만약, 여러분이 조심스럽지 못하다면, 멀티쓰레드를 사용하면 잘못된 결과를 얻거나 실행이 멈출 수 있다. 멀티쓰레드를 사용한 프로그램을 테스트하는 것 역시 복잡하다.

2 검색 서버

서버 클래스는 아마도 많은 요청을 처리할 것이다. 각 요청을 처리하는데는 몇 밀리초 이상이 걸리고, 따라서 요청을 한 클라이언트는 서버가 다른 요청을 처리하는 동안 필요시간 이상 기다려야 할 가능성이 있다. 더 좋은 방법은 서버가 각 요청을 큐에 저장하는 것이다. 그리고 나서 다른 쓰레드가 요청을 큐에서 가져와서 한번에 하나씩 처리한다. 이것은 액티브 오브젝트 패턴[1]이라고 알려져 있다. 이 패턴은 메소드의 요청과 실제 메소드의 실행을 분리한다.

그림 13-1을 보자. 모든 검색 정보는 나중에 실행하기 위해 명령 객체로 변환된다.

---
1) [Lavender1996].

Agile Java

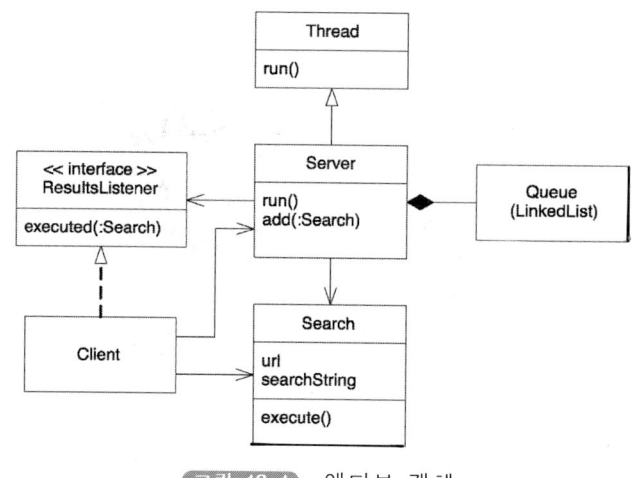

그림 13-1 액티브 객체

여러분은 간단한 웹 검색 서버를 만들 것이다. 이 서버는 URL과 검색 문자열을 요청으로 받는다. URL을 검색하면서, 이 서버는 URL이 가리키는 문서에 검색 문자열이 몇 번 나오는지를 검색 객체에 저장한다.

주의 : 만약, 인터넷에 접속되어 있지 않다면, 검색 테스트는 정상적으로 동작하지 않을 것이다. 이것은 테스트를 위해 지역 URL을 사용하는 부분까지만 적용된다.

3 Search 클래스

검색 서버를 만드는 가장 간단한 방법은 단일 역할 원리를 따라서 하나의 검색을 지원하는 클래스를 만드는 것이다. 이 클래스가 정상적으로 동작하면, 멀티쓰레드 요구사항을 처리한다. 이 방법의 이점은 공유 데이터에 신경 쓸 필요 없이, 각 검색을 하나의 분리된 객체로 관리한다는 것이다.

SearchTest 클래스는 몇 가지 가능한 경우를 확인한다.

```
package sis.search;

import junit.framework.TestCase;
import java.io.*;

public class SearchTest extends TestCase {
    private static final String URL = "http://www.langrsoft.com";
    public void testCreate() throws IOException {
        Search search = new Search(URL, "x");
        assertEquals(URL, search.getUrl());
```

멀티쓰레드 (multithreading) | Lesson 13

```java
    assertEquals("x", search.getText());
  }

  public void testPositiveSearch() throws IOException {
    Search search = new Search(URL, "Jeff Langr");
    search.execute();
    assertTrue(search.matches() >= 1);
    assertFalse(search.errored());
  }

  public void testNegativeSearch() throws IOException {
    final String unlikelyText = "mama cass elliott";
    Search search = new Search(URL, unlikelyText);
    search.execute();
    assertEquals(0, search.matches());
    assertFalse(search.errored());
  }

  public void testErroredSearch() throws IOException {
    final String badUrl = URL + "/z2468.html";
    Search search = new Search(badUrl, "whatever");
    search.execute();
    assertTrue(search.errored());
    assertEquals(FileNotFoundException.class,
        search.getError().getClass());
  }
}
```

다음은 구현 예이다:

```java
package sis.search;

import java.net.*;
import java.io.*;
import sis.util.*;

public class Search {
  private URL url;
  private String searchString;
  private int matches = 0;
  private Exception exception = null;

  public Search(String urlString, String searchString)
      throws IOException {
    this.url = new URL(urlString);
    this.searchString = searchString;
  }

  public String getText() {
    return searchString;
  }
  public String getUrl() {
    return url.toString();
  }
```

Agile Java

```java
    public int matches() {
       return matches;
    }
    public boolean errored() {
       return exception != null;
    }
    public Exception getError() {
       return exception;
    }
    public void execute() {
       try {
          searchUrl();
       }
       catch (IOException e) {
          exception = e;
       }
    }

    private void searchUrl() throws IOException {
       URLConnection connection = url.openConnection();
       InputStream input = connection.getInputStream();
       BufferedReader reader = null;
       try {
          reader = new BufferedReader(new InputStreamReader(input));
          String line;
          while ((line = reader.readLine()) != null)
             matches += StringUtil.occurrences(line, searchString);
       }
       finally {
          if (reader != null)
             reader.close();
       }
    }
}
```

Search의 searchUrl 메소드는 java.net.URLConnection 객체를 얻기 위해 java.net.URL을 사용한다. URLConnection은 클라이언트와 실제 URL간의 통신을 시작하기 위해 사용된다. openConnection 메시지를 URLConnection에 보내고 나서, getInputStream을 보내서 InpuStream 레퍼런스를 얻을 수 있다. 메소드의 나머지 부분은 자바 입출력 코드(레슨 11 참조)로 파일을 검색한다.

현재로서는, searchUrl은 입력 스트림에서 읽어온 각 줄에서 원하는 단어의 회수를 세기 위해 StringUtil의 occurrences 메소드를 호출한다. 다음은 StringUtilTest와 StringUtil이다.

```java
// StringUtilTest.java
package sis.util;

import junit.framework.*;

public class StringUtilTest extends TestCase {
   private static final String TEXT = "this is it, isnt it";
```

멀티쓰레드 (multithreading) | Lesson 13

```java
    public void testOccurrencesOne() {
       assertEquals(1, StringUtil.occurrences(TEXT, "his"));
    }
    public void testOccurrencesNone() {
       assertEquals(0, StringUtil.occurrences(TEXT, "smelt"));
    }
    public void testOccurrencesMany() {
       assertEquals(3, StringUtil.occurrences(TEXT, "is"));
       assertEquals(2, StringUtil.occurrences(TEXT, "it"));
    }
    public void testOccurrencesSearchStringTooLarge() {
       assertEquals(0, StringUtil.occurrences(TEXT, TEXT + "sdfas"));
    }
}
// StringUtil.java
package sis.util;

public class StringUtil {
    static public int occurrences(String string, String substring) {
       int occurrences = 0;
       int length = substring.length();
       final boolean ignoreCase = true;
       for (int i = 0; i < string.length() - substring.length() + 1; i++)
          if (string.regionMatches(ignoreCase, i, substring, 0, length))
             occurrences++;
       return occurrences;
    }
}
```

다른 방법은 자바의 정규 표현식 (regex) API를 사용하는 것이다. 추가 레슨 III을 참조한다.

4 좀더 독립적인 테스트하기

만약, 여러분의 컴퓨터에서 인터넷을 사용하는 것이 불가능하다면, ServerTest를 실행하지 못할 것이다. 이제 검색 URL을 파일 URL로 바꾼다[2]. 이렇게 하면 테스트를 위한 HTML 파일을 수정할 수 있다.

```java
package sis.search;

import junit.framework.TestCase;
import java.io.*;
import java.util.*;
import sis.util.*;
```

---

[2] 다른 방법은 자신의 컴퓨터에 톰캣(Tomcat)과 같은 웹 서버를 설치하는 것이다.

Agile Java

```java
public class SearchTest extends TestCase {
   public static final String[] TEST_HTML = {
      "<html>",
      "<body>",
      "Book: Agile Java, by Jeff Langr<br />",
      "Synopsis: Mr Langr teaches you<br />",
      "Java via test-driven development.<br />",
      "</body></html>"};

   public static final String FILE = "/temp/testFileSearch.html";
   public static final String URL = "file:" + FILE;

   protected void setUp() throws IOException {
      TestUtil.delete(FILE);
      LineWriter.write(FILE, TEST_HTML);
   }

   protected void tearDown() throws IOException {
      TestUtil.delete(FILE);
   }
   // ...
```

LineWriter 유틸리티가 필요할 것이다. 다음은 테스트와 결과 소스이다.

```java
// LineWriterTest.java
package sis.util;

import junit.framework.*;
import java.io.*;

public class LineWriterTest extends TestCase {
   public void testMultipleRecords() throws IOException {
      final String file = "LineWriterTest.testCreate.txt";
      try {
         LineWriter.write(file, new String[] {"a", "b"});

         BufferedReader reader = null;
         try {
            reader = new BufferedReader(new FileReader(file));
            assertEquals("a", reader.readLine());
            assertEquals("b", reader.readLine());
            assertNull(reader.readLine());
         }
         finally {
            if (reader != null)
               reader.close();
         }
      }
      finally {
         TestUtil.delete(file);
      }
   }
}
```

멀티쓰레드 (multithreading) | Lesson 13

```java
// LineWriter.java
package sis.util;

import java.io.*;

public class LineWriter {
   public static void write(String filename, String[] records)
       throws IOException {
     BufferedWriter writer = null;
     try {
       writer = new BufferedWriter(new FileWriter(filename));
       for (int i = 0; i < records.length; i++) {
          writer.write(records[i]);
          writer.newLine();
       }
     }
     finally {
       if (writer != null)
          writer.close();
     }
   }
}
```

이렇게 SearchTest를 변경해도 다른 부분에는 변경이 필요없다. 사실, 테스트 메소드는 변경할 필요가 없다. 여러분은 HTML파일을 만들고 지우기 위해 setup과 teardown 메소드만을 추가한다. 또한 URL을 http 프로토콜 대신 파일 프로토콜을 사용하도록 변경했다.

초기화 표현식

searchUrl은 다음 코드를 포함한다.

```
String line;
while ((line = reader.readLine()) != null)
```

괄호는 여러분이 이 코드를 이해하는데 도움이 될 것이다. 먼저 reader.readLine()의 결과가 line 레퍼런스 변수에 할당된다. 그후에, 루프를 종료해야 하는지 판단하기 위해 line 레퍼런스의 값을 null에 비교한다.

나쁜 점은 Search 클래스를 변경해야 한다는 것이다. 파일 프로토콜을 사용한 URL에서 InputStream을 얻으려면, URL에서 파일 경로 정보를 얻고, 스트림을 FileInputStream으로 열어야 한다. 이것은 큰 변화는 아니지만, 작은 단점은 테스트에서만 사용되는 코드가 결과코드에 남아있게 된다는 것이다.

461

```
private void searchUrl() throws IOException {
   InputStream input = getInputStream(url);
   BufferedReader reader = null;
   try {
      reader = new BufferedReader(new InputStreamReader(input));
      String line;
      while ((line = reader.readLine()) != null)
         matches += StringUtil.occurrences(line, searchString);
   }
   finally {
      if (reader != null)
         reader.close();
   }
}

private InputStream getInputStream(URL url) throws IOException {
   if (url.getProtocol().startsWith("http")) {
      URLConnection connection = url.openConnection();
      return connection.getInputStream();
   }
   else if (url.getProtocol().equals("file")) {
      return new FileInputStream(url.getPath());
   }
   return null;
}
```

고려해야 할 다른 사항은 http URL을 다루는 코드 부분을 확인하지 않는다는 것이다. 가장 좋은 방법은 최종 시험(acceptance test)3) 단계에서 적절히 확인하는 것이다. 최종 테스트는 단위 테스트 윗 단계의 테스트이다. 최종 테스트에서는 사용자의 입장에서 시스템을 테스트한다. 이때는 모방 객체 등을 사용하지 않고 가능한 실제 동작환경과 같은 상황에서 테스트를 진행한다. 검색 응용프로그램에서, 여러분은 실제 웹 URL에 대한 테스트를 최종 시험에 꼭 추가해야 한다.

5 Server 클래스

ServerTest:

```
package sis.search;

import junit.framework.*;
import sis.util.*;
```

---

3) 테스트의 종류에 따라 여러 용어가 있다. 합격 판정시험(acceptance test)은 구입할 고객의 요구사항을 시스템이 만족하는지 확인하는 것이다. 이 테스트는 고객 테스트라고 불리기도 한다.

멀티쓰레드 (multithreading) | Lesson 13

```java
public class ServerTest extends TestCase {
    private int numberOfResults = 0;
    private Server server;
    private static final long TIMEOUT = 3000L;
    private static final String[] URLS = {
        SearchTest.URL, SearchTest.URL, SearchTest.URL };       // 1

    protected void setUp() throws Exception {
        TestUtil.delete(SearchTest.FILE);
        LineWriter.write(SearchTest.FILE, SearchTest.TEST_HTML);

        ResultsListener listener = new ResultsListener() {      // 2
            public void executed(Search search) {
                numberOfResults++;
            }};

        server = new Server(listener);
    }

    protected void tearDown() throws Exception {
        TestUtil.delete(SearchTest.FILE);
    }

    public void testSearch() throws Exception {
        long start = System.currentTimeMillis();
        for (String url: URLS)                                  // 3
            server.add(new Search(url, "xxx"));
        long elapsed = System.currentTimeMillis() - start;
        long averageLatency = elapsed / URLS.length;
        assertTrue(averageLatency < 20);                        // 4
        assertTrue(waitForResults());                           // 5
    }

    private boolean waitForResults() {
        long start = System.currentTimeMillis();
        while (numberOfResults < URLS.length) {
            try { Thread.sleep(1); }
            catch (InterruptedException e) {}
            if (System.currentTimeMillis() - start > TIMEOUT)
                return false;
        }
        return true;
    }
}
```

이 테스트는 먼저 URL 문자열의 리스트를 만든다(1번 줄).

   setup 메소드는 ResultsListener 객체(2번 줄)를 만든다. 여러분은 이 객체를 새로운 Server 인스턴스를 만들 때 인수로 전달한다.

Agile Java

클라이언트로서 여러분의 테스트는 서버에 검색 요청만을 전달 할 것이다. 응답에 대해서는 클라이언트가 각 요청이 끝날 때까지 기다리지 않도록 서버를 디자인한다. 하지만 클라이언트는 서버에서 검색이 끝났을 때 결과를 알아야 한다. 이럴 때 흔히 사용되는 방법이 콜백(callback)이다.

콜백이라는 용어는 함수에 대한 포인터를 만들 수 있는, C언어에서부터 이어받은 개념이다. 함수 포인터를 만들면, 이 포인터를 다른 변수와 마찬가지로 다른 함수로 전달할 수 있다. 그리고 이 포인터를 받은 쪽 코드에서 함수 포인터를 이용하여 원래의 코드를 실행할 수 있다.

자바에서 콜백을 구현하는 편리한 방법은 메소드를 인수로 하는 익명 내부 클래스 인터페이스를 전달하는 것이다. ResultsListenr 인터페이스는 executed 메소드를 정의한다.

```
package sis.search;

public interface ResultsListener {
   public void executed(Search search);
}
```

testSearch에서, 여러분은 Server를 생성하기 위해 ResultsListener의 익명 내부 클래스 인스턴스를 전달한다. Server 객체는 ResultsListener 레퍼런스를 유지하고, 검색이 종료되었을 때 executed 메시지를 보낸다.

콜백은 자바 구현에서는 흔히 리스너(listener)라고 불린다. 리스너 인터페이스는 어떤 일이 발생했을 때 호출될 메소드를 정의한다. 사용자 인터페이스 클래스는 이벤트가 생겼을 때 다른 코드에 알리기 위해 리스너를 자주 사용한다. 예를 들어, 여러분은 자바 스윙 클래스에 이벤트 리스너를 설정해서, 사용자가 윈도우를 닫기 위해 버튼을 클릭하는 것을 알 수 있다. 이렇게 해서 윈도우가 실제로 닫히기 전에 필요한 정리를 할 수 있다.

이 테스트에서, 단순히 검색이 실행된 총 횟수를 알기 위해 ResultsListener 인스턴스를 사용했다.

Server 객체를 만든 후에, 루프(3번 줄)를 사용해서 URL 리스트를 처리한다. 각 URL을 Search 객체를 만들기 위해 사용한다. 자바가 각 요청을 받아서 서버에 추가하는데 걸리는 시간을 보기 위해 실행에 걸린 시간을 기록한다. 이후의 확인(4번 줄)에서 평균 지연시간(응답시간의 지연)이 20밀리초 이하인 것을 확인한다.

서버가 독립된 쓰레드에서 여러 검색을 실행하기 때문에, JUnit의 코드가 검색이 완료되기 전에 실행될 가능성이 있다. 검색이 끝날 때까지, 즉 요청한 검색과 받은 결과의 수가 일치할 때까지, 실행을 멈출 필요가 있다.

멀티쓰레드(multithreading) | Lesson 13

6. 테스트에서 기다리기

ServerTest의 5번 줄에서는 waitForResult 메소드를 호출한다. 이 메소드는 모든 검색 결과를 얻을 때까지 현재 쓰레드(즉, 테스트가 실행되는 쓰레드)의 실행을 정지한다. 타임아웃 값은 waitForResult가 false를 반환하고 확인이 실패할 때까지의 시간을 나타낸다.

```
private boolean waitForResults() {
  long start = System.currentTimeMillis();
  while (numberOfResults < URLS.length) {
    try { Thread.sleep(1); }
    catch (InterruptedException e) {}
    if (System.currentTimeMillis() - start > TIMEOUT)
      return false;
  }
  return true;
}
```

waitForResults 메소드는 간단한 루프를 돈다. 각 루프 내용의 실행은 수 밀리초동안 멈추고, 타임아웃 한계를 넘지 않았는지 확인한다. 이 일시정지는 정적인 Thread 메소드인 sleep을 호출한 결과이다. sleep 메소드는 밀리초를 받아서 그 시간만큼 현재 쓰레드의 실행을 중지한다4).

sleep은 InterruptException형의 예외를 발생시킬 수 있기 때문에 try-catch 블록 안에 넣어야 한다. 한 쓰레드가 다른 쓰레드를 인터럽트 하는 것이 가능하며 이 경우, 예외가 발생한다. 하지만 쓰레드 인터럽트는 디자인시에 사용이 결정되므로, 이 경우는 예외를 무시해도 되는 드문 경우 중 하나이다.

waitForResults에서 사용되는 루프 구조는 대부분의 경우 적절하다. 기다리고 / 통보하는 (wait / notify) 구조는 어떤 조건을 기다리는데 가장 일반적으로 사용되는 구조이다.

7. 쓰레드 생성하고 실행하기

Server 클래스는 들어오는 검색을 받고 아직 실행되지 않은 요청을 처리해야 한다. 이 코드는 실제 검색을 다른 쓰레드에서 실행한다. 나머지 코드가 실행되는 Server의 주 쓰레드는 두 번째 쓰레드를 만들어야 한다.

---

4) 쓰레드 스케줄러는 최소한 정해진 시간만큼 기다리며, 더 길게 기다릴 수도 있다.

Agile Java

자바는 별개의 쓰레드를 만들기 위해 두 가지 방법을 제공한다. 첫 번째는 java.lang.Thread 클래스를 계승하고 run 메소드를 구현하는 것이다. 그리고 나서 쓰레드 시작을 위해 start 메소드를 실행한다. 이때에 run 메소드가 다른 쓰레드에서 실행을 시작한다.

두 번째는 java.lang.Runnable 인터페이스를 구현하는 클래스 인스턴스를 만드는 것이다.

```
public interface Runnable {
   void run();
}
```

그리고 나서 Runnable 객체를 인수로 해서 Thread 객체를 만든다. Thread 객체에 start 메시지를 보내면 run 메소드의 실행을 시작한다. 이 두 번째 방법을 사용할 때는 흔히 Runnable 인터페이스를 구현한 익명 내부 클래스를 이용한다.

쓰레드를 Thread 객체와 구분하는 것은 중요하다. 쓰레드는 쓰레드 스케줄러가 관리하는 제어의 흐름이다. Thread는 실행되는 쓰레드에 대한 정보를 관리하는 객체이다. Thread 객체가 존재한다고 해서 쓰레드가 존재하는 것은 아니다. 쓰레드는 Thread 객체에서 쓰레드를 시작하기 전 그리고 쓰레드를 종료시킨 후에는 존재하지 않는다.

당장은 첫 번째 방법으로 쓰레드를 만들어서 Server 클래스가 Thread를 계승하도록 한다. Thread 자체는 Runnable 인터페이스를 구현한다. 만약, Thread를 계승한다면, 유용한 일을 하기 위해서는 run 메소드를 오버라이드 해야 한다.

```
package sis.search;

import java.util.*;

public class Server extends Thread {
   private List<Search> queue = new LinkedList<Search>();  // 문제가 있다!
   private ResultsListener listener;

   public Server(ResultsListener listener) {
      this.listener = listener;
      start();
   }

   public void run() {
      while (true) {
         if (!queue.isEmpty())
            execute(queue.remove(0));
         Thread.yield();
      }
   }

   public void add(Search search) {
      queue.add(search);
   }

   private void execute(Search search) {
      search.execute();
      listener.executed(search);
   }
}
```

멀티쓰레드 (multithreading) | Lesson 13

Server 클래스는 ResultsListener에 대한 레퍼런스와 Search 객체의 LinkedList형인 queue, 두 개의 필드를 정의한다. 큐 레퍼런스의 정의에는 문제가 있다. 이 정의는 쓰레드를 사용할 때 안전하지 않다. 당장은 이 테스트가 정상적으로 동작하는 것처럼 보일 수 있다. 하지만 실제 동작이 정상적이지 못할 것이다. 이 레슨의 동기화된 콜렉션 부분에서 쓰레드 사용시의 안전성 문제와 이 문제를 해결하는 방법을 배울 것이다.

java.util.LinkedList 클래스는 List 인터페이스를 구현한다. ArrayList처럼 각 구성요소를 연속적인 메모리 블록에 저장하는 대신 링크드 리스트는 추가하는 각 요소마다 메모리에 개별 블록을 할당한다. 메모리의 각 블록은 메모리 공간상에 흩어져 있다. 링크드 리스트의 개념적인 동작에 대해서는 그림 13-2를 참조한다. 리스트의 끝이 아닌 부분에서 제거와 추가가 반복되는 콜렉션에 대해서는 링크드 리스트가 ArrayList보다 나은 성능을 보인다.

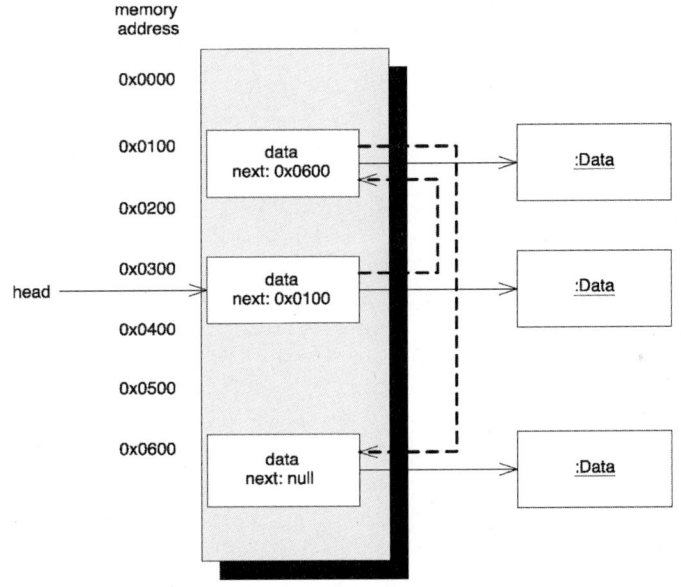

그림 13-2 링크드 리스트의 개념적 구조

queue 레퍼런스는 들어오는 검색 요청을 저장한다. 이 링크드 리스트는 큐라는 데이터 구조로 동작한다. 큐는 선입선출(FIFO, first-in first-out)리스트라고도 불린다. 큐에서 구성요소를 제거를 요청하면 리스트에서 가장 오래된 자료를 지운다. Server의 add 메소드는 Search 인수를 받아서 큐의 끝에 추가한다. LinkedList가 큐로 동작하려면, 여러분은 리스트의 처음에서 Search 객체를 제거해야 한다.

Server의 생성자는 start를 호출해서 두 번째 쓰레드를 시작한다. 이 때 run 메소드가 시작된다. Server의 run 메소드는 무한 루프이다. 이 메소드는 다른 코드에서 쓰레드를 종료시키거나 응용프로그램 자체가 종료될 때까지 계속해서 실행된다. ServerTest를 JUnit에서 실행할 때, 백그라운드 쓰레드는 모든 JUnit테스트가 완료된 뒤에 실행될 것이다. 이것은 JUnit 윈도우를 닫은 후에만 종료된다.

루프의 내부에서는 먼저 큐가 비어있는지 확인한다. 비어있지 않다면 큐의 내용을 가져와서 실행한다. 그리고 Thread 메소드인 yield를 호출한다. yield 메소드는 백그라운드 쓰레드가 실행되기 전에 다른 쓰레드가 프로세서를 사용하도록 허용한다. 협조형과 선점형 멀티쓰레드에 대한 다음 부분에서 yield가 필요한 이유를 배울 것이다.

execute 메소드는 실제 검색을 Search 객체로 위임한다. 검색이 끝나면 검색 결과를 인수로 해서 ResultListener 레퍼런스를 실행한다.

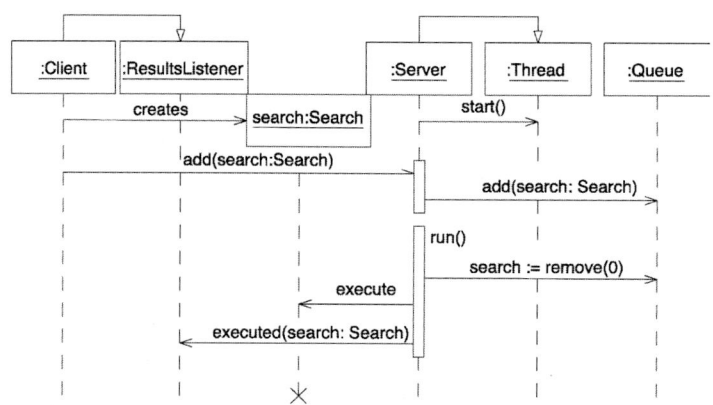

그림 13-3 동작중인 Search 객체에 대한 시퀀스 다이어그램

검색에 성공한 경우의 메시지의 흐름을 UML 시퀀스 다이어그램(그림 13-3)으로 표현할 수 있다. 시퀀스 다이어그램은 동작중인 시스템의 동적인 모습을 표현한다. 이 다이어그램은 객체간의 메시지 흐름의 순서를 보여 준다. 시퀀스 다이어그램은 연결된 시스템이 동작하는 방법을 표현하기 위해 적합한 방법이다[5].

시퀀스 다이어그램에서, 클래스 사각형 대신 객체 사각형을 사용한다. 각 사각형의 아래로 내려오는 점선은 객체의 유지시간을 나타낸다. 객체의 점선 아래에 X는 객체의 사용이 끝난 것을 나타낸다. 그림 13-3의 Search 객체는 검색이 끝난 것을 클라이언트에 알린 후 없어진다.

메시지 전송은 메시지를 보내는 객체에서 받는 객체에 해당하는 점선으로 화살표를 그려서 나타낸다. 메시지 흐름은 위에서 아래의 순서로 표시된다. 그림 13-3에서, Client 객체는 첫 번째 메시지인 create를 보낸다. 이 특별한 메시지는 Client 객체가 Search 객체를 생성하

---

5) 시퀀스 다이어그램이 복잡한 병렬적인 동작을 표현하는데 좋은 방법이 아닐 수도 있다. UML 모델에서 멀티쓰레드를 표현하는 더 나은 방법이 액티비티 다이어그램(activity diagram)일 수도 있다.

멀티쓰레드 (multithreading) | Lesson 13

는 것을 나타낸다. Search 객체가 다른 객체보다 아래쪽에서 시작하는 것을 확인한다. 이때까지 이 객체는 존재하지 않았다.

첫 번째 메시지를 보낸 후, Client는 add(Search)를 Server 객체에 보낸다. 이 메시지 전달은 개념적으로 비동기적이다6). Client는 Server객체로부터 어떤 응답도 기다리지 않는다. 비동기적인 메시지 전달을 위해서는 반쪽 화살표를 사용한다. add 메시지를 받으면, Server의 add 메소드는 Search 객체를 큐에서 가져온다. 여러분은 add 메소드의 실행 시간을 액티베이션(객체 수명선 위에 있는 얇은 사각형)으로 표시한다.

반면에 Server 쓰레드는 상위 클래스 start 메시지를 보낸다. Server에서 오버라이드 된 run 메소드는 실행을 시작한다. 그 수명은 Server객체의 수명선 위에 나타난다. run 내의 코드는 Queue에 remove(0)메시지를 보내서 첫 번째 Search를 가져오고 큐에서 제거한다. 그 후에 run 메소드는 execute를 Search 객체에 보내고, execute가 끝났을 때 ResultsListener를 실행한다.

8 협조형과 선점형 멀티테스킹

단일 프로세서 환경에서, 각 쓰레드는 실행하고자 하는 프로세서에서 작은 시간을 할당받는다. 문제는 '다른 쓰레드가 수행되기 전에 얼만큼의 시간이 있는가?'이다. 답은 자바가 실행되는 운영체제나 특정 JVM(자바 가상기계)에 등, 상황에 따라 다르다.

대부분의 현대적인 운영체제는 (유닉스 변형과 윈도우즈를 포함해서) 운영체제가 현재 실행중인 쓰레드 사이에 끼어들 수 있는, 선점형 멀티테스킹을 사용한다. 쓰레드에 대한 정보는 저장되고 다음 쓰레드에 작은 시간을 다시 제공한다. 이런 환경에서 모든 쓰레드는 결과적으로 쓰레드 스케줄러로부터 일부의 시간을 나눠 받게 된다.

다른 방법은 운영체제가 쓰레드를 협조적인 멀티테스킹으로 관리하는 것이다. 협조적 멀티테스킹은 쓰레드 코드의 동작을 다른 쓰레드에 자주 양보하도록 하는 것이다. 협조형 멀티테스킹 모델에서, 하나의 잘못 작성된 쓰레드는 프로세서를 완전히 차지해서, 다른 쓰레드들이 실행되지 못할 수 있다. 쓰레드는 명시적으로 yield 메소드를 호출해서 다른 쓰레드를 실행한다.

Server 클래스에서 run 메소드 내의 while 루프는 yield 메소드를 루프를 돌 때마다 호출해서 다른 쓰레드가 실행될 기회를 준다7).

ⓕootnote

6) 우리가 구현한 코드에서 이 메시지 전달은 동기적이다. 하지만 이 동작은 즉시 끝나고 어떤 정보로 반환하지 않으므로 비동기로 표현할 수도 있다.

7) 여러분의 실행환경에 따라, 이 코드를 실행할 때 CPU 사용율이 급격히 올라갈 수 있다. yield 메소드는 다른 쓰레드가 없다면 어떤 것도 하지 않는다. 다른 방법은 몇 밀리초동안 sleep을 사용하는 것이다.

Agile Java

```
public void run() {
   while (true) {
     if (!queue.isEmpty())
        execute(queue.remove(0));
     Thread.yield();
   }
}
```

9 동기화

　멀티쓰레드 개발의 가장 큰 함정은 주의점은 쓰레드가 정해지지 않은 순서로 실행되는 것을 알고 처리하는 것이다. 여러분이 멀티쓰레드 응용프로그램을 실행할 때마다, 쓰레드는 예측이 불가능한 다른 순서로 실행된다. 이런 불확정성의 가장 어려운 결과는 수천 번 실행에 한번이나 보름달이 뜰 때에만8) 문제가 생기는 것이다.

　코드를 실행중인 두 쓰레드는 같은 속도로 코드를 수행하지 않는다. 한 쓰레드가 한줄도 실행하기 전에 다른 쓰레드는 5줄을 실행할 수도 있다. 쓰레드 스케줄러는 코드 일부를 번갈아서 각 쓰레드를 실행한다.

　또한 쓰레드 실행은 자바 명령문 단위가 아니고, 더 낮은 레벨의 명령문이 해석된 가상기계 수행의 단위이다. 자바에서 대부분의 명령은 원자성이 보장되지 않는다(non-atomic). 자바 컴파일러는 하나의 명령문에 대해서 여러 내부 연산을 만들 수 있다. 카운터를 증가시키거나 레퍼런스에 값을 할당하는 것처럼 간단한 명령문 역시 마찬가지다. 하나의 할당 명령문이 두 개의 내부 명령으로 컴파일 된다고 가정하자. 쓰레드 스케줄러가 해당 쓰레드를 정지시키기 전에 두 번째 연산이 완료되지 않고 다음 쓰레드를 실행시킬 수 있다.

　이런 코드 교체는 동기화 문제를 일으킨다. 두 개의 쓰레드가 같은 데이터를 동시에 사용한다면, 결과는 여러분이 원하는 것이 아닐 것이다.

　여러분은 sis.studentinfo.Account 클래스가 자금을 인출할 수 있도록 하고 싶다. 자금을 인출하기 위해서는 계좌의 잔고가 최소한 인출할 만큼 이상이어야 한다. 이 금액이 너무 크다면, 아무것도 하지 않아야 한다. 이 경우 잔고가 0 이하로 떨어지지 않아야 한다.

```
package sis.studentinfo;
// ...
public class AccountTest extends TestCase {
   // ...
   private Account account;
```

---

8) 작은 중력변화가 프로세서 실행을 몇 피코초 느리게 하는 전기적 영향을 줄지도 모른다.

멀티쓰레드 (multithreading) | Lesson 13

```java
protected void setUp() {
   account = new Account();
   // ...
}
// ...
public void testWithdraw() throws Exception {
   account.credit(new BigDecimal("100.00"));
   account.withdraw(new BigDecimal("40.00"));
   assertEquals(new BigDecimal("60.00"), account.getBalance());
}

public void testWithdrawInsufficientFunds() {
   account.credit(new BigDecimal("100.00"));
   account.withdraw(new BigDecimal("140.00"));
   assertEquals(new BigDecimal("100.00"), account.getBalance());
}
// ...
}
```

withdraw 메소드는 다음과 같다.

```java
package sis.studentinfo;
// ...
public class Account implements Accountable {
   private BigDecimal balance = new BigDecimal("0.00");
   // ...
   public void withdraw(BigDecimal amount) {
      if (amount.compareTo(balance) > 0)
         return;
      balance = balance.subtract(amount);
   }
   // ...
}
```

멀티쓰레드 환경에서 withdraw 메소드에서는 근본적인 문제가 있다. 100달러가 들어 있는 한 계좌에서 두 개의 쓰레드가 80달러를 동시에 인출하려고 한다고 가정하자. 한 쓰레드는 성공할 것이다. 다른 쓰레드는 실패해야 한다. 최종 잔액은 20달러가 되어야 한다. 하지만 코드 실행이 다음과 같이 겹칠 수 있다.

Thread 1	Thread2	Bal
amount.compareTo(balance) > 0		100
	amount.compareTo(balance) > 0	100
balance = balance.subtract(amount)		20
	balance = balance.subtract(amount)	-60

두 번째 쓰레드는 첫 번째 쓰레드가 잔액을 확인하고 잔액을 빼기 전에 잔액을 확인한다. 다른 실행 순서에서도 비슷한 문제가 생길 수 있다.

이 문제를 보여 주는 테스트를 간단히 작성해 보자.

```
package sis.studentinfo;

import junit.framework.*;
import java.math.BigDecimal;

public class MultithreadedAccountTest extends TestCase {
   public void testConcurrency() throws Exception {
      final Account account = new Account();
      account.credit(new BigDecimal("100.00"));

      Thread t1 = new Thread(new Runnable() {
         public void run() {
            account.withdraw(new BigDecimal("80.00"));
         }});
      Thread t2 = new Thread(new Runnable() {
         public void run() {
            account.withdraw(new BigDecimal("80.00"));
         }});

      t1.start();
      t2.start();
      t1.join();
      t2.join();

      assertEquals(new BigDecimal("20.00"), account.getBalance());
   }
}
```

이 메소드에는 분명히 중복된 부분이 있다. 이 메소드가 무엇을 하는지 이해한 후에는 코드를 재구성해서 중복을 없애도록 한다.

10 Runnable로 쓰레드 만들기

testConcurrency는 두 가지 새로운 것을 보여 준다. 먼저, Runnable 인터페이스의 인스턴스를 전달해서 쓰레드를 만드는 것을 보여 준다. Runnable 인터페이스가 run이라는 하나의 메소드를 정의하는 것을 기억하자. 이 테스트는 각 쓰레드마다 Runnable의 익명 내부 클래스 인스턴스를 만든다. run 메소드의 코드는 start 메소드가 호출될 때까지 실행되지 않는다는 것을 명심하자.

testConcurrency에서 두 번째 새로운 것은 Thread의 메소드인 join의 사용이다. 쓰레드에 join메시지를 보내면, 현재 쓰레드에서의 실행은 그 쓰레드가 완료될 때까지 정지된다. testConcurrency 내의 코드는 먼저 t1이 완료될 때까지 기다리고, 그 뒤에 t2를 기다린다.

JUnit을 실행할 때, testConcurrency는 어떤 경우에도 통과될 것이다. 빨리 실행되는 작은 메소드에서, 쓰레드 스케줄러는 다음 쓰레드를 실행하기 전에 전체 메소드를 실행할 만큼

멀티쓰레드 (multithreading) | Lesson 13

의 충분한 시간을 한 쓰레드에 할당한다. withdraw 메소드에 정지 코드를 넣어서 문제를 확실하게 보일 수 있다.

```
public void withdraw(BigDecimal amount) {
   if (amount.compareTo(balance) > 0)
      return;
try { Thread.sleep(1); }
catch (InterruptedException e) {}
   balance = balance.subtract(amount);
}
```

이제 붉은 막대가 보일 것이다.

11 동기화

의미상으로 여러분은 withdraw 내의 모든 코드가 단일하게 실행되기를 원한다. 쓰레드는 다른 쓰레드의 방해를 받지 않고 전체 withdraw 메소드를 처음부터 끝까지 실행할 수 있어야 한다. 자바에서는 이것을 위해 synchronized 메소드 수식어를 사용한다.

```
public synchronized void withdraw(BigDecimal amount) {
   if (amount.compareTo(balance) > 0)
      return;
   balance = balance.subtract(amount);
}
```

자바에서 동기화의 구현은 상호 배제(mutual exclusion)라고 불린다. 상호 배제로 보호되는 코드는 크리티컬 섹션(critical section)[9]이라고도 부른다. withdraw 코드가 서로 영향을 받지 않고 실행되는 것을 보장하기 위해서, 자바는 실행되는 쓰레드 코드의 객체에 락을 만든다. 하나의 쓰레드가 객체에 대한 락을 가진 동안 다른 쓰레드는 이 객체에 대해서 락을 걸지 못한다. 락을 걸려고 하는 다른 쓰레드는 락이 풀릴 때까지 블록될 것이다. 락은 메소드의 실행이 끝나면 풀린다.

자바는 보호되는 데이터를 위해서 모니터라는 개념을 사용한다. 모니터는 각 객체와 연관된다. 모니터는 객체의 인스턴스 데이터를 보호한다. 모니터는 각 클래스와 연관되어 있어서 클래스의 정적 데이터를 보호한다. 락을 얻을 때, 여러분은 연결된 모니터를 얻게 된다. 한 순간에 한 쓰레드만이 락을 가지고 있을 수 있다[10].

[footnote]

9) [Sun2004].

10) http://www.artima.com/insidejvm/ed2/threadsynch2.html

Agile Java

항상 가능한 작은 부분의 코드에만 락을 걸도록 해야 한다. 그렇지 않으면 락을 얻기 위해 쓰레드가 기다리는 동안 성능 문제가 생길 것이다. 저자가 지금까지 강조한 것처럼 작고 잘 구성된 메소드를 만들었다면, 메소드 단위로 락을 거는 것으로 충분하다는 것을 알게 될 것이다. 하지만 synchronized 블록을 만들어서 전체 메소드보다 작은 단위에 락을 걸 수 있다. synchronized 키워드 뒤의 괄호 안에 모니터로 사용될 객체를 지정해야 한다.

withdraw의 다음 구현방법은 이전 구현방법과 일치한다.

```
public void withdraw(BigDecimal amount) {
   synchronized(this) {
      if (amount.compareTo(balance) > 0)
         return;
      balance = balance.subtract(amount);
   }
}
```

synchronized 블록은 하나의 명령문만 있다고 해도, 괄호를 사용해야 한다.

클래스의 메소드를 synchronized로 선언할 수 있다. 가상기계가 클래스 메소드를 실행할 때, 메소드가 정의된 Class 객체에 대한 락을 얻을 것이다.

12 동기화된 콜렉션

이전에 잠시 말한 것처럼, Server 클래스는 큐를 LinkedList로 선언하는 부분에서 문제가 있다.

```
public class Server extends Thread {
   private List<Search> queue = new LinkedList<Search>();   // 문제부분!
```

ArrayList, LinkedList, HashMap과 같은 자바 2 콜렉션 클래스 프레임 워크를 사용할 때, 여러분은 이런 클래스가 쓰레드에 대해서 안전하지 않다는 것을 명심해야 한다. 이 클래스의 메소드들은 동기화되지 않았다. 이전의 콜렉션 클래스인 Vector와 Hashtable은 기본적으로 동기화된다. 하지만 쓰레드에 대해서 안전한 콜렉션을 사용하기 위해 이런 예전 클래스를 사용하지는 말자.

대신 java.util.Collections 클래스에 있는 유틸리티 메소드를 사용해서 콜렉션 인스턴스를 동기화된 래퍼안에 넣을 수 있다. 동기화 래퍼는 대상 콜렉션에 대한 락을 얻고 정상적인 처리를 위해 모든 메시지를 원래의 콜렉션으로 전달한다. Server 클래스를 수정해서 queue 레퍼런스를 동기화된 리스트에 넣는다.

멀티쓰레드(multithreading) | Lesson 13

```
public class Server extends Thread {
  private List<Search> queue =
    Collections.synchronizedList(new LinkedList<Search>());
  // ...
  public void run() {
    while (true) {
      if (!queue.isEmpty())
        execute(queue.remove(0));
      Thread.yield();
    }
  }

  public void add(Search search) throws Exception {
    queue.add(search);
  }
  // ...
}
```

동기화 래퍼를 추가했다고 해서 queue를 사용하는 코드를 고칠 필요는 없다.

약간의 분석을 해보면, 큐에 대한 동기화 문제가 생길 것 같지는 않다. add 메소드는 리스트의 끝에 객체를 넣는다. run 루프는 큐가 비어있지 않은 경우에만 큐의 첫 부분에서 객체를 가져간다. 큐를 사용하는 다른 메소드는 없다. 하지만 add와 remove 연산의 일부분이 동시에 실행될 작은 가능성이 있다. 이런 동시성(concurrency)은 LinkedList 인스턴스의 정합성(integrity)을 해칠 것이다. 동기화 래퍼를 사용해서 이런 문제점을 없앨 것이다.

13 BlockingQueue

J2SE 5.0에서 살펴볼만한 API 추가는 클래스의 java.util.concurrent 패키지에 있는 동시성 라이브러리이다. 이 라이브러리는 멀티쓰레드에 관련된 많은 문제를 해결해 줄 것이다. 이 라이브러리를 자주 사용해야 하지만 쓰레드에 관련된 기초나 개념을 몰라서는 안 된다.

큐는 멀티쓰레드 응용프로그램에서 매우 유용한 구조이기 때문에, 동시성 라이브러리는 BlockingQueue 인터페이스와 이 인터페이스를 구현하는 다섯 개의 특별한 큐 클래스를 제공한다. BlockingQueue는 콜렉션에 큐의 기능을 추가하는 새로운 인터페이스인 java.util.Queue를 계승한다. BlockingQueue는 큐에 동시성에 관련된 기능이 추가되어 있다. 예를 들어, 다음 데이터를 가져올 때 기다리거나, 데이터를 저장할 때 빈 자리가 생길 때까지 기다리는 기능을 포함한다.

LinkedList 대신 LinkedBlockingQueue를 사용하여 Server 클래스를 재구성할 수 있다.

Agile Java

```java
package sis.search;

import java.util.concurrent.*;

public class Server extends Thread {
   private BlockingQueue<Search> queue =
      new LinkedBlockingQueue<Search>();
   private ResultsListener listener;

   public Server(ResultsListener listener) {
      this.listener = listener;
      start();
   }

   public void run() {
      while (true)
         try {
            execute(queue.take());
         }
         catch (InterruptedException e) {
         }
   }

   public void add(Search search) throws Exception {
      queue.put(search);
   }

   private void execute(Search search) {
      search.execute();
      listener.executed(search);
   }
}
```

LinkedBlockingQueue의 메소드 put은 데이터를 큐의 제일 뒤에 추가한다. take 메소드는 큐의 처음에서 데이터를 제거한다. 또한 큐에 데이터가 있을 때까지 기다릴 수 있다. 코드는 원래의 Server 구현과 그다지 달라 보이지 않지만, 이제 쓰레드에 대해서 안전하다.

14 쓰레드 멈추기

ServerTest에는 아직 문제점이 남아있다. Server 클래스의 쓰레드는 무한 루프를 돈다. 보통 이 루프는 Server 자체가 종료될 때 종료된다. 하지만 JUnit에서 테스트를 실행할 때, 이 쓰레드는 JUnit 자체를 닫을 때까지 계속 실행된다.

Thread API는 쓰레드를 종료시킬 수 있는 것처럼 보이는 stop 메소드를 가지고 있다. API 문서를 조금만 읽어보면 stop 메소드는 더 이상 쓰이지 않으며 "특성상 안전하지 않다"는 것을 알 수 있다. 다행히, 문서는 왜 안전하지 않은지 그리고 어떻게 해야 하는지 설명해준다(읽어보자). 추천되는 기법은 단순히 쓰레드가 특정 조건에서 스스로 종료되도록 하는 것이다. 한가지 방법은 true로 초기화해서 쓰레드가 종료되기를 원할 때 false로 설정되는 불리언 변수를 만드는 것이다. run 메소드 내에서 while 루프에서의 조건문에서 이 값을 확인 할 수 있다.

멀티쓰레드 (multithreading) | Lesson 13

```
protected void tearDown() throws Exception {
   assertTrue(server.isAlive());
   server.shutDown();
   server.join(3000);
   assertFalse(server.isAlive());
   TestUtil.delete(SearchTest.FILE);
}
```

tearDown 메소드는 테스트에서 예외가 발생하는 것에 관계없이, 각 테스트 메소드의 실행이 끝날 때마다 실행된다는 것을 기억하자. testDown에서, 여러분은 쓰레드가 살아있으며, 동작중인 것을 먼저 확인한다. 그리고 나서 shutDown 메시지를 서버로 보낸다. shutDown이라는 이름은 서버를 멈추는 신호라는 의미로 지었다.

타임 아웃을 3초로 지정하고, join 메소드를 사용해서 서버 쓰레드를 기다릴 수 있다. 쓰레드가 종료되는데는 약간의 시간이 필요하다. join 메소드가 없다면, tearDown의 나머지 코드는 쓰레드가 완전히 죽기 전에 실행될 것이다. 마지막으로 shutDown을 Server로 전달한 후에, 쓰레드가 더 이상 살아있지 않은 것을 확인한다. isAlive 메소드는 Thread에 정의되어 있으며, Server는 Thread의 하위 클래스이므로, 살아있는지 확인하기 위해 isAlive를 Server 인스턴스에 보낼 수 있다.

Server 클래스는 이제 LinkedBlockingQueue를 이용하기 때문에, 여러분은 run 메소드의 while 루프에서 불리언 플래그를 이용할 수 없다. LinkedBlockingQueue의 take 메소드는 블록된다. 이 메소드는 큐에 새로운 객체가 들어올 때까지 기다린다. 만약, JUnit을 실행시킨 채로 놔둔다면 계속해서 기다린다.

LinkedBlockingQueue가 기다리는 것을 멈게 하는 한가지 방법은 큐에 이제 종료해도 된다는 의미의 특별한 Search 객체를 넣는 것이다. 큐에서 객체를 가져올 때마다, 이 특별한 Search 객체인지를 확인하고, 맞다면 run 메소드를 종료한다.

LinkedBlockingQueue가 기다리는 것을 멈추려면 interrupt 메시지를 보내서 쓰레드에서 InterruptedException이 일어나도록 하는 방법도 있다. InterruptedException을 잡으면, while 루프에서 빠져나오면 된다. 다음은 이 방법의 코드이다.

```
public class Server extends Thread {
   // ...
   public void run() {
      while (true)
         try {
            execute(queue.take());
         }
         catch (InterruptedException e) {
            break;
         }
   }
   // ...
   public void shutDown() throws Exception {
      this.interrupt();
   }
}
```

Agile Java

15 기다리기와 통보하기

자바는 두 개 이상의 쓰레드의 동작을 조절하기 위한 구조를 제공한다. 흔히, 여러분은 하나의 쓰레드가 다른 쓰레드가 일을 마칠 때까지 기다리도록 해야 한다. 자바는 wait / notify 라는 구조로 이것을 구현한다. 쓰레드에서 잠시 기다리려면 wait을 호출한다. 다른 쓰레드는 이 쓰레드를 notify 메소드를 호출해서 깨울 수 있다.

 이 예제에서, 여러분은 시계 응용프로그램에 적합한 Clock 클래스를 만들 것이다. 사용자 인터페이스(UI, user interface)는 디지털 숫자나, 시침, 분침, 초침이 있는 아날로그 형태로 보일 수 있다. UI가 사용자가 보게 될 출력을 만드느라 바쁜 동안 실제 Clock 클래스는 계속해서 시간을 추적하기 위한 다른 쓰레드를 실행할 수 있다. Clock 쓰레드는 무한루프를 돌 것이다. 매 초마다, 깨어나서 사용자 인터페이스에 시간이 바뀌었다는 통보를 한다.

UI 클래스는 ClockListener 인터페이스를 구현한다. 여러분은 ClockListener 레퍼런스를 Clock 객체에 전달한다. 시간이 변하면 이 리스너를 콜백할 수 있다. 이런 리스너 기반의 디자인에서, 여러분은 디지털 표현과 아날로그 형식의 인터페이스를 바꾸면서 Clock 클래스는 그대로 둘 수 있다 (그림 13-4 참조).

어려운 부분은 테스트를 작성하는 것이다. 다음 전략을 따른다.

- ClockListener의 모방 클래스를 만들고 받는 메시지를 저장하도록 한다.
- 모방 객체를 전달해서 Clock 인스턴스를 만든다.
- 시계를 시작시키고, 모방 객체에 다섯 개의 메시지가 도착할 때까지 기다린다.
- ClockListener에서 받은 메시지가, 1초 간격인 것을 확인한다.

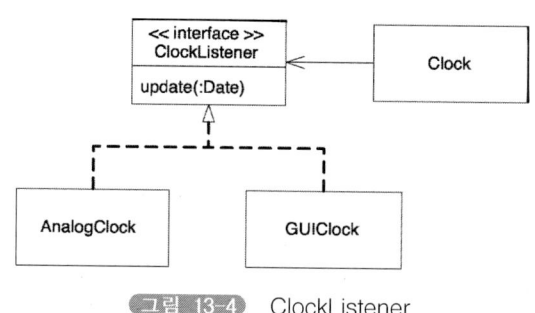

그림 13-4 ClockListener

다음의 테스트는 위의 단계를 수행할 것이다. 재미있는 부분은 모방 객체가 원하는 개수의 메시지를 받을 때까지 기다리는 것이다. 나중에 설명하겠지만 먼저 코드를 살펴보자.

멀티쓰레드 (multithreading) | Lesson 13

```java
package sis.clock;

import java.util.*;
import junit.framework.*;

public class ClockTest extends TestCase {
  private Clock clock;
  private Object monitor = new Object();                    // 1

  public void testClock() throws Exception {
    final int seconds = 5;
    final List<Date> tics = new ArrayList<Date>();
    ClockListener listener = new ClockListener() {
      private int count = 0;
      public void update(Date date) {
        tics.add(date);
        if (++count == seconds)
          synchronized(monitor) {                           // 2
            monitor.notifyAll();                            // 3
          }
      }
    };
    clock = new Clock(listener);
    synchronized(monitor) {                                 // 4
      monitor.wait();                                       // 5
    }
    clock.stop();
    verify(tics, seconds);
  }

  private void verify(List<Date> tics, int seconds) {
    assertEquals(seconds, tics.size());
    for (int i = 1; i < seconds; i++)
      assertEquals(1, getSecondsFromLast(tics, i));
  }

  private long getSecondsFromLast(List<Date> tics, int i) {
    Calendar calendar = new GregorianCalendar();
    calendar.setTime(tics.get(i));
    int now = calendar.get(Calendar.SECOND);
    calendar.setTime(tics.get(i - 1));
    int then = calendar.get(Calendar.SECOND);
    if (now == 0)
      now = 60;
    return now - then;
  }
}
```

테스트는 Clock 인스턴스를 만든 후, 기다린다(5번 줄). 이 wait 메시지는 Object에 정의되어 있기 때문에, 어떤 객체에도 보낼 수 있다. 먼저 같은 객체에 대한 락을 얻어야 한다. 이전에 언급한 동기화 블록(4번 줄)이나 동기화 메소드를 이용한다. 이 테스트에서, 락과 대기를 위한 객체로 monitor 필드(1번 줄)에 저장된 임의의 객체를 사용한다.

Agile Java

이 테스트는 무엇을 기다리는가? 모방 리스너 구현에서, update(Date)가 한번 호출될 때마다 count 변수를 1씩 올린다. 원하는 숫자의 메시지를 받은 후에, ClockTest가 기다리는 것을 멈추도록 할 수 있다.

구현의 관점에서, 테스트 쓰레드는 다른 쓰레드에서 실행되는 리스너를 기다린다. 리스너는 테스트가 기다리는 객체(3번 줄)와 같은 객체에 대해서 notifyAll메시지를 보내서 동작을 진행시킨다. notifyAll을 호출하기 위해, 역시 synchronized 블록을 사용해서 먼저 모니터 객체에 대한 락을 얻어야 한다.

하지만 기다리자! synchronized 블록에서 wait을 호출하는 것은 synchronized 블록이 끝날 때까지 다른 코드에서 락을 얻는 것을 막는다는 의미이므로 다른 코드에서 notifyAll을 실행할 수 없다. 또한 다른 코드에서 notifyAll을 호출하지 못하면 wait이 끝나지 못한다. 이것은 꼬리잡기 상황이 된다.

다음의 방법으로 해결한다. 내부적으로 wait 메소드는 현재의 쓰레드를 모니터 객체의 "wait 집합"에 넣는다. 그리고 나서 현재의 쓰레드 실행을 정지하기 전에 모든 락을 놓는다. 따라서 다른 쓰레드의 코드가 notifyAll 호출을 감싸는 synchronized 블록을 만나면, 모니터에는 락이 걸려있지 않다. 그리고 나서 (2번 줄) 락을 얻는다. notifyAll 호출은 모니터에 메시지를 보내기 위해서 락이 필요하다.

이런 기다림/통보 구조가 완전해질 때까지 몇 번 더 살펴봐야 한다.

다음은 ClockListener 인터페이스와 Clock 클래스 구현이다.

```java
// sis.clock.ClockListener
package sis.clock;

import java.util.*;

public interface ClockListener {
   public void update(Date date);
}

// sis.clock.Clock
package sis.clock;

import java.util.*;

public class Clock implements Runnable {
   private ClockListener listener;
   private boolean run = true;

   public Clock(ClockListener listener) {
      this.listener = listener;
      new Thread(this).start();
   }

   public void stop() {
      run = false;
   }
```

멀티쓰레드(multithreading) | Lesson 13

```
public void run() {
  while (run) {
    try { Thread.sleep(1000); }
    catch (InterruptedException e) {}
    listener.update(new Date());
  }
}
```

Clock의 run 메소드는 언제 종료할 것인지를 결정하기 위해 while 루프에서 불리언 플래그를 검사하는 간단한 방법을 사용한다. 기다림이 끝났을 때 테스트에서 호출되는 stop 메소드는 run 불리언 변수를 false로 설정한다.

Clock 구현에는 문제가 있다. run 메소드는 최소 1초 이상 정지한다. 전에 말한 것처럼 sleep 호출은 추가적으로 수나노초에서 밀리초가 걸릴 수 있다. 또한 새로운 Date 객체를 만드는 것도 시간이 걸린다. 이것은 시계가 몇 초를 뛰어넘을 수 있다는 의미이다. 예를 들어, 마지막 시간이 11:55:01.999 라면 sleep과 추가적인 실행시간은 정확히 1,000밀리초가 아니고 1001초가 걸려서 새로운 시간은 11:55:03.000이 될 것이다. 시계 UI는 11:55:01을 보여 주고 11:55:03으로 넘어간다. 아날로그 형식에서는 대부분의 경우 큰 문제가 되지 않겠지만, 초침이 조금 더 움직이는 것을 볼 수 있다. 만약, 테스트에서 충분히 긴 시간을 실행하면, 문제가 발생할 가능성이 커진다.

다음은 개선된 구현방법이다.

```
public void run() {
  long lastTime = System.currentTimeMillis();
  while (run) {
    try { Thread.sleep(10); }
    catch (InterruptedException e) {}
    long now = System.currentTimeMillis();
    if ((now / 1000) - (lastTime / 1000) >= 1) {
      listener.update(new Date(now));
      lastTime = now;
    }
  }
}
```

이런 문제점을 찾을 수 있는 테스트를 작성할 수 있겠는가? 그런 테스트를 위한 한가지 방법은 현재의 밀리초를 반환하는 유틸리티 클래스를 만드는 것이다. 그리고 나서 어떤 시간을 가장하도록 이 유틸리티클래스에 대한 모방 클래스를 만든다.

Clock 에 대한 테스트는 시간이 걸린다. 단위 테스트 실행 시간에 5초가 추가된다. 이 시간을 최소화할 수 있는가? 먼저 테스트는 0.5초나 2초를 측정할 필요는 없다. 둘째로, 여러분은 시계 클래스를 임의 가능한 간격으로 설정할 수 있다. 1초 대신, 100분의 1초의 경우로 테스트를 작성한다.

Agile Java

16 기다리기와 통보하기에 대한 추가적인 사항

Object 클래스는 타임아웃을 지정하도록 하는 오버로드된 wait 메소드 버전을 제공한다. 이 버전의 wait을 사용하는 쓰레드는 다른 쓰레드가 통보를 하거나 타임아웃 시간이 지날 때까지 기다린다.

어떤 환경에서, 실제로 통보를 받지 않고도 쓰레드가 깨어날 수도 있다. 이런 경우는 드물지만, 최종 코드에서 wait과 notify를 사용한다면, 이런 경우에 대비해야 한다. 그러기 위해서는, 실행을 계속할 것인지를 지정하는 조건문을 while 루프 안에 넣을 수 있다. wait에 메소드에 대한 자바 API 문서는 이것을 어떻게 구현하는지 보여 준다.

테스트에서, 루프를 돌 때마다 verify 메소드라고 불리는 do-while 루프를 만들 수 있다. 만약, verify 메소드가 실패하면 wait을 다시 실행한다. 저자는 테스트의 경우에는 이런 구조가 불필요하다고 본다. 이렇게 가짜로 깨어나는 경우가 테스트를 실패하게 만들 수도 있지만, 테스트를 다시 실행해 보면 된다.

notifyAll 이 하나 이상의 쓰레드가 기다리고 있다면 모든 쓰레드를 깨우지만 notify 메소드는 임의의 쓰레드를 깨운다. 대부분의 환경에서 notifyAll을 사용할 것이다. 하지만 어떤 상황에서는 오직 하나의 쓰레드만 깨어나기를 바랄 것이다. 그 예는 쓰레드 풀(thread pool)이다.

검색 서버는 현재 받은 요청을 수행하기 위해 하나의 쓰레드만을 사용한다. 클라이언트는 결국 검색 결과를 비동기적으로 받을 것이다. 이것이 작은 수의 요청에서는 괜찮겠지만, 다른 클라이언트에서 수많은 요청을 했다면 오랜 시간을 기다려야 한다.

요청마다 새로운 쓰레드를 만드는 것을 고려할 수도 있다. 하지만 각 만든 자바 쓰레드는 상당한 부담이 된다. 수천개의 검색 요청에 대해서 쓰레드를 새로 만드는 것은 심각한 성능 문제를 일으킨다. 자바 쓰레드 스케줄러는 각 쓰레드를 처리하는 것보다 쓰레드 간의 컨텍스트 스위칭(context-switching)에 더 많은 시간을 쓰게 된다.

쓰레드 풀은 임의의 작은 수의 Thread 객체를 가지고 있다. 검색 요청이 오면, 풀에다 이 요청을 전달한다. 풀에서는 큐의 끝에 이 일거리를 저장하고, notify 메시지를 보낸다. 작업을 마친 검색쓰레드는 큐에서 새로운 작업을 확인한다. 작업거리가 없다면, 검색 쓰레드는 wait 호출에서 블록된 상태를 유지한다. 블록된 쓰레드가 있다면, notify 메시지는 그 중 하나를 깨울 것이다. 깨어난 검색 쓰레드는 다음의 작업을 가져다 수행한다.

17 락과 조건

J2SE 5.0은 객체에 대한 락을 얻기 위한 좀더 유연한 방법을 추가했다.

멀티쓰레드 (multithreading) | Lesson 13

java.util.concurrent.locks.Lock 인터페이스는 하나 이상의 조건을 락에 지정할 수 있다. 여러 다른 종류의 락이 존재한다. 예를 들어, ReadWriteLock 구현은 여러 개의 쓰레드가 하나의 자원을 읽는 것을 허용하며, 하나의 쓰레드가 공유된 자원에 기록 할 수 있도록 한다. 또한 가장 오래 기다린 쓰레드가 락을 얻도록 하는 공정성 규칙을 추가할 수도 있다. 자세한 내용은 API 문서를 참조한다.

ClockTest의 소스는 새로운 lock 기능을 이용한 동기화를 보여 준다.

```java
package sis.clock;

import java.util.*;
import java.util.concurrent.locks.*;

import junit.framework.*;

public class ClockTest extends TestCase {
  private Clock clock;
  private Lock lock;
  private Condition receivedEnoughTics;

  protected void setUp() {
    lock = new ReentrantLock();
    receivedEnoughTics = lock.newCondition();
  }

  public void testClock() throws Exception {
    final int seconds = 2;
    final List<Date> tics = new ArrayList<Date>();
    ClockListener listener = createClockListener(tics, seconds);
    clock = new Clock(listener);
    lock.lock();
    try {
      receivedEnoughTics.await();
    }
    finally {
      lock.unlock();
    }
    clock.stop();
    verify(tics, seconds);
  }

  private ClockListener createClockListener(
      final List<Date> tics, final int seconds) {
    return new ClockListener() {
      private int count = 0;
      public void update(Date date) {
        tics.add(date);
        if (++count == seconds) {
          lock.lock();
          try {
            receivedEnoughTics.signalAll();
```

Agile Java

```
        }
        finally {
          lock.unlock();
        }
      }
    };
  }
  ...
}
```

이렇게 수정되고 약간 재구성된 ClockTest 구현은 Lock 인터페이스의 구현인 ReentrantLock을 사용한다. 어떤 공유 자원에 접근하고자 하는 쓰레드는 ReentrantLock 객체에 lock 메시지를 보낸다. 쓰레드가 락을 얻으면, 다른 쓰레드는 이전 쓰레드가 락을 풀 때까지 락을 얻기 위한 시도록 한다. 쓰레드는 Lock 객체에 unlock 메시지를 보내서 락을 풀 수 있다. try-finally 블록에서 락을 푸는 것을 항상 기억해야 한다.

ClockTest의 공유된 자원은 Condition 객체이다. 여러분은 newCondition 메시지를 보내서 Lock에서 Condition 객체를 얻는다(setUp 메소드를 확인한다). Condition 객체를 얻으면, await을 사용해서 블록할 수 있다. wait 메소드와 마찬가지로, await 내의 코드는 락을 풀고 현재 쓰레드를 정지시킨다[11]. 다른 쓰레드의 코드는 조건이 만족 된 것을 signal 이나 signalAll에 Condition 객체를 넣어서 알린다.

Condition 객체와 함께, ClockTest에 있는 관용적인 형식은 고전적인 기다림/통보 구조를 효과적으로 바꿀 수 있다.

18 쓰레드 우선순위

쓰레드는 다른 우선순위를 지정할 수 있다. 스케줄러는 쓰레드의 우선순위를 쓰레드가 얼마나 자주 선택되는지를 결정하는데 사용한다. 메인 쓰레드에는 기본 우선순위인 Thread.NORM_PRIORITY가 할당된다. 우선순위는 최저로는 Thread.MIN_PRIORITY 위로는 Thread.MAX_PRIORITY 사이의 정수이다.

백그라운드에서 실행되는 쓰레드에는 좀더 낮은 우선순위를 할당해도 된다. 반면에 빠른 응답이 필요한 사용자 인터페이스 코드에는 높은 우선순위를 준다.

---

11) try-finally 블록에 await 호출을 넣을 필요가 없는 것처럼 보일지 모른다. 하지만 그래서는 안 된다. await내의 코드에서 무엇이 잘못될지는 아무도 모른다.

멀티쓰레드 (multithreading) | Lesson 13

일반적으로, NORM_PRIORITY에서 -1, +1 정도의 작은 양만을 바꾼다. 큰 차이가 있는 경우 어떤 쓰레드는 계속해서 실행되고 어떤 쓰레드는 기아상태에 빠져서 응용프로그램이 제대로 실행되지 않는다.

모든 쓰레드(메인 쓰레드 외의)는 쓰레드가 처음 시작할 때 같은 우선순위를 가진다. 다른 우선순위를 지정하기 위해서는 setPriority 메시지를 보낸다.

Clock의 다음 코드 부분은 약간 낮은 우선순위를 지정하는 방법을 보여 준다.

```
public void run() {
  Thread.currentThread().setPriority(Thread.NORM_PRIORITY - 1);
  long lastTime = System.currentTimeMillis();
  while (run) {
    try { Thread.sleep(10); }
    catch (InterruptedException e) {}
    long now = System.currentTimeMillis();
    if ((now / 1000) - (lastTime / 1000) >= 1) {
       listener.update(new Date(now));
       lastTime = now;
    }
  }
}
```

항상 현재 실행중인 Thread 객체를 반환하는 정적 메소드인 currentThread의 사용에 주의하자.

19 데드락(deadlock)

멀티쓰레드 응용프로그램을 주의깊게 작성하지 않으면, 시스템 전체가 멈추는 데드락이 생기게 될 것이다. 객체 alpha가 한 쓰레드에서 실행되도록 하고 beta가 다른 쓰레드에서 실행되도록 했다고 가정하자. alpha가 동기화된 메소드(정의에 따라 alpha에 대한 락을 얻는다)안에서 beta에 정의된 동기화된 메소드를 호출한다. 만약, 동시에 beta가 동기화된 메소드를 실행하고 이 메소드가 alpha의 동기화된 메소드를 실행한다면, 각각의 쓰레드는 진행하기 위해서 다른 쓰레드를 기다리게 된다. 데드락이 발생한 것이다[12].

데드락을 없애는 방법은 다음과 같다.

1. 락을 걸어야 할 객체에 순서를 정해서 이 순서대로 락을 얻도록 한다.
2. 락으로 하나의 동일한 객체를 사용한다.

---

12) [Arnold2000].

Agile Java

20 ThreadLocal

실행되는 각 쓰레드에서 개별적인 정보를 저장할 필요가 있을 수 있다. 자바는 어떤 형식이거나 쓰레드당 개별적인 인스턴스를 생성하고 접근하는 ThreadLocal이라는 클래스를 제공한다.

JDBC[13]를 사용해서 데이터베이스를 사용할 때, 여러분의 응용프로그램과 데이터베이스 사이의 통신을 관리하는 Connection 객체를 얻는다. 하지만 하나 이상의 객체가 하나의 connection 객체를 사용하는 것은 안전하지 못하다. ThreadLocal의 전통적인 사용방법은 각 쓰레드가 개별적인 Connection 객체를 포함하도록 하는 것이다.

하지만 여러분은 아직 JDBC를 배우지 않았다. 예를 들기 위해서, ThreadLocal의 다른 사용 방법을 보일 것이다.

이 예제에서, 여러분은 이전의 Server 클래스에 로그 기능을 추가할 것이다. 각 쓰레드가 검색을 시작하고 끝냈을 때를 추적하고 싶다. 여러분은 또한 로그에서 시작과 끝 메시지가 같이 나오도록 하고 싶다. 여러분은 각 이벤트(시작과 끝)에 대한 메시지를 공통적인 Server의 쓰레드에 안전한 리스트에 저장할 수 있다. 하지만 만약, 몇 개의 쓰레드가 이 공통 리스트에 메시지를 추가하면, 메시지가 섞일 것이다. 아마도 먼저 모든 시작 로그 이벤트가 기록되고, 중지 로그 이벤트가 기록될 것이다.

이 문제를 풀기 위해서, 각 쓰레드가 각자의 로그 메시지를 ThreadLocal 변수에 저장하도록 할 수 있다. 쓰레드가 끝나면, 락을 얻고 모든 메시지를 한번에 전체 로그에 기록한다.

먼저, Server 클래스를 수정해서 각 Search 요청에 새로운 쓰레드를 만들도록 한다. 이것은 대부분의 환경에서 성능을 높여주지만, 동시에 몇 개의 쓰레드가 실행되는지 주의하기 바란다. (테스트가 멈추는 시점을 찾기 위해 쓰레드의 개수를 늘려가면서 실험해 보는 것도 좋다.) wait과 notify에 대한 추가 사항부분을 참조해서 쓰레드 풀을 사용하는 것도 좋다.

```
private void execute(final Search search) {
  new Thread(new Runnable() {
    public void run() {
      search.execute();
      listener.executed(search);
    }
  }).start();
}
```

Footnote

[13] Java DataBase Connectivity API. 추가적인 정보는 추가 레슨 III을 참고한다.

멀티쓰레드(multithreading) | Lesson 13

테스트가 여전히 성공적으로 실행되는 것을 확인한다. 다음으로, ServerTest를 재구성한다. 기록된 메시지를 확인하기 위해 새로운 테스트를 추가해야 한다. 현재의 코드는 약간 지저분하고, 길고 복잡한 테스트가 있다. 두 번째 테스트로, testSearch의 대부분의 코드를 재사용할 것이다. 재구성된 코드는 성능 테스트를 약간 단순화했다.

다음은 새로운 테스트인 testLogs를 포함한 재구성된 테스트이다.

```java
package sis.search;

import junit.framework.*;
import java.util.*;
import sis.util.*;

public class ServerTest extends TestCase {
    // ...
    public void testSearch() throws Exception {
        long start = System.currentTimeMillis();
        executeSearches();
        long elapsed = System.currentTimeMillis() - start;
        assertTrue(elapsed < 20);
        waitForResults();
    }

    public void testLogs() throws Exception {
        executeSearches();
        waitForResults();
        verifyLogs();
    }

    private void executeSearches() throws Exception {
        for (String url: URLS)
            server.add(new Search(url, "xxx"));
    }

    private void waitForResults() {
        long start = System.currentTimeMillis();
        while (numberOfResults < URLS.length) {
            try { Thread.sleep(1); }
            catch (InterruptedException e) {}
            if (System.currentTimeMillis() - start > TIMEOUT)
                fail("timeout");
        }
    }

    private void verifyLogs() {
        List<String> list = server.getLog();
        assertEquals(URLS.length * 2, list.size());
        for (int i = 0; i < URLS.length; i += 2)
            verifySameSearch(list.get(i), list.get(i + 1));
    }

    private void verifySameSearch(
            String startSearchMsg, String endSearchMsg) {
        String startSearch = substring(startSearchMsg, Server.START_MSG);
        String endSearch = substring(endSearchMsg, Server.END_MSG);
        assertEquals(startSearch, endSearch);
    }
```

```java
    private String substring(String string, String upTo) {
        int endIndex = string.indexOf(upTo);
        assertTrue("didnt find " + upTo + " in " + string,
            endIndex != -1);
        return string.substring(0, endIndex);
    }
}
```

testLogs 메소드는 검색을 실행하고, 종료될 때까지 기다려서 로그를 확인한다. 로그를 확인하기 위해서 테스트는 Server 객체에 전체 로그를 요청한다. 그리고 로그에 대해서 루프를 돌면서 한줄씩을 가져와서 검색 문자열을 확인하고 (로그 메시지의 첫 부분이다) 각 메시지 쌍에서 동일한지 확인한다14).

다음은 Server 클래스에 대한 수정이다.

```java
package sis.search;

import java.util.concurrent.*;
import java.util.*;

public class Server extends Thread {
    private BlockingQueue<Search> queue =
        new LinkedBlockingQueue<Search>();
    private ResultsListener listener;
    static final String START_MSG = "started";
    static final String END_MSG = "finished";

    private static ThreadLocal<List<String>> threadLog =
        new ThreadLocal<List<String>>() {
            protected List<String> initialValue() {
                return new ArrayList<String>();
            }
        };
    private List<String> completeLog =
        Collections.synchronizedList(new ArrayList<String>());
    // ...
    public List<String> getLog() {
        return completeLog;
    }

    private void execute(final Search search) {
        new Thread(new Runnable() {
            public void run() {
                log(START_MSG, search);
                search.execute();
                log(END_MSG, search);
                listener.executed(search);
                completeLog.addAll(threadLog.get());
```

---

14) 자바 로그와 로그에 대한 테스트의 필요성에 대해서는 레슨 8을 참조한다.

멀티쓰레드 (multithreading) | Lesson 13

```
        }
    }).start();
}

private void log(String message, Search search) {
    threadLog.get().add(
        search + " " + message + " at " + new Date());
}
// ...
```

각 쓰레드에 저장하고자 하는 자료형으로 바인드한 ThreadLocal 객체를 선언한다. 여기서 threadLog는 String 객체의 리스트로 바인드된다. threadLog ThreadLocal 인스턴스는 내부적으로 각 쓰레드에 대한 String 객체의 리스트를 관리한다.

threadLog가 관리하는 각 List 객체가 초기화되어야 하기 때문에 단순히 초기값을 할당할 수는 없다. 대신, ThreadLocal은 오버라이드 할 수 있는 initialValue 메소드를 제공한다. 각 쓰레드가 threadLog를 통해서 ThreadLocal 인스턴스를 처음 얻을 때, ThreadLocal 클래스의 코드는 initialValue 메소드를 호출한다. 이 메소드를 오버라이딩하여 리스트를 안정적으로 초기화할 수 있다.

ThreadLocal은 get, set, remove, 세 가지의 추가 메소드를 정의한다. get과 set 메소드로 현재 쓰레드의 ThreadLocal 인스턴스에 접근할 수 있다. 메모리를 절약하기 위해서 remove 메소드로 현재 쓰레드의 ThreadLocal 인스턴스를 없앨 수 있다.

검색 쓰레드의 run 메소드에서, 여러분은 log 메소드를 검색의 시작과 끝에서 호출한다. log 메소드에서, threadLog에 get 메소드를 호출해서 현재 쓰레드의 로그 기록에 접근 할 수 있다. 그리고 적절한 로그 문자열을 리스트에 추가한다.

검색 쓰레드가 종료되면, 쓰레드의 로그를 전체 로그에 추가해야 한다. completeLog를 동기화된 콜렉션으로 인스턴스화했기 때문에, addAll 메소드를 보내서 쓰레드 로그의 모든 줄이 추가되도록 할 수 있다. 동기화가 없다면, 다른 쓰레드가 다른 로그가 자신의 로그를 추가해서, 다른 쓰레드의 로그가 전체 로그에서 서로 겹칠 수 있다.

21 | Timer 클래스

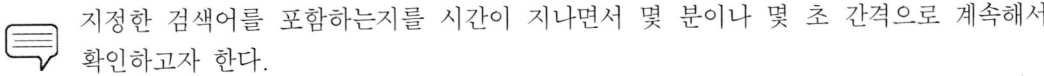

지정한 검색어를 포함하는지를 시간이 지나면서 몇 분이나 몇 초 간격으로 계속해서 확인하고자 한다.

SearchSchedulerTest의 testRepeatedSearch는 이 검색 확인이 어떻게 동작해야 하는지 보여 준다. 스케줄러를 만들고 얼마나 자주 검색을 해야 할지를 나타내는 간격을 지정한다. 테스트는 스케줄러가 시작되면 일정 시간을 기다리고 나서 그 시간동안 검색이 실행된 회수를 비교한다.

Agile Java

```
package sis.search;

import junit.framework.*;
import sis.util.*;

public class SearchSchedulerTest extends TestCase {
   private int actualResultsCount = 0;

   protected void setUp() throws Exception {
      TestUtil.delete(SearchTest.FILE);
      LineWriter.write(SearchTest.FILE, SearchTest.TEST_HTML);
   }

   protected void tearDown() throws Exception {
      TestUtil.delete(SearchTest.FILE);
   }

   public void testRepeatedSearch() throws Exception {
      final int searchInterval = 3000;

      Search search = new Search(SearchTest.URL, "xxx");

      ResultsListener listener = new ResultsListener() {
         public void executed(Search search) {
            ++actualResultsCount;
         }};

      SearchScheduler scheduler = new SearchScheduler(listener);
      scheduler.repeat(search, searchInterval);

      final int expectedResultsCount = 3;
      Thread.sleep((expectedResultsCount - 1) * searchInterval + 1000);

      scheduler.stop();
      assertEquals(expectedResultsCount, actualResultsCount);
   }
}
```

아래의 SearchScheduler 클래스는 java.util.Timer 클래스를 검색을 예약하고 실행하기 위한 기본 기능으로 사용한다. Timer 인스턴스를 생성하면, TimerTask를 스케줄하기 위한 몇 개의 메소드를 호출할 수 있다. TimerTask는 Runnable 인터페이스를 구현하는 추상 클래스이다. 여러분은 TimerTask를 계승해서 어떤 일을 할지를 지정하고, run 메소드를 구현한다.

SearchScheduler에서는, TimerTask에 시작하기 전의 지연시간을 0으로, 테스트에서 정의된 간격을 밀리초단위로 줘서 scheduleAtFixedRate를 호출한다. 모든 interval 밀리초마다, Timer 객체는 깨어나서 run 메시지를 태스크로 보낸다. 이것은 고정 비율 실행이라고 부른다.

고정비율 실행[15]을 사용할 때, Timer는 최대한 태스크가 interval 밀리초마다 실행되도록 한다. 만약, 태스크 실행이 간격보다 길다면, Timer는 태스크를 좀더 빨리 실행시켜서 간

---

15) [Sun2004b].

멀티쓰레드 (multithreading) | Lesson 13

격이 끝나기 전에 끝나도록 한다. 또한 한 검색이 끝나고 다음 검색이 까지의 간격을 일정하게 유지하기 위해, 지연 비율 실행 메소드를 사용할 수 도 있다.

cancel 메소드로 타이머와 타이머 태스크를 취소할 수 있다.

```
package sis.search;

import java.util.*;

public class SearchScheduler {
   private ResultsListener listener;
   private Timer timer;

   public SearchScheduler(ResultsListener listener) {
      this.listener = listener;
   }

   public void repeat(final Search search, long interval) {
      timer = new Timer();
      TimerTask task = new TimerTask() {
         public void run() {
            search.execute();
            listener.executed(search);
         }
      };
      timer.scheduleAtFixedRate(task, 0, interval);
   }

   public void stop() {
      timer.cancel();
   }
}
```

22 Thread에 관련된 여러 가지

아토믹(atomic) 변수와 volatile

자바 컴파일러는 코드를 가능한 최적화한다. 예를 들어, 루프의 밖에서 필드의 초기 값을 할당하면

```
private String prefix;
void show() throws Exception {
   prefix = ":";
   for (int i = 0; i < 100; i++) {
      System.out.print(prefix + i);
      Thread.sleep(1);
   }
}
```

| 491 |

Agile Java

자바 컴파일러는 prefix 필드의 값이 show 메소드 동안 고정되어 있는 것을 확인할 수도 있다. 또한 prefix를 루프 내에서 상수로 사용해서 코드를 최적화할 가능성이 있다. 루프가 돌아가는 동안 prefix의 값을 읽지 않을 가능성도 있다. 다른 코드 (멀티쓰레드 실행에서) 동시에 prefix의 값을 바꾸지 않는다면 이런 컴파일러의 최적화는 타당하다. 하지만 다른 쓰레드가 prefix를 바꾼다면, 루프의 코드는 값이 바뀐 것을 모를 수도 있다[16].

synchronized 블록에 넣어서 필드의 새로운 값을 항상 읽도록 할 수 있다. 자바는 코드가 여러 쓰레드에서 실행될 수 있으므로 안쪽의 모든 필드의 새로운 값을 항상 다시 읽어야 한다는 것을 인식한다. 값을 다시 읽도록 하는 다른 방법은 필드를 volatile로 선언하는 방법이다. 그렇게 해서 컴파일러가 이 필드에 대해서 최적화하는 것을 막을 수 있다.

공유된 boolean 값을 쓰레드의 run 루프의 조건문으로 사용할 때, boolean 변수를 volatile로 선언해야 할 것이다. 이것은 while 루프가 루프를 돌 때마다 수정된 boolean 값을 읽는 것을 보장한다.

이것은 자바가 여러 쓰레드에서의 필드에 대한 접근을 처리하는 방법에 관련된다. 자바는 변수를 읽거나 쓰는 것이 아토믹(atomic)한 것을 보장한다. 이것은 변수에 대한 가장 작은 연산이 값 전체를 읽거나 쓰는 것이라는 의미이다. 하나의 쓰레드가 변수의 일부를 쓰는 동안에 다른 쓰레드가 다른 일부를 써서, 변수의 값을 망가뜨리는 것은 불가능하다.

Thread 정보

전에 말한 것처럼, Thread의 정적 메소드인 currentThread를 이용해서 현재 실행중인 Thread 객체를 얻을 수 있다. Thread 객체는 쓰레드에 대한 정보를 얻기 위한 몇 가지 유용한 메소드를 가지고 있다. 자바 API 문서에서 getter와 query 메소드의 리스트를 참조한다. 추가로 setName과 getName을 사용해서 쓰레드에 임의의 이름을 지정하거나 가져올 수 있다.

종료하기

실행중인 응용프로그램에서 메인 쓰레드는 기본적으로 사용자 쓰레드이다. 적어도 하나의 동작중인 사용자 쓰레드가 있다면 응용프로그램은 계속 실행된다. 반면에, 명시적으로 쓰레드를 데몬 쓰레드(daemon thread)로 지정할 수 있다. 모든 사용자 쓰레드가 종료되면, 데몬 쓰레드가 동작 중이라도 응용프로그램은 종료될 것이다.

ThreadTest 예제는 이런 동작을 사용자 쓰레드에 대해서 보여 준다. main 내부에서 실행되는 코드는 사용자 쓰레드에서 실행된다. 새로 생성되는 쓰레드는 실행 모드(user, daemon)를 계승받으므로, 예제의 쓰레드 t는 사용자 쓰레드이다.

16) 실제 동작은 컴파일러, JVM, 프로세서 설정에 따라 다르다.

멀티쓰레드 (multithreading) | Lesson 13

```java
public class ThreadTest {
   public static void main(String[] args) throws Exception {
      Thread t = new Thread() {
         public void run() {
            while (true)
               System.out.print(.);
         }
      };
      t.start();
      Thread.sleep(100);
   }
}
```

ThreadTest를 실행할 때, 이것은 프로세스를 종료할 때까지 멈추지 않는다. (명령줄에서 Ctrl + C 가 사용된다.)

Thread 객체를 데몬 쓰레드로 실행되도록 설정하려면, 인수를 true로 해서 setDaemon을 호출하는 것만으로 간단히 가능하다. 쓰레드를 시작하기 전에 쓰레드 실행 모드를 설정해야 한다. 쓰레드가 시작된 후에는 실행 모드를 바꿀 수 없다.

```java
public class ThreadTest {
   public static void main(String[] args) throws Exception {
      Thread t = new Thread() {
         public void run() {
            while (true)
               System.out.print(.);
         }
      };
      t.setDaemon(true);
      t.start();
      Thread.sleep(100);
   }
}
```

사용자 쓰레드가 동작중인 것에 관계없이, System의 정적 메소드인 exit을 실행해서 응용 프로그램을 강제로 종료시킬 수 있다. (Runtime 클래스가 동일한 메소드를 가지고 있다.)

```java
public class ThreadTest {
   public static void main(String[] args) throws Exception {
      Thread t = new Thread() {
         public void run() {
            while (true)
               System.out.print(.);
         }
      };
      t.start();
      Thread.sleep(100);
      Runtime.getRuntime().exit(0);
      //System.exit(0);  // this will also work
   }
}
```

Agile Java

exit 메소드는 인수로 int 값을 전달해야 한다. 이 값은 셸 스크립트나 배치 파일에서 사용하기 위한 응용프로그램의 반환 코드를 나타낸다.

스윙(swing)과 같은 여러 응용프로그램에서, 생성된 쓰레드를 제어할 수 있다. 스윙 자신은 쓰레드에서 코드를 실행한다. 대부분의 경우, 쓰레드는 사용자 쓰레드로 시작된다. 다라서 스윙 응용프로그램을 종료하기 위해서는 exit 메소드를 사용해야 한다.

예외 관리하기

run 메소드가 예외를 생성하면, 이 메소드를 실행하던 쓰레드가 종료된다. 추가로, 예외 객체 자체는 사라진다. ServerTest.testException에서처럼 예외를 잡는 것을 바랄 수도 있다.

```java
public void testException() throws Exception {
   final String errorMessage = "problem";
   Search faultySearch = new Search(URLS[0], "") {
      public void execute() {
         throw new RuntimeException(errorMessage);
      }
   };
   server.add(faultySearch);
   waitForResults(1);
   List<String> log = server.getLog();
   assertTrue(log.get(0).indexOf(errorMessage) != -1);
}

private void waitForResults() {
   waitForResults(URLS.length);
}

private void waitForResults(int count) {
   long start = System.currentTimeMillis();
   while (numberOfResults < count) {
      try { Thread.sleep(1); }
      catch (InterruptedException e) {}
      if (System.currentTimeMillis() - start > TIMEOUT)
         fail("timeout");
   }
}
```

이 테스트는 Search의 execute 메소드를 오버라이드해서 RuntimeException이 생성되는 경우를 시뮬레이트하도록 했다. 여러분은 이 예외가 Server에서 실패한 검색으로 로그에 저장되기를 바란다. 다음은 Server 클래스 구현이다.

```java
private void execute(final Search search) {
   Thread thread = new Thread(new Runnable() {
      public void run() {
         log(START_MSG, search);
         search.execute();
```

멀티쓰레드(multithreading) | Lesson 13

```
      log(END_MSG, search);
      listener.executed(search);
      completeLog.addAll(threadLog.get());
    }
  });
  thread.setUncaughtExceptionHandler(
    new Thread.UncaughtExceptionHandler() {
      public void uncaughtException(Thread th, Throwable thrown) {
        completeLog.add(search + " " + thrown.getMessage());
        listener.executed(search);
      }
    }
  );
  thread.start();
}
```

이 쓰레드 객체를 만든 후, 시작하기 전에, 쓰레드에 대한 처리되지 않은 예외 핸들러를 지정한다. 처리되지 않은 예외 핸들러는 uncaughtException 메소드를 구현해서 만들 수 있다. 이 쓰레드가 처리되지 않은 예외를 발생시키면, uncaughtException 메소드가 호출된다. 자바는 쓰레드와 throwable 객체에 모두 uncaughtException을 전달한다.

쓰레드 그룹

쓰레드 그룹은 쓰레드를 임의의 그룹으로 구성하는 방법을 제공한다. 쓰레드 그룹은 다른 쓰레드 그룹을 포함할 수 있어서, 포함 계층구조가 생길 수도 있다. 여러분은 쓰레드 그룹에 포함된 모든 쓰레드를 하나의 단위로 제어할 수 있다. 예를 들어, 쓰레드 그룹에 interrupt 메시지를 보낼 수 있으며, 계층관계에 포함된 모든 쓰레드가 interrupt 메시지를 받게 된다.

이펙티브 자바(Effective Java)에서 조슈아 블로치(Joshua Bloch)는 쓰레드 그룹이 "실패한 실험이며, 단순히 있다는 사실을 무시하면 된다"고 썼다[17]. 이들은 자바에서 보안기능을 위해 디자인되었지만 이런 목적으로 사용되기엔 불완전하다.

J2SE 5.0 이전에, 쓰레드 그룹을 사용하는 목적은 쓰레드들의 처리되지 않은 예외를 추적하는 것이었다. 하지만 이제 쓰레드에 대한 UncautExceptionHandler를 만들어서 이런 역할을 할 수 있다.

아토믹 래퍼(atomic wrapper)

단순한 수치 연산조차도 원자성(atomicity)을 가지지 못한다. J2SE 5.0의 경우, 썬은 java.util.concurrent.atomic이라는 패키지를 제공한다. 이 패키지는 십여개의 아토믹 래퍼 클래스를 포함한다. 각 클래스는 기본형(int, long, boolean 등)을 포장한다. 아토믹 래퍼를

---

17) [Bloch 2001].

Agile Java

사용해서, 포함된 값이 쓰레드에 대해서 안전하고 (volatile로 선언한 것처럼) 항상 최신 값을 사용하는 것을 보장할 수 있다.

다음은 사용 예이다.

```
AtomicInteger i = new AtomicInteger(50);
assertEquals(55, i.addAndGet(5));
assertEquals(55, i.get());
```

자세한 사항은 자바 API 문서를 참조한다.

21 요약 : 동기화에 대한 기본적인 디자인 원칙

- 사용하지 않는다. 필요한 경우만 동기화를 사용한다.
- 분리한다. 동기화가 필요한 부분을 단일 역할을 수행하는 클래스단위로 최소화한다. 동기화된 클래스를 사용하는 클라이언트가 가능한 적도록 한다. 가능한 적은 메소드가 공유 데이터를 사용하도록 한다.
- 공유된 클래스는 클라이언트가 동기화 작업을 하는 대신 스스로 동기화 기능을 제공해야 한다.
- 서버 클래스가 동기화를 제공하지 않으면, 동기화 기능을 제공하고 모든 메시지를 원래 클래스로 넘기는 래퍼 클래스를 작성할 수 있다.
- java.util.concurrent에 있는 동기화 라이브러리 클래스를 사용한다.

연습문제

1. AlarmClock 클래스를 만든다. 클라이언트는 하나의 이벤트와 해당 시간을 전달한다. 시간이 지나면, AlarmClock은 클라이언트에 알람을 보낸다.

2. wait과 notify를 사용해서 AlarmClockTest에서 wait 루프를 없앤다.

3. 알람 시계를 여러 개의 알람을 지원하도록 수정한다. 그리고 이름으로 알람을 취소하는 기능을 추가한다. 이 기능과 알람을 취소하는 기능을 확인하는 테스트를 작성한다. 그리고 코드를 분석하고 동기화 문제를 점검한다. 테스트가 실패할 수 있도록 알람을 멈추는 기능을 추가한다. 마지막으로 이 문제를 해결하기 위해 동기화 블록을 추가하거나 메소드를 수정한다.

4. 1/2초마다 알람을 확인하도록 AlarmClock의 run 메소드를 수정한다.

Lesson 14 일반화

레슨 2에서 인수화된 변수형을 소개했다. 이 레슨에서는 인수화된 변수형 혹은, 일반화를 좀더 자세히 살펴본다.

여러분은 인수화된 변수형을 만드는데 필요한 여러 규칙을 배울 것이다. 인수화된 변수형을 만드는 것은 자바 프로그래밍에서 멀티쓰레드와 함께 가장 복잡한 주제이다.

이 레슨에서는 다음 내용을 다룬다.

- 인수화된 변수형 만들기
- 다중 형식 인수
- 삭제 구조
- 상위 한계 (확장)
- 와일드카드(wildcard)
- 일반 메소드
- 하위 한계 (super)
- 추가 한계
- 로우(raw) 형식
- 확인된 콜렉션

1. 인수화된 변수형

콜렉션은 어떤 형식의 객체도 저장하도록 개발된다. 하지만 대부분의 경우에, 콜렉션은 학생 리스트, 단어와 정의 매핑 등과 같이 하나의 형식의 객체를 저장하도록 한정해서 사용되는 경우가 많다. 이것은 단일 역할 원칙이 콜렉션에 적용된 것으로 생각할 수 있다. 콜렉션은 한 종류의 객체만을 저장해야 한다. 학생 리스트에 교수가 저장되기를 바라지는 않을 것이다. 만약, 맵에 단어와 그림 쌍을 저장한다면, 사전 응용프로그램에는 맞지 않는다.

썬은 자바 클래스 라이브러리의 기본 콜렉션 클래스가 어떤 형식의 객체(즉, Object 혹은 하위 클래스)도 저장할 수 있도록 만들었다. 이것은 Student 객체를 저장하기 위한 리스트에 String 객체를 저장할 수 있다는 의미이다. 이것이 불가능한 일일 것 같지만, 예상치 못한 형식의 객체를 콜렉션에 저장하는 것은 흔한 실수이다.

J2SE 5.0에서 썬은 인수화된 형 혹은 일반화의 개념을 도입하였다. 이제 콜렉션 인스턴스를 특정 형식으로 제한 할 수 있다. ArrayList가 Student 객체만을 받도록 명시 할 수 있다. 이전의 자바 버전에서는 ArrayList에 String 객체가 저장되어 있다면, ClassCastException 에러를 실행시에 받게 된다. 하지만 이제 인수화된 변수형을 사용하면, String을 리스트에 넣으려고 시도하는 부분에서 컴파일 에러가 발생한다.

2. 콜렉션 프레임워크

썬은 인수화된 변수형을 콜렉션 프레임워크의 모든 클래스에 적용하였다. 간단한 언어 테스트는 ArrayList에서 인수화된 변수형의 간단한 사용을 보여 준다.

```
final String name = "joe";
List<String> names = new ArrayList<String>();   // 1
names.add(name);                                // 2
String retrievedName = names.get(0);            // 3
assertEquals(name, retrievedName);
```

Arraylist 구현과 인터페이스 List는 String클래스로 바인드되었다(1번 줄). name에 String 객체를 추가할 수 있다(2번 줄). name에서 데이터를 가져와서 String 레퍼런스에 할당할 수 있으며, 캐스트 할 필요가 없다(3번 줄).

다른 형식의 객체를 넣으려고 하면

```
names.add(new Date()); // 이 코드는 컴파일되지 않는다.
```

Agile Java

컴파일러는 에러를 발생한다.

```
cannot find symbol
symbol  : method add(java.util.Date)
location: interface java.util.List<java.lang.String>
    names.add(new Date()); // this wont compile!
                ^
```

3 다중 형식 인수

java.util.List와 java.util.ArrayList에 대한 API 문서를 보면, List〈E〉와 Arraylist〈E〉로 선언된 것을 보게 될 것이다. 〈E〉는 형식 인수 리스트이다. List 인터페이스와 ArrayList 클래스는 각각 형식 인수 리스트에 하나의 변수형 인수만 포함하도록 선언되어 있다. 따라서 List와 ArrayList를 코드에서 사용할 때는 하나의 형식만을 지정해야 한다.

HashMap 클래스는 키-값 쌍의 콜렉션을 나타낸다. 키와 값은 다른 형식 일 수 있다. 예를 들어, Date를 키로 하고 그날의 이벤트 문자열을 값으로 해서, HashMap에 약속을 저장할 수 있다.

```
final String event = "today";
final Date date = new Date();
Map<Date, String> events = new HashMap<Date, String>();
events.put(date, event);
String retrievedEvent = events.get(date);
assertEquals(event, retrievedEvent);
```

Map 인터페이스와 HashMap 클래스는 Map〈K,V〉와 HashMap〈K,V〉로 각각 선언된다. 여러분은 이들을 사용할 때, 두 개의 제한형을 지정해야 한다.

4 인수화된 형 만들기

인수화된 MultiHashMap을 개발할 것이다. MultiHashmap은 HashMap과 비슷하지만 하나의 키에 여러 개의 관련 값을 지정할 수 있다. 달력 예제를 확장해서, 어떤 사람들은 하루에 두 개 이상의 이벤트가 있는 즐거운 삶을 살고 있다고 가정하자.

이제 몇 가지 시작 테스트로 시작할 것이다. 점차적으로 개발해 나가야 한다는 것을 잊지 말고 한번에 한 개씩의 테스트 메소드를 추가하자.

```java
package sis.util;

import junit.framework.*;
import java.util.*;

public class MultiHashMapTest extends TestCase {
   private static final Date today = new Date();
   private static final Date tomorrow =
      new Date(today.getTime() + 86400000);
   private static final String eventA = "wake up";
   private static final String eventB = "eat";

   private MultiHashMap<Date,String> events;
   protected void setUp() {
      events = new MultiHashMap<Date,String>();
   }

   public void testCreate() {
      assertEquals(0, events.size());
   }

   public void testSingleEntry() {
      events.put(today, eventA);
      assertEquals(1, events.size());
      assertEquals(eventA, getSoleEvent(today));
   }

   public void testMultipleEntriesDifferentKey() {
      events.put(today, eventA);
      events.put(tomorrow, eventB);
      assertEquals(2, events.size());
      assertEquals(eventA, getSoleEvent(today));
      assertEquals(eventB, getSoleEvent(tomorrow));
   }

   public void testMultipleEntriesSameKey() {
      events.put(today, eventA);
      events.put(today, eventB);
      assertEquals(1, events.size());
      Collection<String> retrievedEvents = events.get(today);
      assertEquals(2, retrievedEvents.size());
      assertTrue(retrievedEvents.contains(eventA));
      assertTrue(retrievedEvents.contains(eventB));
   }

   private String getSoleEvent(Date date) {
      Collection<String> retrievedEvents = events.get(date);
      assertEquals(1, retrievedEvents.size());
      Iterator<String> it = retrievedEvents.iterator();
      return it.next();
   }
}
```

Agile Java

　getSoleEvent 메소드는 재미있는 내용이 있다. Map의 get 메소드를 이용해서 날짜에 저장된 이벤트 콜렉션을 가져온 후에, 하나의 요소만을 포함하는 것을 확인해야 한다. 전체 요소를 가져오려면, 이터레이터를 만들어서 첫 번째 요소를 반환한다. Iterator 객체는 콜렉션에 지정한 것과 같은 형식으로 제한해야 한다. (이 예제에서는 String이다.)

　구현의 관점에서, MultiHashMap을 구현하는 방법은 여러 가지가 있다. 가장 쉬운 방법은 각 키에 콜렉션을 연결시키는 것이다. 예를 들어, MultiHashMap이 HashMap을 포함하여 사용하도록 한다.

　현재의 테스트를 지원하기 위한 MultiHashMap의 구현은 간단하다. 각 메소드 size, put, get은 포함된 HashMap으로 전달한다.

```java
package sis.util;

import java.util.*;

public class MultiHashMap<K,V> {
   private Map<K,List<V>> map = new HashMap<K,List<V>>();

   public int size() {
      return map.size();
   }

   public void put(K key, V value) {
      List<V> values = map.get(key);
      if (values == null) {
         values = new ArrayList<V>();
         map.put(key, values);
      }
      values.add(value);
   }

   public List<V> get(K key) {
      return map.get(key);
   }
}
```

　put 메소드는 먼저 전달된 키에 대한 map에서 리스트를 가져온다. 만약, 키에 대한 항목이 없다면, 이 메소드는 값 형식인 V로 제한되는 새로운 ArrayList를 만들고, 이 리스트를 map에 저장한다. 당연히 value는 이 리스트에 추가한다.

　HashMap과 마찬가지로, 형식 인수 리스트는 K, V, 두 개의 형식 인수를 포함한다. MultiHashMap의 정의에서, 형식 이름이 필요한 것에 이런 기호를 많이 볼 수 있을 것이다. 예를 들어, get 메소드는 V를 Object와 같은 형식 반환한다.

　컴파일할 때, 각 형식 변수는 해당되는 형식 인수의 적절할 형식으로 교체된다. 다음부분에서 실제로 이런 동작을 보게 될 것이다.

　map 필드의 정의에서(굵은 선으로 표시된 부분), HashMap 객체를 만들어서 〈K, List〈V〉

로 바인드한다. map에 대한 키는 MultiHashMap에 연결된 형식과 같은 형식이다. map의 값은 MultiHashMap에 연결된 값 형식과 같은 V의 리스트이다.

연결된 인수는 형식 인수와 같다. 테스트는 setUp 메소드에서 MultiHashMap을 인스턴트화한다.

```
events = new MultiHashMap<Date,String>();
```

Date 형식은 형식 인수 K에 해당되고 String 형식은 형식 인수 V에 해당된다. 따라서 포함된 map 필드는 HasMap〈Date, List〈String〉〉이 될 것이다.

5 삭제(erasure)

썬은 인수화된 변수형을 구현하는 방법을 몇 가지 가지고 있었다. 한가지 방법은 인수화된 형을 사용할 때마다 새로운 형식을 선언을 만드는 것이다. 이런 방식은 C++에서 사용된다.

예를 들어, 자바가 이런 방식을 쓴다면, MultiHashMap을 〈Date, String〉에 연결하면, 다음 코드가 내부적으로 생성된다.

```java
// 자바에서 사용하는 방법이 아니다.
package sis.util;

import java.util.*;
public class MultiHashMap<Date,String> {
   private Map<Date,List<String>> map =
      new HashMap<Date,List<String>>();

   public int size() {
      return map.size();
   }

   public void put(Date key, String value) {
      List<String> values = map.get(key);
      if (values == null) {
         values = new ArrayList<String>();
         map.put(key, values);
      }
      values.add(value);
   }

   public List<String> get(Date key) {
      return map.get(key);
   }
}
```

Agile Java

MultiHashmap을 〈String,String〉과 같은 다른 형식의 쌍으로 연결하면, 컴파일러가 새로운 버전의 MultiHashMap을 생성할 것이다. 이런 방식을 사용하면 컴파일러가 MultiHashMap의 수십 개의 다른 버전을 만들어야 한다.

자바는 삭제(erasure)라는 다른 방식을 사용한다. 새로운 형식 선언을 만드는 대신 자바는 하나의 동일한 형식에서 인수화된 형식 정보를 지운다. 각 형식 인수는 기본적으로 java.lang.Object로 지정되는, 상위 제한이라고 불리는 제한과 연관되어 있다. 제한 정보는 지워지고 적절한 캐스트로 대체된다. MultiHashMap 클래스는 다음과 같이 해석된다.

```java
package sis.util;

import java.util.*;

public class MultiHashMap {
   private Map map = new HashMap();

   public int size() {
      return map.size();
   }

   public void put(Object key, Object value) {
      List values = (List)map.get(key);
      if (values == null) {
         values = new ArrayList();
         map.put(key, values);
      }
      values.add(value);
   }

   public List get(Object key) {
      return (List)map.get(key);
   }
}
```

내부적으로 인수화된 형식이 동작하는 것을 아는 것은 이 기능을 이해하고 효과적으로 사용하는데 필수적이다. 자바는 삭제 구조 때문에 인수화된 형식 사용에 몇 가지 제한이 있다. 이런 제한을 이 레슨에서 다룰 것이다. 인수화된 형식 지원을 위한 각 구조는 장단점을 가지고 있다. 썬은 삭제 구조를 기존 버전과의 호환성을 위해서 선택했다.

6 상위 제한

이미 말한 것처럼, 모든 형식 인수는 Object라는 기본 상위 제한이 있다. 여러분은 형식인수에 대한 상위 제한을 바꿀 수 있다. 예를 들어, 키를 Date형식으로 제한해서 EventMap을 만들고자 할 수 있다. 간단한 테스트는 다음과 같다.

일반화 | Lesson 14

```
package sis.util;

import junit.framework.*;
import java.util.*;

public class EventMapTest extends TestCase {
   public void testSingleElement() {
      EventMap<java.sql.Date,String> map =
         new EventMap<java.sql.Date,String>();
      final java.sql.Date date =
         new java.sql.Date(new java.util.Date().getTime());
      final String value = "abc";
      map.put(date, value);

      List<String> values = map.get(date);
      assertEquals(value, values.get(0));
   }
}
```

EventMap 클래스 자체는 특별한 동작이 없으며, 형식 인수 K에 추가적인 제한이 있을 뿐이다.

```
package sis.util;

public class EventMap<K extends java.util.Date,V>
   extends MultiHashMap<K,V> {
}
```

형식인수의 상위 제한을 명시하기 위해서 extends 키워드를 사용한다. 이 예제에서, EventMap의 K 형식 인수는 java.util.Date라는 상위 제한을 가진다. EventMap을 사용하는 코드는 키를 java.util.Date 혹은 java.util.Date의 하위 클래스(예를 들어, java.sql.Date)로 연결해야 한다. 다음과 같은 시도를 하면

```
EventMap<String,String> map = new EventMap<String,String>();
```

다음 컴파일 에러가 발생한다.

```
type parameter java.lang.String is not within its bound
EventMap<String,String> map = new EventMap<String,String>();
        ^
type parameter java.lang.String is not within its bound
EventMap<String,String> map = new EventMap<String,String>();
                                         ^
```

컴파일러는 생성된 코드에서 형식 변수를 상위 제한형으로 바꾼다. 이것으로 일반화 클래스에서 좀더 형식 객체에 적합한 메시지를 보낼 수 있다.

여러분은 전달된 날짜에 해당되는 모든 이벤트 설명을 EventMap에서 가져올 수 있다. EventMapTest에 다음을 추가하자.

Agile Java

```
public void testGetPastEvents() {
  EventMap<Date,String> events = new EventMap<Date,String>();
  final Date today = new java.util.Date();
  final Date yesterday =
     new Date(today.getTime() - 86400000);
  events.put(today, "sleep");
  final String descriptionA = "birthday";
  final String descriptionB = "drink";
  events.put(yesterday, descriptionA);
  events.put(yesterday, descriptionB);
  List<String> descriptions = events.getPastEvents();
  assertTrue(descriptions.contains(descriptionA));
  assertTrue(descriptions.contains(descriptionB));
}
```

EventMap 내에서는 K형식의 객체가 Date 객체라고 가정할 수 있다.

```
package sis.util;

import java.util.*;

public class EventMap<K extends Date,V>
   extends MultiHashMap<K,V> {
  public List<V> getPastEvents() {
     List<V> events = new ArrayList<V>();
     for (Map.Entry<K,List<V>> entry: entrySet()) {
        K date = entry.getKey();
        if (hasPassed(date))
           events.addAll(entry.getValue());
     }
     return events;
  }

  private boolean hasPassed(K date) {
     Calendar when = new GregorianCalendar();
     when.setTime(date);
     Calendar today = new GregorianCalendar();
     if (when.get(Calendar.YEAR) != today.get(Calendar.YEAR))
        return when.get(Calendar.YEAR) < today.get(Calendar.YEAR);
     return when.get(Calendar.DAY_OF_YEAR) <
        today.get(Calendar.DAY_OF_YEAR);
  }
}
```

이것을 위해, MultiHashMap에서 포함된 Map 객체의 entrySet을 반환하도록 한다.

```
protected Set<Map.Entry<K,List<V>>> entrySet() {
   return map.entrySet();
}
```

entrySet 메소드는 Map.Entry 형식에 연결된 Set을 반환한다. 각 Map.Entry 객체는 키 형식 (K)와 값의 리스트(List<V>)에 연결된다.

일반화 | Lesson 14

7 와일드카드(wildcard)

때로는 인수가 연결된 형식에 신경 쓸 필요가 없는 메소드를 작성할 것이다. 리스트의 각 요소를 합해서 하나의 문자열로 만드는 유틸리티 메소드가 필요하다고 가정하자.

StringUtilTest의 testConcatenateList 메소드는 이런 기능이 필요한 경우를 보여준다.

```
package sis.util;
import junit.framework.*;
import java.util.*;

public class StringUtilTest extends TestCase {
    ...
    public void testConcatenateList() {
        List<String> list = new ArrayList<String>();
        list.add("a");
        list.add("b");

        String output = StringUtil.concatenate(list);

        assertEquals(String.format("a%nb%n"), output);
    }
}
```

StringUtil의 concatenate 메소드에서, 각 리스트 구성요소의 문자열 표현을 StringBuilder에 추가한다. 여러분은 toString을 사용해서 형식에 관계없이, 어떤 객체의 문자열 표현도 얻을 수 있다. 따라서, concatenate의 인수로 어떤 형식과도 연결되지 않은 List를 전달할 수 있다.

list를 Object로 제한할 수 있다고 생각할 지도 모른다.

```
// 동작하지 않는다.
public static String concatenate(List<Object> list) {
    StringBuilder builder = new StringBuilder();
    for (Object element: list)
        builder.append(String.format("%s%n", element));
    return builder.toString();
}
```

list를 Object로 제한하면, Object의 하위 클래스가 아닌 Object형식만을 저장할 수 있다. List<String> 레퍼런스를 List<Object> 레퍼런스에 할당할 수 없다. 만약, 가능하다면, 클라이언트 코드에서는 List<Object> 레퍼런스를 통해서 Object를 리스트에 추가할 수 있을 것이다. 이렇게 Object를 저장한 후 List<String> 레퍼런스를 통해서 Object 객체를 가져왔을 때 오류가 발생할 것이다.

대신, 자바는 와일드카드 문자(?)를 가능한 모든 형을 표현하기 위해 사용한다.

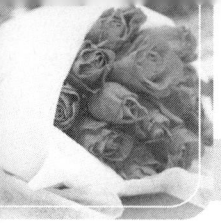

Agile Java

```
package sis.util;

import java.util.*;

public class StringUtil {
   ...
   public static String concatenate(List<?> list) {
      StringBuilder builder = new StringBuilder();
      for (Object element: list)
         builder.append(String.format("%s%n", element));
      return builder.toString();
   }
}
```

concatenate 메소드 내용에서, ?을 직접 형식 변수로 사용할 수 없다. 하지만 list가 어떤 형식의 객체도 포함 할 수 있기 때문에 각 구성요소를 for-each루프 내에서 Object 레퍼런스에 할당할 수 있다.

추가로, extends 부분에서 와일드카드를 상위 제한으로 사용할 수 있다.

두 번째 문자열 유틸리티 메소드로, BigDecimal 객체이거나 Integer 객체인지에 관계없이 숫자 리스트를 합할 수 있어야 한다. 다음 몇 가지 테스트는 십진수 출력과 정수 출력의 작은 차이를 보여 준다.

```
public void testConcatenateFormattedDecimals() {
   List<BigDecimal> list = new ArrayList<BigDecimal>();
   list.add(new BigDecimal("3.1416"));
   list.add(new BigDecimal("-1.4142"));

   String output = StringUtil.concatenateNumbers(list, 3);
   assertEquals(String.format("3.142%n-1.414%n"), output);
}

public void testConcatenateFormattedIntegers() {
   List<Integer> list = new ArrayList<Integer>();
   list.add(12);
   list.add(17);

   String output = StringUtil.concatenateNumbers(list, 0);
   assertEquals(String.format("12%n17%n"), output);
}
```

StringUtil의 구현은 다음과 같다.

```
public static String concatenateNumbers(
      List<? extends Number> list, int decimalPlaces) {
   String decimalFormat = "%." + decimalPlaces + "f";
   StringBuilder builder = new StringBuilder();
   for (Number element: list) {
      double value = element.doubleValue();
      builder.append(String.format(decimalFormat + "%n", value));
   }
   return builder.toString();
}
```

위의 코드를 컴파일하려면 java.math.*을 임포트해야 한다.

concatenateNumbers의 list 인수 선언은 이 인수가 Number 혹은 Number의 하위 클래스로 제한되는 것을 보여 준다. 그리고 나서 concatenateNumbers의 코드는 list의 각 요소를 Number 레퍼런스에 할당한다.

8 와일드카드 사용의 영향

레퍼런스에 와일드카드를 사용하는 것의 단점은 형식 인수의 객체에 해당되는 메소드를 호출할 수 없다는 것이다. 예를 들어, 한 요소를 리스트의 끝에 n번 추가하는 pad 유틸리티 메소드를 만들었다고 하자.

```
import java.util.*;
import junit.framework.*;

public class ListUtilTest extends TestCase {
   public void testPad() {
      final int count = 5;
      List<Date> list = new ArrayList<Date>();
      final Date element = new Date();
      ListUtil.pad(list, element, count);
      assertEquals(count, list.size());
      for (int i = 0; i < count; i++)
         assertEquals("unexpected element at " + i,
            element, list.get(i));
   }
}
```

pad 메소드는 list 인수를 어떤 형식에도 연결될 수 있는 List로 선언한다.

```
package sis.util;

import java.util.*;

public class ListUtil {
   public static void pad(List<?> list, Object object, int count) {
      for (int i = 0; i < count; i++)
         list.add(object);
   }
}
```

컴파일러가 적절한 add 메소드를 찾지 못한다는 에러를 받을 것이다.

```
cannot find symbol
symbol  : method add(java.lang.Object)
location: interface java.util.List<?>
         list.add(object);
            ^
```

Agile Java

문제는 와일드카드 ?가 알 수 없는 형식이라는 것이다. List가 Date에 연결된다고 가정하자.

```
List<Date> list = new ArrayList<Date>();
```

그리고 pad 메소드에 String을 전달해 보자.

```
ListUtil.pad(list, "abc", count);
```

pad 메소드는 전달되는 객체의 정확한 형식을 알지 못하고, 리스트가 연결된 형식에 대해서도 알지 못한다. 이 메소드는 클라이언트가 리스트의 안정성을 해치려고 하는 것을 막지 못한다.

상위 제한을 와일드카드로 명시해도 여전히 문제가 있다.

```
public static void pad(
    List<? extends Date> list, Date date, int count) {
  for (int i = 0; i < count; i++)
     list.add(date);   // 컴파일되지 않는다.
}
```

문제는 클라이언트가 java.sql.Date로 리스트를 제한할 수 있다는 것이다.

```
List<java.sql.Date> list = new ArrayList<java.sql.Date>();
```

java.util.Date는 java.sql.Date의 상위 클래스이기 때문에, java.sql.Date 혹은 그 하위 클래스만을 저장하도록 제한된 리스트에 저장할 수 없다. 자바는 주어진 피연산자가 안전한지 알 수 없으므로, 전부를 막아야 한다. 가장 안전한 규칙은 데이터 구조에서 읽어들일 때에만 와일드카드를 사용하는 것이다.

9 일반화 메소드

위의 문제를 어떻게 풀 것인가? pad 메소드를 일반화 메소드로 선언할 수 있다. 클래스의 형식 인수를 지정하는 것처럼, 메소드의 범위에서 형식 인수를 정의할 수 있다.

```
public static <T> void pad(List<T> list, T object, int count) {
  for (int i = 0; i < count; i++)
     list.add(object);
}
```

일반화 | Lesson 14

컴파일시에는 pad로 전달된 인수를 기반으로 T의 형식을 알아낼 수 있다. 이 때에 인수에서 찾을 수 있는 가장 정확한 형식을 사용한다. 이제 여러분의 테스트는 통과해야 한다.

일반화 메소드 형식 인수는 상위 제한을 가질 수 있다.

인수와 메소드 혹은 다른 인수, 반환 형식 사이에 의존성이 있는 경우 일반화 메소드를 사용할 필요가 있을 것이다. 아니면, 여러분은 와일드카드를 사용하는 것이 좋다. pad 메소드 정의에서 object 인수의 형식은 list 인수의 형식에 의존적이다.

10 와일드카드 캡쳐

일반화 메소드에서 위의 문제를 해결하기 위한 기법은 와일드 캡쳐이다. 다른 예제는 단순한 리스트의 구성요소의 순서를 뒤집는 간단한 메소드이다.

```java
public void testWildcardCapture() {
  List<String> names = new ArrayList<String>();
  names.add("alpha");
  names.add("beta");
  inPlaceReverse(names);
  assertEquals("beta", names.get(0));
  assertEquals("alpha", names.get(1));
}
static void inPlaceReverse(List<?> list) {
  int size = list.size();
  for (int i = 0; i < size / 2; i++) {
    int opposite = size - 1 - i;
    Object temp = list.get(i);
    list.set(i, list.get(opposite));
    list.set(opposite, temp);
  }
}
```

와일드카드 캡쳐는 새로운 일반화 메소드인 swap의 호출과 관련된다.

```java
public void testWildcardCapture() {
  List<String> names = new ArrayList<String>();
  names.add("alpha");
  names.add("beta");
  inPlaceReverse(names);
  assertEquals("beta", names.get(0));
  assertEquals("alpha", names.get(1));
}

static void inPlaceReverse(List< > list) {
  int size = list.size();
  for (int i = 0; i < size / 2; i++)
    swap(list, i, size - 1 - i);
}
```

Agile Java

```
private static <T> void swap(List<T> list, int i, int opposite) {
   T temp = list.get(i);
   list.set(i, list.get(opposite));
   list.set(opposite, temp);
}
```

이렇게 해서, 와일드카드에 이름을 줄 수 있다.

11 Super

extends로 지정하는 상위 제한 와일드카드는 데이터 구조에서 읽어들일 때 유용하다. 하위 제한 와일드카드를 이용해서 데이터 구조에 기록하는 것을 지원할 수 있다.

 새로운 MultiHashMap을 현재의 MultiHashMap에서 만들고자 한다. 새로운 맵은 현재 맵의 부분집합이다. 여러분은 현재의 MultiHashMap 값에 필터를 적용해서 이 부분집합을 얻는다. 다음 테스트는 회의에 대한 다중 맵을 만드는 것을 보여 준다. 회의는 한번뿐이거나 반복될 수 있다. 여러분은 새로운 다중 맵이 월요일의 회의만을 보여 주기를 원한다.

추가로, 원래의 회의 다중 맵은 java.sql.Date 객체로 구성된다. 이들은 또한 데이터베이스에서 직접적으로 읽어와야 할 가능성이 있다. 새로운 다중 맵은 java.util.Date 객체로 구성되어야 한다.

```
public void testFilter() {
   MultiHashMap<String,java.sql.Date> meetings=
      new MultiHashMap<String,java.sql.Date>();

   meetings.put("iteration start", createSqlDate(2005, 9, 12));
   meetings.put("iteration start", createSqlDate(2005, 9, 26));
   meetings.put("VP blather", createSqlDate(2005, 9, 12));
   meetings.put("brown bags", createSqlDate(2005, 9, 14));

   MultiHashMap<String,java.util.Date> mondayMeetings =
      new MultiHashMap<String,java.util.Date>();
   MultiHashMap.filter(mondayMeetings, meetings,
      new MultiHashMap.Filter<java.util.Date>() {
         public boolean apply(java.util.Date date) {
            return isMonday(date);
         }
      });

   assertEquals(2, mondayMeetings.size());
   assertEquals(2, mondayMeetings.get("iteration start").size());
   assertNull(mondayMeetings.get("brown bags"));
   assertEquals(1, mondayMeetings.get("VP blather").size());
}
```

일반화 | Lesson 14

```java
private boolean isMonday(Date date) {
   Calendar calendar = GregorianCalendar.getInstance();
   calendar.setTime(date);
   return calendar.get(Calendar.DAY_OF_WEEK) == Calendar.MONDAY;
}

private java.sql.Date createSqlDate(int year, int month, int day) {
   java.util.Date date = DateUtil.createDate(year, month, day);
   return new java.sql.Date(date.getTime());
}
```

java.sql.Date 값을 java.util.Date 값으로 변환하기 위해서 MultiHashMap의 filter 메소드에 하위 제한 와일드카드를 사용할 수 있다. 이 구현에서, filter 메소드의 target 인수는 값 형식으로 V의 하위 제한을 가지는 MultiHashMap이다. 이것은 ? super V로 표현되었다. 이것은 대상 MultiHashMap의 값 형식(V)이 V이거나 V의 상위 클래스일 수 있다는 의미이다. 회의 예제는 java.util.Date가 java.sql.Date의 상위형식이기 때문에 동작한다.

```java
...
public class MultiHashMap <K,V> {
   private Map<K, List<V>> map = new HashMap<K, List<V>>();
   ...
   public interface Filter<T> {
      boolean apply(T item);
   }

   public static <K,V> void filter(
       final MultiHashMap<K, ? super V> target,
       final MultiHashMap<K, V> source,
       final Filter<? super V> filter) {
      for (K key : source.keys()) {
         final List<V> values = source.get(key);
         for (V value : values)
            if (filter.apply(value))
               target.put(key, value);
      }
   }
}
```

12 추가적인 제한

extends 문에서 하나 이상의 형식을 추가하거나 추가적인 제한을 지정할 수 있다. 첫 번째 제한이 클래스 혹은 인터페이스일 수 있는 반면, 다음 제한은 인터페이스형이어야 한다. 예를 들어,

```java
public static
   <T extends Iterable&Comparable<T>> void iterateAndCompare(T t)
```

Agile Java

추가적인 제한을 사용해서, 여러분이 구현한 코드로 하나이상의 인터페이스가 전달되도록 제한 할 수 있다. 이 예제에서, 전달되는 객체는 Iterable과 Comparable 인터페이스를 모두 구현해야만 한다. 이것은 일반적으로 여러분이 원하는 것은 아니다. 추가적인 제한은 대부분 이전 버전과의 호환성을 위해서 추가된 기능이다. (아래를 보자.)

메소드가 두 개의 다른 형식으로 동작하는 객체를 받아야 한다면, 이 메소드는 이 객체에 대해서 두 가지 다른 일을 하려고 하는 것이다. 대부분의 경우에, 이것은 클래스 뿐 아니라 메소드에도 적용되어야 할 단일 역할 원리에 위배되는 것이다. 물론 항상 예외는 있지만, 이런 이유에서 추가적인 제한을 사용하기 전에 해당 메소드를 분리할 수 있는지 먼저 생각해 보자.

추가적인 제한을 사용하는 좀더 타당한 이유는 콜렉션 클래스에 나타나있다. 콜렉션 클래스는 콜렉션 객체에 대해서 사용되는 정적 유틸리티 메소드를 포함하고 있다. 이중에는 콜렉션에서 가장 큰 값을 반환하는 max라는 메소드가 있다. 이전 버전의 자바에서 max의 선언은 다음과 같다.

```
public static Object max(Collection c)
```

전달되는 콜렉션은 어떤 형식의 객체도 저장할 수 있지만, max 메소드는 Comparable 인터페이스를 구현한 객체를 저장한 객체만을 비교할 수 있다. 일반화를 이용해서 해결하기 위한 처음의 시도는 콜렉션이 Comparable 객체를 저장하도록 하는 것이다.

```
public static
    <T extends Comparable<? super T>> T max(Collection<? extends T> c)
```

이 선언은 : max가 어떤 형식의 객체 콜렉션도 받아들이고, 그 객체는 Comparable 인터페이스를 구현해야 하고, 콜렉션에 연결되어야만 한다. 문제는 삭제가 일어난후, 이 결과는 max 메소드에 다른 선언으로 변한다는 것이다.

```
public static Comparable max(Collection c)
```

Object 레퍼런스를 반환하는 대신, max는 이제 Comparable 레퍼런스를 반환할 것이다. 이 선언의 변화는 max를 사용하는 컴파일된 코드에서 에러를 발생시켜서, 호환성을 없앤다. 추가 제한은 효과적으로 이 문제를 해결한다.

```
public static
    <T extends Object&Comparable<? super T>>
    T max(Collection<? extends T> c)
```

J2SE 명세에 보면, 형식 변수는 예제에서 Comparable이 아닌, 가장 왼쪽의 제한 객체로 지워진다. max 메소드는 이제 Object 레퍼런스를 반환하지만 추가적인 제한사항으로 콜렉션 객체는 적절한 Comparable 인터페이스를 구현해야 한다.

일반화 | Lesson 14

13 로우 형식

J2SE 1.4나 이전에 작성된, 이전의 시스템을 사용하고 있다면, 인수화를 지원하지 않는 컬렉션 클래스가 사용되고 있을 것이다. 다음과 같은 코드가 많을 것이다.

```
List list = new ArrayList();
list.add("a");
```

J2SE 5.0에서도 여전히 이런 코드를 사용할 수 있다. 형식 인수를 지정하지 않으면, 로우(raw)형식을 사용하게 된다. 로우 형식을 사용하는 것은 특성상 형식 안정성이 보장되지 않는다. 어떤 형식의 객체도 로우 컬렉션에 추가할 수 있고 예상치 못한 형식의 객체를 컬렉션에서 가져왔을 때는 동적 예외가 발생할 수 있다. 이것이 썬에서 인수화된 형식을 도입한 이유이기도 하다.

이런 안전하지 않은 연산은 컴파일러에서 경고(warning)를 발생시킨다. 기본 컴파일러 옵션을 사용하면, 로우 ArrayList에 객체를 추가하는 두 줄의 코드는 다음의 컴파일러 메시지를 발생시킨다.

```
Note: Some input files use unchecked or unsafe operations.
Note: Recompile with -Xlint:unchecked for details.
```

메시지에 나온대로 VM 스위치 Xlint:unchecked를 사용해서 다시 컴파일한다.

```
javac -source 1.5 -Xlint:unchecked *.java
```

앤트(Ant)를 사용하는 경우는 java 태스크에 요소를 추가한다.

```
<target name="build" depends="init" description="build all">
 <javac
    srcdir="${src.dir}" destdir="${build.dir}"
    source="1.5"
    deprecation="on" debug="on" optimize="off" includes="**">
  <classpath refid="classpath" />
   <compilerarg value="-Xlint:unchecked"/>
 </javac>
</target>
```

다시 컴파일하면 각 경고에 대한 좀더 자세한 내용이 출력될 것이다.

```
warning: [unchecked] unchecked call to add(E) as a member of the raw type
java.util.List
     list.add("a");
           ^
```

Agile Java

자바 컴파일러는 인수화된 형에 대한 연산에서 형식에 대한 안정성을 보장할 수 없을 때 확인되지 않은(unchecked) 경고를 생성한다. 만약, 이전의 1.4 혹은 이전 버전의 응용프로그램을 개발한다면, 수많은 경고를 보게 될 것이다. 이전 코드를 수정하는 경우 일반화된 형을 사용해서 고친다. 새로 추가한 코드에서 경고 메시지가 생성되는 경우 반드시 철저하게 다시 살펴봐야 한다.

14 확인된 콜렉션

이전 코드로 작업을 하고 있다고 가정하자. 사실 여러분이 보게 될 대부분의 코드는 이전 버전의 자바 코드를 포함하고 있다. 이것이 자바 개발의 현실이다. 저자는 아직도 Vector와 Hashtable 콜렉션을 사용하는 코드를 보게된다. 썬은 자바 1.2 이후부터 콜렉션 프레임워크 클래스(List / ArrayList 등)의 사용을 권장해 왔다. 이것은 6년 전의 일이다!

얼마동안은 로우 콜렉션을 볼 가능성이 많다. 래퍼를 사용해서 빠르게 안전성을 보장하도록 코드를 수정할 수 있다. 현재의 엉망인 시스템이 Integer 래퍼 객체를 저장하기 위한 리스트를 생성한다고 가정하자.

```
List ages = new ArrayList();
```

코드의 다른 부분에서, 예를 들어, 다른 클래스의 메소드 안에서, 어떤 멍청한 개발자가 다음과 같은 코드를 추가했다.

```
ages.add("17");
```

더 먼 곳에서는, 콜렉션에서 나이 값을 가져오는 다른 클래스의 코드가 다음과 같다.

```
int age = ((Integer)ages.get(0)).intValue();
```

ages의 첫 번째 요소가 Integer가 아닌 String이기 때문에, 이 고전적인 코드는 ClassCastException을 생성할 것이다. 이제 문제를 찾았지만 그 과정에서 귀중한 시간을 잃어버렸다.

가장 좋은 해결방법은 문제가 되는 세 개의 클래스 모두에서 인수화된 레퍼런스를 사용하는 것이다. 그러면 두 번째 개발자는 문자열을 추가하는 코드를 컴파일조차 하지 못할 것이다. 하지만 이런 클래스를 고치는 것은 여러분의 권한 밖의 일이거나 코드를 가지고 있지 않은 수많은 클래스를 수정해야 할 수도 있다.

썬은 이런 형식 안정성 문제를 해결하기 위해 콜렉션 클래스에 몇 가지 새로운 메소드를

일반화 | Lesson 14

추가하였다. 이런 메소드는 확인된 래퍼(checked wrapper) 객체를 생성한다. 확인된 래퍼 객체는 동기화 래퍼와 비슷하게, 실제 콜렉션 객체로 메시지를 전달한다. 확인된 래퍼는 객체가 적절한 형식으로 콜렉션으로 전달되는 것을 보장하고, 콜렉션으로 적절하지 못한 객체가 전달되는 것을 막는다.

확인된 콜렉션을 사용하면 에러가 발생하는 순간이 앞당겨져서 객체를 콜렉션에 추가하는 시점이 된다. 다시 말하면, 잘못된 데이터를 가져와서 사용하는 시점이 아닌 데이터를 추가하는 시점에서 예외가 발생한다. 이것은 빠른 디버깅을 위해서 도움이 된다. 한곳에서만 수정을 하면 된다.

```
List ages = Collections.checkedList(new ArrayList(), Integer.class);
```

자바 VM이 이 줄을 실행할 때 다음 예외를 생성한다.

```
java.lang.ClassCastException: Attempt to insert class java.lang.String element into
collection with element type class java.lang.Integer
```

다음은 언어에 대한 단위 테스트이다.

```
public void testCheckedCollections() {
   List ages =
      Collections.checkedList(new ArrayList(), Integer.class);
   try {
      ages.add("17");
      fail("expected ClassCastException on invalid insert");
   }
   catch (ClassCastException success) {
   }
}
```

확인된 콜렉션은 마법도구가 아니다. checkedList의 첫 번째 인수는 여러분이 만든 ArrayList 객체이다. 이 객체는 Integer 형식으로 제한되어 있다. 두 번째 인수는 Integer 형식의 클래스 레퍼런스이다. add 메소드를 호출할 때마다, 클래스 레퍼런스를 사용해서 전달된 인수가 해당 형식인지를 검사한다. 만약, 아니라면, ClassCastException을 발생시킨다.

확인된 래퍼는 형식(Integer.class)을 전달해야 하는 불편이 있다. 이것은 삭제 구조 때문이다. 제한된 형식 정보는 실행시에 리스트 객체에 알려지지 않는다. 여러분은 확인되지 않은 래퍼를 여러분 자신이 만든 인수화된 형식에 넣을 수 있지만, 이 경우 클라이언트가 Class 레퍼런스를 전달해야 한다.

콜렉션 클래스는 확인된 콜렉션 래퍼를 Collection, List, Map, Set, SortedMap, SortedSet에 대해서 제공한다.

J2SE 5.0 코드를 작성하는 경우에도 확인된 콜렉션을 사용하여 직접 알지 못하는 부주의하고 성격 급한 개발자로부터 보호받을 수 있다. 어떤 카우보이 개발자는 규칙을 무시하는 것을 즐긴다. 인수화된 형식의 경우에 자바가 그것을 허용한다.

Agile Java

인수화된 형식의 객체를 로우 형식으로 캐스트할 수 있다. 이것은 어떤 형식의 객체라도 컬렉션에 저장할 수 있다는 의미이다. 컴파일 경고를 받겠지만 그 경고는 무시할 수 있다. 그렇게 해서 문제가 발생하게 된다. 결과는 재앙이 될 것이다. 이런 종류의 전략은 "절대 하지 말아야" 하는 짓 중 하나이다.

5.0에서 확인된 컬렉션을 사용하는 것은 이 문제를 사용하는 것이 이 문제 해결에 도움이 될 수 있다. 예외는 잘못된 소스에서 발생하며, 문제의 원인을 쉽게 찾을 수 있다.

15 배열(array)

인수화된 형식으로 제한된 배열을 만들 수는 없다.

```
List<String>[] names = new List<String>[100]; // 이것은 컴파일되지 않는다
```

또한 문제는 인수화된 형식 레퍼런스를 다른 형식 레퍼런스에 할당할 수 있다는 것이다. 그리고 나서, 잘못된 객체를 추가하여 객체를 가져올 때 ClassCastException이 발생하게 된다.

```
// 컴파일되지 않는다.
List<String>[] namesTable = new List<String>[100];
Object[] objects = (Object[])namesTable;
List<Integer> numbers = new ArrayList<Integer>();
numbers.add(5);
objects[0] = numbers;
String name = namesTable[0].get(0); // ClassCastException이 발생할 것이다.
```

자바는 제한이 되지 않은 인수화된 형식의 배열을 생성하는 것을 허용한다.

```
public void testArrays() {
   List<?>[] namesTable = new List<?>[100];
   Object[] objects = (Object[])namesTable;
   List<Integer> numbers = new ArrayList<Integer>();
   numbers.add(5);
   objects[0] = numbers;
   try {
   try {
      String name = (String)namesTable[0].get(0);
   }
   catch (ClassCastException expected) {
   }
}
```

가장 쉬운 구별은 캐스팅으로 문제가 해결될 가능성이 있는지 확인하는 것이다.

일반화 | Lesson 14

16 추가적인 제한

삭제 형식 때문에 인수화된 형식의 객체는 제한되는 형식 정보를 가지지 않는다. 이것은 여러분이 하고 할 수 없는 일에 대한 많은 제한을 만든다.

여러분은 형식 변수에서 새로운 객체를 만들 수 없다.

```
package util;

import java.util.*;

public class NumericList<T extends Number> {
   private List<T> data = new ArrayList<T>();

   public void initialize(int size) {
      data.clear();
      T zero = new T(0);   // 컴파일되지 않는다.
      for (int i = 0; i < size; i++)
         data.add(zero);
   }
}
```

이 코드는 다음의 에러를 발생시킨다.

```
unexpected type
found    : type parameter T
required: class
      T zero = new T(0);
                   ^
```

삭제는 노출된 형식 변수의 상위 제한(예제에서는 Number)을 지운다는 의미이다. 대부분의 경우에 상위 제한은 Number 나 Object(기본)와 같은 추상 클래스이므로, 이 형식의 객체를 만드는 것은 유용하지 못하다. 자바는 단순히 이런 동작을 막는다.

노출된 형식 변수를 일반화된 정적 메소드에서 사용할 수 있다. 하지만 정적 변수로 클래스에 넣어서 형식 변수를 정의하지는 못한다. 삭제로 인해서, 제한된 형식에는 관계없이 모든 인스턴스에 공유되는 하나의 클래스만이 존재한다. 클래스 정의는 컴파일때에 생성된다. 이것은 정적 요소를 공유하는 것은 동작하지 않는다는 의미이다. 인수화된 형식을 적용하는 각 클라이언트는 지정한 정적 멤버 제한이 적용되기를 바랄 것이다.

17 반영(reflection)

reflection 패키지는 인수화된 형식과 메소드에 대한 정보를 제공하도록 개선되었다. 예를

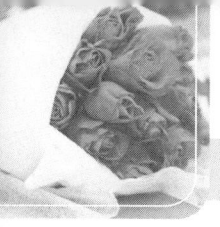

들어, getTypeParameters메소드를 클래스에 보내서 TypeParameter 객체의 배열을 얻을 수 있다. 각 TypeParameter 객체는 형식 인수를 재구성하기에 충분한 정보를 제공한다.

이런 변화를 지원하기 위해서, 썬은 자바 바이트 코드 명세를 변경하였다. 클래스 파일은 이제 형식 인수에 대한 추가적인 정보를 저장한다. 더욱 중요한 것은 Class 클래스는 인수화된 형식, Class⟨T⟩가 사용 가능하도록 수정되었다. 다음의 할당은 잘 동작한다.

```
Class<String> klass = String.class;
```

이것을 어떻게 사용할지에 관심이 있다면, CheckedCollection 클래스의 소스를 살펴보자. 이 클래스는 java.util.Collections의 정적 내부 클래스이다.

수정된 반영은 인수화된 형식과 메소드의 정의에 대한 정보를 제공한다. 반영에서 얻지 못하는 정보는 형식 변수를 제한하는데 관련된 정보이다. 만약, ArrayList를 String으로 제한한다면, 그 정보는 삭제 구조로 인해서 ArrayList 객체에는 알려지지 않을 것이다. 따라서 반영은 그 정보를 제공할 방법이 없다. 다음과 같이 코드를 작성할 수 있다면 좋겠지만,

```
public class MultiHashMap<K,V> {
   ...
   public Class<V> getKeyType() {
      return V.class; // 동작하지 않는다!
   }
}
```

이 코드는 동작하지 않는다.

18 \ 마지막 주의사항

지금까지 본 것처럼, 삭제 구조가 동작하는 것을 보는 것은 인수화된 형식을 이해하고 구현하는데 핵심적인 부분이다. 클라이언트 쪽에서 인수화된 형식을 사용하는 것은 비교적 쉽고 형식 안정성에 대한 보장을 받는다. 개발자의 입장에서 인수화된 형식을 사용하는 것은 상당히 복잡한 모험이다.

인수화된 형식을 이해하고 정의하는 것이 힘들다면, 인수화된 형식의 정의와 삭제가 적용된 샘플을 같이 본다. 또한 J2SE 소스코드에서 사용된 부분을 살펴보자. 콜렉션 프레임워크의 클래스와 인터페이스는 좋은 예가 된다. 좀더 복잡한 예제를 보려면 java.tuil.Collections를 참고한다.

연습문제

1. Ring이라는 새로운 인수화된 콜렉션 형식을 만든다. Ring은 현재 요소의 정보를 유지하는 서큘러(circular) 리스트이다. 클라이언트는 현재의 요소를 가져오거나 제거할 수 있다. Ring은 한 자리만큼 포인터를 앞이나 뒤로 옮길 수 있다. Add 메소드는 현재의 요소 뒤에 데이터를 추가한다. Ring 클래스는 클라이언트가 for-each를 사용해서 현재의 포인터로부터 모든 요소에 접근할 수 있도록 해야 한다. Ring 클래스는 비어있는 경우 부적절한 연산에 대해서 적절한 예외를 발생시켜야 한다.

   저장을 위해서 다른 데이터 구조(예를 들어, java.util.LinkedList)를 사용하지 않는다. 내부적인 노드 클래스를 이용해서 스스로 링크 구조를 만든다. 각 노드 혹은 항목은 세가지를 포함해야 한다. 추가되는 데이터 요소, 다음 노드에 대한 레퍼런스, 이전 노드에 대한 레퍼런스이다.

Lesson 15 어써션(assertion)과 아노테이션(annotation)

J2SE 5.0은 아노테이션이라는 새로운 기능을 제공한다. 아노테이션은 임의로 정의가능한 태그를 이용해서 코드에 표시를 하는 메타 프로그래밍 기능이다. 태그는 (일반적으로) 자바 컴파일러나 실행시에는 의미가 없다. 대신, 다른 도구가 이런 태그를 해석할 수 있다. 아노테이션이 유용하게 사용되는 도구는 IDE, 테스트 도구, 기록 도구, 코드 생성 도구이다.

이 레슨에서는 자바의 아노테이션 기능에 기반한 JUnit과 비슷한 테스트 도구를 만들 것이다. 이 테스트 도구는 JUnit과 비슷하게 개발자가 확인 사항을 지정하도록 한다. 어써션 메소드를 작성하는 대신, 여러분은 자바의 내장 어써션 기능을 사용하는 방법을 배울 것이다.

이 레슨에서는 다음 내용을 다룬다.

- 어써션(assertion)
- 아노테이션과 아노테이션 형식
- 아노테이션에 대한 보존 규칙
- 멤버-값 쌍
- 아노테이션 멤버에 대한 기본값
- 허용되는 아노테이션 멤버 형식
- 패키지 아노테이션
- 아노테이션에 대한 호환성 고려

1. 어써션(assertion)

여러분은 JUnit API의 일부로 정의된 assert 메소드를 사용했다. Junit.framework.Assert에 정의된 이런 assert 메소드는 때에 따라 AssertFailedError를 생성한다.

자바는 VM 플래그를 켜고 꺼서 설정이 가능한 비슷한 어써션 기능을 제공한다. 어써션 문장은 키워드 assert로 시작한다. 다음으로는 조건문이 나온다. 조건문이 실패하면, 자바는 AssertionError 형식의 RuntimeException을 생성한다. 선택적으로 조건문 뒤에 String 메시지를 인수로 줘서 AssertionError에 메시지를 저장할 수 있다.

```
assert name != null : "name is required";
```

메시지가 없는 경우는 다음과 같다.

```
assert name != null;
```

어써션은 기본적으로 꺼져있다. 어써션이 꺼져있는 경우 VM은 assert 문을 무시한다. 이것은 assert 문이 응용프로그램 성능을 떨어뜨리는 것을 막는다. 어써션을 켜려면

```
java -ea MainClass
```

혹은 좀더 명시적으로

```
java -enableassertions MainClass
```

를 실행한다.

위의 두 명령은 자바 라이브러리 클래스를 제외한 모든 코드에 대한 어써션을 켤 것이다. -da 혹은 -disableassertions를 사용해서 어써션 기능을 끌 수 있다. 시스템 클래스에 대한 어써션을 켜거나 끄려면 -enablesystemassertion(혹은 -esa)와 -disablesystemassertion(혹은 -dsa)를 사용한다.

자바는 좀더 작은 단위로 어써션을 켜거나 끄는 것을 허용한다. 개별 클래스, 패키지, 기본 패키지에 대해서 어써션을 켜거나 끌 수 있다.

예를 들어, 패키지의 하나의 클래스를 제외한 곳에서 어써션 기능을 켜고자 할 수 있다.

```
java -ea:sis.studentinfo... -da:sis.studentinfo.Session SisApplication
```

이 예제는 Session을 제외한 sis.studentinfo의 모든 클래스에 대해서 어써션을 켠다. ... 표시는 sis.studentinfo.ui와 같은 sis.studentinfo의 모든 하위 패키지에 대해서도 어써션

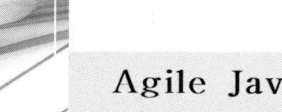

을 켠다는 의미이다. 기본 패키지는 …으로만 표시한다.

어써션은 java 명령줄에 나타난 순서대로 왼쪽에서 오른쪽으로 켜지고 꺼진다.

2 어써션 명령문과 JUnit assert 메소드

JUnit은 자바 어써션 기능이 추가된 J2SE 1.4버전 이전에 만들어 졌다. 이제, JUnit은 어써션 기능을 사용하도록 다시 만들 수도 있다. 하지만 JUnit이 이미 널리 퍼져있기 때문에, 이런 JUnit 수정은 많은 개발 단체에 큰 부담이 된다. 또한 JUnit에서 제공되는 junit.framework.Assert 메소드가 좀더 이해하기 쉽다. assertEquals 메소드는 자동으로 확장된 실패 메시지를 출력한다.

테스트위주 개발을 하면, 항상 어써션에 기반한 프레임워크가 필요하다. 어써션은 실행 전, 실행 후, 혹은 변화되지 않는 조건을 확인해준다. TDD를 하고 있지 않다면, 결과 코드에 직접 assert 문을 넣어서 시스템의 질을 높일 수 있다.

썬은 응용프로그램 실패의 보호장치로 어써션을 추천한다. 예를 들어, 어떤 경우 public 메소드의 인수를 확인하고 클라이언트 코드가 null 참조를 전달하면, 실패하도록 할 수 있다. 단점은 응용프로그램이 어써션을 끄면 제대로 동작하지 않을 수 있다는 것이다. 비슷한 이유로 썬에서는 사이드이펙트가 생기는 코드를 결과 코드의 어써션 부분에서 넣지 않는 것을 권유한다.

이렇게 하는 것을 막는 방법은 없다. 여러분이 여러분의 응용프로그램의 실행 방법을 제어할 수 있다면, 응용프로그램이 항상 어써션 기능이 켜진 상태에서 실행되도록 할 수 있다.

자바의 assert 키워드의 가장 큰 가치는 디버깅을 돕는 것이다. 잘 위치된 assert 문은 문제의 원인을 알려 줄 것이다. 어떤 사람이 null 레퍼런스로 메소드를 호출했다고 가정하자. 어써션이 없다면, 레퍼런스가 할당되고, 실행이 한참 진행된 후에 NullPointerException을 받을 것이다. 이런 상태에서의 디버깅은 시간이 매우 오래 걸릴 수 있다.

JUnit을 대신한 TDD 도구를 만드는데도 어써션 기능을 사용할 수 있다. 이 레슨의 연습문제에서, 이런 프레임워크 구성을 위해서 어써션을 사용할 것이다.

3 아노테이션(annotation)

여러분은 이미 자바가 지원하는 내장 아노테이션의 예를 보았다. 레슨 2에서 메소드를 @deprecated로 표시하는 방법을 배웠고, 이것이 메소드가 언젠가 클래스의 공개 인터페이스에서 제거될 수 있다는 것을 의미한다는 것을 알았다. @deprecated 아노테이션은 기술적

어써션(assertion)과 아노테이션(annotation) | Lesson 15

으로 자바 언어의 일부가 아니다. 대신, 이것은 컴파일러가 해석하고 적절한 경우 경고 메시지를 출력하기 위한 기본 정보이다[1].

자바독(javadoc) 주석에 포함하여 자바 API 문서를 웹 페이지 형식으로 만드는데 사용되는 여러분은 자바독 태그의 예를 보았다. javadoc.exe 프로그램은 자바 소스파일을 읽어서, 웹페이지 출력에 포함하기 위한 자바 독 태그를 해석한다.

또한 레슨 9에서, @Override 태그를 상위 클래스 메소드를 오버라이드한다는 것을 알리기 위해 사용할 수 있다는 것을 배웠다.

또한 유용하다고 생각되는 임의 목적을 위해서 스스로의 아노테이션 태그를 만들 수도 있다. 예를 들어, 변경 주석을 메소드에 달기를 원할 수 있다.

```
@modified("JJL", "12-Feb-2005")
public void cancelReservation() {
    // ...
}
```

이후에, 모든 변경 주석을 한번에 볼 수 있는 도구(이클립스 플러그인일 수도 있다)를 만들지도 모른다.

표준 형식에 맞는 구조화된 주석을 달도록 개발자에게 요청해서 같은 결과를 얻을 수도 있다. 그리고 나서 소스파일을 해석해서, 이런 주석을 찾을 수 있다. 하지만 자바에서의 지원하는 아노테이션 형식이 훨씬 장점이 많다.

먼저 자바는 컴파일시에 아노테이션을 검사한다. 글자가 잘못되거나 잘못된 형식의 아노테이션을 사용하는 것이 불가능하다. 둘째로, 코드를 해석하는 코드를 작성하는 대신, 아노테이션 정보를 반영 기능으로부터 쉽게 얻을 수 있다. 셋째로, 특별한 종류의 자바 요소에만 적용하도록 아노테이션을 제한할 수 있다. 예를 들어, @modified 태그가 메소드에만 적용되도록 할 수 있다.

4 테스트 도구 만들기

이 레슨에서, 여러분은 JUnit과 비슷한 테스트 도구를 만들 것이다. 테스트를 직접 실행하는 클래스이기 때문에, 이 클래스를 TestRunner라고 부르자. 이 도구는 텍스트 기반이다. Ant에서 이 도구를 실행할 수 있을 것이다. 기술적으로, 결과 코드 개발에 관련된 부분이 아니기 때문에 TDD를 사용해서 테스트 도구를 개발할 필요는 없다. 하지만 그렇다고 해서 테스트를 작성해서는 안 된다는 의미는 아니다.

---

[1] @deprecated는 썬에서 정리된 아노테이션 기능을 제공하기 전부터 자바 언어에서 지원되었다. 하지만 이것은 다른 컴파일러 수준 아노테이션 형식과 마찬가지로 사용된다.

Agile Java

JUnit은 테스트 클래스가 클래스 junit.framework.TestCase를 계승하는 것을 요구한다. TestRunner에서 여러분은 계승이 아닌 다른 구조를 이용할 것이다. 여러분은 자바 아노테이션을 테스트 클래스를 표시하기 위해 사용한다.

시작하는 것이 가장 힘든 부분이지만 앤트(Ant)를 사용하는 것이 도움이 된다. 테스트에 대한 사용자 인터페이스를 표현하기 위해 Ant 타겟을 설정할 수 있다. 모든 테스트를 통과하지 못하면, "BUILD FAILED"메시지를 보이고 Ant 빌드가 실패하도록 할 수 있다. 아니면 "BUILD SUCCESSFUL" 메시지를 보게 될 것이다.

5 TestRunnerTest

TestRunnerTest의 첫 번째 테스트인 singleMethodTest는 같은 소스파일에 정의된 두 번째 클래스인 SingleMethodTest와 관계된다. SingleMethodTest는 항상 통과되는 하나의 빈 테스트 메소드를 제공한다.

지금까지는 아노테이션을 사용할 필요가 없다. 여러분은 이 테스트 클래스, TestRunnerTest.class의 레퍼런스를 TestRunner 인스턴스에 전달한다. TestRunner 는 이 인수가 테스트 메소드 만을 포함하는 테스트 클래스라고 가정한다.

테스트 실패를 발생시키기 위해, 이 레슨의 처음에 소개한 자바의 assert기능을 사용할 것이다. 자바 VM을 실행할 때 어써션 기능을 켜두는 것을 잊지 말자. 아니면 자바는 어써션을 무시할 것이다.

다음은 TestRunnerTest의 코드이다.

```java
package sis.testing;

import java.util.*;
import java.lang.reflect.*;

public class TestRunnerTest {
   public void singleMethodTest() {
      TestRunner runner = new TestRunner(SingleMethodTest.class);

      Set<Method> testMethods = runner.getTestMethods();
      assert 1 == testMethods.size() : "expected single test method";

      Iterator<Method> it = testMethods.iterator();
      Method method = it.next();

      final String testMethodName = "testA";
      assert testMethodName.equals(method.getName()) :
         "expected " + testMethodName + " as test method";
      runner.run();
      assert 1 == runner.passed() : "expected 1 pass";
      assert 0 == runner.failed() : "expected no failures";
   }
```

어써션(assertion)과 아노테이션(annotation) | Lesson 15

```
   public void multipleMethodTest() {
      TestRunner runner = new TestRunner(MultipleMethodTest.class);
      runner.run();

      assert 2 == runner.passed() : "expected 2 pass";
      assert 0 == runner.failed() : "expected no failures";

      Set<Method> testMethods = runner.getTestMethods();
      assert 2 == testMethods.size() : "expected single test method";

      Set<String> methodNames = new HashSet<String>();
      for (Method method: testMethods)
         methodNames.add(method.getName());

      final String testMethodNameA = "testA";
      final String testMethodNameB = "testB";

      assert methodNames.contains(testMethodNameA) :
         "expected " + testMethodNameA + " as test method";
      assert methodNames.contains(testMethodNameB) :
         "expected " + testMethodNameB + " as test method";
   }
}
class SingleMethodTest {
   public void testA() {}
}
class MultipleMethodTest {
   public void testA() {}
   public void testB() {}
}
```

두 번째 테스트인, multiplMethodTest는 좀더 복잡하다. 이것을 만드려면, 첫 번째 테스트를 복사해서 일부를 수정해야 한다. 문제는 TestRunnerTest에서 공통적인 유틸리티 메소드를 추출하면, TestRunner 클래스는 이것을 테스트 메소드로 생각하고 실행하려고 할 것이다. 이에 대한 해결방법은 테스트 메소드를 표시하는데 사용될 아노테이션을 만드는 것이다.

6 TestRunner

먼저 TestRunner의 초기 구현이다.

```
package sis.testing;

import java.util.*;
import java.lang.reflect.*;

class TestRunner {
   private Class testClass;
   private int failed = 0;
```

Agile Java

```java
    private Set<Method> testMethods = null;

    public static void main(String[] args) throws Exception {
        TestRunner runner = new TestRunner(args[0]);
        runner.run();
        System.out.println(
            "passed: " + runner.passed() + " failed: " + runner.failed());
        if (runner.failed() > 0)
            System.exit(1);
    }

    public TestRunner(Class testClass) {
        this.testClass = testClass;
    }
    public TestRunner(String className) throws Exception {
        this(Class.forName(className));
    }

    public Set<Method> getTestMethods() {
        if (testMethods == null)
            loadTestMethods();
        return testMethods;
    }

    private void loadTestMethods() {
        testMethods = new HashSet<Method>();
        for (Method method: testClass.getDeclaredMethods())
            testMethods.add(method);
    }

    public void run() {
        for (Method method: getTestMethods())
            run(method);
    }

    private void run(Method method) {
        try {
            Object testObject = testClass.newInstance();
            method.invoke(testObject, new Object[] {})[2);
        }
        catch (InvocationTargetException e) {
            Throwable cause = e.getCause();
            if (cause instanceof AssertionError)
                System.out.println(cause.getMessage());
            else
                e.printStackTrace();
            failed++;
        }
        catch (Throwable t) {
            t.printStackTrace();
```

---

footnote

2) new Object[] {} 대신에 약간 더 간결한 new Object[0]를 사용할 수 있다.

어써션(assertion)과 아노테이션(annotation) | Lesson 15

```
      failed++;
    }
  }
  public int passed() {
    return testMethods.size() - failed;
  }

  public int failed() {
    return failed;
  }
}
```

run(Method)메소드를 이해하는데 문제가 있다면, 레슨 12의 반영에 대한 부분을 참조한다. run 메소드의 기본 흐름은 다음과 같다.

- 테스트 클래스의 새로운 인스턴스를 만든다. 이 단계에서는 테스트 클래스에 인수가 없는 생성자가 있다고 가정한다.
- 새로운 클래스 인스턴스와 빈 인수 리스트를 사용해서 (인수로 전달된) 메소드를 invoke 한다.
- invoke 메시지 전달이 실패하면, InvocationTargetException에서 원인을 추출한다. 원인은 아마도 AssertionError일 것이다. 자바는 assert 문이 실패하면 AssertionError를 발생시킨다.

TestRunner는 두 개의 생성자를 제공한다.

하나는 Class 객체를 받고 지금은 TestRunnerTest에서 사용되는 유일한 생성자이다. 두 번째 생성자는 클래스 이름 문자열을 받고 Class.forName을 사용해서 해당 클래스를 읽어 들인다. 이 생성자는 테스트 결과를 보여 주는 약간의 사용자 인터페이스가 있는 main 메소드에서 호출한다.

Main 메소드는 Ant 타겟에서 클래스 이름을 얻는다.

```xml
<target name="runAllTests" depends="build" description="run all tests">
  <java classname="sis.testing.TestRunner" failonerror="true" fork="true">
    <classpath refid="classpath" />
    <jvmarg value="-enableassertions"/>
    <arg value="sis.testing.TestRunnerTest" />
  </java>
</target>
```

runAllTests 타겟에는 몇 가지 재미있는 부분이 있다.

- failonerror="true"로 java 태스크에서 지정한다. 실행 중인 자바 응용프로그램이 0이 아닌 값을 반환하면, Ant는 실행 결과를 실패로 간주한다. 빌드 스크립트는 에러를 출력하고 종료된다. Syste.exit 명령을 사용해서 (TestRunner의 main 메소드 참조) 응용 프로그램을 즉시 종료하고 인수로 전달되는 값을 반환할 수 있다.

- fork="true"로 지정한다. 이것은 자바 응용프로그램이 Ant가 실행되는 자바 프로세스와는 다른 프로세스로 실행된다는 의미이다. 포크를 하지 않는 경우의 문제는 자바 응용프로그램이 멈추는 경우 Ant 빌드 프로세스 자체가 멈춘다는 것이다.
- arg 요소를 이용해서 TestRunner에 테스트 이름을 전달한다.
- jvmarg 요소를 이용해서 enableassertions를 자바 VM에 전달한다.

7 @TestMethod 아노테이션

테스트를 재구성하기 전에, 여러분은 테스트 메소드를 표시해서 재구성 시에 새로 만들 메소드가 테스트로 간주되는 것을 막아야 한다. 이 @TestMethod 아노테이션은 테스트에 지정하고자 하는 메소드 선언의 앞에 붙인다. TestRunnerTest에서 두 개의 테스트 메소드 (singleMethodTest와 multiMethodTest)에 @TestMethod을 붙인다. 또한 미니클래스 (SingleMethodTest 와 Multiple-MethodTest)에 포함되는 세 개의 추가 테스트 메소드에 아노테이션을 붙인다.

```java
package sis.testing;

import java.util.*;
import java.lang.reflect.*;

public class TestRunnerTest {
   private TestRunner runner;
   private static final String methodNameA = "testA";
   private static final String methodNameB = "testB";

   @TestMethod
   public void singleMethodTest() {
      runTests(SingleMethodTest.class);
      verifyTests(methodNameA);
   }

   @TestMethod
   public void multipleMethodTest() {
      runTests(MultipleMethodTest.class);
      verifyTests(methodNameA, methodNameB);
   }

   private void runTests(Class testClass) {
      runner = new TestRunner(testClass);
      runner.run();
   }

   private void verifyTests(String... expectedTestMethodNames) {
      verifyNumberOfTests(expectedTestMethodNames);
```

어써션 (assertion)과 아노테이션 (annotation) | Lesson 15

```
    verifyMethodNames(expectedTestMethodNames);
    verifyCounts(expectedTestMethodNames);
  }

  private void verifyCounts(String... testMethodNames) {
    assert testMethodNames.length == runner.passed() :
      "expected " + testMethodNames.length + " passed";
    assert 0 == runner.failed() : "expected no failures";
  }

  private void verifyNumberOfTests(String... testMethodNames) {
    assert testMethodNames.length == runner.getTestMethods().size() :
      "expected " + testMethodNames.length + " test method(s)";
  }

  private void verifyMethodNames(String... testMethodNames) {
    Set<String> actualMethodNames = getTestMethodNames();
    for (String methodName: testMethodNames)
      assert actualMethodNames.contains(methodName) :
        "expected " + methodName + " as test method";
  }

  private Set<String> getTestMethodNames() {
    Set<String> methodNames = new HashSet<String>();
    for (Method method: runner.getTestMethods())
      methodNames.add(method.getName());
    return methodNames;
  }
}
class SingleMethodTest {
  @TestMethod public void testA() {}
}
class MultipleMethodTest {
  @TestMethod public void testA() {}
  @TestMethod public void testB() {}
}
```

@TestMethod 아노테이션은 public이나 static과 같은 메소드 수정자의 뒤에 나올 수 있다. 아노테이션은 메소드의 선언(메소드의 반환형으로 시작된다) 앞에 나와야 한다.

@TestMethod 아노테이션 형식을 선언하기 위해서 인터페이스 정의와 비슷한 부분을 추가해야 한다.

```
package sis.testing;
public @interface TestMethod {}
```

인터페이스 선언과 아노테이션 선언이 다른 것은 인터페이스 선언의 interface 앞에 @ 표시가 들어간다는 것이다. @와 interface 사이에는 공백이 들어갈 수 있지만, 둘을 붙이는 것이 일반적이다.

Agile Java

이 코드는 컴파일되고 여러분은 테스트를 실행할 수 있지만, 적어도 하나의 IllegalAccessException 스택 트레이스를 보게 될 것이다. TestRunner의 코드는 여전히 방금 추가한 private 메소드를 포함하여 모든 메소드를 테스트 메소드로 간주한다. TestRunner의 반영 코드는 이런 private 메소드를 실행하지 못한다. 이제 TestRunner에서 @TestMethod 아노테이션을 찾도록 할 때이다.

```
private void loadTestMethods() {
   testMethods = new HashSet<Method>();
   for (Method method: testClass.getDeclaredMethods())
      if (method.isAnnotationPresent(TestMethod.class))
         testMethods.add(method);
}
```

단지 한 줄의 코드가 필요하다. 여러분은 Method 객체에 아노테이션 형식 (TestMethod.class)을 지정해서 isAnnotationPresent 메시지를 보낸다. 만약, isAnnotationPresent가 true를 반환하면, 테스트 리스트에 Method 객체를 추가한다.

이제 테스트는 실행되지만 잘못될 결과를 출력한다.

```
runAllTests:
    [java] passed: 0 failed: 0
```

여러분은 테스트가 통과될 것을 기대하겠지만 테스트가 하나도 등록되지 않았다. isAnnotationPresent는 항상 false를 반환한다.

8 유지(retention)

java.lang.annotations 패키지는 @Retention라는 메타 아노테이션 형식을 포함한다. 메타 아노테이션은 다른 아노테이션 형식에 대한 아노테이션이다. 좀더 정확히, @Retention 아노테이션은 자바 컴파일러가 아노테이션 정보를 얼마나 오래 유지할지를 지정하기 위해 사용한다. 여기에는 표 15-1에 요약된 세 가지 선택이 있다.

표에 설명된 것처럼, @Retention 아노테이션을 지정하지 않으면, 기본 동작으로 실행 시에는 아노테이션 정보를 얻을 수 없다[3]. RetentionPolicy.CLASS의 예는 레슨 9에서 본 @Override 아노테이션이다.

---

3) VM이 이 정보를 유지하도록 설정할 수도 있다.

어써션(assertion)과 아노테이션(annotation) | Lesson 15

표 15-1 아노테이션 유지 정책

RetentionPolicy enum	아노테이션 성격
RetentionPolicy.SOURCE	컴파일 시에 버림
RetentionPolicy.CLASS(기본)	클래스 파일에 저장, VM이 실행 시에 버릴 수 있음
RetentionPolicy.RUNTIME	클래스 파일에 저장, VM이 실행 시에도 유지

TestRunner와 같은 도구에서 대상 클래스에서 아노테이션 정보를 가져오려면 RetentionPolicy.RUNTIME이 가장 필요할 것이다. 소스코드를 직접 사용하는 도구(예를 들어, 이클립스의 플러그인)를 만든다면, RetentionPolicy.SOURCE를 사용해서 클래스 파일에 불필요한 아노테이션 정보를 저장하는 것을 막을 수 있다. 그 예는 주의를 끌기 위해 @Todo 아노테이션을 사용해서 소스 일부를 표시하는 것이다.

반영 코드가 @TestMethod 아노테이션을 인식하려면, 아노테이션 형식 선언을 고쳐야 한다.

```
package sis.testing;

import java.lang.annotation.*;

@Retention(RetentionPolicy.RUNTIME)
public @interface TestMethod {}
```

이제 두 개의 TestRunnerTest 테스트를 통과할 수 있다.

9 아노테이션 타겟(annotation target)

@TestMethod 아노테이션은 개발자가 테스트 메소드를 표시하기 위해 사용되도록 만들어졌다. 아노테이션은 다른 여러 요소 형식에 붙일 수 있다. 형(클래스, 인터페이스, 열거형), 필드, 인수, 생성자, 지역변수, 패키지등이다. 기본적으로 여러분은 아노테이션을 어떤 요소에도 붙일 수 있다. 또한 어떤 아노테이션을 하나의 요소에만 붙일 수 있도록 제한 할 수 있다.

@Target 메타 아노테이션을 @TestMethod에 지정하지 않았기 때문에, 개발자는 이 태그를 필드와 같은, 어떤 요소에도 붙일 수 있다. 일반적으로 이런 것이 해가 되지는 않겠지만, 개발자는 실수로 필드를 표시하고 메소드에 표시했다고 착각할 수도 있다. 누군가 이 실수를 눈치챌 때까지 이 테스트 메소드는 실행되지 않는다. 아노테이션 형식에 @Target을 붙이는 것은 개발자가 이후에 발생될 문제를 컴파일시에 발견하도록 해준다.

@TestMethod에 적절한 @Target 메타 아노테이션을 붙인다.

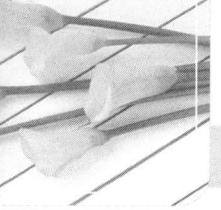

Agile Java

```
package sis.testing;

import java.lang.annotation.*;

@Retention(RetentionPolicy.RUNTIME)
@Target(ElementType.METHOD)
public @interface TestMethod {}
```

@Target의 인수는 java.lang.annotation에 정의된 ElementType 열거형이어야 한다. 이 열거형은 아노테이션 형식이 붙을 수 있는 요소 형식에 해당하는 상수를 제공한다. : TYPE, FIELD, METHOD, PARAMETER, CONSTRUCTOR, LOCAL_VARIABLE, ANNOTATION_TYPE 그리고 PACKAGE. 자세한 정보는 이 레슨 뒷부분의 패키지 아노테이션을 참조한다.

@Target이 여러분의 아노테이션 형식에 하는 역할을 보이기 위해서, TestRunnerTest를 수정한다. 메소드를 @TestMethod로 표시하는 대신, 필드를 표시한다.

```
// ...
public class TestRunnerTest {
    private @TestMethod TestRunner runner;

    @TestMethod
    public void singleMethodTest() {
    // ...
```

컴파일을 하면, 다음과 비슷한 에러를 보게 될 것이다.

```
annotation type not applicable to this kind of declaration
private @TestMethod TestRunner runner;
        ^
```

추가적인 아노테이션을 지우고, 다시 컴파일하고, 테스트를 다시 실행한다.

10 테스트 메소드 건너뛰기

 때때로 어떤 테스트 메소드의 실행을 건너뛸 필요가 있다. 여러 개의 실패하는 메소드가 있다고 가정하자. 한번에 하나의 실패한 메소드를 성공시키는데 집중하고 싶다. 다른 테스트의 실패는 따로 다룰 수 있다. 여러분은 이런 실패를 끄고 싶다.

JUnit에서, 메소드를 주석처리하거나 메소드의 이름을 test 메소드처럼 보이지 않게 바꿔서 메소드 실행을 건너뛸 수 있다. 테스트 메소드를 건너뛰는 쉬운 방법은 그 이름 앞에 X를 붙이는 것이다. 예를 들어, testCreate를 XtestCreate로 바꿀 수 있다. JUnit은 이름이

Lesson 15   어써션(assertion)과 아노테이션(annotation)

test로 시작되는 메소드를 찾으므로 XtestCreate를 찾지 못할 것이다.

테스트를 주석처리하는 버릇을 들여서는 안 된다. 현재 프로그래밍 중인 시간보다 오랫동안 메소드를 주석처리해두는 것은 좋지 않은 습관이다. 주석처리 된 테스트를 놔둔 채로 코드를 닫는 것은 피해야 할 일이다. 다른 개발자는 여러분의 의도를 알지 못한다. 주석 처리된 코드를 봤을 때 처음으로 드는 생각은, 특히 테스트 코드일 경우는, 삭제하는 것이다.

테스트 메소드를 주석처리하는 것은 위험하다. 테스트를 막은 것을 잊기 쉽다. 또한 주석처리된 테스트를 찾는 것 역시 쉽지 않다. JUnit이 주석으로 막아둔 메소드에 대해서 경고를 한다면 좋을 것이다.

새로운 TestRunner에도 비슷한 문제가 있다. 테스트를 건너뛰는 가장 간단한 방법은 @TestMethod 아노테이션을 지우는 것이다. 이렇게 하면, 테스트를 주석처리하는 것과 같은 문제를 겪게 된다. 시스템에서 테스트를 "잃어버리기" 쉽다.

이런 경우, TestRunner를 수정해서 지시하는 메소드를 무시하도로 해야 한다. 새로운 아노테이션 형식인 @Ignore를 만들어서 TestRunner의 코드에서 이 아노테이션을 인식하도록 한다. @Ignore는 개발자가 메소드를 무시하는 이유를 문자열로 남기도록 한다. 이 이유를 출력하도록 TestRunner를 수정한다.

11   TestRunner 수정하기

새로운 테스트 메소드인 ignoreMethodTest를 TestRunner에 추가한다. 이것은 새로운 테스트 클래스로서 @TestMethod로 표시된 세 개의 메소드를 가지고 있는 IgnoreMethodTest에 대한 것이다. 테스트 메소드 중 하나는 (testC) 추가적으로 @Ignore로 표시되었다. 이 테스트가 실행되지 않는 것을 확인해야 한다.

```java
package sis.testing;

import java.util.*;
import java.lang.reflect.*;

public class TestRunnerTest {
    private TestRunner runner;
    // ...
    @TestMethod
    public void ignoreMethodTest() {
        runTests(IgnoreMethodTest.class);
        verifyTests(methodNameA, methodNameB);
    }
    // ...
}
```

Agile Java

```
// ...
class IgnoreMethodTest {
  @TestMethod public void testA() {}
  @TestMethod public void testB() {}

  @Ignore
  @TestMethod public void testC() {}
}
```

@Ignore 아노테이션 정의는 @TestMethod 정의와 비슷해 보인다.

```
package sis.testing;

import java.lang.annotation.*;

@Target(ElementType.METHOD)
@Retention(RetentionPolicy.RUNTIME)
public @interface Ignore {}
```

테스트를 통과하기 위해서, TestRunner를 다음과 같이 수정한다.

```
package sis.testing;

import java.util.*;
import java.lang.reflect.*;

class TestRunner {
  ...
  private void loadTestMethods() {
    testMethods = new HashSet<Method>();
    for (Method method: testClass.getDeclaredMethods())
      if (method.isAnnotationPresent(TestMethod.class) &&
          !method.isAnnotationPresent(Ignore.class))
        testMethods.add(method);
  }
  ...
}
```

12 단일 값 아노테이션

 @Ignore 아노테이션은 마커(marker) 아노테이션이다. 이것은 메소드가 무시되어야 할지를 표시한다. 여러분은 isAnnotationPresent 를 사용해서 아노테이션의 존재만을 확인한다. 이제 테스트를 무시하는 이유를 제공해야 한다. @Ignore 아노테이션이 이유 문자열을 인수로 받도록 수정한다.

어쎠션 (assertion) 과 아노테이션 (annotation) | Lesson 15

단일 인수를 아노테이션 형식에서 지원하기 위해서 value 라는 이름의 멤버 메소드를 적절한 반환형으로 인수없이 제공한다. 아노테이션 형식 멤버 메소드는 인수를 받을 수 없다.

```
package sis.testing;

import java.lang.annotation.*;

@Target(ElementType.METHOD)
@Retention(RetentionPolicy.RUNTIME)
public @interface Ignore {
    String value();
}
```

IgnoreMethodTest의 메소드 중 하나를 @Ignore만으로 표시한다. 인수를 지정하지 않는다.

```
class IgnoreMethodTest {
  @TestMethod public void testA() {}
  @TestMethod public void testB() {}
  @Ignore()
    @TestMethod public void testC() {}
}
```

@Ignore가 @Ignore()의 단축형인 것을 알아두자.
컴파일할 때, 다음 에러 메시지를 볼 것이다.

```
annotation testing.Ignore is missing value
  @Ignore
  ^
```

컴파일러는 적절한 인수의 개수를 제공했는지 확인하기 위해 해당 아노테이션 형식 선언을 사용한다.

테스트 대상 클래스인 IgnoreMethodTest를 수정해서 @Ignore 아노테이션에 이유를 전달하도록 한다.

```
public class TestRunnerTest {
    public static final String IGNORE_REASON1 = "because";
    // ...
}
class IgnoreMethodTest {
    @TestMethod public void testA() {}
    @TestMethod public void testB() {}
    @Ignore(TestRunnerTest.IGNORE_REASON1)
        @TestMethod public void testC() {}
}
```

테스트를 다시 실행한다. 통과할 것이며, 잘못된 것은 없다. 하지만 무시된 메소드의 리스트를 출력하는 기능을 추가하고자 한다. 테스트를 다음과 같이 고친다.

Agile Java

```java
@TestMethod
public void ignoreMethodTest() {
    runTests(IgnoreMethodTest.class);
    verifyTests(methodNameA, methodNameB);
    assertIgnoreReasons();
}

private void assertIgnoreReasons() {
    Map<Method, Ignore> ignoredMethods = runner.getIgnoredMethods();
    Map.Entry<Method, Ignore> entry = getSoleEntry(ignoredMethods);
    assert "testC".equals(entry.getKey().getName()):
        "unexpected ignore method: " + entry.getKey();
    Ignore ignore = entry.getValue();
    assert IGNORE_REASON1.equals(ignore.value());
}

private <K, V> Map.Entry<K, V> getSoleEntry(Map<K, V> map) {
    assert 1 == map.size(): "expected one entry";
    Iterator<Map.Entry<K, V>> it = map.entrySet().iterator();
    return it.next();
}
```

무시된 메소드를 Method 객체와 "무시된 이유" 문자열간의 맵 콜렉션으로 반환한다. 하나의 무시된 메소드만을 기대하기 때문에 맵에서 단일 Method의 키를 가져오기 위해 getSoleEntry 유틸리티 메소드를 만들었다. 일반화를 사용하는 것을 배웠기 때문에 (레슨 14 참조), 저자는 약간은 부담스러울 수 있지만 getSoleEntry가 어떤 종류의 콜렉션에도 사용될 수 있도록 했다. 스스로 맵의 키와 값 형식에 한정된 코드를 작성해도 상관없다.

이제 TestRunner가 나중에 출력하기 위해 무시된 메소드를 저장하도록 고치자.

```java
package sis.testing;

import java.util.*;
import java.lang.reflect.*;

class TestRunner {
    // ...
    private Map<Method, Ignore> ignoredMethods = null;
    // ...
    private void loadTestMethods() {
        testMethods = new HashSet<Method>();
        ignoredMethods = new HashMap<Method, Ignore>();
        for (Method method: testClass.getDeclaredMethods()) {
            if (method.isAnnotationPresent(TestMethod.class))
                if (method.isAnnotationPresent(Ignore.class)) {
                    Ignore ignore = method.getAnnotation(Ignore.class);
                    ignoredMethods.put(method, ignore);
                }
                else
                    testMethods.add(method);
        }
    }
}
```

어써션 (assertion)과 아노테이션 (annotation) | Lesson 15

```
  public Map<Method, Ignore> getIgnoredMethods() {
    return ignoredMethods;
  }
  // ...
}
```

아노테이션을 붙일 수 있는 모든 요소에 아노테이션 형식 이름(여기에서는 Ignore.class)을 전달해서 getAnnotation 메시지를 보낼 수 있다. getAnnotation 메소드는 실제 아노테이션 객체에 대한 아노테이션 형식 레퍼런스를 반환한다. 아노테이션 객체 레퍼런스를 얻으면(ignore), 아노테이션 형식 인터페이스에 정의된 메시지를 보낼 수 있다.

이제 테스트 사용자 인터페이스에서 무시된 메소드를 보이도록 수정하자.

13 TestRunner 사용자 인터페이스 클래스

이 시점에서, main 메소드는 더 이상 단순한 몇 줄의 코드가 아니다. 이제 사용자 인터페이스를 표현하는 역할을 하는 독립된 클래스로 코드를 옮겨야 할 시점이다.

이미 말한 것처럼 TestRunner는 테스트 목적의 유틸리티이기 때문에, 테스트가 꼭 필요하지는 않다. 테스트 러너를 위해서 만드는 약간의 사용자 인터페이스 코드에 대해서는 처음부터 테스트를 작성할 필요는 없다. 작성하는 것이 좋지만, 여기서 작성하지 않는다.

다음은 무시된 메소드를 출력하며, 재구성된 사용자 인터페이스 클래스이다. 유일하게 재미있는 부분은 System.exit 호출에서 실패한 테스트의 개수를 반환하는 것이다. 왜일까? 왜 그러면 안되는가? 이것은 if 문보다는 간결하고 코드를 애매하게 만들지는 않는다. 또한 스크립트나 운영체제에서 사용될 수 있는 추가 정보를 제공한다.

```
package sis.testing;

import java.lang.reflect.*;
import java.util.*;

public class TestRunnerUI {
  private TestRunner runner;

  public static void main(String[] args) throws Exception {
    TestRunnerUI ui = new TestRunnerUI(args[0]);
    ui.run();
    System.exit(ui.getNumberOfFailedTests());
  }

  public TestRunnerUI(String testClassName) throws Exception {
    runner = new TestRunner(testClassName);
  }
```

Agile Java

```
  public void run() {
    runner.run();
    showResults();
    showIgnoredMethods();
  }

  public int getNumberOfFailedTests() {
    return runner.failed();
  }

  private void showResults() {
    System.out.println(
      "passed: " + runner.passed() +
      " failed: " + runner.failed());
  }

  private void showIgnoredMethods() {
    if (runner.getIgnoredMethods().isEmpty())
      return;

    System.out.println("\nIgnored Methods");
    for (Map.Entry<Method, Ignore> entry:
         runner.getIgnoredMethods().entrySet()) {
      Ignore ignore = entry.getValue();
      System.out.println(entry.getKey() + ": " + ignore.value());
    }
  }
}
```

14 배열 인수(array parameter)

여러분은 개발자가 여러 개의 개별 이유 문자열을 제공하도록 하고싶다. 이렇게 하기 위해 String[]을 아노테이션 형식 멤버인 value의 반환형으로 정하고 싶다. @Ignore 아노테이션은 배열 초기화와 비슷하게 보이는 구조를 사용해서 여러 개의 이유를 포함할 수 있다.

```
@Ignore({"why", "just because"})
```

다음은 수정된 아노테이션 형식 선언이다.

```
package sis.testing;

import java.lang.annotation.*;

@Target(ElementType.METHOD)
@Retention(RetentionPolicy.RUNTIME)
public @interface Ignore {
  String[] value();
}
```

어써션 (assertion)과 아노테이션 (annotation) | Lesson 15

String[] 반환형을 가지는 아노테이션 형식 멤버에 단일 문자열을 제공해야 한다면, 자바는 배열 형식 초기화를 사용하지 않는 것을 허용한다. 현재의 @Ignore 정의에 대한 다음 아노테이션은 동일하다.

```
@Ignore("why")
@Ignore({"why"})
```

Ignore에 대한 수정을 지원하기 위해서 TestRunnerTest를 수정해야 한다.

```
package sis.testing;

import java.util.*;
import java.lang.reflect.*;
public class TestRunnerTest {
   public static final String IGNORE_REASON1 = "because";
   public static final String IGNORE_REASON2 = "why not";
   ...

   @TestMethod
   public void ignoreMethodTest() {
      runTests(IgnoreMethodTest.class);
      verifyTests(methodNameA, methodNameB);
      assertIgnoreReasons();
   }

   private void assertIgnoreReasons() {
      Map<Method, Ignore> ignoredMethods = runner.getIgnoredMethods();
      Map.Entry<Method, Ignore> entry = getSoleEntry(ignoredMethods);
      assert "testC".equals(entry.getKey().getName()):
         "unexpected ignore method: " + entry.getKey();
      Ignore ignore = entry.getValue();
      String[] ignoreReasons = ignore.value();
      assert 2 == ignoreReasons.length;
      assert IGNORE_REASON1.equals(ignoreReasons[0]);
      assert IGNORE_REASON2.equals(ignoreReasons[1]);
   }
   ...
}

class SingleMethodTest {
   @TestMethod public void testA() {}
}

class MultipleMethodTest {
   @TestMethod public void testA() {}
   @TestMethod public void testB() {}
}

class IgnoreMethodTest {
   @TestMethod public void testA() {}
   @TestMethod public void testB() {}

   @Ignore({TestRunnerTest.IGNORE_REASON1,
         TestRunnerTest.IGNORE_REASON2})
      @TestMethod public void testC() {}
}
```

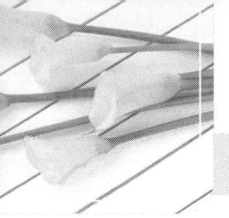

Agile Java

15 다중 인수 아노테이션

아노테이션이 다중 인수를 지원하기를 바랄 수도 있다. 예를 들어, 개발자들이 테스트 메소드를 무시할 때 이름의 약자를 저장하기를 바랄 수도 있다. 적절한 아노테이션은 다음과 같을 것이다.

```
@Ignore(reasons={"just because", "and why not"}, initials="jjl")
```

이제 하나 이상의 아노테이션 인수를 가지고 있으므로, 멤버-값 쌍을 제공해야 한다. 각 멤버-값 쌍은 멤버 이름(아노테이션 형식 멤버와 일치해야 한다), 뒤에 =을 붙이고 멤버에 대한 상수 값을 붙인다.

위의 예에서 두 번째 멤버-값 쌍은 initals를 멤버 이름으로 하고 "jjl"을 그 이름으로 한다. 이 아노테이션을 지원하려면, @Ignore 아노테이션 형식 선언을 initials를 추가 멤버로 포함하도록 수정해야 한다. 아노테이션 멤버-값 쌍의 각 키는 아노테이션 형식 선언의 멤버 이름과 일치해야 한다.

```
package sis.testing;

import java.lang.annotation.*;

@Target(ElementType.METHOD)
@Retention(RetentionPolicy.RUNTIME)
public @interface Ignore {
   String[] reasons();
   String initials();
}
```

아노테이션 내에서 멤버-값 쌍은 순서에 관계없이 지정할 수 있다. 순서는 아노테이션 형식 선언의 멤버 순서와 일치할 필요는 없다.

다음은 TestRunnerTest의 해당 부분 수정이다.

```
package sis.testing;
// ...
public class TestRunnerTest {
   // ...
   public static final String IGNORE_INITIALS = "jjl";
   // ...
   private void assertIgnoreReasons() {
      Map<Method, Ignore> ignoredMethods = runner.getIgnoredMethods();
      Map.Entry<Method, Ignore> entry = getSoleEntry(ignoredMethods);
      assert "testC".equals(entry.getKey().getName()):
         "unexpected ignore method: " + entry.getKey();
```

어써션(assertion)과 아노테이션(annotation) | Lesson 15

```
      Ignore ignore = entry.getValue();
      String[] ignoreReasons = ignore.reasons();
      assert 2 == ignoreReasons.length;
      assert IGNORE_REASON1.equals(ignoreReasons[0]);
      assert IGNORE_REASON2.equals(ignoreReasons[1]);
      assert IGNORE_INITIALS.equals(ignore.initials());
    }
    // ...
}

class IgnoreMethodTest {
  @TestMethod public void testA() {}
  @TestMethod public void testB() {}

  @Ignore(
    reasons={TestRunnerTest.IGNORE_REASON1,
     TestRunnerTest.IGNORE_REASON2},
    initials=TestRunnerTest.IGNORE_INITIALS)
  @TestMethod public void testC() {}
}
```

TestRunner를 수정할 필요는 없다. 이유와 이름 약자를 Ignore 객체에서 적절하게 가져오기 위해서 TestRunnerUI에만 작은 수정을 할 것이다.

```
private void showIgnoredMethods() {
  if (runner.getIgnoredMethods().isEmpty())
    return;

  System.out.println("\nIgnored Methods");
  for (Map.Entry<Method, Ignore> entry:
      runner.getIgnoredMethods().entrySet()) {
    Ignore ignore = entry.getValue();
    System.out.printf("%s: %s (by %s)",
      entry.getKey(),
      Arrays.toString(ignore.reasons()),
      ignore.initials());
  }
}
```

16 기본값

테스트 메소드를 무시하는 이유는 대부분의 경우 같을 것이다. 대부분의 경우, 다른 통과하지 못한 테스트를 수정하는 동안 일시적으로 테스트를 무시한다. 매번 이유를 지정하는 것은 성가신 일이므로, 기본 무시 이유를 지원하기를 바랄 것이다. 다음은 이런 요구사항을 TestRunner의 테스트에 반영한 것이다.

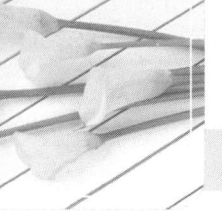

Agile Java

```
@TestMethod
public void ignoreWithDefaultReason() {
   runTests(DefaultIgnoreMethodTest.class);
   verifyTests(methodNameA, methodNameB);
   Map<Method, Ignore> ignoredMethods = runner.getIgnoredMethods();
   Map.Entry<Method, Ignore> entry = getSoleEntry(ignoredMethods);
   Ignore ignore = entry.getValue();
   assert TestRunner.DEFAULT_IGNORE_REASON.
      equals(ignore.reasons()[0]);
}

class DefaultIgnoreMethodTest {
   @TestMethod public void testA() {}
   @TestMethod public void testB() {}
   @Ignore(initials=TestRunnerTest.IGNORE_INITIALS)
      @TestMethod public void testC() {}
}
```

상수 DEFAULT_IGNORE_REASON을 TestRunner 클래스에서 필요한 임의의 문자열로 정의할 필요가 있다.

```
class TestRunner {
   public static final String DEFAULT_IGNORE_REASON =
      "temporarily commenting out";
   // ...
```

모든 아노테이션 형식 멤버에 기본값을 지정할 수 있다. 기본값은 컴파일할 때 상수여야 한다. @Ignore의 새로운 정의는 reasons 멤버에 대한 기본값을 포함하고 있다. 기본값과 멤버 선언을 분리하기 위해 키워드 default를 사용한 것에 주의하자.

```
package sis.testing;

import java.lang.annotation.*;

@Target(ElementType.METHOD)
@Retention(RetentionPolicy.RUNTIME)
public @interface Ignore {
   String[] reasons() default TestRunner.DEFAULT_IGNORE_REASON;
   String initials();
}
```

17 추가적인 반환형과 복잡한 아노테이션 형식

String과 String[]에 추가로, 아노테이션 값은 기본형, 열거혀, 클래스 레퍼런스, 아노테이션형식 자체, 혹은 이런 형식의 배열 일수 있다.

어써션 (assertion)과 아노테이션 (annotation) | Lesson 15

(TestRunnerTest안의) 다음 테스트는 @Ignore 아노테이션이 날짜를 포함하기 위한 요구사항을 설정한다. Date 형식은 아노테이션이 된다. 그 멤버는 int 값을 반환한다.

```
@TestMethod
public void dateTest() {
  runTests(IgnoreDateTest.class);
  Map<Method, Ignore> ignoredMethods = runner.getIgnoredMethods();
  Map.Entry<Method, Ignore> entry = getSoleEntry(ignoredMethods);
  Ignore ignore = entry.getValue();
  sis.testing.Date date = ignore.date();
  assert 1 == date.month();
  assert 2 == date.day();
  assert 2005 == date.year();
}

class IgnoreDateTest {
  @Ignore(
      initials=TestRunnerTest.IGNORE_INITIALS,
      date=@Date(month=1, day=2, year=2005))
    @TestMethod public void testC() {}
}
```

IgnoreDateTest의 아노테이션은 다른 아노테이션을 포함하는 복합 아노테이션(complex annotation)이라고 불린다. @Ignore는 멤버로 다른 아노테이션인 @Date를 가지는 date를 가진다.

sis.testing.Date 아노테이션 형식의 정의이다.

```
package sis.testing;

public @interface Date {
  int month();
  int day();
  int year();
}
```

@Ignore 아노테이션 형식은 이제 testing.Date 인스턴스를 반환하는 date 멤버를 정의할 수 있다.

```
package sis.testing;

import java.lang.annotation.*;

@Target(ElementType.METHOD)
@Retention(RetentionPolicy.RUNTIME)
public @interface Ignore {
  String[] reasons() default TestRunner.DEFAULT_IGNORE_REASON;
  String initials();
  Date date();
}
```

Date 아노테이션 형식이 다른 아노테이션의 일부로서만 사용되기 때문에, 보존성이나 타겟을 지정할 필요는 없다.

아노테이션 자체와 같은 반환형의 아노테이션 멤버 형식, 즉 회귀적인 아노테이션 형식을 지정하지 못할 것이다.

테스트가 컴파일되고 성공하기 위해서, IgnoreMethodTest와 DefaultIgnoreMethodTest를 수정해야 한다.

```
class IgnoreMethodTest {
  @TestMethod public void testA() {}
  @TestMethod public void testB() {}

  @Ignore(
    reasons={TestRunnerTest.IGNORE_REASON1,
            TestRunnerTest.IGNORE_REASON2},
    initials=TestRunnerTest.IGNORE_INITIALS,
    date=@Date(month=1, day=2, year=2005))
  @TestMethod public void testC() {}
}

class DefaultIgnoreMethodTest {
  @TestMethod public void testA() {}
  @TestMethod public void testB() {}
  @Ignore(initials=TestRunnerTest.IGNORE_INITIALS,
         date=@Date(month=1, day=2, year=2005))
    @TestMethod public void testC() {}
}
```

18 패키지 아노테이션

패키지를 테스트 패키지로 지정하는 기능이 필요하다고 하자. 더구나, "성능 측정"에 관련된 테스트는 다른 테스트와는 분리해서 실행하기를 원한다. 이것을 위해서, 타겟이 패키지인 아노테이션을 만들 수 있다. 이 아노테이션에 대한 테스트는 다음과 같다4).

```
@TestMethod
public void packageAnnotations() {
  Package pkg = this.getClass().getPackage();
  TestPackage testPackage = pkg.getAnnotation(TestPackage.class);
  assert testPackage.isPerformance();
}
```

---

4) Package는 키워드이브로 변수이름으로 pkg를 사용한 것에 주의하자.

어써션 (assertion) 과 아노테이션 (annotation) | Lesson 15

다른 요소 객체와 마찬가지로 Package 객체로부터 아노테이션 정보를 추출할 수 있다. Class 객체에 getPackage 메시지를 보내서 Package 객체를 얻을 수 있다.

아노테이션 선언은 단순하다.

```
package sis.testing;

import java.lang.annotation.*;

@Target(ElementType.PACKAGE)
@Retention(RetentionPolicy.RUNTIME)
public @interface TestPackage {
    boolean isPerformance() default false;
}
```

하지만 문제는, 패키지 아노테이션은 어디로 가는가? 패키지에 속하는 모든 클래스의 package 문 앞에 붙어야 하는가? 아니면 그들 중 하나에만 붙이는가? 아니면 다른 곳에 저장하는가?

자바는 패키지마다 하나의 아노테이션이 붙은 패키지 문을 허용한다. 이것은 임의 소스파일의 package 문 앞에 아노테이션을 달수는 없다는 의미이다.

답은 사용하는 컴파일러의 종류에 따라 달라진다. 썬은 파일 시스템에 기반한 방법을 권장한다. 다른 컴파일러 개발사는 다른 방법을 선택할 수도 있다. 이들은 파일 시스템에 기반한 컴파일 환경이 아니라도 동작할 가능성이 있다.

썬의 구현방법은 아노테이트하고자 하는 패키지의 디렉터리에 packageinfo.java라는 소스 파일을 만드는 것이다. 썬의 자바 컴파일러는 이 유사 소스파일을 읽지만, 출력으로 클래스 파일을 만들지는 않는다. (사실, 클래스 이름에 〔-〕을 포함하는 것은 불가능하다.) 이 파일은 패키지 아노테이션을 포함해야 하고, 뒤에 적절한 package 문을 넣어야 한다. Package-info.java에는 다른 것을 넣어서는 안 된다.

Sis.testing 패키지에서 package-info.java는 다음과 같다.

```
@TestPackage(isPerformance=true) package sis.testing;
```

19 호환성 고려사항

썬은 가능한 기존의 코드에 영향을 주지 않고 아노테이션 기능을 지원하도록 아노테이션 기능을 디자인했다. 여기서는 아노테이션 형식에 여러 종류의 변화를 주는 경우의 영향을 볼 것이다.

아노테이션 형식에 새로운 멤버를 추가하는 경우, 가능하면 기본값을 제공한다. 기본값을 사용하면, 코드에서 컴파일된 아노테이션 형식을 사용하는데 문제가 없다. 하지만 새로운 멤버에 접근하려고 할 때 문제가 생길 수 있다. 새로운 멤버가 없는 아노테이션 형식 선언으로 컴파일된 아노테이션에서 새로운 아노테이션 멤버를 접근한다고 가정하자. 새 멤버에 기본값이 존재한다면, 예외가 발생할 것이다.

아노테이션 형식 멤버를 제거하면, 마찬가지로 아노테이션이 있는 소스를 컴파일할 때 에러가 발생할 것이다. 하지만 수정된 아노테이션 형식을 사용하는 기존의 클래스 파일은 다시 컴파일 될 때까지 잘 동작한다.

기본값을 없애거나, 반환형을 바꾸거나, 기존의 아노테이션 형식에서 타겟을 제거하지 않는다. 이런 수정은 예외가 발생할 수 있다.

유지(retention) 형식을 바꾸면, 일반적으로 결과는 여러분이 바라는 것이다. 예를 들어, RUNTIME을 CLASS로 바꾸면, 아노테이션은 실행시에 읽을 수 없다.

의심스러운 부분이 있다면, 동작을 확인하는 테스트를 만들어보자!

20 아노테이션에 대한 추가적인 주의사항

- 타겟이 없는 아노테이션은 어떤 자바 요소에도 붙일 수 있다.
- 아노테이션 형식 선언에서, 인수화된 형식 중 유일하게 반환할 수 있는 것은 Class 형이다.
- @Documented 메타아노테이션 형식으로 아노테이션 형식이 javadoc과 같은 도구로 생성된 API 문서에 포함되도록 할 수 있다.
- @Inherited 메타 아노테이션 형식은 아노테이션 형식이 모든 하위 클래스에 계승되는 것을 의미한다. 이 아노테이션은 getAnnotation을 메소드나 클래스 객체에 보내면 얻을 수 있지만, getDeclaredAnnotations에서는 반환되지 않는다.
- null을 아노테이션 값으로 사용할 수 있다.
- 주어진 아노테이션은 한 요소에 한번만 붙일 수 있다. 예를 들어, 테스트 메소드에 @Ignore 아노테이션을 두 번 붙일 수 없다.
- 내부적으로 아노테이션 형식을 지원하기 위해서, 썬은 Array 클래스가 toString과 hashCode 구현을 포함하도록 했다.

어써션 (assertion) 과 아노테이션 (annotation) | Lesson 15

21 요약

아노테이션은 코드에 넣는 주의사항을 구조화할 수 있는 강력한 도구이다. 가장 자주 사용되는 한가지 예는 인터페이스 선언에 아노테이션을 붙여서 도구를 사용하여 코드를 생성하는 것이다.

아노테이션을 사용하는 것의 단점은 코드에서 아노테이션을 사용하면 코드가 아노테이션에 의존한다는 것이다. 썬에서 바이너리 호환성을 유지하기 위한 기능을 추가하기는 했지만, 아노테이션 형식 선언을 바꾸면 그것을 사용하는 코드가 영향을 받는다. 또한 컴파일을 위해서는 아노테이션 형식 클래스 파일을 가지고 있어야 한다. 아노테이션은 실제적으로 인터페이스 형식이기 때문에 이것은 놀라운 일이 아니다.

다시 한번 강조하면, 가장 중요한 규칙은 아노테이션 형식을 신중하게 사용하는 것이다. 아노테이션 형식은 인터페이스의 일종이고 안정된 개념을 표현해야 한다. 다른 인터페이스와 마찬가지로, 시스템에 아노테이션 형식을 넣었을 때의 영향을 신중하게 생각해봐야 한다. 가장 나쁜 시나리오는, 아노테이션 형식에 큰 변화를 줘서 컴파일 후에 수많은 검색과 수정을 하게 되는 것이다.

연습문제

1. 이전 레슨의 RingTest와 Ring 클래스를 사용해서 add 메소드에서 null 인수를 거부하는 assert를 추가한다. 테스트를 작성하는 것을 잊지 말자! 테스트를 실행하기 전에 어써션 기능을 켜는 것을 잊지 말자.

2. @Dump라는 아노테이션을 만든다. 이 아노테이션은 클래스의 임의 필드에 적용할 수 있다. 그리고 객체를 받으면 toString메소드에서 사용되는 것으로 표시된 필드의 덤프를 출력하는 ToStringer 클래스를 만든다.

3. Dump 아노테이션을 수정해서 선택적인 order 인수를 추가하면 필드를 정렬하도록 한다. 순서는 양의 정수여야 한다. 만약, 필드가 아노테이션이 없다면, 필드 리스트의 마지막에 나와야 한다.

4. 값을 따옴표로 묶을 것인지를 나타내는 불리언 형의 quote 라는 다른 인수를 추가한다. 이것은 toString 표현이 비어있거나 앞, 뒤로 빈칸이 있는 경우 유용하다.

5. @Dump 아노테이션에 outputMethod 필드를 추가한다. 이것은 toStringer가 출력 가능한 형태를 얻기 위해 호출될 메소드를 표시한다. 기본값은 toString이어야 한다. 이런 방법은 시스템 클래스 형식과 같이 toString 표현을 바꿀 수 없는 객체가 있는 경우 유용하다.

6. outputMethod 아노테이션을 outputMethods로 바꾸고, 메소드 이름의 문자열 배열을 지원하도록 한다. ToString 코드는 이런 메소드 이름을 차례로 부르고, 결과를 붙여서 객체의 출력 형식을 만든다. 각 결과를 빈칸으로 구분한다. (다른 문자를 추가하기 위해 다른 아노테이션을 추가하는 것을 고려해 보자.)

MEMO

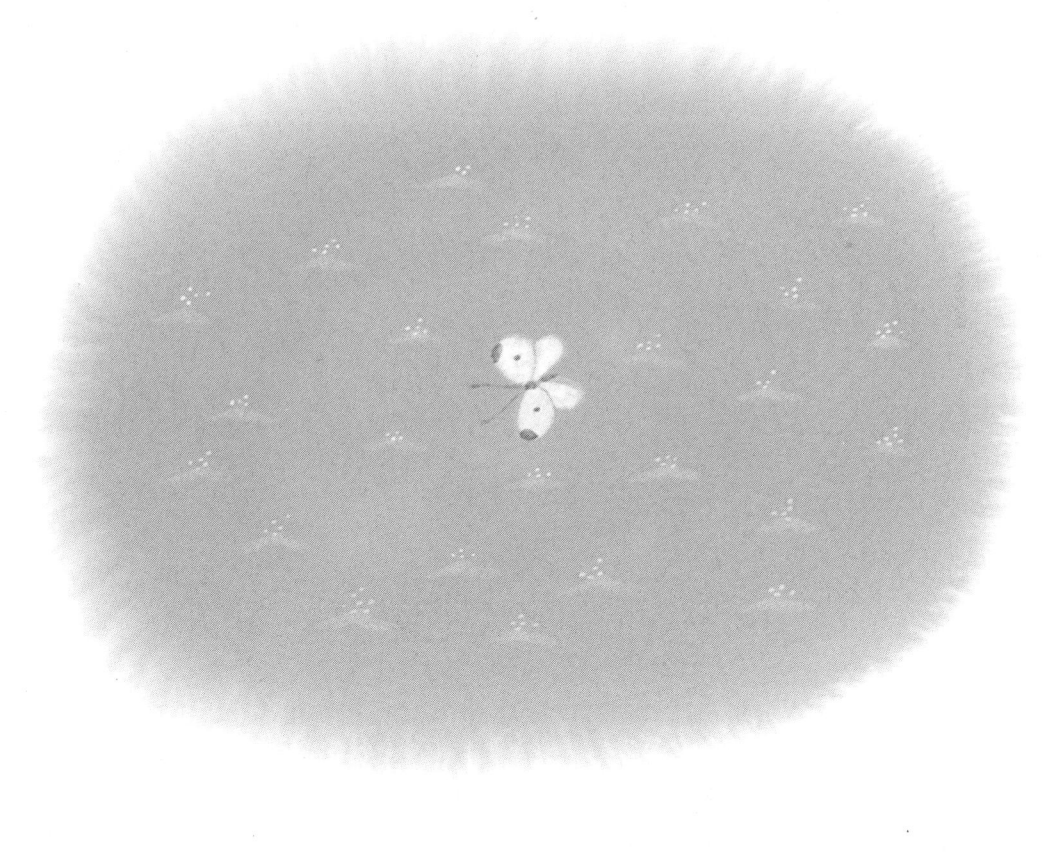

+ Lesson
I 스윙 (Swing) 1

사용자 인터페이스 디자인에는 두 개의 큰 부분이 있다. 이 레슨에서 다룰 것은 여러분이 사용자 인터페이스를 디자인하고 코딩하는데 사용하는 자바이다. 다른 부분은 사용자 인터페이스의 미학적이고 기능적인 질이다.

어떻게 사용자가 응용프로그램과 소통할 것인가? 소비자 혹은 사용자와 함께 일하는 사용자 인터페이스 디자인 전문가는 개발 팀에게 이런 요구사항을 전달해 주어야 한다. 많은 개발 단체가 GUI 디자인 역시 개발 팀의 멤버로 참여한다. 소비자가 개발자에게 전달하는 것은 스크린샷이거나, 단순한 그림이거나 형식화된 다이어그램일 수 있다.

스윙은 플랫폼에 독립적인 자바의 GUI(graphical user interface) 표준 라이브러리이다. 스윙 API는 사용자 인터페이스의 세밀한 부분을 지정할 수 있는 여러 속성을 제공한다. 스윙을 사용하면, 사용자가 이용할 수 있는 푸쉬 버튼, 엔트리 필드, 리스트 박스와 같은 기본 콘트롤[1]과 테이블, 트리, 드래그&드롭 등의 향상된 콘트롤을 사용할 수 있다.

이 레슨에서는 다음 내용을 다룬다.

- 스윙 응용프로그램 디자인
- 패널(panel)과 프레임(frame)
- 버튼과 액션 리스너
- 리스트와 리스트 모델
- 스윙 배치: BorderLayout, GridLayout, FlowLayout, BoxLayout, GridBagLayout

이 레슨에서는 스윙을 소개한다. 이것은 기본적인 사항을 위한 개요이며, 공통의 위젯을 사용해서 간단한 응용프로그램을 만드는 방법을 배울 것이다. 이 레슨이 스윙의 모든 것을 보여주지는 못한다. 사실, 간단한 몇 가지만을 볼 것이다. 이 주제에 대해서 여러 권의 책을 쓰는 사람도 있다. 하지만 스윙의 기초를 배우는 것은 나머지 부분이 어떻게 동작하고, 추가적인 정보를 얻는데 도움이 될 것이다. 예를 들어, 테이블 모델을 사용해서 테이블 위젯을 만드는 것을 배우면, 트리 모델을 사용해서 트리 위젯을 만드는 것은 쉽다. 자바 API 문서는 위젯을 사용하는 방법을 충분히 설명하고 있다. 트리 모델이나 복잡한 위젯 배치와 같이 좀더 복잡한 위젯에 대해서는 자바 API 문서에서 그 주제에 대한 썬의 튜토리얼로 링크를 제공한다.

더 중요한 것은, 이 레슨에서 스윙 응용프로그램을 테스트하는 방법이나 배경 철학을 배울 것이다. 개발자는 흔히 스윙 응용프로그램을 테스트하는 것을 어렵게 생각하고 그냥 넘어간다. 결과적으로 스윙 코드는 자주 테스트되지 않고 엉망이 되기 쉽다.

이 레슨은 스윙 자체만큼이나 스윙을 테스트하는 개념을 다룬다. 스윙 응용프로그램을 테스트하는 것은 어렵지만 테스트를 못할 만큼은 아니다. 잘 테스트되고, 잘 디자인된 사용자 인터페이스 코드는 큰 장점이 된다.

사용자 인터페이스 디자인에는 두 개의 큰 부분이 있다. 이 레슨에서 다룰 것은 여러분이 사용자 인터페이스를 디자인하고 코딩하는데 사용하는 자바이다. 다른 부분은 사용자 인터페이스의 미학적이고 기능적인 질이다. 어떻게 사용자가 응용프로그램과 소통할 것인가? 소비자 혹은 사용자와 함께 일하는 사용자 인터페이스 디자인 전문가는 개발 팀에게 이런 요구사항을 전달해주어야 한다. 많은 개발 단체가 GUI 디자인 역시 개발 팀의 멤버로 참여한다. 소비자가 개발자에게 전달하는 것은 스크린샷이거나, 단순한 그림이거나 형식화된 다이어그램일 수 있다.

1 스윙

스윙은 GUI 개발을 위한 유일한 방법은 아니지만 "준비된" 도구이다. 이클립스 IDE (Eclipse IDE)는 응용프로그램을 위한 또 다른 API인 SWT (standard widget toolkit)을 사용해서 만들었다.

스윙은 실제로 AWT(abstract window toolki)이라는 다른 자바 API 위에 존재한다. 썬은 AWT를 첫 자바 버전에서 GUI을 만들기 위한 유일한 도구로 만들어냈다. AWT는 자바가 지원하는 모든 플랫폼에서 사용이 보장되는 작은 수의 위젯으로 구성된다. 이 "가장 작은

---

1) 위젯(widget) 혹은 콤포넌트로도 불린다. 콘트롤은 정보를 보이거나 사용자가 콘트롤의 값을 바꿀수 있는 그래픽 사용자 인터페이스 요소이다.

공통분모" 디자인 결정은 크로스 플랫폼 GUI 응용프로그램을 만들수 있게 해 주지만, GUI 디자인을 제한한다.

AWT는 무거운 GUI 프레임워크로 불린다. 자바는 각 AWT 콘트롤을 운영체제에서 지원되는 동일한 콘트롤과 직접적으로 연결시킨다. 운영체제가 각 AWT 콘트롤을 관리한다.

반면에 AWT가 나온지 몇 년 후에 소개된 스윙은 가벼운 GUI 프레임워크이다. 스윙은 무거운 콘트롤을 "껍데기"로 사용해서 콘트롤을 만들어서 최소 공통분모 문제를 없앤다. 스윙 콤포넌트는 AWT 콤포넌트를 계승한다. 이들은 응용프로그램이 지원하는 것보다 세밀한 동작과 모양을 지원하기 위해 렌더링과 동작 코드가 추가된다.

스윙 응용프로그램에 룩 앤 필(look and feel)을 추가해 특정 운영체제를 흉내내도록 할 수 있다. 예를 들어, 스윙 콘트롤을 모티프(motif)혹은 윈도우 콘트롤처럼 보이도록 설정할 수 있다.

2 시작하기

사용자의 과목 리스트를 보여 주는 간단한 스윙 응용프로그램을 작성한다. 여기에 사용자가 새로운 과목을 추가할 수 있도록 한다.

스윙을 배우면서, 스윙이 동작하는 방법을 보여 주는 탐색 코드부터 시작할 것이다. 이런 탐색 코드가 동작하면, 다시 돌아가서 스윙 코드를 어떻게 테스트할지를 생각해낸다. 이 레슨은 가끔 이런 방법으로 내용을 구성한다. : 어떤 것을 스윙에서 어떻게 코딩하는지 보여 주고, 테스트하는 코드를 보인다.

스윙의 사용 여부에 관계없이, 대부분의 응용프로그램은 프레임(frame)으로 시작한다. 프레임은 기본적 타이틀 바와 보더(border)가 있는 최상위 윈도우이다. 프레임은 대부분 응용프로그램에 의해서 그려진다. 자바에서 스윙 프레임 클래스는 javax.swing.JFrame이다. 자바에서 초기 응용프로그램을 만드는 것은 JFrame만을 만들고, 크기를 지정하고, 보이도록 것만으로 간단히 된다.

Sis(학생정보 시스템 Student Information System의 약자이다) 클래스를 만든다.

```
package sis.ui;

import javax.swing.*;

public class Sis {
   static final int WIDTH = 350;
   static final int HEIGHT = 500;
   public static void main(String[] args) {
      new Sis().show();
   }
```

스윙 (Swing) 1 | Additional Lesson

```
public void show() {
    JFrame frame = new JFrame();
    frame.setSize(WIDTH, HEIGHT);
    frame.setVisible(true);
}
```

그림 1 프레임 윈도우

　Sis의 정의는 명령줄에서 응용프로그램을 실행하기 위해서 main 메소드를 포함하고 있다. Main 메소드에서 하는 일은 하나의 새로운 인스턴스를 만들고 그 인스턴스에 대한 메소드를 하나 호출하는 것이다. 먼저 명령줄 인수를 해석하기 위한 메소드를 호출할 필요가 있을 지도 모른다. 만약, main 메소드의 내용이 좀더 많아지면 재구성을 해야 한다. Main은 일반적으로 테스트되지 않으므로 main에 동작을 넣지 말자.
　Sis를 컴파일하고 실행한다. 간단한 프레임 윈도우가 나타날 것이다(그림 1 참조). 이 윈도우를 살펴보고 다른 윈도우처럼 크기를 바꾸거나, 최소화하거나 닫아보자. setSize와 setVisible 메시지가 프레임에 영향을 주는 것을 볼 수도 있다. 각각의 메소드 혹은 둘 모두를 지워보자.
　윈도우를 닫았을 때의 문제점은 자바 프로세스가 종료되지 않는다는 것이다. 내부적으로 스윙은 사용자 쓰레드를 만든다. Main 메소드를 종료하는 것은 이 사용자 쓰레드를 종료시키지 않는다. 쓰레드와 데몬 쓰레드에 대해서 레슨 13의 종료 부분을 참조한다.
　프레임을 닫았을 때 자바 프로세스를 종료하도록 JFrame에 요청할 수 있다.

```
package sis.ui;

import javax.swing.*;

public class Sis {
    static final int WIDTH = 300;
    static final int HEIGHT = 200;

    public static void main(String[] args) {
        new Sis().show();
    }
```

Agile Java

```
   void show() {
      JFrame frame = new JFrame();
      frame.setSize(WIDTH, HEIGHT);
      frame.setDefaultCloseOperation(JFrame.EXIT_ON_CLOSE);
      frame.setVisible(true);
   }
}
```

이제 프레임을 만들기 위한 방법을 알았으므로, 이 코드를 버리고 테스트를 작성하자. JFrame 객체에 보낼 수 있는 메시지를 보려면 자바 API 문서를 참조한다. 테스트는 프레임을 초기화하기 위한 정보를 검사한다. 또한 프레임이 보이는지를 확인 할 수 있다.

```
package sis.ui;

import junit.framework.*;
import javax.swing.*;

public class SisTest extends TestCase {
   private Sis sis;
   private JFrame frame;

   protected void setUp() {
      sis = new Sis();
      frame = sis.getFrame();
   }

   public void testCreate() {
      final double tolerance = 0.05;
      assertEquals(Sis.HEIGHT, frame.getSize().getHeight(), tolerance);
      assertEquals(Sis.WIDTH, frame.getSize().getWidth(), tolerance);
      assertEquals(JFrame.EXIT_ON_CLOSE,
             frame.getDefaultCloseOperation());
   }

   public void testShow() {
      sis.show();
      assertTrue(frame.isVisible());
   }
}
```

이 테스트에 맞는 결과 코드는 탐색 코드와는 약간 다르다.

```
package sis.ui;

import javax.swing.*;

public class Sis {
   static final int WIDTH = 300;
   static final int HEIGHT = 200;
```

스윙 (Swing) 1 | Additional Lesson

```
   private JFrame frame = new JFrame();

   public static void main(String[] args) {
      new Sis().show();
   }

   Sis() {
      frame.setSize(WIDTH, HEIGHT);
      frame.setDefaultCloseOperation(JFrame.EXIT_ON_CLOSE);
   }

   void show() {
      frame.setVisible(true);
   }

   JFrame getFrame() {
      return frame;
   }
}
```

테스트를 실행할 때, 테스트가 Sis의 인스턴스를 만들기 때문에 프레임 윈도우가 화면에 나타나는 것을 볼 것이다. 이렇게 테스트를 실행할 때 윈도우가 나타나도록 해서는 안 된다. 이런 윈도우는 산만하고 테스트를 상당히 느리게 만들 것이다. 이후에 테스트를 실행하는 동안 사용자 인터페이스를 보이지 않도록 하는 방법을 배울 것이다. 당장은 한 두개의 윈도우가 나타나는 것은 그대로 둔다.

프레임 윈도우는 테스트가 끝난 뒤에서 없어지지 않는다. 이것은 당장 고칠 수 있는 큰 문제이다. 테스트의 teardown 메소드에서, 응용프로그램을 닫는다.

```
public class SisTest extends TestCase {
   ...
   protected void tearDown() {
      sis.close();
   }
   ...
}
```

응용프로그램을 닫으면 프레임 윈도우 역시 사라지도록 해야 한다.

```
package sis.ui;

import javax.swing.*;

public class Sis {
   ...
   private JFrame frame = new JFrame();
   ...
   void close() {
      frame.dispose();
   }
}
```

Agile Java

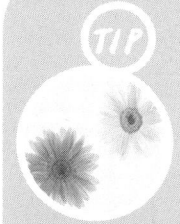

뷰 먼저 혹은 모델 먼저?

사용자 인터페이스를 개발할 때, 어떤 쪽을 먼저 할 것인지가 문제가 된다. 정답은 없다. 편하고 결과적으로 가장 성공적인 방법을 사용하는 것이 좋다.
이전의 15개의 레슨에서, 사용자 인터페이스가 없거나 큰 시스템에 들어가는 자바 클래스를 만드는 방법을 배웠다. 실제로, 전체적인 개발 흐름이 디자인을 바꾸는 것을 보게 될 것이다. 응용프로그램은 모델 클래스의 공개 인터페이스에 영향을 준다. 나의 경우는 "응용프로그램을 우선"으로 해서 시스템을 디자인한 경우가 가장 성공적이었다. 독립된 모델 클래스를 만들 때마다, 프로그램에 적용하기 위해서 많은 부분을 고쳐야했다.
응용프로그램 클래스에 가까운 시스템 개발에 집중해도, 나는 요구사항을 충분히 생각하고 있다. 실제로, 나의 경우 시스템의 일부를 "먼저" 개발하는 경우는 거의 없다. 테스트와 테스트 결과를 기준으로 여러 계층간을 왔다갔다하는 것이 훨씬 효과적이었다.

3 스윙 응용프로그램 디자인

스윙 응용프로그램을 디자인하는 것은 사용자 인터페이스에 기반한 모든 응용프로그램에 관계되는 역할의 조정에 관계된다. 이런 역할은 정보를 보이는 것, 입력을 처리하는 것, 사용 구조를 모델링하는 것, 응용프로그램 흐름을 관리하는 것 등이다.

이런 역할의 용어는 충분히 표준적이다. 뷰(view)는 실사용자에게 정보를 보여 준다. Sis의 JFrame 객체는 뷰 객체이다. 콘트롤러(controller)는 키보드, 마우스 혹은 다른 기기를 통한 사용자 입력을 관리한다. 뷰는 하나이상의 모델 혹은 도메인 객체와 상호작용할 수 있다. 예를 들어, Sis 응용프로그램의 코드는 Course와 Student 모델 객체와 상호작용해야 한다. 마지막으로 응용프로그램은 모델, 뷰, 콘트롤러를 조정한다. 응용프로그램은 사용자 경험의 순서를 관리하는 역할을 한다.

스윙 응용프로그램 개발에 접근하는 방법은 여러 가지가 있다. 이런 역할에 대해서 다른 용어를 들어봤을 것이다. 이런 역할이 조합된 용어도 있다. 예를 들어, 스윙 클래스 자체는 뷰와 콘트롤러를 포함한다. (사실, 이 레슨에서 뷰라고 말할 때, 뷰와 콘트롤러를 함께 부르는 것이다.) 그럼에도 불구하고, 핵심 역할은 항상 있다. 이 레슨에서, TDD가 디자인의 면에 적용되는 것을 볼 것이다. 하지만 예제 개발에 특별히 정해진 디자인을 강요하지는 않는다.

예를 들어, Sis 응용프로그램의 뷰 부분을 먼저 만들 수 있다. 단일 역할 규칙에 따라서, 뷰 클래스에 있는 코드는 사용자 인터페이스를 보여 주고 배치하는 것이다. 이렇게 코드를 구성하는 것의 이점은 패널을 단일 응용프로그램으로 실행할 수 있다는 것이다. 따라서 사용자 인터페이스의 모양이나 배치에 집중할 수 있다.

스윙 (Swing) 1 | Additional Lesson

반면에, 많은 스윙 응용프로그램은 이런 규칙을 따르지 않는다. 이런 응용프로그램에서 뷰 클래스는 모델 클래스에 메시지를 보내고 차례로 데이터베이스에 접근한다. 이 경우 전체 프로그램을 실행하지 않고 뷰를 완전히 독립하는 것은 실제적으로 불가능하다. 이런 디자인은 UI 배치의 속도를 떨어뜨린다. 흔히, 몇 개의 화면을 넘어간 후에야 해당 뷰를 볼 수 있다.

4 패널

JFrame은 보이는 내용을 포함하는 콘텐트 페인(content pane)을 포함한다. 콘텐트 페인 객체는 java.awt.Container 형식의 컨테이너(container)다. 리스트 박스, 텍스트, 컨테이너 자체와 같은 콤포넌트를 컨테이너에 넣을 수 있다. 스윙에서, 실제 사용되는 컨테이너 클래스는 JPanel이다. JFrame과 같이 JPanel 클래스는 뷰 클래스이며 화면을 보여 주기 위해 사용된다.

패키지와 이름 규칙을 알아챘을지도 모르겠다. 스윙 콤포넌트는 J 문자로 시작한다(JFrame, JPanel, JList 등). 패키지는 javax.swing이거나 javax.swing의 하위 패키지이다. 패키지 java.awt는 AWT 클래스를 포함한다. AWT 클래스 이름에는 앞에 붙는 것이 없다.

첫 번째 사용자 인터페이스는 사용자에게 텍스트 "Courses:"를 보이는 것이다. 이 텍스트를 JFrame의 콘텐트 페인에 직접 넣을 수도 있다. 더 나은 방법은 텍스트로 구성되는 두 번째 컨테이너를 만들어서 이 컨테이너를 콘텐트 페인에 넣는 것이다. 이렇게 하기 위해서 사용자에게 텍스트를 보이는 JPanel 하위 클래스를 만든다. 그리고 나서 JPanel을 JFrame의 콘텐트 페인에 넣는다.

다음은 JPanel에 대한 탐색 코드이다.

```
package sis.ui;

import javax.swing.*;
import java.awt.*;

public class CoursesPanel extends JPanel {
   public static void main(String[] args) {
      show(new CoursesPanel());
   }

   private static void show(JPanel panel) {
      JFrame frame = new JFrame();
      frame.setSize(100, 100);
      frame.setDefaultCloseOperation(JFrame.EXIT_ON_CLOSE);
      frame.getContentPane().add(panel); // 1
      frame.setVisible(true);
   }
```

Agile Java

```
    public CoursesPanel() {
        JLabel label = new JLabel("Courses:");
        add(label);
    }
}
```

이 탐색 코드는 패널을 직접 테스트할 수 있도록 main 메소드에 약간의 코드를 포함하고 있다. 두 번째 패널 클래스를 만든다면, 이 코드를 공통의 유틸리티 클래스로 옮겨야 한다.

CoursesPanel의 생성자에서 JLabel 객체를 만든다. JLabel은 사용자에게 텍스트를 보이는 위젯이다. JLabel이 생성자에서 글을 지정할 수 있다. JLabel이 보이려면, JPanel에 add 메소드를 이용해서 추가해야 한다.

CoursesPanel은 add를 정의하지 않으며, JPanel 클래스에서도 정의하지 않는다. Add를 찾으려면 Java.awt.Container까지 계층구조를 따라 올라가야 한다. Add가 여기에 속하는 것은 당연하다. 다른 콤포넌트를 add하려면 Container 객체이어야만 한다.

다음은 CoursesPanel의 계승 구조이다.

```
Object
 |
 |-java.awt.Component
    |
    |-java.awt.Container
       |
       |-javax.swing.JComponent
          |
          |-javax.swing.JPanel
             |
             |-sis.ui.CoursesPanel
```

스윙의 모든 것은 AWT 프레임워크에 기반해서 만들어졌다. 모든 것은 Component이다. 모든 스윙 콤포넌트(JComponent 객체)는 컨테이너이기도하다. JPanel과 CoursesPanel은 따라서 콤포넌트이다.

그림 2   JPanel

패널을 보이도록 하려면, JFrame의 콘텐트 페인에 추가하면된다. 1로 표시된 줄의 show 는 CoursesPanel이 이 일을 하는 것을 보여 준다.

CoursesPanel 탐색 코드를 컴파일하고 실행한다. 결과는 그림 2와 같을 것이다.

스윙 (Swing) 1 | Additional Lesson

CoursesPanel에 대한 테스트는 무엇을 확인해야 하는가? 당장은 CoursesPanel이 하는 유일한 일은 사용자에게 글자를 보여 주는 것이다. 따라서 테스트는 이 글이 올바른지를 확인해야 한다.

```
package sis.ui;

import junit.framework.*;
import javax.swing.*;
import java.awt.*;

public class CoursesPanelTest extends TestCase {
  public void testCreate() {
    CoursesPanel panel = new CoursesPanel();
    JLabel label = getLabel(panel);
    assertEquals(CoursesPanel.LABEL_TEXT, label.getText());
  }

  private JLabel getLabel(JPanel panel) {
    for (Component component: panel.getComponents())
      if (component instanceof JLabel)
        return (JLabel)component;
    return null;
  }
}
```

getLabel 메소드의 역할은 JPanel을 인수로 받아서 JPanel에서 첫 번째 JLabel 객체를 반환하는 것이다. JPanel이 콘테이너이기 때문에 getComponents 메시지로 콤포넌트 리스트를 얻을 수 있다. 리스트에 포함된 각 요소는 java.awt.Component 형식이다. 각 요소에 대해서 instanceof를 사용해서 JLabel 형식인지를 결정해야 한다. 또한 해당 요소를 JLabel 형식을 반환하기 위해서 캐스트 해야 한다.

Instanceof의 사용 대신 좀더 나은 방법이 있을 수도 있다. 두 번째 형식의 콤포넌트에 대한 테스트를 할 때까지, 당장은 이 방법으로 충분하다.

이 테스트는 꼭 필요한가? 대답은 논란거리가 될 수 있다. 천개 쯤의 자동화된 테스트가 있다고 해도, 어떻게 보이는지 보기 위해 스윙 응용프로그램을 자주 실행한다. 실행해 보는 과정에서 특정 콤포넌트가 나타나는지 쉽게 확인할 수 있다.

반대의 질문을 할 수도 있다. 이 테스트로 충분한가? 윈도우에 위젯이 나타나는 것 뿐 아니라 적절한 폰트로 정확한 위치에 나타나는지 확인 할 수 있다.

저자의 이런 테스트는 약간 지나치다고 생각하지만 작성하기 힘든 테스트는 아니다. 차라리 200개의 화면에서 실수로 바뀐 JLabel을 찾는 테스트에 집중하는 것이 나을 것이다. 위치 기반의 레이아웃 테스트는 다른 문제이다. 이들은 작성하기 어렵고 관리하기는 더욱 어렵다. 약간의 미학적 결점 때문에 응용프로그램이 성공하지 못하는 것은 아니다.

더 중요한 것은 동적 사용자 인터페이스 기능에 대한 테스트를 작성하는 것이다. 예를 들어, 버튼을 눌렀을 때 응용프로그램이 글의 색을 바꾸도록 할 수도 있다. 기대되는 동작과 그

Agile Java

에 대한 반응을 확인하기 위한 테스트를 작성하기를 바랄 것이다.

CoursesPanel 클래스는 레이블 문자열을 나타내는 상수를 정의한다는 점만 탐색 코드와 다르다.

```java
package sis.ui;

import javax.swing.*;
import java.awt.*;

public class CoursesPanel extends JPanel {
   static final String LABEL_TEXT = "Courses";
   ...
   public CoursesPanel() {
      JLabel label = new JLabel(LABEL_TEXT);
      add(label);
   }
}
```

Sis 응용프로그램에서, CoursesPanel은 메인 뷰를 나타낸다. SisTest는 CoursesPanelTest와 비슷한 방법으로 콘텐트 페인이 CoursesPanel 인스턴스를 포함하는 것을 확인한다.

```java
package sis.ui;

import junit.framework.*;
import javax.swing.*;
import java.awt.*;

public class SisTest extends TestCase {
   ...
   public void testCreate() {
      final double tolerance = 0.05;
      assertEquals(Sis.HEIGHT, frame.getSize().getHeight(), tolerance);
      assertEquals(Sis.WIDTH, frame.getSize().getWidth(), tolerance);
      assertEquals(JFrame.EXIT_ON_CLOSE,
             frame.getDefaultCloseOperation());
      assertTrue(containsCoursesPanel(frame));
   }

   private boolean containsCoursesPanel(JFrame frame) {
      Container pane = frame.getContentPane();
      for (Component component: pane.getComponents())
         if (component instanceof CoursesPanel)
            return true;
      return false;
   }
   ...
}
```

이미 프레임이 패널을 포함하고 보여 주는 것에 익숙할 것이다. CoursesPanel의 동작에도 거의 비슷한 코드를 작성한다.

스윙 (Swing) 1 | Additional Lesson

```
package sis.ui;

import javax.swing.*;

public class Sis {
  ...
  Sis() {
    frame.setSize(WIDTH, HEIGHT);
    frame.setDefaultCloseOperation(JFrame.EXIT_ON_CLOSE);
    frame.getContentPane().add(new CoursesPanel());
  }
  ...
}
```

테스트를 통과할 것이다.

5 재구성하기

이 책에서 사용되는 예제를 만들면서, 저자는 Sis 생성자에 프레임을 보이도록 하는 명령을 포함했다. MichaelFeathers가 생성자에서는 초기화만을 해야 한다는 것을 알려 주었다. 약간의 무리가 있기는 하지만 윈도우를 보여 주는 것을 초기화의 일부로 생각할 수도 있다. 여기에 대해서 그는, Ron Jeffries의 말을 인용해서 생성자는 요청되지 않은 여러가지를 한다고 대답했다.

이 두 가지 결함에 대해서 고려해 보았다. 하지만 여전히 GUI 위젯과 레이아웃은 단순한 초기화라고 생각한다. 패널을 프레임에 넣는 것은 레이아웃 초기화이다. 이런 레이아웃 초기화를 객체 초기화와 구분할 수도 있지만, 이런 구분에 큰 이유는 없다. 초기화되지 않은 내용을 지닌 JPanel 하위 클래스는 특별히 사용할 곳이 없다. 클라이언트가 레이아웃을 초기화하기 위해 추가적인 메소드 호출을 하는 것은 불필요하다.

하지만 setVisible 명령을 생성자에서 분리하는 것은 나름대로 가치있는 일이다. SisTest의 경우, 이렇게 해서 프레임이 보이지 않아도 되는 프레임에서 추가적인 초기화를 할 필요가 없다. 결과 시스템에서는, 프레임을 내부적으로 초기화하고, 이후에 보이도록 하는 것이 좋다.

결과적으로 결정은 임의적이고 또한 이론적이다. CoursesPanel에 대해서는, 이후의 요구 사항에서 개발자가 CoursesPanel의 하위 클래스를 만들도록 할 것이다. 초기화 코드를 다른 메소드에 넣는 것이 초기화 기능을 오버라이드하고 확장하기 쉬울 것이다. 하지만 미래의 필요사항을 미리 디자인하는 것을 원하지는 않을 것이다. 기다렸다가 꼭 필요하다면 방향을 바꾸는 편이 쉽다.

적절한 타협은 디자인 규칙 #3을 따라서 초기화를 추출해서 private 메소드로 만드는 것이다.

```
public CoursesPanel() {
   createLayout();
}

private void createLayout() {
   JLabel label = new JLabel(LABEL_TEXT);
   add(label);
}
```

SisTest.containsCoursesPanel내의 코드는 CoursesPanelTest.getLabel내의 코드와 매우 비슷한 형태이다. 양쪽 메소드는 콘테이너 내의 콤포넌트에 대해서 루프를 돌면서 해당 형식을 찾는다.

중복되는 코드는 점점 더 많아질 것이다. 버튼과 리스트 박스 혹은 다른 콤포넌트를 추가하면 각 형식에 대한 메소드가 더 필요할 것이다. 추가로, 패널에 두 개의 레이블이 있다고 가정하자. 현재의 코드는 오직 첫 번째 레이블 만을 반환한다.

해결방법은 각 콤포넌트에 이름을 정하는 것이다. 그리고 콤포넌트의 리스트에 대한 루프를 돌면서 해당 이름을 찾는다. 이 방법은 뷰 클래스에서 관리에 따른 약간의 부담이 되지만, 테스트를 더 쉽게 만든다. 또한 뒤에 볼 것처럼, 콤포넌트에 대한 동작을 쉽게 만든다.

모든 콤포넌트와 콘테이너 클래스는 java.awt.Component에서 계승된다. 이 클래스에서 문자열 객체를 받고 반환하는 setName과 getName 메소드를 찾을 수 있다.

SisTest의 코드부터 시작한다.

```
public void testCreate() {
   final double tolerance = 0.05;
   assertEquals(Sis.HEIGHT, frame.getSize().getHeight(), tolerance);
   assertEquals(Sis.WIDTH, frame.getSize().getWidth(), tolerance);
   assertEquals(JFrame.EXIT_ON_CLOSE,
         frame.getDefaultCloseOperation());
   assertNotNull(getComponent(frame, CoursesPanel.NAME));
}

private Component getComponent(JFrame frame, String name) {
   Container container = frame.getContentPane();
   for (Component component: container.getComponents())
      if (name.equals(component.getName()))
         return component;
   return null;
}
```

CoursesPanel에서 다음 부분을 고친다.

```
package sis.ui;
...
public class CoursesPanel extends JPanel {
   static final String NAME = "coursesPanel";
   ...
   public CoursesPanel() {
      setName(NAME);
      createLayout();
   }
}
```

스윙 (Swing) 1 | Additional Lesson

중복을 없애는 비밀 중 하나는 추상화를 이용하는 것이다.

예를 들어, 새로운 getComponent 메소드는 지정 형식인 CoursesPanel 대신 추상 컴포넌트를 다룬다. 이 코드를 CoursesPanelTest에 넣으면 다음과 같이 된다.

```
package sis.ui;
...
public class CoursesPanelTest extends TestCase {
  public void testCreate() {
    CoursesPanel panel = new CoursesPanel();
    JLabel label =
      (JLabel)getComponent(panel, CoursesPanel.LABEL_NAME);
    assertEquals(CoursesPanel.LABEL_TEXT, label.getText());
  }

  private Component getComponent(Container container, String name) {
    for (Component component: container.getComponents())
      if (name.equals(component.getName()))
        return component;
    return null;
  }
}

// in CoursesPanel:
...
public class CoursesPanel extends JPanel {
  static final String LABEL_NAME = "coursesLabel";
...
  private void createLayout() {
    JLabel label = new JLabel(LABEL_TEXT);
    label.setName(LABEL_NAME);
    add(label);
  }
}
```

이 시점에서, getcomponent 메소드는 첫 번째 줄만 다르다. 더 나은 곳이 없기 때문에 클래스 메소드로 새로운 클래스로 옮기고 재구성한다. 다음은 결과 클래스, sis.ui.Util와 테스트 클래스의 코드이다.

```
// sis.ui.Util
package sis.ui;

import java.awt.*;
import javax.swing.*;

class Util {
  static Component getComponent(Container container, String name) {
    for (Component component: container.getComponents())
      if (name.equals(component.getName()))
        return component;
    return null;
  }
```

Agile Java

```
    static Component getComponent(JFrame frame, String name) {
        return getComponent(frame.getContentPane(), name);
    }
}
// sis.ui.SisTest
public void testCreate() {
    final double tolerance = 0.05;
    assertEquals(Sis.HEIGHT, frame.getSize().getHeight(), tolerance);
    assertEquals(Sis.WIDTH, frame.getSize().getWidth(), tolerance);
    assertEquals(JFrame.EXIT_ON_CLOSE,
                 frame.getDefaultCloseOperation());
    assertNotNull(Util.getComponent(frame, CoursesPanel.NAME));
}

// sis.ui.CoursesPanelTest
public void testCreate() {
    CoursesPanel panel = new CoursesPanel();
    JLabel label =
        (JLabel)Util.getComponent(panel, CoursesPanel.LABEL_NAME);
    assertEquals(CoursesPanel.LABEL_TEXT, label.getText());
}
```

새로운 메소드 호출은 약간은 복잡하다. 한가지 이유는 캐스트를 해야 하기 때문이다. 캐스트 중복이 심해지면 재구성을 해야 한다. 하지만 당장은 큰 개선이 있었다. 금새 코드를 뒤덮을 메소드 단위의 중복을 없앴다.

6 추가적인 위젯

SIS 응용프로그램은 사용자가 새로운 과목을 추가하도록 한다. 이 기능을 지원하기 위해, CoursesPanel은 사용자가 학과와 과목번호를 입력할 수 있는 몇 개의 엔트리 필드를 포함할 수 있다. 사용자는 "Add" 버튼을 눌러서 입력한 학과와 번호로 리스트에 새로운 과목을 추가할 수 있어야 한다.

다음은 뷰에 대한 테스트이다.

```
package sis.ui;

import junit.framework.*;
import javax.swing.*;
import java.awt.*;
import static sis.ui.CoursesPanel.*;

public class CoursesPanelTest extends TestCase {
    public void testCreate() {
        CoursesPanel panel = new CoursesPanel();
        JLabel label =
```

스윙 (Swing) 1 | Additional Lesson

```
            (JLabel)Util.getComponent(panel, LABEL_NAME);
        assertEquals(LABEL_TEXT, label.getText());

        JList list =
            (JList)Util.getComponent(panel, COURSES_LIST_NAME);
        assertEquals(0, list.getModel().getSize());

        JButton button =
            (JButton)Util.getComponent(panel, ADD_BUTTON_NAME);
        assertEquals(ADD_BUTTON_TEXT, button.getText());

        JLabel departmentLabel =
            (JLabel)Util.getComponent(panel, DEPARTMENT_LABEL_NAME);
        assertEquals(DEPARTMENT_LABEL_TEXT, departmentLabel.getText());

        JTextField departmentField =
            (JTextField)Util.getComponent(panel, DEPARTMENT_FIELD_NAME);
        assertEquals("", departmentField.getText());

        JLabel numberLabel =
            (JLabel)Util.getComponent(panel, NUMBER_LABEL_NAME);
        assertEquals(NUMBER_LABEL_TEXT, numberLabel.getText());

        JTextField numberField =
            (JTextField)Util.getComponent(panel, NUMBER_FIELD_NAME);
        assertEquals("", numberField.getText());
    }
}
```

사용되는 클래스 상수는 약간 복잡하므로 CoursesPanel 클래스를 정적 임포트하기로 결정했다. 이 경우, 클래스 상수의 원래 위치를 착각할 가능성은 거의 없다.

새로운 콤포넌트인 JButton, JTextField, JList의 역할은 명백하다. 이런 새로운 위젯에 대한 확인은 이전의 레이블에 대한 테스트와 비슷하다.

JList 객체에 대한 확인은 다른 점이 있다. CoursesPanel에서 새로 생성된 JList가 비어 있는지 확인한다. 그 모델을 먼저 얻고 모델에 크기를 요청해서, JList가 포함하는 요소의 개수를 결정할 수 있다. JList는 데이터를 포함하기 위해서 모델 객체를 사용한다. 다음의 리스트 모델 부분에서 리스트 모델에 대해서 좀더 배울 것이다.

수정된 뷰 클래스이다.

```
package sis.ui;

import javax.swing.*;
import java.awt.*;

public class CoursesPanel extends JPanel {
    static final String NAME = "coursesPanel";
    static final String LABEL_TEXT = "Courses";
    static final String LABEL_NAME = "coursesLabel";
    static final String COURSES_LIST_NAME = "coursesList";
    static final String ADD_BUTTON_TEXT = "Add";
```

Agile Java

```java
   static final String ADD_BUTTON_NAME = "addButton";
   static final String DEPARTMENT_FIELD_NAME = "deptField";
   static final String NUMBER_FIELD_NAME = "numberField";
   static final String DEPARTMENT_LABEL_NAME = "deptLabel";
   static final String NUMBER_LABEL_NAME = "numberLabel";
   static final String DEPARTMENT_LABEL_TEXT = "Department";
   static final String NUMBER_LABEL_TEXT = "Number";

   public static void main(String[] args) {
      show(new CoursesPanel());
   }

   private static void show(JPanel panel) {
      JFrame frame = new JFrame();
      frame.setSize(300, 200);
      frame.setDefaultCloseOperation(JFrame.EXIT_ON_CLOSE);
      frame.getContentPane().add(panel); // 1
      frame.setVisible(true);
   }

   public CoursesPanel() {
      setName(NAME);
      createLayout();
   }

   private void createLayout() {
      JLabel label = new JLabel(LABEL_TEXT);
      label.setName(LABEL_NAME);

      JList list = new JList();
      list.setName(COURSES_LIST_NAME);

      JButton addButton = new JButton(ADD_BUTTON_TEXT);
      addButton.setName(ADD_BUTTON_NAME);

      int columns = 20;

      JLabel departmentLabel = new JLabel(DEPARTMENT_LABEL_TEXT);
      departmentLabel.setName(DEPARTMENT_LABEL_NAME);

      JTextField departmentField = new JTextField(columns);
      departmentField.setName(DEPARTMENT_FIELD_NAME);

      JLabel numberLabel = new JLabel(NUMBER_LABEL_TEXT);
      numberLabel.setName(NUMBER_LABEL_NAME);

      JTextField numberField = new JTextField(columns);
      numberField.setName(NUMBER_FIELD_NAME);

      add(label);
      add(list);
      add(addButton);
      add(departmentLabel);
      add(departmentField);
      add(numberLabel);
      add(numberField);
   }
}
```

스윙 (Swing) 1 | Additional Lesson

이 테스트는 통과해야 한다. 컴파일하고 뷰 클래스를 실행했을 때 그림 3과 비슷한 윈도우가 나타나야 한다.

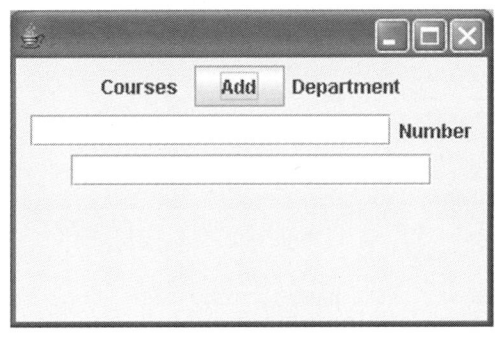

그림 3

이 사용자 인터페이스는 엉망이다. 레이아웃에 관련된 다음 부분에서 이것을 수정할 것이다. 또한 윈도우에서 JList처럼 보이는 것은 나타나지 않는다. 한가지 이유는 리스트에 어떤 요소도 추가하지 않았기 때문이다. 이것 역시 잠시 후에 고칠 것이다.

오직 일곱 개의 위젯에 대해서도 테스트와 사용자 인터페이스를 구성하기 위한 많은 양의 코드를 작성했다. 이 코드를 줄이기 위해 어떤 일을 할 수 있는지 살펴보자.

7 재구성하기

Getcomponent 메소드는 캐스트가 필요하다. 예를 들어

```
JTextField numberField =
    (JTextField)Util.getComponent(panel, NUMBER FIELD NAME);
```

패널에서 두 개의 텍스트 필드를 가져와야 하기 때문에, 두 줄의 코드에서 같은 캐스트를 해야 한다. 이것은 중복의 한 종류이므로 없애야 한다. 편의를 위한 메소드를 추가하면 캐스트를 없애고 코드를 좀더 명확하게 만들 수 있다.

독립된 유틸리티 클래스 Util은 getComponent 메소드를 포함한다. 하지만 패널이 콤포넌트의 콘테이너이므로 CoursesPanel에서 이 역할을 하는 것이 좀더 적절하다.

다음 코드는 잘 재구성된 CoursesPanelTest이다. 일부 변경은 CoursesPanel에도 영향을 준다.

Agile Java

```
package sis.ui;

import junit.framework.*;
import javax.swing.*;
import java.awt.*;
import static sis.ui.CoursesPanel.*;

public class CoursesPanelTest extends TestCase {
   private CoursesPanel panel;

   protected void setUp() {
      panel = new CoursesPanel();
   }

   public void testCreate() {
      assertLabelText(COURSES_LABEL_NAME, COURSES_LABEL_TEXT);
      assertEmptyList(COURSES_LIST_NAME);
      assertButtonText(ADD_BUTTON_NAME, ADD_BUTTON_TEXT);
      assertLabelText(DEPARTMENT_LABEL_NAME, DEPARTMENT_LABEL_TEXT);
      assertEmptyField(DEPARTMENT_FIELD_NAME);
      assertLabelText(NUMBER_LABEL_NAME, NUMBER_LABEL_TEXT);
      assertEmptyField(NUMBER_FIELD_NAME);
   }

   private void assertLabelText(String name, String text) {
      JLabel label = panel.getLabel(name);
      assertEquals(text, label.getText());
   }

   private void assertEmptyField(String name) {
      JTextField field = panel.getField(name);
      assertEquals("", field.getText());
   }

   private void assertEmptyList(String name) {
      JList list = panel.getList(name);
      assertEquals(0, list.getModel().getSize());
   }

   private void assertButtonText(String name, String text) {
      JButton button = panel.getButton(name);
      assertEquals(text, button.getText());
   }
}
```

이런 재구성의 일부는 중복을 없애지만, 기술적으로 모두를 없애지는 않았다. 하지만 적절한 중복을 남겨둔 이런 재구성이 좀더 코드를 읽기 쉽게 만든다. 먼저, 하나의 리스트만 확인해야 하지만 assertEmptyList를 만드는 것이 의도를 좀더 명확하게 한다. 둘째로, assertButtonText는 testCreate의 전체 내용을 한줄로 만든다.

새로운 확인 메소드 각각은 두개의 내재적인 테스트를 포함한다. 먼저, 패널에 주어진 이름의 콤포넌트가 없다면, NullPointerException이 발생하여 테스트가 실패할 것이다. 둘째로, 콤포넌트가 기대되는 형식이 아니라면, ClassCastException이 발생해서 역시 테스트가 실

스윙 (Swing) 1 | Additional Lesson

패할 것이다. 만약, 이런 명시적이지 못한 부분이 마음에 들지 않는다면, 추가로 확인(예를 들어, assertNotNull)을 해도 좋다. 하지만 꼭 필요하다고 생각되지는 않는다.

새로운 확인 메소드는 매우 일반적인 목적을 가진다. SIS 응용프로그램에 두 번째 패널을 추가하면, 확인 메소드를 공통의 테스트 유틸리티 메소드로 재구성할 수 있다. 이들을 모든 패널 테스트 클래스가 계승하는 junit.framework.TestCase 서브 클래스로 옮겨야 할 것이다.

대부분의 시스템에서, 스윙 코드와 관련된 테스트 코드는 너무 많고 반복적이다. 이런 재구성에 시간을 들이도록 하자. 시스템의 불필요한 부분을 최소화하고 전반적으로 코드를 향상시킬 수 있다.

비슷한 방법으로 CoursesPanel의 콤포넌트 생성을 재구성할 수 있다. 다음 코드는 새로운 콤포넌트 생성 메소드와 테스트에 필요한 get 메소드이다.

```java
package sis.ui;

import javax.swing.*;
import java.awt.*;

public class CoursesPanel extends JPanel {
    static final String NAME = "coursesPanel";
    static final String COURSES_LABEL_TEXT = "Courses";
    static final String COURSES_LABEL_NAME = "coursesLabel";
    ...
    private void createLayout() {
        JLabel coursesLabel =
            createLabel(COURSES_LABEL_NAME, COURSES_LABEL_TEXT);

        JList coursesList = createList(COURSES_LIST_NAME);
        JButton addButton =
            createButton(ADD_BUTTON_NAME, ADD_BUTTON_TEXT);

        int columns = 20;
        JLabel departmentLabel =
            createLabel(DEPARTMENT_LABEL_NAME, DEPARTMENT_LABEL_TEXT);
        JTextField departmentField =
            createField(DEPARTMENT_FIELD_NAME, columns);
        JLabel numberLabel =
            createLabel(NUMBER_LABEL_NAME, NUMBER_LABEL_TEXT);
        JTextField numberField =
            createField(NUMBER_FIELD_NAME, columns);

        add(coursesLabel);
        add(coursesList);
        add(addButton);
        add(departmentLabel);
        add(departmentField);
        add(numberLabel);
        add(numberField);
    }

    private JLabel createLabel(String name, String text) {
        JLabel label = new JLabel(text);
```

Agile Java

```
    label.setName(name);
    return label;
}

private JList createList(String name) {
    JList list = new JList();
    list.setName(name);
    return list;
}

private JButton createButton(String name, String text) {
    JButton button = new JButton(text);
    button.setName(name);
    return button;
}

private JTextField createField(String name, int columns) {
    JTextField field = new JTextField(columns);
    field.setName(name);
    return field;
}

JLabel getLabel(String name) {
    return (JLabel)Util.getComponent(this, name);
}

JList getList(String name) {
    return (JList)Util.getComponent(this, name);
}

JButton getButton(String name) {
    return (JButton)Util.getComponent(this, name);
}

JTextField getField(String name) {
    return (JTextField)Util.getComponent(this, name);
}
}
```

8   버튼 클릭과 액션리스너(ActionListener)

스윙 버튼을 누를 때, 어떤 동작이 일어나야 한다. CoursePanel에서 Add 버튼을 누르면, 새로운 과목이 과목 리스트에 나타나야 한다. 이것을 위한 코드는 세 단계를 거쳐야 한다.

1. 과목 학과와 과목번호 필드의 내용을 읽어들인다.
2. 새로운 Course 객체를 학과와 번호를 이용해서 생성한다.
3. Course 객체를 과목 리스트의 모델에 넣는다.

스윙 (Swing) 1 | Additional Lesson

새로운 과목을 추가하는 이 단계는 사용자 인터페이스 역할과 동작의 혼합이다. CoursesPanel이 단지 사용자에게 정보를 보여 주기만 하는 클래스이기를 바란다는 것을 기억하자. 버튼을 클릭하는 것은 특정 동작에 반응해야 하는 콘트롤러 이벤트이다. 동작의 자세한 내용은 CoursesPanel에 포함되지 않는다. 당장은 사용자가 Add 버튼을 클릭할 때 "누군가"에게 동작을 하도록 요청해야 한다. 패널 테스트는 Add 버튼을 누르는 것이 아직은 정의하지 않은 어떤 동작을 일으키는 것을 확인한다.

콜백을 사용해서 버튼 클릭을 동작 메소드와 연결할 수 있다. 자바는 이런 목적으로 java.awt.event.ActionListener 인터페이스를 제공한다. ActionListener를 구현하기 위해서 actionPerformed 메소드를 만든다. actionPerformed의 코드는 누군가 버튼을 클릭할 때 수행하기를 바라는 일을 나타낸다.

ActionListener 클래스를 정의한 후에, 버튼에 그 인스턴스를 할당 할 수 있다. 사용자가 버튼을 클릭하면, JButton 내부의 로직이 ActionListener 객체의 actionPerformed 메소드를 콜백한다.

```java
package sis.ui;

import junit.framework.*;
import javax.swing.*;
import java.awt.*;
import java.awt.event.*;
import static sis.ui.CoursesPanel.*;

public class CoursesPanelTest extends TestCase {
   private CoursesPanel panel;
   private boolean wasClicked;

   protected void setUp() {
      panel = new CoursesPanel();
   }
   ...
   public void testAddButtonClick() {
      JButton button = panel.getButton(ADD_BUTTON_NAME);

      wasClicked = false;
      panel.addCourseAddListener(new ActionListener() {
         public void actionPerformed(ActionEvent e) {
            wasClicked = true;
         }
      });

      button.doClick();
      assertTrue(wasClicked);
   }
}
```

일반적으로 리스너를 익명 내부 클래스로 구현한다. 여기서 ActionListener의 유일한 역할은 버튼이 눌릴 때 actionPerformed 메소드가 호출되도록 하는 것이다. JButton 클래스는 doClick 메소드를 제공해서 버튼에 대한 사용자 클릭을 에뮬레이트한다.

Agile Java

　CoursesPanel은 새로운 메소드인 addCourseAddListener을 제공해야 한다. 이 메소드는 단순히 ActionListener 콜백 객체를 JButton 객체에 붙인다. CoursesPanel을 사용하는 어떤 최종 클라이언트는 이 콜백을 정의하고 뷰에 전달하는 역할을 할 것이다. 뷰는 내부 로직과는 관계없는 채로 남아있다.

```
package sis.ui;

import javax.swing.*;
import java.awt.*;
import java.awt.event.*;
public class CoursesPanel extends JPanel {
   ...
   private JButton addButton;
   ...
   private void createLayout() {
      ...
      addButton = createButton(ADD_BUTTON_NAME, ADD_BUTTON_TEXT);
      ...
   }

   void addCourseAddListener(ActionListener listener) {
      addButton.addActionListener(listener);
   }
   ...
}
```

　addButton을 지역변수가 아닌 필드로 수정해야 한다.
　메소드 addCourseAddListener는 한 줄의 코드이다. 레이아웃이 아닌 뷰의 코드는 이것이 이상적이다. While 루프 if문 혹은 다른 로직을 뷰 클래스에서 사용하게 되다면, 다시 생각해 보자! 이런 로직은 다른 어딘가에 있어야 한다.

9　리스트 모델

　여러분은 뷰를 잘 짜여진 식의 일부로 여겨야 한다. 뷰의 역할은 사용자가 Add 버튼을 눌렀을 때, "누군가"에게 "어떤 것"을 하라고 전달하는 것이다. Add를 누른 결과는 과목 패널이 새로운 과목을 보이는 것이라는 것을 알고 있다. 뷰 클래스가 이것을 두 개의 개별 동작으로 다루기를 바란다. 이 둘을 연결하는 로직은 다른 곳에 구현할 것이다.
　뷰는 클라이언트코드가 Course 객체를 전달하는 것을 허용해야 하고, 결과적으로 과목 객체를 보이도록 해야 한다. Course 객체가 어떻게 생성되는가 에는 관여하지 않는다. CoursesPanelTest에 새로운 테스트를 추가하자.

스윙 (Swing) 1 | Additional Lesson

```java
package sis.ui;

import junit.framework.*;
import javax.swing.*;
import java.awt.*;
import java.awt.event.*;
import sis.studentinfo.*;
import static sis.ui.CoursesPanel.*;

public class CoursesPanelTest extends TestCase {
   ...
   public void testAddCourse() {
      Course course = new Course("ENGL", "101");
      panel.addCourse(course);
      JList list = panel.getList(COURSES_LIST_NAME);
      ListModel model = list.getModel();
      assertEquals("ENGL 101", model.getElementAt(0).toString());
   }
   ...
}
```

이 테스트는 CoursePanel에 addCourse 메시지를 보낸다. JList의 내부 모델을 가져온다. 리스트 모델은 콜렉션에 변경이 있을 때 JList에 알려 주는 콜렉션 클래스이다.

JList 뷰는 이 모델에 포함된 객체의 유용한 부분을 보여줄 필요가 있다. 그러기 위해서, JList 코드는 toString 메시지를 모델의 각 객체에 보낸다. 테스트의 마지막 줄은 모델의 첫 번 째 객체의 출력 가능한 표현이 학과와 과목번호를 합한 것임을 확인한다.

```java
package sis.ui;

import javax.swing.*;
import java.awt.*;
import java.awt.event.*;
import sis.studentinfo.*;

public class CoursesPanel extends JPanel {
   ...
   private DefaultListModel coursesModel = new DefaultListModel();
   ...
   private void createLayout() {
      JLabel coursesLabel =
         createLabel(COURSES_LABEL_NAME, COURSES_LABEL_TEXT);

      JList coursesList = createList(COURSES_LIST_NAME, coursesModel);
      ...
   }
   ...
   void addCourse(Course course) {
      coursesModel.addElement(course);
   }
   ...
   private JList createList(String name, ListModel model) {
      JList list = new JList(model);
      list.setName(name);
      return list;
   }
}
```

Agile Java

리스트 모델은 javax.swing.ListModel 인터페이스를 구현하는 클래스이다. JList 객체의 경우, ListModel 구현 클래스인 DefaultListModel을 사용한다. 재미있는 것은 ListModel 인터페이스는 요소를 추가하기 위한 인터페이스 메소드를 선언하지 않는다.

DefaultListModel은 이 메소드(addElement)를 정의한다. 여러분은 모델 레퍼런스 (coursesModel)를 ListModel 인터페이스가 아닌 DefaultListModel형의 구현으로 선언하기를 원할 것이다.

이제 CoursesPanel 메소드 createList에서, ListModel 레퍼런스를 JList를 생성할 때 전달한다. addCourse 메소드는 전달된 Course를 받아서 모델에 저장한다.

toString의 사용

레슨 9에서 최종 코드에서는 toString 메소드에 의존하지 않아야 한다고 말했다. toString 메소드는 개발과정에서의 디버깅에 더 유용하다. 개발자는 Course 출력을

```
ENGL 101
```

에서

```
[Course:ENGL,101]
```

으로 바꿔야 할 수도 있다.

수정된 문자열은 CoursesPanel 사용자 인터페이스 뷰에는 적절하지 않을 것이다. 두개의 다른 뷰가 Course 정보를 다른 형식으로 보여줘야 한다면, 다른 문제가 생길 것이다.

어떤 경우에도, 각 과목을 포장하는 출력 아답터 클래스를 만들어서 필요한 toString 정의를 제공해야 한다. 이런 아답터 객체를 JList 모델에 저장한다.

> 이제 사용자는 리스트에서 각 학과와 과목번호 사이에 하이픈(-)을 넣기를 원한다. 새로운 화면 형식을 사용해서 테스트를 수정한다.

```java
public void testAddCourse() {
   Course course = new Course("ENGL", "101");
   panel.addCourse(course);
   JList list = panel.getList(COURSES_LIST_NAME);

   ListModel model = list.getModel();
   assertEquals("ENGL-101", model.getElementAt(0).toString());
}
```

아답터 클래스의 간단한 구현은 Course의 하위 클래스를 만들고 toString 정의를 오버라이드 하는 것이다.

스윙 (Swing) 1 | Additional Lesson

```
package sis.ui;

import sis.studentinfo.*;

class CourseDisplayAdapter extends Course {
  CourseDisplayAdapter(Course course) {
    super(course.getDepartment(), course.getNumber());
  }

  @Override
  public String toString() {
    return String.format(
      "%s-%s", getDepartment(), getNumber());
  }
}
```

CoursesPanel의 addCourse 메소드역시 바뀌어야 한다.

```
void addCourse(Course course) {
  coursesModel.addElement(new CourseDisplayAdapter(course));
}
```

이후에, 리스트 박스에서 선택된 Course를 얻기 위한 코드를 작성할 필요가 있을 때, 아답 터에서 대상 Course 객체를 얻을 수 있다.

10 응용프로그램

이제 뷰가 만들어졌으므로, 실제 응용프로그램에서 사용하도록 해야 한다. 이제 부분들을 끼워맞출때이다[2]. 다음은 새로운 SisTest 메소드 testAddCourse이다.

```
package sis.ui;

import junit.framework.*;
import javax.swing.*;
import java.awt.*;
import sis.studentinfo.*;

public class SisTest extends TestCase {
  ...
  public void testAddCourse() {
    CoursesPanel panel =
      (CoursesPanel)Util.getComponent(frame, CoursesPanel.NAME);
```

ⓕootnote

2) 여러분의 태도에 따라, 응용프로그램을 만들고 뷰와 연결하는 것이 쉽다고 생각 할 수도 있다. 뷰를 만드는 동안에도, 계속해서 응용프로그램을 함께 연결하고 싶었다.

Agile Java

```
        panel.setText(CoursesPanel.DEPARTMENT_FIELD_NAME, "MATH");
        panel.setText(CoursesPanel.NUMBER_FIELD_NAME, "300");

        JButton button = panel.getButton(CoursesPanel.ADD_BUTTON_NAME);
        button.doClick();

        Course course = panel.getCourse(0);
        assertEquals("MATH", course.getDepartment());
        assertEquals("300", course.getNumber());
    }
}
```

이 테스트는 사용자의 입장에서 응용프로그램을 조정한다. 이것은 거의 최종 테스트이다.

먼저, 테스트는 학과와 과목번호 필드에 값을 설정한다. 그리고 나서 click 메소드를 사용해서 Add 버튼에 대한 클릭을 에뮬레이트한다. 응용프로그램이 정상적으로 동작하는 것을 확인하기 위해서 테스트는 포함된 CoursesPanel이 리스트에 가지고 있는 첫 번째 Course를 가져온다.

이 테스트를 지원하기 위해 CoursesPanel에 몇 개의 메소드를 추가할 필요가 있다.

```
package sis.ui;
...
public class CoursesPanel extends JPanel {
    ...
    Course getCourse(int index) {
        Course adapter =
            (CourseDisplayAdapter)coursesModel.getElementAt(index);
        return adapter;
    }
    ...
    void setText(String textFieldName, String text) {
        getField(textFieldName).setText(text);
    }
}
```

CourseDisplayAdapter가 Course를 상속하기 때문에, 이 아답터 객체를 Course 레퍼런스에 저장할 수 있다.

Sis의 변화를 적용한다.

```
package sis.ui;

import javax.swing.*;
import java.awt.event.*;
import sis.studentinfo.*;

public class Sis {
    ...
    private CoursesPanel panel;
    ...

    public Sis() {
        initialize();
    }
```

스윙 (Swing) 1 | Additional Lesson

```
private void initialize() {
   createCoursesPanel();

   frame.setSize(WIDTH, HEIGHT);
   frame.setDefaultCloseOperation(JFrame.EXIT_ON_CLOSE);
   frame.getContentPane().add(panel);
}
...
void createCoursesPanel() {
   panel = new CoursesPanel();
   panel.addCourseAddListener(
      new ActionListener() {
         public void actionPerformed(ActionEvent e) {
            addCourse();
         }
      }
   );
}

private void addCourse() {
   Course course =
      new Course(
         panel.getText(CoursesPanel.DEPARTMENT_FIELD_NAME),
         panel.getText(CoursesPanel.NUMBER_FIELD_NAME));
   panel.addCourse(course);
}
```

Sis 클래스는 액션 리스너와 패널에 과목을 추가하는 기능을 묶는다. 대부분의 코드는 CoursesPanel의 클라이언트 코드에서 사용했기 때문에 익숙한 코드이다.

CoursesPanel에 getText 메소드를 추가해야 한다.

```
String getText(String textFieldName) {
   return getField(textFieldName).getText();
}
```

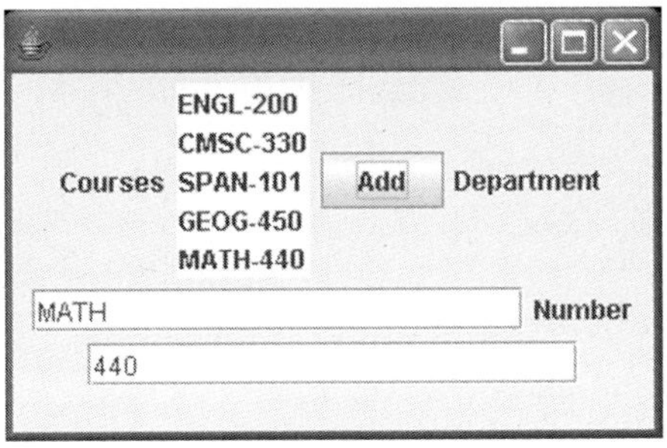

그림 4

이제 독립된 프로그램으로 Sis를 실행하고 과목을 추가해볼 수 있다. 그림 4의 스크린샷은 다섯 개의 과목을 추가한 후의 모습이다. 이 화면은 아직도 엉망이다!

Agile Java

11 레이아웃(layout)

Sis 응용프로그램의 사용자 인터페이스는 너무나 엉망으로 배치되어서 사용자를 혼란스럽게 할 것이다. 문제는 기본적으로 스윙이 콤포넌트를 왼쪽에서 오른쪽으로 플로우(flow)형식으로 배치하는 것이다. 같은 줄에 더 이상 콤포넌트를 배치할 자리가 없으면, 스윙은 워드프로세서와 같이 해당 콤포넌트를 다음 줄로 넘긴다. 그 콤포넌트는 다음 줄의 가장 왼쪽에 배치된다.

그림 4에서, 첫 번째 줄은 네 개의 위젯으로 구성된다. : "Courses" 레이블, 과목 리스트, Add 버튼, "Department" 레이블이다. 두 번째 줄은 과목 필드와 "Number"레이블, 과목번호 필드로 구성된다.

윈도우의 크기를 조정해서 옆으로 길게 만들어보자. 화면이 충분히 길다면, 스윙은 모든 콤포넌트를 왼쪽에서 오른쪽으로 한 줄에 배치할 것이다.

스윙은 미적인 사용자 인터페이스를 만들기 위한, 각각 다른 클래스로 몇 가지 다른 레이아웃 기능을 제공한다. 스윙은 이런 클래스를 레이아웃 관리자(layout manager)라고 부른다. 각 콘테이너마다 다른 레이아웃 관리자를 설정할 수 있다. 기본 레이아웃 관리자인 java.awt.FlowLayout은 상용의 사용자 인터페이스에는 어울리지 않는다.

뷰를 제대로 된 모양으로 만드는 것은 조금씩 진행해야 하며, 성가신 일이다. 복잡한 뷰를 위해서는 여러 레이아웃을 섞어서 사용하는 것이 쉬운 방식이라는 것을 알게 될 것이다.

직접 레이아웃 코드를 작성하는 대신 도구를 사용할 수 있다. 많은 IDE는 시각적으로 레이아웃을 편집할 수 있는 GUI(뷰) 구성 도구를 제공한다. 도구를 사용하는 것이 사용자 인터페이스를 완전하게 만드는 지루한 작업을 줄여줄 수 있다.

CoursesPanel을 좀더 낫게 만들기 위한 작업을 하면서 레이아웃 구조를 배울 것이다. 이런 작업은 대부분 테스트가 필요하지 않다. 약간을 바꾸고, 컴파일하고 테스트를 실행하고, CoursesPanel을 직접 실행해서 결과를 확인한다!

GridLayout

단순히 일반적으로 사용하지 않는 GridLayout부터 시작하자. 그리드 레이아웃은 지정한 수의 행과 열을 기준으로 콘테이너를 같은 크기의 사각형으로 나눈다. 콘테이너에 콤포넌트를 추가하면 각각 셀(사각형)을 왼쪽에서 아래, 위에서 아래로 채운다. 레이아웃 관리자는 각 콤포넌트를 셀에 맞도록 리사이즈한다. CoursesPanel을 다음과 같이 고친다.

```
private void createLayout() {
   JLabel coursesLabel =
      createLabel(COURSES_LABEL_NAME, COURSES_LABEL_TEXT);

   JList coursesList = createList(COURSES_LIST_NAME, coursesModel);
   addButton =
```

스윙 (Swing) 1 | Additional Lesson

```
        createButton(ADD_BUTTON_NAME, ADD_BUTTON_TEXT);
    int columns = 20;
    JLabel departmentLabel =
        createLabel(DEPARTMENT_LABEL_NAME, DEPARTMENT_LABEL_TEXT);
    JTextField departmentField =
        createField(DEPARTMENT_FIELD_NAME, columns);
    JLabel numberLabel =
        createLabel(NUMBER_LABEL_NAME, NUMBER_LABEL_TEXT);
    JTextField numberField =
        createField(NUMBER_FIELD_NAME, columns);

    int rows = 4;
    int cols = 2;
    setLayout(new GridLayout(rows, cols));

    add(coursesLabel);
    add(coursesList);
    add(addButton);
    add(new JPanel());
    add(departmentLabel);
    add(departmentField);
    add(numberLabel);
    add(numberField);
}
```

setLayout 메시지를 보내서 레이아웃 관리자를 패널에 할당한다. createLayout에서 CoursesPanel 객체로 GridLayout 인스턴스를 담아서 setLayout 메시지를 보낸다.

CoursesPanel을 Gridlayout을 이용해서 실행한 결과는 그림 5와 같다.

coursesLabel은 위의 왼쪽 사각형 안에 나타난다. 두 번째 콤포넌트인 coursesList은 위의 오른쪽 사각형 안에 들어간다. Add 버튼은 두 번째 줄로 내려가고, 빈 JPanel 이 다음 사각형을 채운다. 마지막 줄은 레이블과 해당 필드가 있다.

각 사각형이 같은 크기여야 하기 때문에, GridLayout은 많은 버튼과 필드, 리스트, 레이블로 구성되는 일반적인 인터페이스를 구성하기에는 사용할 일이 없다. 예를 들어, 사용자에게 여러 개의 아이콘을 보여줄 때 사용할 수 있다. GridLayout은 모양을 바꾸기 위한 추가적인 메소드를 제공하지만 보통은 좀더 나은 레이아웃 관리자를 사용할 것이다.

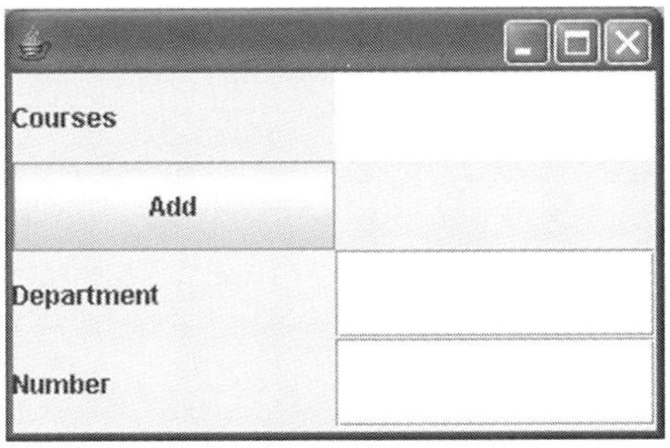

그림 5

BorderLayout

보더 레이아웃은 간단하지만 효과적인 레이아웃 관리자이다. BorderLayout 한 콘테이너 안에 다섯개 까지의 콤포넌트를 넣을 수 있다. 동서남북의 방향과 나머지 가운데 부분이다.

CoursesPanel에서 GridLayout을 BorderLayout으로 바꿔본다. BorderLayout에서 세 가지의 영역을 사용할 것이다. 북쪽은 "Courses" 레이블을 위해서, 가운데는 과목 리스트를 위해서, 남쪽은 나머지 위젯을 담는다. 남쪽 혹은 "아래쪽"의 위젯은 하위 패널을 만들어서 독립적인 레이아웃 관리자를 사용할 것이다.

createLayout 메소드는 이미 최소 30줄 이상으로 길다. CoursesPanel는 아직까지 간단한 인터페이스이다. 수십개의 위젯이 들어가는 복잡한 패널을 생각해 보자. 불행히도, 이런 모든 필요한 초기화와 배치를 하나의 메소드에서 처리하는 스윙 코드를 흔하게 볼 수 있다. 개발자는 패널 안에 패널을 만들고 콤포넌트를 만들고 초기화해서 패널에 넣는다. 그리고 레이아웃을 결정하고 기타 작업을 한다.

좀더 효과적인 코드 구성은 각 패널의 생성을 분리된 메소드를 만드는 것이다. 이것은 코드를 좀더 읽기 쉽게 만들 뿐 아니라, 레이아웃 조정을 쉽게 할 수 있다. CoursesPanel의 코드를 이렇게 좀더 나은 구조로 바꿨다.

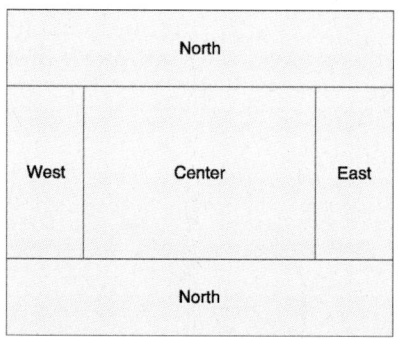

그림 6   보더 레이아웃 설정

```
private void createLayout() {
    JLabel coursesLabel =
        createLabel(COURSES_LABEL_NAME, COURSES_LABEL_TEXT);

    JList coursesList = createList(COURSES_LIST_NAME, coursesModel);

    setLayout(new BorderLayout());

    add(coursesLabel, BorderLayout.NORTH);
    add(coursesList, BorderLayout.CENTER);
    add(createBottomPanel(), BorderLayout.SOUTH);
}
```

스윙 (Swing) 1 | Additional Lesson

```
JPanel createBottomPanel() {
   addButton = createButton(ADD_BUTTON_NAME, ADD_BUTTON_TEXT);

   JPanel panel = new JPanel();
   panel.setLayout(new BorderLayout());

   panel.add(addButton, BorderLayout.NORTH);
   panel.add(createFieldsPanel(), BorderLayout.SOUTH);

   return panel;
}
JPanel createFieldsPanel() {
   int columns = 20;
   JLabel departmentLabel =
      createLabel(DEPARTMENT_LABEL_NAME, DEPARTMENT_LABEL_TEXT);
   JTextField departmentField =
      createField(DEPARTMENT_FIELD_NAME, columns);
   JLabel numberLabel =
      createLabel(NUMBER_LABEL_NAME, NUMBER_LABEL_TEXT);
   JTextField numberField =
      createField(NUMBER_FIELD_NAME, columns);

   int rows = 2;
   int cols = 2;

   JPanel panel = new JPanel();
   panel.setLayout(new GridLayout(rows, cols));
   panel.add(departmentLabel);
   panel.add(departmentField);

   panel.add(numberLabel);
   panel.add(numberField);

   return panel;
}
```

CoursesPanel 생성자의 코드는 레이아웃을 BorderLayout의 새로운 인스턴스로 설정한다. 레이블을 패널의 북쪽(위)에 넣고, 리스트를 가운데 넣는다. createBottomPanel의 결과인 또다른 JPanel을 남쪽(아래)에 넣는다(그림 7 참조). 리스트를 가운데 넣으면 프레임 윈도우를 늘리면 따라서 늘어난다. 다른 위젯은 원래의 크기를 유지한다.

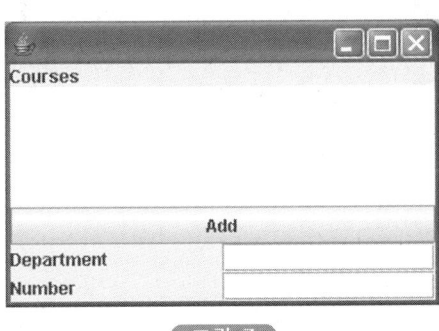

그림 7

Agile Java

createBottomPanel의 코드는 콤포넌트를 구성하기 위해 BorderLayout을 사용하는 JPanel을 만든다. 위쪽에 Add 버튼을 넣고 createFieldsPanel에서 얻은 JPanel을 아래에 넣는다. createFieldsPanel은 GridLayout을 사용해서 학과와 과목번호 레이블과 필드를 구성한다. 결과(그림 7)는 훨씬 낫지만 아직 부족한 부분이 있다. 다시 한번 말하지만 레이아웃 변화를 보기 위해서 프레임 윈도우의 크기를 조절해 보자.

테스트 문제

테스트를 다시 실행하면, 세 개의 NullPointerException이 발생한다. 추가하거나 제거한 콤포넌트가 없고, 알고리즘에도 변화가 없었다.

NullPointerException의 스택 트레이스를 따라가 보면, 컨테이너에서 콤포넌트를 가져오는 get 메소드가 문제라는 것을 알 수 있다. 문제는 Util 메소드 getComponent가 컨테이너에 직접 포함된 콤포넌트만을 찾는 다는 것이다. 여러분의 레이아웃 코드는 이제 컨테이너를 컨테이너에 넣는다. getComponent의 코드는 하위 패널에 추가된 콤포넌트를 무시한다.

Util 클래스는 관련된 테스트가 없다. 이 시점에서, 문제를 해결하고 테스트의 범위를 늘리기 위해서, 적절한 테스트를 추가해야 한다. UtilTest는 세 개의 테스트를 포함하고 있다.

```
package sis.ui;

import junit.framework.*;
import javax.swing.*;
import java.awt.*;

public class UtilTest extends TestCase {
    private JPanel panel;

    protected void setUp() {
        panel = new JPanel();
    }

    public void testNotFound() {
        assertNull(Util.getComponent(panel, "abc"));
    }

    public void testDirectlyEmbeddedComponent() {
        final String name = "a";
        Component component = new JLabel("x");
        component.setName(name);
        panel.add(component);
        assertEquals(component, Util.getComponent(panel, name));
    }

    public void testSubcomponent() {
        final String name = "a";
        Component component = new JLabel("x");
        component.setName(name);

        JPanel subpanel = new JPanel();
        subpanel.add(component);
```

스윙 (Swing) 1 | Additional Lesson

```
    panel.add(subpanel);

    assertEquals(component, Util.getComponent(panel, name));
  }
}
```

세 번째 테스트인 testSubcomponent는 다른 테스트가 실패한 것과 같은 이유로 실패할 것이다. 이 문제를 해결하기 위해서, getComponent를 수정해야 한다. 콘테이너의 각 컴포넌트에 대해서, 그 컴포넌트가 콘테이너인지 확인해야 한다(instanceof를 사용한다). 맞다면, 하위 콘테이너의 컴포넌트 역시 찾아야 한다. 가장 효과적인 방법은 getComponent를 재귀적으로 호출하는 것이다.

```
static Component getComponent(Container container, String name) {
  for (Component component: container.getComponents()) {
    if (name.equals(component.getName()))
      return component;
    if (component instanceof Container) {
      Container subcontainer = (Container)component;
      Component subcomponent = getComponent(subcontainer, name);
      if (subcomponent != null)
        return subcomponent;
    }
  }
  return null;
}
```

이렇게 바꾸면 모든 테스트를 통과해야 한다.

BoxLayout

BoxLayout은 모든 컴포넌트를 수평이나 수직 축 위에 배치한다. 컴포넌트는 콘테이너의 크기를 변경해도 변하지 않는다. Add 버튼과 필드 하위패널을 수직으로 포함해야 하는 아래 패널은 BoxLayout을 사용하기에 적절한 구조이다.

```
JPanel createBottomPanel() {
  addButton = createButton(ADD_BUTTON_NAME, ADD_BUTTON_TEXT);

  JPanel panel = new JPanel();
  panel.setLayout(new BoxLayout(panel, BoxLayout.PAGE_AXIS));

  panel.add(Box.createRigidArea(new Dimension(0, 6)));
  addButton.setAlignmentX(Component.CENTER_ALIGNMENT);
  panel.add(addButton);
  panel.add(Box.createRigidArea(new Dimension(0, 6)));
  panel.add(createFieldsPanel());

  panel.setBorder(BorderFactory.createEmptyBorder(8, 8, 8, 8));

  return panel;
}
```

BoxPanel의 생성자에 패널의 인스턴스와 컴포넌트를 배치할 방향을 나타내는 상수를 전달해야 한다. 상수 PAGE_AXIS는 기본적으로 위에서 아래 혹은 수직 방향을 의미한다. 다른 옵션은 기본값으로 수평을 나타내는 LINE_AXIS이다[3].

보이지 않는 "고정 지역"을 각 컴포넌트에 준다. 이 고정지역은 콘테이너의 크기가 변해도 고정 크기를 유지한다.

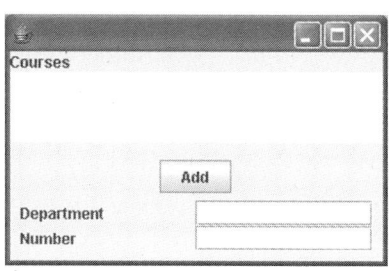

그림 8 　 BoxLayout 사용하기

클래스 메소드 createRigidArea는 Dimension 객체를 인수로 받는다. Dimension은 폭(이 예에서는 0)과 높이(6)이다.

각 컴포넌트를 축을 기준으로 정렬하기를 바랄 수도 있다. 이 예에서는, Component.CENTER_ALIGNMENT을 인수로 하여 setAlignmentX를 호출해서 Add 버튼을 가운데 배치한다.

마지막 수정은 전체 패널에 보이지 않는 경계를 주는 것이다. BorderFactory 클래스는 패널의 setBorder에 전달할 수 있는 몇 가지 형태의 경계를 제공한다. 빈 경계를 만들 때는 네 개의 인수가 필요하다. 각각의 인수는 패널 바깥쪽의 모서리의 공간을 나타낸다. 다른 경계로 비스듬하거나, 줄이 있거나, 복합적이나, 들어가 보이거나, 질감이 있거나 튀어나오거나, 제목이 있는 경계를 만들 수 있다. 자바 API 문서를 보고 다른 경계의 효과를 실험해 보자.

이 코드는 이제 효과적이지만, 완벽하지는 않은 레이아웃을 만든다. 그림 8을 보자.

12　GridBagLayout

레이아웃을 섬세하게 조절하기 위해서는 자세한 설정이 가능하지만 복잡한 GridBagLayout을 사용해야 한다. GridBagLayout은 사각형의 그리드에 컴포넌트를 구성한다는 점에서

---

3) applyComponetDirection을 콘테이너에 보내서 방향을 바꿀 수 있다. 이전 버전의 BoxLayout은 명시적인 X_AXIS와 Y_AXIS 상수 만을 지원했다. 새로운 상수는 동적인 재구성을 허용하며, 이것은 아마도 국제화를 위해서일 것이다.

스윙 (Swing) 1 | Additional Lesson

GridLayout과 비슷하다. 하지만 GridBagLayout 는 훨씬 많은 조정을 할 수 있다. 먼저, 각 사각형은 고정된 크기가 아니다. 이들은 일반적으로 기본 혹은 포함하는 콤포넌트의 원래 크기가 된다. 콤포넌트는 여러 개의 행이나 열을 차지할 수 있다.

수정된 createFieldsPanel 코드는 GridBagLayout을 사용해서 레이블과 필드를 배치하는 방법을 보여 준다. (이 메소드의 코드는 java.awt.GridBagConstraints.*를 정적으로 임포트 했다고 가정한다.)

```
JPanel createFieldsPanel() {
  GridBagLayout layout = new GridBagLayout();

  JPanel panel = new JPanel(layout);
  int columns = 20;
  JLabel departmentLabel =
    createLabel(DEPARTMENT_LABEL_NAME, DEPARTMENT_LABEL_TEXT);
  JTextField departmentField =
    createField(DEPARTMENT_FIELD_NAME, columns);
  JLabel numberLabel =
    createLabel(NUMBER_LABEL_NAME, NUMBER_LABEL_TEXT);
  JTextField numberField =
    createField(NUMBER_FIELD_NAME, columns);

  layout.setConstraints(departmentLabel,
    new GridBagConstraints(
      0, 0,  // x, y
      1, 1,   // gridwidth, gridheight
      40, 1, // weightx, weighty
      LINE_END, //anchor
      NONE, // fill
      new Insets(3, 3, 3, 3), // top-left-bottom-right
      0, 0)); // padx, ipady
  layout.setConstraints(departmentField,
    new GridBagConstraints(1, 0, 2, 1, 60, 1,
      CENTER, HORIZONTAL,
      new Insets(3, 3, 3, 3), 0, 0));
  layout.setConstraints(numberLabel,
    new GridBagConstraints(0, 1, 1, 1, 40, 1,
      LINE_END, NONE,
      new Insets(3, 3, 3, 3), 0, 0));
  layout.setConstraints(numberField,
    new GridBagConstraints(1, 1, 2, 1, 60, 1,
      CENTER, HORIZONTAL,
      new Insets(3, 3, 3, 3), 0, 0));

  panel.add(departmentLabel);
  panel.add(departmentField);
  panel.add(numberLabel);
  panel.add(numberField);

  return panel;
}
```

Agile Java

GridBagLayout을 만들고 패널에 설정한 후에, 추가하는 각 위젯의 배치에 대해서 setConstraints를 호출한다. setConstraints 메소드는 컴포넌트와 GridBagConstraints 객체, 두 개의 인수를 받는다. GridBagConstraints 객체는 Component 객체에 대한 몇 가지 제약을 포함한다. 다음 표는 제약을 간단하게 요약한다. (자세한 사항은 API 문서를 참조한다.)

gridx/gridy	컴포넌트를 그리기 시작하는 셀. 위, 왼쪽 셀이 0,0이다.
gridwidth/gridheight	컴포넌트가 차지하는 행이나 열의 수. 기본값은 각 컴포넌트마다 1이며, 이것은 컴포넌트가 한 셀을 차지하는 것을 의미한다.
weightx/weighty	무게 제약은 행이나 열에 모든 컴포넌트를 배치하고 나서 공간이 남았을 때 어느 정도의 추가 공간을 할당할지를 결정한다.
anchor	컴포넌트가 할당된 공간보다 작은 경우 컴포넌트를 셀 내부에서 어디에 위치할 것이지를 지정한다. 기본값은 GridBagConstraints.CENTER이다.
fill	fill은 컴포넌트가 공간보다 작은 경우 컴포넌트가 어떻게 커질지를 결정한다. 값은 NONE(리사이즈 하지 않음), HORIZONTAL, VERTICAL 그리고 BOTH이다.
insets Insets	객체를 사용해서 컴포넌트와 셀의 모서리 사이의 공간을 지정한다.
ipadx/ipady	컴포넌트의 최소 크기에 얼마의 공간을 더할 것인지를 지정한다.

GridBagConstraints의 각 필드는 public이다. 인수가 없이 GridBagConstraints객체를 생성할 수 있으며, 그 후에 필요한 각 필드를 설정할 수 있다. 혹은 createFieldsPanel처럼, 모든 제약을 다른 GridBagConstraints 생성자를 이용해서 지정할 수 있다.

가장 나은 방법은 원하는 모양을 종이나 화이트보드에 스케치를 하는 것이다. gridx/gridy와 gridwidth/gridheight을 사용해서 컴포넌트의 상대적 위치와 크기를 정한다. 그리고 나서 각 컴포넌트에 anchor와 fill을 사용하는 것에 집중한다. 스케치에 따라 레이아웃을 만들 때는 수정해 보는 것이 필수적이다. 그리고 나서 insets와 weightx/weighty를 사용해서 컴포넌트간의 간격을 조정한다.

명백히 createFieldsPanel에는 많은 불필요한 부분이 있다. 다음은 재구성한 코드이다.

```
JPanel createFieldsPanel() {
   GridBagLayout layout = new GridBagLayout();

   JPanel panel = new JPanel(layout);
   int columns = 20;

   addField(panel, layout, 0,
      DEPARTMENT_LABEL_NAME, DEPARTMENT_LABEL_TEXT,
      DEPARTMENT_FIELD_NAME, columns);
```

스윙 (Swing) 1 | Additional Lesson

```
    addField(panel, layout, 1,
       NUMBER_LABEL_NAME, NUMBER_LABEL_TEXT,
       NUMBER_FIELD_NAME, columns);

    return panel;
}

private void addField(
   JPanel panel, GridBagLayout layout, int row,
   String labelName, String labelText,
   String fieldName, int fieldColumns) {

   JLabel label = createLabel(labelName, labelText);
   JTextField field = createField(fieldName, fieldColumns);

   Insets insets = new Insets(3, 3, 3, 3); // top-left-bottom-right
   layout.setConstraints(label,
      new GridBagConstraints(
         0, row,  // x, y
         1, 1,   // gridwidth, gridheight
         40, 1,  // weightx, weighty
         LINE_END, //anchor
         NONE,  // fill
         insets, 0, 0)); // padx, ipady
   layout.setConstraints(field,
      new GridBagConstraints(1, row,
         2, 1, 60, 1, CENTER, HORIZONTAL,
         insets, 0, 0));

   panel.add(label);
   panel.add(field);
}
```

이런 코드의 성가신 특성 때문에 절대적으로 재구성이 필요하다. 단순화된 유틸리티 생성자를 이용해서 GridBagConstraints 생성의 반복 부분을 대체하는 것을 생각해 보자. 만약, 필드와 관련된 레이블을 표현하는 것보다 많은 것을 원한다면, 각 쌍을 데이터 클래스로 표현하는 것을 고려해본다. 그리고 나서 전체 필드를 표시할 수 있다.

그림 9는 만족할 만한 레이아웃을 보여 준다. 리사이즈해 보고 필드 컴포넌트가 영역을 채우는 것을 확인해 보자.

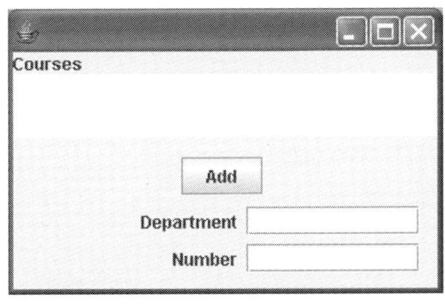

그림 9   GridBagLayout 사용하기

Agile Java

　자바 1.4에서, 썬은 SpringLayout 클래스를 추가했다. 이 레이아웃 관리자는 우선적으로 GUI 편집 도구에서 사용하기 위해 만들어졌다. SpringLayout의 기본적인 개념은 스프링이라고 불리는 제약사항에 따라 컴포넌트의 모서리를 지정해서 배치를 결정하는 것이다.

　CoursesPanel에서 학과 텍스트 필드드의 왼쪽을 학과 레이블의 오른쪽에 붙일 수 있다. 두 컴포넌트를 붙이는 스프링 객체는 크기가 5로 정해져 있다. 다른 스프링으로 학과 텍스트 필드의 오른쪽을 패널에 붙일 수 있다. 패널이 커지면 학과 텍스트 필드는 따라서 커질 것이다.

　SpringLayout을 직접 코딩하는 것은 몇 개의 패널에서는 쉽다. 좀더 복잡한 배치의 경우는 믿을 수 없을 만큼 귀찮고 어렵다. 대부분의 경우 도구를 사용하게 될 것이다.

13　앞으로 나아가기

　스윙을 간단하게 살펴봤다. 다음 레슨에서, 약간의 미세한 조정으로 CoursesPanel의 모양과 느낌을 변화시킬 것이다. 그리고 나서 좀더 일반적으로 유용한 스윙 주제를 다룬다.

MEMO

Lesson II 스윙 (Swing) 2

마지막 레슨에서 기본적인 스윙 응용프로그램을 만들고, 패널, 레이블, 버튼, 텍스트필드, 리스트를 사용하는 방법을 배웠다. 또한 사용자 인터페이스의 모양을 개선하기 위해서 스윙의 레이아웃 관리자를 사용하는 방법을 배웠다.

이 레슨에서는 다음 내용을 다룬다.

- 스크롤 패인(scroll pane)
- 보더 (border)
- 타이틀 바 설정하기
- 아이콘
- 키보드 지원
- 버튼 뉴모닉(mnemonic)
- 필수 필드
- 키보드 리스너
- 스윙 로봇 클래스
- 필드 편집과 도큐먼트 필터
- 포멧화된 텍스트 필드
- 테이블
- 마우스 리스너
- 커서
- SwingUtilities의 invokeAndWait과 invokeLater 메소드

이 부분에서는 현재의 CoursesPanel의 모양을 개선하는 방법을 배운다.

1 여러가지 미학적 고려사항

JScrollPane

sis.ui.Sis를 사용해서 몇 개 이상의 과목을 넣으면, JList가 일부만을 보여주는 것을 알게 될 것이다. 이 문제를 해결하기 위해서, JList를 스크롤 패인에 넣는다. 스크롤 패인은 리스트에 대한 뷰포트로 동작한다. 리스트의 모델이 주어진 현재 JList 크기보다 많은 정보를 포함하면, 스크롤 패인은 스크롤 바를 그린다. 스크롤 바로 수직이나 수평으로 보이지 않는 정보를 보이게 하기 위해 뷰포트를 이동할 수 있다.

두꺼운 글씨로 된 코드가 스크롤 패인을 추가하는 코드이다. setVerticalScrollBarPolicy와 setHorizontalScrollBarPolicy을 사용해서 스크롤 바를 항상 보이거나 필요한 경우 보이도록 설정할 수 있다. 항상 수직 스크롤 바를 보이도록 하는 것이 보기 좋았다.

```
private void createLayout() {
  JLabel coursesLabel =
    createLabel(COURSES_LABEL_NAME, COURSES_LABEL_TEXT);

  JList coursesList = createList(COURSES_LIST_NAME, coursesModel);
  JScrollPane coursesScroll = new JScrollPane(coursesList);
  coursesScroll.setVerticalScrollBarPolicy(
    ScrollPaneConstants.VERTICAL_SCROLLBAR_ALWAYS);

  setLayout(new BorderLayout());

  add(coursesLabel, BorderLayout.NORTH);
  add(coursesScroll, BorderLayout.CENTER);
  add(createBottomPanel(), BorderLayout.SOUTH);
}
```

보더(border)

과목 리스트와 관련된 레이블은 패널의 모서리에 직접 붙어있다. 패널의 모서리와 컴포넌트 사이에 간격을 두기 위해서 보더를 사용할 수 있다.

```
private void createLayout() {
  JLabel coursesLabel =
    createLabel(COURSES_LABEL_NAME, COURSES_LABEL_TEXT);

  JList coursesList = createList(COURSES_LIST_NAME, coursesModel);
  JScrollPane coursesScroll = new JScrollPane(coursesList);
```

Agile Java

```
    coursesScroll.setVerticalScrollBarPolicy(
       ScrollPaneConstants.VERTICAL_SCROLLBAR_ALWAYS);

    setLayout(new BorderLayout());

    final int pad = 6;
    setBorder(BorderFactory.createEmptyBorder(pad, pad, pad, pad));

    add(coursesLabel, BorderLayout.NORTH);
    add(coursesScroll, BorderLayout.CENTER);
    add(createBottomPanel(), BorderLayout.SOUTH);
}
```

몇 가지 다른 보더 형식을 만들기 위해서 BorderFactory를 사용할 수 있다. 빈 보더를 제외한 대부분의 보더는 장식을 위한 것이다. createCompoundBorder를 사용해서 보더를 복합적으로 사용할 수도 있다. 수정된 createLayout 메소드는 몇 가지 다른 보더 형식의 사용을 보여준다.

```
private void createLayout() {
    JList coursesList = createList(COURSES_LIST_NAME, coursesModel);
    JScrollPane coursesScroll = new JScrollPane(coursesList);
    coursesScroll.setVerticalScrollBarPolicy(
       ScrollPaneConstants.VERTICAL_SCROLLBAR_ALWAYS);

    setLayout(new BorderLayout());

    final int pad = 6;
    Border emptyBorder =
       BorderFactory.createEmptyBorder(pad, pad, pad, pad);
    Border bevelBorder =
       BorderFactory.createBevelBorder(BevelBorder.RAISED);
    Border titledBorder =
       BorderFactory.createTitledBorder(bevelBorder, COURSES_LABEL_TEXT);
    setBorder(BorderFactory.createCompoundBorder(emptyBorder,
                                                 titledBorder));

    add(coursesScroll, BorderLayout.CENTER);
    add(createBottomPanel(), BorderLayout.SOUTH);
}
```

타이틀 보더를 사용하면 "Courses:"를 표시하기 위해 다른 JLabel을 사용할 필요가 없다. JLabel을 없애면 CoursesPanelTest의 testCreate에 문제가 생길 것이다. 테스트를 하기 전에 이런 문제가 생길 것을 알 수 있는가?

제목 추가하기

Sis 프레임 윈도우의 타이틀바에는 아무런 글도 나타나지 않는다. SisTest의 testCreate를 수정해서 이것을 수정해보자.

스윙 (Swing) 2 | Additional Lesson

```
public void testCreate() {
    final double tolerance = 0.05;
    assertEquals(Sis.HEIGHT, frame.getSize().getHeight(), tolerance);
    assertEquals(Sis.WIDTH, frame.getSize().getWidth(), tolerance);
    assertEquals(JFrame.EXIT_ON_CLOSE,
                 frame.getDefaultCloseOperation());
    assertNotNull(Util.getComponent(frame, CoursesPanel.NAME));
    assertEquals(Sis.COURSES_TITLE, frame.getTitle());
}
```

JFrame은 타이틀바의 글을 전달할 수 있는 생성자를 제공한다. Sis의 코드는 다음과 같다.

```
public class Sis {
    ...
    static final String COURSES_TITLE = "Course Listing";
    private JFrame frame = new JFrame(COURSES_TITLE);
    ...
}
```

아이콘(icon)

마지막으로 추가할 수 있는 미적 요소는 윈도우의 아이콘이다. 기본적으로 자바 컵 아이콘이 타이틀바나 최소화된 윈도우에 나타난다. 이 아이콘이 타이틀바의 일부이기 때문에 프레임 윈도우를 통해서 제어한다.

테스트는 getIconImage 메시지를 보내서 프레임에서 아이콘을 요청한다. java.awt.Frame에 구현된 이 메소드는 java.awt.Image 형식의 객체를 반환한다. testCreate의 코드는 SIS 프레임에서 가져온 아이콘이 이름으로 읽어 들인 것과 같은지 확인한다. 테스트와 sis.ui.Sis 코드는 모두 이미지를 읽는 공통의 유틸리티 메소드인 ImageUtil.create를 사용할 것이다.

```
public void testCreate() {
    final double tolerance = 0.05;
    assertEquals(Sis.HEIGHT, frame.getSize().getHeight(), tolerance);
    assertEquals(Sis.WIDTH, frame.getSize().getWidth(), tolerance);
    assertEquals(JFrame.EXIT_ON_CLOSE,
                 frame.getDefaultCloseOperation());
    assertNotNull(Util.getComponent(frame, CoursesPanel.NAME));
    assertEquals(Sis.COURSES_TITLE, frame.getTitle());

    Image image = frame.getIconImage();
    assertEquals(image, ImageUtil.create("/images/courses.gif"));
}
```

sis.util 패키지에 ImageUtilTest 클래스를 만든다. Create 메소드에 대한 테스트를 작성하는 방법은 몇 가지가 있다. 가장 좋은 방법은 동적으로 픽셀 집합에서 이미지를 만들고 디스크에 저장하는 것이다. create 메소드가 이미지를 읽은 후, 읽은 이미지의 픽셀이 원래의 픽셀 집합과 같은지 확인할 수 있다. 불행히도, 이것은 동적으로 이미지를 생성하는 API를 사용하는 복잡한 방법이다.

좀더 간단한 방법은 이미지가 이미 디스크의 알고 있는 파일에 있도록 하는 것이다. 테스트는 단순히 읽은 이미지가 null이 아닌 것을 확인해서 성공적으로 이미지를 읽었는지 확인하는 것이다. 이 이미지는 클래스패스 내에 있어야 한다[1]

```
package sis.util;

import junit.framework.*;
import java.awt.*;

public class ImageUtilTest extends TestCase {
   public void testLoadImage() {
      assertNull(ImageUtil.create("/images/bogusFilename.gif"));
      assertNotNull(ImageUtil.create("/images/courses.gif"));
   }
}
```

이것으로는 부족한 것 같이 보일 수도 있지만, 당장은 효과적인 해결방법이다. 이미지 courses.gif이 이 프로젝트동안에 남아있도록 해야한다. SIS 프로젝트와 관련된 이미지를 사용하는 대신 테스트를 위한 이미지를 명시적으로 만들 수도 있다.

자바는 이미지를 읽고 관리하는 몇 가지 방법을 제공한다. 여기서는 가장 직접적인 방법을 사용한다.

```
package sis.util;

import javax.swing.*;
import java.awt.*;

public class ImageUtil {
   public static Image create(String path) {
      java.net.URL imageURL = ImageUtil.class.getResource(path);
      if (imageURL == null)
         return null;
      return new ImageIcon(imageURL).getImage();
   }
}
```

Class 클래스는 getResource 메소드를 정의한다. 이 메소드는 응용프로그램의 실행 위치에 관계없이 파일을 포함한 리소스의 위치를 알려준다. getResource의 결과는 리소스의 유일한 주소인 URL이다.

Footnote

[1] 저자는 build.xml 앤트 스크립트를 수정해서 src/images에 있는 파일이 컴파일을 할 때마다 클래스/이미지로 복사되도록 하였다. 이렇게 해서 이미지 파일을 유지하는 것을 걱정하지 않고 전체 클래스 디렉토리의 내용을 지울 수 있다.

스윙 (Swing) 2 | Additional Lesson

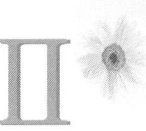

적절한 URL을 얻으면, 이것을 ImageIcon 생성자에 전달해서 ImageIcon 객체를 얻을 수 있다. ImageIcon 객체는 버튼이나 레이블의 꾸미는 것처럼, 여러 목적으로 사용이 가능하다. Frame 클래스가 ImageIcon이 아닌 Image 객체를 필요로 하기 때문에 create를 위한 반환값을 얻기 위해 getImage 메소드를 사용한다.

getResource에 전달되는 이미지파일 이름이 /으로 시작하는 경로인. /images/courses.gif인 것에 주의하자. 이것은 리소스가 각 클래스 패스의 루트에 위치해야 한다는 것을 나타낸다. 따라서, 만약 클래스를 c:\swing2\classes 디렉토리에서 실행한다면, courses.gif를 c:\swing2\classes\images에 넣어야 한다. 만약 JAR 파일에서 클래스를 읽어서 실행한다면, 이 JAR 파일은 images라는 상대 경로위치에 courses.gif를 포함해야 한다.

다음은 Sis 클래스를 초기화하는 메소드의 수정이다.

```java
private void initialize() {
    createCoursesPanel();

    Image image = ImageUtil.create("/images/courses.gif");
    frame.setIconImage(image);

    frame.setSize(WIDTH, HEIGHT);
    frame.setDefaultCloseOperation(JFrame.EXIT_ON_CLOSE);
    frame.getContentPane().add(panel);
}
```

이제 겉모양은 어느 정도 만족스러운 인터페이스를 만들었다. 수정된 배치는 그림 1과 같다.

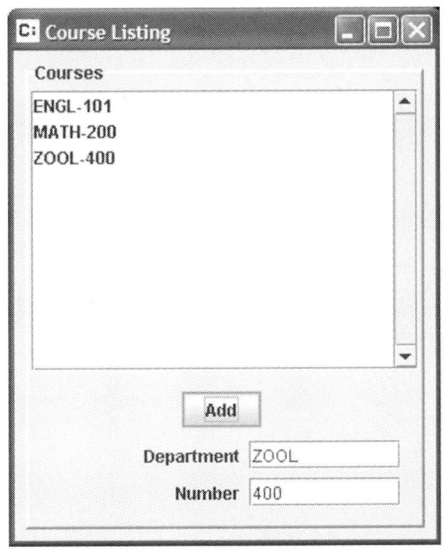

그림 1 정리된 겉모양

Agile Java

2 감각(feel)

인터페이스의 시작적인 모양은 중요하지만, 더 중요한 것은 "감각"이다. 응용프로그램의 감각은 사용자가 인터페이스를 사용할 때 경험하는 것이다. 응용프로그램의 감각의 예는 다음과 같다.

- 키보드 혹은 마우스를 사용하여 동작에 영향을 주는 방법
- 탭 순서 – 사용자가 탭을 눌러서 모든 텍스트 필드를 적절한 순서로 빠짐없이 선택할 수 있는가?
- 필드 한계 – 사용자가 너무 많은 문자를 입력하는 것을 막는가?
- 필드 제한사항 – 사용자가 필드에 적절하지 않은 데이터를 입력하는 것을 허용하는가?
- 버튼 사용 – 적절하지 않은 경우 버튼 사용이 금지되는가?

모양과 감각을 모두 만족하는 것은 가능하다. 마지막 부분에서, 스크롤 패인으로 과목 리스트를 꾸몄다. 이것은 인터페이스의 모양을 발전시키고, 사용자가 필요한 경우 리스트를 스크롤할 수 있다는 감각을 제공한다.

키보드 지원

GUI의 첫 번째 역할은 키보드나 마우스를 사용에 관계없이 사용자가 응용프로그램을 완전하게 제어하도록 하는 것이다. 예외는 있다. 다각형을 그리기 위해서 키보드를 사용하거나 마우스로 문자를 입력하는 것은 비효율적이다(물론 가능하다). 이런 경우, 프로그램 개발자는 이런 규칙을 무시한다. 하지만 대부분의 경우 키보드만을 사용하거나 마우스만을 사용하는 사용자를 무시하는 것은 부주의한 일이다.

기본적으로, 자바는 키보드와 마우스를 이용한 제어에 필요한 필수 기능을 대부분 제공한다. 예를 들면, 버튼을 마우스로 클릭하거나, 탭을 눌러서 이동한 후 [Space Bar]를 눌러서 버튼을 동작시킬 수 있다.

버튼 뉴모닉(Mnuemonic)

버튼을 동작시키는 다른 방법은 [Alt] 키 조합을 이용하는 것이다. [Alt] 키와 다른 키를 조합한다. 다른 키는 일반적으로 버튼의 이름에 있는 문자나 숫자이다. 이런 키를 뉴모닉(mnemonic)이라고 부른다. (정확히 어떤 것을 기억하기 위한 장치를 말한다. 자바에서는 단순히 단일 문자 단축기를 말한다.) Add 버튼에 적절한 뉴모닉은 글자 A다.

뉴모닉은 뷰 클래스 요소이다. 뉴모닉의 설정은 뷰의 모양에 상수로 들어간다. 따라서 뉴모닉을 테스트하고 관리하기에 적절한 곳은 뷰 클래스이다.

스윙 (Swing) 2 | Additional Lesson

CoursesPanelTest에 다음을 추가한다.

```
public void testCreate() {
    assertEmptyList(COURSES_LIST_NAME);
    assertButtonText(ADD_BUTTON_NAME, ADD_BUTTON_TEXT);
    assertLabelText(DEPARTMENT_LABEL_NAME, DEPARTMENT_LABEL_TEXT);
    assertEmptyField(DEPARTMENT_FIELD_NAME);
    assertLabelText(NUMBER_LABEL_NAME, NUMBER_LABEL_TEXT);
    assertEmptyField(NUMBER_FIELD_NAME);

    JButton button = panel.getButton(ADD_BUTTON_NAME);
    assertEquals(ADD_BUTTON_MNEMONIC, button.getMnemonic());
}
```

CoursesPanel에 다음을 추가한다.

```
public class CoursesPanel extends JPanel {
    ...
    static final char ADD_BUTTON_MNEMONIC = 'A';
    ...
    JPanel createBottomPanel() {
        addButton = createButton(ADD_BUTTON_NAME, ADD_BUTTON_TEXT);
        addButton.setMnemonic(ADD_BUTTON_MNEMONIC);
        ...
        return panel;
    }
    ...
}
```

테스트가 통과하는 것을 확인하고 응용프로그램으로 sis.ui.Sis를 실행한다. 학과와 과목 번호를 입력하고 뉴모닉을 사용해보기 위해 [Alt] + [A] 를 누른다.

필요한 필드

유효한 과목은 학과와 과목 번호를 모두 가지고 있어야 한다. 하지만, sis.ui.Sis는 둘 중 하나 혹은 모두를 생략한 상태에서 Add 버튼을 누르는 것을 허용한다. 이런 상황을 허용하지 않도록 응용프로그램을 수정해야 한다.

한가지 방법은 사용자가 Add를 누를 때까지 기다려서, 학과와 과목 번호가 빈 문자열이 아님을 확인하는 것이다. 그렇지 않다면, 메시지를 팝업해서 요구사항을 보여준다. 이런 방법이 가능하기는 하지만, 사용자에게는 불편할 것이다. 사용자는 메시지 팝업으로 방해받기를 원하지 않는다. 더 나은 방법은 사용자가 두 필드를 채울 때까지 버튼을 사용 불가능하게 만드는 것이다.

두 필드를 모니터하고 사용자가 정보를 입력하는 것을 추적할 수 있다. 사용자가 문자를 입력할 때마다, 필드 내용을 확인하고 Add 버튼을 적절히 활성화하거나 비활성화 한다.

Add 버튼의 활성화를 관리하는 것은 뷰의 특성이 아닌, 응용프로그램 동작이다. 이것은 특정 데이터에 대한 필요성에 의한 것이므로 로직에 관련이 있다. 따라서, 테스트와 관련된 코드는 패널 클래스가 아닌 다른 곳에 있어야 한다.

Agile Java

이 코드가 뷰에 포함되지 않는 다른 이유는 두 개의 콤포넌트와 상호작용하기 때문이다. 여러분은 콘트롤러가 이벤트(키 입력)에 대해서 다른 콘트롤에 알리고, 다른 클래스에서 뷰에 어떤 상황에서 어떤 것을(버튼의 활성화/비활성화) 보일지 알리기를 바란다. 이것은 두 개의 분리된 문제이다. 뷰에서 로직에 관련된 것을 처리해서는 안된다.

하지만, 이 문제를 해결하기 위해 작은 두 가지 경우를 확인하는 테스트를 CoursesPanel에 추가하는 것이 쉽다. 첫 번째 테스트는 키를 누를 때 리스너가 호출되는 것을 확인한다. 두 번째 테스트는 CoursesPanel이 버튼을 활성화하고 비활성화할 수 있는 것을 보인다.

(CoursesPanelTest에서) 버튼을 활성화/비활성화를 확인하는 테스트부터 시작하자.

```java
public void testEnableDisable() {
   panel.setEnabled(ADD_BUTTON_NAME, true);
   JButton button = panel.getButton(ADD_BUTTON_NAME);
   assertTrue(button.isEnabled());

   panel.setEnabled(ADD_BUTTON_NAME, false);
   assertFalse(button.isEnabled());
}
```

CoursesPanel의 코드는 한 줄짜리 반응 코드이다. 로직은 포함하지 않는다.

```java
void setEnabled(String name, boolean state) {
   getButton(name).setEnabled(state);
}
```

두 번째 테스트는 필드에 키입력 리스너를 붙인다.

```java
public void testAddListener() throws Exception {
   KeyListener listener = new KeyAdapter() {};
   panel.addFieldListener(DEPARTMENT_FIELD_NAME, listener);
   JTextField field = panel.getField(DEPARTMENT_FIELD_NAME);
   KeyListener[] listeners = field.getKeyListeners();
   assertEquals(1, listeners.length);
   assertSame(listener, listeners[0]);
}
```

KeyAdapter는 아무것도 하지 않는 KeyListener 인터페이스의 추상 구현이다. 테스트의 첫 번째 줄은 아무것도 오버라이드 하지 않은 KeyAdapter의 실재 하위 클래스를 만든다. 패널에 리스너를 추가한(addFieldListener를 사용한다) 후에, 테스트는 패널이 리스너를 텍스트 필드에 제대로 설정한 것을 확인한다. CoursesPanel의 코드 수정은 이번에도 사소한 정도이다.

```java
void addFieldListener(String name, KeyListener listener) {
   getField(name).addKeyListener(listener);
}
```

스윙 (Swing) 2 | Additional Lesson

좀더 어려운 테스트는 응용프로그램 단위의 테스트이다. Sis 객체의 리스너는 사용자가 학과와 숫자 필드를 입력할 때 메시지를 받아야 한다. 여러분은 리스너가 이런 메시지를 받았을 때, Add 버튼을 활성화/비활성화하는 로직이 동작하는지 확인해야 한다. 또한 필드의 여러 입력/미입력 조합에 대해서 Add 버튼의 상태를 확인해야 한다.

SisTest에서의 의도표시는 테스트의 개략적인 내용을 보여준다.

```
public void testKeyListeners() throws Exception {
    sis.show();

    JButton button = panel.getButton(CoursesPanel.ADD_BUTTON_NAME);
    assertFalse(button.isEnabled());
    selectField(CoursesPanel.DEPARTMENT_FIELD_NAME);
    type( 'A' );
    selectField(CoursesPanel.NUMBER_FIELD_NAME);
    type( '1' );
    assertTrue(button.isEnabled());
}
```

이 테스트는 기본적으로 버튼이 비활성 상태인 것을 확인한다. 값을 학과와 과목 번호 필드에 입력하고, 버튼이 활성화 된 것을 확인한다. 어떻게 필드 선택과 키 입력을 에뮬레이트 할지가 문제이다. 스윙은 몇 가지 방법을 제공한다. 불행히도, 이런 방법은 실제 화면에 출력이 필요하다. 따라서 테스트의 첫 번째 줄은 Sis에 show 메시지를 보낸다.

저자가 제시하는 해결방법은 java.awt.Robot 클래스를 사용한다. Robot 클래스는 키보드, 마우스를 이용하는 사용자를 에뮬레이트한다. 다른 방법은 키보드 이벤트 객체를 만들어서 이것을 java.awt.Component의 dispatchEvent 메소드로 필드에 전달하는 것이다.

Robot 객체는 SisTest의 setup 메소드에서 만들 수 있다. (이 예제를 빌드한 후, CoursesPanel을 계속 사용하므로, 해서 이야기했으므로, setUp으로 빼서 재구성한다.)

```
public class SisTest extends TestCase {
    ...
    private CoursesPanel panel;
    private Robot robot;

    protected void setUp() throws Exception {
        ...
        panel = (CoursesPanel)Util.getComponent(frame, CoursesPanel.NAME);
        robot = new Robot();
    }
```

selectField 메소드는 그렇게 어렵지 않다.

```
private void selectField(String name) throws Exception {
    JTextField field = panel.getField(name);
    Point point = field.getLocationOnScreen();
    robot.mouseMove(point.x, point.y);
    robot.mousePress(InputEvent.BUTTON1_MASK);
    robot.mouseRelease(InputEvent.BUTTON1_MASK);
}
```

Agile Java

필드 객체를 얻은 후, getLocationOnScreen 메시지를 보내서 절대 위치를 얻을 수 있다. 이 위치는 x와 y위치로 표시되는 카르티지안(Cartesian)좌표인 Point 객체로 반환된다[2]. 이 좌표를 Robot의 mouseMove 메소드로 전달할 수 있다. 그리고 나서, mousePress와 mouseRelease 메시지를 Robot에 보내서 그 위치에 가상의 마우스 클릭을 한다.

type 메소드는 마찬가지로 직관적이다.

```java
private void type(int key) throws Exception {
  robot.keyPress(key);
  robot.keyRelease(key);
}
```

Sis의 코드는 각 텍스트 필드에 하나의 리스너를 추가한다. 이 리스너는 keyReleased 이벤트를 기다린다. 이 이벤트를 받으면 리스너는 setAddButtonState를 실행한다.

setAddButtonState의 코드는 Add 버튼을 활성화할지를 결정하기 위해서 두 개 필드의 내용을 확인한다.

```java
public class Sis {
  ...
  private void initialize() {
    createCoursesPanel();
    createKeyListeners();
    ...
  }
  ...
  void createKeyListeners() {
    KeyListener listener = new KeyAdapter() {
      public void keyReleased(KeyEvent e) {
        setAddButtonState();
      }
    };
    panel.addFieldListener(CoursesPanel.DEPARTMENT_FIELD_NAME,
                    listener);
    panel.addFieldListener(CoursesPanel.NUMBER_FIELD_NAME, listener);
    setAddButtonState();
  }
  void setAddButtonState() {
    panel.setEnabled(CoursesPanel.ADD_BUTTON_NAME,
      !isEmpty(CoursesPanel.DEPARTMENT_FIELD_NAME) &&
      !isEmpty(CoursesPanel.NUMBER_FIELD_NAME));
  }
  private boolean isEmpty(String field) {
    String value = panel.getText(field);
    return value.equals("");
  }
}
```

---

footnote

[2] 화면의 왼쪽 위 모서리가 (x,y) 좌표로 (0,0)이 된다. y의 값은 화면을 아래로 이동하면서 커진다. 예를 들면, 두 픽셀 오른쪽, 한 픽셀 아래를 (2,1)로 표시한다.

스윙 (Swing) 2 | Additional Lesson

createKeyListeners의 마지막 줄이 Add 버튼을 기본(초기) 상태로 설정하기 위해서 setAddButtonState를 호출하는 것을 알아두자.

testKeyListeners의 코드는 모든 가능한 시나리오를 나타내지는 않는다. 사용자가 공백만을 입력하면 어떻게 되겠는가? 하나의 필드에만 데이터가 있는 경우 버튼은 정상적으로 비활성화되는가?

이런 시나리오로 testKeyListeners를 확장할 수 있다. 두 번째 테스트는 직접 setAddButtonState을 사용하는 다른 접근 방법을 보여준다. 다음 테스트는 모든 경우에 대한 테스트이다.

```
public void testSetAddButtonState() throws Exception {
  JButton button = panel.getButton(CoursesPanel.ADD_BUTTON_NAME);
  assertFalse(button.isEnabled());

  panel.setText(CoursesPanel.DEPARTMENT_FIELD_NAME, "a");
  sis.setAddButtonState();
  assertFalse(button.isEnabled());

  panel.setText(CoursesPanel.NUMBER_FIELD_NAME, "1");
  sis.setAddButtonState();
  assertTrue(button.isEnabled());

  panel.setText(CoursesPanel.DEPARTMENT_FIELD_NAME, " ");
  sis.setAddButtonState();
  assertFalse(button.isEnabled());

  panel.setText(CoursesPanel.DEPARTMENT_FIELD_NAME, "a");
  panel.setText(CoursesPanel.NUMBER_FIELD_NAME, " ");
  sis.setAddButtonState();
  assertFalse(button.isEnabled());
}
```

테스트는 실패하지만, isEmpty를 조금만 고치면 된다.

```
private boolean isEmpty(String field) {
  String value = panel.getText(field);
  return value.trim().equals("");
}
```

필드 편집

효과적인 사용자 인터페이스를 제공하려면, 사용자가 잘못된 데이터를 입력하는 것을 가능한 한 막아야 한다. 빈 필드가 있을 때 팝업을 보이지 말아야 한다는 것을 배웠다. 비슷하게, 사용자에게 잘못된 데이터를 입력했다는 팝업을 보이는 것도 참아야한다.

더 나은 방법은 확인하고 사용자가 입력한 텍스트 필드를 수정까지 하는 것이다. 예를 들어, 과목의 학과는 대문자만을 포함해야 한다. "CMSC"는 가능하지만, "Cmsc"나 "cmsc"는 잘못된 것이다. 사용자의 삶을 편하게 하기 위해서, 학과 텍스트 필드가 소문자를 자동으로

Agile Java

대문자로 바꾸도록 하자.

자바의 발전 과정에는 동적으로 필드를 동적으로 편집하려는 여러 시도가 있었다. 현재, 이것을 위한 십여 가지의 방법이 있다. 가장 자주 사용되는 JFormattedTextField와 커스텀 DocumentFilter, 두 가지 방법을 배운다.

커스텀 필터는 javax.swing.text.DocumentFilter를 계승해서 만든다. 하위클래스에서, insertString, remove, replace, 세가지 메소드 중 하나의 정의를 오버라이드 한다. 이런 메소드는 잘못된 입력이나 잘못된 입력을 정상적인 입력으로 바꾸기 위해서 사용된다.

사용자가 텍스트 필드에 문자를 입력하거나 붙여넣을 때, insertString 메소드가 내부적으로 호출된다. replace 메소드는 사용자가 문자를 입력하거나 붙여 넣기 전에 텍스트필드의 문자를 선택하는 경우 호출된다. remove 메소드는 사용자가 텍스트 필드에서 문자를 지울 때 호출된다. 아마도 거의 항상 insertString과 replace 의 동작을 정의할 것이지만, remove를 정의할 필요는 거의 없다.

커스텀 필터의 동작을 정의했다면, 그 필터를 텍스트 필터의 도큐먼트(document)에 붙인다. 도큐먼트는 텍스트 필드의 내부적인 데이터 모델로 javax.swing.text.Document 인터페이스를 구현한다. JTextField에 연결된 Document 객체는 getDocument 메시지를 보내서 얻는다. 그리고 나서 setDocumentFilter를 호출해서 커스텀 필터를 도큐먼트에 붙일 수 있다.

필터 테스트하기

필터를 어떻게 테스트할 것인가? CoursesPanel에 스윙 로봇을 사용하는 테스트를 만들 수 있다. 하지만 단위 테스트에서 로봇은 다른 방법이 없는 경우에만 사용해야할 기법이다. 이 경우, DocumentFileter 하위 클래스는 독립된 클래스이므로 직접 테스트할 수 있다.

어떤 경우에, 스윙 디자인이 테스트에 도움이 된다는 것을 알게 될 것이다. 커스텀 필터의 경우, 몇가지 문제를 해결하기 위한 노력이 필요하다.

UpcaseFilterTest는 바로 다음에 있다. 테스트 메소드 testInsert는 약간 재구성을 했기 때문에 직관적이고 읽기 쉽다. testInsert내부에서, UpcaseFiler 인스턴스에 직접 insertString 메시지를 보낸다. insertString의 두번째 인수는 삽입을 시작하는 위치이다. 세번째 인수는 넣을 글이다. (당장은, 네번째 인수는 중요하지 않으며, 첫 번째 인수만을 간단히 살펴볼 것이다.)

0 위치에 "abc"라는 글을 넣으면 "ABC"가 된다. "def"를 1 위치에 넣으면 "ADEFBC"가 되어야 한다.

```
package sis.ui;

import javax.swing.*;
import javax.swing.text.*;
import junit.framework.*;
```

스윙 (Swing) 2 | Additional Lesson

```
public class UpcaseFilterTest extends TestCase {
  private DocumentFilter filter;
  protected DocumentFilter.FilterBypass bypass;
  protected AbstractDocument document;

  protected void setUp() {
    bypass = createBypass();
    document = (AbstractDocument)bypass.getDocument();
    filter = new UpcaseFilter();
  }

  public void testInsert() throws BadLocationException {
    filter.insertString(bypass, 0, "abc", null);
    assertEquals("ABC", documentText());

    filter.insertString(bypass, 1, "def", null);
    assertEquals("ADEFBC", documentText());
  }

  protected String documentText() throws BadLocationException {
    return document.getText(0, document.getLength());
  }

  protected DocumentFilter.FilterBypass createBypass() {
    return new DocumentFilter.FilterBypass() {
        private AbstractDocument document = new PlainDocument();
        public Document getDocument() {
          return document;
        }
        public void insertString(
            int offset, String string, AttributeSet attr) {
          try {
            document.insertString(offset, string, attr);
          }
          catch (BadLocationException e) {}
        }
        public void remove(int offset, int length) { }
        public void replace(int offset,
            int length, String string, AttributeSet attrs) { }
    };
  }
}
```

setup 메소드는 테스트 자체보다 좀더 복잡하다.

insertString에 대해서 자바 문서를 보면, DocumentFilter.FilterBypass 형식을 첫 번째 인수로 받는 것을 볼 수 있다. 필터 bypass는 실제로 어떤 필터도 무시한 도큐먼트에 대한 레퍼런스이다. insertString의 데이터를 바꾼 후에, bypass 필터에 insertString을 호출해야 한다. 그렇지 않다면, 무한 루프가 될 것이다.

테스트를 하는데 힘든 것은 스윙이 필터 바이패스(bypass)객체를 얻는 직접적인 방법을 제공하지 않는 것이다. 필터를 테스트하려면 바이패스가 필요하다.

위의 예에서 보인 해결방법은 DocumentFilter.FilterBypassdml 새로운 구현을 만드는

Agile Java

것이다. 이 구현 클래스는 PlainDocument라고 불리는 AbstractDocument(Document 인터페이스를 구현한다)의 인스턴스를 저장한다. 바이패스를 만들기 위해서, 세가지 메소드 insertString, remove, replace를 구현해야 한다. 당장은 테스트에서 insertString만이 필요하다.

insertString 메소드는 스스로 필터를 정의하므로, 첫 번째 인수로 바이패스 객체를 받을 필요가 없다. 이 메소드의 역할은 도큐먼트의 insertString을 직접 호출하는 것이다. (즉 DocumentFilter을 거치지 않는다.) 시작 위치가 범위를 벗어나면, 이 메소드가 BadLocationException 예외를 생성할 수 있다는 것에 주의하자.

DocumentFilter.FilterBypass 인스턴스를 얻으면, 나머지 setup과 테스트는 쉽다. Bypass 객체에서, 도큐먼스 레퍼런스를 얻고 저장할 수 있다. 도큐먼트의 내용이 적절하게 바뀌었는지 확인한다.

테스트 (UpcaseFilterTest)는 많은 코드를 포함하고 있다. 로봇을 이용한 테스트가 만들기 쉽다고 생각할 수 있다. 사실, 아마도 로봇이 쉬울 것이다. 하지만 로봇은 문제가 있다. 마우스와 키보드를 제어하기 때문에 테스트가 실행되는 동안 아무것도 하지 말아야 한다. 그렇지 않으면 로봇 테스트가 실패할 수도 있다. 이것만으로도 사용을 피해야할 이유가 된다. 로봇 테스트를 꼭 사용해야 한다면, 분리해서 단위 테스트 스위트의 처음에 실행하도록 하자.

또한 작성하는 두 번째 필터에 대한 테스트 코드는 로봇 테스트 코드만큼 쉬울 것이다. 양쪽 필터 테스트는 documentText와 createBypass를 사용하고 setUp 메소드 대부분을 공유한다.

필터 코딩하기

필터를 만드는 것을 반 이상했다. 어려운 부분(테스트 작성하기)은 마쳤으며, 필터 자체를 코딩하는 것은 사소한 일이다.

```
package sis.ui;

import javax.swing.text.*;

public class UpcaseFilter extends DocumentFilter {
   public void insertString(
       DocumentFilter.FilterBypass bypass,
       int offset,
       String text,
       AttributeSet attr) throws BadLocationException {
     bypass.insertString(offset, text.toUpperCase(), attr);
   }
}
```

필터가 insertString 메시지를 받으면, 필터의 역할은 text 인수를 대문자로 바꾸고, 이 바뀐 데이터를 bypass로 전달하는 것이다.

테스트를 여전히 통과하는 것을 확인하고, replace 메소드에 대한 코드를 작성한다.

스윙 (Swing) 2 | Additional Lesson

```
...
public class UpcaseFilterTest extends TestCase {
  ...
  public void testReplace() throws BadLocationException {
    filter.insertString(bypass, 0, "XYZ", null);
    filter.replace(bypass, 1, 2, "tc", null);
    assertEquals("XTC", documentText());

    filter.replace(bypass, 0, 3, "p8A", null);
    assertEquals("P8A", documentText());
  }
  ...
  protected DocumentFilter.FilterBypass createBypass() {
    return new DocumentFilter.FilterBypass() {
      ...
      public void replace(int offset,
          int length, String string, AttributeSet attrs) {
        try {
          document.replace(offset, length, string, attrs);
        }
        catch (BadLocationException e) {}
      }
    };
  }
}
```

테스트는 replace 메소드가 추가적인 인수를 받는 것을 보여준다. 이 세 번째 인수는 두 번째 인수로 지정된 위치에서 시작하여 바뀌게 될 문자의 개수를 나타낸다.

```
package sis.ui;

import javax.swing.text.*;

public class UpcaseFilter extends DocumentFilter {
  ...
  public void replace(
      DocumentFilter.FilterBypass bypass,
      int offset,
      int length,
      String text,
      AttributeSet attr) throws BadLocationException {
    bypass.replace(offset, length, text.toUpperCase(), attr);
  }
}
```

UpcaseFileter를 완성했다. 대문자 입력을 위한 필터에서는 remove에 대해서는 신경 쓸 필요가 없다.

필터 붙이기

이미 독립된 단위로 UpcaseFilter의 기능을 확인했다. CoursesPanel의 학과 필드가 입력을 대문자로 바꾸는 것을 확인하기 위해서, 적절한 필터가 필드에 붙어 있는 것을 확인하기만 하면 된다.

Agile Java

　　CoursesPanel의 코드가 필터를 필드에 붙여야하는가, 아니면 Sis의 코드가 필드를 가져와서 필터를 붙여야 하는가? 이 테스트는 SisTest에 속하는가? 아니면 CoursesPanelTest에 속하는가? 필터는 로직과 뷰 기능의 혼합이다. 필터는 논리적 제약사항 (예를 들면, "학과 약어는 네 개의 대문자이다")을 강요한다. 필터는 또한 적절한 정보만을 입력하도록 해서 사용자의 감각을 개선한다.

　　기억하자: 뷰 클래스는 단순하게 유지한다. 로직의 필터 표현은 스윙에 매우 의존적이다. 필터는 스윙 프레임워크에 대한 플러그인이라고 할 수 있다. 도메인 클래스가 이런 코드에 의존적이기를 바라지는 않을 것이다. 따라서, 남은 선택은 응용프로그램 클래스이다.

　　다음은 SisTest의 코드다.

```java
public void testCreate() {
    ...
    CoursesPanel panel =
        (CoursesPanel)Util.getComponent(frame, CoursesPanel.NAME);
    assertNotNull(panel);
    ...
    verifyFilter(panel);
}

private void verifyFilter(CoursesPanel panel) {
    DocumentFilter filter =
        getFilter(panel, CoursesPanel.DEPARTMENT_FIELD_NAME);
    assertTrue(filter.getClass() == UpcaseFilter.class);
}

private DocumentFilter getFilter(
        CoursesPanel panel, String fieldName) {
    JTextField field = panel.getField(fieldName);
    AbstractDocument document = (AbstractDocument)field.getDocument();
    return document.getDocumentFilter();
}
...
}
```

다음은 Sis의 코드이다.

```java
private void initialize() {
    createCoursesPanel();
    createKeyListeners();
    createInputFilters();
    ...
}
...
private void createInputFilters() {
    JTextField field =
        panel.getField(CoursesPanel.DEPARTMENT_FIELD_NAME);
    AbstractDocument document = (AbstractDocument)field.getDocument();
    document.setDocumentFilter(new UpcaseFilter());
}
```

스윙 (Swing) 2 | Additional Lesson

두 번째 필터

학과와 과목 번호 필드에서 문자의 수를 제한하고 싶다. 사실 필드를 사용하는 대부분의 응용프로그램에서 필드를 제한하는 기능을 바랄 것이다. 두 번째 커스텀 필드 LimitFilter를 만들 수 있다. 다음 코드는 결과 클래스만을 보여준다.

테스트, LimitFilterTest(*http://www.LangrSoft.com/agileJava/code/*의 코드 참조)는 UpcateFilterTest와 공유하는 부분이 많으므로 재구성할 수 있을 것이다.

```
package sis.ui;

import javax.swing.text.*;

public class LimitFilter extends DocumentFilter {
   private int limit;

   public LimitFilter(int limit) {
      this.limit = limit;
   }

   public void insertString(
         DocumentFilter.FilterBypass bypass,
         int offset,
         String str,
         AttributeSet attrSet) throws BadLocationException {
      replace(bypass, offset, 0, str, attrSet);
   }

   public void replace(
         DocumentFilter.FilterBypass bypass,
         int offset,
         int length,
         String str,
         AttributeSet attrSet) throws BadLocationException {
      int newLength =
         bypass.getDocument().getLength() - length + str.length();
      if (newLength > limit)
         throw new BadLocationException(
            "New characters exceeds max size of document", offset);
      bypass.replace(offset, length, str, attrSet);
   }
}
```

insertString이 replace 메소드를 사용하는 방법을 잘 살펴보자. 다른 중요한 코드는 바뀌는 문자열이 너무 큰 경우 BadLocationException이 발생하는 것이다.

이런 필터를 만들어서 과목 번호 필드에 붙이는 것은 쉬운 일이다. 문자열 길이를 전달해서 LimitFilter를 만든다. 예를 들면, new LimitFilter(3) 부분은 3개 이상의 문자를 막는 필터를 만든다.

문제는 도큐먼트에 하나의 필터만을 설정할 수 있다는 것이다. 몇 가지 방법이 있다.

먼저 별로 좋지 않은 방법은 각 조합마다 독립된 필터를 만드는 것이다. 예를 들면,

|609|

Upcase-LimitFilter나 NumericOnlyLimitFilter를 만들 수 있다. 더 나은 방법은 일종의 추상화인 ChainableFilter를 이용하는 것이다. ChainableFilter는 DocumentFilter의 하위 클래스이다. 이 클래스는 개별 필터 클래스의 연속을 포함하고 각각을 순서대로 호출하는 것을 관리한다. *http://www.LangrSoft.com/agileJava/code/*의 이 레슨에 관련된 코드는 이런 구조를 어떻게 사용하는가를 보여준다[3].

JFormattedTextField

필드 편집을 관리하는 다른 방법은 JTextField의 하위 클래스인 javax.swing. JFormattedTextField 클래스를 사용하는 것이다. 여러분의 요구사항에 맞는 내용을 보장하기 위해 필드에 포메터(formatter)를 전달할 수 있다. 추가로, 필드의 내용을 문자열이 아닌 다른 적절한 객체형으로 가져올 수 있다.

과목에 대해서 효과적인 날짜 필드를 제공하고 싶다. 이 날짜 표현은 과목이 언제 처음 시스템에 등록되었는지를 나타낸다. 사용자는 날짜를 월/일/년(mm/dd/yy)[4] 형식으로 입력해야 한다. 예를 들면, 04/15/02는 적절한 날짜이다.

테스트는 JFormattedTextField로서 필드를 추출해서, JFormattedTextField에서 포메터 객체를 얻는다. 포메터는 javax.swing.JFormattedTextField.AbstractFormatter의 하위클래스이다. verifyEffectiveDate에서 포메터는 DateFormatter여야 한다. DateFormatter는 포맷 패턴이 MM/dd/yy4인 java.text.SimpleDateFormat 인스턴스를 포함한다.

테스트의 마지막 부분은 필드가 데이트 인스턴스를 포함하는 것을 확인한다. 사용자가 Add를 누르면 sis.ui.Sis의 코드는 날짜 필드의 내용을 java.util.Date 객체로 가져온다.

```
private void verifyEffectiveDate() {
   assertLabelText(EFFECTIVE_DATE_LABEL_NAME,
      EFFECTIVE_DATE_LABEL_TEXT);

   JFormattedTextField dateField =
      (JFormattedTextField)panel.getField(EFFECTIVE_DATE_FIELD_NAME);
   DateFormatter formatter = (DateFormatter)dateField.getFormatter();
   SimpleDateFormat format = (SimpleDateFormat)formatter.getFormat();
   assertEquals("MM/dd/yy", format.toPattern());
   assertEquals(Date.class, dateField.getValue().getClass());
}
```

CoursesPanel내의 코드는 SimpleDateFormat을 그 생성자로 전달해서 JFormatted-TextField를 만든다. 이 코드는 편집된 결과가 저장된 Date 객체를 제공하기 위해 dateField에 setValue 메시지를 보낸다.

Footnote

[3] 지면 관계상 코드를 이 책에 넣지는 않았다.
[4] 대문자 M은 월을 나타내며 소문자 m은 분(minute)를 나타내기 위해 사용한다.

스윙 (Swing) 2 | Additional Lesson

```
JPanel createFieldsPanel() {
  GridBagLayout layout = new GridBagLayout();

  JPanel panel = new JPanel(layout);
  int columns = 20;

  addField(panel, layout, 0,
    DEPARTMENT_LABEL_NAME, DEPARTMENT_LABEL_TEXT,
    createField(DEPARTMENT_FIELD_NAME, columns));

  addField(panel, layout, 1,
    NUMBER_LABEL_NAME, NUMBER_LABEL_TEXT,
    createField(NUMBER_FIELD_NAME, columns));

  Format format = new SimpleDateFormat("MM/dd/yy");
  JFormattedTextField dateField = new JFormattedTextField(format);
  dateField.setValue(new Date());
  dateField.setColumns(columns);
  dateField.setName(EFFECTIVE_DATE_FIELD_NAME);
  addField(panel, layout, 2,
    EFFECTIVE_DATE_LABEL_NAME, EFFECTIVE_DATE_LABEL_TEXT,
    dateField);

  return panel;
}
```

이렇게 변경해서 응용프로그램을 실행하면, 날짜 필드가 잘못된 입력을 허용하는 것을 보게 될 것이다. 필드를 나올 때, 알맞은 값으로 바뀐다. 기본 동작을 바꿀 수도 있다. 다른 방법에 대해서는 JFormattedTextField에 대한 API 문서를 참조한다.

디자인 문제가 아직 남아있다. 형식화된 텍스트 필드를 만드는 코드는 CoursesPanel에 있으며, 관련된 테스트는 CoursesPanelTest에 있다. 이것은 응용프로그램 단계에서 필드 편집을 관리하기로 한 이전의 목표에 어긋나는 것이다.

뷰와 응용프로그램을 완전히 분리한다. 이것은 단일 역할 원칙과 관계가 있다. 또한 이렇게 하면 중복과 CoursesPanel과 Sis에 걸친 코드 단편화를 줄일 수 있다.

Field 객체는 스윙 텍스트 필드를 생성하는데 필요한 정보를 나타내는 속성을 가지는 데이터 객체이다. 하지만 필드는 구현에 관계없으며, 스윙에 대해서 알지 못한다. FieldCatalog는 사용 가능한 필드의 콜렉션을 가지고 있으며, 이름으로 Field 객체를 얻을 수 있다.

CoursesPanel 클래스는 그려야 할 오직 하나의 필드 이름 리스트만을 가진다. CoursesPanel 코드는 이 리스트를 돌면서, FieldCatalog에 해당되는 Field 객체를 요청한다. 그리고 나서 Field 객체를 JTextField를 반환하는 팩토리인 TextFieldFactory로 보낸다. 팩토리는 Field 객체에서 정보를 얻어서 JTextField에 형식이나 필터, 길이 제한과 같은 다양한 속성을 추가하는데 사용한다.

새로운 클래스의 코드는 다음과 같다. 또한 텍스트 필드를 만드는 CoursesPanel의 코드도 있다.

Agile Java

```java
// FieldCatalogTest.java
package sis.ui;

import junit.framework.*;
import static sis.ui.FieldCatalog.*;

public class FieldCatalogTest extends TestCase {
   public void testAllFields() {
      FieldCatalog catalog = new FieldCatalog();

      assertEquals(3, catalog.size());

      Field field = catalog.get(NUMBER_FIELD_NAME);
      assertEquals(DEFAULT_COLUMNS, field.getColumns());
      assertEquals(NUMBER_LABEL_TEXT, field.getLabel());
      assertEquals(NUMBER_FIELD_LIMIT, field.getLimit());

      field = catalog.get(DEPARTMENT_FIELD_NAME);
      assertEquals(DEFAULT_COLUMNS, field.getColumns());
      assertEquals(DEPARTMENT_LABEL_TEXT, field.getLabel());
      assertEquals(DEPARTMENT_FIELD_LIMIT, field.getLimit());
      assertTrue(field.isUpcaseOnly());

      field = catalog.get(EFFECTIVE_DATE_FIELD_NAME);
      assertEquals(DEFAULT_COLUMNS, field.getColumns());
      assertEquals(EFFECTIVE_DATE_LABEL_TEXT, field.getLabel());
      assertSame(DEFAULT_DATE_FORMAT, field.getFormat());
   }
}

// FieldCatalog.java
package sis.ui;

import java.util.*;
import java.text.*;

public class FieldCatalog {

   public static final DateFormat DEFAULT_DATE_FORMAT =
      new SimpleDateFormat("MM/dd/yy");

   static final String DEPARTMENT_FIELD_NAME = "deptField";
   static final String DEPARTMENT_LABEL_TEXT = "Department";
   static final int DEPARTMENT_FIELD_LIMIT = 4;

   static final String NUMBER_FIELD_NAME = "numberField";
   static final String NUMBER_LABEL_TEXT = "Number";
   static final int NUMBER_FIELD_LIMIT = 3;

   static final String EFFECTIVE_DATE_FIELD_NAME = "effectiveDateField";
   static final String EFFECTIVE_DATE_LABEL_TEXT = "Effective Date";

   static final int DEFAULT_COLUMNS = 20;

   private Map<String,Field> fields;
```

스윙 (Swing) 2 | Additional Lesson

```java
    public FieldCatalog() {
        loadFields();
    }

    public int size() {
        return fields.size();
    }

    private void loadFields() {
        fields = new HashMap<String,Field>();

        Field fieldSpec = new Field(DEPARTMENT_FIELD_NAME);
        fieldSpec.setLabel(DEPARTMENT_LABEL_TEXT);
        fieldSpec.setLimit(DEPARTMENT_FIELD_LIMIT);
        fieldSpec.setColumns(DEFAULT_COLUMNS);
        fieldSpec.setUpcaseOnly();

        put(fieldSpec);

        fieldSpec = new Field(NUMBER_FIELD_NAME);
        fieldSpec.setLabel(NUMBER_LABEL_TEXT);
        fieldSpec.setLimit(NUMBER_FIELD_LIMIT);
        fieldSpec.setColumns(DEFAULT_COLUMNS);

        put(fieldSpec);

        fieldSpec = new Field(EFFECTIVE_DATE_FIELD_NAME);
        fieldSpec.setLabel(EFFECTIVE_DATE_LABEL_TEXT);
        fieldSpec.setFormat(DEFAULT_DATE_FORMAT);
        fieldSpec.setInitialValue(new Date());
        fieldSpec.setColumns(DEFAULT_COLUMNS);

        put(fieldSpec);
    }

    private void put(Field fieldSpec) {
        fields.put(fieldSpec.getName(), fieldSpec);
    }

    public Field get(String fieldName) {
        return fields.get(fieldName);
    }
}

// TextFieldFactoryTest.java
package sis.ui;

import javax.swing.*;
import javax.swing.text.*;
import java.util.*;
import java.text.*;
import junit.framework.*;
import sis.util.*;

public class TextFieldFactoryTest extends TestCase {
    private Field fieldSpec;
```

Agile Java

```java
private static final String FIELD_NAME = "fieldName";
   private static final int COLUMNS = 1;

   protected void setUp() {
      fieldSpec = new Field(FIELD_NAME);
      fieldSpec.setColumns(COLUMNS);
   }

   public void testCreateSimpleField() {
      final String textValue = "value";
      fieldSpec.setInitialValue(textValue);

      JTextField field = TextFieldFactory.create(fieldSpec);

      assertEquals(COLUMNS, field.getColumns());
      assertEquals(FIELD_NAME, field.getName());
      assertEquals(textValue, field.getText());
   }

   public void testLimit() {
      final int limit = 3;
      fieldSpec.setLimit(limit);

      JTextField field = TextFieldFactory.create(fieldSpec);

      AbstractDocument document = (AbstractDocument)field.getDocument();
      ChainableFilter filter =
         (ChainableFilter)document.getDocumentFilter();
      assertEquals(limit, ((LimitFilter)filter).getLimit());
   }

   public void testUpcase() {
      fieldSpec.setUpcaseOnly();

      JTextField field = TextFieldFactory.create(fieldSpec);

      AbstractDocument document = (AbstractDocument)field.getDocument();
      ChainableFilter filter =
         (ChainableFilter)document.getDocumentFilter();
      assertEquals(UpcaseFilter.class, filter.getClass());
   }

   public void testMultipleFilters() {
      fieldSpec.setLimit(3);
      fieldSpec.setUpcaseOnly();

      JTextField field = TextFieldFactory.create(fieldSpec);

      AbstractDocument document = (AbstractDocument)field.getDocument();
      ChainableFilter filter =
         (ChainableFilter)document.getDocumentFilter();

      Set<Class> filters = new HashSet<Class>();
      filters.add(filter.getClass());
      filters.add(filter.getNext().getClass());
      assertTrue(filters.contains(LimitFilter.class));
```

스윙 (Swing) 2 | Additional Lesson

```java
      assertTrue(filters.contains(UpcaseFilter.class));
   }

   public void testCreateFormattedField() {
      final int year = 2006;
      final int month = 3;
      final int day = 17;
      fieldSpec.setInitialValue(DateUtil.createDate(year, month, day));
      final String pattern = "MM/dd/yy";
      fieldSpec.setFormat(new SimpleDateFormat(pattern));

      JFormattedTextField field =
         (JFormattedTextField)TextFieldFactory.create(fieldSpec);

      assertEquals(1, field.getColumns());
      assertEquals(FIELD_NAME, field.getName());

      DateFormatter formatter = (DateFormatter)field.getFormatter();
      SimpleDateFormat format = (SimpleDateFormat)formatter.getFormat();
      assertEquals(pattern, format.toPattern());
      assertEquals(Date.class, field.getValue().getClass());
      assertEquals("03/17/06", field.getText());

      TestUtil.assertDateEquals(year, month, day,
         (Date)field.getValue()); // a new utility method
   }
}

// TextFieldFactory.java
package sis.ui;

import javax.swing.*;
import javax.swing.text.*;

public class TextFieldFactory {
   public static JTextField create(Field fieldSpec) {
      JTextField field = null;

      if (fieldSpec.getFormat() != null)
         field = createFormattedTextField(fieldSpec);
      else {
         field = new JTextField();
         if (fieldSpec.getInitialValue() != null)
            field.setText(fieldSpec.getInitialValue().toString());
      }

      if (fieldSpec.getLimit() > 0)
         attachLimitFilter(field, fieldSpec.getLimit());

      if (fieldSpec.isUpcaseOnly())
         attachUpcaseFilter(field);

      field.setColumns(fieldSpec.getColumns());
      field.setName(fieldSpec.getName());
      return field;
   }
```

Agile Java

```java
   private static void attachLimitFilter(JTextField field, int limit) {
      attachFilter(field, new LimitFilter(limit));
   }

   private static void attachUpcaseFilter(JTextField field) {
      attachFilter(field, new UpcaseFilter());
   }

   private static void attachFilter(
         JTextField field, ChainableFilter filter) {
      AbstractDocument document = (AbstractDocument)field.getDocument();
      ChainableFilter existingFilter =
         (ChainableFilter)document.getDocumentFilter();
      if (existingFilter == null)
         document.setDocumentFilter(filter);
      else
         existingFilter.setNext(filter);
   }

   private static JTextField createFormattedTextField(Field fieldSpec) {
      JFormattedTextField field =
         new JFormattedTextField(fieldSpec.getFormat());
      field.setValue(fieldSpec.getInitialValue());
      return field;
   }
}

// CoursesPanelTest.java
...
public void testCreate() {
   assertEmptyList(COURSES_LIST_NAME);
   assertButtonText(ADD_BUTTON_NAME, ADD_BUTTON_TEXT);

   String[] fields =
      { FieldCatalog.DEPARTMENT_FIELD_NAME,
        FieldCatalog.NUMBER_FIELD_NAME,
        FieldCatalog.EFFECTIVE_DATE_FIELD_NAME };
   assertFields(fields);

   JButton button = panel.getButton(ADD_BUTTON_NAME);
   assertEquals(ADD_BUTTON_MNEMONIC, button.getMnemonic());
}

private void assertFields(String[] fieldNames) {
   FieldCatalog catalog = new FieldCatalog();
   for (String fieldName: fieldNames) {
      assertNotNull(panel.getField(fieldName));
      // can't compare two JTextField items for equality,
      // so we must go on faith here that CoursesPanel
      // creates them using TextFieldFactory
      Field fieldSpec = catalog.get(fieldName);
      assertLabelText(fieldSpec.getLabelName(), fieldSpec.getLabel());
   }
}
...
```

스윙 (Swing) 2 | Additional Lesson

```
// CoursesPanel.java
...
JPanel createFieldsPanel() {
   GridBagLayout layout = new GridBagLayout();

   JPanel panel = new JPanel(layout);
   int i = 0;
   FieldCatalog catalog = new FieldCatalog();

   for (String fieldName: getFieldNames()) {
      Field fieldSpec = catalog.get(fieldName);
      addField(panel, layout, i++,
            createLabel(fieldSpec),
            TextFieldFactory.create(fieldSpec));
   }

   return panel;
}

private String[] getFieldNames() {
   return new String[]
      { FieldCatalog.DEPARTMENT_FIELD_NAME,
        FieldCatalog.NUMBER_FIELD_NAME,
        FieldCatalog.EFFECTIVE_DATE_FIELD_NAME };
}

private void addField(
      JPanel panel, GridBagLayout layout, int row,
      JLabel label, JTextField field) {
   ...
   panel.add(label);
   panel.add(field);
}
...
```

주의사항

- TestUtil.assertDateEqualsdms 구현이 명확해야 할 새로운 유틸리티 메소드이다.
- 마지막에 DateUtil를 sis.studentinfo package에서 sis.util 패키지로 옮겼다. 이 변경은 원래 클래스에 영향을 준다.
- Sis와 CoursesPanel(그리고 테스트) 역시 편집해서 상수와 필터와 포메터를 만들기 위한 코드를 제거한다.
  전체 코드는 *http://www.LangrSoft.com/agileJava/code/*를 참조한다.
- 이런 코드 리스트에서 빠진, Field 클래스는 로직을 거의 포함하지 않는 단순한 데이터 클래스이다.
- Course가 추가 날짜라는 새로운 속성을 포함하도록 해야 한다.

Agile Java

3. 테이블(table)

CoursesPanel의 JList는 각 Course 객체에 대해서 한 줄의 문자열만을 보여준다. 이것은 학과와 과목번호만을 보여주기 때문에 적절할 수도 있다. 하지만, 등록 날짜 속성을 이 요약 문자열에 넣는다면 리스트가 엉망이 될 것이다. JList 콘트롤은 사실, 한 줄에 하나의 정보만을 표시할 때 가장 유용하다.

JTable은 각 객체를 열의 연속으로 표현할 수 있는 매우 효과적인 콘트롤이다. JTable은 스프레드쉬트처럼 보일 수도 있다. 사실 JTable 코드와 다큐먼트는 스프레드와 같이 행과 열, 셀과 같은 용어를 사용한다.

JTable 클래스는 모양과 기능면에서 많은 부분을 조절할 수 있다. 예를 들면, 사용자가 테이블의 각 셀을 편집할 수 있는지를 지정할 수 있으며, 열의 위치를 바꾸거나 각 열의 폭을 조절하도록 할 수 있다.

이 예제에서는 JList를 JTable로 바꿀 것이다. 시작은 JTable의 내부 데이터 모델을 만드는 것부터 시작한다. Course 객체를 JList를 위한 리스트 모델에 넣었듯이, JTable에 연결된 모델에 Course 객체를 넣는다.

JTable 모델은 좀더 복잡하다. JList는 toString 메시지를 포함하는 각 객체에 전달해서 출력 형태를 얻을 수 있었다. JTable은 주어진 객체의 각 속성을 따로 다뤄야 한다. 보여줘야 하는 모든 셀에서, JTable은 모델에 getValueAt 메시지를 보낸다. getValueAt 메소드는 주어진 행과 열위치의 셀에 대한 문자열을 반환해야한다.

모델에 주어진 열에 어떤 속성을 보여줄지를 지정하는 것은 쉽지 않을 것이다. 따라서, 모델 구현을 스스로 해야 한다. 이 구현에는 getValueAt 메소드를 제공해야 하며, getRowCount와 getColumnCount 메소드도 제공해야 한다. 테이블의 모양과 기능을 향상시키기 위해서, 다른 메소드를 구현해야 할지도 모른다.

아래의 테스트, CoursesTableModelTest에서는 모델이 각 열의 헤더를 반환하기 위해 메소드 getColumnName을 구현하는 것을 보여준다.

```
package sis.ui;

import junit.framework.*;
import sis.studentinfo.*;
import sis.util.*;
import java.util.*;

public class CoursesTableModelTest extends TestCase {
    private CoursesTableModel model;

    protected void setUp() {
```

스윙 (Swing) 2 | Additional Lesson

```java
        model = new CoursesTableModel();
    }

    public void testCreate() {
        assertEquals(0, model.getRowCount());
        assertEquals(3, model.getColumnCount());
        FieldCatalog catalog = new FieldCatalog();

        Field department =
            catalog.get(FieldCatalog.DEPARTMENT_FIELD_NAME);
        assertEquals(department.getShortName(), model.getColumnName(0));

        Field number = catalog.get(FieldCatalog.NUMBER_FIELD_NAME);
        assertEquals(number.getShortName(), model.getColumnName(1));

        Field effectiveDate =
            catalog.get(FieldCatalog.EFFECTIVE_DATE_FIELD_NAME);
        assertEquals(effectiveDate.getShortName(),
                model.getColumnName(2));
    }

    public void testAddRow() {
        Course course = new Course("CMSC", "110");

        course.setEffectiveDate(DateUtil.createDate(2006, 3, 17));

        model.add(course);

        assertEquals(1, model.getRowCount());
        final int row = 0;
        assertEquals("CMSC", model.getValueAt(row, 0));
        assertEquals("110", model.getValueAt(row, 1));
        assertEquals("03/17/06", model.getValueAt(row, 2));
    }
}
```

테스트는 각 필드의 열 헤더를 반환하는 FieldCatalog의 다른 사용방법을 보여준다. 제한된 공간에서 사용되는 축약된 이름인 "짧은 이름"이라는 좀더 추상화된 개념으로 새로운 Field 속성을 사용한다. 이런 새로운 정보를 제공하기 위해서는 Field, FieldCatalog, FieldCatalogTest를 수정해야 한다.

테이블 모델을 만드는 가장 쉬운 방법은 javax.swing.table.AbstractTableModel을 계승하는 것이다. 그리고 나서 getValueAt, getRowCount, getColumnCount 메소드의 정의만을 제공하면 된다. 모델에 새로운 Course를 추가하는 메소드(add) 역시 필요할 것이다.

또한 javax.swing.table.DefaultTableModel을 사용할 수도 있다. 썬은 여러분의 일을 좀더 쉽게 하기 위해서 이 구현 클래스을 제공한다. 하지만 DefaultTableModel는 먼저 데이터를 구성하는 것이 필요하고 (Vector 객체나 Object 배열의 형식으로), 그것을 모델에 전달해야 한다. 스스로 AbstractTableModel의 하위 클래스를 만드는 것 역시 간단하고, 좀더 효율적이다.

Agile Java

```java
package sis.ui;

import javax.swing.table.*;
import java.text.*;
import java.util.*;
import sis.studentinfo.*;

class CoursesTableModel extends AbstractTableModel {
   private List<Course> courses = new ArrayList<Course>();
   private SimpleDateFormat formatter =
      new SimpleDateFormat("MM/dd/yy");
   private FieldCatalog catalog = new FieldCatalog();
   private String[] fields = {
      FieldCatalog.DEPARTMENT_FIELD_NAME,
      FieldCatalog.NUMBER_FIELD_NAME,
      FieldCatalog.EFFECTIVE_DATE_FIELD_NAME };

   void add(Course course) {
      courses.add(course);
      fireTableRowsInserted(courses.size() - 1, courses.size());
   }

   Course get(int index) {
      return courses.get(index);
   }

   public String getColumnName(int column) {
      Field field = catalog.get(fields[column]);
      return field.getShortName();
   }

   // abstract (req'd) methods: getValueAt, getColumnCount, getRowCount
   public Object getValueAt(int row, int column) {
      Course course = courses.get(row);
      String fieldName = fields[column];
      if (fieldName.equals(FieldCatalog.DEPARTMENT_FIELD_NAME))
         return course.getDepartment();
      else if (fieldName.equals(FieldCatalog.NUMBER_FIELD_NAME))
         return course.getNumber();
      else if (fieldName.equals(FieldCatalog.EFFECTIVE_DATE_FIELD_NAME))
         return formatter.format(course.getEffectiveDate());
      return "";
   }

   public int getColumnCount() {
      return fields.length;
   }

   public int getRowCount() {
      return courses.size();
   }
}
```

스윙 (Swing) 2 | Additional Lesson

많은 작은 중복들이 있는 것에 주의하자. 테이블은 보여주고자 하는 필드의 리스트를 관리해야 한다. getValueAt에서 열 인덱스에 해당하는 필드의 이름을 얻는다. 이 이름을 호출해야 할 Course의 메소드를 결정하는 유사 스위치 문에서 사용한다.

```
switch (column) {
   case 0: return course.getDepartment();
   case 1: return course.getNumber();
   case 2: return formatter.format(course.getEffectiveDate());
   default: return "";
}
```

이것으로 충분하지만, 열 번호와 속성을 연결하지 못하고 있다. 열이나 열의 순서를 바꾸면 에러가 생길 염려가 있다. (최소한 테스트는 이런 문제를 찾을 것이다.) 하지만 박스부분에 해결방법을 제시한다.

도메인 맵(domain map)

getValueAt의 구현은 중복된 부분이 있다. Course 객체에서 해당 속성을 찾기 위해서는 선택된 필드의 이름을 비교해야 한다. 좀더 빠른 방법은 도메인 객체를 해쉬테이블로 구현하는 것이다. 해쉬 테이블 키는 속성 이름이다. Course의 값을 다음과 같이 설정할 것이다.

```
course.set(DEPARTMENT_FIELD_NAME, "CMSC");
```

그리고 나서 다음과 같이 값을 얻을 것이다.

```
String courseName = (String)course.get(DEPARTMENT_FIELD_NAME);
```

혹은

```
String courseName = course.getString(DEPARTMENT_FIELD_NAME);
```

getValueAt의 코드는 매우 간결하다.

```
Course course = courses.get(row);
return course.get(fields[column]);
```

이 방법은 시스템의 중복을 크게 없앨 수 있지만, 다른 문제가 있다. 먼저 코드를 이해하거나 디버그할 때 이해하기가 힘들다. 또한, 이 방법은 캐스팅을 하거나 getString, getDate, getInt와 같은 여러 개의 유틸리티 메소드가 필요하다.

물론 JTable이 동작하도록 하기 위해서는 좀더 수정할 것이 있다. CoursesPanelTest는 다음과 같다.

Agile Java

```java
public void testCreate() {
   assertEmptyTable(COURSES_TABLE_NAME);
   assertButtonText(ADD_BUTTON_NAME, ADD_BUTTON_TEXT);
   ...
}

public void testAddCourse() {
   Course course = new Course("ENGL", "101");
   panel.addCourse(course);
   JTable table = panel.getTable(COURSES_TABLE_NAME);

   CoursesTableModel model = (CoursesTableModel)table.getModel();
   assertSame(course, model.get(0));
}

private void assertEmptyTable(String name) {
   JTable table = panel.getTable(name);
   assertEquals(0, table.getModel().getRowCount());
}
```

CoursesPanel은 다음과 같다.

```java
static final String COURSES_TABLE_NAME = "coursesTable";
...
private void createLayout() {
   JTable coursesTable = createCoursesTable();
   JScrollPane coursesScroll = new JScrollPane(coursesTable);
   coursesScroll.setVerticalScrollBarPolicy(
      ScrollPaneConstants.VERTICAL_SCROLLBAR_ALWAYS);
   ...
}

private JTable createCoursesTable() {
   JTable table = new JTable(coursesTableModel);
   table.setName(COURSES_TABLE_NAME);
   table.setShowGrid(false);
   table.setSelectionMode(ListSelectionModel.SINGLE_SELECTION);
   return table;
}

void addCourse(Course course) {
   coursesTableModel.add(course);
}

Course getCourse(int index) {
   return coursesTableModel.get(index);
}
```

CourseDisplayAdapter 클래스와 이전의 과목 리스트에 대한 참조를 없애야한다.

JTable에 대한 자바 API 문서를 살펴보는 것을 잊지 말자. JTable 클래스는 많은 설정 기능이 있다.

스윙 (Swing) 2 | Additional Lesson

4 피드백(feedback)

좋은 사용자 인터페이스를 만드는 방법의 일부는 많은 피드백을 제공하는 것이다. 썬은 이미 스윙에 많은 피드백을 스윙에 포함시켰다. 예를 들면, JButton위에서 마우스 버튼을 누르면, JButton은 물리적으로 눌린 것처럼 다시 그려진다. 이런 종류의 정보는 사용자의 동작을 확인시켜 준다.

Sis 응용프로그램은 적절한 피드백이 부족하다. 사용자가 필터링되거나 형식이 지정된 필드에 입력할 때, 어떤 것을 입력해야할 지 어떻게 알겠는가? 사용자는 결국 입력의 제한사항을 알게될 것이다. 하지만 추리하고, 시도하고, 실패하는 동안 시간을 낭비한다.

대신 여러분은 사용자에게 유용한 정보를 미리 알려줄 수 있다. 여기에는 몇 가지 방법이 있다.

- 필드에 대한 레이블에 도움이 되는 정보를 넣는다. 하지만, 일반적으로 이렇게 하기에는 화면이 부족하다.
- 응용프로그램 동작에 대한 분리된 온라인 도움말 윈도우를 제공한다.
- 사용자가 마우스를 필드로 옮기면, 작은 팝업을 보여서 필요한 정보를 표시한다. 이것은 호버(hover) 도움말 혹은 툴팁(tool tip)이라고 불린다. 인터넷 익스플로러와 같은 모든 현대적인 응용프로그램은 마우스를 툴바 버튼 위에 올리면 툴팁을 보여준다.
- 사용자가 마우스를 필드 위에 올리면, 윈도우 아래의 상태표시줄에 관련 정보를 표시한다.

이 예제에서는 마지막 방법을 선택해서 상태 표시줄을 만들 것이다.

불행히도, 마우스 기반의 테스트에 대해서는 테스트를 위해서 화면을 그려야 한다. 이유는 화면에 그려질 때까지 콤포넌트의 크기가 정해지지 않기 때문이다. 또한 테스트를 쉽게 하기 위해서 스윙 로봇을 사용할 수 있다. 이 테스트의 setUp은 다음에 보이는 몇 개의 스윙 유틸리티 메소드를 사용한다.

```
package sis.ui;

import junit.framework.*;
import javax.swing.*;
import java.awt.*;
import sis.util.*;

public class StatusBarTest extends TestCase {
   private JTextField field1;
   private JTextField field2;
   private StatusBar statusBar;
   private JFrame frame;
```

Agile Java

```
  protected void setUp() {
    field1 = new JTextField(10);
    field2 = new JTextField(10);
    statusBar = new StatusBar();

    JPanel panel = SwingUtil.createPanel(field1, field2, statusBar);
    frame = SwingUtil.createFrame(panel);
  }
  protected void tearDown() {
    frame.dispose();
  }
  public void testMouseover() throws Exception {
    final String text1 = "text1";
    final String text2 = "text2";

    statusBar.setInfo(field1, text1);
    statusBar.setInfo(field2, text2);

    Robot robot = new Robot();

    Point field1Location = field1.getLocationOnScreen();

    robot.mouseMove(field1Location.x - 1, field1Location.y - 1);
    assertEquals("", statusBar.getText().trim());

    robot.mouseMove(field1Location.x + 1, field1Location.y + 1);
    assertEquals(text1, statusBar.getText());
    Point field2Location = field2.getLocationOnScreen();

    robot.mouseMove(field2Location.x + 1, field2Location.y + 1);
    assertEquals(text2, statusBar.getText());
  }
}
```

개념적으로, 상태 정보를 표시하는 것은 전체 응용프로그램에서 필요한 공통 요구사항이다. 각 윈도우를 추가적인 코드로 복잡하게 만드는 대신, 이 상태 정보 개념을 개별 클래스로 분리한다.

StatusBar

StatusBar는 추가적인 기능이 있는 JLabel이다. Status 객체에 setInfo 를 보내서 각 텍스트 필드의 정보 문자열을 지정할 수 있다.

테스트는 첫 번째 필드의 위치를 가져와서, 마우스를 필드 외부의 위치로 마우스를 옮긴다. 그리고 나서 필드로 마우스를 옮기고, 상태표시줄이 기대되는 정보를 포함하는지를 확인한다. 테스트는 마지막으로 마우스가 두 번째 필드로 갔을 때 상태표시줄이 TEXT2로 바뀌는 것을 확인한다.

SwingUtil 클래스는 간단한 패널이나 테스트를 위한 프레임을 만드는데 사용되는 공통적인 코드를 가진다.

스윙 (Swing) 2 | Additional Lesson

```
package sis.util;

import javax.swing.*;

public class SwingUtil {
  public static JPanel createPanel(JComponent... components) {
    JPanel panel = new JPanel();
    for (JComponent component: components)
      panel.add(component);
    return panel;
  }

  public static JFrame createFrame(JPanel panel) {
    JFrame frame = new JFrame();
    frame.getContentPane().add(panel);
    frame.setDefaultCloseOperation(JFrame.EXIT_ON_CLOSE);
    frame.setSize(300, 300);
    frame.setVisible(true);
    return frame;
  }
}
```

StatusBar에서 setInfo의 역할은 텍스트 필드에 마우스 리스너를 추가하는 것이다. 리스너는 마우스가 들어오거나 나가는 이벤트에 반응한다. 사용자가 마우스를 텍스트 위에 올리면, 리스너 코드는 관련된 정보를 표시한다. 사용자가 마우스를 텍스트 필드에서 다른 곳으로 옮기면, 리스너 코드는 상태 표시줄을 되돌린다.

```
package sis.ui;

import java.awt.event.*;
import java.util.*;
import javax.swing.*;

public class StatusBar extends JLabel {
  private final static String EMPTY = " ";

  public StatusBar() {
    super(EMPTY);
    setBorder(BorderFactory.createLoweredBevelBorder());
  }

  public void setInfo(final JTextField textField, final String text) {
    textField.addMouseListener(
      new MouseAdapter() {
        public void mouseEntered(MouseEvent event) {
          setText(text);
        }
        public void mouseExited(MouseEvent event) {
          setText(EMPTY);
        }
      });
  }
}
```

Agile Java

　StatusBar에 대한 테스트는 통과될 것이다. 이제 상태 표시줄을 CoursesPanel에 붙여야 한다. 이것을 어떻게 테스트할 것인가? CoursesPanel에 대한 테스트는 다시 로봇을 사용할 수도 있다. 하지만, 각 텍스트 필드가 상태표시줄과 연결된 것을 확인하는 것이 좀더 쉽다.

　CoursesPanelTest의 테스트를 수정한다. StatusBar 객체는 주어진 텍스트 필드에 대한 정보를 반환할 수 있어야 한다. 또한 정보는 필드 카탈로그를 통해 필드 스펙에서 얻는다.

```
private void assertFields(String[] fieldNames) {
   StatusBar statusBar =
   (StatusBar)Util.getComponent(panel, StatusBar.NAME);

   FieldCatalog catalog = new FieldCatalog();
   for (String fieldName: fieldNames) {
     JTextField field = panel.getField(fieldName);
     Field fieldSpec = catalog.get(fieldName);

     assertEquals(fieldSpec.getInfo(), statusBar.getInfo(field));
     assertLabelText(fieldSpec.getLabelName(), fieldSpec.getLabel());
   }
}
```

　getInfo를 아직 구현하지 않았기 때문에 이 코드는 컴파일 되지 않을 것이다. 또한 상태표 시줄을 컴포넌트 이름과 연결하는 것을 잊지 말자. 다음은 수정된 StatusBarTest와 StatusBar이다.

```
// StatusBarTest
...
public void testInfo() {
   statusBar.setInfo(field1, "a");
   assertEquals("a", statusBar.getInfo(field1));
}
...

// StatusBar
package sis.ui;

import java.awt.event.*;
import java.util.*;
import javax.swing.*;

public class StatusBar extends JLabel {
   public static final String NAME = "StatusBar";
   private final static String EMPTY = " ";
   private Map<JTextField,String> infos =
      new IdentityHashMap<JTextField,String>();
```

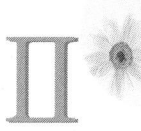

```
    public StatusBar() {
        super(EMPTY);
        setName(NAME);
        setBorder(BorderFactory.createLoweredBevelBorder());
    }

    public String getInfo(JTextField textField) {
        return infos.get(textField);
    }

    public void setInfo(final JTextField textField, String text) {
        infos.put(textField, text);
        textField.addMouseListener(
            new MouseAdapter() {
                public void mouseEntered(MouseEvent event) {
                    setText(getInfo(textField));
                }

                public void mouseExited(MouseEvent event) {
                    setText(EMPTY);
                }
            });
    }
}
```

또한 Field에 필드, 가져오기, 설정 메소드를 추가해야 한다. 각 필드에 정보 문자열을 넣기 위해 FieldCatalog를 수정한다.

```
    ...
    static final String DEPARTMENT_FIELD_INFO =
        "Enter a 4-character department designation.";
    static final String NUMBER_FIELD_INFO =
        "The department number should be 3 digits.";
    static final String EFFECTIVE_DATE_FIELD_INFO =
        "Effective date should be in mm/dd/yy format.";
    ...
private void loadFields() {
    fields = new HashMap<String,Field>();

    Field fieldSpec = new Field(DEPARTMENT_FIELD_NAME);
    ...
    fieldSpec.setInfo(DEPARTMENT_FIELD_INFO);

    put(fieldSpec);

    fieldSpec = new Field(NUMBER_FIELD_NAME);
    ...
    fieldSpec.setInfo(NUMBER_FIELD_INFO);

    put(fieldSpec);

    fieldSpec = new Field(EFFECTIVE_DATE_FIELD_NAME);
```

Agile Java

```
  ...
  fieldSpec.setInfo(EFFECTIVE_DATE_FIELD_INFO);

  put(fieldSpec);
}
```

마지막으로 CoursesPanel의 코드를 수정한다.

```
private Status status;

private void createLayout() {
  ...
  add(coursesScroll, BorderLayout.CENTER);
  add(createBottomPanel(), BorderLayout.SOUTH);
}

JPanel createBottomPanel() {
  JLabel statusBar = new JLabel(" ");
  statusBar.setBorder(BorderFactory.createLoweredBevelBorder());
  status = new Status(statusBar);

  JPanel panel = new JPanel();
  panel.setLayout(new BorderLayout());
  panel.add(statusBar, BorderLayout.SOUTH);
  panel.add(createInputPanel(), BorderLayout.CENTER);
  return panel;
}

JPanel createFieldsPanel() {
  GridBagLayout layout = new GridBagLayout();
  JPanel panel = new JPanel(layout);
  int i = 0;
  FieldCatalog catalog = new FieldCatalog();

  for (String fieldName: getFieldNames()) {
    Field fieldSpec = catalog.get(fieldName);
    JTextField textField = TextFieldFactory.create(fieldSpec);
    status.addText(textField, fieldSpec.getLabel());
    addField(panel, layout, i++,
          createLabel(fieldSpec),
          textField);
  }

  return panel;
}
```

sis.ui.Sis를 개별 응용프로그램으로 실행하면, 그림 2와 같은 화면을 보게 될 것이다. 이 그림은 학과 필드에 마우스가 위치할 때의 모습이다.

스윙 (Swing) 2 | Additional Lesson

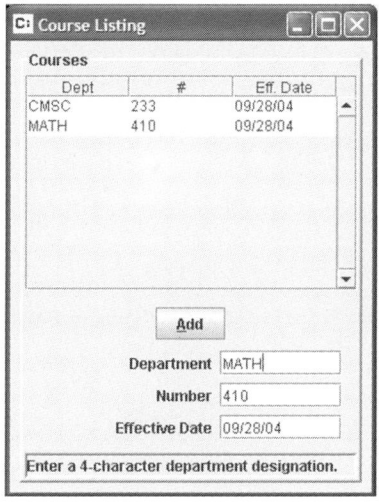

그림 2 완성된 화면

5. 응답성

Sis의 addCourse 메소드에서, 삼 초를 기다린다. 이것은 Course 객체를 확인하고 데이터베이스에 저장하는데 필요한 시간을 에뮬레이트한다.

```
private void addCourse() {
   Course course =
     new Course(
        panel.getText(FieldCatalog.DEPARTMENT_FIELD_NAME),
        panel.getText(FieldCatalog.NUMBER_FIELD_NAME));
   try { Thread.sleep(3000); } catch (InterruptedException e) {}
   JFormattedTextField effectiveDateField =
     (JFormattedTextField)panel.getField(
        FieldCatalog.EFFECTIVE_DATE_FIELD_NAME);
   Date date = (Date)effectiveDateField.getValue();
   course.setEffectiveDate(date);

   panel.addCourse(course);
}
```

이 응용프로그램을 실행한다. 학과와 과목 번호를 입력하고 Add를 누른다. 3 초간의 지연이 있어야 정상이다. 이 시간 동안 사용자 인터페이스에 대해서 어떤 것도 할 수 없다! 왜 응용프로그램이 응답하는지 알 수 없기 때문에, 사용자에게, 이것은 끔찍한 경험이다.

Agile Java

프로그램 개발자로서, 응답성에 대해서 두 가지를 할 수 있다. 먼저, 사용자에게 짧은 시간 동안 기다려야 한다는 피드백을 준다. 두 번째로, 기다리는 동안 사용자가 다른 일을 할 수 있도록 한다.

피드백은 "기다림" 커서의 형태로 제공된다. 윈도우즈는 기다림 커서를 모래시계로 표시한다. 어떤 유닉스 데스크탑은 기다림 커서로 시계를 사용한다. 당장 사용자에게 제어를 넘기지 않는 응용프로그램에서는 항상 이런 모래시계를 사용해야 한다.

```
private void addCourse() {
   frame.setCursor(Cursor.getPredefinedCursor(Cursor.WAIT_CURSOR));
   try {
      Course course =
         new Course(
            panel.getText(FieldCatalog.DEPARTMENT_FIELD_NAME),
            panel.getText(FieldCatalog.NUMBER_FIELD_NAME));
try { Thread.sleep(3000); } catch (InterruptedException e) {}
      JFormattedTextField effectiveDateField =
         (JFormattedTextField)panel.getField(
            FieldCatalog.EFFECTIVE_DATE_FIELD_NAME);
      Date date = (Date)effectiveDateField.getValue();
      course.setEffectiveDate(date);

      panel.addCourse(course);
   }
   finally {
      frame.setCursor(Cursor.getDefaultCursor());
   }
}
```

finally 블록이 중요하다! 그렇지 않으면, 어떤 알지 못하는 이유로 addCourse 이후로 계속해서 모래시계를 포인터로 써야 한다.

기다림 커서를 제공하는 것은 응답을 길게 기다려야 하는 경우 적절하고 필수적이다. 하지만 실제 해결방법은 사용자가 기다리지 않도록 하는 것이다. 기다리는 시간의 한계는 0.5초이다. 좀더 길게 걸리는 작업이 필요하다면, 새로운 쓰레드를 만들어야 한다. 다음의 예에서, 사용자인터페이스를 수정하는 코드에서 과목을 추가하는 내부 동작을 분리했다. 또한 쓰레드 실행이 종료될 때 가지 Add 버튼을 비활성화 했다.

```
// 이것은 적절하지 않은 방법이다.
private void addCourse() {
   Thread thread = new Thread() {
      public void run() {
         panel.setEnabled(CoursesPanel.ADD_BUTTON_NAME, false);
         Course course = basicAddCourse();
         panel.addCourse(course);
         panel.setEnabled(CoursesPanel.ADD_BUTTON_NAME, true);
      }
   };
```

스윙 (Swing) 2 | Additional Lesson

```
    thread.start();
}

private Course basicAddCourse() {
try { Thread.sleep(3000); } catch (InterruptedException e) {}
  Course course =
    new Course(
      panel.getText(FieldCatalog.DEPARTMENT_FIELD_NAME),
      panel.getText(FieldCatalog.NUMBER_FIELD_NAME));
  JFormattedTextField effectiveDateField =
    (JFormattedTextField)panel.getField(
      FieldCatalog.EFFECTIVE_DATE_FIELD_NAME);
  Date date = (Date)effectiveDateField.getValue();
  course.setEffectiveDate(date);
  return course;
}
```

이 코드에는 미묘하지만 큰 문제가 있다. 이 코드는 쓰레드에 대해서 안전하지 않다! 스윙은 이벤트 처리 쓰레드라는 분리된 쓰레드를 사용하기 때문에, 패널이 완전히 업데이트되기 전에 Add 버튼을 누를 가능성이 있다. 사용자는 예상치 못한 결과를 보게 될 것이다.

이벤트 처리 쓰레드에서 사용자 인터페이스를 업데이트를 실행해서 이 문제를 해결할 수 있다. javax.swing.SwingUtilities 클래스는 이런 동작을 위해 invokeLater와 invokeAndWait 두 개의 메소드를 포함한다. 각 메소드는 이벤트 처리 쓰레드에서 실행되어야 할 코드를 포함하는 Runnable 객체를 받는다. Run 메소드를 비동기적으로(사용자 인터페이스의 동작을 멈출 필요가 없을 때) 실행하려면 invokeLater을 사용한다. 우리의 예제에서는 run을 동기적으로 실행하는 invokeAndWait을 사용해야 한다.

다음은 invokeAndWait을 사용한 addCourse이다.

```
private void addCourse() {
  Thread thread = new Thread() {
    public void run() {
      panel.setEnabled(CoursesPanel.ADD_BUTTON_NAME, false);
      try {
        final Course course = basicAddCourse();
        SwingUtilities.invokeAndWait(new Runnable() {
          public void run() {
            panel.addCourse(course);
            panel.setEnabled(CoursesPanel.ADD_BUTTON_NAME, true);
          }
        });
      }
      catch (Exception e) {}
    }
  };
  thread.start();
}
```

Agile Java

큰 단점은 이렇게 하면 SisTest의 testAddCourse 메소드가 망가진다는 것이다. 테스트는 Add를 누르면 과목이 패널에 추가될 때까지 실행이 멈춘다고 가정한다. 빠르게 고치면 테스트가 패널의 테이블에 해당 요소가 나타날 때까지 기다린다.

```
public void testAddCourse() {
   ...
   JButton button = panel.getButton(CoursesPanel.ADD_BUTTON_NAME);
   button.doClick();

   while (panel.getCourseCount() == 0)
      ;
   Course course = panel.getCourse(0);
   assertEquals("MATH", course.getDepartment());
   assertEquals("300", course.getNumber());
   TestUtil.assertDateEquals(2006, 3, 17, course.getEffectiveDate());
}
```

CoursesPanel에도 코드 추가가 필요하다.

```
int getCourseCount() {
   return coursesTableModel.getRowCount();
}
```

6 남은 작업

이 간단한 인터페이스에 상당한 양의 코드를 만들었다. 하지만 아직도 완전하지는 않다. 다음은 인터페이스를 완성하기 위해 고려해야 할 사항의 리스트이다.

- 사용자가 Add를 누르면 텍스트 필드를 비운다.
- 사용자가 같은 과목을 입력하는 것을 막는 제한을 둔다. CourseCatalog에서 중복을 확인하는 부분을 추가한다.
- 과목을 지우기 위한 delete 버튼을 추가한다. 사용자가 여러 개의 줄을 선택할 수 있도록 해야한다.
- 저장된 과목을 수정하기 위한 update 버튼을 추가한다.
- 각 열의 데이터를 정렬하는 기능을 추가한다.
- 과목번호에 숫자만을 입력할 수 있도록 숫자 필터를 추가한다.
- 각 열의 폭을 내용의 평균 혹은 최대 폭이 되도록 수정한다.
- 사용자가 탭을 누르거나 클릭할 때 각 필드의 내용을 선택하도록 하는 코드를 추가한다. 이것은 사용자가 필드의 내용을 단순한 문자 입력으로 바꿀 수 있도록 한다.

스윙 (Swing) 2 | Additional Lesson

- 마우스 도움말 기능을 추가한다. 사용자가 마우스를 각 필드 위에 올렸을 때 상태 표시 줄이나 작은 팝업 "툴팁"으로 요약 정보를 보여준다.
- 키보드 도움말을 추가한다. F1 키를 눌렀을 때 도움말이 나오도록 한다. (명백하게 이것은 좀더 확장된 예이고, 도움말 서브시스템을 구성하는 방법을 이해해야한다.)
- 학과 혹은 과목 번호를 드롭 다운 리스트(JComboBox)로 교체한다.
- 응용프로그램이 윈도우의 마지막 위치를 "기억"할 수 있도록 사용자 설정 서브시스템과 연동하도록 한다(추가 레슨 III 참조).

이 리스트에서도 몇 가지 기능은 빠져있다. 튼튼하고 편한 사용자 인터페이스를 만드는 데는 많은 일이 필요하다. 이런 기능이 없으면 응용프로그램의 효용성이 매우 떨어질 것이다. 하지만, 개발자로서 자신이 원하는 것을 찾기보다는 사용자의 입장에서 이런 요구사항을 다뤄야 한다. 영업 팀은 사용자 인터페이스 명세를 디자인하고 명확히 할 수 있는 전문가가 필요하다.

7 마지막 주의사항

많은 수의 스윙 책이 있다. 많은 책들은 두껍고 스윙에 배울 것이 많다고 주장한다. 사실 많은 것이 있다. 이 짧은 두 개의 레슨에서는 스윙의 표면적인 부분만을 살펴봤다.

하지만, 스윙 응용프로그램을 만드는 기본적인 방법을 보았다. 약간의 정보만 있다면 제대로 된 인터페이스를 만들 수 있을 것이다. 트리 위젯이나 드래그&드롭과 같은 좀더 복잡한 스윙 주제에 대해서 배우길 원할 것이다. 약간 검색을 해보면 필요한 것을 찾을 수 있을 것이다. 항상 그렇듯 자바 API 문서는 처음으로 찾아야할 문서이다. 흔히 API 문서는 해당 주제에 대한 썬 튜토리얼로 연결된다.

이 두 개의 스윙 레슨에서 좀더 중요한 것을 배웠기를 바란다. 테스트 위주 개발(TDD)을 사용해서 스윙 응용프로그램을 작성하는 접근 방법이다. 스윙 단위 테스트는 너무 어렵게 보이고, 많은 개발 단체가 포기한다. 게을러지지 말자. 스윙 코드를 테스트하지 않는 결과로 쉽게 테스트할 수 있는 응용프로그램이나 모델 코드까지도 그대로 넘기게 될 것이다.

결과 뷰 클래스인 CoursesPanel을 보면, 매우 작고 단순한 것을 알 수 있다. 배치 외에는, 클래스에는 복잡한 부분이 없다. 거의 아무것도 하지 않는다. TDD이거나 아니거나 관계없이 항상 이렇게 뷰에서 응용프로그램이나 내부 로직을 분리하는 것이 사용자 인터페이스 응용 프로그램의 목표이다.

TDD를 사용하면 이런 목표를 강요한다. TDD의 기본 역할은 잘못될 가능성이 있는 모든 것을 확인하는 것이다. 이런 규칙을 이해하는 한가지 방법은 "테스트할 수 있는 모든 것을 테스트하고, 잘못될 가능성이 없도록 모든 것을 다시 디자인한다"이다. TDD는 테스트 할 수

Agile Java

있도록 간단하고 잘 정의된 메소드로 작은 뷰 클래스를 구성하도록 한다. 또한 단순히 다른 믿을만한 클래스에 처리를 넘기는 빈 메소드를 만들었다. 이런 메소드는 잘못될 수 없다.

인터페이스 클래스를 테스트하지 않기로 한 개발 단체는 항상 그 결정을 후회하게 된다. 로직이 응용프로그램에 들어가고, 응용프로그램과 로직이 뷰에 섞여들어 간다. 뷰 코드는 여러 역할의 복합체가 되어서 점점 엉망이 된다. 뷰에 대한 테스트를 작성하지 않았기 때문에 많은 양의 코드가 테스트되지 않은 채로 남아 있다. 그리고 버그 비율이 올라갈 것이다.

더 나쁜 것은 사람의 게으름이다. 뷰에 대한 테스트가 없기 때문에 개발자들은 흔히 테스트를 작성하지 않기 위해 뷰에 코드를 추가할 것이다. "새로운 클래스를 만들기는 힘드니, 모든 코드를 이 스윙 클래스에 넣자"라는 식이다. 이렇게 하는 것은 응용프로그램을 엉망으로 만든다.

이전의 두 개 레슨에서, TDD를 사용해서 스윙 응용프로그램을 만드는 추가적인 기준과 기법에 대해서 배웠다.

- 디자인으로 응용프로그램, 뷰, 로직을 분리한다.
- 단일 역할 규칙을 고려해서 디자인을 좀더 세분화한다.
- 스윙에서 반복되는 부분을 없앤다(예를 들면 필드를 만들고 가져오는 공통 메소드를 사용한다)
- 뷰의 추상적인 반응을 테스트하기 위해 리스너를 사용한다(예를 들면, 버튼을 누르는 것이 특정 동작을 일으키는 것을 확인한다)
- 스윙 화면을 그리는 것을 막기 위해 모방 클래스를 사용한다.
- 레이아웃은 테스트하지 않는다.
- 스윙 로봇을 사용한다. 하지만 로봇은 마지막 방법이다.

스윙은 단위 테스트를 고려하지 않고 디자인되었다. 스윙을 어떻게 테스트할 지를 아는 것은 문제 해결의 접근 방식이 필요하다. 필요한 것을 찾기 위해 여러 스윙 클래스를 살펴봐야 한다. 때로는 테스트를 쉽게 하기 위한 확인이 필요하다. 어떻게 테스트할지를 생각하면서 기발한 아이디어가 필요할 수도 있다.

MEMO

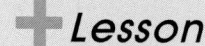

III 자바에 대한 여러가지 정보

이 레슨은 자바에 대한 여러가지 정보를 제공한다. 이 레슨의 목적은 크게 두가지이다.
- 정확히 다루려면 책 전체가 필요한 향상된 API에 대한 개요를 제공한다.
- 이 책에서 다루지 못한 자바의 핵심 기능에 대해서 다룬다.

이 레슨에서는 다음 내용을 다룬다.

- JAR
- finalize 메소드
- 정규 표현식(regular expression)
- JDBC
- 국제화(internationalization)
- 레퍼런스를 통한 호출과 값을 통한 호출
- 자바의 외형 : 여러 다른 자바 API에 대한 개요와 추가정보를 찾는 방법

1 JAR

레슨 1에서 자바 클래스 패스를 배울 때, 클래스 패스에 클래스 디렉토리를 추가해야 한다고 배웠다. 클래스 디렉토리에는 자바가 클래스를 읽어 들이는데 필요한 개별 클래스 파일이 있다.

클래스 패스에는 클래스 디렉토리와 함께 혹은 디렉토리를 대신해서 JAR를 포함할 수 있다. JAR(Java Archive)는 자바 클래스 파일과 실행에 필요한 다른 리소스 파일을 포함한 하나의 파일이다. JAR는 자바의 bin 디렉토리에 제공되는 실행파일인 jar 명령줄 유틸리티를 사용해서 만들 수 있다. JAR를 Ant에서 만들도록 할 수도 있다.

JAR를 이해하는 것은 상용의 자바환경을 이해하는데 핵심적인 부분이다. JAR의 사용은 배포의 문제에 관련되므로 JAR에 대한 내용은 책의 이전부분에는 어울리지 않는다.

Jar 유틸리티는 클래스 파일과 다른 리소스 (이미지 혹은 정보 파일들)을 .jar 확장자를 가지는 하나의 파일로 묶는다. 이 유틸리티는 JAR를 이미 익숙한 ZIP 파일로 만든다. ZIP 파일은 필요한 공간을 줄이기 위해서 표준 압축 알고리즘을 사용한다.

JAR를 사용하는 이유는 여러가지가 있다.

- 배포 속도. 적은 수의 파일을 전송하는 것이 수 천개의 파일을 전송하고 설치하는 것보다 훨씬 빠르다.
- 압축. 디스크 요구사항이 줄어든다. 작은 파일이 다운로드 받기에 빠르다.
- 보안. 보안환경을 적용해야 할 때, JAR에 디지털 서명을 추가할 수 있다.
- 교체성. JAR를 재사용을 고려해서 구성할 수 있다. JAR는 API의 일부나 전체가 될 수 있다.
- 버전 관리. JAR에 개발사나 버전 정보를 추가할 수 있다.
- 단순화된 실행. JAR를 "자바 실행파일"로 지정할 수 있다. JAR의 사용자는 시작 클래스의 이름을 알 필요가 없다.

JAR는 웹 서버나 기업단위의 자바 설치를 위한 배포의 기본이 된다.

SIS 프로그램에 대한 JAR를 만드려면, 먼저 클래스 디렉토리로 들어간다. 그리고 다음을 실행한다.

```
jar cvf sis.jar *
```

위의 jar 명령의 옵션 cvf는 JAR 명령이 새로운 JAR를 verbose 옵션을 적용해서(꼭 필요하진 않지만 유용하다) sis.jar라는 파일이름으로 만들 것을 지시한다. 명령 끝의 *는 jar 프로그램이 현재 디렉토리와 모든 하위 디렉토리의 파일을 압축할 것을 나타낸다. Jar를 아무런 인수 없이 실행하면 명령에 대한 간단한 요약과 사용방법을 출력한다.

Agile Java

jar cvf 명령을 실행한 후에, sis.jar라는 파일이 생성되어야 한다. 윈도우에서, JAR 파일을 winzip을 이용해서 열 수 있다. 어떤 플랫폼에서나, jar명령으로 JAR의 내용을 볼 수 있다.

```
jar tvf sis.jar
```

한가지 차이는 옵션 t를 c대신 사용한 것이다. 다음과 같은 출력을 보게 될 것이다.

```
    0 Mon Aug 02 23:25:36 MDT 2004 META-INF/
   74 Mon Aug 02 23:25:36 MDT 2004 META-INF/MANIFEST.MF
  553 Sat Jul 24 10:41:28 MDT 2004 A$B.class
  541 Sat Jul 24 10:41:28 MDT 2004 A.class
 1377 Sat Jul 24 10:41:28 MDT 2004 AtomicLong.class
    0 Sat Jul 24 10:41:28 MDT 2004 com/
    0 Sat Jul 24 10:41:28 MDT 2004 com/jimbob/
    0 Sat Jul 24 10:41:28 MDT 2004 com/jimbob/ach/
  486 Sat Jul 24 10:41:28 MDT 2004 com/jimbob/ach/Ach.class
  377 Sat Jul 24 10:41:28 MDT 2004 com/jimbob/ach/AchCredentials.class
  516 Sat Jul 24 10:41:28 MDT 2004 com/jimbob/ach/AchResponse.class
 1164 Sat Jul 24 10:41:28 MDT 2004 com/jimbob/ach/AchStatus.class
    ...
```

옵션 x(즉 jar xvf)를 사용해서 JAR에서 파일을 추출할 수 있다.

클래스를 JAR에 추가하면, JAR를 클래스 패스에 추가할 수 있다. 자바는 필요한 클래스를 읽기 위해서 JAR파일 안을 찾는다. 예를 들어, sis.jar를 디렉토리 /usr/sis에 배포한다고 가정하자. SIS 응용프로그램을 다음 명령으로 실행할 수 있다.

```
java -cp /usr/sis/sis.jar sis.ui.Sis
```

자바가 JAR 내부의 클래스 파일을 찾기 위해서, 경로 정보는 패키지 정보와 일치해야 한다. 클래스 com.jimbob.ach.Ach의 위치를 찾으려면, 자바는 JAR에서 완전한 경로이름 com/jimbob/ach/Ach.class을 찾을 수 있어야 한다. 위의 jar tvf 리스트에서, 이 파일을 굵게 표시했다.

만약, JAR를 만든 디렉토리 보다 상위 디렉토리에 있다면 JAR의 경로 정보는 다음과 같을 것이다.

```
  486 Sat Jul 24 10:41:28 MDT 2004 sis/com/jimbob/ach/Ach.class
```

자바는 이런 항목을 class com.jimbob.ach.Ach으로 간주하지 않는다.

jar 유틸리티는 ZIP 파일에 목록파일인 META-INF/MANIFEST.MF을 추가한다. 목록 파일은 JAR 의 내용에 대한 정보(즉 메타 정보)를 포함한다.

목록 파일의 한가지 사용은 메인 클래스를 지정하는 것이다. 메인 클래스를 지정하면, JAR 이름만으로 응용프로그램을 시작할 수 있다. 다음 내용을 포함하는 분리된 목록 파일을 만들어서 이런 일을 할 수 있다.

자바에 대한 여러 가지 정보 | Additional Lesson III

```
Main-Class: sis.ui.Sis
```

파일의 마지막에 빈 줄을 넣는 것을 잊지 말자! 그렇지 않으면 자바는 목록 항목을 읽지 못한다.

JAR를 만들 때, 목록 파일을 다음 명령으로 지정한다.

```
jar cvmf main.mf sis.jar *
```

m 옵션은 물론 manifest(목록)를 의미한다. sis.jar 안의 MANIFEST.MF를 보면, 다음과 같은 내용이 있을 것이다.

```
Manifest-Version: 1.0
Created-By: 1.5.0 (Sun Microsystems Inc.)
Main-Class: sis.ui.Sis
```

이제 단순화된 명령으로 SIS 응용프로그램을 시작할 수 있다.

```
java -jar sis.jar
```

프로그램상에서 JAR(그리고 ZIP)을 관리할 수 있다. 자바는 java.util.zip 패키지에서 이런 목적의 API를 제공한다. java.util.zip 패키지는 AJR를 읽고 쓸 수 있는 도구를 포함한다. 이 API로 텍스트 파일을 사용하는 것과 마찬가지로 JAR 동작에 대한 단위 테스트를 작성할 수 있다.

2 정규 표현식(regular expression)

regex 혹은 regexp로도 불리는 정규 표현식은 검색 패턴을 포함하는 문자열이다. 정규 표현식 언어는 패턴 검색에서 거의 표준화되어 있다. 펄이나 루비와 같은 다른 언어들은 정규 표현식을 직접 지원한다. 텍스트패드나 울트라에디트 같은 프로그램들은 정규 표현식으로 파일을 검색 할 수 있다. 자바는 정규 표현식을 사용하기 위한 몇 가지 클래스 라이브러리를 제공한다.

디렉토리의 파일을 보이기 위해서 와일드카드 문자(*)을 사용할 수 있다. 와일드 카드를 쓰는 것은 모든 문자열에 매치되어서 ls나 dir 명령이 모든 파일을 찾도록 한다. 예를 들어, dir *.java 명령은 .java 확장자의 모든 파일을 보여 준다.

정규 표현식 언어는 개념에서 비슷하지만 훨씬 강력하다. 이 부분에서는 간단한 예제로 정규 표현식을 소개할 것이다. 자바 코드에서 정규 표현식의 장점을 사용하는 방법을 보일 것이다.

Agile Java

저자는 정규 표현식을 사용하는 자바 코드를 시험해 보기를 권장한다. 하지만 정규 표현식에 대한 완전한 내용은 이 책의 범위를 벗어난다. 마지막의 정규 표현식 튜토리얼이나 정보를 제공하는 몇 개의 사이트 링크를 참조한다.

문자열 나누기

레슨 7에서, String의 split 메소드를 전체 이름을 이름 부분으로 나누기 위해서 사용했다. 하나의 공백 문자를 포함하는 문자열을 split에 전달한다.

```
for (String name: fullName.split(" "))
```

split 메소드는 정규 표현식을 하나뿐인 인수[1]로 받는다. split 메소드는 받은 문자열을 해당 정규표현식에 맞을 때까지 나눈다.

"Jeffrey Hyman"에 대해서 성과 이름 사이에 세 개의 공백이 있는 split을 적용한다고 가정하자. 결과로 "Jeffrey"와 "Hyman"을 받기를 원할 것이지만, 다음 테스트는 실제 결과를 보여 준다.

```
public void testSplit() {
   String source = "Jeffrey   Hyman";
   String expectedSplit[] = { "Jeffrey", "", "", "Hyman" };
   assertTrue(
      java.util.Arrays.equals(expectedSplit, source.split(" ")));
}
```

다시 말하면, 공백으로 구분된 네 개의 문자열이 있다. 두 문자열은 빈 문자열("")이다. 첫 번째 빈 문자는 "Jeffrey"를 빈 문자열과 구분한다. 두 번째 빈 문자는 두 번째 빈 문자열과 첫 번째 빈 문자열을 구분한다. 그리고 세 번째 빈 문자열은 두 번째 빈 문자열과 "Hyman"을 구분한다.

대신 공백 문자의 그룹을 기준으로 이름을 나누기를 원할 것이다. 클래스 java.util.regex.Pattern에 대한 자바 API 문서를 참조하면, \s가 하나의 공백 문자열(탭, 새줄, 폼 피드, 스페이스, 캐리지 리턴)에 매칭되는 것을 알 수 있다. API 문서의 Greedy Quantifier 부분에서, X+가 X의 1번 이상의 출현을 나타내는 것을 알 수 있다.

두개의 개념을 조합하면 \s+가 하나 이상의 공백 문자열에 대응된다.

Student 클래스의 이름 나누기 코드를 sis.studentinfo.Name이라는 클래스로 옮겼다. NameTest와 Name의 전체 코드는 *http://www.LangrSoft.com/agileJava/code*에서 받을 수 있다. 아래의 코드는 중요하거나 새로운 코드만을 보여 준다.

---

[1] split의 오버로드된 버전은 패턴이 적용되는 회수에 제한을 할 수 있다.

640

자바에 대한 여러 가지 정보 | Additional Lesson III

```java
// NameTest.java
public void testExtraneousSpaces() {
   final String fullName = "Jeffrey    Hyman";
   Name name = createName(fullName);
   assertEquals("Jeffrey", name.getFirstName());
   assertEquals("Hyman", name.getLastName());
}

private Name createName(String fullName) {
   Name name = new Name(fullName);
   assertEquals(fullName, name.getFullName());
   return name;
}
// Name.java
private List<String> split(String fullName) {
   List<String> results = new ArrayList<String>();
    for (String name: fullName.split(" "))
      results.add(name);
   return results;
}
```

testExtraneousSpaces 테스트 메소드는 Name.split의 현재 구현으로는 통과되지 않을 것이다. 배운 새로운 패턴을 사용하면, split 메소드를 테스트를 통과하도록 바꿀 수 있다.

```java
private List<String> split(String fullName) {
   List<String> results = new ArrayList<String>();
   for (String name: fullName.split("\\s+"))
      results.add(name);
   return results;
}
```

백슬래시 문자('\')는 자바 문자열의 이스케이프 시퀀스의 시작을 나타낸다. 따라서, 정규 표현식 \s+는 문자열의 내용에서 \\s+로 나타난다.

\s가 임의의 공백 문자에 매치되기 때문에 추가적인 공백이 무시되는 것을 확인하도록 테스트를 수정한다.

```java
public void testExtraneousWhitespace() {
   final String fullName = "Jeffrey    \t\t\n \r\fHyman";
   Name name = createName(fullName);
   assertEquals("Jeffrey", name.getFirstName());
   assertEquals("Hyman", name.getLastName());
}
```

문자열의 표현 바꾸기

많은 응용프로그램은 사용자에게서 전화번호를 받는다. 사람들은 여러 방법으로 전화번호를 입력한다. 모든 숫자가 아닌 문자(괄호, 하이픈, 문자, 공백 등)를 전화번호에서 제거할 수 있을 것이다. 정규 표현식을 사용하면 이것은 매우 간단하다. U.S 10 단위 전화번호를 예로 사용한다.

Agile Java

```java
public void testStripPhoneNumber() {
   String input = "(719) 555-9353 (home)";
   assertEquals("7195559353", StringUtil.stripToDigits(input));
}
```

해당되는 결과 코드는 다음과 같다.

```java
public static String stripToDigits(String input) {
   return input.replaceAll("\\D+", "");
}
```

replaceAll 메소드는 두 개의 인수를 받는다. 매치할 정규표현식과 바뀔 문자열이다. \D는 숫자가 아닌 문자에 매치된다. 정규 표현식의 표현은 매치되는 것에는 소문자, 매치되지 않는 문자는 대문자로 표시한다. 다른 예로 \w는 "단어" 문자(문자, 숫자, _ 문자)에 해당된다. 대문자 \W는 단어 문자가 아닌 모든 문자를 나타낸다.

Pattern과 Matcher 클래스

JTextPane을 스윙 기반의 텍스트 편집 응용프로그램의 기초로 쓸 수 있다. JTextPane은 텍스트 일부에 스타일을 적용할 수 있다. 많은 텍스트 에디터가 패턴에 맞는 문자열을 검색하고 표시하는 기능을 제공한다. 내부 글에 대해서 텍스트 검색을 관리하는 클래스를 만들어본다.

다음은 정규 표현식을 좀더 보여 주는 테스트이다.

```java
package sis.util;

import junit.framework.TestCase;

import java.util.regex.*;

public class RegexTest extends TestCase {
   public void testSearch() {
      String[] textLines =
         { "public class Test {",
           "public void testMethod() {}",
           "public void testNotReally(int x) {}",
           "public void test() {}",
           "public String testNotReally() {}",
           "}" };
      String text = join(textLines);

      String testMethodRegex =
         "public\\s+void\\s+test\\w*\\s*\\(\\s*\\)\\s*\\{";
      Pattern pattern = Pattern.compile(testMethodRegex);
      Matcher matcher = pattern.matcher(text);
      assertTrue(matcher.find());
      assertEquals(text.indexOf(textLines[1]), matcher.start());
      assertTrue(matcher.find());
```

자바에 대한 여러 가지 정보 | Additional Lesson III

```
        assertEquals(text.indexOf(textLines[3]), matcher.start());
        assertFalse(matcher.find());
    }

    private String join(String[] textLines) {
        StringBuilder builder = new StringBuilder();
        for (String line: textLines) {
            if (builder.length() > 0)
                builder.append("\n");
            builder.append(line);
        }
        return builder.toString();
    }
}
```

testMethodRegex에 있는 정규 표현은 어려워 보인다. 이들은 훨씬 어려울 수도 있다! 위의 정규 표현식은 static 혹은 abstract 수식어의 가능성을 무시한다[2]. 정규 표현식의 두 개짜리 백슬래시는 도움이 되지 않는다.

이 패턴에서 그 내용을 찾는 것은 직선적이다. 각 구조를 왼쪽에서 오른쪽으로 차례대로 살펴볼 것이다.

public\\s+void\\s+test\\w*\\s*\\(\\s*\\)\\s*\\{	
"public" 문자열에 대응된다	public
하나이상의 공백 문자에 대응된다.	\\s+
"void"에 대응된다.	Void
하나이상의 공백문자에 대응된다.	\\s
"test"에 대응된다.	Test
하나이상의 단어 문자에 대응된다.	\\w* (*가 의미하는 것처럼 여러 개가 반복될 수 있다)
0개이상의 공백 문자에 대응된다.	\\s*
왼쪽 괄호에 대응된다.	\\(
0개이상의 공백 문자에 대응된다	\\s*
오른쪽 괄호에 대응된다.	\\)
0개 이상의 공백 문자에 대응된다	\\s*
왼쪽 중괄호에 대응된다.	\\{

정규 표현 문자열은 형식이 확인되어 있지 않다. Pattern 클래스의 compile 메소드를 사용해서 먼저 컴파일 해야 한다. 성공적으로 컴파일된 정규 표현 문자열은 Pattern 객체를 반환한다. Pattern 객체에서, 주어진 입력 문자열에 대한 Matcher를 얻을 수 있다. Matcher

---
Footnote

[2] 아마도 정규 표현식이 이런 일을 위한 최적의 도구일 것이다.

Agile Java

객체를 얻으면, 다음 서브시퀀스를 찾기 위해서 find 메시지를 보낼 수 있다. 대응되는 문자열을 찾으면 find 메소드는 true를 반환한다.

   Match 인스턴스는 마지막으로 찾은 서브시퀀스 정보를 가지고 있다. Matcher 객체에 start와 end를 보내서 대응되는 서브시퀀스를 나누는 인덱스를 받을 수 있다. group 메시지를 보내면 대응되는 서브 시퀀스 문자열을 얻는다.

   Find를 시작하는 데 더해서, matches 메시지를 Matcher에 보낼 수 있다. 이 메소드는 전체 입력 문자열이 정규 표현식에 맞을 경우에만 true를 반환한다. 문자열의 처음부분만 정규 표현식에 대응되면 true를 반환하는 lookingAt 메시지를 보낼 수도 있다.

추가적인 정보

   이미 본 것처럼 정규 표현식을 테스트하는 것은 간단하다. 이 간단한 예가 자바의 정규 표현식 지원을 좀더 깊이 알기 위한 시작점이 될 수 있을 것이다. 클래스 java.util.regex.Pattern에 대한 API 문서가 정규 표현식에 대한 정보를 찾기 위한 좋은 시작점이 될 것이다.

   정규 표현식 언어는 좀더 어렵다. 어떻게 글에 문자열에 대한 패턴 매치를 하는지 아는 것은 적절한 정규 표현식 언어를 사용하는데 필수적이다.

   정규 표현식에 대한 썬 튜토리얼은 *http://java.sun.com/docs/books/tutorial/extra/regex*이며 추가적인 정규 표현식 주제를 제공한다. 또한 다음 사이트도 도움이 될 것이다.

- *http://www.regular-expressions.info/*
- *http://www.javaregex.com/*

3   클론(clone)과 코바리언스(covariance)

   자바는 객체의 복사본을 만드는 클론(clone)기능을 제공한다. 클론이 그다지 쓸 일이 없다는 것을 알면 놀랄지도 모르겠다. 저자의 몇 년간의 전문적인 자바 개발과정에서, 클론이 필요한 경우를 몇 번 밖에 보지 못했다. 따라서 클론에 대한 내용을 이 마지막 섹션의 간단한 개요로만 끝낸다.

   불행히도 클론은 흔히 잘못 이해되고 잘못 구현된다. 단순한 예제보다 좀더 복잡한 클론이 필요하다면, 클론에 관련된 내용을 이펙티브 자바(effective java)[3]에서 찾을 수 있을 것이다.

   예로서, 간단 Course 클래스에 대한 클론 기능을 제공해 보자.

---

[3] 〔Bloch2001〕.

자바에 대한 여러 가지 정보 | Additional Lesson III

```java
public void testClone() {
   final String department = "CHEM";
   final String number = "400";
   final Date now = new Date();
   Course course = new Course(department, number);
   course.setEffectiveDate(now);
   Course copy = course.clone();
   assertFalse(copy == course);
   assertEquals(department, copy.getDepartment());
   assertEquals(number, copy.getNumber());
   assertEquals(now, copy.getEffectiveDate());
}
```

clone이 Object 클래스에 정의되어 있기는 하지만 이 테스트는 컴파일 되지 않을 것이다. Object에 정의된 clone 메소드는 protected이다. Course 하위 클래스에서 clone 메소드를 오버라이드 해서 public으로 만들어야 한다. Clone 메소드는 Object에 다음과 같이 정의된다.

```java
protected native Object clone() throws CloneNotSupportedException;
```

native 키워드는 메소드가 자바에서 구현되지 않고 JVM에서 구현되었다는 의미이다.

객체를 클론하기 위해서는, 클래스는 Cloneable 인터페이스를 구현해야 한다. Cloneable은 clone을 정의하지 않는 마커 인터페이스이다. 대신 이 인터페이스의 목표는 Cloneable로 선언되지 않은 객체를 클라이언트가 클론하지 못하도록 하기 위해서 사용된다.

다음은 Course의 구현이다.

```java
package sis.studentinfo;
...
public class Course implements java.io.Serializable, Cloneable {
   private String department;
   private String number;
   private Date effectiveDate;
   ...
   @Override
   public Course clone() {
      Course copy = null;
      try {
         copy = (Course)super.clone();
      }
      catch (CloneNotSupportedException impossible) {
         throw new RuntimeException("unable to clone");
      }
      return copy;
   }
}
```

처음으로 알게 될 점은 clone 메소드가 상위 클래스에 정의된 것처럼 Object가 아닌, Course 형식의 객체를 반환한다는 것이다. 이것은 자바의 코바리언스(covariance)라고 불리는 자바의 기능이다. 코바리언스는 하위 클래스 메소드가 상위 클래스의 반환형이 아닌 객체를 반환하는 능력이다. 클론은 자바의 코바리언스의 전형적인 예이다.

Agile Java

클론 메소드의 핵심은 상위 클래스의 clone 메소드를 호출하는 것이다. 항상 상위 클래스의 clone 메소드를 호출해야 한다. Object(실제로는 VM에 구현된다)에 구현된 clone 메소드는 객체의 내용을 비트 단위로 복사한다. 이것은 클래스에 정의된 모든 필드 값이 복사된다는 의미이다. 레퍼런스 역시 복사되지만 레퍼런스가 참조하는 객체는 복사되지 않는다. 예를 들어, Course의 effectiveDate 필드에 대해서 원래와 클론은 같은 Date 객체를 가리킨다.

레퍼런스는 복사되지만 참조하는 객체는 복사되지 않는, 기본 클론 동작은 셸로우 클론(shallow clone)이라고 불린다. 만약, 딥 클론(deep clone)을 원한다면, clone 메소드 내부에 직접 코드를 넣어야 한다.

Super.clone을 호출하는 것은 CloneNotSupportedException을 일으킬 수 있다. 이것은 클래스가 Cloneable 마커 인터페이스를 구현해야 하기 때문이다.

4 JDBC

대부분의 기업 응용프로그램은 오라클, MySQL, 사이베이스, SQL 서버, DB2등의 관계형 데이터베이스를 사용한다. 응용프로그램은 실행될 때마다 사용되는 영구적인 정보가 필요하다. 관계형 데이터베이스[4]는 응용프로그램에 독립적인 정보 저장과 접근 방법을 제공한다.

관계형 데이터베이스는 테이블로 구성된다. 테이블은 행과 열의 매트릭스이다. 열은 속성이다. 행은 열 값을 모은 것이다. 예를 들어, 학생 테이블은 열 ID, 이름, city를 가질 수 있다. 테이블의 예가 표 1에 있다. 이 테이블에서, 두 개의 행, 즉 두 학생정보가 있다.

SQL(strcuctured query language)로 임의의 관계형 데이터베이스에서 정보를 저장하고 가져올 수 있다. 대부분의 경우 SQL은 데이터 베이스 구현의 표준이다. 오라클 데이터 베이스에서 학생정보에 접근하는 SQL문은 사이베이스 데이터베이스에서도 사용될 수 있다. (작은 수정이 필요할 수도 있다.) 자바에서는 JDBC(java database connectivity)라는 API를 사용해서 데이터베이스에 접근한다. JDBC는 데이터베이스와 연결을 만들고 SQL을 실행할 수 있도록 해준다.

표 1 두 개의 행을 가지는 학생 테이블

ID	Name	City
221-44-4400	Schoo	Pueblo
234-41-0001	Caboose	Laurel

---

4) 데이터 베이스를 관리하기 위한 DBMS(database management system)라는 용어를 들어봤을 것이다. RDBMS는 관계형(relational) DBMS이다.

자바에 대한 여러 가지 정보 | Additional Lesson III

데이터베이스와 상호작용이 필요한 경우가 흔하므로 단순화를 위한 자바 제품이 여러가지가 있다. 엔터프라이즈 자바 빈즈(EJB, enterprise java beans), Hibernate, JDO가 자바 데이터의 영속성을 위한 인기있는 제품이다. JDBC는 이런 도구의 기초가 된다. 대게 그런 것처럼, 상위 레벨의 도구를 이용하기 전에 기초부분이 어떻게 동작하는지 아는 것이 도움이 된다. 이런 지식이 도구가 동작하는 방법을 아는데 도움이 될 것이다. 스스로 구현한 잘 구성된 JDBC 구현이 더 나은 방법이 될 수도 있다.

이 간단한 개요에서는, 간단한 JDBC 테스트를 만들고 데이터 베이스와 연동하는 코드를 작성하는 방법을 보일 것이다. 스윙과 마찬가지로 JDBC에 대한 여러 책과 많은 웹 사이트가 있다. JDBC에 대한 좀더 자세한 사항은 추가 자원을 찾아봐야 한다. SQL에 대한 정보가 필요할 수도 있다. 이 책에서는 SQL에 대한 최소한의 설명만을 한다.

이 섹션의 예제는 MySQL과 연동되도록 작성되었다.(http://www.mysql.com에서 다운로드 받을 수 있다.) 대부분의 예제는 다른 데이터베이스에도 적용이 가능하다. 하지만 데이터 베이스에 적용하는 코드 일부는 다를 것이다. 또한 "시작하기" 테스트의 일부는 데이터 베이스에 테스트 구조가 존재한다고 가정한다.

또한 MySQL을 위한 JDBC 드라이버가 필요할 것이다(http://dev.mysql.com/downloads/connector/j/3.0.html 참조). 드라이버는 썬의 JDBC 인터페이스 정의를 만족하는 자바 라이브러리이다. 여러분의 코드는 데이터 베이스나 데이터베이스 드라이버에 관계없이, 항상 썬이 제공하는 JDBC 인터페이스 메소드와 연동한다. 데이터베이스 드라이버는 데이터베이스 자체의 특정 요구사항에 따른 JDBC API 호출을 위해 구현되었다.

데이터베이스에 접속하기

어쩌면 데이터베이스와 연동하는 가장 어려운 부분은 접속하는 것이다. MySQL을 설치하면 항상 접근이 가능한 test라는 데이터베이스가 생성된다. 여러분의 첫 번째 테스트는 이 test 데이터베이스에 접근하는 것을 확인하는 것이다.

MySQL JDBC 드라이버를 설치하고 클래스패스에 추가한 것을 확인하자. 컴파일하기 위해 클래스패스에 넣는 것이 아니고, 실행을 위해서이다.

```
package sis.db;

import junit.framework.TestCase;
import java.sql.*;

public class JdbcAccessTest extends TestCase {
  public void testConnection() throws SQLException {
    JdbcAccess access = new JdbcAccess("test");
    Connection connection = null;
    try {
      connection = access.getConnection();
```

Agile Java

```
      assertFalse(connection.isClosed());
   }
   finally {
      connection.close();
   }
  }
}
```

이 테스트는 충분히 단순하다. JdbcAccess 인스턴스를 test라는 데이터베이스 이름으로 만든다. access 객체에서 접속요청을 하고, 접속이 열린 것을 확인한다. finally 블록에서 연결이 닫히도록 하는 것을 잊지 말자.

몇 가지 조언이 있다. 먼저, 테스트 자체는 SQLException을 생성한다. SQLException을 빨리 캡슐화해야 할 것이다. 최소한의 클래스만이 JDBC를 사용하는 것을 알아야 한다.

 JDBC에 대해서 아는 것을 하나의 클래스로 제한한다.

둘째로, 클라이언트가 연결 객체를 요청하는 것을 원하지 않을 것이다. 여러 시스템의 일반적인 클라이언트 코드가 연결을 닫는 것을 잊는 것이다. 클라이언트는 계속해서 연결을 연다. 결국, 더 이상의 연결을 제공할 수 없으면 시스템이 다운된다. 당장은, 연결이 가능한 것을 확인하는 테스트를 작성하고 나서 점차 추가해 나갈 것이다. 여러분은 getConnection을 공개하고 싶지 않을 것이다.

```
package sis.db;

import java.sql.*;

public class JdbcAccess {
   private String database;

   public JdbcAccess(String database) {
      this.database = database;
   }

   Connection getConnection() throws SQLException {
      try {
         Class.forName("com.mysql.jdbc.Driver");
      } catch (Exception cause) {
         throw new SQLException(cause.getMessage());
      }
      String url = "jdbc:mysql://localhost/" + database;
      return DriverManager.getConnection(url);
   }
}
```

JdbcAccess에서 getConnection의 구현은 두 단계이다. 먼저, JDBC 드라이버 클래스를 읽어들인다. 둘째로, DriverManager 클래스의 getConnection를 호출해서 데이터베이스의 URL을 전달한다.

자바에 대한 여러 가지 정보 | Additional Lesson

드라이버를 읽는데 권장되는 사항은 반영을 사용하는 것이다. 여러분은 클래스의 이름을 나타내는 문자열을 Class의 forName 클래스 메소드로 전달한다. 어떤 드라이버는 실제로 드라이버 인스턴스를 만들기 위해 newInstance를 호출하는 것이 필요하다[5]. 하지만 새로운 인스턴스를 직접 만들지 못할 이유는 없다.

```
Connection getConnection() throws SQLException {
   new com.mysql.jdbc.Driver();
   String url = "jdbc:mysql://localhost/" + database;
   return DriverManager.getConnection(url);
}
```

반영을 사용할 것을 권장하는 원래의 이유는 유연성을 위해서이다. Class.forName을 사용해서, 여러분은 설정 파일이나 시스템 정보 에서 드라이버 클래스 이름을 읽을 수 있다. 그리고 나서 이후에 코드를 바꾸지 않고 드라이버를 바꿀 수 있는 유연성이 생긴다. 실제로, 드라이버를 바꾸는 것은 흔치 않은 일이며, 만약, 그래야 하다면 어차피 코드를 수정해야 한다[6]. Class.forName을 호출할 때, 드라이버 클래스의 정적 초기화가 일어난다. 정적 초기화 부분 코드의 역할은 드라이버를 DriverManager에 등록하는 것이다. DriverManager는 모든 등록된 드라이버의 리스트를 유지하고, getConnection에서 얻은 URL을 근거로 적절한 것을 선택한다.

하나 이상의 드라이버를 지정하는 다른 방법은 jdbc.drivers 시스템 속성을 이용해서 클래스 이름을 제공하는 것이다. 이 속성을 설정하는 방법은 이 챕터 뒷부분의 속성 부분을 참조한다.

데이터베이스 URL의 정보구성은 드라이버 제공사에 따라 다르다. 하지만 jdbc 뒤에 하위 프로토콜 문자열(이 경우 mysql)을 붙이는 것과 같이 몇 가지 규칙을 따른다. URL의 각 요소는 콜론(:)으로 구분한다. MySQL에서, 여러분은 서버(여기서는 localhost)에 대한 참조와 데이터베이스 이름을 하위 프로토콜 뒤에 넣는다.

getConnection을 호출한 결과는 java.sql.Connection 객체이다. 여러분은 SQL 문을 실행하기 위해서 연결이 필요하다.

연결은 부족한 자원이다. 여러분은 제한된 숫자의 연결만을 생성할 수 있다. 더구나, 새로운 연결을 만드는 것은 성능 면에서 큰 영향을 준다. 연결 풀(connection pool)은 항상 열린 몇 개의 연결을 관리하는 방법이다 클라이언트는 풀에 연결을 요청하고, 사용하고, 풀로 돌아가도록 반환한다. 어떤 JDBC 구현은 연결 풀을 직접 제공하기도 한다. 연습의 목적으로 단일 클라이언트만이 접근하는 연결을 구현했으므로 풀을 사용할 필요가 없다.

---

footnote

[5] MySQL에서는 필요하지 않다. 드라이버 문서를 확인하자. 귀찮다면 항상 newInstance를 호출한다.
[6] 물론, 두 번째 드라이버를 지원하는 것은 하드 코드된 클래스 레퍼런스를 없애는 충분한 이유가 된다.

Agile Java

쿼리(query) 실행하기

두 번째 테스트는 SQL 문을 실행하는 것을 보여 준다.

```
package sis.db;

import junit.framework.TestCase;
import java.sql.*;

public class JdbcAccessTest extends TestCase {
   private JdbcAccess access;

   protected void setUp() {
      access = new JdbcAccess("test");
   }
   ...
   public void testExecute() throws SQLException {
      access.execute("create table testExecute (fieldA char)");
      try {
         assertEquals("fieldA",
            access.getFirstRowFirstColumn("desc testExecute"));
      }
      finally {
         access.execute("drop table testExecute");
      }
   }
}
```

테스트 데이터베이스에 테이블이 있다고 가정할 수 없다.

SQL 문, "create table testExecute (fieldA char)"는 fieldA라는 이름의 한 개의 char 컬럼으로 testExecute를 만든다.

테이블이 생성된 것은 getFirstRowFirstColumn을 호출해 보면 알 수 있다. desc testExecute 쿼리는 testExecute테이블의 설명을 보여 준다. SQL 명령 desc는 describe를 줄인 것이다. Desc 명령은 각 컬럼에 대해서 설명하는 줄을 반환한다. 각 줄의 첫 번째 컬럼은 컬럼의 이름이다.

마지막으로, SQL 명령 drop table로 testExecute 테이블을 제거하는 테스트를 작성한다.

약간 재구성된 JdbcAccess는 execute와 getFirstRowFirstColumn이라는 새로운 메소드를 포함한다. 이 재구성은 코드 중복을 제거한다. 또한 드라이버 인스턴스가 한번만 읽혀지는 것을 확인한다. execute와 getFirstRowFirstColumn 메소드 모두는 각자의 연결을 만든다. 따라서 클라이언트 코드에서 연결을 관리할 필요가 없다.

```
package sis.db;

import java.sql.*;

public class JdbcAccess {
   private String url;
   ...
```

자바에 대한 여러 가지 정보 | Additional Lesson III

```java
public void execute(String sql) throws SQLException {
  Connection connection = getConnection();
  try {
    Statement statement = connection.createStatement();
    statement.execute(sql);
  }
  finally {
    close(connection);
  }
}

private void close(Connection connection) throws SQLException {
  if (connection != null)
    connection.close();
}

Connection getConnection() throws SQLException {
  if (url == null) {
    loadDriver();
    url = "jdbc:mysql://localhost/" + database;
  }
  return DriverManager.getConnection(url);
}

private void loadDriver() throws SQLException {
  try {
    Class.forName("com.mysql.jdbc.Driver");
  } catch (Exception cause) {
    throw new SQLException(cause.getMessage());
  }
}

public String getFirstRowFirstColumn(String query)
    throws SQLException {
  Connection connection = getConnection();
  try {
    Statement statement = connection.createStatement();
    ResultSet results = statement.executeQuery(query);
    results.next();
    return results.getString(1);
  }
  finally {
    close(connection);
  }
}
```

SQL을 실행하기 위해서는 Statement 객체가 필요하다. Statement 객체는 createstatement를 보내서 Connection으로부터 얻을 수 있다. Statement를 얻으면, SQL 명령을 실행하기 위해서 execute을 호출하거나, 명령을 실행하고 결과를 얻기 위해 executeQuery를 실행할 수 있다. execute와 executeQuery에는 SQL 문자열을 인수로 전달한다.

Agile Java

결과는 ResultSet 객체의 형태로 반환된다. ResultSet은 Iterator와 비슷하다. 이 객체는 현재의 로우에 대한 내부 포인터를 관리한다. 처음에 이 객체는 어떤 것도 가리키지 않으며, next메시지를 보내서 이 포인터를 전진 시킬 수 있다. Next는 내부 포인터가 마지막 로우를 지날 때까지 true를 반환한다. 현재 로우에서 컬럼은 컬럼 이름이나 인덱스로 접근 할 수 있다. 각 컬럼에 저장된 데이터의 형식에 따라 컬럼 값을 얻는 여러 메소드가 있다. 예를 들어, ResultSet의 getString 메소드는 문자열 데이터를, getInt는 int 값을 반환한다.

getFirstRowFirstColumn의 코드는 results.next()를 호출해서 executeQuery에서 반환된 첫 번째 로우로 포인터를 옮긴다. getFirstRowFirstColumn 메소드는 ResultSet에 인덱스 1로 getString 메시지를 보내서 첫 번째 컬럼의 값을 반환한다. 컬럼 인덱스는 JDBC에서 0이 아닌 1로 시작한다.

준비된 명령문

어떤 응용프로그램에서 같은 명령을 키만 바꿔서 여러 번 실행하는 경우가 자주 있다. 예를 들어, SIS 응용프로그램은 학생 ID 번호로 빠르게 학생을 찾아야 한다.

문자열의 형태로 SQL 명령을 전달하기 때문에, 명령은 데이터베이스가 실행하기 전에 컴파일 되어야 한다. 명령을 실행하는 과정은 SQL 문법을 확인하는 것을 포함한다. 컴파일은 성능에 영향을 줄 만큼 오랜 시간이 걸린다. 속도를 높이기 위해, SQL 문자열을 사용해서 PreparedStatement 객체를 만들 수 있다. PreparedStatement는 SQL을 한번 컴파일하고 이 컴파일 된 버전을 나중을 좀더 빠르게 사용하기 위해서 저장한다.

물음표('?') 형식으로 SQL 문자열에서 위치를 표시할 수 있다. 이후에 이 위치에 값을 연결한다. 학생 검색을 위한 적절한 SQL 문자열은 다음과 같다.

select id, name from testQueryBy where id = ?

각 학생 검색에 대해서 set 메소드를 이용해서 물음표에 값을 연결한다.

statement.setString(1, "boo") 메소드는 'boo'를 첫 번째(그리고 하나뿐인) 물음표 인수에 연결한다.

```java
public void testQueryBy() throws SQLException {
    drop("testQueryBy");
    access.execute(
        "create table testQueryBy (id varchar(10), name varchar(30))");
    PreparedStatement statement = null;

    try {
        access.execute("insert into testQueryBy values('123', 'schmoe')");
        access.execute(
            "insert into testQueryBy values('234', 'patella')");

        statement =
            access.prepare("select id, name from testQueryBy where id = ?");

        List<String> row = access.getUnique(statement, "234");
```

자바에 대한 여러 가지 정보 | Additional Lesson III

```
      assertEquals("234", row.get(0));
      assertEquals("patella", row.get(1));

      row = access.getUnique(statement, "123");
      assertEquals("123", row.get(0));
      assertEquals("schmoe", row.get(1));
    }
    finally {
      statement.close();
      drop("testQueryBy");
    }
}

private void drop(String tableName) {
    try {
      access.execute("drop table " + tableName);
    }
    catch (SQLException ignore) {
      // exception thrown if table doesn't exist; we don't care
    }
}
```

PreparedStatement를 사용하는 것이 클라이언트의 효율성을 위해서이므로, PreparedStatement에 대해서 쿼리를 실행할 때마다 연결을 닫지 않아야 한다. 이 경우, 클라이언트 코드가 PreparedStatement 사용을 끝냈을 때 연결을 닫는 것을 보장해야 한다.

```
public PreparedStatement prepare(String sql) throws SQLException {
    Connection connection = getConnection();
    return connection.prepareStatement(sql);
}

public List<String> getUnique(
        PreparedStatement statement, String... values)
        throws SQLException {
    int i = 1;
    for (String value: values)
      statement.setString(i++, value);
    ResultSet results = statement.executeQuery();
    results.next();

    List<String> row = new ArrayList<String>();
    ResultSetMetaData metadata = results.getMetaData();
    for (int column = 1; column <= metadata.getColumnCount(); column++)
      row.add(results.getString(column));
    return row;
}
```

ResultSet에서 메타데이터를 얻을 수 있다. ResultSetMetaData 객체는 반환된 결과에 대한 유용한 정보를 제공한다. 이 정보는 컬럼의 개수, 각 컬럼의 데이터 형식, 각 컬럼의 값 등이다. getUnique는 getColumnCount를 사용해서 컬럼의 개수를 얻고 컬럼 값을 이터레이트하는데 사용한다.

메타데이터는 데이터베이스 수준에서도 얻을 수 있다. Connection 객체에 getMetaData 메시지를 보낼 수 있다. 결과로 데이터베이스와 드라이버, 테이블, 컬럼, 버전, 드라이버 제약, 데이터베이스 제약 등에 대한 정보를 담은 DatabaseMetaData를 받는다.

JDBC 응용프로그램 디자인

응용프로그램에서 JDBC를 사용해서 영속성을 보장하는 방법은 수십 가지가 있다. 이미 말한 것처럼, JDBC 위에서 사용되거나, 아예 대체하는 도구를 사용할 수 있다. 혹은 TDD를 따라서, 스스로 비슷한 도구를 만들어 갈 수도 있다. 중복을 꾸준히 없애면 필요한 도구를 금방 만들게 될 것이다. 외부업체 도구와는 달리, 여러분의 도구는 요구에 따라 빨리 수정할 수 있다.

위의 예제를 스스로의 도구의 시작점으로 사용할 수 있을 것이다. JdbcAccess 클래스가 JDBC API를 직접 다루는 마지막 장소가 되어야 한다. 나머지 응용프로그램은 영속성 보장을 위해 JDBC를 사용한다는 것을 알지 못해야 한다. JDBC를 객체 지향 데이터베이스로 교체한다면, 교체 작업은 최소가 될 것이다.

데이터베이스 컬럼과 속성을 변환하는 매핑 객체를 만들 수 있다. 이런 코드는 생성(generation)이나 반영(reflection)을 이용해서 작성할 수 있다. 모든 것을 문자열 형식으로 데이터베이스에 저장하고, JdbcAccess 바로 위의 계층에서 형식 변환을 할 수도 있다. 이런 방법은 JdbcAccess를 단순하게 만들 것이다: SQL 명령은 수많은 중복을 포함한다. 데이터베이스에 대한 정보를 사용해서 SQL 명령을 만드는 SQL 생성기 클래스를 만드는 것은 간단하다.

5 국제화

상당수의 소프트웨어 제품이 세계의 각지에서 사용된다. 더 이상 여러분의 모국어로만 사용되는 응용프로그램을 만들 수는 없다. 퀘벡과 같은 어떤 지역은 모든 소프트웨어가 두개이상의 언어로 동작하도록 되어있다. 글로벌 시장에서의 성공은 여러 다른 언어의 다른 나라에서 여러분의 소프트웨어를 파는 능력에 달려있다.

다른 언어와 문화를 지원하는 소프트웨어를 만드는 것은 국제화 혹은 약자로 i18n[7]이라고 불린다. 특정 지역을 위해 소프트웨어를 준비하는 것을 지역화(localization)라고 부른다. 로케일(locale)은 지역을 의미한다. 지리, 문화, 정치에 따라 로케일이 다를 수 있다.

커다란 기존의 응용프로그램이 여러 언어를 지원하도록 뜯어고치는 것은 어려운 일이다. 이것은 국제화가 개발의 처음부터 적용되어야 한다는 의미이다. 어쩌면, "중복 없는"이라는 규

ⓕootnote

[7] Internationalization의 첫 문자와 마지막 문자 사이의 문자 개수를 세어보자.

자바에 대한 여러 가지 정보 | Additional Lesson III

칙에 충실한 것이 국제화를 쉽게 할 수도 있다. 이런 구조를 중복을 없애기 위한 과정으로 생각할 수도 있다.

 중복을 없애고 지역화를 위해 국제화 구조를 사용한다.

리소스 묶음

문자열 값을 코드에 직접 넣는 것은 문제가 된다. 가장 중요한 것은 이것은 중복이다. 만약, 결과 코드에서 값이 있고, 제대로 테스트를 한다면 같은 값을 테스트에서도 사용하게 될 것이다. 또한 값의 의미가 항상 명확하지는 않다. 이 책에서, 저자는 문자열 값을 클래스 상수로 빼내도록 했다. 테스트와 결과 코드는 같은 상수를 참조 할 수 있다. 상수의 이름은 의미를 포함한다.

여전히, 수많은 클래스 상수를 관리하는 것은 어려운 일이다. 국제화 응용프로그램의 필요사항을 고려해 보자. 이상적인 해결방법은 모든 값을 공통 파일로 추출하는 것이다. 소프트웨어를 다른 로케일로 배포한다면, 번역된 문자열을 포함하는 새로운 파일을 제공한다.

자바 클래스 java.util.ResourceBundle의 인스턴스는 특정 로케일의 리소스 파일 연동을 관리한다. 소프트웨어를 국제화하기 위해서, 모든 코드가 ResourceBundle에 지역화된 메시지 문자열을 요청하도록 바꾼다.

ResourceBundle을 사용하는 것은 간단하다. ResourceBundle은 묶음의 이름을 인수로 getBundle 메소드를 호출해서 얻는다. 그리고 나서 ResourceBundle을 맵과 같이 키를 전달하고 지역화된 객체를 얻는 방법으로 사용할 수 있다.

ResourceBundle의 사용을 테스트하는 것은 별개의 문제이다. ResourceBundle에서 주어진 속성과 값을 읽는 것을 확인해야 한다. 하지만 키와 특정 값이 리소스 파일에 존재하는지를 알 수 없다. 가장 쉬운 방법은 키와 값을 가진 작은 파일을 쓰는 것이다. 문제는, 응용프로그램의 다른 부분에서 사용하는 리소스 파일을 덮어쓰고 싶지 않다는 것이다.

```
package sis.util;

import junit.framework.TestCase;

import java.io.IOException;

public class BundleTest extends TestCase {
   private static final String KEY = "someKey";
   private static final String VALUE = "a value";
   private static final String TEST_APPEND = "test";
   private static final String FILENAME =
      "./classes/sis/util/" + Bundle.getName() + "Test.properties";
   private String existingBundleName;

   protected void setUp() {
      TestUtil.delete(FILENAME);
      existingBundleName = Bundle.getName();
      Bundle.setName(existingBundleName + TEST_APPEND);
   }
```

Agile Java

```java
   protected void tearDown() {
      Bundle.setName(existingBundleName);
      TestUtil.delete(FILENAME);
   }
   public void testMessage() throws IOException {
      writeBundle();
      assertEquals(VALUE, Bundle.get(KEY));
   }

   private void writeBundle() throws IOException {
      LineWriter writer = new LineWriter();
      String record = String.format("%s=%s", KEY, VALUE);
      writer.write(FILENAME, record);
   }
}
```

이 테스트는 setUp과 tearDown을 사용해서 테스트 리소스 파일을 조심스럽게 관리한다. 기존의 묶음의 이름을 얻기 위해 sis.util.Bundle이라는 이름의 클래스를 만들고 연동한다. 이 테스트는 기존의 리소스 파일을 저장하고, Bundle에 새로운 이름을 준다. 테스트만이 이런 이름을 알 수 있다. 테스트 자체(testMessage)는 테스트 리소스 파일을 작성한다. 리소스 파일의 각 항목은 등호(=)로 분리된 키-값 쌍이다.

get 메소드가 지역화된 리소스를 가져오는 것을 확인하기 위해 testMessage는 Bundle 클래스의 get 메소드를 호출한다. 마지막으로 teardown 메소드는 원래의 이름을 사용하도록 Bundle을 재설정한다.

```java
package sis.util;

import java.util.ResourceBundle;

public class Bundle {
   private static String baseName = "Messages";
   private static ResourceBundle bundle;

   static String getName() {
      return baseName;
   }

   static void setName(String name) {
      baseName = name;
      bundle = null;
   }

   public static String get(String key) {
      if (bundle == null)
         loadBundle();
      return (String)bundle.getString(key);
   }

   private static void loadBundle() {
      bundle = ResourceBundle.getBundle("sis.util." + getName());
   }
}
```

자바에 대한 여러 가지 정보 | Additional Lesson III

loadBundle 메소드는 베이스 이름으로 ResourceBundle 인스턴스를 얻는다. 베이스 이름은 완전한 클래스 이름과 비슷하다. 여러분이 전체 경로이름이 ./classes/sis/util/Messages.properties인 리소스 파일을 가지고 있다고 가정하자. 디렉토리 ./classes 가 클래스 패스에 있다고 가정하자. getBundle이 이 리소스 파일을 찾으려면, 베이스 이름은 "sis.util.Messages"여야 한다.

ResourceBundle 객체를 얻으면, 지역화된 리소스를 얻기 위해 몇 가지 메소드를 호출한다. getString 메시지는 지역화된 문자열을 반환한다.

Bundle 클래스를 구현하면, get 메소드를 사용하도록 문자열 값을 바꿔야 한다. 결국 상당히 큰 키-값 쌍의 파일을 만들게 될 것이다. 파일 크기가 리소스 파일을 관리하기 어렵게 만든다면, 여러 리소스 묶음으로 나누는 것을 고려해본다.

지역화

멕시코에 응용프로그램을 설치해야 한다고 가정해 보자. 지역화를 위해서 번역가에게 리소스 파일을 보내야 할 것이다. 번역사의 역할은 값을 스페인어로 바꿔서 키-값 쌍의 새로운 파일을 만드는 것이다.

(실제로, 번역가는 응용프로그램을 이해하는 여러분이나 다른 사람과 공동작업해야 할 필요가 있을 것이다. 번역가는 단어의 여러 의미 때문에 문맥상의 정보를 필요로 한다. 예를 들어, 번역가는 "파일"이 동사인지 명사인지 알아야 한다.

특정 로케일에 맞춰서 번역가가 준 파일의 이름을 지어야 한다. 로케일은 언어, 국가, 변형이다. 멕시코에 배포하기 위해서, "es"로 표시되는 스페인어를 사용해야 한다. 국가는 "MX" (Mexico)이다. 리소스 파일이름을 알기 위해서, 베이스 이름에 _를 사용해서 로케일 정보를 약간 추가한다. 베이스 이름 "Messages"에 대한 멕시코 지역 파일이름은 "Messages_es_MX.properties"이다.

Locale 클래스의 getAvailableLocales 메소드를 사용해서 플랫폼에서 지원하는 로케일의 전체 리스트를 얻을 수도 있다. 다음의 지저분한 코드를 실행해본다.

```
for (Locale locale: Locale.getAvailableLocales())
  System.out.println(String.format("%s %s: use '_%s%s'",
    locale.getDisplayLanguage(), locale.getDisplayCountry(),
    locale.getLanguage(),
    (locale.getCountry().equals("") ? "" : "_" + locale.getCountry())));
```

이 코드를 실행한 결과는 베이스 이름의 적절한 확장자를 제공할 것이다.

다음은 멕시코 지역화를 위한 새로운 테스트를 포함하도록 수정된 BundleTest이다.

```
package sis.util;

import junit.framework.TestCase;
import java.io.IOException;
```

Agile Java

```java
import java.util.Locale;

public class BundleTest extends TestCase {
   private static final String KEY = "someKey";
   private static final String TEST_APPEND = "test";
   private String filename;
   private String existingBundleName;

   private void prepare() {
      TestUtil.delete(filename);
      existingBundleName = Bundle.getName();
      Bundle.setName(existingBundleName + TEST_APPEND);
   }

   protected void tearDown() {
      Bundle.setName(existingBundleName);
      TestUtil.delete(filename);
   }

   public void testMessage() throws IOException {
      filename = getFilename();
      prepare();
      final String value = "open the door";
      writeBundle(value);
      assertEquals(value, Bundle.get(KEY));
   }

   public void testLocalizedMessage() throws IOException {
      final String language = "es";
      final String country = "MX";
      filename = getFilename(language, country);
      prepare();

      Locale mexican = new Locale(language, country);
      Locale current = Locale.getDefault();
      try {
         Locale.setDefault(mexican);
         final String value = "abre la puerta";
         writeBundle(value);
         assertEquals(value, Bundle.get(KEY));
      }
      finally {
         Locale.setDefault(current);
      }
   }

   private void writeBundle(String value) throws IOException {
      LineWriter writer = new LineWriter();
      String record = String.format("%s=%s", KEY, value);
      writer.write(getFilename(), record);
   }

   private String getFilename(String language, String country) {
      StringBuilder builder = new StringBuilder();
      builder.append("./classes/sis/util/");
      builder.append(Bundle.DEFAULT_BASE_NAME);
      builder.append("Test");
      if (language.length() > 0)
         builder.append("_" + language);
```

자바에 대한 여러 가지 정보 | Additional Lesson III

```
    if (country.length() > 0)
      builder.append("_" + country);
    builder.append(".properties");
    return builder.toString();
  }

  private String getFilename() {
    return getFilename("", "");
  }
}
```

BundleTest는 테스트 리소스 파일이름 형식을 바꾸는 것을 지원하기 위해 재구성이 필요하다. 이름이 바뀌어야 하기 때문에, 테스트 리소스 파일을 지우기 위해, setup 메소드를 사용할 수는 없다. 저자는 setUp을 prepare로 바꿨다. Prepare 메소드는 filename 필드가 적절한 테스트 리소스 파일이름을 가지고 있다고 가정한다.

새로운 테스트, testLocalizedMessage는 언어와 국가로 인코딩된 이름을 사용해서 파일에 테스트 데이터를 기록한다. 테스트는 같은 언어와 국가로 Locale 객체를 생성한다. 그리고 나서 현재의 (기본) Locale을 얻어서 테스트가 완료되었을 때 기본 로케일로 재설정한다. Bundle.get 메소드를 테스트하기 전의 마지막 준비로서 테스트는 기본 로케일을 새로 생성된 메시코어 로케일 객체로 설정한다.

Locale 설정은 전체에 반영된다. 국제화되어야 하는 코드는 현재의 로케일을 요청할 수 있다. 대부분의 시간에, 자동으로 처리된다. ResourceBundle의 경우, 여러분은 아무것도 할 필요가 없다. 묶음을 읽어 들이기 위해서, 베이스 이름만을 제공한다. ResourceBundle의 코드는 기본 로케일을 얻어서 그 정보를 완전한 리소스 파일이름을 만들기 위해서 사용한다.

형식화된 메시지

리소스 파일의 항목은 대체 위치 지정을 포함할 수 있다. 예를 들어

```
dependentsMessage=You have {0} dependents, {1}. Is this correct?
```

dependentsMessage에 대한 값은 두 개의 형식 요소를 {0}과 {1}을 포함한다. ResourceBundle을 통해 이 문자열을 읽어 들이는 코드는 형식 요소를 적절한 값으로 대체하기 위해서 MessageFormat 객체를 사용한다. 다음 언어 테스트를 살펴보자.

```
public void testMessageFormat() {
  String message = "You have {0} dependents, {1}. Is this correct?";

  MessageFormat formatter = new MessageFormat(message);
  assertEquals(
    "You have 5 dependents, Se?or Wences. Is this correct?",
    formatter.format(message, 5, "Se?or Wences"));
}
```

Agile Java

MessageFormat을 사용하는 이전 코드에서, 여러분은 Object 배열로 포장된 인수를 볼 수 있다.

```
formatter.format(new Object[] {new Integer(5), "Se?or Wences"})
```

왜 java.util.Formatter 클래스를 사용하지 않는가? 이유는 MessageFormat 구조가 자바 5.0에서 처음 소개된 Formatter 클래스보다 먼저 나왔기 때문이다.

MessageFormat 구조를 사용하는 좀더 재미있는 이유는 ChoiceFormat 클래스를 사용할 수 있다는 것이다. 이것은 추가적인 if/else 문을 형식 요소 값을 제공하기 위해 사용할 필요가 없다는 의미이다. 고전적인 예제는 숫자를 참조하는 메시지의 형식을 어떻게 관리하는지를 보여 준다.

ChoiceFormat을 사용하는 것은 간단하다. 먼저 문자열에 해당하는 숫자 범위에 대한 매핑을 만든다. 더블 값의 배열로 표현되는 이 범위를 한계로 한다. 해당 문자열 혹은 형식을 문자열 배열에 표시한다.

```
double[] dependentLimits = { 0, 1, 2 };
String[] dependentFormats =
   { "no dependents", "one dependent", "{0} dependents" };
```

한계 배열의 숫자는 범위이다. 한계 배열의 마지막 요소는 범위의 낮은 쪽 끝을 나타낸다. 두 개의 dependents에 대해서 ChoiceFormat은 해당되는 포맷 문자열 {0}을 실제 가족의 수로 바꿔서 "{0} dependents"를 적용할 것이다.

이런 한계와 포맷을 이용해서, ChoiceFormat 객체를 만든다.

```
ChoiceFormat formatter =
   new ChoiceFormat(dependentLimits, dependentFormats);
```

메시지 문자열은 여러 개의 형식 요소를 가질 수 있다. 일부의 형식 요소만이 ChoiceFormat이 될 수 있다. 여러분은 포매터가 필요하지 않은 곳은 null로 치환해서 Format 객체의 배열을 만들어야 한다.(Format 은 ChoiceFormat의 상위 클래스이다.)

```
Format[] formats = { formatter, null };
```

그리고 나서 MessageFormat 객체를 만들고 형식의 배열을 설정한다.

```
MessageFormat messageFormatter = new MessageFormat(message);
messageFormatter.setFormats(formats);
```

이제 MessageFormat을 이전과 마찬가지로 사용할 수 있다. 전체 프로세스는 testChoiceFormat 언어 테스트에 잘 나타난다.

자바에 대한 여러 가지 정보 | Additional Lesson

```
public void testChoiceFormat() {
   String message = "You have {0}, {1}. Is this correct?";
   double[] dependentLimits = { 0, 1, 2 };
   String[] dependentFormats =
     { "no dependents", "one dependent", "{0} dependents" };

   ChoiceFormat formatter =
     new ChoiceFormat(dependentLimits, dependentFormats);

   Format[] formats = { formatter, null };

   MessageFormat messageFormatter = new MessageFormat(message);
   messageFormatter.setFormats(formats);
   assertEquals(
     "You have one dependent, Se?or Wences. Is this correct?",
     messageFormatter.format(new Object[] { 1, "Se?or Wences" }));

   assertEquals(
     "You have 10 dependents, Se?or Wences. Is this correct?",
     messageFormatter.format(new Object[] { 10, "Se?or Wences" }));
}
```

ChoiceFormat과 연동하는 것은 훨씬 복잡할 수 있다. 이 클래스에 대한 자바 API 문서를 참조한다.

형식 문자열이 ResourceBundle에서 나와야 한다는 것에 주의하자.

국제화가 필요한 다른 부분들

숫자, 날짜, 통화의 형식은 로케일에 따라 다를 수 있다. 3개 숫자마다 구분을 하면 숫자를 읽기가 쉽다. 구분자는 미국에서는 콤마(,), 다른 지역에서는 마침표(.)를 사용한다. 미국에서 날짜는 슬래쉬 혹은 하이픈으로 구분해서 달-일-년도의 순서로 쓴다. 다른 곳에서 날짜는 년-월-일과 같이 다른 순서로 표시될 수 있다.

java.text.NumberFormat, java.util.Calendar, java.text.DateFormat 클래스와 그 하위 클래스는 Locale 객체 사용을 지원한다. 이런 클래스를 사용하려면 코드는 팩토리 메소드를 사용해서 인스턴스를 요청해야 한다. 여러분의 코드에서 직접적으로 이런 클래스를 인스턴스화 하지 않아야 하며, 그렇지 않으면 기본 Locale 지원을 받지 못한다. 예를 들어, 기본 로케일을 지원하는 SimpleDateFormat 인스턴스를 얻으려면

```
DateFormat formatter = SimpleDateFormat.getDateInstance();
```

Calendar 클래스는 또한 시간대를 관리하는 것이 가능하다.

자바의 여러 레이아웃 관리자는 다른 축 위치를 제공한다. 서양문화가 아닌 어떤 곳에서는 왼쪽에서 오른쪽이 아닌 위에서 아래로 글을 읽는다. 예를 들어, BoxLayout 클래스는 콘테이너 안의 콤포넌트를 LINE_AXIS로 배치할 수 있게 한다. 각 Locale은 java.awt.ComponentOrientation 객체를 포함한다. 이 객체는 글을 오른쪽에서 왼쪽 혹은 왼쪽에서 오른쪽으로 읽는지 그리고 줄을 수평으로 쓰는지 수직으로 쓰는지를 정의한다. 따라서, 실행

도중에 BoxLayout은 ComponentOrientation을 얻어서 LINE_AXIS가 x축에 해당하는지 y축에 해당하는지를 결정한다.

다른 언어는 다른 문자 집합의 사용이 필요하다. 자바는 유니코드를 사용하기 때문에, 다른 문자 집합에 대해서 스스로 걱정할 필요는 없다. 하지만 문자 요소를 정렬해야 할 필요가 있다면, 비교과정이 필요하다. java.text.RuleBasedCollator 클래스는 이런 지원을 제공한다. 이 클래스에 대한 API 문서는 자바에서의 비교에 대한 개요를 보여 준다.

6 레퍼런스를 이용한 호출과 값을 이용한 호출

자바가 "레퍼런스를 이용한 호출"을 사용하는지 "값을 이용한 호출"을 사용하는지에 대해서 많은 논쟁이 있었다. 이런 고전적인 소프트웨어 개발과정은 어떻게 언어가 인수를 함수로 혹은 메소드로 전달하는지를 보여 준다. 용어는 중요하지 않다. 중요한 것은 자바가 인수 전달을 관리하는 방법을 이해하는 것이다.

값을 이용한 호출은 호출된 함수[8]가 내부적으로 인수의 복사본을 만드는 것을 의미한다. 이 함수의 코드는 복사본에 대해서 연산을 수행한다. 결과적으로 인수에 대한 변경은 함수 실행이 완료될 때 버려진다. 그 이유는 실제로 인수를 변경한 것이 아니고 지역적인 복사본을 변경한 것이기 때문이다. 인수의 복사본은 메소드 범위에서만 존재한다.

레퍼런스를 이용한 호출은 함수가 전달된 물리적으로 동일한 인수를 사용한다는 의미이다. 인수에 대한 변경은 그대로 유지된다.

자바는 전체적으로 값을 통한 호출을 한다. int를 메소드에 전달하면, 메소드는 int의 복사본으로 연산을 한다. 만약, 객체 레퍼런스를 메소드로 전달하면, 메소드는 레퍼런스의 복사본으로 연산을 한다. (객체 자체의 복사본이 아니다.) 이런 상태를 코드로 보여줄 것이다.

기본형에 대해서 값을 통한 호출을 이해하는 것은 쉽다. 다음 테스트는 메소드에서 기본형의 복사본이 버려지는 것을 보여 준다.

```java
public void testCallByValuePrimitives() {
    int count = 1;
    increment(count);
    assertEquals(1, count);
}

private void increment(int count) {
    count++;
}
```

---

8) 여기서 "함수"란 용어는 자바에 한정된 부분이 아닌 일반적인 정의이다.

자바에 대한 여러 가지 정보 | Additional Lesson III

increment 메소드가 count의 값을 변경하지만 그 변화는 지역 복사본에 대한 것이다. 이 지역 복사본은 increment 메소드가 종료되면서 사라진다. testCallByValuePrimitive 내의 코드는 이런 내용을 명확히 보여 준다.

레퍼런스가 포인터(메모리에서 객체의 위치)라는 것을 기억하자. 호출된 메소드는 이 주소를 복사해서, 같은 메모리 위치를 참조하는 새로운 포인터를 만든다. 호출된 메소드 내에서 레퍼런스에 새로운 메모리 주소를 할당하면, 이 새로운 주소는 메소드가 종료될 때 버려진다.

호출된 메소드의 코드는 레퍼런스로 지정된 객체에 메시지를 보낼 수 있다. 이런 메시지 전송은 객체를 변화시킬 수 있다.

다음 절에서 보여줄 testCallByValueReferences에서, 코드는 ID가 1인 고객을 생성한다. 그리고 나서, incrementId 메소드를 호출한다. incrementId의 첫 번째 코드는 존재하는 ID를 customer에서 가져와서 이 수에 1을 더하고, 합계를 customer에 설정한다. incrementId 둘째 줄은 새로운 Customer 객체를 만들어서 그 주소를 customer 인수 레퍼런스에 저장한다. 이런 짓을 해서는 안 된다[9]. incrementId가 종료될 때 할당된 값은 버려진다. 테스트는 마지막으로 customer ID가 22가 아닌 2인 것을 확인한다.

```
public void testCallByValueReferences() {
   Customer customer = new Customer(1);
   incrementId(customer);
   assertEquals(2, customer.getId());
}

private void incrementId(Customer customer) {
   customer.setId(customer.getId() + 1);
   customer = new Customer(22); // don't do this
}

class Customer {
   private int id;
   Customer(int id) { this.id = id; }
   void setId(int id) { this.id = id; }
   public int getId() { return id; }
}
```

7 자바의 주변관리

자바는 응용프로그램이 운영환경과 연동하는 것을 도와주는 몇 가지 구조를 제공한다.

---

[9] 모든 인수를 final로 선언하는 것을 고려해 보자. 인수에 할당을 하려고 하면 컴파일이 실패할 것이다. 저자는 습관적으로 항상 이런 선언을 한다.

Agile Java

속성(property)

시스템 속성의 작은 해쉬 테이블은 응용프로그램 내에서 항상 사용이 가능하다. 이 테이블은 자바환경과 운영체제에 대한 유용한 정보를 포함하고 있다. java.lang.System 클래스의 getProperties메소드로 전체 속성의 집합을 얻을 수 있다.

```
Properties existingProperties = System.getProperties();
```

java.util.Properties 클래스는 이전의 java.util.Hashtable 클래스를 확장한다. 이 클래스에는 몇 가지 관리 메소드와 유틸리티 메소드를 추가되었다. 관리 메소드는 파일에서 속성을 읽어 들이는 것을 도와주는 메소드를 포함한다. 유틸리티 메소드는 해쉬 테이블에 접근하는 것을 단순화한다.

java.lang.System 클래스의 getProperties 메소드에 대한 API 문서는 미리 정의된 속성의 리스트를 보여 준다. 그 중 유용한 속성은 다음과 같다.

java.class.path	자바 클래스 패스 값[10]
java.io.tmpdir	기본 임시 파일 경로
file.separator	파일 구분문자 (유닉스에서는 '/', 윈도우에서는 '\')
path.separator	경로의 구분문자 (유닉스에서는 ':'; 윈도우에서는 ';')
line.separator	줄 구분문자 (유닉스에서는 '\n'; 윈도우에서는 '\r\n')
user.home	현재 사용자의 홈 디렉토리
user.dir	현재 실행 디렉토리

이런 속성을 사용해서, 응용프로그램을 변경하지 않고 다른 운영체제에서 사용가능 하도록 만들 수 있다.

System 클래스 메소드 getProperty를 사용해서 하나의 시스템 속성 값을 가져올 수 있다.

```
assertEquals("1.5.0-beta3", System.getProperty("java.version"));
```

시스템 속성은 글로벌하다. 여러분의 코드 어디에서나 접근이 가능하다.

시스템 속성의 리스트에 스스로 글로벌 속성을 추가할 수 있다. 일반적으로, 데이터베이스가 이런 종류의 정보를 위한 더 나은 방법이다. 속성을 사용하는 주요 이유는 한 응용프로그램 실행에서 작은 부분의 정보를 동적으로 바꾸고 다음 실행까지 유지하는 것이다. 예를 들어,

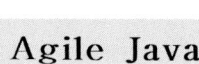

---

10) 이 값을 새로운 값으로 설정할 수 있지만, 현재의 자바 실행에는 영향을 주지 않는다. 자바 VM은 이 값을 다시 읽지 않는다. 만약, 클래스패스를 바꿀 필요가 있다면, 스스로 클래스 로더를 만들어야 한다.

자바에 대한 여러 가지 정보 | Additional Lesson III

여러분의 응용프로그램이 보다나 타이틀바 없이 대부분의 시간을 "키오스크"모드로 실행되어야 할 수도 있다. 개발 도중에, 실행 모드를 빠르게 바꾸기를 바란다.

이런 동작을 몇 가지 방법으로 구현할 수 있다. 모드 설정 플래그를 데이터베이스에 넣을 수도 있지만, 데이터베이스의 데이터를 고치는 것은 느리다. 이 정보를 명령줄 인수로 전달하고, main 메소드에서 관리할 수 있다. 하지만 다음에도 이 정보를 유지해야 한다.

프로그램 내에서 시스템 속성에 여러분의 속성을 추가할 수 있다.

```
System.setProperty("kioskMode", "loopFullscreen");
```

혹은 레슨 8의 로그에서 본 것처럼, 속성을 VM 인수로 지정할 수 있다.

```
java -DkioskMode=noloopFullscreen sis.Sis
```

만약, 속성이 설정되어 있지 않다면, getProperty는 null을 반환한다. getProperty에 속성이 설정되지 않으면 반환할 기본값을 지정할 수 있다. 다음 언어 테스트는 이런 동작을 보여 준다.

```java
public void testGetPropertyWithDefault() {
  Properties existingProperties = System.getProperties();
  try {
    System.setProperties(new Properties()); // removes all properties
    assertEquals(
      "default", System.getProperty("noSuchProperty", "default"));
  }
  finally {
    System.setProperties(existingProperties);
  }
}
```

속성 파일

여러 개발단체와 응용프로그램에서 보게 될 한가지 기법은 속성 파일을 사용하는 것이다. 속성 파일은 리소스 파일과 비슷하다. 이 파일은 key=value 형식의 키-값 쌍의 콜렉션이다. 개발자는 속성 파일을 모든 설정 값을 위한 간편한 도구로 사용한다. 드라이버의 클래스 이름, 색상표, 불리언 플래그가 속성 파일에 저장된다.

환경을 테스트 환경에서 통합환경, 최종환경으로 바꾸는 것은 어떤 값을 바꾸는 이유가 된다. 예를 들어, 여러분의 코드에서 웹 서버에 접속할 필요가 있다. 개발을 위해 사용하는 웹 서버 이름은 최종환경의 웹 서버 이름과는 다를 것이다.

저자는 속성 파일의 사용이나 최소한 이 파일에 들어가는 항목의 수를 줄일 것을 권장한다. 속성 파일 항목은 응용프로그램을 혼란시킨다. 이들은 임의로 흩어진 전역 변수처럼 사용된다. 대신 조심스럽게 관련된 클래스에 영향을 주는 값과 연결해야 한다. 이것을 위한 더 나은 방법은 데이터베이스이다.

Agile Java

속성 파일은 작고 간단하게 유지한다. 혹은 아예 사용하지 않는다. 파일에 새로운 항목을 추가하지 않는다. 속성 파일을 꼭 사용해야 한다면, 키-값 쌍 문자열 형식이거나 XML 형식의 입력 스트림을 읽는 메소드를 Properties 클래스가 포함하고 있다. 실행 중인 응용프로그램에서 동적으로 이런 파일을 수정하려고 하지 않는다. 대신 선택사항(preference) API를 사용하는 것을 고려해 보자.

선택사항(preference)

응용프로그램 실행 때마다 유지되어야 하는 중요한 정보에 대해서, 여러분은 데이터베이스 혹은 다른 믿을 수 있는 영구적인 구조를 사용해야 한다. 하지만 빠르고 간단히 중요하지 않은 정보를 저장할 필요가 있다. 보통 이것은 사용자 설정이다. 선호하는 색상, 윈도우 위치, 마지막으로 방문한 웹 사이트, 등. 이런 정보가 없어지면, 사용자에게는 불행한 일이지만, 사용을 못하는 것은 아니다.

자바 Preferences API는 이런 데이터를 위한 간단한 지역 영구 저장 구조를 제공한다. 다음의 PersistentFrameTest를 보자. 첫 번째 테스트, testCreate는 처음 프레임이 생성되었을 때 기본 윈도우 위치를 사용하는 것을 보여 준다. testMove 테스트는 프레임을 옮기고 닫는다. 이 테스트는 이후 프레임이 PersistentFrame의 마지막 위치를 사용하는 것을 확인한다.

PersistentFrameTest가 한번 이상 동작하려면, setUp 메소드가 프레임에 clearPreferences 메시지를 보낸다. 이 메소드는 PersistentFrame 객체가 기본 윈도우 위치 설정을 사용하는 것을 확인한다.

```java
package sis.ui;

import junit.framework.*;
import java.awt.*;
import java.util.prefs.BackingStoreException;

import static sis.ui.PersistentFrame.*;

public class PersistentFrameTest extends TestCase {
   private PersistentFrame frame;

   protected void setUp() throws BackingStoreException {
      frame = new PersistentFrame();
      frame.clearPreferences();
      frame.initialize();
      frame.setVisible(true);
   }

   protected void tearDown() {
      frame.dispose();
   }

   public void testCreate() {
      assertEquals(
```

```
         new Rectangle(
            DEFAULT_X, DEFAULT_Y, DEFAULT_WIDTH, DEFAULT_HEIGHT),
         frame.getBounds());
   }

   public void testMove() {
      int x = 600;
      int y = 650;
      int width = 150;
      int height = 160;
      frame.setBounds(x, y, width, height);

      frame.dispose();

      PersistentFrame frame2 = new PersistentFrame();
      frame2.initialize();
      frame2.setVisible(true);
      assertEquals(
         new Rectangle(x, y, width, height), frame2.getBounds());
   }
}
```

PersistentFrame의 구현은 다음과 같다.

```
package sis.ui;

import javax.swing.*;
import java.awt.*;
import java.awt.event.*;
import java.util.prefs.*;

public class PersistentFrame extends JFrame {
   static final int DEFAULT_X = 100;
   static final int DEFAULT_Y = 101;
   static final int DEFAULT_WIDTH = 300;
   static final int DEFAULT_HEIGHT = 400;

   private static final String X = "x";
   private static final String Y = "y";
   private static final String WIDTH = "width";
   private static final String HEIGHT = "height";

   private Preferences preferences =
      Preferences.userNodeForPackage(this.getClass());     // 1

   public void initialize() {
      int x = preferences.getInt(X, DEFAULT_X);            // 2
      int y = preferences.getInt(Y, DEFAULT_Y);
      int width = preferences.getInt(WIDTH, DEFAULT_WIDTH);
      int height = preferences.getInt(HEIGHT, DEFAULT_HEIGHT);

      setBounds(x, y, width, height);

      setDefaultCloseOperation(JFrame.EXIT_ON_CLOSE);
      addWindowListener(new WindowAdapter() {
         public void windowClosed(WindowEvent e) {
```

Agile Java

```java
            saveWindowPosition();
         }
      });
   }

   private void saveWindowPosition() {
      Rectangle bounds = getBounds();

      preferences.putInt(X, bounds.x);                        // 3
      preferences.putInt(Y, bounds.y);
      preferences.putInt(WIDTH, bounds.width);
      preferences.putInt(HEIGHT, bounds.height);
      try {
         preferences.flush();                                 // 4
      }
      catch (BackingStoreException e) {
         // 중요하지 않은 로그 메시지
      }
   }

   // 테스트를 위해서
   void clearPreferences() throws BackingStoreException {
      preferences.clear();
      preferences.flush();
   }
}
```

　　userNodeForPackage 혹은 systemNodeForPackage, 두 개의 Preferences 팩토리 메소드 중 하나의 클래스 이름을 전달해서 Preference 객체를 생성한다. 시스템 설정 트리는 속성 파일과 같은, 응용프로그램에 한정된 정보를 저장할 수 있다. 색상 선택과 같은 사용자에 관련된 정보를 위해서 사용자 설정 트리를 사용할 수 있다.

　　자바는 파일시스템 디렉토리 트리 구조와 같은 트리에 설정을 저장한다. 플랫폼에 따라 (그리고 구현에 따라서), 실제 설정 저장 위치는 운영체제 레지스트리, 파일 시스템, 디렉토리 서버, 데이터베이스가 될 수 있다.

　　PersistentFrame 클래스는 사용자 설정 트리를 사용한다(1번 줄). 프레임 초기화 코드는 프레임의 외부[11])에 대한 설정을 읽으려고 시작한다(2번 줄에서 시작). 각 getInt호출은 설정 데이터가 없는 경우를 위해 기본값을 지정할 수 있다.

　　프레임이 닫힐 때, saveWindowPosition 의 코드는 프레임의 형태를 설정API를 사용해서 저장한다. 설정 객체는 영구적인 저장을 위해서 flush를 해줘야 한다(4번 줄). putInt(3번 줄)에 추가로 Preferences 클래스는 문자열, Boolean, byte[], double, float, long등 여러 형식의 데이터 저장을 위한 메소드를 제공한다.

　　Preferences API는 XML 형식의 파일에 데이터를 쓰거나 읽는 메소드를 제공한다.

ⓕootnote

11) Rectangle 객체는 윈도우의 외부를 지정한다. (x, y) 좌표는 시작, 혹은 왼쪽 위 모서리를 나타낸다. 높이와 폭은 윈도우의 크기를 픽셀 단위로 나타낸다.

자바에 대한 여러 가지 정보 | Additional Lesson III

시스템 환경

흔치 않은 경우지만, 미리 정의된 시스템 속성에서 제공되지 않는 운영환경에 대한 정보가 필요할 수 있다. 유닉스와 윈도우 운영체제는 역시 키-값 구조인 환경변수를 가진다. 명령줄 프롬프트에서 set 명령으로 환경변수를 볼 수 있다[12]. 자바 내에서, System 클래스는 이런 환경변수와 값을 가져오는 것을 도와주는 두 개의 getEnv 메소드를 제공한다.

```
Map<String,String> env = System.getenv();
for (Map.Entry entry: env.entrySet())
   System.out.printf("%s->%s%n", entry.getKey(), entry.getValue());

System.out.println(System.getenv("SystemRoot")); // Unix: try "SHELL"
```

시스템의 환경변수에 의존하지 않는다. 환경변수에 의존하게 되면, 다른 플랫폼으로 응용프로그램을 포팅하기가 힘들다. 거의 어떤 환경변수도 윈도우와 유닉스에서 공통이 될 수 없다. 스스로 시스템 범위의 환경변수를 만들어야 할 것 같다면, 자바 속성 구조를 대신 사용해 보자.

다른 응용프로그램 실행하기

다른 운영체제 프로세스를 시작할 경우는 거의 없을 것이다. 예를 들면, 응용프로그램에서 시스템의 계산기 응용프로그램(윈도우에서는 calc.exe)을 실행하기를 바랄 수도 있다. 자바는 다른 프로세스를 실행할 수 있지만, 그렇게 하는 것은 하나의 운영체제에 의존적이므로 피해야 한다. 대부분의 경우 여러 플랫폼을 다뤄야 한다면 조건문이 필요하다.

자바에서 다른 프로세스를 만들고 실행하는 방법은 두 가지가 있다. 오래된 기법은 getRuntime 클래스 메소드를 이용해서 java.lang.Runtime의 singleton[13]을 얻어야 한다. 그리고 나서 명령줄 문자열을 선택적인 인수와 함께 exec 메소드로 전달한다. J2SE 5.0에서는 이런 방법을 대신하는 ProcessBuilder가 추가되었다. 명령 문자열로 ProcessBuilder를 만들고 나서, ProcessBuilder 객체에 start를 보내서 프로세스를 시작한다.

새로운 프로세스를 실행할 때 콘솔 윈도우가 보이지 않을 것이다. 새로운 프로세스의 입출력을 가져오는 것은 가능하지만 약간 복잡하다. 자바는 세 개의 표준 IO 스트림(stdin, stdout, stderr)의 방향을 사용 가능한 자바 스트림으로 바꾼다. 보통은 출력만을 가져오면 된다. 그것이 여기에서 집중할 내용이다.

출력을 가져오는 것이 복잡한 이유는 운영체제의 버퍼 크기가 작기 때문이다. 각 출력 스트림에서 오는 데이터는 즉시 사용해야 한다. 그렇지 않으면 응용프로그램이 실행 중 멈출 수 있다.

ⓕootnote

12) 이것은 윈도우와 유닉스 셸 모두에서 동작한다.
13) Runtime 클래스는 실행되는 자바 응용프로그램에서 하나의 Runtime 인스턴스 만이 있도록 디자인되었다. 따라서, Runtime은 singleton 디자인 패턴의 예이다.

Agile Java

```java
package sis.util;

import junit.framework.TestCase;
import java.util.*;

public class CommandTest extends TestCase {
   private static final String TEST_SINGLE_LINE = "testOneLine";
   private static final String TEST_MULTIPLE_LINES = "testManyLines";
   private static final String TEST_LOTS_OF_LINES = "testLotsLines";
   private static Map<String, String> output =
      new HashMap<String, String>();
   private static final String COMMAND =                    // 1
      "java " +
      "-classpath \"" + System.getProperty("java.class.path") + "\" " +
      "sis.util.CommandTest %s";
   private Command command;

   static {                                                 // 2
      output.put(TEST_SINGLE_LINE, "a short line of text");
      output.put(TEST_MULTIPLE_LINES, "line 1\\nline 2\\");
      output.put(TEST_LOTS_OF_LINES, lotsOfLines());
   }

   static String lotsOfLines() {
      final int lots = 1024;
      StringBuilder lotsBuffer = new StringBuilder();
      for (int i = 0; i < lots; i++)
         lotsBuffer.append("" + i);
      return lotsBuffer.toString();
   }

   public static void main(String[] args) {                 // 3
      String methodName = args[0];
      String text = output.get(methodName);
      // redirected output:
      System.out.println(text);
      System.err.println(text);
   }

   public void testSingleLine() throws Exception {
      verifyExecuteCommand(TEST_SINGLE_LINE);
   }

   public void testMultipleLines() throws Exception {
      verifyExecuteCommand(TEST_MULTIPLE_LINES);
   }

   public void testLotsOfLines() throws Exception {
      verifyExecuteCommand(TEST_LOTS_OF_LINES);
   }

   private void verifyExecuteCommand(String text) throws Exception {
      command = new Command(String.format(COMMAND, text));
      command.execute();
      assertEquals(output.get(text), command.getOutput());
   }
}
```

자바에 대한 여러 가지 정보 | Additional Lesson III

CommandTest는 자신을 테스트하기 위한 명령으로 사용한다.

1번 줄은 sis.util.CommandTest를 독립 응용프로그램으로 만들기 위해서 새로운 java 명령 줄을 만든다. java.class.path 시스템 속성을 가져와서 적절한 클래스를 얻는다. main 메소드(3번 줄)은 응용프로그램을 위한 코드를 제공한다.

main 메소드는 단순히 출력 줄을 stderr(System.err)와 stdout(System.out)에 쓴다. 기록할 내용을 결정하기 위해서 테스트 메소드 이름에 해당하는 임의 문자열을 인수로 사용한다. 이 줄은 스태틱 초기화로 만들어진 맵에서 나온다(2번 줄).

Command 클래스가 다음으로 나온다. 1번 줄에서 명령 문자열을 사용해서 ProcessBuilder 객체를 만들었다. ProcessBuilder의 start 메소드는 해당 운영체제 프로세스를 시작한다. 4번 줄과 6번 줄은 stderr과 stdout에 해당하는 스트림을 가져오는 방법을 보여 준다. 이런 스트림을 얻으면, BufferedReader를 사용해서 출력을 얻을 수 있다(7번 줄의 collectOutput 메소드 참조). 이런 동작이 가능하게 하는 방법은 출력을 가져오는 프로세스가 병렬적인 쓰레드에서 실행되도록 하는 것이다. 그렇지 않으면 블록이 되거나 출력을 잃어버릴 염려가 있다. 따라서, collectErrorOutput(3번 줄)과 collectOutput(5번 줄)의 코드를 만들고 새로운 Thread 객체를 시작한다. 쓰레드를 시작한 후에, execute의 코드는 Process의 waitFor(2번 줄)를 사용해서 프로세스가 완료될 때까지 기다린다.

```
package sis.util;

import java.io.*;

public class Command {
   private String command;
   private Process process;
   private StringBuilder output = new StringBuilder();
   private StringBuilder errorOutput = new StringBuilder();

   public Command(String command) {
      this.command = command;
   }

   public void execute() throws Exception {
      process = new ProcessBuilder(command).start();       // 1
      collectOutput();
      collectErrorOutput();
      process.waitFor();                                    // 2
   }

   private void collectErrorOutput() {                      // 3
      Runnable runnable = new Runnable() {
         public void run() {
            try {
               collectOutput(process.getErrorStream(),      // 4
                     errorOutput);
            } catch (IOException e) {
               errorOutput.append(e.getMessage());
```

Agile Java

```java
      }
    }
  };
  new Thread(runnable).start();
}

private void collectOutput() {                          // 5
  Runnable runnable = new Runnable() {
    public void run() {
      try {
        collectOutput(process.getInputStream(),         // 6
            output);
      } catch (IOException e) {
        output.append(e.getMessage());
      }
    }
  };
  new Thread(runnable).start();
}

private void collectOutput(                             // 7
    InputStream inputStream, StringBuilder collector)
    throws IOException {
  BufferedReader reader = null;
  try {
    reader =
      new BufferedReader(new InputStreamReader(inputStream));
    String line;
    while ((line = reader.readLine()) != null)
      collector.append(line);
  }
  finally {
    reader.close();
  }
}

public String getOutput() throws IOException {
  return output.toString();
}

public String getErrorOutput() throws IOException {
  return output.toString();
}

public String toString() {
  return command;
}
```

　　명령줄 리다이렉션 〈〉과 〈〉 혹은 파이프(|)를 사용하는 것을 피한다. 이것은 명령 입력 문자열의 일부로 간주되고 운영체제에서 적절하게 처리되지 못한다.
　　ProcessBuilder 클래스는 새로운 환경변수와 값을 새로운 프로세스로 전달 할 수 있다. 또한 프로세스가 실행되는 현재 디렉토리를 바꾸는 것도 가능하다.

자바에 대한 여러 가지 정보 | Additional Lesson

Runtime.exec 방법이 제공하지 않으며, ProcessBuilder가 제공하는 한가지는 stdout과 stderr 스트림을 합하는 기능이다. 콘솔 응용프로그램은 흔히 이들을 섞어서 출력한다. 정상적인 stdout 출력 후에 stderr에서의 에러 메시지 출력을 번갈아 받을 수도 있다. 만약, stdout과 stderr가 두 개의 스트림으로 나뉜다면, 원래의 합해진 출력의 시간 순서를 알 수 없을 것이다. 이런 기능을 제어하는 방법에 대한 자세한 사항은 API 문서를 참조한다.

 getEnv와 ProcessBuilder와 같이 운영환경에 의존적일 수 있는 기능은 사용하지 않는다.

8 다른 무엇이 있는가?

자바는 대부분의 개발자가 사용하지 않을 다른 많은 고급 주제를 가지고 있다. 또한 고려해야 할 수백 가지의 추가 API가 있다. 이 섹션은 이런 주제와 API에 대해서 간단히 다룰 것이다.

커스텀 클래스 로더

클래스를 처음으로 접근하면, 자바 VM은 사용할 클래스를 읽기 위해 세 개의 기본 클래스 로더 중 하나를 사용할 것이다. 자바가 사용하는 첫 번째 클래스 로더는 부트스트랩 (bootstrap) 클래스 로더이다. 부트스트랩 클래스 로더는 주요 자바 API 라이브러리에서 자바 클래스를 찾기 위해 시스템 JAR 파일 rt.jar와 i18n.jar를 찾는다. 만약, 이 클래스를 찾지 못하면, JRE 설치 디렉토리 아래의 자바 확장 디렉토리 ./lib/ext 를 찾는다. 만약, 필요하다면, 자바는 마지막으로 클래스를 읽기 위해 클래스패스의 디렉토리를 사용한다.

추가적인 커스텀 클래스 로더를 만들 수도 있다. 커스텀 클래스 로더는 다른 위치에서 클래스를 읽을 수 있다. 데이터베이스, 웹사이트, FTP 사이트, 동적으로 생성되는 바이트 코드에서 클래스를 읽을 수 있을 것이다.

추가 정보를 위해서는 *http://www.javaworld.com/javaworld/jw-03-2000/jw-03-classload.html*에 있는 "Create a Custom Java 1.2-Style Classloader"라는 Ken McCrary의 문서를 참조한다.

약한 참조(weak reference)

자바의 가비지 콜렉션 구조는 사용이 끝난 객체의 메모리 회수를 관리한다. 하지만 메모리 사용을 추적하는 응용프로그램을 작성하고자 한다면 어떻게 하는가? 객체를 추적하기 위해서는, 레퍼런스를 가지고 있어야 한다. 추적 응용프로그램이 이런 레퍼런스를 유지하는 한, 가비지 콜렉터는 대상 객체를 회수하지 못한다.

Agile Java

또한 캐싱 구조를 구현하기를 바랄 수도 있다. 캐시는 자주 접근하는 객체를 읽어들인다. 하지만 캐시 데이터 구조는(그 정의에 따라) 캐시된 객체를 참조하며, 가비지 콜렉터는 회수하지 못할 것이다. 문제를 해결하려면, 캐시에서 때때로 객체를 제거하기 위한 복잡한 추가 코드가 필요하다. 그렇지 않으면 캐시가 계속 커져서 메모리 에러가 발생할 것이다.

이런 문제를 해결하기 위해서, 자바는 약한 참조를 제공한다. 객체에 대한 약한 참조는 가비지 콜렉션 대상을 찾을 때 고려하지 않는다. 가비지 콜렉터는 약한 참조만 있고 강한 참조가 없는 객체를 회수할 것이다.

자바는 약한 것에서 강한 순서로 Phantom, weak, soft, 세가지 수준의 약한 참조를 제공한다14). Phantom 레퍼런스는 객체 사용 후 특별한 정리 과정이 필요할 때 사용될 수 있다. 약한 참조는 참조되는 객체가 가비지 콜렉션 되어 사라질 수 있다. Soft 레퍼런스는 메모리가 꼭 필요한 경우에만 참조되는 객체가 제거되도록 한다.

java.util.WeakHashMap 클래스는 약한 키를 가지는 Map 구현이다. 자세한 사항은 API 문서를 참조한다.

다양한 약한 참조 형식에 대한 추가적인 정보는 패키지 java.lang.ref에 대한 API 문서를 참조한다.

finalize 메소드

레슨 4에서 가비지 콜렉션에 대해서 약간 배웠다. 자바는 자동으로 다른 객체가 참조하지 않는, 즉 사용되지 않는 객체를 모은다. 가끔, 객체가 가비지 콜렉션될 때, 어떤 일을 해야 할 필요가 있을 수 있다. 이럴 때, finalize 메소드를 정의하는 것을 고려해 보자.

```
protected void finalize() throws Throwable {
   try {
      // do some cleanup work
   }
   finally {
      super.finalize();
   }
}
```

가비지 콜렉터는 모으는 모든 객체에 대해서 finalize 메소드를 호출한다.

문제는 finalize가 언제 호출될지를 보장할 수 없다는 것이다. 자바 VM이 종료될 때도, finalize가 호출되지 않을 수도 있다. 이것은 finalize에 꼭 수행되어야 하는 코드를 넣지 말아야 한다는 의미이다. Finalize에서 파일이나 데이터베이스 연결을 닫는 것은 좋은 방법이 아니다. 이런 자원이 릴리즈되지 않을 가능성이 높다.

ⓕootnote

14) 〔JavaGloss2004b〕.

자바에 대한 여러 가지 정보 | Additional Lesson III

finalize 메소드가 필요하다고 생각한다면, 코드를 다시 디자인하는 방법을 찾아보자. 혹은 대안으로 phantom 레퍼런스를 사용하는 것을 고려해 보자. 만약, finalize를 구현하면, 위의 코드와 같이 항상 상위 클래스의 finalize 메소드를 호출하는 것을 잊지 않는다.

중개

자바 중개 기능을 사용하면, 자바 클래스 파일에 정보 바이트 코드를 추가할 수 있다. 이 정보는 로그 메시지, 프로파일 메소드 실행 시간, 코드 범위 도구를 만드는 데 사용된다. 목표는 이런 정보를 기존의 응용프로그램의 기능을 바꾸지 않는 방법으로 추가하는 것이다[15].

중개를 사용하려면, ClassFileTransformer 인터페이스를 구현해야 한다. -javaagent 스위치를 사용해서 명령줄에 이 구현을 등록해야 한다. 클래스 로더가 클래스를 읽으려고 시도하면서, ClassFileTransformer 구현의 transform 메소드를 호출한다. transform 메소드의 목적은 대체 클래스 파일을 표현하는 바이트 배열을 반환하는 것이다.

추가적인 정보는 패키지 java.lang.instrument에 대한 API 문서를 참조한다.

Management

Management API로 자바 VM을 추적하고 관리할 수 있다. 또한 VM이 실행중인 OS의 관리가 가능하다. Management API로 가비지 콜렉터의 성능 특성을 비교하거나, 사용 가능한 프로세서의 개수, 메모리 사용, 쓰레드, 외부에서의 클래스 읽어오기 등을 할 수 있다.

추가적인 정보는 패키지 package java.lang.management에 대한 API 문서를 참조한다.

네트워크

Java.net 패키지는 네트워크 응용프로그램을 만드는 것을 도와줄 몇 가지 클래스를 제공한다. 이런 패키지는 소켓이라고 불리는 표준적인 양방향 통신 구조를 사용한 저수준 통신을 제공한다. 소켓으로 TCP/IP 프로토콜을 사용할 수 있다. 소켓은 대부분 호스트간 통신의 기초가 된다.

Java.net 패키지는 또한 웹 프로그래밍과 URL에 대한 몇 가지 고수준 API를 제공한다.

추가적인 정보는 java.net 패키지에 대한 API 문서를 참조한다.

NIO

자바 NIO ("New I/O")는 확장되고 높은 성능의 입출력 연산이다. 대량 데이터 전송 성능을 높이기를 원한다면, NIO를 고려해봐야 한다. 썬이 사용할 java.io 스트림이 NIO를 사용하도록 했지만, 가장 빠른 데이터 전송을 위해서 NIO API를 직접 사용하기를 바랄 수도 있다.

---

[15] 자바의 중개 API는 aspect-oriented-programming이라는 구조의 예이다.

NIO는 스트림 기반이 아니다. 대신 데이터를 생성하고 가져오는 채널을 사용한다. 버퍼는 채널이 읽고 쓰는 데이터 일부를 가지고 있다. NIO의 속도 향상은 직접 버퍼를 사용하는 것에서 생긴다. 직접 버퍼는 VM 내부에 직접 생성되며, 여러분의 코드는 직접 버퍼에 접근할 수 있다. 이것은 수많은 복사를 막는다16).

NIO는 블록되지 않는다. 일반적으로 I/O 연산을 실행할 때, 호출하는 코드는 블록되어서, IO 연산이 완료될 때까지 기다려야 한다. 논블로킹 I/O를 사용하면 여러분의 코드는 읽기나 쓰기 연산을 하는 동안에도 실행을 계속할 수 있다. 논블로킹 소켓 채널은 소켓 서버의 기반으로 사용할 수 있다. 이것은 소켓 서버의 확장성을 늘리며, 접속요청의 관리를 간단하게 한다. NIO는 모든 요청을 하나의 쓰레드에서 관리하기 때문에, 블로킹 I/O 요청은 멀티쓰레드의 신중한 사용이 필요하다.

개념적으로, NIO는 보통의 java.io 라이브러리보다 복잡하다. 대신 성능이 향상된다. 소켓 서버의 경우에, NIO는 필요하다. 대부분의 경우는 표준 I/O 라이브러리로 충분하다.

추가적인 정보는 *http://java.sun.com/j2se/1.4.2/docs/guide/nio/index.html*의 썬 NIO 문서를 참조한다.

JNI

JNI(java native interface)는 외부세계로의 연결 고리이다. C로 작성된 하드웨어 API와 연동하거나, 자바의 능력 밖에 있는 운영체제 루틴을 실행해야 할 필요가 있을 수 있다. JNI를 사용해서, 여러분은 C++, C를 포함한 다른 언어로 작성된 라이브러리(윈도우에서는 DLL, 유닉스에서는 sos)를 호출할 수 있다.

추가적인 정보는 썬 튜토리얼이 시작하기 좋은 위치이다. (하지만 약간은 오래된 내용이다.) : *http://java.sun.com/docs/books/tutorial/native1.1/stepbystep/index.html*

외부 리소스와 연동하는 것을 허용하는 자바 기술로서 플랩폼 독립적인 배포를 위해서는 JNI의 사용을 최소화해야 한다.

RMI

RMI(remote method invocation)은 다른 자바 VM 내부에서 자바 객체의 메소드를 호출하는 API이다. 이 다른 VM은 같은 컴퓨터에 있거나 다른 컴퓨터에 있을 수 있다. RMI는 EJBs(Enterprise Java Beans)분산 객체 기반 컴퓨팅의 기본이 된다.

RMI는 프록시 디자인 패턴을 사용한다. 클라이언트 객체는 다른 컴퓨터에 위치한 서버 메소드를 공개 인터페이스를 통해서 사용한다. 실제로, 클라이언트는 클라이언트 측 스텁

---

16) [Travis2002], pp.2-3

자바에 대한 여러 가지 정보 | Additional Lesson III

(stub)과 연동한다. 이 스텁은 자바 메시지를 받아서 통신상으로 전달 가능한 직렬화된 객체를 만든다. 스텁은 객체 스트림을 받아서 실제 서버 클래스에 대한 메소드 콜로 변환하는 역할을 하는 서버 측 스켈레톤과 연동한다.

스텁과 스켈레톤 자바 소스는 자바 bin 디렉토리의 RMI 컴파일러 rmic로 만든다.

RMI를 사용하면 외부 통신 코드를 사용하는 것을 생략할 수 있다. 클라이언트 코드는 그저 같은 가상기계내의 다른 객체를 사용하는 것으로 여긴다. 네트워크 제한은 응용프로그램을 느리게 만들겠지만, 여러분은 RMI의 부담을 염두에 두고 응용프로그램을 디자인해야 한다. 분산 응용프로그램의 가장 큰 디자인 목표는 분산 연산을 최소화하는 것이다. 꼭 필요하지 않으면 객체를 분산하지 않는다17).

빈즈(beans)

여러분은 교체가능한 GUI 콤포넌트를 만들기 위해서 JavaBeans를 사용한다. EJB(enterprise java beans)와 착각하지 말자. 여러분은 자바 GUI 개발자에게 팔 수 있는 새로운 스톱라이트 GUI 콘트롤을 만들 수 있다. 스톱라이트 자바빈은 다른 자바 클래스와 같다. 하지만 개발자가 스톱라이트 콘트롤을 JBuilder와 같은 도구에서 사용하려면 자바 빈즈 요구사항을 만족해야 한다.

보이는 자바 빈이 되기 위해서, 클래스는 java.awt.Component를 계승해야 하며, 시리얼라이즈가 가능해야 한다. 그 정보를 자바의 표준 이름 규칙에 맞는 메소드를 사용해서 노출시켜야 한다. 빈 정보를 모으는 도구의 능력은 내성(introspection)이라고 불리는 이런 규칙을 이용한다. 빈은 필요한 빈 메타 데이터를 제공하는 BeanInfo 클래스와 연관된다. 빈은 다른 빈과 이벤트 형식으로 통신한다.

추가적인 정보는 *http://java.sun.com/docs/books/tutorial/javabeans/*의 썬 튜토리얼을 참조한다.

보안

자바에서 보안은 전체 책에서 가장 쉬운 주제이다. Java.security라는 이름으로 시작하는 여러 패키지에 위치한 J2SE 보안 API는 인증서 관리, 키 저장 관리, 정책 파일, 암호화 알고리즘, 접근 리스트 등을 위한 클래스를 포함한다.

자바 보안 모델은 커스터마이즈가 가능한 가상 공간인, 샌드박스(sandbox) 개념에 기반한다. 샌드박스에서 자바 프로그램은 내부 시스템과 사용자에게 영향을 주지 않고 실행될 수 있다.

---

17) [Fowler 2003a], p89.

Agile Java

주요 J2SE 보안 API는 새로운 자바 릴리즈마다 늘어난다. 사용가능한 전체 정보는 자바 API와 릴리즈 문서를 참조한다. J2EE(Java 2 Platform Extended Edition)은 여러 기업 단위 API의 집합이다. J2EE로 확장이 가능한 콤포넌트 기반 응용프로그램을 만들 수 있다.

사람들은 J2EE를 말할 때 흔히 EJBs(Enterprise Java Beans)를 말한다. EJBs의 목적은 응용프로그램 개발자가 새로 배포, 보안, 트랜젝션, 영구 저장 서비스를 새로 만들지 않도록 하는 것이다. BEA의 WebSphere, IBM의 WebLogin, JBoss와 같은 EJB 응용프로그램 서버는 EJBs를 위한 이런 서비스를 제공한다.

J2EE는 일반 데이터 언어로 XML을 많이 사용한다. 네 가지 API가 XML을 중심으로 한다. JAXP(Java API for XML Processing), XML 기반 RPC를 위한 자바 API(RPC)(JAX-RPC), 자바 API 첨부가 가능한 SOAP(SAAJ) 그리고 XML 레지스트리를 위한 자바 API (JAXR)이다.

다른 J2EE API는 웹 개발에 집중한다. 자바 서블렛 API는 웹 응용프로그램의 기반이다. JSP(JavaServer Pages)는 웹 응용프로그램의 프레젠테이션 계층을 단순하게 만든다. JSTL(JSP Standard Tag Library)는 JSP를 작성하는 것을 단순화하는 공통의 커스텀 태그를 제공한다. JavaServer Face는 모델과 응용프로그램을 웹 응용프로그램으로 개발하는 것을 단순화하는 프레임워크를 제공한다.

여러 다른 J2EE API가 트랜젝션, 리소스 연결, 보안을 지원한다. JMS(Java Message Service)는 비동기 메시지에 필요한 인터페이스를 제공한다.

J2EE에 대한 많은 책이 있으며, J2EE 튜토리얼은 *http://java.sun.com/j2ee/download.html*에서 찾을 수 있다. J2EE의 복잡한 세계로 들어가기 전에 기능성, 개발 비용, 복잡도 요구사항, 성능 요구, 확장성 필요사항의 관점에서 여러분의 결정을 확인해 보자. 많은 개발단체는 J2EE에 많은 것을 투자하지만 제공하는 많은 기능의 대부분을 사용할 필요가 없는 것을 알게된다. 흔히 여러분은 여러분 스스로 구현한 것이 모든 필요를 만족하면서도 훨씬 단순하고 유연하다 것을 알 수 있을 것이다.

추가?

수십개의 다른 자바 API가 있다. 이들은 이미지, 말, 애플렛, 암호화, 공유 데이터, 전화, 접근성, 자동 웹 설치와 같은 여러 가지를 지원한다.

자바는 곧 없어지지 않을 확고한 기술이다. 그 증거는 실제로 모든 컴퓨팅 필요사항에 대한 자바 API가 존재한다는 점이다. 시작하는데 필요한 사이트는 http://java.sun.com이다. 그 이후의 세계는 바늘이 숨겨진 건초더미와 같다. 필요한 것을 찾기 위해 구글을 사용하자.

 이제 스스로 고기를 잡는다!

MEMO

부 록

- 애자일 자바 용어 해설
- 자바 연산자 우선 규칙
- IDEA 시작하기

애자일 자바 용어 해설

이 용어 리스트는 주요 용어를 나열한다.

각 정의는 간단하지만 주어진 용어가 의미하는 것을 알기 쉽게 개념을 제공한다. 이 책에서 나오는 위치를 찾으려면 색인을 참조한다. 문장에서의 사용이 특정 용어에 대한 좀더 명확한 개념을 알려줄 것이다.

2의 보수(twos complement)   음의 정수를 내부적으로 표현하기 위한 방법. 2의 보수 표현의 숫자를 얻으려면 양의 이진 표현을 얻어서 모든 이진수를 뒤집고 1을 더한다.

API   application programming interface

i18n   국제화(internationalization)

JAR   Java Archive

TDTT   test-driven truth table

VM   가상 기계 참조

가벼운(lightweight)   계획에 맞추는 것보다 적응에 집중하는 프로세스를 나타낸다.

가변인수(varargs)   개수가 변화가능한 인수

가비지 콜렉션(garbage collection)   VM이 더 이상 필요하지 않는 메모리를 거둬들이는 것

가비지 콜렉터(garbage collector)   가비지 콜렉션을 담당하는 코드

가상 기계(virtual machine)   개별 프로그램을 실행하고 관리하는 응용프로그램. 가상 기계는 아래쪽의 운영 체제와 필요한 경우 통신한다. 또한 인터프리터로도 불린다.

감소 연산자(decrement operator)   --. 피 연산자에서 1을 빼는 단항 연산자

감소(decrement)   (일반적으로 1을) 값에서 빼는 것

강형의(strongly typed)   모든 변수와 상수가 특정 데이터 형에 연결되어야 하는 프로그래밍 언어의 특성

객체 지향(object-oriented)   클래스와 객체의 개념에 기반한.

객체(object)   이름, 형식, 상태를 가진 개체. 객체는 클래스에서 생성된다.

계승(inheritance)   한 클래스가 다른 클래스의 동작을 특화하는 두 클래스간의 관계.

계승하다(inherit)   기본 클래스를 확장하는 것

계약에 의한 디자인(design by contract)   프로그래머가 소프트웨어의 기대되는 동작을 만들도록 하는 디자인 방법.

고객 테스트(customer test)   승인 테스트 참조

고르지 않은 배열(jagged array)   하위 배열의 크기가 서로 다른 배열

Agile Java

공개 인터페이스(public interface) 다른 모든 클라이언트 클래스에 노출된 클래스의 메소드

공백(whitespace) 스페이스, 탭, 새줄, 폼 피드, 캐리지 리턴 문자

공분산(covariance) 하위클래스가 오버라이드된 메소드의 반환형을 변경하는 능력

관용도(tolerance) 두 개의 소수를 비교할 때 받아들일만한 오차의 범위

구분자(identifier) 필드, 메소드, 클래스에 주어진 자바 요소에 주어진 이름

구현(implement) 코드 명세를 제공하는 것. 인터페이스를 구현할 때, 인터페이스가 선언한 메소드의 구체적 정의를 제공한다.

국제화(internationalize) 다른 지역에서 배포될 수 있도록 시스템을 만드는 것

기대 값(expected value) assertEquals 문에서 실제 결과와 비교되어 받기를 원하는 값. 기대 값은 실제 값 앞에 나온다.

기본 패키지(default package) 이름이 없는 패키지. package 문 없이 정의된 클래스는 기본 패키지에 들어간다

기본형(primitive type) 자바에서 객체가 아닌 형식. 숫자형, boolean 형식은 기본형이다.

내부 클래스(nested class) 다른 클래스 내부에 정의된 클래스

네스티드(nested) 안에 포함된

논리 연산자(logical operator) 불리언 값을 반환하는 연산자

뉴모닉(mnemonic) 버튼을 활성화하는 한 글자 단축키

늦은 초기화(lazy initialization) 처음으로 필드가 사용될 때까지 초기값을 지정하지 않는 프로그래밍 기법

다중 주석(multiline comment) 소스의 여러줄에 걸칠 수 있는 주석 /*으로 시작해서 */으로 끝난다.

단순한 디자인(simple design) 테스팅을 중요시하고, 중복을 없애고, 코드 표현성을 높이는 디자인 방법. 간단한 디자인 규칙은 적절한 불시 처리 동작을 만든다.

단위 테스트(unit test) 대상 클래스의 동작을 확인하는 코드

단항 연산자(unary operator) 하나의 대상을 가지는 연산자.

대문자 낙타형(upper camel case) 자바의 이름 짓기 규칙.첫번째 글자가 대문자인 낙타형

대상(target) 요구에 대한 대상. 연산의 대상

던지다(throw) 예외를 생성하는 것. 제어의 전달 방법

데몬 쓰레드(daemon thread) 2차적인 쓰레드. 응용프로그램은 데몬 쓰레드의 활성 여부에 관련없이 종료될 수 있다.

동기화(synchronization) 동시에 실행되는 쓰레드 간의 데이터 분쟁에 대한 조정

동작 메소드(action method) 특히 객체의 상태를 바꾸는 동작을 하는 메소드.

동적 프락시 클래스(dynamic proxy class) 하나 이상의 인터페이스를 실행동안 구현할 수 있는 클래스

드라이버(driver)   JDBC에 대해서는 데이터 베이스 접근을 위해 썬의 명세서를 만족하는 API
디시리얼라이즈(deserialize)   바이트 시퀀스에서 객체를 재구성하는 것
디커플(decouple)   클래스간의 의존성을 최소화하는 것
디프리케이티드(deprecated)   클래스 라이브러리에서 언젠가 없어질 자바 코드
래퍼(wrapper)   다른 객체나 값을 포함하는 객체. 자바에서 래퍼 객체는 기본형을 객체로 사용하기 위해 사용된다.
런타임(runtime)   프로그램의 실행의 범위를 참조. 즉 실행되는 때.
레이아웃 매니저(layout manager)   사용자 인터페이스에서 콤포넌트를 배열하는 것을 도와주는 클래스
레이아웃(layout)   사용자 인터페이스에서 콤포넌트의 배열
레퍼런스(reference)   메모리 주소. 객체를 가르키는 변수
로 타입(raw type)   제한되지 않은 인수화된 형식
로그(log)   기록하는 것
로케일(locale)   지역, 문화, 정치에 의해 정의된 지역
리소스 뭉치(resource bundle)   메시지 문자열과 같은 리소스의 모음. 응용프로그램이 동적으로 이름으로 지정된 리소스를 읽어오는 것. 리소스 뭉치는 일반적으로 외부파일이다.
링크드 리스트(linked list)   동적으로 메모리를 할당해서 새로운 요소를 추가하는 데이터 구조. 링크드 리스트의 요소는 하나 이상의 레퍼런스를 저장해서 다른 요소를 연결한다.
마커 아노테이션(marker annotation)   인수를 지정하지 않는 아노테이션
마커 인터페이스(marker interface)   메소드를 정의하지 않는 인터페이스. 프로그래머가 클래스의 의도를 알리는데 사용된다.
메모리 동등(memory equivalence)   두 객체 레퍼런스가 같을 때. 즉 메모리상의 같은 객체를 가르키는 것.
메소드(method)   클래스의 동작을 정의하는 것을 도와주는 코드 단위. 반환형, 이름, 인수 리스트가 메소드를 구분한다. 메소드는 몇 개의 명령으로 구성된다.
메타데이터(metadata)   데이터에 대한 데이터
멤버(member)   클래스의 인스턴스 측에 정의된 생성자, 필드, 메소드
멤버-값 쌍(member-value pair)   아노테이션에서 키와 해당되는 값
명령문(statement)   세미콜론으로 끝나는 한 줄의 자바코드
모델(model)   응용프로그램 로직을 포함하는 클래스
모듈러스(modulus)   나누기 연산의 나머지를 반환하는 연산자
모방 객체(mock object)   대상 코드에 대한 확인을 위한 환경을 만들어주는 객체. 넓은 의미에서 테스트를 위해 결과 코드를 대신하는 모든 객체이다.
무거운(heavyweight)   문서를 중요시하며 초기 계획에서 벗어나는 것을 막는 프로세스

Agile Java

문자 상수(string literal)　따옴표 안의 글로 나타나는, String 객체의 코드 인스턴스.
반영(reflection)　자바에서 동적으로 형식과 정의에 대한 것을 실행 시 가져올 수 있는 능력
반영적인(reflective)　반영을 다루는
반환형(return type)　메소드가 호출자에게 제공해야 할 객체의 클래스를 나타낸다.
방법론(methodology)　소프트웨어를 구현하는 과정
범위(scope)　유사임의 숫자를 결정하기 위한 기초가 되는 숫자
병합(concatenate)　붙임
보호 조건(guard clause)　예외적인 상황에서 메소드를 일찍 반환시키는 코드 구조
불변의(immutable)　바뀔 수 없는. 속성을 변경할 수 없으면 그 클래스는 불변이다.
뷰(view)　최종 사용자에게 어떤 것을 보여주는 클래스
비결정적인(nondeterministic)　같은 입력과 초기 상태에서 다른 결과를 반환할 가능성이 있는.
사용자 쓰레드(user thread)　실행되는 응용프로그램의 주 쓰레드. 동작중인 사용자 쓰레드가 응용프로그램 실행을 유지한다.
사용자 인터페이스(user interface)　사람이 응용프로그램과 상호작용하는 도구
삭제(erasure)　인수화된 형식을 구현하기 위해 썬에서 선택한 방법. 인수화된 형식 정보가 상위 제한으로 지워진다는 것을 의미한다.
삼중 연산자(ternary operator)　if-else 문을 한 표현식으로 쓸 수 있는 연산자
상위 제한(upper bound)　형식 인수에 붙은 제한
상태(state)　현재 시점에서 속성의 값으로 표현되는 객체가 보이는 모양의 단편
상호 배제(mutual exclusion)　코드의 일부를 자바 VM에서 독점적으로 실행하는 동기화 방법
샌드박스(sandbox)　보안을 위한 경계를 정의하는 가상의 자바 공간.
생성자 연결(constructor chaining)　하나의 생성자에서 다른 생성자를 호출하는 것
생성자(constructor)　객체를 초기화하기 위한 명령을 지정하는 코드 블록. new 연산자를 이용해서 생성자를 호출하면 객체가 생성된다.
서버(server)　클라이언트에 서비스를 제공하는 클래스나 클래스 그룹
선언(declaration)　어떤 것이 정의된 시점
선점형 멀티테스킹(preemptive multitasking)　운영체제가 쓰레드를 정지하고 스케쥴할 책임이 있는 멀티쓰레딩 방법
소스 파일(source file)　프로그래머가 입력한대로의 코드를 포함하는 파일
소프트웨어 개발 키트(software development kit)　응용프로그램의 설치와 개발자가 개별 응용프로그램을 만들고 실행하는 것을 돕는 유틸리티
수신자(receiver)　메시지를 받는 객체
숫자 상수(numeric literal)　정수나 소수와 같은 숫자의 코드 인스턴스.

스위트(suite)　단위 테스트의 모음
스택 워크백(stack walkback)　스택 트레이스 참조
스택 트레이스(stack trace)　예외가 생성하는 실행 내역. 스택 트레이스는 반대 순서로 문제까지의 메시지 전달 연결을 보여준다.
스트림(stream)　읽거나 쓸 수 있는 데이터의 나열
승인 테스트(acceptance test)　기능적 동작을 보여주는 테스트. 또한 기능 테스트 혹은 고객 테스트로도 알려져 있다.
시그니쳐(signature)　메소드를 단일하게 구분하는 정보. 반환형, 이름, 인수 형식 리스트
시리얼라이저블(serializable)　해당 클래스의 객체가 시리얼라이즈 될 수 있는 클래스
시리얼라이즈(serialize)　객체를 바이트 배열로 바꾸는 것.
실제 값(actual value)　assertEquals 문에서, 테스트하는 표현식이나 값. 실제 값은 기대되는 값 바로 뒤에 나온다.
싱글톤(singleton)　하나 이상의 인스턴스 생성을 불허하는 클래스
쓰레드 풀(thread pool)　재사용이 가능한 쓰레드의 그룹
쓰레드(thread)　자바의 실행단위. 자바 프로세스는 각각이 다른 쓰레드와 동시에 실행될 수 있는 여러 쓰레드를 포함할 수 있다.
아노테이션(annotation)　소스코드에서 자바 요소에 대한 설명적인 정보를 포함하도록 하는 구조. 아노테이션은 컴파일러에서 인터페이스 명세와 같이 검사된다.
아일드카드(whildcard)　형식 인수에서 치환 문자(?)
애자일(agile)　가벼운 프로세스의 중심이 되는 용어. 애자일 프로세스는 프로젝트가 진행되면서 요구사항이 변경된다는 가정에 집중한다.
약한 참조(weak reference)　가비지 콜렉션에서 고려하지 않는 레퍼런스
역전(invert)　뒤집기. 의존성 역전에서 사용
연결 풀(connection pool)　공유되는 데이터베이스 연결의 그룹
연산자(operator)　컴파일러에서 인식하는 특별한 토큰 혹은 키워드. 연산자는 하나 이상의 값 혹은 표현식에 대해서 동작한다.
예외(exception)　에러 정보를 포함하는 객체
오버라이드(override)　상위클래스에서 이미 정의된 메소드의 정의를 교체하는 것.
오버로드(overload)　메소드나 생성자에 대해서 여러 정의를 제공하는 것. 인수 리스트를 다르게 해서 정의를 다르게 한다.
오버로드된 연산자(overloaded operator)　사용되는 위치에 따라 다른 의미를 가지는 연산자.
완전한(fully qualified)　완전한 패키지 정보를 포함한 클래스 이름
요소(element)　아노테이션이 붙을 수 있는 자바 구조. 클래스, 열거형(enum), 인터페이스, 메소드, 필드, 인수, 생성자 혹은 지역 변수

Agile Java

유도된 클래스(derived class) 하위 클래스 참조
유효수(scale) 10진수에서 오른쪽으로 의미있는 숫자의 개수
응용(application) 사람이나 다른 시스템에 가치를 제공하는 컴퓨터 기반 시스템
의도를 통한 프로그래밍(programming by intention) 먼저 어떤 해결방법의 의도를 지정하고 구현을 나중에 하는 프로그래밍 방법
의미상의 동일성(semantic equality) 두 객체가 임의 조건에서 같다고 여겨지는 경우. 자바에서, equals 메소드를 사용한다.
의사 웨이크업(spurious wakeup) 실행되지 않고 있는 쓰레드의 기대되지 않은 활성화
의존성 역전(dependency inversion) 클래스 관계가 실제 구현이 아닌 추상적인 것에 의존적이 되도록 디자인 하는 것
이름공간(namespace) 유일한 이름을 정의할 수 있는 능력. 자바에서 이것은 패키지 이름으로 보장된다.
이스케이프 시퀀스(escape sequence) 문자열에서 하나의 문자에 해당되는 문자 배열. 이스케이프 시퀀스는 \문자로 시작한다. 이스케이프 시퀀스로 직접적으로 입력할 수 없는 문자를 표현할 수 있다.
이야기(story) 비공식적으로 나타낸 요구사항.
익명 내부 클래스(anonymous inner class) 메소드 내부에서 동적으로 정의되는 이름이 없는 클래스
인라인(inline) 메소드 내부에 이전에 지정한 코드를 포함하는 것. 즉 메소드의 코드를 호출하는 메소드 내부로 옮겨서 메소드를 호출할 필요성을 없애는 것
인수(parameter) argument의 다른 이름
인수화된 형식(parameterized type) 하나 이상의 클래스를 묶을 수 있는 클래스. 이렇게 해서 클래스가 상호작용하는 객체의 형식에 대해 추가적인 제한을 할 수 있다.
인스턴스 변수(instance variable) 필드 참조
인스턴스화(instantiate) 객체를 생성하는 것
인켑슐레이션(encapsulation) 클라이언트에 구현에 관련된 사항을 숨기는 것. 객체 지향 개념의 핵심
인터페이스 아답터 클래스(interface adapter class) 외부에서 지정된 인터페이스를 현재 시스템의 문맥에 좀더 유용하도록 변경시키는 클래스
인터페이스(interface) 일반적 의미 : 두 시스템, 두 클래스와 같이 두 물건간의 통신 지점. 자바에서 : 메소드의 형식을 지정하고 상세 구현 정보를 제공하지 않는 구조
인터프리터(interpreter) 컴파일된 코드를 읽고 실행하는 응용프로그램. 가상 기계 참조
일반화 메소드(generic method) 하나 이상의 형식을 인수로 가질 수 있는 메소드
일반화(generics) 인수화된 형식
임시 변수(temp variable, temporary vairable) 지역 변수 참조

Appendix

임의 접근 파일(random access file) 파일의 특정 부분을 빠르게 찾고 그 위치에 읽기나 쓰기가 가능한 파일의 논리적 해석
자바 아카이브(java archive) 클래스 콘테이너. ZIP 파일 형식을 이용하여 구현되었다.
잡히지 않은 예외 핸들러(uncaught exception handler) 쓰레드에서 생성된 실행을 가로채는 도구
재구성(refactor) 코드를 변경하는 것. 정의상으로 재구성은 코드의 동작을 바꾸지 않아야 한다.
재구성하기(refactoring) 코드 변경. 코드를 변경하는 동작.
재귀적인(recursive) 자신을 호출하는. 현재 실행중인 메소드와 같은 메소드에 메시지를 보내는 것
재전달(rethrow) 같거나 다른 예외 객체를 잡아서 전달하는 것
전략(strategy) 알고리즘. 일을 수행하기 위한 여러 방법
전역(global) 어떤 클라이언트에서도 접근 가능한
전제조건(precondition) 코드 실행 전에 만족해야 하는 조건
전치 연산자(prefix operator) 연산 대상의 앞에 나오는 단항 연산자.
접근 수정자(access modifier) 자바 요소를 다른 코드에 노출시키는 정도를 지정하는 키워드
접미 연산자(postfix operator) 연산하는 대상의 뒤에 붙는 단항 연산자.
정규 표현식(regular expression) 문자열 찾기를 위한 문법적 요소와 기호의 집합
정적 메소드(static import) 정의된 클래스를 인스턴스화 하지 않고도 호출할 수 있는 메소드
정적 범위(static method) 클래스의 존재 동안 존재하는
증가 연산자(increment operator) ++, 피연산자에 1을 더하는 단항 연산자.
증가(increment) 값에 (일반적으로 1)을 더하는 것.
지속적인(persistent) 응용프로그램의 실행 때마다 유지되는
지역 변수(local variable) 메소드의 내부에서 정의된 변수
참조해석(dereference) 레퍼런스의 메모리 주소에 기반하여 메모리 위치를 찾는 것
초기 값(initial value) 선언 시 필드나 지역 변수가 가지는 값
추상(abstract) 명확하고 특정한 세부사항의 반대 개념을 표현하는 것
커플(couple) 클래스간의 의존성을 높이는 것
컨테이너(container) 다른 콤포넌트를 포함할 수 있는 콤포넌트
콘트롤러(controller) 사용자의 입력을 관리하는 역할을 하는 클래스
쿼리 메소드(query method) 클라이언트에 정보를 반환하지만 객체의 상태를 바꾸지 않는 메소드.
큐(queue) 클라이언트가 객체를 요청할 때, 가장 오래된 객체를 반환하는 데이터 구조.

Agile Java

또한 선입선출(FIFO) 데이터 구조로도 알려져 있다.
크리티컬 섹션(critical section)   벡찬 배제 참조
테스트 위주(test-driven)   구현하기 전에 명세에 의한 테스트를 만드는 기법
토큰(token)   특별한 정해진 문자들로 구분되는 개별 텍스트 요소
트레이스 문(trace statements)   실행되는 동안 동작을 추적할 수 있도록 삽입되는 코드
패키지 구조(package structure)   패키지 구성의 현재 상태
패키지 임포트(package import)   특정 패키지의 모든 클래스가 클래스 내에서 사용될 수 있다는 것을 나타내는 임포트 문의 형식
패키지(package)   배포나 구성의 목적으로 정의된 임의 클래스의 모음.
팩토리 메소드(factory method)   객체를 생성하고 반환하는 역할을 하는 메소드
페어 프로그래밍(pair programming)   두 개발자가 하나의 컴퓨터에서 능동적으로 개발을 진행하는 개발 기법
폴리모피즘(polymorphism)   한 메시지에 대해서 객체가 형식에 따라 다른 동작을 제공하는 기능. 다른 방향에서 봤을 때, 클라이언트가 실제로 어떤 객체가 메시지를 받는지에 관계없이 메시지를 보낼 수 있는 기능.
프록시(proxy)   대리자. 프록시 객체는 대리하는 객체에 대한 접근을 제한하거나 조정한다. 클라이언트에게 프록시는 원래의 객체와 구별이 불가능하다.
프레임(frame)   최상위 윈도우
프로그래머 테스트(programmer test)   단위 테스트 참조
프로그래밍(programming)   코딩 참조
프로그램(program)   응용프로그램을 구현하는 코드 부분. 응용프로그램과 같이 사용되기도 한다.
프로세스 인스턴서(process instance)   프로세스 프레임 워크의 특정 개별화
프로세스 프레임워크(process framework)   필요에 따른 프로세스 생성, 조절을 위한 기초
프로젝트(project)   노력이 필요한 관련된 것들.
플랫폼(platform)   응용프로그램이 실행될 수 있는 하위 시스템
필드 초기화(field initializer)   필드나 지역 변수의 초기 값을 제공하기 위해 사용되는 코드 표현
필드(field)   속성의 자바 구현. 필드는 최소한 클래스 특성을 위한 형식과 이름을 지정한다.
하위 제한(lower bound)   지정된 클래스의 상위 형이 되기 위해 와일드 카드가 필요한 제한
하위클래스(subclass)   상속관계에서 특화된 클래스
합성(composition)   한 클래스의 객체가 다른 클래스의 객체들로 구성되는 클래스들 간의 관계
해시 코드(hash code)   해시 테이블에서 특정 요소를 찾는 키가 되는 정수 값.

해시 테이블(hash table)　해시 코드를 이용해서 각 요소의 위치를 결정하는 고정 크기 콜렉션

해킹(hacking)　원래 해킹은 긍정적인 용어이다. 용어의 현대적 사용은 경멸적인 것이다.

협조적 멀티태스킹(cooperative multitasking)　각 쓰레드가 다른 쓰레드가 실행될 수 있도록 시간을 양보할 책임이 있는 멀티쓰레딩 방법.

형식 요소(formal element)　리소스 뭉치의 리소스에서 정의된 치환 인수

형식 인수 리스트(type parameter list)　인수화된 형식에서 바인드 되어야 하는 인수의 리스트

형식 인수(formal parameter)　메소드 혹은 생성자 선언에서 지정된 인수 리스트

형식 지정자(format specifier)　형식 문자열에서 치환될 부분을 표시하는 것. 값에서 출력 문자열로의 변환을 지정한다.

확인되지 않은 예외(unchecked exception)　코드가 명시적으로 다루는 것을 요구하지 않는 예외

활성화(activation)　시퀀스 다이어그램에서 메소드의 수명을 나타내는 UML 구조

회귀 시험(regression test)　변경 후에도 존재하는 응용프로그램이 여전히 동작하는 것을 확인하는 테스트

후조건(postcondition)　코드 실행 후 참이 되어야 하는 조건.

자바 연산자 우선 규칙

이 표는 모든 연산자를 나타낸다1). 같은 줄의 연산자들은 같은 우선순위를 가진다. 이 표는 가장 높은 우선순위에서 낮은 우선순위로 정렬되어 있다. 이항 연산자 +와 =와 다르게 단항 연산자 +와 ?는 숫자 상수나 변수화 연관되어 양과 음을 나타내기 위해 사용된다.

후치	{} .() ++ ?
단항	++ ? + -
생성, 캐스트	new (class)reference
다중	* / %
덧셈	+ -
쉬프트	〈〈 〉〉 〉〉〉
관계	〈 〉 〉= 〈= instanceof
동일성	== !=
and	&
exclusive or	^
inclusive or	|
조건 and	&&
조건 or	||
삼항	?:
할당	= += -= *= /= %= 〉〉= 〈〈= 〉〉〉= &= ^= |=

---

footnote

1) [Arnold2000].

Appendix

IDEA 시작하기

이 첨부는 IntelliJ IDEA를 사용해서 "Hello World"를 만들고 실행하는 방법을 보여준다. IDEA와 같은 복잡한 IDE를 사용하기 전에 먼저 명령줄에서 컴파일하고 테스트하는 방법을 배워야 한다. 이런 기본을 배워두면 필요한 어떤 플랫폼에서도 자바를 사용할 수 있을 것이다.

IDEA

IDEA는 체코의 JetBrains라는 회사에서 만든 자바 IDE이다. IDEA는 IDE에서 자바에 특화된 재치 있는 기능을 많이 소개해왔다. 다른 자바 IDE에서 보이는 여러 중요한 기능들이 IDEA에서 처음 소개되었다. IDEA는 공개 도구이며, 다른 개발사나 개인 개발자들이 플러그인을 만들어서 기능을 추가할 수 있다.

저자는 주로 사용하는 IDE를 IDEA와 이클립스를 바꿔가며 IDEA를 몇 년간 써왔다. IDEA에 대해서 알게 된 것 한가지는 놀랄 일이 없다는 것이다. 일반적으로 어떤 기능을 원하면 IDEA는 그런 기능을 여러분이 원하는 방법으로 제공할 것이다.

IDEA는 이클립스보다 훨씬 먼저 J2SE 5.0을 지원하였다. 데드라인에 맞춰 이 첨부를 쓰고 있을 때 5.0을 지원하기 시작했다.

JetBrains 웹 사이트(http://www.jetbrains.com)에서 최신 버전의 IDEA를 얻을 수 있다. 이 부록을 쓰면서 사용하는 버전은 IntelliJ IDEA 4.5.1이다. IDEA의 다운로드와 설치는 사이트의 설명을 따른다. IDEA를 설치하기 전에 자바를 미리 설치해야 한다.

설치 프로그램은 IDEA를 설정하는 방법에 대한 몇 가지 질문을 보여줄 것이다. 일반적으로 기본 값을 선택하고 Next 버튼을 누르기만 하면 된다.

다음 설명은 IDEA를 시작하기 위한 간단한 소개이며, 사용자 설명서가 아니다. 좀더 자세한 정보가 필요하다면 IDEA에 포함된 도움말을 참조하거나 JetBrains 기술지원에 연락하자. 이 부록에 보이는 설명이 짧은 시간 내에 크게 바뀌지는 않을 것이다.

Hello 프로젝트

IDEA를 설치했으면 실행한다. IDEA는 그림 1과 같은 대화상자를 보여줄 것이다.

"Hello World" 프로젝트는 일회용이다. Name 필드의 untitled를 hello로 바꾼다. 프로젝트 이름을 입력하면서 Project file location 필드가 자동으로 바뀌는 것을 주목하자. 파일시

691

Agile Java

스템에서 찾기 위해서 이 위치를 적어놓아야 할 수도 있다[2]. Next 버튼을 클릭한다. 그림 2에 보이는 대화상자를 보게 될 것이다.

    Project JDK 필드에 아무것도 나오지 않거나 1.5(5.0) 혹은 이후 버전을 볼 수 없다면 Configure 버튼을 누른다. 필요한 경우 Configure JDK를 사용해서 새로운 JDK를 추가한다. 여러분은 J2SE 5.0이 설치된 위치를 알아야 할 것이다.

    J2SE 5.0 JDK를 선택한 것을 확인하고 Next를 누른다. 계속 Next를 눌러서 가 패널의 기본값을 선택한다. Finish 버튼이 나오면 클릭한다.

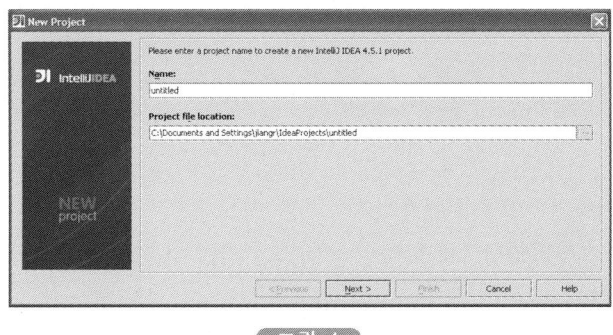

그림 1

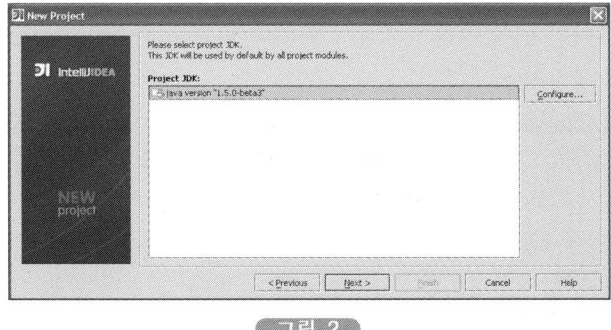

그림 2

    그림 3에 나타난 초기 프로젝트 스크린은 간소하다. 위의 왼쪽 구석에 Project라고 표시된 탭이 있다. 프로젝트 도구 윈도우를 열려면 이 탭을 클릭한다. (그림 4)

    계승 트리에서 가장 상위 엔트리를 선택한다. 첫 엔트리는 hello라고 되어있다. 이것이 프로젝트이다. 아래로 다음 엔트리 역시 hello이며 모듈이다. 여러분이 만드는 간단한 프로젝트는 단지 하나의 모듈만 필요하다.

---

footnote

[2] IDEA는 최근에 열린 프로젝트 정보를 저장하므로, 위치에 신경 쓸 필요는 없다.

Appendix

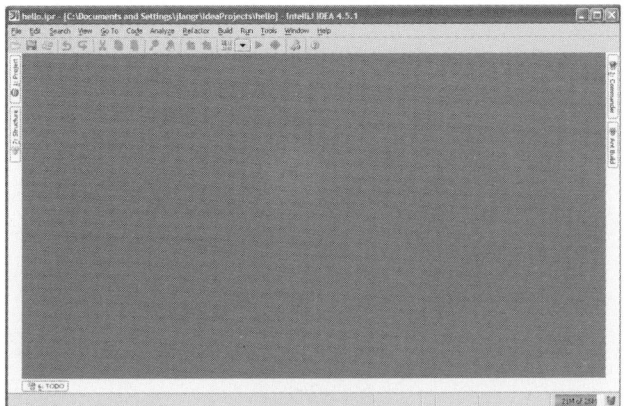

그림 3

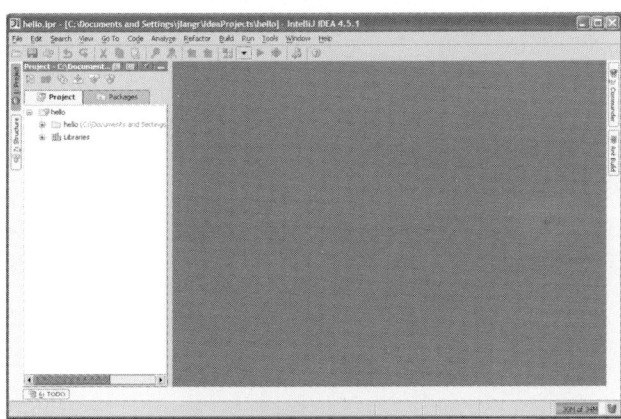

그림 4

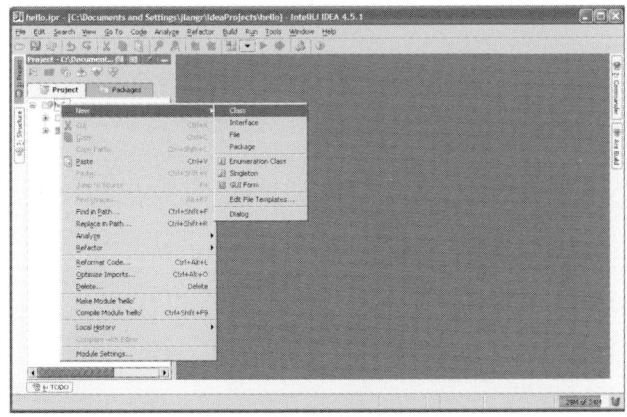

그림 5

프로젝트 관련 메뉴가 나오도록 hello 프로젝트를 선택하고 나서 오른쪽 마우스 버튼을 클릭한다. 메뉴의 첫번째 항목은 New이다. 이것을 선택한다. 그림 5와 같은 화면을 볼 것이다. Class 메뉴 아이템을 클릭한다. 클래스 이름이 나오면 Hello를 입력한다. 클래스 이름의 대소문자를 정확히 입력해야 한다! 클래스 Hello의 정의로 시작하는 에디터를 볼 수 있다. (그림 6)
Hello.java 에디터 윈도우에서 레슨 2, 설정하기에서 본 Hello 코드를 추가한다.

```
class Hello {
  public static void main(String[] args) {
    System.out.println("hello world");
  }
}
```

프로젝트 도구 윈도우는 확장된 프로젝트 계층 구조를 보여준다. src 엔트리 밑에 새로운 클래스 Hello가 있다. 이 클래스 항목을 오른쪽 클릭하면 메뉴가 나온다. (그림 7)
아래에서 세번째의 Run "Hello.main()" 항목을 선택한다. 메뉴 대신 키 조합 [Ctrl]+[Shift]+[F10]을 사용할 수 있다. 프로그램을 실행하기 전에 소스 파일을 저장할 필요는 없다. IDEA가 자동으로 저장할 것이다.

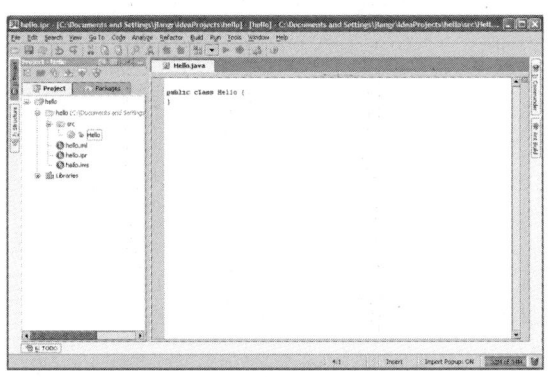

그림 6

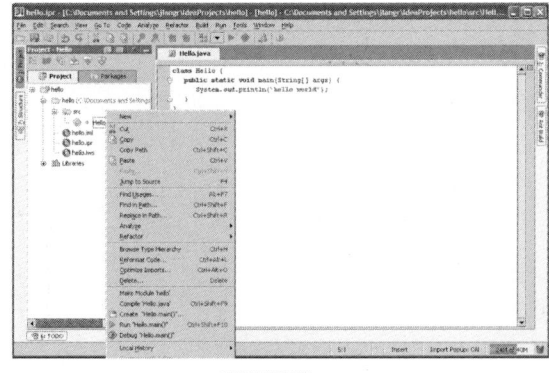

그림 7

Appendix

　　IDEA는 출력 디렉토리를 생성할 것인지 물어보는 대화상자를 보일 수도 있다. 만약 나타나면 단순히 "예"를 클릭한다.

　　컴파일 진행 대화상자가 잠시 나타난다. IDEA가 프로그램을 실행하기 전에 문제가 없는 것을 확인하기 위해 컴파일을 해야 한다. 처음 컴파일 할 때 약간 오래 걸릴 것이다. 이후의 컴파일은 좀더 빨리 시작한다[3]. 컴파일 에러가 없다면, IDEA의 아래쪽에 출력 윈도우를 보게 될 것이다. (그림 8)

성공!

　　다음으로, 에러를 어떻게 처리하는지 보기 위해 에러가 생기도록 다음과 같이 코드를 고친다.

```
class Hello {
   public static void main(String[] args) {
      xxxSystem.out.println( "hello world" );
   }
}
```

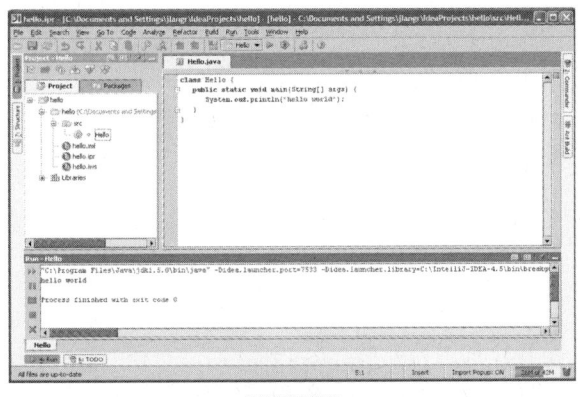

그림 8

　　오른쪽 끝으로 코드에 문제가 있다는 것을 나타내는 시각적 표시가 생길 것이다. 에디터의 위, 오른쪽 구석에 붉은색 작은 사각형이 나타날 것이다. 코드를 망치기 전에는 녹색이었다. 이 사각형 아래에, 하나 이상의 얇은 빨간 선이 보일 것이다. 이 선은 코드의 문제부분을 나타낸다. 에러 메시지를 보려면 마우스를 잠시 올려보면 된다. 문제 부분으로 가기 위해서는 선을 클릭하면 된다. 다시 Hello를 실행해보고 어떤 일이 생기는지 살펴보자. Hello를 이미 한번 실행했기 때문에 두 가지 방법으로 다시 실행할 수 있다. [Shift]+[F10]키 조합을 누르거나 실행 화살표를 누른다. 실행 화살표는 메뉴 아래 툴바에 있다.

Footnote

[3] 이렇게 초기 컴파일이 지연되는 것은 IDEA를 다시 시작할 때 마다 일어난다.

적절한 출력을 보여주는 Run 도구 윈도우를 보는 대신 메시지 도구 윈도우 (그림 9)를 보게 될 것이다. 이 윈도우는 에러 메시지 전체를 보여준다. 왼쪽으로는 메시지를 관리하는 것을 도와주는 여러 아이콘이 있다. 마우스를 아이콘 위에 몇 초쯤 두면 아이콘의 사용을 설명하는 툴팁이 보인다.

메시지 툴 윈도우에서 특정 에러 메시지를 더블클릭하면, IDEA는 에러가 발생한 Hello.java의 특정 위치로 커서를 옮긴다. 에러를 수정하고 다시 Hello를 실행한다.

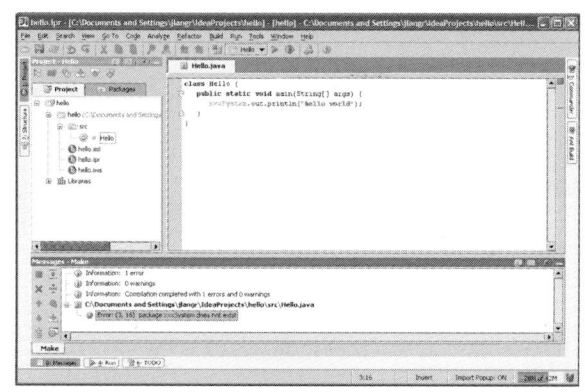

그림 9

 ## 테스트 실행하기

이 절은 레슨 1의 첫 부분을 다시 반복한다. 이 절의 목적은 어떻게 IDEA에서 효과적인 테스트 위주 개발을 수행하는 지를 보여주는 것이다.

새로운 프로젝트를 생성한다. File 메뉴를 눌러서 New Project를 클릭한다. IDEA는 hello 프로젝트와 마찬가지로 여러 대화상자를 보여준다. 이번에, 프로젝트의 이름을 lesson1로 한다. 그리고 hello 프로젝트를 만들 때와 같은 단계를 반복한다.(Next를 계속 클릭한다) Finish를 누른 후, IDEA는 새로운 프레임에서 프로젝트를 열 기회를 준다. Yes를 선택하자.

코드를 입력하기 전에, 프로젝트 설정을 조금 바꿔야 한다. Project 툴 윈도우에서, Project (lession1)을 선택한다. 오른쪽 클릭으로 메뉴를 띄우고 Module Settings를 선택한다.

그림 10과 같은 경로 대화상자를 볼 수 있다.

먼저, lesson1 모듈이 J2SE 5.0 언어 레벨(만약 이미 그렇지 않다면)을 인식하도록 설정한다. 대화상자의 아래쪽에 Language level for project(effective on restart) 라고 표시된 드롭다운 리스트가 있다. 이 괄호는 변경을 반영하려면 IDEA를 종료하고 다시 시작해야 한다는 의미이다[4]. 곧 다시 시작할 것이다. 이제, 드롭다운 리스트를 클릭해서 선택 리스트를 보이도록 한다. 5.0 버전을 선택한다.

Appendix

다음으로 JUnit JAR 파일을 찾을 수 있는 위치를 지정해야 한다. (만약 이것이 의미하는 바를 모른다면 레슨 1과 설정부분의 2장을 참조한다.) Libraries(Classpath)라고 표시된 탭을 클릭한다. 경로 대화상자는 그림 11과 같이 보여야 한다.

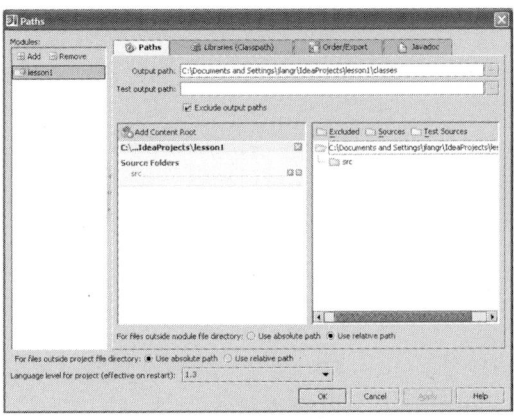

그림 10

현재 Paths 대화상자는 클래스 패스에 라이브러리(JAR 파일들)이 없다는 것을 보여준다. Add Jar/Directory 버튼을 클릭한다. Select Path 대화상자를 보게 될 것이다. JUnit을 설치한 디렉토리를 찾고 junit.jar를 선택하고, OK를 클릭한다. Paths 대화상자로 돌아올 것이다.

대화상자를 닫기 위해 OK를 클릭한다. IDEA를 종료하고 IDEA를 다시 시작한다. 완전히 IDEA를 종료한 것을 확인하자(hello 프로젝트 프레임이 있다면 역시 닫는다.)

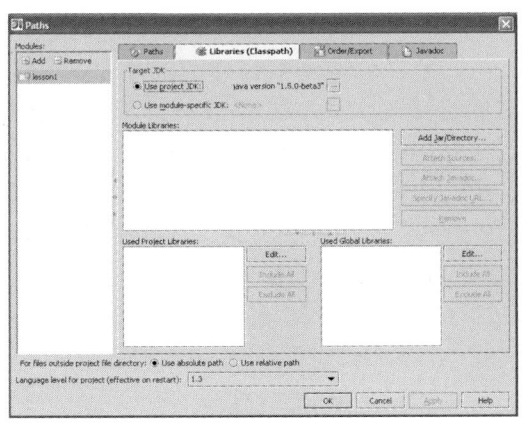

그림 11

---

4) 일부 J2SE 5.0 기능은 동작하지만, 일부는 다시 시작할 때까지 적용되지 않는다.

Agile Java

IDEA는 lesson1 프로젝트가 아닌 hello 프로젝트를 다시 열 것이다. 그렇다면 메뉴에서 File -> Close Project를 선택한다. 그리고 File -> Reopen을 클릭해서 lesson1 프로젝트를 최근 사용한 프로젝트 리스트에서 선택한다. 만약 lesson1 프로젝트가 나타나지 않는다면 File -> Open Project를 선택한다. 그리고 프로젝트를 생성한 디렉토리로 이동해야 한다. 만약 기본 설정을 받아들였다면, 윈도우에서 이 디렉토리는 userName을 자신의 사용자 로긴 이름으로 바꾼 C:\Documents and Settings\userName\IdeaProjects\lesson1이 된다.

Lesson1을 다시 열었다면, Project 도구 윈도우를 오른쪽 클릭한다. New -> Class를 콘텍스트 메뉴에서 선택한다. 클래스 이름으로 StudentTest를 입력한다. StudentTest.java 에디터에서 레슨 1의 초기 코드를 입력한다.

```
public class StudentTest extends junit.framework.TestCase {
}
```

Project 툴 윈도우 트리에서 Run "StudentTest"를 선택한다. 만약 물어보면 출력 디렉토리를 생성한다. 그림 12와 같은 윈도우를 보게 될 것이다.

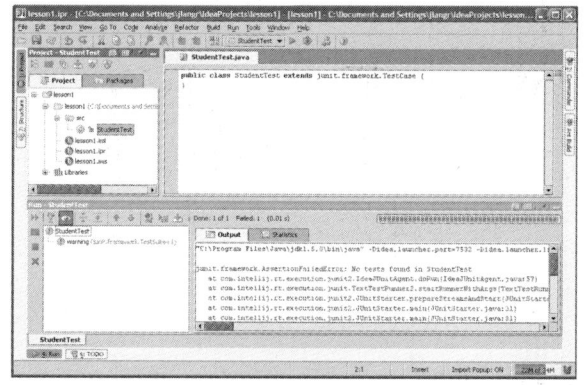

그림 12

오른쪽 아래 페인은 테스트 실행의 출력을 보여준다. 이것은 JUnit의 출력이다. IDEA는 IDE에 JUnit을 직접적으로 통합했다.

출력을 볼 수 없다면, 슬라이드 바를 위로 올려보자. 슬라이드 바는 Run 툴 윈도우의 바로 위에 나타나며, IDEA를 위 아래로 나눈다. 마우스를 천천히 슬라이더 위에서 움직여서 위아래 화살표가 나타나면 클릭하고 드래그한다.

진행하면서 레슨 1의 지시를 따르는 것을 잊지 말자. 기대된 대로 여러분이 StudentTest에 테스트를 정의하지 않았기 때문에 Output 윈도우는 실패를 보여준다. StudentTest 코드를 수정한다.

```
public class StudentTest extends junit.framework.TestCase {
    public void testCreate() {
    }
}
```

다시 실행한다(Shift-F10). 이제 붉은 막대와 에러 대신에 녹색 막대와 두 줄의 출력이 보인다. 첫 번째 줄은 운영체제에 전달된 실제 java 명령이다. 두 번째 줄은 "Process finished with exit code 0."이다. 실패를 보였고, 문제를 고쳐서 테스트를 통과했다.

다음은 재미있는 부분이다. StudentTest 코드를 다시 고친다.

```
public class StudentTest extends junit.framework.TestCase {
    public void testCreate() {
        new Student("Jane Doe");
    }
}
```

오른쪽에 붉은 표시가 보여야 한다. 클래스 이름 Student가 붉은 색으로 나타난다. 추가적인 정보를 위해서는 붉은 부분에 마우스를 올려봐야 한다. 클래스 이름 Student를 클릭하면, 잠시 후에 줄의 왼쪽에 작은 전구를 보게 된다. 전구를 클릭한다. (그림 13)

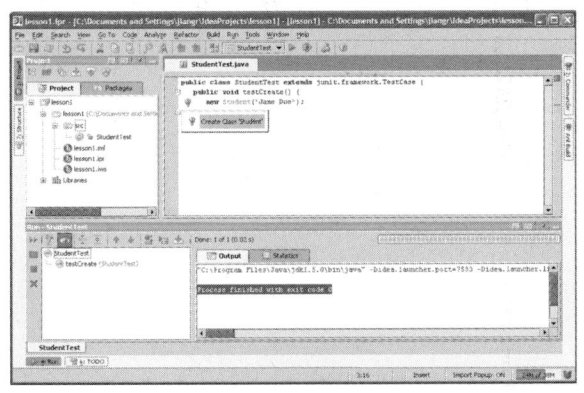

그림 13

전구는 "의도 동작"을 나타내는 도구이다. 이것은 가능한 동작의 리스트를 보여준다. 전구를 클릭하는 대신, Alt-Enter 키 조합으로 동작 리스트를 나타나게 할 수 있다. IDEA는 여러분이 원하는 동작을 추측해서 리스트를 만든다. 이 경우 리스트에 Create Class "Student" 만이 나타난다. 패키지를 물어보면 그저 OK를 클릭한다.

그림 14는 StudentTest.java와 Student.java, 두 개의 에디터를 보여준다. 탭을 클릭해서 하나를 위로 올릴 수 있다.

의도 동작 도구는 IDEA에서 입력해야 하는 코드의 양을 줄여주는 많은 방법 중 한가지이다.

여러분은 이미 일부 코드가 채워진 Student 클래스를 받게 된다. 생성된 클래스 코드는 "템플릿" 모드이다. 여러 필드를 탭을 눌러서 움직일 수 있다. 이것은 여러분이 지정한 템플릿 코드를 교체할 기회를 준다. 인수 필드로 탭을 눌러서 인수 이름 s를 name으로 바꾼다. 탭을 다시 누르거나 Esc 키를 눌러서 템플릿 모드를 나간다.

빨간 표시를 보게 될 것이다. 다시 실행하고 녹색 결과가 JUnit에 나타나는 것을 확인한다. 레슨 1의 나머지 예제를 진행한다. IDEA가 제공하는 여러 의도 동작을 이용한다. 영향을 주는 여러 다른 방법을 실험해본다. 만약 마우스를 이용한 옵션에 의존하고 있다면 좀 더 빠르게 가기 위해 키 조합을 시도해보자. 사용 가능한 메뉴를 살펴보고 거기에서 동작을 실행할 수 있는지 살펴보자.

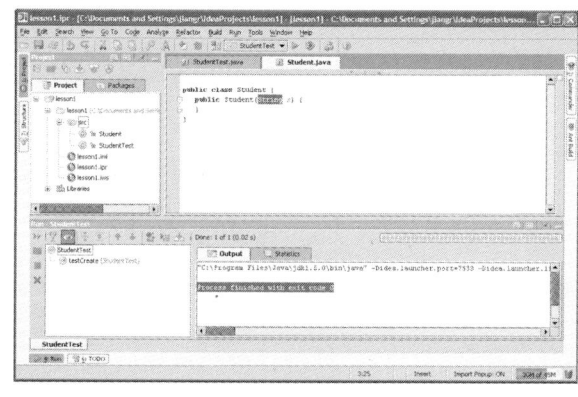

그림 14

IDEA 이용하기

대부분의 현대적인 IDE처럼, IDEA로 많은 시간 절약이 가능하다. IDE를 완전히 알만한 가치가 있다. 기본적인 기능만을 사용하는 초보자와 IDE의 기능을 충분히 사용하는 전문가 사이에는 1년 프로젝트에서 몇 주 정도의 차이가 난다.

코드 완성

한가지 귀중한 기능은 자동 완성이라고도 불리는 코드 완성이다. 클래스 이름, 패키지 이름, 키워드 IDEA가 인식하는 것을 입력하기 시작하면 Ctrl-Space를 누른다. IDEA는 다음 세가지 중 한가지 동작을 할 것이다. "No suggestions"라고 하거나, 자동으로 입력하기 시작한 글을 완성하거나, 선택할 수 있는 리스트를 보일 것이다. 커서 키를 사용해서 선택을 이동하고 엔터를 누르거나 원하는 선택을 클릭할 수 있다. IDEA는 이 선택에 기반해서 입력을 마칠 것이다.

엔터 키를 누르면 현재 위치에 다른 글이 입력된다. 대신 탭 키를 누르면, 새 글이 바로 오른쪽의 글을 교체할 것이다.

두 개나 세 개의 중요 문자를 입력하고 Ctrl-Space를 누르는 습관을 가지자. 나는 항상 이 키 조합을 누른다. IDEA가 여러분의 의도를 알아채는 것에 놀라게 될 것이다.

IDEA는 두 가지 다른 종류의 코드 완성을 제공한다. (Smart Type과 Class Name) 이들은 다른 키 조합으로 동작되는 좀더 복잡한 도구이다. 좀더 자세한 내용은 IDEA 도움말을 참조한다.

이동

IDEA와 같은 IDE를 사용하는 가장 중요한 장점 중 하나는 자바 코드를 이동할 때의 편의성이다. Go To 메뉴를 클릭한다. 이 메뉴의 크기는 이 기능이 얼마나 유동적인지 보여준다. Go To 메뉴에서 Class selection을 클릭한다. 세 글자 Stu를 클릭하고 잠시 멈춘다. 선택할 수 있는 적절한 클래스의 드롭다운 리스트가 보일 것이다.

클래스 이동은 기본적이지만 중요하다. 좀더 유용한 기능은 코드 내에서 직접 이동하는 기능이다. StudentTest 클래스를 연다. New Student("Jane Doe"); 라인에서 클래스 이름 Student를 클릭한다. 그리고 Ctrl-b 키 조합을 누른다. Ctrl-b는 Go To -> Declaration 메뉴 옵션을 선택하는 것과 같다.

IDEA는 직접 Student 생성자로 이동할 것이다. 여러분은 Ctrl-Shift-Backspace 키 조합을 이용해서 이전의 편집 위치로 돌아올 수 있다. 이런 이동 단축키를 배우면 많은 시간을 절약할 수 있다. 좋지 않은 도구를 사용하는 여러 프로그래머를 보아 왔다. 이들은 몇 분에서 몇 시간을 클래스 리스트와 많은 양의 코드를 수동으로 이동하는데 보낸다.

검색은 다른 형태의 이동이다. IDEA는 자바를 이해하고 잘 통합되기 때문에 검색이 좀더 효율적이다. 어떤 메소드를 호출하는 모든 코드를 찾고자 한다고 가정하자. 프로그래밍용 편집기를 사용하면 코드에 대한 문자열 검색만을 할 수 있다. getId라는 메소드를 호출하는 모든 클라이언트 클래스를 찾으려 한다고 가정하자. getId를 구현하는 다른 클래스가 있을 수도 있다. 문자열 검색은 이런 클래스에 대한 호출까지 찾을 것이다.

IDEA는 관심 있는 내용만을 찾기 위해 자바 기능을 사용할 수 있다. 예로서 Student 클래스에서, 생성자를 클릭한다. 오른쪽 클릭을 하고 Find Usages를 메뉴에서 선택한다. Find Usages 대화상자가 보이면 OK를 클릭한다. Find 도구 윈도우가 아래쪽에 나타날 것이다. 메시지 툴 윈도우와 같이 직접 그곳으로 이동하기 위해 항목을 더블 클릭하면 된다.

재구성

다른 중요한 기능은 내부적인 재구성 지원이다. IDEA는 코드를 빠르고 안전하게 고치도록 몇 가지 재구성을 자동화한다. 할 수 있는 동작들을 보려면 Refactor 메뉴의 항목들을 살펴본다.

간단하고 아마도 가장 귀중한 재구성인 Rename 먼저 나올 것이다. 몇 번의 키 입력으로, 메소드의 이름을 바꿀 수 있다. 이것은 IDEA가 메소드를 호출하는 모든 다른 코드에서도 새로운 이름을 반영한다는 의미이다. 또한 코드에 적용하기 전에 제안되는 이름을 보여준다. 따라서 재구성 과정에서 문제를 알게 되었을 때 되돌릴 수 있다.

나는 "완벽한" 메소드나 클래스 이름을 생각하는데 시간을 낭비하는 대신 Rename 재구성을 항상 사용한다. 나는 자주 잘못된 것을 알고 있는 이름으로 시작한다. 이렇게 해서 즉시 행동할 수 있다. 코드를 진행하면서, 더 나은 이름이 생각나게 된다. 빠른 Shift + F6 이후에는 다시 제대로 된 코드를 얻는다. 가끔 만족할 때까지 메소드 이름을 몇 번씩 바꾼다.

코드 분석

IDEA는 코드 인스펙터(Analyze->Inspect Code)라고 알려진 코드 분석 기능을 제공한다. 여러분은 하나의 소스 파일이나 전체 프로젝트에 대한 코드 인스펙션을 즉시 실행한다. 인스펙터는 코드에서 사용되지 않는 메소드나 변수, 빈 catch 블록과 같이 문제가 되는 부분을 찾는다. 옵션 리스트에는 300 종류의 항목이 있다. 여러분은 개별 항목 혹은 관련된 항목의 그룹에서 관심 있는 것을 선택한다.

인스펙션은 실행하는데 시간이 걸릴 수 있다. 인스펙션이 완료되면, 인스펙터는 모든 결과를 나타내는 트리를 보여준다. 각 결과는 문제점의 자세한 설명이거나 코드상의 가능한 문제점이다. 자세한 설명에서 해당 문제 위치로 이동할 수 있다. 가능한 경우 IDEA는 자동으로 문제를 고치는 옵션을 제공한다.

IDEA는 여러분이 문제라고 생각하지 않는 수십에서 수백개 항목을 보고한다. 중요하지 않은 항목을 결정하는 것은 여러분과 여러분의 팀의 선택이다. 하지만 실제적으로 리스트의 모든 것이 특정 환경에서는 문제가 될 가능성이 있다.

TDD의 습관은 이런 걱정을 완화시킬 수 있다. 이 책에서 여러분은 조금씩 만들어 가능 방법을 배웠으며, 완전하리라는 기대를 하지 않았다. 좋은 테스트가 없다면 받아들일 수 없는 것을 놓칠 수도 있다.

안심하자. 어떤 사람들은 이 책의 방법론이 빠르고 느슨하다고 생각한다. 확실히 자신의 코드에는 개선할 부분이 있다. 하지만 저자는 항상 TDD를 사용할 때는 걱정을 많이 하지는 않는다.

나는 이해하고 관리하기 어려운 코드를 보게 된다. 맹목적으로 표준에 따르는 것은 좋은 생각처럼 보이지만, 작은 것을 얻기 위해 상당한 시간을 낭비하도록 한다. 만약 대신에 테스트 가능성, 중복의 제거, 코드의 표현성을 원한다면, 잘못될 일은 거의 없다.

MEMO

References

[Arnold2000] Arnold, K.; Gosling, J.; Holmes, D. The Java Programming Language (3e). Sun Microsystems, 2000.

[Astels2003] Astels, Dave. Test-Driven Development: A Practical Guide. Pearson Education, 2003.

[Astels2004] Astels, Dave. "One Assertion Per Test." *http://www.artima.com/weblogs/viewpost.jsp?thread=35578*.

[Beck1998] Beck, Kent; Gamma, Erich. "Test Infected: Programmers Love Writing Tests." *http://members.pingnet.ch/gamma/junit.htm*.

[Bloch2001] Effective Java Programming Language Guide. Addison-Wesley, 2001.

[Fowler2000] Fowler, Martin. Refactoring: Improving the Design of Existing Code. Addison-Wesley, 2000.

[Fowler2003] Fowler, Martin. UML Distilled: A Brief Guide to the Standard Object Modeling Language. 3rd ed. Addison-Wesley, 2003.

[Fowler2003a] Fowler, Martin. Patterns of Enterprise Application Architecture. Addison-Wesley, 2003.

[Gamma1995] Gamma, Erich; Helm, Richard; Johnson, Ralph; Vlissides, John. Design Patterns. Addison-Wesley, 1995.

[George2002] George, Eric. "Testing Interface Compliance with Abstract Test" http://www.placebosoft.com/abstract-test.html.

[Hatcher2002] Hatcher, Eric; Loughran, Steve. Java Development with Ant. Manning Publications Company, August 2002.

[Heller1961] Heller, Joseph. Catch-22. Dell Publishing, 1961.

[JavaGloss2004a] Green, Roedy. "Java Glossary: float." *http://mindprod.com/jgloss/floatingpoint.html*.

[JavaGloss2004b] Green, Roedy. "Java Glossary: weak references." *http://mindprod.com/jgloss/weak.html*.

[Jeffries2001] Jeffries, R.; Anderson, A.; Hendrickson, C. Extreme Programming Installed. Addison-Wesley, 2001.

[Kerievsky2004] Kerievsky, Joshua. Refactoring to Patterns. Addison-Wesley, 2004.

References

[Langr2000] Langr, Jeff. Essential Java Style. Prentice Hall PTR, 2000.

[Langr2001] Langr, Jeff. "Evolution of Test and Code Via Test-First Design." http://www.objectmentor.com/resources/articles/tfd.pdf.

[Langr2003] Langr, Jeff. "Don't Mock Me." http://www.LangrSoft.com/articles/mocking.html.

[Lavender1996] Lavender, R. Greg; Schmidt, Douglas C. "An Object Behavioral Pattern for Concurrent Programming." http://citeseer.ist.psu.edu/lavender96active.html.

[Link2003] Link, Johannes. Unit Testing in Java: How Tests Drive the Code. Morgan Kaufmann, 2003.

[Martin2003] Martin, Robert. Agile Software Development: Principles, Patterns, and Practices. Prentice Hall, 2003.

[Massol2004] Massol, Vincent. JUnit in Action. Manning Publications, 2004.

[McBreen2000] McBreen, Pete. Software Craftmanship. Addison-Wesley, 2001.

[Rainsberger2005] Rainsberger, J. B. JUnit Recipes. Manning Publications, 2005.

[Sun2004] [Java] Reference Glossary. http://java.sun.com/docs/glossary.html.

[Travis2002] Travis, Gregory M. JDK 1.4 Tutorial. Manning Publications, 2002.

[Venners2003] Venners, Bill; Eckel, Bruce. "The Trouble with Checked Exceptions: A Conversation With Anders Hejlsberg, Part II." http://www.artima.com/intv/handcuffs.html.

[Vermeulen2000] Vermeulen, Allan, et al. The Elements of Java Style. Cambridge University Press, 2000.

[WhatIs2004] "platform." http://www.whatis.com.

[Wiki2004] "CodeSmell." http://c2.com/cgi/wiki?CodeSmell.

[Wiki2004a] "EmptyCatchClause." http://c2.com/cgi/wiki?EmptyCatchClause.

[Wiki2004b] "SimpleDesign" and "XpSimplicityRules," http://c2.com/cgi/wiki?SimpleDesign and http://c2.com/cgi/wiki?XpSimplicityRules.

[Wikipedia2004] http://en.wikipedia.org/wiki/Java_programming_language.

INDEX

*

! 311
& 312, 358
&& 311
* 637
- 547
; 49
〈 670
《 363
= 53, 654
== 187, 327, 343
〉 670
? 507
@ 108
@Override 532
\ 639
^ 51, 312, 358
_ 66
| 358, 670
|| 311
~ 358

A

add 메소드 509
Ant 빌드 526
Ant 타겟 526
API 라이브러리 363
ArrayList 329
ArrayList 객체 517

B

BigDecimal 347
BitSet 363
BlockingQueue 475
BorderLayout 582
break 문 245

C · D

case 레이블 201
Comparable 형 174
compareTo 메소드 174, 176
continue 문 245
Course 객체 316, 321
CourseSession 75, 121
default 레이블 202
do 루프 242
do-while 루프 482

E

Empty Catch 279
Entry 객체 338
enum 값 201
enum 객체 204
EnumMap 204, 339
equals 메소드 264, 326
Errorr 클래스 276

F

false-value 248
flush 메소드 382
for 루프 235, 259, 314
for-each 루프 249, 336

G · H

getGpa 메소드 183
getName 58
GPA 코드 186
Grade enum 214
GridLayout 580
HashMap 314
HashMap 클래스 500

I

i18n 652
if 문 179, 183, 204, 311
if-else 문 236, 248
int 77
int 값 330
int 배열 258
isFullTime 메소드 162
isPalindrome 244
isValid 메소드 273

J·L

JNI 674
join 메소드 477
JUnit 81
JUnit-Perf 334
log 메소드 489

M·N

Management 673
Map 메소드 328
Map 인터페이스 500
myName 61
NIO 673
notifyAll 호출 480

P·R

parseInt 메소드 271
Performance 클래스 257
pow 함수 365
public 키워드 191
return문 185
RMI 674
run 메소드 476

S

Search 클래스 461
SequenceInputStream 393
Session 객체 316
Session 생성자 321
setUp 메소드 317
String 객체 175, 176
String 클래스 266
Student 객체 175
Student 클래스 235
studentName 65
StudentTest 43
SubClass 인스턴스 223
switch 문 201

T

TDD 325
TDTT 311
testCreate 76
testStudentStatus 163
Thread 정보 492
Timer 인스턴스 490
toString 340
toString 정의 576
toUpperCase 메소드 167
TreeMap 340
TreeSet 340
trim 메소드 245
true-value 248
try-catch 블록 272, 465

U·W

UML 다이어그램 315
UML 클래스 다이어그램 292
while 루프 237, 241, 476
whlie 루프 본체 238

INDEX

ㄱ

가변인수 261
가비지 콜렉션 158
객체 인스턴스 186
검색 쓰레드 489
결과 클래스 43, 171
근사값 349

ㄴ

네임스페이스 88
네트워크 673
논리적 비트 연산자 357
논리표 311
뉴모닉 598
늦은 초기화 206

ㄷ

다차원 배열 263
단축 논리 연산자 312
더미 클래스 435
데드락 485
데몬 쓰레드 492
독립된 쓰레드 464
동기화 래퍼 474, 517
동일성 314, 322
드롭 다운 리스트 632
디자인 패턴즈 440
딥 클론 644

ㄹ

락 479, 483
래퍼 스트림 375
래퍼 클래스 254
로그파일 300
로우 콜렉션 516
로직 633
로케일 652
리스너 464, 573
릴리즈 672
링크드 리스트 195

ㅁ

매핑 객체 652
맵 204
멀티쓰레드 455
메소드 48
메이크 도구 136
메타데이타 433
멤버-값 쌍 542
명령줄 인수 262
모델 558
모듈러스 362
모듈러스 연산자 351
모방 리스너 480
모킹 368
무한 루프 241, 467
무한값 356
문자열 316
미들웨어 43

ㅂ

바이패스 605
반영 652
배열 260
백그라운드 쓰레드 455, 468
보더 593
보안 프록시 443
복합 불리언 311
뷰 558
뷰 클래스 569
비트쉬프트 363
빈즈 675

ㅅ

삼중 연산자 248
상대 경로 46
상속 207
상태 변수 143
생성 652
생성자 52
서브시퀀스 642
선점형 멀티테스킹 469
선택사항 664
속성 662
수학 연산자 347
스윙 428, 553
스윙 버튼 572
스윙 클래스 464
스태틱 메소드 82, 135
스태틱 생성 메소드 156
스태틱 임포트 151
스태틱 팩토리 메소드 155
스택 워크백 167
스택 트레이스 167
스트림 361, 375
스트림 분리기 393
슬롯의 개수 259
시그니처 174
시리얼 버전 UID 397
시스템 콘솔 285
쓰레드 그룹 495
쓰레드 인터럽트 465
쓰레드 풀 482

ㅇ

아토믹 492
아토믹 래퍼 495
앤트 515, 526
약한 참조 671
어써션 523
엔터프라이즈 자바 빈즈 645

예외 271
예외 테스트 273
예외 핸들러 495
오버라이드 466
오버로드된 연산자 116
오버플로우 356
오브젝트 패턴 455
오토박싱 255
오토언박싱 256
오픈-클로즈드 442
와일드카드 507
와일드카드 문자 637
원자성 495
위젯 569
유니코드 113
유지 548
유효숫자 348
응용프로그램 633
이스케이프 시퀀스 114, 639
이클립스 451
이클립스 IDE 553
이터레이터 249, 250
이펙티브 자바 495, 642
인스턴스 변수 143, 156, 259
인터페이스 43, 174, 176
일시성 395
임시변수 280
입력 스트림 375, 458

ㅈ

자바 API 문서 492
자바 입출력 코드 458
자바빈 451
재구성 238
재귀 메소드 244
절대 경로 46
접두 연산자 154
접미 연산자 154
정렬 171

INDEX

정적 내장 클래스 406
정적인 범위 146
중개 673

ㅊ

참조형 필드 168
채크섬 361
초기화 79
추가 676
추상 메소드 228
추상 클래스 231
충돌 330

ㅋ

캐스트 326
캐스팅 252
캐싱 구조 672
캡슐화 94
커스텀 클래스 로더 671
컨텍스트 스위칭 482
코바리언스 643
콘솔 127
콘테이너 559
콘트롤러 558
콜렉션 프레임워크 499
콜백 464, 573
퀘벡 652
크로스 플랫폼 554
크리티컬 섹션 473
클래스 상수 96
클래스패스 45
클론 642

ㅌ

테스트 위주 개발 325, 632
템플리트 메소드 222

토큰 리스트 236
툴팁 632

ㅍ

파이프된 스트림 393
팔린드롬 244
패리티 체크 361
패키지 아노테이션 547
팩토리 메소드 154
페어 프로그래밍 83
포그라운드 쓰레드 455
포인터 661
폴리모피즘 188, 204
푸쉬백 스트림 393
프레임워크 248
프록시 패턴 440
플라이웨이트 342
플로우 580
플로팅포인트 180, 354
피드백 629
피보나치 함수 242
피연산자 311

ㅎ

학생정보 시스템 44, 164, 347 448
함수 143
해쉬 코드 값 329
해쉬 코드 알고리즘 331
해쉬 테이블 313
핸들러 클래스 293
협조형 멀티테스킹 469
확인된 래퍼 517

지름길로 빠르게 배울 수 있는
자바 프로그래밍

2005년 10월 25일 초판 1쇄 발행
2011년 4월 10일 초판 2쇄 인쇄
2011년 4월 20일 초판 2쇄 발행

원저자 : Jeff Langr
편 역 : 권 오 근
펴낸이 : 양철우
펴낸곳 : (주) 교학사
주 소 : 서울시 금천구 가산동 319-7(공장)
         서울시 마포구 공덕동 105-67(사무소)
전 화 : 02-7075-311(편집), 02-7075-155(영업)
팩 스 : 02-7075-316(편집), 02-839-2728(영업)
등 록 : 1962년 6얼 26일〈18-7〉
정 가 : 28,000원

교학사 홈페이지
http://www.kyohak.co.kr

Authorized translation from the English language edition, entitled AGILE JAVA™ : CRAFTING CODE WITH TEST-DRIVEN DEVELOPMENT, 1st Edition by LANGR, JEEF, published by Pearson Education, INc. publishing as Prentice Hall PTR, Copyright ⓒ 2005 Pearson Education, Inc.

All right reserver. No part of this book may be reproduced or transmitted in any form or by any means, electronic or mechanical, including photocopying, recording or by any information storage retrieval system, without permission from Pearson Education, Inc.

KOREAN language edition published by KYOHAK PUBLISHING CO., LTD.
Copyright ⓒ 2005

This Korean edition published by arrangement with PEarson Technology GRoup. INdianapolis, IN through KCC(Korea Copyright Center Inc.), Seoul.

이 책의 한국어 판 저작권은 (주)한국저작권센터(KCC)를 통한 저작권자의 독점계약으로 (주)교학사에 있습니다. 저작권법에 의해 한국 내에서 보호를 받는 저작물이므로 무단전재와 복제를 금합니다.